現代民法
担保法

加賀山 茂 著

は し が き

1 担保法の新しい体系

本書は，わが国で最初の「担保法」の体系書である。初めてであることの根拠とその内容の概略は，以下のとおりである。

第1に，人的担保と物的担保を債権の摑取力の量的強化（人的担保）と摑取力の質的強化（物的担保）として明確に統合し，担保法の総論を創設している。

もっとも，人的担保と物的担保とを統合した点については，摑取力の量的強化と質的強化という用語は使わなかったにせよ，100年以上前に，ボワソナードが起草した旧民法（債権担保編）によって実現されていたのであるから，厳密には，本書が最初とはいえない。しかし，本書は，人的担保と物的担保を統合するものとして，担保法の総論を創設し，人的担保と物的担保のすべてを説明することができる道具立てを用意している。すなわち，まず，担保権の基礎となる債権の摑取力について説明した後に，債務名義なしに第三債務者に対して直接取立権を実現するものとして債権者代位権とその進化系としての直接訴権について論じ，さらに，追及効を実現するものとして詐害行為取消権を論じている。また，事実的な優先弁済権を実現するものとして履行拒絶の抗弁権（同時履行の抗弁権，不安の抗弁権）について論じ，最後に，法律上の優先弁済権を導くものとして，相殺の担保的効力について論じている。このように，物的担保の効力としての直接取立権，事実上の優先弁済権，法律上の優先弁済権を実現する仕組みが，すべて，債権法の中に内在している点を明らかにして，それを担保法総論として再構成した点は，わが国で最初の試みであろう。

第2に，典型担保と非典型担保（所有権移転型）との両者について，それらをすべて担保的に再構成している。

確かに，譲渡担保については，これを所有権的に構成せず，担保的に構成するものはすでに存在する。しかし，本書は，仮登記担保についても，所有権の移転を否定し，受戻期間までを真の清算期間として再構成し，条文で規定された帰属清算だけでなく，処分清算方式を解釈として認めることができるとし，結果として，譲渡担保と仮登記担保とを併せて担保的構成へと統一することを実現している。非典型担保すべてについて，所有権的構成を排し，担保的構成で一貫させた点は，わが国で最初の試みであろう。

第3に，物的担保の優先弁済権の順位について，先取特権の規定を参考にして，債権の性質を，目的物の「保存」「供給」「環境提供」の3つに分類し，その順位の初期値（デフォルト値）と順位の変動の法則を発見している。そして，すべての物的担保に通用する「優先順位決定のルール」を明らかにすることができた。その結果として，すべての物的担保について，その順位を明確に位置づけることができている。

　本書の特色となっている以上の3点は次のように言い換えることができる。すなわち，第1に，人的担保と物的担保とを統合する担保法の総論を創設している。第2に，人的担保に関して，保証は債務のない責任であるという観点から，保証人の保護を実現できる解釈論を提唱している。第3に，物的担保のすべてについて，事案に適合した優先順位を確定するルールを明らかにしている。その結果として，抵当権と利用権との調和について，「売買も，抵当権も適法賃貸借を破らず」として，賃借人の保護を実現する解釈論を提唱している。

2　本書の執筆の経緯

　筆者が初めて担保法の講義を行ったのは，今から20年以上も前の1987年のことであり，債権総論と担保物権法とをあわせて通年で講義するというものであった。講義用のテキストとしてコンパクトでかつ水準の高い高木『担保物権』（初版）を選んで講義をしたのであるが，担保物権を物権として講義すると，原則よりも例外が多くなり，最初に原則として講義したことを後で覆さなければならず，苦しい講義をせざるをえなかった。特に1年目は，教科書の内容がハイレベルなこともあり，1回の講義の準備に週末のすべての時間をかけても講義ノートの作成が間に合わず，一貫性のない惨憺たる講義になってしまった。それで2年目は，教科書に沿ってよく準備をして講義をしたのであるが，しっかり準備をすればするほど，教科書の説明の矛盾点に気づき，とても「しらふ」で講義できる領域ではないことを実感するに至った。

　例えば，上記の教科書によると，担保物権の最初の権利である留置権の箇所において，序説の箇所と効力の箇所とで，全く正反対と思われるような記述に出会うことになる（当時の教科書は初版であったが，事情は現在でもほぼ同じであるため，以下では，最新の第4版〔2005〕で引用する）。

　　「留置権の物権的性格は希薄である（高木・担保物権13頁）……，他の担保物権のように，目的物の価値を物権的に支配する権利ではない（15頁）。留置権

には物権的請求権はなく，この点で，物権性を希薄ならしめている（15頁）」

「留置権は物権である故に，一旦留置権が成立した後に目的物が第三者に譲渡された場合，第三者に留置権を主張しうる」（高木・担保物権31頁）

これでは，留置権を物権として説明すべきなのか，ドイツ民法のように物権ではなく債権法上の抗弁権として説明すべきなのか，迷わざるをえない。それどころか，次の権利である先取特権に関しては，もっと恐ろしい記述に出会うことになる。最初の総論部分では，先取特権が，以下のように，債権に優先弁済権を認めるものとして紹介されている。

「先取特権 法律の定める一定の債権を有する者がその債務者の財産につき，他の債権者に先立って自己の債権の弁済を受ける権利である（民303条）。いわば，債権者平等の原則の例外として，特定の債権に優先弁済権を認めるものである」（高木・担保物権法3頁）

ところが，各論に入った先取特権の箇所では，上記の考え方が，以下のように，あっさりと否定されている。

「先取特権は，債権の特殊な効力（債権者平等原則の例外としての）ではなく，物権としての地位が与えられている」（高木・担保物権法41頁）

このように，どう考えても矛盾する記述について，学生を納得させることができるような説明をすることは，当時の私には不可能であった。一方を強調すれば，他方は嘘だということにならざるをえないからである。

そこで，嘘をつき続ける苦しさに耐え切れなくなり，3年目以降は，担保物権を物権として講義することを断念し，担保物権とは「債権に優先弁済権が与えられた制度」であるという考えに基づいた講義をすることにした。講義で異説を唱えることに遠慮のいらない「のどかな時代」であったことも幸いして，それ以降，私の担保物権の講義は，年を追うごとに，担保物権を物権と考えることに反対するチャレンジングな講義となっていった。通説・判例とは異なる異説を聞かされる学生には申し訳ないと思いつつも，そのような講義を続けざるをえなかったのは，担保物権が物権ではないとの確信を曲げることを，学者としての良心が許さなかったからである。

3 謝　辞

私の考え方を体系的に解説する教科書を作ることを思い立ったのは，それから数年後に信山社から新しい担保物権法の教科書の執筆を依頼された1994年

のことであった。約束から4年後に一応の執筆を完成させたが、「最初に読んではならない」という警告表示つきの原稿を抱えたまま、その出版を思い切ることができず、約束を果たせないままに、15年の時が過ぎてしまったことになる（途中経過として、加賀山茂「『債権に付与された優先弁済権』としての担保物権——債権以外に別個の担保物権が存在するわけではない」潮見佳男編『民法学の軌跡と展望』日本評論社〔2002〕291～324頁という論文があるが、新しい体系を示すには至っていない）。

しかし、今から5年前の2004年に法科大学院が設立されることによって、担保物権に関する体系書の必要性が増し、講義をするごとに原稿の加筆に拍車がかかるようになった。「担保物権がなぜ物権なのかわからない」と平気でいう学生が増えてきたことも、大いに励みになり、新しい担保法の体系を描く作業が順調に進行した。

今回、「現代民法」シリーズの一環として、『現代民法学習法入門』に続いて本書を出版できることになり、15年来の約束をやっと果たせることになった。本書の企画の段階から索引作りまで、担当者として熱心に仕事を進めてくださった信山社の木村太紀氏に厚く御礼を申し上げる。

法科大学院の講義の合間に執筆をしたこともあり、本書には未熟な点が残されていると思われる。この点については、読者のご批判を受けて、今後とも研究を継続していきたいと考えている。

  2009年10月

加賀山　茂

大目次

はじめに────────1
  第1節　本書の範囲と構成 ………1
  第2節　本書の特色 …………5
  第3節　本書の危険性と有用性…14

第1部　問題の所在──担保法の基礎理論が発達しないのはなぜか

第1章　担保法の領域における基礎理論の欠落────28
  第1節　担保法を苦手とする学生が多い理由──基礎理論の不在 ……………28
  第2節　担保法に関する理論の欠如の原因──債権の掴取力の強化（優先弁済権）を物権として規定したことは立法の過誤 ………………29

第2章　担保法の基礎理論を再構築するための出発点──保証「債務」も担保「物権」も存在しない ────33
  第1節　保証債務という債務は存在せず，担保物権という物権は存在しないという出発点 …………33
  第2節　旧民法債権担保編の効用 …………………34

第3章　債権の効力と担保物権の通有性との関係────38
  第1節　「担保物権の通有性」という概念の必要性 ……………………38
  第2節　「担保物権の通有性」の意味とその物権性に対する疑問 ……39
  第3節　担保物権を一つにまとめる概念としての優先弁済権と「担保物権の通有性」の新しい意味づけ ……………44
  第4節　担保物権の効力は，債権の固有の効力の中にすべて含まれている ……………………47
  第5節　担保法総論の創設 ……52
  第6節　担保法各論の連続性──人的担保と物的担保との関係 ……………53

第2部　担保法総論──債権の保全と取立ての一般理論

第4章　債権の掴取力（潜在的な換価・処分権）────57
  第1節　物権と債権との区別と債権の掴取力における両者の交錯 ……………57

第2節　債権の摑取力における債権者平等の原則とその例外 …………… 58

第5章　債権者代位権および直接訴権（第三債務者に対する直接の取立権）—— 60

第1節　権利質権者による第三債務者に対する直接取立権 ………… 60
第2節　一般債権者による債務名義不要の取立権としての債権者代位権 …… 61
第3節　債権者代位権（間接訴権）と直接請求権（直接訴権）との関係 …… 67
第4節　債権者代位権（間接訴権）の転用と直接請求権（直接訴権）との関係 ………… 73

第6章　詐害行為取消権（第三者に対する追及効）—— 79

第1節　追及効を有するのは物権だけか ………… 79
第2節　債権に追及効を与える制度としての詐害行為取消権（民法424～426条）………… 80

第3節　詐害行為取消権の性質 … 82
第4節　詐害行為取消権の要件 … 88
第5節　詐害行為取消権の行使方法 ………………… 89

第7章　履行拒絶の抗弁権による同時履行の実現（引換給付）——94

第1節　対立する債権の一方についての「履行拒絶の抗弁権」は、他方の債権に関して事実上の優先弁済権を生じさせる ………………… 94
第2節　履行拒絶の抗弁権は、相殺と組み合わされたときには、最強の担保権として機能することができる ………… 104

第8章　相殺（意思表示のみによる同時履行を超えた即時・優先的取立権）—— 107

第1節　債権法に属する相殺が担保物権を超える担保力を有するのはなぜか… 107
第2節　相殺の担保的機能 …… 122

第3部　担保法各論⑴——人的担保

第9章　保　証 ——133
第1節　保証の基本的な考え方… 133
第2節　保証は債務か責任か … 137
第3節　主契約、保証委託契約、保証契約との関係 …… 146

第4節　保証人の免責 ………… 148
第5節　保証の公序良俗違反性とその克服 ………… 154

第10章　連帯保証 ——159

第1節	実務における連帯保証契約の濫用と当事者の意思解釈 ……159		第4節	相互保証理論に対する批判と再批判 ………171
第2節	連帯保証の意義と機能…160		**第12章**	**不可分債務**———173

第11章 連帯債務———161

第1節　連帯債務の特色 ………161
第2節　連帯債務の性質を説明するモデル──相互保証理論 ………………164
第3節　連帯債務者の一人に生じた事由の他の連帯債務者に対する影響 ……167

第12章 不可分債務———173

第1節　多数当事者の債権・債務関係における不可分債務の位置づけ ………173
第2節　債権・債務における不可分の意味 …………173
第3節　不可分債務において一人の債務者に生じた事由の他の債務者に対する効力 …………174

第4部　担保法各論（2）──物的典型担保（民法上の「担保物権」）

第13章 留置権———182

第1節　留置権概説 …………183
第2節　留置権における牽連性の要件 ………………196
第3節　留置権の成立要件・対抗要件が争われている典型例と解決法 ………229
第4節　留置権の効力 ………241
第5節　留置権の消滅 ………250
第6節　留置権のまとめと提言…255

第14章 先取特権———260

第1節　先取特権概説 ………261
第2節　先取特権の設例と解説…272
第3節　先取特権の種類と優先順位 …………………279
第4節　動産売買の先取特権と集合物譲渡担保との競合 …………………307
第5節　先取特権に基づく物上代位（現行民法の破綻とその後の解釈の大混乱） ………………313
第6節　先取特権の消滅 ………331
第7節　先取特権のまとめ（優先順位決定のルールについて） …………………331

第15章 質　権———339

第1節　質権の意義 …………339
第2節　質権の設定（優先弁済権付与の合意）…………344
第3節　質権の対抗要件 ………351
第4節　質権における担保物権の通有性 ………………354
第5節　動産質 ………………360
第6節　不動産質 ……………366
第7節　権利質 ………………374
第8節　質権の消滅 …………385
第9節　質権のまとめ ………386

大目次

第16章　抵当権 —— 389
- 第1節　抵当権概説 …………389
- 第2節　抵当権の成立要件と対抗要件 ……………399
- 第3節　抵当権の効力（追及効を伴う優先弁済権）……404
- 第4節　抵当権の処分（優先弁済権の譲渡）……………426
- 第5節　抵当権の実行 …………437
- 第6節　共同抵当 ………………482
- 第7節　法定地上権 ……………503
- 第8節　抵当権と用益権との調和 ……………543
- 第9節　抵当権の消滅 …………560

第17章　根抵当権（債権枠で限定された流動債権に関する抵当権）—— 584
- 第1節　根抵当権概説 …………584
- 第2節　根抵当権の設定 ………593
- 第3節　根抵当権の優先弁済権…593
- 第4節　根抵当関係の変更 ……594
- 第5節　根抵当権の処分（抵当権とその順位の譲渡・放棄の禁止）……………600
- 第6節　共同根抵当・累積根抵当 ……………603
- 第7節　確定——根抵当関係の終了 ……………604

第5部　担保法各論（3）——物的非典型担保

第18章　非典型の物的担保概観 —— 610
- 第1節　非典型担保における典型担保の役割（優越的地位の濫用の防止）……610
- 第2節　非典型担保における「嘘の効用」……………612
- 第3節　非典型担保における優越的地位の濫用に対するコントロールの必要性とその方法 ………614
- 第4節　非典型担保の種類 ……615

第19章　仮登記担保 —— 617
- 第1節　仮登記担保法概説 ……617
- 第2節　仮登記担保の成立（設定）……………624
- 第3節　仮登記担保の実行 ……626
- 第4節　仮登記担保の効力 ……632

第20章　譲渡担保 —— 635
- 第1節　譲渡担保の誕生と信託的行為（通謀虚偽表示）……………635
- 第2節　動産譲渡担保 …………652
- 第3節　不動産譲渡担保 ………659
- 第4節　債権譲渡担保 …………661

第21章　所有権留保 —— 667
- 第1節　所有権留保の意義 ……667
- 第2節　割賦販売（クレジット契約）における所有権留保 ……………669
- 第3節　所有権留保の実行とその制限 ……………670

おわりに —— 673

詳細目次

はじめに ——————————————————— i
第1節　本書の範囲と構成 ……………………………… i
第2節　本書の特色 ……………………………………… 5
　Ⅰ　保証債務という債務は存在しない（本来の債務〔主債務〕のみが存在する）(8)
　Ⅱ　担保物権という物権は存在しない（債権とその優先弁済効のみが存在する）(9)
　Ⅲ　担保物権は，債権の「弁済を受ける権利」に過ぎない(11)
　Ⅳ　非典型担保においても，担保目的物の所有権は債権者に移転しない(13)
第3節　本書の危険性と有用性 ………………………… 14
　Ⅰ　本書の危険性——警告表示は必要か(14)
　Ⅱ　通説における理解困難性と物権法原理からの乖離と破綻(19)
　Ⅲ　本書の効用——担保法を学習する際に最初に読むべき本(21)
　Ⅳ　わが国で初めての担保法の体系書(22)

第1部　問題の所在——担保法の基礎理論が発達しないのはなぜか

第1章　担保法の領域における基礎理論の欠落 ——————— 28
第1節　担保法を苦手とする学生が多い理由——基礎理論の不在 ……… 28
第2節　担保法に関する理論の欠如の原因——債権の摑取力の強化（優先弁済権）を物権として規定したことは立法の過誤 ………… 29

第2章　担保法の基礎理論を再構築するための出発点——保証「債務」も担保「物権」も存在しない ——————— 33
第1節　保証債務という債務は存在せず，担保物権という物権は存在しないという出発点 ……………………………… 33
第2節　旧民法債権担保編の効用 ……………………… 34

第3章　債権の効力と担保物権の通有性との関係 ——————— 38
第1節　「担保物権の通有性」という概念の必要性 ……… 38
第2節　「担保物権の通有性」の意味とその物権性に対する疑問 ……… 39
第3節　担保物権を一つにまとめる概念としての優先弁済権と「担保物権の通有性」の新しい意味づけ ……………………… 44

Ⅰ　いわゆる担保物権に共通する性質(45)
　　Ⅱ　「担保物権の通有性」の新しい意味づけ(46)
　第4節　担保物権の効力は，債権の固有の効力の中にすべて含まれ
　　　　ている ……………………………………………………………47
　　Ⅰ　債務者の財産に対する換価・処分権能(48)
　　Ⅱ　第三債務者に対する直接取立権(48)
　　Ⅲ　第三者への追及効(49)
　　Ⅳ　優先弁済権(50)
　第5節　担保法総論の創設 ……………………………………………52
　第6節　担保法各論の連続性——人的担保と物的担保との関係 ……53

第2部　担保法総論——債権の保全と取立ての一般理論

第4章　債権の掴取力（潜在的な換価・処分権）————————————57
　第1節　物権と債権との区別と債権の掴取力における両者の交錯 ……57
　第2節　債権の掴取力における債権者平等の原則とその例外 …………58

第5章　債権者代位権および直接訴権（第三債務者に対する直接の取立権）
　　　　————————————————————————————60
　第1節　権利質権者による第三債務者に対する直接取立権 ……………60
　第2節　一般債権者による債務名義不要の取立権としての債権者代
　　　　位権 ……………………………………………………………61
　　Ⅰ　債権者代位権の位置づけ(61)
　　　A　責任財産保全制度説(62)
　　　B　簡便な債権回収手段説(62)
　　　C　包括担保権説(63)
　　Ⅱ　債権者代位権の要件(64)
　　Ⅲ　債権者代位権の特色(66)
　　　A　債務者の無資力要件(66)
　　　B　債務者に対する確定判決の不要(66)
　　　C　行使できる権利の範囲(67)
　第3節　債権者代位権（間接訴権）と直接請求権（直接訴権）との関
　　　　係 ………………………………………………………………67
　　Ⅰ　完全直接訴権（自賠法16条の直接請求権）(68)
　　Ⅱ　不完全直接訴権（民法613条の直接請求権）(69)
　　　A　民法613条の直接請求権のメカニズム(69)
　　　B　民法613条の直接訴権による権利関係の変動(71)
　　　C　民法613条の直接訴権と第三債務者の抗弁との関係(71)

D　直接訴権の第三債務者の抗弁に関する通説の誤解とその解明(72)
　第4節　債権者代位権（間接訴権）の転用と直接請求権（直接訴権）
　　　　との関係 …………………………………………………………… 73

第6章　詐害行為取消権（第三者に対する追及効）──── 79
　第1節　追及効を有するのは物権だけか ………………………………… 79
　第2節　債権に追及効を与える制度としての詐害行為取消権（民法
　　　　424〜426条） ……………………………………………………… 80
　第3節　詐害行為取消権の性質 …………………………………………… 82
　　Ⅰ　形成権説(82)
　　Ⅱ　請求権説(82)
　　Ⅲ　折衷説（相対的取消説）(83)
　　Ⅳ　責任説(84)
　　Ⅴ　訴権説(84)
　　Ⅵ　対抗不能説(85)
　第4節　詐害行為取消権の要件 …………………………………………… 88
　　Ⅰ　客観的要件(88)
　　Ⅱ　主観的要件(89)
　第5節　詐害行為取消権の行使方法 ……………………………………… 89
　　Ⅰ　裁判上の請求(89)
　　Ⅱ　訴えの相手方(92)

第7章　履行拒絶の抗弁権による同時履行の実現（引換給付）──── 94
　第1節　対立する債権の一方についての「履行拒絶の抗弁権」は，
　　　　他方の債権に関して事実上の優先弁済権を生じさせる ………… 94
　　Ⅰ　履行拒絶の抗弁権（広義の同時履行の抗弁権）の種類(94)
　　Ⅱ　同時履行を実現するための履行拒絶の抗弁権が，対立する債権に
　　　　対する事実上の優先弁済権を生じさせる(97)
　　　A　質権との類似性を根拠にする事実的優先弁済権の説明とその破
　　　　綻(98)
　　　B　「履行拒絶の抗弁権」を有する同時履行の抗弁権と留置権との異
　　　　同(99)
　　　C　同時履行の抗弁権は，留置権とは別に，事実上の優先弁済権を
　　　　実現できるか(100)
　　　D　先履行義務を拒絶できる不安の抗弁権を通じて，同時履行と事
　　　　実上の優先弁済権が生み出される(101)
　第2節　履行拒絶の抗弁権は，相殺と組み合わされたときには，最
　　　　強の担保権として機能することができる ………………………… 104

第 8 章　相殺（意思表示のみによる同時履行を超えた即時・優先的取立権）——107

第 1 節　債権法に属する相殺が担保物権を超える担保力を有するのはなぜか ……107

- Ⅰ　相殺の意義（107）
- Ⅱ　相殺の機能（108）
  - A　簡易決済の機能（108）
  - B　公平に基づく担保的機能（108）
- Ⅲ　相殺の要件（109）
  - A　相殺適状（109）
    - 1　代替性・相互性の要件（109）
    - 2　相互性の拡張としての 3 者間相殺（109）
    - 3　請求可能性（2 つの債権が弁済期にあること）（115）
  - B　相殺の障害要件（115）
- Ⅳ　相殺の効果（116）
  - A　通説的理解（116）
  - B　踏み込んだ理解（117）
    - 1　取消しの遡及効（118）
    - 2　時効の遡及効（120）
    - 3　相殺の遡及効（120）

第 2 節　相殺の担保的機能 ……122

- Ⅰ　相殺の担保的機能に関する基本的な考え方（122）
- Ⅱ　相殺の担保的機能の特色（122）
- Ⅲ　定期預金における相殺予約（124）
- Ⅳ　相殺の担保的機能が問題となる場面（127）
  - A　振込指定（127）
  - B　敷金と相殺（128）
- Ⅴ　相殺の遡及効と同時履行の関係等によるその制限（129）

第 3 部　担保法各論（1）——人的担保

第 9 章　保　証——133

第 1 節　保証の基本的な考え方 ……133

- Ⅰ　保障の性質（133）
- Ⅱ　書面性が要求される理由（133）
- Ⅲ　保証契約の構造（135）
- Ⅳ　貸金等根保証契約に関する特則（136）

第 2 節　保証は債務か責任か ……137

- Ⅰ　多数当事者の「債権」の節に，なぜ保証「債務」が規定されていたのか（137）

Ⅱ　連帯債務の構造と求償権発生のメカニズム（139）
    Ⅲ　保証の規定の連帯債務への準用の可能性（140）
        A　求償の要件としての負担部分を超える弁済（民法 465 条と 442 条との関係）（140）
        B　求償の要件としての事前の通知・事後の通知（民法 463 条と 443 条との関係）（142）
    Ⅳ　債務なき責任としての保証「債務」と物上保証との関係（145）
  第 3 節　主契約，保証委託契約，保証契約との関係 ……………………146
    Ⅰ　主債務と保証「債務」との関係（付従性）（146）
    Ⅱ　保証委託契約と保証契約との関係（求償関係）（147）
  第 4 節　保証人の免責 ……………………………………………………148
    Ⅰ　主債務の不発生・無効・消滅による保証人の免責（付従性）（148）
        A　付従性の原則（148）
        B　保証の付従性の緩和，債務者の安易な免責に対する批判的考察（151）
    Ⅱ　債権者の責めに帰すべき事由に基づく保証人の免責（151）
        A　債権者の適時の催告・検索懈怠による保証人の免責（151）
        B　債権者の担保保存義務違反による保証人の免責（153）
  第 5 節　保証の公序良俗違反性とその克服 ……………………………154
    Ⅰ　2004 年民法改正の意義と問題点（155）
    Ⅱ　保証人の保護の根拠としての無償契約に関する民法 550 条・551 条の準用（156）
    Ⅲ　今後の展望（158）

第 10 章　連帯保証 ──────────────────────── 159
  第 1 節　実務における連帯保証契約の濫用と当事者の意思解釈 ……159
  第 2 節　連帯保証の意義と機能 …………………………………………160

第 11 章　連帯債務 ──────────────────────── 161
  第 1 節　連帯債務の特色 …………………………………………………161
    Ⅰ　通説による連帯債務の定義とその破綻（161）
    Ⅱ　社会科学の方法論の採用（162）
    Ⅲ　連帯債務の性質に関する共通理解（163）
  第 2 節　連帯債務の性質を説明するモデル──相互保証理論 ………164
    Ⅰ　相互保証理論モデルの提示（164）
    Ⅱ　相互保証理論モデルによるシミュレーションと適用法理（165）
    Ⅲ　各債務者が全額を弁済した場合のシミュレーション（165）
  第 3 節　連帯債務者の一人に生じた事由の他の連帯債務者に対する影響

Ⅰ　例　題　1(167)
　　　A　通説による説明(167)
　　　B　相互保証理論による説明(168)
　　　C　通説に対する相互保証理論からの批判(169)
　　Ⅱ　例　題　2(170)
　　　A　相互保証理論によるすべての説の説明(170)
　　　B　相互保証理論による判例の説明(170)
　第4節　相互保証理論に対する批判と再批判 …………………… 171

第12章　不可分債務―――173
　第1節　多数当事者の債権・債務関係における不可分債務の位置づ
　　　　　け …………………………………………………………… 173
　第2節　債権・債務における不可分の意味 ………………………… 173
　第3節　不可分債務において一人の債務者に生じた事由の他の債務
　　　　　者に対する効力 …………………………………………… 174

第4部　担保法各論(2)――物的典型担保（民法上の「担保物権」)

第13章　留　置　権―――182
　第1節　留置権概説 ……………………………………………………… 183
　　Ⅰ　留置権の意義と典型例(183)
　　Ⅱ　担保物権の各論を留置権から始めるのではなく抵当権から始める
　　　講義や教科書が増えてきている理由(184)
　　　A　留置権を担保物権であると説明しても，学生たちの理解は得ら
　　　　れない(184)
　　　B　学生たちが留置権について理解困難に陥る理由とそのプロセス
　　　　(185)
　　　　1　留置権と「担保物権の通有性」との乖離(185)
　　　　2　留置権の物権性の希薄さ(186)
　　　　3　留置権の物権としての強力な対抗力(186)
　　　　4　留置権の対抗要件と物権総則（民法177条・178条）との乖離
　　　　　(187)
　　　　5　留置権の成立要件における矛盾と混乱(187)
　　　C　学生たちに留置権を理解できるように説明する方法とは(192)
　　Ⅲ　留置権は，法律上の優先弁済権がなく，物権として構成する必要
　　　はない(193)
　　　A　留置権には，物権の根拠とされてきた「法律上の優先弁済権」
　　　　は存在しない(193)

xiv　　　　　　　詳細目次

B　留置権に事実上の優先弁済権が認められる理由は，誰に対しても対抗できる「履行拒絶の抗弁権」を有するからである(194)
　第2節　留置権における牽連性の要件 …………………………………196
　　I　留置権の成立要件としての牽連性(196)
　　II　留置権の成立要件（民法295条）の立法理由(198)
　　　A　旧民法債権担保編92条(202)
　　　B　旧民法債権担保編92条の要件分析(206)
　　　C　立法理由と旧民法の修正(207)
　　　D　現行民法における「隠れた留置権」の規定(209)
　　　　1　盗品・遺失物に関する善意取得の特則における留置権の規定（民法194条）(209)
　　　　2　他人物による弁済，制限能力者による弁済の場合における留置権の規定（民法475条・476条）(212)
　　　E　旧民法に規定されていた留置権であって，現行民法295条と重複するとして削除されたもの(216)
　　　　1　売買代金を担保するために売主に与えられた留置権(216)
　　　　2　使用貸借・賃貸借における費用償還請求権または損害賠償請求権を担保するために借主に与えられた留置権(219)
　　　　3　寄託における費用償還請求権・損害賠償請求権を担保するために受寄者に与えられた留置権(220)
　　　　4　請負における報酬請求権・損害賠償請求権を担保するために請負人に与えられた動産留置権(220)
　　　F　旧民法で認められていた留置権に関するまとめ(221)
　　III　留置権の成立要件に関する通説の考え方(222)
　　　A　通説による要件分類(222)
　　　B　通説による要件分類の問題点(223)
　　IV　留置権の成立要件の新しい考え方(225)
　　　A　留置権の成立要件の再構成(225)
　　　B　具体的イメージと留置権の発生理由の擬人的表現(227)
　　　　1　具体例1（預けた子犬のイメージ）(227)
　　　　2　具体例2（負傷した迷い犬のイメージ）(227)
　　　　3　具体例3（いたずらで迷惑な子犬のイメージ）(228)
　　　　4　具体例4（かわい過ぎる子犬のイメージ：否定例）(229)
　第3節　留置権の成立要件・対抗要件が争われている典型例と解決法 ……………………………………………………………………229
　　I　概　説(229)
　　II　留置権の発生が争われている典型例(230)
　　　A　賃貸借物件の買取りの場合(230)

            1　借地における建物買取請求権の場合(230)
            2　借家における造作買取請求権の行使の場合(231)
            3　敷金返還請求権(231)
        B　不動産の二重譲渡の場合(233)
            1　第1買主の第2買主に対する留置権(233)
            2　通説・判例の考え方(233)
            3　道垣内説による説明とその批判(233)
            4　通説に対する批判(235)
            5　留置権を認めることと不動産物権秩序への影響(237)
            6　担保権＝債権拡張効力説の効用(238)
        C　譲渡担保物件の債権者による無断譲渡の場合(239)
            1　譲渡担保設定者の転得者に対する留置権(239)
            2　通説・判例の考え方(239)
            3　通説・判例に対する批判(239)
        D　賃貸人による賃貸目的物の譲渡の場合(240)
            1　賃借物が第三者に譲渡された場合の留置権(240)
            2　通説・判例の考え方(240)
            3　通説・判例に対する批判(240)

第4節　留置権の効力 …………………………………………241
    I　概　　説(241)
    II　留置的効力と引渡拒絶の抗弁権(242)
        A　引渡拒絶の抗弁権(242)
        B　引換給付判決（同時履行の抗弁権との類似性）(242)
        C　留置権の訴訟上の行使と時効中断の効力(243)
        D　留置的効力と同時履行の抗弁権との対比(243)
    III　留置的効力による事実上の優先弁済権(244)
        A　事実上の優先弁済権(244)
        B　留置的効力と優先弁済権との対比(244)
    IV　不可分性（民法296条）(245)
    V　果実収取権：留置権者の善管注意義務（民法298条）と果実からの優先弁済権（民法297条）(246)
        A　概　　説(246)
        B　具体例による検討(246)
    VI　費用償還請求権(247)
        A　概説（民法295条と299条との関係）(247)
        B　必要費償還請求権(249)
        C　有益費償還請求権(249)

第5節　留置権の消滅 …………………………………………250

- I 概　　説(250)
- II 留置権・質権に共通の消滅原因(252)
  - A 留置権者の善管注意義務(252)
  - B 善管注意義務違反に対する制裁としての債務者・所有者による留置権の消滅請求（民法298条3項）(252)
- III いわゆる留置権に固有の消滅原因(253)
  - A 動産質の場合と類似の消滅原因(253)
    1. 原則：占有の喪失（民法302条本文）(253)
    2. 例外：留置権が消滅しない場合（占有回収，間接占有）(253)
  - B 留置権に固有の消滅原因(254)
    1. 代担保の供与による消滅（民法301条）(254)
    2. 債務者の破産（破産法93条2項）・会社更生（会社更生法2条10項）(255)

第6節　留置権のまとめと提言 …………………………255
- I 要件としての牽連性(255)
- II 効果としての事実上の優先弁済効(258)

第14章　先取特権 — 260

第1節　先取特権概説 …………………………261
- I 先取特権の意義(263)
- II 「嫌悪される」べき先取特権に対する廃止論とその根拠に対する批判(263)
- III 優先弁済権の典型例としての先取特権の重要性(268)

第2節　先取特権の設例と解説 …………………………272
- I 先取特権の設例(272)
- II 設例の解説(272)
  - A 先取特権の制度がないと仮定した場合の配当額(272)
  - B 先取特権の規定に従った正しい配当額(273)
    1. 先取特権の種類と順位の確定基準(273)
    2. 先取特権の順位の確定作業(274)
    3. 先取特権の順位の確定と順位に従った配当額の決定(275)
  - C 債権の種類によって優先順位をつける意味(275)
  - D 第1順位の先取特権者が，第2順位または第3順位の先取特権者の存在を知っていた場合の例外(276)

第3節　先取特権の種類と優先順位 …………………………279
- I 一般先取特権とその優先順位(280)
  - A 共益費用の先取特権（民法306条1号・307条）(280)
  - B 雇用関係の先取特権（民法306条2号・308条）(281)

        C　葬式費用の先取特権（民法306条3号・309条）(281)
        D　日用品供給の先取特権（民法306条4号・310条）(282)
    II　動産先取特権とその優先順位(282)
        A　不動産賃貸の先取特権（民法311条1号・312条）(284)
            1　不動産賃貸の先取特権の目的物の範囲(286)
            2　被担保債権の範囲（敷金がある場合の制限を中心に）(287)
            3　民法316条の解釈を通じた敷金に対する賃貸人の先取特権と敷金返還請求に対する賃借人の先取特権の創設(290)
        B　旅館宿泊の先取特権（民法311条2号・317条）(294)
        C　運輸の先取特権（民法311条3号・318条）(294)
        D　いわゆる黙示の質権に対する即時取得の規定の準用（民法319条）(295)
        E　削除された公吏保証金の先取特権(295)
        F　動産保存の先取特権（民法311条4号・320条）(296)
        G　動産売買の先取特権（民法311条5号・321条）(297)
        H　種苗または肥料の供給の先取特権（民法311条6号・322条）(298)
        I　農業労務の先取特権（民法311条7号・323条），工業労務の先取特権（民法311条8号・324条）(298)
    III　不動産先取特権とその優先順位(299)
        A　不動産保存の先取特権（民法325条1号・326条）(299)
        B　不動産工事の先取特権（民法325条2号・327条）(302)
        C　不動産売買の先取特権（民法325条3号・328条）(304)
第4節　動産売買の先取特権と集合物譲渡担保との競合 ……………… 307
    I　設　例(307)
    II　設例の検討（学説・判例の状況）(308)
第5節　先取特権に基づく物上代位（現行民法の破綻とその後の解釈の大混乱） …………………………………………………… 313
    I　概　説(313)
        A　民法304条の物上代位の要件（民法304条の不適切な表現）(316)
        B　民法304条の立法理由に基づく旧民法債権担保編133条との対比(319)
        C　旧民法債権担保編133条の趣旨を活かした民法304条の新しい解釈(320)
    II　通説による物上代位制度の趣旨（とその批判）(321)
        A　債務者が受けるべき「金銭その他の物」の意味(322)
        B　「その払渡し又は引渡しの前に差押えをしなければならない」の

　　　　　　意味(322)
　　　　C 「払渡し（引渡し）」と「差押え」のそれぞれの意味(326)
　　Ⅲ 先取特権の類型による考察(330)
　　　A 一般先取特権(330)
　　　B 動産先取特権(330)
　　　C 不動産先取特権(330)
第6節　先取特権の消滅 ……………………………………………331
第7節　先取特権のまとめ（優先順位決定のルールについて）………331
　　Ⅰ 先取特権の優先順位の決定基準となるキーワードとしての「保存」
　　　(332)
　　Ⅱ 「保存」「供給」「環境提供」と優先順位との関係(333)
　　　A 動産先取特権における優先順位決定のルール(333)
　　　B 不動産先取特権における優先順位決定のルール(333)
　　　C 一般先取特権における優先順位決定のルール(335)
　　Ⅲ 優先順位決定のルール（結論）(338)

第15章　質　権 ──────────────────────339

第1節　質権の意義 …………………………………………………339
　　Ⅰ 留置権との対比(340)
　　Ⅱ 抵当権との対比(341)
第2節　質権の設定（優先弁済権付与の合意）……………………344
　　Ⅰ 質権の目的物（債権の優先弁済の引当てとなる財産）(344)
　　Ⅱ 質権の設定行為（優先弁済権の付与の合意および目的物の引渡し）
　　　(347)
　　　A 質権設定行為の意義と性質(347)
　　　B 質権設定契約の要物性(347)
　　　C 債権の種類の無限定性(348)
　　Ⅲ 質権の設定者（債務者および物上保証人）(349)
第3節　質権の対抗要件 ……………………………………………351
　　Ⅰ 質権の効力発生要件と対抗要件(351)
　　Ⅱ 動産質権の対抗要件（占有の継続）(351)
　　　A 動産物権変動の対抗要件（引渡し）と質権の対抗要件（占有の
　　　　継続）との相違(352)
　　　B 質物の返還と対抗力の喪失（質権自体は消滅しない）(353)
第4節　質権における担保物権の通有性 …………………………354
　　Ⅰ 概　説(354)
　　Ⅱ 優先弁済権と留置的効力(356)
　　　A 留置権とは異なる質権の留置的効力(356)

- B 質権の優先順位(357)
- C 優先権の実現(360)

第5節 動産質 ……………………………………………………360
- I 流質契約の禁止(360)
  - A 概　説(360)
  - B 流質契約禁止の例外(361)
  - C 営業質の例外(361)
- II 質権の処分（転質）(363)
  - A 概　説(363)
  - B 責任転質(363)
    - 1 転質の要件と効果(363)
    - 2 転質の法的性質(363)
  - C 承諾転質(365)

第6節 不動産質 …………………………………………………366
- I 成立要件(366)
  - A 目的物(366)
  - B 目的物の引渡し（占有改定のみは許されない）(367)
  - C 存続期間(368)
- II 対抗要件（優先弁済権の成立要件）(368)
- III 効　力(369)
  - A 債権の範囲(369)
  - B 目的物の範囲(369)
  - C 物上代位(370)
  - D 使用・収益権(370)
    - 1 原　則(370)
    - 2 例　外(371)
  - E 留置的効力(371)
    - 1 目的物が競売された場合(372)
    - 2 不動産質権が最優先順位にあるとき(372)
    - 3 不動産質権よりも優先順位にある担保権が競売により消滅するとき(373)
  - F 優先弁済権(374)
  - G 転　質(374)

第7節 権利質 ……………………………………………………374
- I 権利質の意義(374)
- II 権利質が抱える法典編纂上の問題点(375)
- III 権利質を設定することが目的（物）である権利の性質と矛盾する場合の問題点(376)

         A 地上権，永小作権を担保目的（物）とする場合における権利質と抵当権との競合問題(376)
         B 無体財産権を目的（物）とする場合(377)
         C 鉱業権，漁業権を目的（物）とする場合(377)
      Ⅳ 権利質の目的物についての問題点のまとめ(377)
      Ⅴ 権利質の成立要件，対抗要件(378)
         A 総　　論(378)
         B 指名債権(379)
         C 指図債権：質入裏書をした証券の交付(380)
         D 無記名債権（無記名社債・記名式所持人払債権を含む）：引渡しと証書の継続占有（動産質に準じる）(383)
      Ⅵ 権利質の効力(383)
         A 債権の範囲(383)
         B 目的物の範囲(383)
         C 物上代位(384)
         D 留置的効力(384)
         E 優先弁済権(384)
            1 債権の直接取立て（民法366条）(384)
            2 民事執行法193条による執行(385)
            3 設定者・第三債務者による質入債権の消滅行為は質権者に対抗できない(385)

   第8節　質権の消滅 …………………………………………………385
      Ⅰ 概　　説(385)
      Ⅱ 動産質の消滅原因(385)
      Ⅲ 不動産質の消滅原因(386)
      Ⅳ 権利質の消滅原因(386)

   第9節　質権のまとめ …………………………………………………386
      Ⅰ 動　産　質(386)
      Ⅱ 不動産質(387)
      Ⅲ 権　利　質(387)

第16章　抵　当　権 ― 389

   第1節　抵当権概説 …………………………………………………389
      Ⅰ 抵当権の意義(390)
      Ⅱ 抵当権の設定と利害関係者（抵当権をめぐる登場人物）(391)
      Ⅲ 先順位者と後順位者との関係(393)
      Ⅳ いわゆる「近代的抵当権の原則」と「順位確定の原則」に対する批判的考察(394)

- V 抵当権におけるいわゆる「担保物権の通有性」(396)
  - A 抵当権における優先弁済権(396)
  - B 抵当権における付従性・随伴性(396)
  - C 抵当権における不可分性(397)
  - D 抵当権における物上代位性(399)
  - E 抵当権における追及効(399)

第2節 抵当権の成立要件と対抗要件 …………………………399
- I 概　　説(399)
- II 登　　記(400)
  - A 抵当権の登記が対抗要件であることの根拠条文(400)
  - B 抵当権の登記と他の権利との優先順位(402)
  - C 登 記 事 項(403)
  - D 無登記の抵当権の効力(403)
  - E 無効登記の流用(403)

第3節 抵当権の効力（追及効を伴う優先弁済権）……………………404
- I 概　　説(404)
- II 優先弁済権を生じる債権の範囲(405)
- III 抵当権の目的物の範囲(406)
  - A 無体物（地上権・永小作権）を目的とする抵当権(407)
  - B 有体物を目的とする抵当権(409)
  - C 将来の物に対する抵当権——増担保請求権(414)
- IV 抵当権者の一般債権者としての権利行使の制限(416)
- V 抵当権の追及効とその限界(418)
  - A 目的物に対する抵当権の追及効(418)
  - B 分離物（分離された付加物）に対する抵当権の追及効(420)
    1 概　　説(420)
    2 分離物に対する追及効の限界時点(421)
  - C 建物が倒壊し木材となった場合の木材に対する追及効(423)
- VI 抵当権侵害（優先弁済権侵害）に対する効力(424)

第4節 抵当権の処分（優先弁済権の譲渡）……………………………426
- I 概　　説(426)
  - A 抵当権の処分の意味(427)
  - B 抵当権処分の制度目的(427)
  - C 抵当権＝攫取力強化説による説明の利点(428)
- II 抵当権者の債権者に対する優先弁済権の譲渡（民法376条1項前段）＝転抵当(428)
  - A 転抵当の意味(428)
  - B 転抵当の法的性質(429)

        C 従来の説との相違(430)
    Ⅲ 一般債権者，後順位債権者に対する優先弁済権の譲渡（民法376条1項後段）(433)
        A 共通の設例(433)
        B 一般債権者に対する優先権の全部譲渡と一部譲渡(433)
            1 抵当権の譲渡(433)
            2 抵当権の放棄(434)
        C 後順位抵当権者に対する優先順位の全部譲渡と一部譲渡(435)
            1 抵当権の順位の譲渡(435)
            2 抵当権の順位の放棄(435)
            3 抵当権の順位の変更（ABC→CAB）（民法374条1項）(436)
第5節 抵当権の実行 …………………………………………437
    Ⅰ 概 説(437)
    Ⅱ 担保不動産競売手続(438)
        A 普通の場合(439)
            1 担保不動産競売の申立て(439)
            2 差押え——担保権実行の開始(442)
            3 不動産の換価の準備(445)
            4 不動産の換価(446)
            5 満 足(450)
        B 特別の場合(451)
            1 抵当不動産が第三者に譲渡された場合(451)
            2 一般債権者による担保目的物の差押え(453)
            3 滞納処分と強制執行との競合(453)
    Ⅲ 担保不動産収益執行(454)
        A 担保不動産収益執行が創設された経緯(454)
        B 収益執行の開始要件(455)
        C 収益執行の開始決定(455)
        D 収益執行手続(456)
        E 配当手続(456)
    Ⅳ 競売手続以外の方法としての抵当直流れ（民法349条の反対解釈）(457)
        A 抵当直流れの意義と清算の必要性(457)
        B 抵当直流れと仮登記担保との関係(458)
    Ⅴ 抵当権における物上代位の範囲(458)
        A 概説と本書の立場(458)
            1 目的物の売却の場合(459)
            2 目的物の賃貸の場合(459)

          3 目的物の滅失・損傷の場合(459)
      B 目的不動産の売却の場合の代金債権(460)
          1 売買代金債権に対する物上代位の必要性は存在しない(460)
          2 売買代金債権に対する物上代位を否定する理論的根拠(460)
          3 売買代金債権に対する物上代位を認めた場合の実際上の問題点(461)
      C 目的不動産の賃料債権(462)
          1 抵当権の物上代位と不動産先取特権の物上代位との類似性(462)
          2 民法371条との整合性(462)
          3 転貸借がなされた場合の転貸賃料に対する物上代位(465)
          4 物上代位の対象となる賃料債権に対する賃借人による相殺(466)
      D 目的不動産の滅失・損傷に基づく損害賠償債権・保険金債権(470)
          1 損害賠償債権，保険金債権に対する物上代位の必要性と根拠(470)
          2 物上代位と債権質との優先関係(471)
      E 物上代位における差押え(473)
          1 差押えの意義と機能(473)
          2 物上代位の行使方法(477)
第6節 共 同 抵 当 …………………………………482
  I 設　　例(482)
      A 問　　題(483)
      B 問題の解説(483)
  II 共同抵当の意義と機能(483)
      A 共同抵当の意義(483)
      B 共同抵当の機能(484)
          1 担保価値の増大(484)
          2 危険の分散，担保価値の維持(484)
  III 実行の弾力性と後順位抵当権者，抵当権設定者の保護(484)
      A 原則（共同抵当権者の自由裁量と後順位抵当権者の保護）(484)
          1 競売に関する共同抵当権者の自由裁量の確保(484)
          2 共同抵当の実行と後順位抵当権者の保護(484)
      B 例外（超過競売が予想される場合の裁量の制限＝抵当権設定者の保護）(485)
  IV 共同抵当の設定と公示(485)
  V 共同抵当の配当手続(486)

A 同時配当(486)
        1 同時配当における配当計算(486)
        2 同時配当における配当結果(488)
      B 異時配当(488)
        1 異時配当手続(488)
        2 異時配当における配当結果(489)
    VI 物上保証人との関係(490)
      A 概 説(490)
      B 異主共同抵当の事例(492)
        1 債務者と物上保証人の不動産に共同抵当権が設定され，債務者に後順位抵当権者がいる場合(492)
        2 債務者と物上保証人の不動産に共同抵当権が設定され，物上保証人に後順位抵当権者がいる場合(496)

  第7節 法定地上権 …………………………………………………503
    I 概 説(503)
      A 法定地上権の意義と目的(503)
      B 法定地上権の2つの類型と共通の機能(505)
        1 建物だけに抵当権が設定された場合(505)
        2 土地だけに抵当権が設定された場合(506)
      C 法定地上権に対する廃止論とその批判(507)
        1 〔1〕に対する批判(508)
        2 〔2〕に対する批判(508)
        3 〔3〕に対する批判(509)
    II 法定地上権の成立要件(510)
      A 従来の要件論とその批判(510)
      B 民法388条の要件の構造化（民法388条の要件の再構成）(511)
      C 土地と建物が同一所有者に属する要件の基準時(513)
        1 抵当権設定時点(513)
        2 抵当権実行時点(513)
      D 更地に抵当権が設定された後に建物が築造された場合の法定地上権の成否(514)
      E 抵当権が設定された後に建物が再築された場合の法定地上権の成否(516)
      F 複数の抵当権が設定された場合の法定地上権の成否(520)
    III 法定地上権の成立の類型(524)
      A 基 本 型(524)
        1 建物だけに抵当権が設定された場合(524)
        2 土地だけに抵当権が設定された場合(525)

  B　抵当権設定時に法定地上権が予測される場合(526)
   1　抵当権設定当時同一人，競売当時別人型(526)
   2　登記名義同一人，実質別人型(529)
  C　抵当権実行時に土地と建物が同一所有者に属している場合(531)
   1　抵当権設定当時別人，競売当時同一人型(531)
   2　実質同一人，登記名義別人型（前主名義型）(534)
  D　仮 登 記 型(537)
   1　土地に仮登記があり，その後建物に抵当権が設定された場合(537)
   2　建物に仮登記があり，その後土地に抵当権が設定された場合(538)
  E　共 有 型(539)
   1　土地共有型(539)
   2　建物共有型(542)
第 8 節　抵当権と用益権との調和 …………………………………543
 Ⅰ　概　　説(543)
  A　抵当権の設定登記に遅れて対抗力を取得した賃借権と抵当権との関係(544)
  B　賃借権の濫用に対する抵当権者の権利(546)
 Ⅱ　抵当権の実行と賃借権の対抗力(548)
 Ⅲ　抵当権と用益権の調整として無益な現行民法 387 条(554)
 Ⅳ　一括競売（民法 389 条）——土地とその上の建物が別個の不動産とされることの矛盾の調整としては無用の長物(556)
 Ⅴ　短期賃貸借保護（民法旧 395 条）の廃止と引渡しの猶予（民法 395 条）(558)

第 9 節　抵当権の消滅 ………………………………………………560
 Ⅰ　概　　説(560)
  A　抵当権の消滅原因の分類(561)
  B　物権に共通の消滅原因とされているが，抵当権が必ずしも消滅するとは限らない場合(563)
   1　目的物の滅失（必ずしも抵当権を消滅させない）(563)
   2　民法 179 条の混同による消滅（債権者と債務負担者との混同〔民法 520 条〕と付従性によって消滅する）(564)
   3　抵当権の目的である権利の放棄（権利の消滅が対抗できないために，抵当権を消滅させない）(565)
   4　抵当不動産の時効取得（所有権が原始取得されたとしても，必ずしも抵当権を消滅させない）(565)
 Ⅱ　担保権に共通の消滅原因(567)

           A 被担保債権の消滅（付従性）(567)
           B 抵当権の目的物の競売(567)
       Ⅲ 抵当権に特有の消滅原因(567)
           A 代 価 弁 済(568)
               1 代価弁済の意義と制度の趣旨(568)
               2 代価弁済の要件と効果(569)
           B 抵当権消滅請求(571)
               1 抵当権消滅請求の意義(571)
               2 滌除から抵当権消滅請求への改正の背景と趣旨（滌除制度の
                 デメリットとメリット）(571)
               3 滌除制度と抵当権消滅請求制度との異同(573)
           C 抵当権の消滅時効（民法396条）(575)
           D 債務者または抵当権設定者以外の者による抵当不動産の取得時
             効による抵当権の追及効の消滅（民法397条）(577)

第17章　根抵当権（債権枠で限定された流動債権に関する抵当権)────584
第1節　根抵当権概説……………………………………………………………584
       Ⅰ 根抵当の意義(584)
           A 「根」の意味(584)
           B 根担保，集合物（集合債権）担保と一般先取特権との対比(585)
           C 根抵当に関する判例法理とその立法化(586)
       Ⅱ 根抵当の性質(588)
           A 債権の流動性(588)
           B 付 従 性(589)
               1 概　説(589)
               2 成立に関する付従性(589)
               3 消滅に関する付従性(590)
           C 随 伴 性(590)
           D 独 立 性(591)
       Ⅲ 根担保と債権との関係(591)
第2節　根抵当権の設定…………………………………………………………593
       Ⅰ 設 定 契 約(593)
       Ⅱ 設 定 登 記(593)
第3節　根抵当権の優先弁済権…………………………………………………593
       Ⅰ 債権の種類(593)
       Ⅱ 極 度 額(594)
第4節　根抵当関係の変更………………………………………………………594
       Ⅰ 債権の範囲の変更(594)

Ⅱ　債務者の変更(595)
　　Ⅲ　極度額の変更(595)
　　Ⅳ　債権譲渡・代位弁済，債務引受け(595)
　　　A　概　　説(595)
　　　B　確定前の債権譲渡・代位弁済(596)
　　　C　確定前の債務引受け(596)
　　Ⅴ　更　　改(596)
　　Ⅵ　相　　続(597)
　　　A　概　　説(597)
　　　　1　原則としての元本確定(597)
　　　　2　例外としての債権枠の移転(597)
　　　B　根抵当権者の相続(598)
　　　C　根抵当権設定者の相続(598)
　　Ⅶ　合　　併(599)
　　　A　原則としての根抵当権の移転(599)
　　　B　例外としての確定請求(599)
　　Ⅷ　会 社 分 割(599)
　第5節　根抵当権の処分（抵当権とその順位の譲渡・放棄の禁止）………600
　　Ⅰ　概　　説(600)
　　Ⅱ　転 抵 当(601)
　　Ⅲ　根抵当権の譲渡(601)
　　　A　全 部 譲 渡(601)
　　　B　分 割 譲 渡(601)
　　　C　一 部 譲 渡(602)
　　Ⅳ　根抵当関係の共有関係(602)
　　Ⅴ　普通抵当の順位の譲渡・処分を受けた根抵当権者の譲渡・処分(602)
　　Ⅵ　順位の変更(603)
　第6節　共同根抵当・累積根抵当　…………………………………………603
　　Ⅰ　共同根抵当（例外）(603)
　　Ⅱ　累積根抵当（原則）(604)
　第7節　確定——根抵当関係の終了　………………………………………604
　　Ⅰ　確定の意味(604)
　　Ⅱ　確 定 期 日(605)
　　Ⅲ　確 定 請 求(605)
　　Ⅳ　確 定 事 由(605)
　　　A　抵当不動産の競売・担保不動産収益執行・差押え(606)
　　　B　滞納処分による差押え(606)
　　　C　他の債権者のなした競売・差押えを知った時から2週間経過し

         たとき(606)
      D 債務者・根抵当権設定者の破産(606)
    V 確定後の極度額減額請求(607)
    VI 確定後の根抵当権消滅請求(607)

第5部　担保法各論(3)──物的非典型担保

第18章　非典型の物的担保概観───────────610
  第1節　非典型担保における典型担保の役割（優越的地位の濫用の防止）……………………………………………………………610
  第2節　非典型担保における「嘘の効用」……………………612
  第3節　非典型担保における優越的地位の濫用に対するコントロールの必要性とその方法………………………………614
  第4節　非典型担保の種類………………………………………615

第19章　仮登記担保───────────────────617
  第1節　仮登記担保法概説………………………………………617
    I 仮登記担保の意味(618)
    II 仮登記担保と通常の代物弁済との異同(619)
    III 仮登記担保の機能(619)
      A 仮登記担保利用のメリット(619)
      B 仮登記担保の利用度(620)
      C 非典型担保の準則としての仮登記担保法の役割(621)
    IV 仮登記担保の摑取力強化説による説明(622)
  第2節　仮登記担保の成立（設定）………………………………624
  第3節　仮登記担保の実行………………………………………626
    I 予約完結権の行使または停止条件の成就と清算金見積額の通知(626)
      A 債務者の債務不履行と売買予約の完結(626)
      B 清算金見積額の通知（2条通知）(626)
    II 債務者の弁済と受戻権の保障(627)
      A 清算期間と弁済猶予期間(627)
      B 清算金支払までの受戻期間(627)
    III 後順位債権者の競売請求または物上代位権の保障(628)
      A 5条通知と後順位債権者の選択権(628)
        1 後順位債権者への通知（5条通知）(628)
        2 後順位債権者の立場の選択(629)
      B 債権者の提示した見積額で満足しない場合（競売請求）(629)

          C　債権者の提示した見積額で満足する場合（物上代位）(629)
            1　物上代位と差押え(629)
            2　清算金の支払に関する処分の禁止(630)
            3　清算金の供託(630)
      Ⅳ　清算の手続と方法(630)
          A　清算金の支払義務(630)
            1　清算金の額の決定(630)
            2　清算金の見積金額の通知の拘束力(631)
            3　土地等の価額が債権等の額を超えないときの債権の一部消滅(631)
          B　同時履行の関係，留置権の発生と清算方式(631)
          C　片面的強行規定(631)

第4節　仮登記担保の効力 ……………………………………………632
    Ⅰ　本登記請求(632)
        A　後順位債権者がいない場合(632)
        B　後順位債権者が清算金の見積額に満足している場合(632)
            1　清算金の供託から1ヵ月を経過する前の場合(632)
            2　清算金の供託から1ヵ月を経過した後の場合(632)
    Ⅱ　強制競売等における仮登記担保の効力(633)
        A　抵当権の擬制(633)
        B　担保仮登記の届出(633)
        C　優先弁済権の範囲(633)
    Ⅲ　根担保仮登記の効力(634)
    Ⅳ　法定借地権(634)

第20章　譲渡担保 ─────────────────────────635

第1節　譲渡担保の誕生と信託的行為（通謀虚偽表示）……………635
    Ⅰ　通謀虚偽表示の無効の意味(636)
    Ⅱ　譲渡担保における通謀虚偽表示（信託的行為）とその有効性(637)
    Ⅲ　通謀虚偽表示としての譲渡担保の効力(640)
        A　譲渡担保における所有権の内部的効力と対外的効力（所有権は債権者には移転しない）(641)
        B　譲渡担保における担保権実行の効力（処分清算型の原則）(642)
        C　譲渡担保の実行完了まで所有権は設定者に帰属する（担保的構成）(642)
        D　譲渡担保における処分清算の原則（帰属清算の危険性）(644)
    Ⅳ　典型担保としての抵当権の規定の類推適用（判例における所有権的構成の破綻）(646)
        A　最高裁における譲渡担保の所有権の構成の理論のほころび(647)

　　　　B　譲渡担保における物上代位の類推(649)
　　　　C　後順位譲渡担保権の承認(650)
　　　　D　譲渡担保における抵当権の簡易の実行手続の類推の必要性(650)
　第2節　動産譲渡担保 ……………………………………………………652
　　Ⅰ　動産譲渡担保（動産抵当）の解釈論上の問題点とその克服(652)
　　Ⅱ　動産譲渡担保の効力(653)
　　　　A　流抵当型とその破綻(654)
　　　　B　帰属清算型とその問題点(655)
　　　　C　処分清算型の原則(656)
　　Ⅲ　集合物譲渡担保の特例(657)
　第3節　不動産譲渡担保 ……………………………………………………659
　第4節　債権譲渡担保 ………………………………………………………661
　　Ⅰ　通常の債権譲渡担保(661)
　　Ⅱ　集合債権に関する債権譲渡担保と債権質との関係(662)
　　　　A　最一判平13・11・22の事案(662)
　　　　B　最一判平13・11・22の法理(664)
　　　　　　1　集合債権，集合債権譲渡担保について(664)
　　　　　　2　債権に関する譲渡担保の必要性(664)
　　　　　　3　債権に関する譲渡担保の対抗要件(665)
　　　　　　4　典型担保と非典型担保としての譲渡担保との融合(665)

第21章　所有権留保 ───────────────────────── 667
　第1節　所有権留保の意義 …………………………………………………667
　　Ⅰ　所有権留保の法的性質（譲渡担保）(667)
　　Ⅱ　所有権留保の効果(668)
　第2節　割賦販売（クレジット契約）における所有権留保 …………669
　第3節　所有権留保の実行とその制限 ……………………………………670

おわりに ──────────────────────────────── 673
　第1節　大人の学問と「嘘の効用」………………………………………673
　第2節　「嘘の弊害」としての学問の危機………………………………675
　第3節　嘘のない理論の効用と方法 ………………………………………676
　第4節　「抵当権と利用権との調和」をめざす我妻法学の挫折と
　　　　「嘘の弊害」……………………………………………………………677
　第5節　「嘘のない担保法」による「利用権の保護」をめざして ……679

　　参考文献
　　事項索引
　　判例索引

凡　例

1　法令の表記

　法令の略称については，下記のように表記する。

　　　仮登記担保法　　　　仮登記担保契約に関する法律
　　　厚生年金法　　　　　厚生年金保険法
　　　自賠法　　　　　　　自動車損害賠償保障法
　　　建物保護法　　　　　建物保護ニ関スル法律
　　　動産・債権譲渡特例法　動産及び債権の譲渡の対抗要件に関する民法の特
　　　　　　　　　　　　　例等に関する法律

2　判決・決定の表記

　判決・決定については，下記のように表記する。

　　例：最三判昭 48・4・24 民集 27 巻 3 号 596 頁
　　　　→最高裁昭和 48 年 4 月 24 日第三小法廷判決・民集 27 巻 3 号 596 頁

3　判例集の表記

　判例集・雑誌については，下記のように表記する。

　　　民録　　　大審院民事判決録
　　　民集　　　大審院または最高裁民事判例集
　　　判時　　　判例時報
　　　判タ　　　判例タイムズ
　　　新聞　　　法律新聞
　　　訟月　　　訟務月報
　　　金法　　　金融法務事情

はじめに

第1節　本書の範囲と構成

　本書で扱う「担保法」とは，債権の保全と取立てを確実にするための法制度（債権担保）をいう。その中心は，民法第3編第1章第3節（多数当事者の債権及び債務）に規定されている連帯債務，および保証（この2つを併せて「人的担保」という），ならびに，民法第2編第7章～第10章に規定されている，いわゆる担保物権（本書では，「物的担保」という用語を用いる。債権担保という枠の中で「人的担保」である保証・連帯債務との連続性を強調するためである）として規定されている留置権，先取特権，質権，および抵当権（この4つを併せて「典型担保」という），ならびに，仮登記担保，および譲渡担保（所有権留保を含む）であり，最後の2つを「非典型担保」という。債権担保の中心は，上記の人的担保と物的担保であるが，そのほかにも，債権の対外的効力として債権の保全と取立てを目的とする制度が存在する。例えば，民法第3編第1章第2節第2款の「債権者代位権及び詐害行為取消権」，ならびに，意思表示だけで債権を優先的かつ即時に回収することができる相殺（「相殺の担保的機能」という）は，債権であっても対外的な効力（対世効力）を有する代表例である。そこで，本書では，これらすべてを取り込んで，「債権担保」に関する法制度を体系的に論じることにする。本書で取り扱う債権担保法の全体像を示すと，次頁の表1のようになる。

　本書において，人的担保と物的担保だけでなく，債権の対外的効力としての債権の保全と取立てを目的とする制度（債権者代位権，直接訴権，詐害行為取消権，同時履行の抗弁権，不安の抗弁権，相殺）をもその対象としているのは，これまで物的担保に特有の効力と信じられてきた担保物権の効力が，実は，債権の対外的効力の中にすでに含まれている，という確信に基づいている。なぜな

表1　担保法の体系

担保の分類（大中小）			性質・内容	対象・目的物	民法の根拠条文
大	中	小			
債権担保法	手段・総論	取立権	債権者代位権	第三債務者に取立てを行う権利	債務者の債権	423条
			直接訴権	第三債務者に排他的に取立てを行う権利	債務者の債権	314条・613条（自賠法16条）
		追及権	詐害行為取消権	受益者，転得者の財産に追及できる権利	第三者の責任財産	424～426条
		拒絶権	同時履行の抗弁権	履行拒絶による事実上の優先弁済権	対立する債権	533条
			相殺権	牽連性ある債権に対する即時・優先回収権	受働債権	511条・468条2項
	実体・各論	人的担保	保証	債務者に代わって債務の弁済をする責任	責任財産	446～465条の5
			連帯債務	債務と保証（連帯保証）との結合		432～445条
		物的担保	典型担保	留置権	引渡拒絶の抗弁権（事実上の優先弁済権）	動産，不動産	295～302条・194条・475条・476条
				先取特権	法律上の優先弁済権	動産，不動産，財産権	303～341条・511条
				質権	留置的効力を利用した約定の優先弁済権	動産，不動産，財産権	342～368条
				抵当権	追及効を伴う約定の優先弁済権	不動産，財産権	369～398条の22
			非典型担保	仮登記担保	帰属清算型とされる約定の優先弁済権	不動産	482条（仮登記担保法）
				譲渡担保	処分清算型の約定の優先弁済権	動産，不動産，財産権	なし（学説・判例）←立法の必要性大
				所有権留保	譲渡担保の一種（割賦販売等で利用）	動産，不動産	128～130条（割賦販売法7条など）

ら，債権は，その本質的効力として，債務者が債務不履行に陥った場合には債務者の財産に対して**強制執行**を行う権利，すなわち，債務者の一般財産に対して潜在的な換価・処分権能（**摑取力**）を有している（民法414条）。その意味では，債権は，債務者の財産全体に対してゆるやかに「交換価値」を把握しているともいえる。また，債権者は，第三債務者に対して**直接取立権**（債権者代位権（423条），直接訴権（314条・613条））を有しており，責任財産を故意に逸失させた場合には，**追及効**（詐害行為取消権〔424～426条〕）をも有している。さらには，一定の債権（相殺権，租税債権等）は，他の債権者に先立って債権の弁済を受ける権利（**優先弁済権**）を有している。

　従来は，「担保物権の効力」としての直接取立権，追及効，優先弁済権は，物権だからこそ可能となる効力であると信じられてきた。しかし，本書の新しい視点で眺めてみると，「担保物権の効力」とは，実は，債権の効力の一環として認められている摑取力を民法自体が拡張しているものに過ぎないことが判明する。もしも，「担保物権の効力」について，債権にもその効力を備えるものがあるとすると，物的担保をわざわざ物権として構成する必要はないことになる。この点を踏まえて，担保物権を債権の摑取力の観点から説明しようとしている点（担保物権＝債権の優先効説）が，本書の特色となっている。

　以上の点を踏まえて，本書は，債権の摑取力とその拡張を論じる担保法総論と，人的担保と物的担保とを論じる担保法各論で構成されている。本書で論じる項目は，以下の通りである。なお，優先弁済権の命は，その順位にある。これまで，「優先順位決定のルール」を示すものは存在しなかった。本書では，この点について，被担保債権の性質を3つの型（保存，供給，環境提供）に分類し，それぞれの順位の初期値（デフォルト値）とその変動（昇進と降格）についてのルールを明確にしている。ここで，その結果を先取りして記しておく（詳細は，第14章第6節参照）。

　Ⅰ　担保法総論（債権の保全と取立ての方法論）
　　A　債権の摑取力
　　　(1)　債権の効力としての強制履行訴求力（債権の摑取力）
　　　(2)　債権者代位権（第三債務者に対する競合的取立権）
　　　(3)　直接訴権（第三債務者に対する排他的取立権）
　　　(4)　債権者取消権（第三者に対する追及効）
　　B　債権の同時履行に基づく事実上または法律上の優先弁済権

第1節　本書の範囲と構成

(1)　引換給付（履行拒絶の抗弁権に基づく**事実上の優先権**）
　(2)　相殺（意思表示のみによる同時履行を超えた**即時・優先的取立権**）——第1順位の先取特権
II　担保法各論（人的担保と物的担保）
　A　人的担保（責任財産の量的拡大）
　(1)　保証（債務を債務者に代わって履行する責任）
　(2)　連帯債務（債務者間の相互連帯保証）
　B　物的担保（責任財産の質的確保＝責任財産からの**優先弁済権**）
　(1)　典型担保
　　(a)　法定担保
　　　①　留置権（引渡拒絶の抗弁権＋事実上の優先弁済権）……事実上の第1順位の優先弁済権
　　　②　先取特権（優先弁済権）
　　　第0順位　共益の費用の一般先取特権
　　　第1順位　保存の先取特権（動産保存の先取特権〔第2順位から第1順位へと昇進しうる〕，不動産保存・不動産工事の先取特権〔第1順位と第2順位〕，果実に関する農業労務〔第1順位〕）
　　　第2順位　供給の先取特権（〔動産売買の先取特権（第3順位から第2順位へと昇進しうる），不動産売買の先取特権（第3順位）〕，果実に関する種苗または肥料供給〔第2順位〕）
　　　第3順位　環境提供の先取特権（動産に関する「黙示の質権」〔不動産賃貸，旅館宿泊，運輸の先取特権〕〔第1順位から第3順位へと降格しうる〕，果実に関する土地賃貸〔第3順位〕）
　　　第4順位　雇用関係の一般先取特権
　　　第5順位　葬式の費用の一般先取特権
　　　第6順位　日用品の供給の一般先取特権
　　(b)　約定担保
　　　①　質権（約定の留置権＋優先弁済権）……不動産保存・工事の先取特権に次ぐ第1順位の優先弁済権（第1順位から第3順位へと降格しうる）
　　　②　抵当権（約定の先取特権＋追及効）……不動産保存・工事の先取特権に次ぐ第3順位の優先弁済権
　(2)　非典型担保（約定担保かつ「移転型」物的担保〔真意（担保）と外観（所有権移転）とが異なる〕）
　　(a)　仮登記担保（代物弁済予約，停止条件付代物弁済契約→約定の優先弁

済権＋帰属清算）……抵当権の順位と同じ
　(b)　譲渡担保（約定の優先弁済権＋処分清算）……保存の先取特権に次ぐ順位を占める
　(c)　所有権留保（約定の優先弁済権＋処分清算）……同上

第2節　本書の特色

　本書の特色は，先に述べたように，担保法の基礎理論を担保法総論として提示した点にある。それ以外にも，本書には，次に述べるような3つの特色がある。

　本書の第1の特色は，物的担保を物権の分野ではなく，債権の分野の問題すなわち「債権担保」として取り扱うという点にある。なお，人的担保（保証，連帯債務）と物的担保（いわゆる担保物権）とを統合して「債権担保法」とするという考え方は，120年ほど前に旧民法を起草したボワソナードの創見に倣ったものである。ボワ

図1　Dallozのフランス民法典2007年版
2006年の担保法の改正（人的担保と物的担保の統一）を大きく取り上げている

ソナードによるこの着想は，最近のフランス民法典の改正（2006年3月23日のオルドナンス）により，人的担保（Des sûretés personnelles）と物的担保（Des sûretés réelles）が1つの編（フランス民法典第4編：担保編〔Livre IV: Des sûretés〕）にまとめられることで，実定法上も実現されることとなった。このことは，ボワソナードのすぐれた先見性を実証するものとなっている。

　本書の第2の特色は，保証とは，物上保証と同じく，「債務なき責任」であって，本来の債務とは別に，「保証債務」という独立の債務が存在するわけではないとするものである。

　民法は，保証債務という呼び名を使っているが，厳密に考えると，保証は，終局的な負担としての債務ではない。保証は，他人の債務を肩代りして履行する責任を負うに過ぎず，肩代りした履行は，事前または事後に債務者に求償することによって，終局的な負担を負わない仕組みとなっているからである。

本書では，保証とは，債権者と債務者の間の本来の債務について，保証人が中間項となって本来の債務の履行責任を負うとともに，債務者への求償によって最終的には責任を免れるものであり，保証責任と求償権とはペアとなって本来の債務を補強する本来の債務のバイパスに過ぎないことを明らかにしている。
　本書の第3の特色は，担保物権とは，「債権に優先弁済効（優先弁済権）が与えられたもの」であって，債権とは別に，「担保物権」という物権が存在するわけではないという点にある。
　民法は，法令用語としては，担保物権という言葉を用いていない。民法は，いわゆる担保物権である先取特権（303条），質権（342条），抵当権（369条）について，いずれも「他の債権者に先立って自己の債権の弁済を受ける権利」として構成している。ここでいう「弁済を受ける権利」とは，理論的には，物権ではなく債権の定義にほかならない。したがって，いわゆる担保物権とは，債権に優先権が与えられている現象を示しているだけであり，債権のほかに担保物権という別の物権が存在するわけではないと考える方が，むしろ，上記の条文（民法303条・342条・369条）に忠実な考え方であるといえよう。
　本書の第4の特色は，担保とは，債務者が債務不履行に陥った場合に，債権者に目的物の換価・処分権を与えるだけのものであり，「目的物の所有権は債権者に移転しないもの」であると構成する点にある。このことは，典型担保はもちろんのこと，非典型担保として「所有権移転型」といわれている譲渡担保，および仮登記担保にも妥当し，本書ではすべての担保につき，債権者には所有権は移転しないと構成する。
　確かに担保権設定の形式上は，第1に，譲渡担保については，その設定の時点で担保目的物の所有権が債権者に移転するとされており，第2に，仮登記担保の場合には，債務不履行の時点（仮登記担保法によれば，清算期間の終了時点）で，担保目的物の所有権が債権者に移転するとされている。しかし，これはすべて，通謀虚偽表示（信託的行為）に過ぎない。無効な表示とは裏腹に，当事者の真の目的は，債務者が債務不履行に陥った場合に，目的物を換価・処分する権限を債権者に与えるというものである。したがって，担保設定契約の形式ではなく，担保設定契約における当事者の意思を尊重するならば，目的物の所有権は，一時的にも，債権者に移転することはないと考えなければならない。もちろん，債権者が，目的物の買受人となることは妨げられないが，それは，あくまで，買受人の権利として所有権を取得するのであって，担保権者の権利

として，必然的に所有権を取得するわけではない。

最後の3点（本書の第2〜第4の特色）は，これまでの民法のいわゆる常識とかけ離れており，民法をマスターした人であっても，すぐには理解できないと思われる。そこで，以下で簡単に説明しておくことにする。

表2　本書の理論の特色（通説と加賀山説との対照表）

争点			通説の考え方	本書の考え方（加賀山説）
人的担保	保証		債務とは「別個・独立」に保証債務という「債務」が存在すると考える（保証＝債務）。しかし，本来の債務が消滅すると保証債務も消滅する（保証債務には付従性がある）ことを認めざるをえず，「別個・独立」の債務という出発点と矛盾している。	保証人は，債務者に代わって本来の債務を履行する責任を負うだけであり，本来の債務以外に保証債務という別の債務が存在するわけではない（保証＝債務のない責任）。付従性は，「別個・独立」の債務が存在しないことの証拠に過ぎない。
物的担保	典型担保	総論	債権とは「別個・独立」に，担保物権という「物権」が存在すると考える（担保物権＝物権）。しかし，債権が消滅すると担保物権も消滅する（担保物権は付従性がある）ことを認めざるをえず，「別個・独立」の物権という出発点と矛盾している。	担保物権とは，債権者の掴取力に優先弁済効が付加されただけであり，債権以外に担保物権という物権が存在するわけではない（担保物権＝債権の優先弁済効）。担保物権の付従性は，「別個・独立」の物権が存在しないことの証拠に過ぎない
		留置権	占有を失うと消滅する点で，物権性は弱いが，同時履行の抗弁権とは異なり，対抗力（ただし，177条・178条には従わない）を有する物権である。	債権に関連して物を占有している場合に，債権者に与えられる引渡拒絶の抗弁権（物権ではない）。それが対抗力を持つことによって事実上の優先弁済権が生じている。
		先取特権	債権に優先弁済効が与えられているのではなく，債権とは別個に存在する，優先弁済権という物権である。ただし，一般先取特権の場合は，物との関連がないため，物権というべきかどうかで説は分かれている。	担保目的の「保存」，「供給」，「環境提供」に関連する債権に対して与えられる法律上の優先弁済効。特に，物との関係を有しない一般先取特権が物権でないことは，明らかである。
		質権	留置的効力と優先弁済権を有する，債権とは別個の物権である。ただし，権利質の対象は債権を含むので，物権というべきかどうかで疑問が生じている。	債務者の使用・収益権を奪うことによって債務者に心理的圧力を加え，約定と公示を通じて与えられる債権の優先弁済効。債権を対象とする債権質が物権でないことは明らかである。
			登記によって優先弁済権を有する，債	債務者の使用・収益権を奪うことなく，

抵当権	権とは別個の物権である。先に登記した抵当権は、後に設定された賃借権を覆滅できる。ただし、使用・収益に関与しない抵当権にそこまでの権利を与えるべきかどうかで疑問が生じている。	そこから債権の回収を図るとともに、約定と公示を通じて与えられる債権の優先弁済効。使用・収益権を奪うことはできないので、後に設定されたものを含めて、賃借権を覆滅できない。
非典型担保	非典型担保においては、目的物の所有権が債権者に移転する（非典型担保＝所有権が債権者に移転するもの）と考える。しかし、後順位担保権者の承認、および、帰属清算方式の不合理性の認識（実務上の忌避）を通じて、所有権は移転しないのではないのかとの疑問が生じている。	債権者は、担保目的物に対して、換価・処分権を有するだけであり、一時的にでも、目的物の所有権を取得することはない。債権者が所有権を取得できるのは、買受人となった場合に限られる（担保＝所有権が債権者に移転しないもの）。

I 保証債務という債務は存在しない
（本来の債務〔主債務〕のみが存在する）

　筆者は、保証人の保護の観点から、保証債務といわれているものの実体は、本来の債務について第三者が履行責任を負わされている状態を示しているに過ぎず、本来の債務（主債務）の外に、保証債務という別の債務が存在するわけではないこと、すなわち、保証債務という債務は存在しないと考えている。
　通説（我妻・債権総論449頁、於保・債権総論253頁、奥田・債権総論380頁、平井・債権総論303頁、内田・民法Ⅲ338頁など）は、保証を債務と考え、保証人は第三者ではなく、債務者と同じ地位に立つ者と考えている。しかし、保証人が債権者に債務を支払った場合に、保証人が債務者に全額求償できるのは、**保証人は債務者ではないからである**。債務者の債務を他人である保証人が肩代りして弁済するからこそ、保証人は全額を債務者に求償できるのであって、保証人が最終的な負担を負う者という意味での債務者であるならば、求償はできないはずである。したがって、保証人が負うのは、他人（債務者）の債務を弁済する責任のみであって、**債務者の債務以外に保証債務が存在すると考えるのは誤りであるということになる**。
　通説（我妻・担保物権129頁、高木・担保物権62頁・104～105頁、道垣内・担保物権81頁、内田・民法Ⅱ387頁など）も、保証人の一類型である「物上保証人」（民法351条）については、**債務を負わず、責任のみを負っていることを認**

めている（もっとも，鈴木・物権法226頁だけは，保証人も物上保証人も債務を負っている，すなわち保証人は保証債務，物上保証人は物的有限債務を負うとしている）。しかし，「保証人」と「物上保証人」との相違は，保証人の責任が債権額について無限責任であるのに対して，物上保証人の責任は債務額ではなく，担保目的物に限定された有限責任であるという点に違いが存するに過ぎない。したがって，通常の保証人も，物上保証人と同様，責任を負うのみであって債務を負わないと考えるべきである（加賀山説：保証・物上保証＝債務のない責任説）。

この説のメリットは，通説（我妻・債権総論450頁，於保・債権総論254頁，内田・民法Ⅲ338頁）が，保証債務は「本来の債務」とは別個の「独立の債務」であるが，本来の債務が縮減・消滅すると，保証債務もそれに伴って縮減・消滅するという自己矛盾（「本来の債務から独立した債務」でありながら，「本来の債務に付従する」というのは矛盾である）を免れていることにある。通説の説明として，例えば於保『債権総論』（254頁）は，「保証責務は独立の債務であるが主たる債務に従属する」とまで述べている。このような考え方が，現在もなお，矛盾として排斥されないところに，法律学の学問としての問題があるといえよう。

これに対して本書のように，独立して存在しているという保証債務が実は存在せず，保証人は，債務者の債務を弁済する責任を負っているだけだと考えるならば，債務が縮減・消滅すれば，その債務を弁済する責任も縮減・消滅するのは当然だということになる（保証「債務」の付従性の意味の解明）。

この説のもう一つのメリットは，保証人が負うのは肩代り責任であって，独立の債務を負っているわけではないということから，保証人の保護を徹底できる点にある。この点については，本論（第9章）で詳しく説明することにする。

Ⅱ　担保物権という物権は存在しない
（債権とその優先弁済効のみが存在する）

筆者は，担保物権といわれているものの実体は，債権の摑取力に優先弁済効が付加された状態（債権者間では処分可能なので，優先弁済権ということができる）を示しているに過ぎず，債権の外に担保物権という別の物権が存在するわけではないこと，すなわち，担保物権という独立の物権は存在しないと考えている。

通説は、担保物権を**物権**であると考えている。その理由は、債権は「債権者平等の原則」に従うべきであるにもかかわらず、担保物権者が他の債権者に対して優先弁済権を有するのは物権だからであるというものである（我妻・担保物権15頁・16頁、高木・担保物権8頁、近江・講義Ⅲ3頁、高橋・担保物権35頁・36頁）。しかし、租税債権や給料債権のように、特定の物とは切り離された単なる債権であっても、優先弁済権を有するものが存在するのであって、優先弁済権が物権から生じるというのは理論的ではない。さらに、債権に優先するはずの物権が、債権の消滅によって債権に付従して消滅したり、債権の移転によって債権に随伴して移転するというのであれば、そのように債権に付従するような弱い物権が、なぜ、他の債権者に優先する力を有しているのか、説明に窮するというのが実情である。

例えば、道垣内『担保物権』（3頁）は、担保物権を説明する最初の例として、以下のような雇用関係の先取特権（一般先取特権）の例を挙げて、優先弁済権の説明を行っている。

> 「多数の債権者の中には、法の立場から見て、とくに保護すべき債権者が存する。たとえば、ある会社が倒産したとき、取引から生じた債権を有する債権者よりも、未払給料債権の債権者である従業員たちのほうが、一般的には保護されるべきだと考えられる。給料債権は、当該従業員の生活の基盤だからである。そこで、民法は、給料債権の債権者に、会社財産全体を権利の対象として、先取特権という担保物権を与え、その債権を優先的に回収できるようにしている。」

この例が、現在の社会情勢から考えても、優先弁債権を与える必要性に関する最も適切な例であることは明らかである。しかし、この例は、担保「物権」というには、最もふさわしくない例であることも、また明らかであろう。なぜなら、この場合に従業員の給料債権に優先弁済権が与えられるのは、第1に、「給料債権は、従業員の生活の基盤だからである」という理由だけでなく、その未払給料債権こそが、会社財産全体の維持・増加に寄与してきたからである。第2に、物権は人と「特定の物」とに関連する権利である。したがって、常に収支が変化し、特定することのない会社財産全体を目的とする関係は、決して、物権の問題ではないからである。上記の給料債権の例のように、特に保護すべき債権に与えられている一般先取特権は、物権の特性であるはずの目的物の特定性も追求効もないのであるから、保護すべき特定の「債権について、債権者平等の原則の例が認められているに過ぎない」（鈴木・物権法469頁）と考える

方がわかりやすい。

　そもそも，すべての債権は，債務者が債務を任意に履行しないときは強制執行によって債務者の財産を換価・処分できるという「摑取力」を有しているのであり，債権の摑取力が優先弁済権という形で強化されたのが，担保物権の正体である。したがって，債権以外に担保物権という別の物権が存在し，かつ，その物権は債権が消滅すると物権も消滅し，債権が移転すると物権も移転すると考えるのは，幻想に過ぎない。債権が消滅すればその優先弁済効としての優先弁済権も消滅し，債権が移転すればその優先弁済権も移転するに過ぎないというのが，担保物権の付従性・随伴性の意味なのである。

　この説のメリットは，債権を被担保債権と呼び，被担保債権とは別に「独立の物権」である担保物権なるものが存在するが，その担保物権は，被担保債権が消滅すると担保物権もそれに伴って消滅するという自己矛盾（「債権から独立した物権」でありながら，「債権に付従する」というのは矛盾である）を免れることにある。独立して存在するという担保物権がそもそも存在せず，それは，債権に固有の摑取力に優先弁済権が付与されただけだと考えるならば，債権の消滅によって，債権の効力である優先弁済権が消滅するのは，当然だからである（担保「物権」の付従性の意味の解明）。

　この説のもう一つのメリットは，抵当権を含めたいわゆる担保物権は，物権ではなく単なる債権に過ぎないということを通じて，抵当権が設定された不動産の賃借人（居住権者）の保護を貫徹できる点にある。この点については，本論（第16章第8節）で詳しく説明することにする。

Ⅲ　担保物権は，債権の「弁済を受ける権利」に過ぎない

　以上のような理論を展開すると，「民法は，担保物権を『物権』として規定しているではないか」との反論がすぐに予想される。確かに，民法は，留置権，先取特権，質権，抵当権を第2編「物権」の中で規定しており，それらが物権であることは疑いがないように見える。

　しかし，法典の体裁（編別）だけで判断するのではなく，それぞれの権利の定義を定めた冒頭条文を考慮して決定を下すべきであろう（物的担保を「物権」だと信じている人には耐え難いことかもしれないが，先入観を取り除いて，冒頭条文を素直な気持ちで読んでいただきたい）。

最初の留置権は，引渡拒絶の抗弁権として規定されており（民法295条），事実上の優先弁済権しか有しないために，優先弁済権の規定はない（このことは，留置権を債権に優先する物権と考える必要性さえ存在しないことを意味する。しかし，この点については，後に詳しく検討することにする〔第13章〕）。しかし，それ以外の権利の冒頭条文，すなわち，先取特権の冒頭条文（303条），質権の冒頭条文（342条），抵当権の冒頭条文（369条）を見てみると，例外なしに，以下のように規定されていることがわかる。

　「他の債権者に先立って自己の債権の弁済を受ける権利を有する。」

　そして，「弁済を受ける権利」とは，債権の本質そのものであって，決して物権ではありえない。つまり，民法の立法者は，ドイツ民法のパンデクテン方式を採用したために，物的担保をひとまず物権編に編入したが，定義を含めて，ボワソナードが起草した旧民法（債権担保編）の内容をほぼそのまま継受したのである。わが国の民法に，留置権や先取特権（フランス民法には規定があるがドイツ民法には規定がない）が規定されているのは，現行民法の担保法が，ドイツ法でもフランス法でもなく，旧民法の債権担保編を継受したからに他ならない。なぜなら，第1に，ドイツ民法は留置権を物権ではなく，「給付拒絶の抗弁権」として規定している（273条）からであり，第2に，フランス民法は，従来は留置権を種々の契約の中に埋め込んでおり，留置権をまとめて規定していなかったからである。もっとも，フランスでも，2006年の担保法改正により，留置権の一般規定（2286条）が創設されているが，それが物的担保の箇所（第2章）ではなく，人的担保（第1章）と物的担保（第2章）の総論の箇所に置かれていることは，留置権が一概に物的権利とはいえないと考えられているからである。

　民法の編別は便宜的なものであり，民法の立法者も，物権と債権とを正確に峻別しているわけではない。例えば，占有権は物権の最初に規定されているが，これが物権でないことは多くの学説が認めている。なぜなら，占有権が物権であるとすると，目的物の占有を伴う債権（例えば，使用貸借，賃貸借，請負，委任，寄託）はすべて物権ということになってしまうはずであるが，使用貸借，賃貸借，請負，委任，寄託が物権だという説は存在しない。このように，物権編に規定されていたとしても，それらの権利がすべて物権であるとは限らない。先に述べた占有権は，本来は物権でも債権でもなく，本権（占有を根拠づける権利のこと。本権は，物権の場合も債権〔賃借権等〕の場合もある）について，こ

れを証明したり，保護したり，取得したりする中立的な権利である。したがって，占有権は，本来ならば物権編ではなく，総則編に規定すべき権利である。このように考えると，ある権利が物権に該当するか，債権に該当するか，いずれにも該当しないかを判断するには，単に編別によって判断するのではなく，個々の権利の定義や性質をみて判断しなければならないことがわかる。

そこで，本書では，現行民法の編別を鵜呑みにするのではなく，個々の条文の意味を立法理由に遡って解釈することを心がけた。そして，現行民法の解釈に際して，特に，現行民法の立法の過誤（例えば304条）を指摘するに際しては，誤りを免れている旧民法を参照している。このような作業を通じて，読者は，旧民法「債権担保編」がいかに優れた規定であるかを再認識することになるであろう。そして，旧民法債権担保編と対比すると，現行民法の人的担保（保証，連帯債務）および物的担保（担保物権）における立法上の問題点は，旧民法の規定を否定した部分に集中的に生じていることを理解することができると思われる。この意味では，本書は，将来の担保法改正に対する現行民法の改正案を提言するものともなっている。

Ⅳ 非典型担保においても，担保目的物の所有権は債権者に移転しない

非典型担保の場合，先にも述べたように，担保権設定の形式上は，第1に，譲渡担保については，その設定の時点で担保目的物の所有権が債権者に移転するとされており，第2に，仮登記担保の場合には，債務不履行の時点（仮登記担保法によれば，清算期間の終了時点）で担保目的物の所有権が債権者に移転するとされている。

しかし，これはすべて通謀虚偽表示に過ぎない。先にも述べたように，当事者の真の目的は，表示された形式とは裏腹に，「債務者が債務不履行に陥らない限り，担保目的物の所有権は設定者が保持し，債務者が債務不履行に陥った場合に，はじめて，目的物を換価・処分する権限を債権者に与える」というものである。したがって，担保設定契約の形式ではなく，担保設定契約における当事者の意思を尊重するならば，目的物の所有権は，担保設定者から，債権者を素通りして，目的物の取得者（買受人）へと移転するだけであり，一時的にも，債権者に所有権が移転することはないと考えなければならない（通謀虚偽表示における形式とは異なる真意の尊重）。もちろん，債権者が目的物の買受人

となることは妨げられないが，それはあくまで買受人の権利として所有権を取得するのであって，担保権者の権利として，必然的に所有権を取得するわけでない。確かに，仮登記担保法は，清算方法として，処分清算型ではなく帰属清算型を採用したために，清算期間が経過すると，所有権は債権者に移転するとしている（仮登記担保法2条1項）。しかし，これが，仮登記担保法のつまずきの原因であった。なぜなら，仮登記担保法の制定以降，仮登記担保の利用率は激減し，実務においては，処分清算が可能な不動産譲渡担保へと移行しているからである。

　債権者の立場から見れば，債権者が目的物を市場で処分し，売却代金から債権額について優先的な弁済を受け，残額を後順位権利者，そして債務者へと返還するというのであれば，債権担保の意味がある。しかし，債権者の側で，まず見積もった清算額を支払ってから目的物を処分して，債権額の回収を行うというのでは，債権が確実に回収されるという保証が得られない。しかも，仮に余裕を見て清算額を低めに見積もると，それに不満を持つ後順位権者によって，競売手続へと移行させられることになるため（仮登記担保法12条），市場価値での売却を行うという私的実行が不可能になってしまう。

　仮登記担保法のつまずきの原因は，清算方式について，虚偽表示に過ぎない代物弁済予約または停止条件つき代物弁済契約という形式に囚われて，所有権が債権者に移転することを前提にして法制度を組み立てた点にある。しかし，仮登記担保法も，解釈によっては，処分清算を実現する道が残されている。仮登記担保法11条ただし書は，債権者が清算期間終了後の受戻期間中に目的物を第三者に譲渡することができることを前提にしている。そこで，仮登記担保法にいわゆる清算期間と受戻期間を合わせて，真の清算期間として再構成すると，仮登記担保法の下でも処分清算が可能となり，そのような運用が行われれば，仮登記担保法の利用はこれまでよりは多くなり，立法の目的がよりよく実現されると思われる（第19章で詳しく論じる）。

第3節　本書の危険性と有用性

I　本書の危険性──警告表示は必要か

　先に述べた筆者の考え方（保証「債務」は存在しない〔存在するのは，本来の

債務のみである〕，担保「物権」は存在しない〔存在するのは，債権とその優先効のみである〕）は，一人説に近いまったくの異説であるため，これを概説書の形で出版することは，読者に対して無用の混乱を与える虞がある。

わが国の民法学は，優に100年を超える歴史を有している。その長い歴史の中で，「担保物権は，実は，債権の掴取力の拡張であって，担保物権という物権は存在しない」という学説を主張するばかりでなく，そのことを概説書で体系的に提唱するのであるから，その影響は悪い面をとっただけでも計り知れないものがある。私が，「担保物権は，債権の優先弁済効であって，担保物権という物権は存在しない」という説明を始めると，あまりの過激さゆえに，聴いていた人々の顔色が変わり，「気分が悪くなった」とか，「吐き気がする。話題を変えてほしい」といわれた経験があるほどである。

表3 通説が触れたがらない抵当権の論点とその理由

	通説が嫌がり，触れたがらない論点	通説の立場	抵当権を債権の優先弁済効に過ぎないとする本書の立場
1	民法369条2項の抵当権の性質	地上権，永小作権も不動産物権だから抵当権の目的としても不都合はない（ただし，このことを公言する教科書は少ない。権利の上の抵当権について論じはじめると，混乱が生じるからであろう）。	地上権，永小作権は，不動産でなく，権利である。立法者も，民法369条2項の抵当権は，物権とは言いがたいとしていた。さらに，権利の上の担保権は，質権でなければならないはずであるが，立法者は，地上権，永小作権の上の質権を否定的に解していた。この問題について，立法者の見解に触れた教科書がないのは，民法369条2項の抵当権が不動産ではなく，権利を目的とするものであり，物権とはいえないからであろう。
2	民法372条によって準用される304条（物上代位）の性質	民法304条が準用される結果，抵当権の目的物の範囲として，金銭，その他の物にも及ぶことがある（このことを公言する教科書も少ない。物上代位の目的は債権であることがほぼ確定しているからであろう）	抵当権の目的物は，上記のように，地上権，永小作権のような財産権でも，また，第三債務者に対する債権でもよい。その理由は，抵当権が物権ではなく，債権の掴取力に与えられた優先弁済権であり，抵当権を有する債権者は，債権者代位権の場合と同じく，第三債務者に対して債務名義なしに請求することができるからである。

3	抵当権の対抗要件と民法177条との関係	抵当権には，民法177条が適用される結果，対抗要件は登記となる。民法339条は，その例外を定めたものに過ぎない（なぜ例外となるかの説明はなされていない。物権秩序に反することになるからであろう）。	民法341条によって抵当権の規定が準用される不動産先取特権の場合，登記をすると，先に登記をした抵当権に優先するのはなぜか，なぜ，この場合に，民法177条の不動産物権変動の対抗要件の原則が否定されるのか。それは，抵当権が物権ではなく，債権の優先弁済効に過ぎず，その順位は，登記の先後ではなく，保存，供給，環境提供という先取特権で明らかにされている優先順位の決定ルールに従っているからである。
4	民法377条の抵当権の処分の対抗要件	民法177条によって登記が対抗要件となるが〔民法376条〕，例外的に，債務者に対する通知が要求されているに過ぎない〔民法377条〕（この理由を説明している教科書は存在しない。物権法からの説明は不可能だからであろう）。	物権行為とされる抵当権の処分行為について，債権譲渡の対抗要件の規定である民法467条が適用されるのは，抵当権が物権ではなく，債権の優先弁済権に過ぎないからである。抵当権の順位は，民法373条の類推によって登記が必要とされるほか，債権の優先弁済権の処分（譲渡）に債権譲渡の対抗要件の規定〔民法467条〕が必要とされるのは，むしろ，当然である。
5	民法339条により，後で登記された先取特権が先に登記された抵当権に優先するという問題	民法339条の規定は，物権秩序を害するものであり，削除されることが望ましい（このことを公言する学者は少数である。しかし，抵当権を物権と考える通説の本音であろう）。	債権の優先弁済権の根拠は，物権秩序に従っているのではなく，債権秩序を制御する信義と公平の観点に基づき，目的物との牽連性の有無，強弱によって判断されている。目的物の価値の維持・増加に寄与した債権者には，必然的に優先弁済権が与えられ，その優先順位は，物権法秩序とは反対に，後の保存者は先の保存者に優先するという原則〔民法330条1項2文〕に従うのである。

　上の表で簡単に紹介したが，重要な点であるので解説を加えておく。物的担保（担保物権），特に抵当権を物権だと信じて疑わない人が，気分を害する話題の典型例（通説が説明困難に陥る典型的な論点〔担保物権に対する意地悪な質問〕）は，以下の5つである。

抵当権の最初の条文である民法369条2項の地上権・永小作権を目的（物）とする抵当権は，権利（無体物）の上の権利であり，物権ではありえない。したがって，民法の立法者も，民法369条2項の立法理由に関して，「元来，抵当権を物権とし物権の目的を物とせるにより，権利を目的とせるものは真の抵当権と謂ひ難き所あり」（民法理由書361頁）と考えていた。もしも，このような「権利の上の物権」を認めると，物権と債権とを峻別する民法の全体系が破壊されることになるからである。そうだとすると，民法369条2項の権利の上の抵当権は，立法者も考えていたように，物権ではなく単に債権者を保護するための優先弁済権に過ぎないと考えるべきではないだろうか。

筆者は，「権利の上の物権」を概念矛盾として排斥し，民法369条2項の抵当権を物権ではないとする立法者の見解に賛成するとともに，抵当権を「不動産担保」とか，「非占有担保」とかという従来の通説の視点で考えるのではなく，抵当権を「設定者の使用・収益権を奪わずに，目的（物）の換価・処分を通じて，債権の優先弁済権を確保するもの」として考え，かつ，その目的（物）を不動産に限定せず，公示可能な無体物にも拡張すべきものと考えている。その意味で，民法369条2項を「物権ではない抵当権」の典型例として高く評価している。

筆者のような民法369条2項を高く評価する考え方に対して，読者は，民法369条2項をどのように評価をすべきだと考えるだろうか。現在の学説は，このような重大な問題を全く無視している（現在のところ，民法369条2項の持つ重大な意味を説明している概説書は存在しない。その理由は，民法369条2項の説明をすると，必然的に，抵当権の中には物権でないものも存在することにならざるを得ないからであろう）。しかし，民法369条2項は，「権利の上の質権」ばかりでなく，「権利の上の抵当権」という概念を民法によって承認しているという，無視することのできない重大な問題を含んでいることを指摘しておく（第15章第1節Ⅰ，第15章第7節Ⅲ A，および，第16章第1節Ⅲ A参照）。

現行民法の立法者の一人である梅謙次郎は，民法372条によって抵当権の場合にも準用される民法304条の先取特権に基づく物上代位権について，「目的物に代わるべき債権の上にも亦存在すべきことを定めたるものなり。この場合に於いては，先取特権は物権なりと云うことを得ず」（梅・要義巻二289頁）として，物上代位を物権ではないとしていた。その理由は，先の場合と同様，「権利の上の物権」の存在を認めないためである。これに対して現在の通説は，

物上代位性を，担保「物権」の通有性として認めている。しかし，現行法においても，物上代位権の実行は，「金銭その他の物」という物に対する執行ではなく，債権に対する執行手続に従って実行されている（民事執行法193条による民事執行法143条以下の債権執行手続の準用）。このことは，現行民法の立法者が考えていたように，物上代位権は，有体物に対する権利としての物権ではなく，単に，債権の優先弁済権を確保するため，無体物である債権に対して優先弁済権を及ぼしているに過ぎないのではないか（第14章第5節，第16章第5節Ⅴ参照）という疑問を生じさせている。

　抵当権の対抗要件は，抵当権の箇所に明文の条文がないために，民法177条によって，登記であるとされている（これまで異論がない）。それでは，同じく明文の規定がない不動産留置権の対抗要件が，民法177条による登記ではなく，占有の継続であるのはなぜか。また，不動産の先取特権は，民法341条によって，抵当権の規定が準用されるにもかかわらず，民法177条に反して，登記なくして一般債権者に対抗できる（民法336条・337条・338条）。この理由を物権法理で説明することができるだろうか。

　民法177条は，不動産物権であるはずの不動産留置権や不動産先取特権には適用されないのに，同じく不動産物権である抵当権の場合および民法361条によって抵当権の規定が準用される不動産質の場合には，それが適用される。同じ不動産物権について，民法177条が適用されたり，適用されなかったりするのはなぜだろうか。

　その理由は，留置権（抗弁権は物権とはいえない）と先取特権（債権の優先権）とは，いずれも物権ではないし法定の債権の優先弁済権であるから，必ずしも登記を必要としないのに対して，不動産質権と抵当権とは，約定の債権の優先弁済権であるため，その優先弁済権を公示（登記）することが要求されるからではないのだろうか。もしも，いずれも不動産物権だとすると，不動産留置権と不動産先取特権，ならびに不動産質権と抵当権における対抗要件の違いを説明することはできないのではないだろうか。

　民法376条で規定されている抵当権の譲渡，抵当権の放棄等の抵当権の処分の対抗要件が，民法467条の債権譲渡の対抗要件を必要としていること（民法377条）を物権法理で説明できるだろうか。

　例えば，抵当権を同一の債務者に対する債権者の利益のために放棄した場合，「抵当権の放棄」であるにもかかわらず，物権である抵当権が消滅せずに，相

手方である一般債権者と抵当権者とが債権額に応じて，優先弁済権を取得することを，物権法理で説明できるだろうか。

抵当権とは，債権の優先弁済権に過ぎず，したがって，その譲渡・放棄の対抗要件が，民法467条の債権譲渡の対抗要件となると考えるべきではないだろうか。また，上記の抵当権の放棄によっても抵当権が消滅しないのは，抵当権者と一般債権者との間で，優先権が放棄され，債権額に応じて，優先弁済権が均等に割り振られるからではないのだろうか。

登記をした不動産保存の先取特権は，それよりも先に登記をして，対抗要件を備えた抵当権にも優先する（民法339条）。その理由（後で対抗要件を備えた者が先に対抗要件を備え者に優先すること）を，物権法理から説明することは可能だろうか。また，動産保存の先取特権は，後の保存者が先の保存者に優先するが，そのことを，物権法理で説明できるだろうか。

筆者は，これまで，このような学会で承認されていない考え方に基づいて体系書を執筆する場合には，警告表示，すなわち，「この本を最初に読んではならない」という表示か，少なくとも，「通説に従った担保物権の教科書を読み終わり，それでも疑問が生じたときにのみ読むことを勧める」という表示付きでのみ，出版することが許されると考えていた。

II 通説における理解困難性と物権法原理からの乖離と破綻

しかし，法科大学院が創設され，法学部以外の出身者が担保物権を勉強し始めるようになると，さまざまな法科大学院で，担保物権が物権であることに疑問を感じ，おかしいと発言する学生が出てくるようになった。それらの学生が，担保物権を物権として説明を受けることに違和感を覚える最大の原因は，先に述べたように，担保物権がその冒頭条文において「弁済を受ける権利」として定義されていること，さらに，物的担保が，物権法総則の規定（民法175～178条）にほとんど従っていないことにあり，しかも，担保物権で出てくるさまざまな法理は，原則よりも例外の方が数が多いという混乱状態にあるからであろう。

従来の担保物権の理論は，学生たちが疑問に感じているように，それぞれの冒頭条文からかけ離れている上に，無理なこじつけが多すぎる。少なくとも次の4点は，学生にとって，「担保物権」を「物権」として理解することが困難

となる典型例である。

　第1に，もしも，留置権が本当に物権であるならば，不動産留置権の対抗要件は登記のはずであり（民法177条），動産留置権の対抗要件は引渡し（占有の移転）のはずである（民法178条）。ところが，留置権の対抗要件は，動産の場合も不動産の場合も区別なく「占有の継続」である。このことは，留置権が物権法の大原則である民法177条にも178条にも反していることを示している。

　第2に，先取特権は，一般先取特権の場合も，動産先取特権の場合も，不動産先取特権の場合も，いずれも公示なくして第三者に対抗できる（民法177条にも178条にも従っていない）。一般先取特権に至っては，目的物の範囲が債務者の全財産に及んでおり，物権にとって不可欠の前提である「特定した目的物」さえ有していない。

　第3に，質権の対抗要件についても，動産質権の対抗要件は占有の継続であって，物の引渡しであるとする民法178条に従っておらず，しかも，債権質の対抗要件は物権の対抗要件ではなく，債権譲渡の対抗要件と同じである（現行民法の起草者である梅謙次郎は，権利質は物権ではないと明言していた〔梅・要義巻二438頁〕）。このように考えると，物権の対抗要件に従っているのは，わずかに抵当権および抵当権が準用される担保物権（不動産質権）に過ぎない。

　第4に，抵当権でさえ，目的物が滅失したときには物権は消滅するという物権の原則に従わず，物上代位という債権差押えの手続（物権に対する手続ではない）に移行して生き残ることになる（民法372条による304条の準用）。さらに，筆者が主張するように，抵当権とは，「債権の優先権」を合意と登記によって対抗できることが認められた権利に過ぎないと考えざるをえない規定が存在する。それは，抵当権の処分に関する規定（民法376条・377条）である。例えば，「抵当権の放棄」とは，一般債権者に対してその優先弁済権が放棄される（抵当権者の優先権の範囲で，抵当権者と一般債権者が優先権を準共有する）だけであり，抵当権を放棄した抵当権者は，一般債権者と同等の地位を保持する。このことは，抵当権が物権ではなく，債権の優先権であることを如実に物語っている。なぜなら，抵当権とは，債権の優先弁済権に他ならないのであり，「抵当権の放棄＝優先弁済権の放棄→優先権の喪失」という図式がみごとに成り立つからである（抵当権を放棄しても，絶対的にも相対的にも抵当権は消滅せず，債権の優先弁済権が低減するだけである）。さらに，この抵当権の放棄の対抗要件は，債権譲渡の対抗要件が準用されている（民法377条）。このことは，抵当

権を物権と考えるときには説明ができない。その他の抵当権の処分である転抵当，抵当権の譲渡，抵当権の順位の譲渡の場合にも，同様のことがいえる。

　それにもかかわらず，無理を承知で，物的担保を物権として講義しようとすると，さまざまな箇所で，物権法理の例外であるとの説明が頻発されることになり，何が原則で何が例外なのかが全く不明の状態に陥ってしまう（担保物権における整合的な理論の欠如）。その結果，多くの法科大学院で，物的担保を物権として説明するのに最も都合が良いと考えられている抵当権を先に教えるという教授法が採られることになる。しかし，そうすることによって，今度は，抵当権を他の物的担保（例えば先取特権）と切り離してしか理解できない学生が増加するという事態を招いている。そして，全体としては，多くの学生が担保物権を苦手科目としており，教科書を読んでも結局よくわからないという状態のままに単位だけを修得していくという憂慮すべき現象が生じている。

Ⅲ　本書の効用──担保法を学習する際に最初に読むべき本

　そこで筆者は，2006年度から，担保法の講義を開始するに際して，担保物権を「債権の掴取力に優先効が付与されたもの」として，優先弁済権の中核である先取特権を中心にして講義し，また，保証を「第三者が債務者の債務を履行する責任を負わされているもの」として講義してみた。そうすると，抵当権だけを典型的な担保物権として理解するのではなく，先取特権こそが担保物権の典型例であり，そこで展開されるさまざまな法理（特に優先順位決定のルール）が，その他の担保物権の理解を助けるものであること，さらには，筆者の講義方法のように，保証債務についてもまた担保物権ついても存在するのは債権のみであるという一貫した体系の下に担保法を理解した方が，担保法を早くしかも深く理解できることを確信するに至った。

　このような経験を踏まえた上で執筆した本書は，担保物権の専門家に対する「挑戦」となっているだけでなく，担保物権を含めた債権担保法を初めて学習する人にとっても，「通説・判例を理解する前に読むべき本」として，自信をもって勧めることのできる体系書となったと考えている。

　連帯債務，保証債務，担保物権についてこれから勉強しようとしている人，担保法を苦手としている人は，是非本書を熟読してほしい。担保法の本質的な理解によって，通説が相対化されるだけでなく，これまで難解とされてきた応

用問題を解く際にも大いに役立つことになるからである。

Ⅳ　わが国で初めての担保法の体系書

　本書は，わが国で最初の「担保法」の体系書である。はじめてであることの根拠とその内容の概略は，以下の通りである。
　第1に，本書は，人的担保と物的担保を債権の掴取力の量的強化（人的担保）と掴取力の質的強化（物的担保）として明確に統合し，担保法の総論（債権の掴取力の強化）を創設している。
　もっとも，人的担保と物的担保とを統合した点については，掴取力の量的強化と質的強化という用語は使わなかったにせよ，人的担保と物的担保の統合は，100年以上前に，ボワソナードの旧民法（債権担保編）によって実現されていたのであるから，厳密には本書が最初とはいえない。しかし，本書は，人的担保と物的担保を統合するものとして担保法の総論を創設し，人的担保と物的担保のすべてを説明することができる道具立てを用意している。すなわち，まず，担保権の基礎となる債権の掴取力について説明した後に，債務名義なしに第三債務者に対して直接取立権を実現するものとして債権者代位権とその進化系としての直接訴権について論じ，その後に，追及効を実現するものとして詐害行為取消権を論じている。また，事実的な優先弁済権を実現するものとして履行拒絶の抗弁権（同時履行の抗弁権，不安の抗弁権）について論じ，最後に，法律上の優先弁済権を導くものとして，相殺の担保的効力について論じている。このように，物的担保の効力としての直接取立権，事実上の優先弁済権，法律上の優先弁済権を実現する仕組みが，すべて債権法の中に内在している点を明らかにして，それを担保法総論として再構成した点は，わが国の最初の試みであろう。
　第2に，本書は，典型担保と非典型担保（所有権移転型）との両者について，それらをすべて担保的に再構成している（非典型担保の所有権非移転構成）。
　確かに，譲渡担保については，これを所有権的に構成せず担保的に構成するものはすでに存在する。しかし，本書は，仮登記担保についても所有権の移転を否定し，受戻期間までを真の清算期間として再構成し，条文で規定された帰属清算だけでなく処分清算方式を解釈として認めることができるとし，結果として，譲渡担保と仮登記担保とを併せて担保的構成へと統一することを実現し

ている。もっとも，これを成し遂げることができたのは，末弘『嘘の効用』にヒントを得たからであって，筆者の独創であるとまではいえないかもしれない。しかし，非典型担保すべてについて，所有権的構成を排し，担保的構成で一貫させた点は，わが国で最初の試みであろう。

　第3に，本書は，物的担保の優先弁済権の順位について，先取特権の規定を参考にして，債権の性質を，目的物の「保存」「供給」「環境提供」の3つに分類し，その順位の初期値（デフォルト値）と順位の変動の法則を発見している。そして，すべての物的担保に通用する「優先順位決定のルール」を明らかにすることができた結果として，すべての物的担保について，その順位を明確に位置づけることができている。

　以上の3点によって，本書は，人的担保と物的担保とを統合する担保法の総論を創設することができた。そして，人的担保に関しては，保証人の保護を実現できる解釈論を確立することができた。また，物的担保については，それらすべてについて，事案に適合した優先順位を確定するルールを明らかにすることができた。さらにその結果として，抵当権と利用権との調和についても，「売買も，抵当権も適法賃貸借を破らず」として，賃借人の保護を実現する解釈論を構成することができた。

　これまでわが国で担保法の体系が進展しなかった理由は，第1に，ボワソナードの創見にかかる旧民法債権担保編について，現行民法の立法者が，これをパンデクテン方式によって組み換え，人的担保と物的担保に分断してしまったこと，第2に，物的担保に関して，わが国の通説を形成してきた我妻説（我妻・債権の優越的地位，我妻・担保物権）が，目的物について債務者の使用・収益権を尊重するという点で同一の性質を有する先取特権と抵当権との関係について，一方は公示を要件としないために近代的担保制度の理想から遠ざかるものと考え（我妻・担保物権52頁），他方は公示を要件とすること等で，「近代的担保制度の王座を占めて」いるとし（我妻・担保物権6頁），以下のように，両者は相容れない性格のものであるとして，物的担保の統一的な体系化を断念した点に求められる。

　　「先取特権は，その存在そのものが債権者間の平等を破り物的担保取引の安全を脅かすものとして，抵当権とは両立しない性質のものである」（我妻・担保物権13頁）。

　　「民法の4つの種類の担保物権の本質を共通に理解するに当たり，これを債権

者平等の原則を破る物権的制度とみる見解と，目的物の交換価値に対する排他的支配権すなわち価値権とみる見解とがある。しかし，民法の4つの種類はそれぞれ異なる内容を有し，その本質の統一的把握は困難である」（我妻・同15頁）。

これに対して，本書は，不動産先取特権の例を挙げて，不動産先取特権も，登記をしなければ，登記をした抵当権に劣後する点で，公示の原則を無視するものではないことを明らかにしている。そして，両者が登記をした場合には，抵当権が先に登記された場合であっても，後に登記された不動産保存の先取特権に劣後することになるが（民法339条)，このことは，先取特権と抵当権とが両立しないことを意味するのではなく，単に「優先権の順位決定のルール」に従った結果であり，両者の関係も，以下のようにして物的担保の体系の中で整合的に説明できることを明らかにしている。

第1に，我妻理論において，物的担保の体系化が不可能となったのは，先取特権と抵当権について，両者とも物権であると考え，物権秩序の中で両者を考察しようとしたために，「先に登記した抵当権が後に登記した先取特権に劣後すること」を説明することができなかったからに他ならない（我妻・担保物権92頁は，この現象を合理的に説明ができないため，「果たして抵当権者を害するおそれがないか，甚しく疑問である」と述べるにとどまっている）。

第2に，本書のように，先取特権も抵当権も債権の優先弁済効に過ぎないと考え，優先弁済効の優先順位は，原則として，「保存」「供給」「環境提供」の順で定まり，保存に関しては，「後の保存者が前の保存者に優先する」（民法330条1項2文）という「優先権の順位決定のルール」に従うことがわかれば，問題は単純となる。

第3に，保存についての順位決定のルールの根拠条文は，民法330条1項2文であり，これは動産先取特権に関する規定であるため，不動産には応用できないように思われるかもしれないが，そうではない。不動産についても，先に登記した不動産工事の先取特権が，後に登記した不動産保存の先取特権に劣後することになるが（民法331条1項)，これはまさに，動産先取特権に関する「後の保存者が前の保存者に優先する」（民法330条1項2文）のルールに従っていることを示している。したがって，保存に関する限り「後の保存者が前の保存者に優先する」というルールは，動産，不動産の区別なく適用可能であることがわかる。ところで，抵当権は，目的物の「保存」にはかかわっておら

ず，せいぜい資金を融通することによって，目的物の「供給」に貢献しているに過ぎない。このため，その順位は，供給（不動産売買の先取特権）の順位と同じである。そして，供給の先取特権の内部での順位には，所有権所得の法理と同じく，「先の供給は，後の供給に優先する」（民法331条1項）というルールに従うことになる。

　このように考えると，我妻理論とは異なり，先取特権と抵当権とは，完全に両立する権利であり，一見性質の異なる登記が対立しているように見える現象も，実は優先順位決定のルールに従っているだけであることが明らかとなる。すなわち，先に登記した抵当権が後に登記した不動産保存の先取特権に劣後するのは，「保存」が「供給」に優先し，「保存」の中では，「後の保存者が前の保存者に優先する」からに他ならない。

　先取特権と抵当権の間にある壁は，通説によっては，超えることができないと考えられてきた。本書が，そのような厚い壁を乗り越えることができたのは，第1に，両者を債権の優先弁済効に過ぎないものとして，また，債務者の使用・収益権を奪うことなく担保価値を把握する優れた制度として，両者をいわば等質のものと考えることができたからである。そして，第2に，物的担保の優先順位決定のルールを明らかにすることによって，両者が同一のルールに従う両立しうる存在であることを発見したからである。この2つの発見なしには，担保法に関する一貫した体系を創設することは不可能であったと思われる。

第1部
問題の所在
担保法の基礎理論が発達しないのはなぜか

第 1 章
担保法の領域における基礎理論の欠落

第 1 節　担保法を苦手とする学生が多い理由——基礎理論の不在

　民法は，法典の中でも条文数が最も多い。その上，理論も複雑なため，民法を苦手とする学生が多い。民法の中でも，担保法を苦手とする学生は，さらに多い。私の経験からしても，担保法（特に担保物権）が好きだという学生には，一度も出会ったことがない。なぜ，これほどまでに担保法を苦手とする学生が多いのだろうか。その理由は，担保物権の代表的な教科書のはしがきに見事に表現されている（高木・担保物権〔初版〕はしがき，道垣内・担保物権〔初版〕はしがき，高橋・担保物権　はしがき，など）。

　　「担保制度は技術的性格が強く，学生諸君には比較的理解が困難な領域である。」

　この一文の結論はまさに正しい。しかし，この一文の意味を理論的に突き詰めていくと，問題の深刻さが見えてくる。もしも，「実務的性格が強いので理解が困難である」というのであれば，実務を知らない学生には理解が困難であるということが理解ができる。また，「理論的性格が強いので理解が困難である」というのであれば，学者志望ではない学生には理解困難であるということも理解できる。しかし，「技術的性格が強い」のであれば，技術さえ身につければ簡単に理解できそうなものである。なぜ，技術的性格が強いと理解が困難となるのであろうか。

　担保法が理解困難であるといわれる原因を突き詰めていくと，その原因は，担保物権を学習する学生にあるのではなく，むしろ，わが国の民法学者の研究不足に原因があるのではないかとの仮説にたどり着く。なぜなら，わが国の担保法の理論を詳細に検討してみると，あちこちで無理なこじつけを行った挙句に理論が破綻しており，体系的にも，理論的にも，納得のいく説明ができてい

ないからである。

そこで，上記の一文は，原因と結果を入れ替えて，次のように書き換えると，その意味が鮮明となる。

> 「担保制度は，整合的な理論が欠けているので，学生諸君にとって理解が困難な領域である。したがって，学生諸君には申し訳ないが，この領域で単位を取得したいのであれば，理解はほどほどにして，後は，丸暗記をするという，技術的作業をお願いせざるを得ない。」

このようなわけであるから，担保法が苦手なのは，実はその人のせいではなく，担保法に整合的な理論が欠けているために，学ぶ側の学生にとっても，教える側の教師にとっても理解が困難なのであって，学問自体が未熟な段階にあることがわかる。したがって，問題解決の方法は，2つに一つである。一つは，理解をあきらめて，試験に出そうな問題についてその解法を暗記すること，または丸暗記を勧めることである（技術的方法）。もう一つは，担保法の理論を自分の頭で新しく構築していくことである（理論的方法）。

本書は，前者の道（技術的方法）を歩もうとする人にとっては，丸暗記を必要としないほどに担保法の理解を容易にする点で役に立つ本に仕上がっている。また，後者の道（理論的方法）を歩もうとする人に対しては，整合的な理論と体系を提供し，その人なりの担保法の理論を構築することをサポートするとともに，通説がなぜ間違っているかを示すことによって，かえって，通説の理解を容易にするものとなっている。

第2節　担保法に関する理論の欠如の原因――債権の攫取力の強化（優先弁済権）を物権として規定したことは立法の過誤

わが国において担保法の整合的な理論が発展しなかった原因は，現行民法が，旧民法によってまとめられていた債権担保法を債権（保証，連帯債務）と物権（担保物権）とに分断して規定したこと，特に，物的担保（担保物権）を物権として規定したことに起因するというのが筆者の考え方である。筆者のように，担保物権を，債権にあまねく備えられている攫取力（強制執行可能性）に優先弁済効（優先弁済権）が与えられた制度であると考え，人的担保（保証と連帯債務）と物的担保（担保物権）とを，ともに債権法の分野に属する問題として考察するならば，これまで理解が困難とされてきた担保法についても，理論的に

一貫した担保法の体系として理解することができる。
　なお，摑取力という用語について，見解の相違があるといけないので，ここでは，摑取力を，一般的な法律辞書（有斐閣・法律学小辞典）の定義に従って以下のように考えることにする。

　　「当初からの金銭債権だけでなく，それ以外の債権も不履行の場合には損害賠償債権に転化することにより，究極的には債務者の一般財産（責任財産）に対する強制執行によって終局的満足を受けることになる。これを実体法的にみれば，**債権は債務者の一般財産への潜在的支配力を有しており，それが執行を通じて実現されるものとみることができる。債務者財産に対するこのような抽象的・潜在的支配力を摑取力と呼んでいる。**」

　上記の「債務者の一般財産への潜在的支配力」とは，結局は，潜在的な換価・処分権能のことに他ならない。したがって，摑取力とは，債権者が債務者の責任財産に対して有する潜在的な換価処分権能，すなわち，債務者に債務不履行がある場合に限って，かつ，執行裁判所の力を借りて，債権者が，債務者の責任財産を換価処分できる権能であるということができる。
　物権と債権の区別については次に詳しく論じるが，債権と物権の接触領域である債権の摑取力の問題は，あくまで債権の問題として扱わなければ，民法が規定している物権と債権の峻別の前提となる債権の独立性・完結性が失われてしまう。反対に，従来の考え方のように，債権の摑取力の領域に関する問題（例えば，雇用関係の先取特権，物上代位，債権質等）を物権として規定することは，債権の上の所有権（物権）という考え方に行き着くのであって，むしろ，物権と債権の区別を崩壊させてしまうことになる。もっとも，物権と債権との峻別は必要がないという議論もありうる。しかし，物権と債権との差をなくすというのであれば，すべての物権（所有権，用益物権，担保物権）と債権とを含めて，すべての権利を請求権（物権的請求権を含む），形成権と抗弁権に分解して再構成することに行き着くことになるはずである。そして，その場合には，少なくとも，留置権は，ドイツ民法のように，物権ではなく抗弁権として再構成すべきであるし，一般先取特権は，優先権を有する請求権として再構成すべきであるし，抵当権に基づく物上代位は，不動産執行に代えて，債務名義を要しない債権執行を実現することになる点で，形成権として再構成されるべきことになるはずである。
　現行民法の立法者が，物権と債権との峻別を前提としながら，債権の摑取力

を強化して債権に優先権を付与する制度である「物的担保」を，債権の問題として規定するのではなく，物権（担保物権）として規定したことが，現行民法の致命的な欠陥であり，担保法を苦手とする人が大多数であるという現象を生みだした根本的な原因（諸悪の根源）であるというのが筆者の考え方である。

しかし，現行民法の担保物権の規定をよく読んでみると，その条文（303条〔先取特権〕・342条〔質権〕・369条〔抵当権〕）には，驚くべきことであるが，担保物権とは，「他の債権者に先立って自己の債権の弁済を受ける権利」であるとの定義が規定されている。

担保物権の定義条文で示されている「弁済を受ける権利」とは，実は，債権の本質的効力であるから，それを物権編に編別した立法の過誤を，具体的な条文の解釈を通じて修正することは不可能ではない。すなわち，形式的な編別に囚われることなく，担保物権の個々の条文の趣旨を活かして，担保物権を物権ではなく，債権の優先効に過ぎないと解釈することは，民法の体系を破壊するのではなく，むしろ，民法の体系を整合的に再構築するために不可欠の考え方であるといえよう。

通説は，債権の効力に掴取力があることを認めながら，その掴取力は「債権者平等の原則」に服するのであり，優先弁済権というのは物権の効力であると説明している。確かに，優先弁済権は，「他の債権者」との関係を含むので，対世効の問題である。しかし，債権であっても，場合によっては対世効が認められているのであるから，対世効があるから物権であると考えるのは早計である。例えば，建物保護法（1909），借地法（1921），借家法（1921）が制定される以前から，債権である不動産賃借権は，登記をすることによって「物権を取得した者に対しても対抗することができる」（民法605条）として，対世効が認められてきた。また，債権譲渡の場合には，通知や承諾という方法による対抗要件を備えると，債権の帰属についても対世効が生じる（民法467条）。このように考えると，対世効が生じるのは物権だけの効力であると考えるのは，理論的ではない。「債権者平等の原則」も，法律の規定により（例えば，租税債権や一般先取特権），または合意と公示（質権や抵当権）によって優先権という対世効を生じると考えても，なんら民法秩序に反することはない。

むしろ，対世効を生じるのは物権でなければならないと思い込み，目的物が特定しない一般先取特権についてまで，その優先権を物権の効力と考えることの方が，民法の財産法秩序に反している。一般先取特権には，物権の対象とな

るべき特定の有体物は存在せず，無体物を含めて，刻々と変化する債務者の一般財産すべてを対象とするのであり，しかも，対世効を生じさせるために占有の移転も登記も必要としないのであるから，これを物権と考えるならば，物権法の体系は完全に崩壊してしまう。

　債権の優先弁済効を物権として構成することが誤りであることに気づかずに理論を構成すれば，理論体系の全体が誤りに陥るのは当然である。現在の担保物権の理論は，本論で詳しく検討するように，初めから終りに至るまでほとんどすべてが理論的な矛盾に陥っている。したがって，学生がこれを整合的に理解することができず，例外ばかりが目立つ現象を「技術的に」丸暗記せざるをえないのは，むしろ当然のことといわなければならない。筆者の長い経験の中でも，担保物権がよくわかるという学生に一度もお目にかかったことがないのは，以上の理由に基づいているといえよう。

　このことは，実は，学生のみに限らない。全国の大学で担保物権を本格的に講義している学者は，それほど多くない。その理由は，ほとんどの学者が，理論的な体系を持たない担保物権を教えるのを嫌がるからである（担保物権の講義を忌避することには正当理由がある）。「嫌なことでもやるべきことはやるという，責任感の強い学者のみが，義務感から担保物権の講義を引き受けている」という風評があるが，あながち根拠のないことではなさそうである。

第2章
担保法の基礎理論を再構築するための出発点
── 保証「債務」も担保「物権」も存在しない

第1節 保証債務という債務は存在せず，担保物権という物権は存在しないという出発点

　担保法全体を整合的に理解しようと思えば，上に述べたような立法の過誤を解釈論によって修正し，原則と例外とのバランスがとれた担保法の理論を再構築することが必要となる。担保法の研究は，まずこの点から出発しなければならない。すなわち，担保法研究の出発点は，以下のものとすべきである。
(1) 保証を，「物上保証」（民法351条）と同様に「債務のない責任」と捉えること
　　保証人が債務を弁済すると，債務者に対する求償権が生じるのは，「保証債務」という自らの債務を弁済したからではなく，唯一存在する「本来の債務」を債務者に代わって弁済（第三者による弁済）したからであり，本来の債務以外に「保証債務」という別の債務が存在するわけではないということを理解すること。
(2) 担保物権を，物権ではなく，「債権に優先弁済権が与えられたもの」と捉えること
　　担保物権のそれぞれの冒頭条文において，それぞれの権利が，「他の債権者に先立って自己の債権の弁済を受ける権利」であると正しく規定されているという点に立ち返ること，すなわち，担保物権とは債権の優先弁済効に過ぎないのであり，担保物権を物権と考えることから決別すること。
　現行民法の表題に「保証債務」と書かれているにもかかわらず，それを「債務のない責任」であると考えたり，物権編に規定されている権利を物権ではないと考えるというような決心は，なかなかできるものではない。しかし，この決心を躊躇していたのでは，真理の探究はおぼつかない。これまで，担保法の研究が停滞してきた原因は，元をただせば，すべてこの点に帰着するからであ

る。物権と規定されていても，占有権が物権だと信じている人は，現在では少数派に過ぎない。「保証債務」も，その内容を検討すると，求償を通じて負担はゼロとなるのであるから，保証は，物上保証を含めて，債務ではなく，他人の債務を肩代りする責任に過ぎないと考える方が論理的である。担保物権も，その内容を詳しく検討すると，決して物権ではなく，条文にもある通り，「他の債権者に先立って自己の債権の弁済を受ける権利」，すなわち，債権の掴取力の問題であると考えることができる。担保物権を物権ではなく債権の問題と考えることには，以下に詳しく論じるように，数多くの条文上の根拠を示すことができる。

　「担保物権」の性質を理解するためには，民法の編別という単なる形式にこだわることなく，内容となる条文を詳しく検討することによって，担保物権を物権とは異なる観点から考察するという余裕を持つことが必要である。学問であれ，学習であれ，対象を好きにならなければ，持続できるものではない。原則よりも例外の方が多いという，ごまかしと破綻に満ちた従来の担保法の学説を好きになれない人が多いのは，自然の成り行きであろう。そうではなく，従来の難解な学説から距離を置き，旧民法にまでさかのぼって担保法を理解し直す決心ができれば，原則と例外のバランスが回復するため，単純で美しい担保法の理論を再構築することができる。担保法が好きになるためには，この一線を越えることができるかどうかにかかっているといっても過言ではない。

　本書の読者の中に，この一線を越える決心をして，新しい世界に旅立つことができる学生・研究者がいたとしたら，その学生・研究者は，世にもまれな，「担保法が好きな学生・研究者」となることであろう。

第2節　旧民法債権担保編の効用

　担保法の出発点は，債権の掴取力である。債権は，一般的には，「ある人（債権者）が他の人（債務者）に対して給付，すなわち，あることをすること（作為），またはしないこと（不作為）を要求する権利」であるとされている。この定義については，確かに，別の考え方も成り立つ。例えば，奥田『債権総論』（3頁）は，債権を，給付保持力を含めて，「特定人（債権者）が特定の義務者（債務者）をして一定の行為（給付）をなさしめ，その行為（給付）のもたらす結果ないし利益を当該債務者に対する関係において適法に保持しうる権

利」と定義している。しかし，債務者が債務を任意に履行しない場合には，債権者は，一定の要件の下で，裁判所に「強制履行」を請求することができる（民法414条），すなわち，債権に「摑取力」があるという点では異論はない。その際に，債権の摑取力の対象となるのは，債務者

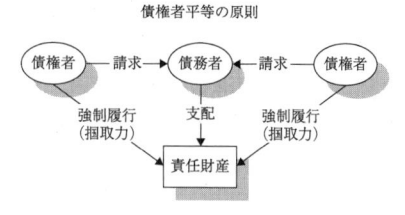

図2　債権の摑取力──債権と物権との交錯

の責任財産である。債務者に属する責任財産は，債務者の所有権を含む財産権に属するものであり，ここにおいて，債務者の「物権」と債権者の「債権」とが交錯することになる。

　図2を見てみよう。第1に，債権者と債務者との関係は，自由平等な人と人との結びつきである債権・債務の横の関係として表れる（横の関係）。これに対して，第2に，債務者が支配する対象は，人による目的物の排他的な支配関係として表れる（縦の関係）。この段階では，第1の債権の世界と，第2の物権の世界とは，接点を有しない。

　ところが，第3に，債務者が債務を任意に履行しない場合には，債権者は，債務者の財産に対して強制執行を訴求し，裁判所の力によって，その財産を処分して債権の弁済に当てることが許されている（いわゆる「斜めの関係」としての債権と物権との交錯の開始）。その意味で債権者は，債務者の財産に対して，潜在的な処分権（換価権）を有している。ただし，その権利は，原則として，他の債権者と平等の権利を有しているにすぎず，他の債権者に優先する権利（優先弁済権）を有するのは，例外的な場合とされる。

　しかし，原則は常に例外を伴う。「債権者平等の原則」だけには例外が存在しない，例外を伴うと債権ではなくなり，物権となるというのは，極端な考え方である。以下の有力説が指摘しているように，債権者平等の原則にも例外が存在することを認めることによって，租税債権に優先権が認められるのと同様，一般先取特権のように，物との直接の関係を有しない債権にも優先弁済権が与えられている現象を，素直に受け入れることができる。

　　「一般先取特権も担保物権の一種とされているが，その物権性はきわめて弱い。すなわち，目的物の特定がなく，追及力がなく，被担保債権はつねに債務者の現状における総財産を引当てにしているにすぎず，むしろ，特定種類の債権に一般の債権より優先する効力を与えている特殊な制度（そのかぎりで，債権者

平等の原則の例外が認められる）と考える方がわかりやすい。」（鈴木・物権法367頁）

以上のように考えると，一般先取特権ばかりでなく，その他の先取特権（特別先取特権）のように，特定の物を目的とする債権であっても，公示手段なしに対世効としての優先権が認められることについて，債権の優先弁済効として素直に受けとめることができる。物権として説明することが不可能である無体物を対象とする「権利質」（民法362条）についても，債権の優先弁済効だと考えると，同様にして，素直に受け入れることができる。そうすれば，物権として説明することが不可能である無体物を目的とする地上権や永小作権を目的とする「権利の上の抵当権」（民法369条2項）についても，債権の優先弁済効として素直な理解が可能となる。

このように，債権の内部においても，「債権者平等の原則の例外」が認められることは，現行民法の源となった旧民法においては，当然のこととして，以下のような明文の規定が用意されていた（理解しやすくするため，カタカナをひらかなに改め，濁点と句読点を補っている）。

旧民法債権担保編（明治23年法律第28号）第1条
①債務者の総財産は，動産と不動産と，現在のものと将来のものとを問はず，其債権者の共同の担保なり。但，法律の規定又は人の処分にて差押を禁じたる物は此限に在らず。
②債務者の財産が総ての義務を弁済するに足らざる場合に於ては，其価額は，債権の目的，原因，体様の如何と日附の前後とに拘はらず，其債権額の割合に応じて之を各債権者に分与す。但，其債権者の間に優先の正当なる原因あるときは此限に在らず。
③財産の差押，売却及び其代価の順序配当又は共分配当の方式は，民事訴訟法を以て之を規定す。

旧民法においては，債権者平等の原則に服する人的担保と，債権者平等の例外に属する物的担保とが，債権担保編という一つの編に，統一的な形で規定されていた。したがって，旧民法においては，債権者平等の原則とその例外としての優先弁済権とを，債権担保という共通の土俵の下で考察することが容易であった。

それにもかかわらず，現行民法が，担保法に見られるこれらの共通性をあえて分断し，人的担保を債権編に，物的担保を物権編へと再編したことは，まことに不幸なことであった。

しかし，現行民法の立法理由（民法理由書，梅・要義巻二など）を読んでみる

と，ボワソナードが起草した債権担保編の条文自体は，文言等についての多少の修正は受けつつも，ほとんど内容の変更なしに現行民法の中に取り込まれているというものが意外と多いことがわかる。したがって，ボワソナードの立法の精神に立ち返って，現行民法の立法の問題点を再検討することも不可能ではない。むしろ，物的担保（担保物権）を，債権における摑取力が債権者平等の原則の枠を超え，債権が優先弁済権を獲得したものとして理解することは，旧民法の起草者であるボワソナードの精神に立ち返るばかりでなく，2006年のフランス民法典における担保法の改正の動向にも適合するものといえよう。なぜなら，2006年の担保法の改正によってフランス民法もまた，従来の考え方を改め，人的担保と物的担保を共通の「担保」として同一の編に取り込んで，統一的な規定を行うこととしたからである（詳しくは，平野裕之「2006年フランス担保法改正の概要——改正経緯及び不動産担保以外の主要改正事項」ジュリスト1335号〔2007〕36頁以下，片山直也「2006年フランス担保法改正の概要——不動産担保に関する改正について」ジュリスト同上49頁以下を参照のこと）。

　債権と物権という強固に見えた垣根を乗り越え，人的担保と物的担保を債権担保として再構成するという本書の試みは，歴史的な観点から見ても，また最近の世界の潮流から考えても，今やその期が熟したものといえよう。

第3章
債権の効力と担保物権の通有性との関係

第1節 「担保物権の通有性」という概念の必要性

　これまで，民法学において，いわゆる「担保物権」が物権として構成されてきたのは，担保物権が，債権にはない性質（いわゆる担保物権の通有性）を有しているとされてきたからである（我妻・担保物権13～15頁）。「担保物権の通有性」とは，担保物権が等しく有している共通の性質という意味であり，その内容は，優先弁済権，付従性・随伴性，不可分性，物上代位性，追及効とされており，通常の債権とは一線を画するものであり，担保物権ならではの性質であるとされている（近江・講義III 12頁）。

　もっとも，優先弁済効，追及効については，担保物権の通有性からはずし，担保物権の効力として分類するものも多い（高木・担保物権10～11頁，道垣内・担保物権〔2008〕7～9頁，清水（元）・担保物権5～9頁，山野目・物権191頁）。しかし，その場合でも，物上代位性は，例外なしに担保物権の通有性として認められている。その物上代位性は，優先弁済効の発現であることに異論を見ないのであるから，優先弁済効も，担保物権に特有かつ共通の性質と考えることができる（内田・民法III 390頁）。そこで，本書では，優先弁済効，および，上記の学説によって通有性とされている追及効とともに，いずれも，担保物権の通有性として論じることにする。

　担保物権の通有性は，次頁の表で明らかなように，すべての担保物権が共有する性質とまではいえない。しかし，この通有性は，担保物権の特色を示すものとして，重要な役割を果たしている。なぜなら，この通有性を通じてはじめて，民法の条文上の用語としては存在しない「担保物権」という用語が正当化されるからである。学説の中には，確かに，担保物権の通有性について，「必ずしも共通の性質とはいえず，いちおうの整理に過ぎない」と述べて，この考

表4 担保物権の通有性

		優先弁済権	付従性	随伴性	不可分性	物上代位性	追及効
留置権		△（事実上の優先弁済権）	○	△（占有が必要）	○	×	×
先取特権	一般先取特権	○	○	△（譲受人に依存）	△（超過差押えの禁止）	×（必要としない）	×
	動産先取特権		○	○	○	○	×
	不動産先取特権						○
質権	動産質権	○	○	△（占有が必要）	○	△（売却代金，賃料は必要なし）	×
	不動産質権						○
	権利質			○		×（必要としない）	×
抵当権		○	△（確定前はなし）	○	○	○	

え方を重視しないものも存在する（道垣内・担保物権〔2008〕8頁，清水（元）・担保物権9頁）。しかし，それでは，民法の条文には存在せず学術用語に過ぎない「担保物権」という一つの概念を理論的にどのように正当化することができるのかという疑問に答えることができない。担保物権の通有性は，むしろ，民法に規定された留置権，先取特権，質権，抵当権という4つの権利をひとまとめにして「担保物権」と呼ぶために必要な，担保物権の「共通の性質（通有性）」であり，担保物権を論じるにあたって必要不可欠の概念であるといわなければならない。

第2節 「担保物権の通有性」の意味とその物権性に対する疑問

ところが，この通有性を詳しく検討してみると，いずれも，物に対する排他的な支配権とされる「物権の性質」とはいえず，むしろ，債権の掴取力から派生する性質ではないのかとの疑問が生じる。このことを，担保物権の通有性とされる一つ一つの概念（優先弁済権，付従性・随伴性，不可分性，物上代位性，追及効）について，まずその意味を明らかにし，次に通説の説明を挙げ，通説に

よる説明が困難を極めていることを示し，最後に本書の立場による説明と対比してみることにする。

(1) 優先弁済権
　(a) 意　義
　　　特定の債権者が，債務者または第三者の総財産または特定の財産から，他の債権者に先立って弁済を受ける権利のこと。優先弁済は，債権者平等の原則の例外であるから，法律が特に認めた以下の場合にのみ認められる。
　　　第1に，法律上当然に生じる優先弁済権としては，民法上は，先取特権（303条以下）だけが認められている（もう一つの法定担保物権とされる留置権には，法律上の優先弁済権は与えられていない。履行拒絶の抗弁権を通じて，事実上の優先弁済権が認められるだけである）。しかしながら，法律上当然に生じる優先弁済権は，物権だけに与えられているわけではない。立法者が特に保護を与える必要があると判断した債権については，特別法（例えば，国税徴収法8条，地方税法14条，地方自治法231条の3第3項，厚生年金法88条，健康保険法182条など）によって，債権にも優先弁済権が認められている。
　　　第2に，一定の債権に対して特定の目的物から優先弁済を受けることを認める当事者の意思とそれが適法に公示された場合であり，これを約定担保という。約定担保には，民法上は，質権（342条以下）および抵当権（369条以下）だけが規定されているが，その外にも，判例によって認められている譲渡担保（所有権留保を含む），仮登記担保法によって認められている仮登記担保がある。
　(b) 通説による説明と本書の考え方との対比
　　① 通説による説明1（優先弁済権の物権による説明）
　　　　第1に，通説は，債権者平等の原則から，一部の債権者が他の債権者に優先するのは，それが債権ではなく物権だからという説明をしている。
　　② 本書の立場1（優先弁済権の債権の性質による説明）
　　　　しかし，上に述べた租税債権のように，他の債権に優先する債権が存在することを否定することができない。また，一般先取特権は，債務者の総財産を対象としており（民法306条），物権とされてはいるものの，目的物との結びつきが全くない上に，共益費用，雇用関係，葬式費用，日用品の供給という債権（被担保債権）の性質のみによって優先弁済権が与えられている。このように，物との結びつきがなく，債権の性質によってのみ優先弁済権が与えられている一般先取特権が物権といえないことは明らかで

ある（一般先取特権が物権と言えないことについては，通説も認めざるを得ない）。
③ 通説による説明2（第三者に対抗できることの物権による説明）
　　第2に，通説は，優先弁済権が第三者に対抗できることから，それは債権ではなく物権であると考えている。
④ 本書の立場2（第三者に対抗できることの債権の対抗要件による説明）
　　しかし，これも説得的ではない。なぜなら，物権の代表である所有権でさえ，対抗要件を備えなければ第三者に対抗できないし（民法177条・178条），反対に，債権であっても，対抗要件を備えれば第三者に対抗できるからである（民法467条以下・605条）。担保物権の場合も，第三者に対抗できるのは，法律の規定によるか，対抗要件を備えた場合に限定される。しかも，担保物権に関する個々の規定を見てみると，担保物権の対抗要件は，そのほとんどが，物権の対抗要件（民法177条・178条）には従っていない。
　　第1に，留置権の対抗要件は，動産，不動産を問わず，占有の継続であって，物権法総則の規定に従っていない。
　　第2に，先取特権は，そもそも債権が存在すればよく，原則として対抗要件を必要としない。
　　第3に，質権の場合も，動産質権の対抗要件は，引渡し（民法178条）ではなく，占有の継続である（民法352条）。権利質に至っては，債権譲渡の対抗要件（民法467条）が適用されるとしている（民法364条）。確かに，不動産質については，抵当権の規定が適用され，対抗要件は，物権総則の対抗要件（民法177条）に従っているように見える。しかし，登記が対抗要件だから物権であると考えるのは早計である。不動産賃貸借は債権であるが，その対抗要件は登記であり，不動産に関して登記が対抗要件になっているからといって，物権であるとはいえないことは明らかである。
　　第4に，抵当権においても，その優先権の処分（抵当権の譲渡・放棄，抵当権の順位の譲渡・放棄）に関しては，民法377条において，物権の対抗要件ではなく，債権譲渡の対抗要件である民法467条が適用されている。
　　以上のことから考えると，担保物権の対抗要件は，そのほとんどが物権の対抗要件の規定から逸脱しており，債権の優先権を確保するための対抗要件が，物権とは無関係に，債権担保の対抗要件として独自に発展していると考える方が妥当である。
(2) 付従性・随伴性
　(a) 意　　義
　　　人的担保も物的担保も，債権（被担保債権）が成立しなければ成立せず，

債権が移転すればこれに伴って移転し（随伴性），債権が消滅すれば同時に消滅するというように，債権と運命を共にするという性質のこと。
　　(b)　通説による説明
　　　　通説は，担保権の付従性・随伴性を，担保物権が債権に対して「従たる権利」だからとして説明しようとしている。しかしこれは，担保物権を独立の物権であるとする通説の出発点と明らかに矛盾する。しかも通説は，担保物権は債権に優越する権利であり，債権者平等の原則に反して優先弁済権を有するのは物権だからであるという説明をしているのであるから，反対に，物権が債権に従属するという付従性・随伴性を説明することは，極めて困難である。そこで通説は，付従性・随伴性を担保物権の固有の性質である（公理のようなもの）として説明を避けるか，根抵当を持ち出して，付従性は絶対的なものではないとしてその説明を避けるか，どちらかである。
　　(c)　本書による説明
　　　　これに反して，本書のように，第1に，保証は，債権者・債務者間に存在する唯一の債務を肩代りして履行する責任に過ぎないのであり，債権者・債務者間の債務以外に独立の保証債務というものは存在しないと考えるならば，保証の付従性・随伴性は簡単に説明できる。第2に，担保物権とは，債権の掴取力に優先弁済権が備わったものであり，債権以外に独立の担保物権という物権が存在するわけではないと考えるならば，担保物権の付従性・随伴性も容易に説明できる。むしろ，このように考える以外に，担保法の付従性・随伴性を矛盾なく説明できる理論は存在しないと思われる。
(3)　不可分性
　　(a)　意　　義
　　　　物的担保の効力が，債権の完全な弁済まで確保されるということ（民法296条・305条・350条・372条）。
　　(b)　通説による説明
　　　　通説は，被担保債権の一部が弁済等によって消滅してもその残額がある限り担保物全部の上に効力が及ぶことを捉えて，物権の性質であると説明している。しかし，弁済を受ける権利が継続するということが物権の性質であるというのは不可解である。
　　(c)　本書による説明
　　　　しかし，本書の立場からは，不可分性の本質は，債権が一部でも存在する限り，債権の掴取力もその範囲で目的物に対して存続するというように，無理なく説明することができる。
(4)　物上代位性

(a) 意　義

　　物的担保の目的物の売却，賃貸，滅失・損傷により，一方で，債権者が目的物に対して追及できなくなり，他方で，債務者が代金債権，賃料債権，損害賠償債権（場合によっては保険金請求権）を取得するというように，債権者が追及ができなくなった目的物に関連して債権が発生する場合に，担保権者がその債権（債務者の第三者に対する債権）に対して優先弁済権を取得すること。このことは，先取特権について規定されているが（民法304条1項本文），質権，抵当権にも準用されている（民法350条・372条）。

　　物上代位の行使に際しては，目的となる債権が弁済，譲渡される前に，担保権者が差押えをし，債権執行手続によって優先弁済権を確保する必要がある（民法304条1項ただし書）。

(b) 通説による説明

　　通説は，物上代位を物権の性質として説明しようとしているが，民法333条において追及効を否定されている先取特権者が，なぜ，債務者ではなく，第三者に帰属している「金銭その他の物」（民法304条）に対して追及できるのか，説明に窮している。

(c) 本書による説明

　　本書のように，担保物権を債権の掴取力と考え，物上代位も，債務者は第三債務者に対する債権を差し押さえることができるという基本的な考え方に立脚した上で，債権者が担保目的物に対する追及ができなくなった事由に関連して，債務者が特定の債権（売買代金債権，賃料債権，損害賠償債権）を取得した場合には，その債権（牽連性を有する債権）から他の債権者に先立って弁済を受ける権利が与えられると解するならば，物上代位に関する困難な問題は，すべて解決することが可能となる。

(5) 追　及　効

(a) 意　義

　　物的担保の目的物が第三者に譲渡された場合にも物的担保の効力が及ぶことをいう。必ずしもすべての物的担保に備わっているものではなく（例えば民法333条は，先取特権について追及効を否定している），第三者対抗要件を備えたものに限定される。例えば，抵当権が設定された不動産が第三者に譲渡された場合でも，抵当権はその第三者に対しても効力を有する。その結果，第三者取得者は，物上保証人と同じように，抵当権の負担を甘受しなければならなくなる。

(b) 通説による説明

　　債権は，その相対性の原則により，当事者以外の第三者には効力が及ばな

いのであり，追及効は物権の性質のみから導かれるとしている。
(c) 本書による説明

確かに，債権は，その相対性の原則により，原則として，当事者以外の第三者には効力が及ばない。しかし，債権の場合でも，例外的に第三者に対してその掴取力を第三者に対しても追及できる場合がある。

第1の例外は，詐害行為取消権である。債務者と第三者が債権者を害する目的で，債務者の財産を第三者に移転した場合には，債権者は，民法424条以下の規定に基づき，第三者である受益者または転得者に対して，債務者の財産が逸失していないかのように強制執行を行うことができる。したがって，この場合には，悪意の受益者または転得者は，債権者に対して，物上保証人と同じような負担を負うことになる。

第2の例外は，債権が対抗要件を備えた場合には，その効力を第三者に及ぼすことができる。民法605条は，不動産賃借権について，賃借権の登記をした場合には，目的物が譲渡された場合でも，譲受人に対して賃借権を対抗できるとしている。

追及効は，このように，物権でも否定されているものがあり，債権でも認められている場合がある。したがって，追及効を物権に固有の効力ということはできない。

第3節　担保物権を一つにまとめる概念としての優先弁済権と「担保物権の通有性」の新しい意味づけ

以上の考察を通じて，「担保物権の通有性」という概念が，実は，物権に特有のものではなく，広く債権にも見られる性質であることが明らかとなった。そうだとすると，いわゆる担保物権を一つにまとめることのできる，担保物権に共通する固有の性質（通有性）は存在しないのであろうか，また，担保物権の通有性といわれてきたものが，担保物権に固有の性質ではないとしたら，その意味をどのように解したらよいのであろうか。

この問題について，本書では，民法の物権編に規定されているために担保物権と呼ばれている4つの権利，すなわち留置権，先取特権，質権，抵当権の共通の性質としては，事実上または法律上の優先弁済権だけであること，および，その他の通有性は，債権の掴取力の性質の一部に過ぎないことを明らかにする。さらに，このことを通じて，担保物権の通有性に新たな意味を与えることが可

能となることを示すことにする。

I　いわゆる担保物権に共通する性質

本書では，債権のほかに担保物権という独立の物権は存在しないという立場をとっており，民法に規定された留置権，先取特権，質権，抵当権は，個別に検討すると，それぞれ性質を異にする面を有するが，全体としてみると，特別に保護すべきであると認められた（法律上認められている場合〔法定担保〕と当事者の合意と公示によって認められる場合〔約定担保〕とがある）債権について，その掴取力に，事実上または法律上，他の債権者に先立って弁済を受けるという共通の性質（共通の効力）を抽出することができる。

第1に，留置権は，物権ではなく，引渡拒絶の抗弁権に過ぎず，したがって，法律上の優先弁済権を有しない。しかし，債権者が占有を継続することによって，引渡拒絶の抗弁権がすべての第三者に対抗できるので，目的物に関連して生じた債権が事実上の優先弁済権を取得することになる。留置権に基づく引渡拒絶の抗弁権は，執行官に対しても，また，競売によって権利を取得する買受人に対しても行使できるため，物に関して生じた債権が取得することになる事実上の優先弁済権は，他の担保物権をもしのぐ，最も強力なものとなっている。

第2に，先取特権は，債権の性質が保護に値するものであるために，その債権に，法律上当然に優先権が与えられている。したがって，先取特権を有する債権は，原則として，対抗要件を必要とせずに，他の債権者に先立って弁済を受けることが認められている。

第3に，質権は，特定の債権を担保するために，債権者が債務者から目的物の使用収益権を剥奪して公示し，目的物の使用・収益を取り戻そうとする債務者を心理的に圧迫することによって，債務の弁済を促すとともに，債務者が債務の弁済を怠った場合には，他の債権者に先立って弁済を受けることができる権利である。

第4に，抵当権は，特定の債権を担保するために，債務者に目的物の使用・収益を許しつつ，目的物を登記することを要件に，債務者が債務の弁済を怠った場合には，目的物を競売し，その代金の中から，他の債権者に先立って弁済を受けることができる権利である。

これらの4つの権利に共通する性質，すなわち，「担保物権の通有性」とは，

特定の債権に与えられた事実上または法律上の優先弁済権に他ならない。通常の債権が債権者平等の原則に従うのに対して，これらの権利は，事実上または法律上，他の債権者に先立って弁済を受けることができるという特別の性質を有している。したがって，これらの権利は，理論上，一つのまとまりを持つもの，すなわち摑取力に優先権が与えられた債権として，特別扱いができるのである。

Ⅱ 「担保物権の通有性」の新しい意味づけ

以上の考察により，担保物権の通有性のうち，事実上または法律上の優先弁済権こそが，民法295条から398条の22までに規定されている4つの権利，すなわち留置権，先取特権，質権，抵当権に共通に備わり，それを担保物権としてひとまとまりとすることのできる特別の性質であることが明らかとなった。

それでは，従来から担保物権の通有性として挙げられてきたその他の性質，すなわち付従性・随伴性，不可分性，物上代位性は，どのように位置づけられるべきであろうか（追及効は担保物権に特有の問題でないことは，既に述べたとおりであり，また，債権の追及効については，後の第6章で詳しく論じる）。

これらはすべて，債権以外に独立の担保物権は存在しないないこと，担保権とは摑取力に優先権が付与された債権に過ぎないことの表れであるとして意味づけることが可能である。

第1に，担保物権の付従性・随伴性は，担保物権が債権に付従し随伴する性質を有するというものであるが，このことは，担保物権の正体が，債権とは別の独立した物権ではなく，債権自体の摑取力に与えられた優先弁済権に過ぎないことであることを理解するならば，簡単に説明することができる。なぜならば，債権の摑取力が債権に付従し随伴することは当然だからである。

第2に，担保物権の不可分性（民法296条・305条・350条・372条）は，債権の一部が満足されても，他の部分が存続する限り，担保物権の効力は存続するというものであるが，このことは，担保物権の正体が，債権の摑取力に与えられた優先権であると理解するならば，簡単に説明することができる。なぜならば，債権が存続する限り，債権の摑取力に与えられた優先権も存続するからである。

第3に，物上代位（民法304条・350条・372条）は，担保物権の目的物に対

する追及効が失われたときには，それと同一の原因によって債務者が第三債務者に対して債権を取得した場合に，債権者が債務者の第三債務者に対する債権を差し押さえ，そこから他の債権者に先立って弁済を受けることのできるものである。担保物権の正体が，債権の掴取力に与えられた優先権であると理解するならば，担保権の実行に際しては，担保権の存在を証する文書（法定文書）を提出すれば，債務名義を必要とせずに，担保執行を行うことができる（民事執行法181条・189条・190条・193条）。もっとも，動産先取特権や抵当権の実行の通常の方法は，目的物に対する動産執行または不動産執行であるが，物上代位の場合には，目的物に代わる債権に対する執行（債権執行）へと移行するため，債権者は，債務者の第三債務者に対する債権を差し押さえることが要求されているに過ぎない。そして，担保債権者は，債務者の一定の財産に対して優先権を有するのであるから，その一定の財産に牽連して生じた債務者の第三債務者に対する債権に対しても優先権を認めることは，妥当なものとして説明することができる。

第4節　担保物権の効力は，債権の固有の効力の中にすべて含まれている

　以上の考察を通じて，担保物権の通有性とは，特定の債権の掴取力に与えられた事実上または法律上の優先弁済効（この効力は，他の債権者に対して譲渡することが可能であるため，優先弁済権と呼ばれている）であること，その他の「担保物権の通有性」である付従性・随伴性，不可分性も，債権の掴取力が債権と運命を共にするところから導かれるものであること，また，物上代位性も，債権の掴取力に付与された法律上の優先弁済権の目的物が牽連する債権へと拡張されたものに過ぎないことも明らかとなった。

　そこで，以上の議論をまとめて，担保物権の通有性とされてきた「優先弁済権」も，「追及効」も，決して物権に特有の性質ではなく，債権の場合にも，一定の場合には優先弁済効（優先弁済権）が実現されること，優先弁済権を有しない債権においても追及効が実現できるメカニズムを有していることを確認することにする。これまで，このような観点（債権も一定の場合には追及効と優先効を有するという観点）から債権の対外的効力（債権者代位権および直接訴権，ならびに詐害行為取消権）を説明することはなかったため，この点に関する記

述も，本書の大きな特色となっているといえよう。

I 債務者の財産に対する換価・処分権能

　先に述べたように，債権といえども，債務者が債務を任意に履行しない場合には，債権者は，債務者の全財産のうちから適当な財産を差し押さえ，競売代金のうちから債権額に比例する配当を受ける権利を有している。債務者の財産に対する債権者のこのような換価・処分権は，「摑取力」と呼ばれている。したがって，債権者は，債務者の財産について潜在的な処分権限を有していることになる。

　一般債権者も，債務者の財産に対して潜在的な換価・処分権を持つということになると，一般債権者と担保物権を有する債権者とを区別するものは何かということになる。一般債権者と担保物権を有する債権者との相違は，前者が債権者平等の原則に服するのに対して，後者は優先弁済権を有する点にあるとされてきた。しかし，租税債権に代表されるように，債権の中には，その性質によって，法律がその債権に優先弁済権を与えているものが存在する。したがって，優先弁済権を認められた債権と担保物権との相違は，それほど明確なものではない。後に述べるように，債権の場合にも，一定の場合には優先弁済権が認められる場合があるのであれば，債権と担保物権とは，物権か債権かという観点からは，いずれも，「弁済を受ける権利」として，債権に属するものと考えることができる。

II 第三債務者に対する直接取立権

　民法366条1項は，「質権者は，質権の目的である債権を直接に取り立てることができる」と規定している。民法432条の債権者代位権のように，間接的に取り立てるのではなく，直接に取り立てることができる点，さらに，質権者のために，債務者の第三債務者に対する取立権が制限されている点（民法366条3項）が，物権の性質であるかのように考えられてきた。

　しかし，債権においても，直接の取立権が認められている場合が数多く存在している。民法613条は，賃貸人は第三債務者である転借人に対して「直接に」取立てができることを認めている。また，自動車損害賠償保障法（自賠

法）は，交通事故の被害者が，加害者の第三債務者である保険会社に対して直接に保険金を請求することを認めている（16条）ばかりでなく，被保険者である加害者が被害者に対して損害賠償をしない限り，被保険者は保険会社に対して保険金を請求することを禁じている（15条）。このことは，債権質において，債務者の第三債務者に対する取立権が質権者のために制限されている（民法366条3項）のと同様に，債務者の第三債務者に対する権利を制限して，直接に取り立てる権限を債権者（被害者）に与えており，物権の方が債権よりも強い権利であるとはいえないことを示しているといえよう。

しかも，物権であると考えられている権利質については，無体物である債権を目的物とすることが理論上可能であるかどうかで疑義があり，少なくとも，立法者は，次のように述べて，無体物を目的とする権利質は物権ではないと考えていたことを付け加えておこう（梅・要義巻二 438 頁）。

「質権が債権，版権，特許権，商標権，意匠権等を以て其目的と為す場合に於ては，其権利の性質，物権に非ざることは殆ど疑を容れざる所なり。」

有体物ではなく無体物を目的とする権利は物権ではありえないというのが，現行民法の立法者の考え方である。そうだとすれば，権利質は，物権ではなく，優先弁済権を有する債権として性質決定されるべきだということになる。

Ⅲ 第三者への追及効

不完全な物権であると考えられている占有権が追及効を持たない（民法200条2項）のに対して，所有権は，完全な物権であり，所有権の目的物が侵奪された場合には，善意取得（民法192〜194条）が生じるまでは，どこまでも目的物の返還を請求することができると考えられている（物権的請求権）。そして，このような追及効は，物権の性質の一つとされ，相対的な権利に過ぎない債権には追及効はないと考えられている。

しかし，この点については，次のような重大な例外がある。第1に，物権と考えられている先取特権には追及効がないことが明文で定められている（民法333条）。もっとも，先取特権には追及効がないが，それに代わるものとして，物上代位の権利が与えられている（民法304条）。しかし，この物上代位は，債権（代金債権，賃料債権，損害賠償債権）を差し押さえて，そこから弁済を受ける権利である。もしも，先取特権が物権であるとすると，債権に対して差押え

をすることはできないはずである。現行民法の立法者も，物権が無体物である権利を目的とすることは許されないと考えていた。そこで，現行民法の立法者は，物上代位は，あくまで金銭またはその他の物，すなわち有体物に対する権利であるかのように規定していた（民法304条）。しかし，物上代位の目的が，無体物である権利（債権）であることは疑いがなく（物上代位の手続は，債権執行の手続でしかなしえない），後に本論で詳しく論じるように，民法304条は，先取特権には第三者への追及効がないとする一方で，第三者の金銭またはその他の物に対して差押えを可能とするという問題が生じている（民法304条における立法の過誤とそれによる学説・判例の大混乱については，第14章第5節で詳しく説明する）。

　第2に，債権の場合でも，抵当権の場合と同じように，第三者に対して追及できる場合があることは，詐害行為取消権（民法424～426条）を見れば明らかである。なぜなら，債権者を害することを知りながら債務者が財産を第三者に移転しても，債権者は，債務者の責任財産から逸失した財産に対して強制執行を行うことができ，たとえその財産がさらに転得者に移転された場合にも，債権者は，同様にして，その財産に対して強制執行を行うことができるからである。

　このようにして，**債権**であっても，責任財産の逸失が**詐害行為**と認められる場合には，その財産についてどこまでも追及することが認められている。したがって，担保物権を債権法の領域で再構成する場合にも，追及効は，物権に固有の性質ではなく，債権者を害する行為，または，財産について優先権の登記がある場合には，追及力を有するとすることで，一貫した体系を作り上げることが可能である。それによって，先に述べた判例・学説が大混乱に陥っている物上代位に関しても，物権の効力ではなく，優先弁済権を有する債権に基づく債権差押えの効力として再構成するならば，混乱した現状を打開する理論を提供することができる。

Ⅳ　優先弁済権

　優先弁済権は，債権者平等の原則の例外として，例えば租税債権に認められていることは，すでに述べた。しかし，このような例外は，民法においても認められている。その代表は，一般先取特権である。一般先取特権は，先に述べ

たように,「特定種類の債権に一般の債権より優先する効力を与えている特殊な制度（そのかぎりで，債権者平等の原則の例外が認められる）と考える」（鈴木・物権法469頁）べき権利であって，物権ではありえない。

民法306条に規定された一般先取特権は，その目的が特定の物に限定されておらず，被担保債権と物との牽連性は皆無である。共益費用に関する債権，雇用関係に関する債権（給料債権，退職金債権，損害賠償債権等），葬式の費用に関する債権，日用品の供給に関する債権は，それが他の債権者に先立って弁済を受けるにふさわしいという理由で優先弁済権が与えられているのであって，特定の物から優先弁済権を受けるというような性質を有していない。これを物権と考えるということになると，物権の定義を債権（不特定な責任財産に対して強制執行をなしうる）と同じにしなければならず，物権と債権とを区別するという現行民法の体系は，完全に崩れ去ってしまう。

その他の担保物権も，優先弁済権が認められるのは，物権だからではなく，主として，その債権と目的物との間に牽連性があり，その債権に対して，目的物からの優先弁済権を認めることが適切であるとの判断があるからである。その理由は，次のように2つに分かれる。

一つは，法が，ある債権に優先弁済権を付与する場合である（いわゆる法定担保物権：留置権，先取特権）。法が優先権を公示しているのであるから，その場合には，当事者は，優先権を公示する必要がない。すなわち，引渡しも登記もなしに，第三者に対して優先権を主張することができる。先取特権が物権であるとされながら，物権法における公示の原則（民法177条・178条）に従っていないのは，この理由に基づく。

もう一つの理由は，当事者の合意によって優先弁済権が認められる場合である（いわゆる約定担保物権：質権，抵当権，非典型担保）。通説は，約定担保物権の場合に対抗要件が必要な理由を，被担保債権のほかに担保物権という別の物権を発生させることになるためであると考えている。しかし，被担保債権のほかに担保物権という物権が独立に存在するという考え方は破綻していることを詳しく論じた（第2章）。そうではなく，被担保債権に優先弁済権を発生させる合意そのものには対抗力がないため，優先権を主張するためには，合意のほかに必ず公示（動産の場合には占有の継続または登記，不動産の場合には登記）が必要であると考えるべきである。約定担保物権といわれる質権と抵当権に公示が必要なことは，以上の理由に基づく。

いわゆる約定担保物権に公示が必要であるからといって，その理由を物権だからという必要はない。債権であっても，債権譲渡を第三者に主張する場合には，公示（対抗要件としての通知または承諾）が必要である（民法467条以下）。先に述べたように，不動産賃借権を第三者に対抗するためには登記が必要とされている（民法605条）のも，この理由に基づいている。
　優先権が「対世効（第三者に対する対抗力）」の問題であることについては，争いがない。しかし，対世効は物権だけが有していると考え，優先効を認められている物的担保は物権であると考えるのは，早計である。例えば，債権の移転の場合，法定移転である弁済による代位（民法500条）の場合には，公示なしに第三者への対抗力が認められており，約定の移転である債権譲渡の場合には，合意と公示（通知と承諾）によって，第三者に対する対抗力が認められている。対世効が認められるのは，法律の規定または合意と公示とが存在するからであって，物権だから対世効が認められ，債権には対世効は認められないと考えることは，理論的な根拠を欠く。所有権のような完全な物権とされる権利であっても，公示がなければ対世効は認められない（民法177条・178条）。これに反して，債権であっても公示があれば，対世効が認められているからである（民法467条以下・605条など）。
　担保物権が「対世効」としての優先弁済権を有しているのは，法律の規定（先取特権）または当事者の合意と公示（質権，抵当権）に基づくのであって，決して，物権だからという理由に基づいて優先弁済権を有しているわけではないのである。
　さらに，最近の研究によれば，相殺の担保的機能が，引渡拒絶の抗弁権と優先弁済権の組合せとして債権法の中で完結した体系として示されることが実証されている（深川・相殺の担保的機能）。意思表示だけで，債権の確実な回収までも実現できるため，「最優先・最強度の担保権」といわれる相殺が，現行民法において，物権法（権利質）ではなく債権法の中に位置づけられていることも，重要な意味をもっているといえよう。

第5節　担保法総論の創設

　以上の議論を通じて，担保法の総論を創設する準備が整ったことになる。つまり，第1に，債権には，債権の履行を確実にするための手段として，債権の

固有の効力として認められている摑取力がある。第2に，この摑取力を，以下のように，量的・質的に強化することによって，担保法の総論が形作られることになる。
  (1) 摑取力の空間的・量的強化
    (a) 摑取力を空間的に拡張するものとしては，直接取立権（債権者代位権，直接訴権），追及効（詐害行為取消権）が債権法の分野に存在している。この方法をより一般化することによって，担保法の基礎理論を形成することができる。
    (b) また，摑取力の対象を債務者ばかりでなく他人の財産に対しても拡張するものとして，人的担保（保証，連帯債務）が存在する。
  (2) 摑取力の質的強化
     摑取力を質的に強化するものとしては，引渡拒絶の抗弁権（民法533条・576～578条）および優先弁済権（相殺の担保的機能）が債権法の分野に存在している。前者は，事実上の優先弁済権を導くものであり，後者は，法律上の優先弁済権を導くものである。これらの手段をより一般化することによって，担保法の基礎理論を形成することができる。

債権法の分野に存在する以上の2つの効力を応用することによって，いわゆる担保物権の通有性は，すべて債権法の内部で構築が可能となる。このことを説得的に展開する部分が，担保法の総論となる。そして，いわゆる担保物権の基礎理論については，これまでのこじつけ的な物権理論からの解放により，債権法の分野における基礎理論に基づいた担保法として再構成されることになる。

物権法理論によって説明しようとして，原則よりも例外（物権の対象が有体物に限定されることの例外〔一般先取特権，物上代位，権利質〕，物権の特定性に対する例外〔一般先取特権〕，物権の対抗要件に対する例外〔留置権，先取特権，質権，抵当権の処分等〕）の方が多かった従来の担保物権の体系とは異なり，債権法の理論に基づいて，例外の少ない担保物権の体系を示すことができる点こそが，本書の最大の特色といえよう。

第6節　担保法各論の連続性——人的担保と物的担保との関係

本書では，担保法の体系を債権法の分野における摑取力の強化理論として展開している。すなわち，従来の担保法を徹底的に批判した第1部に続いて，第2部では，債権法の固有の制度だけを使い，摑取力の強化がどのように展開可

能であるのかを示すことによって，担保法の基礎理論を明らかにする。そして，第3部～第5部（担保法の各論）において，人的担保と物的担保を基礎理論の応用として展開する。

　先にも述べたように，人的担保と物的担保は，現行民法では，一方は債権総論に，他方は物権として，別々に規定されている。しかし，担保法の観点からは，それらを理論的に関連づけ，総合的に論じることが望ましい。本書では，両者を摑取力の強化という統一原理に基づいて総合的に考察する道を開いている。すなわち，第1に，人的担保は，債権の摑取力を数量的に強化するものとして，第2に，物的担保は，債権の摑取力を質的に強化するもの，すなわち，債務者の責任財産から，他の債権者に先立って債権を回収するものとして，連続的に考察している。

　その際に忘れてならないのは，債権者の権利を強化すると同時に，債務者の保護とのバランスを忘れてはならないことである。本書を通じて，保証人の保護，用益権を有する債務者の保護は，「保証債務は債務のない責任に過ぎない」，「担保物権は優先弁済効を有する債権に過ぎない」と主張する本書の立場によってのみ必要かつ十分な考慮がなされるものであることが理解できるものと思われる。

　以上で第1部（問題の所在——担保法の基礎理論が発達しないのはなぜか）についての叙述を終える。第1部は，現在の担保法が抱えている問題を明らかにし，通説に対する攻撃と破壊に終始した感がある。そこで，次の第2部では，「通説に対する批判と破壊の後に何が残るのか」，「通説に代えて整合的な理論を提示できるのか」という問に対して，本書の立場によれば，これまでになかった整合的な「担保法総論」を構築できることを明らかにしたいと考える。第1部の叙述と重なる点もあるが，新しい担保法の総論として，体系的な記述を行うことにする。

第2部
担保法総論
債権の保全と取立ての一般理論

担保法に関する規定は，現行民法においては，債権と物権とに分断されている。すなわち，人的担保としての保証および連帯債務は，民法第3編（債権）第1章（総則）第3節（多数当事者の債権及び債務）において規定され，物的担保は，民法第2編（物権）第7章（留置権），第8章（先取特権），第9章（質権），第10章（抵当権）において規定されている。

　本書では，このように分断された担保法を，ボワソナードによって創設された旧民法の債権担保編の構成に倣って，人的担保と物的担保とを統合するとともに，それを債権の効力である摑取力の量的・質的強化として理論構成する。すなわち，人的担保も物的担保も，債権の摑取力の強化として，債権法の領域の問題として再構成する。

　第1に，人的担保は，債権の引当てとなる債務者の責任財産のみでなく，第三者である保証人の責任財産についても，債権の引当てとする制度であり，**摑取力の量的強化**として構成する。その際，対象となる債務は本来の債務だけであり，保証人は，本来の債務について履行の責任を負うのみで，本来の債務とは別個の保証債務を負うものではないことを明らかにする。このことは，通常の保証（民法446条以下）と物上保証（民法351条）とを連続的に考えることを意味する。両者の違いは，前者が債権額の範囲内で無限責任（弁済を含む）を負担するのに対して，後者は，債権額の範囲で，かつ担保目的物の価額の範囲で有限責任（担保の実行）を負担する点に存するに過ぎない。このような考え方は，各論で詳しく論じるように，保証人を保護する，すなわち保証人の責任を限定するために欠かすことのできない視点であると考える。

　第2に，物的担保は，債権の引当てとなる債務者または物上保証人の財産から「他の債権者に先立って弁済を受ける」ことができる制度であり，**摑取力の質的強化**として構成する。その際，担保権者の権利は，債権の優先弁済効に過ぎず，同じく債権者である賃借人の権利（主として建物居住権）を害することのないように配慮することが重要であると考える。

　第3に，このような考え方の基礎にある理論は，すべて，債権の摑取力（民法414条）の強化として，すでに債権の効力として確立している債権者代位権（民法423条），直接訴権（民法613条，自賠法15条・16条），詐害行為取消権（民法424～426条）の法理，および，事実上の優先弁済権をもたらす「履行拒絶の抗弁権」に基づいて再構成されるものである。いわゆる担保物権のすべてを債権の効力の強化として構成するのは，わが国では最初の試みである。

第4章
債権の掴取力（潜在的な換価・処分権）

第1節　物権と債権との区別と債権の掴取力における両者の交錯

　担保とは，債務者が債務を任意に履行しない，またはその虞れがある場合に備えて，債権の掴取力を強化する制度である。その仕組みを理解するためには，物権と債権との役割分担を理解しておく必要がある。

　第1は，債務者の財産は債務者に帰属し，債務者が排他的に支配している。これが物権の世界である（図3の左側：縦の関係）。第2は，ある人が他の人にあることをすること（作為），しないこと（不作為）を要求できる権利である。このように債権は，いったんは，人と人との関係として，物とは切り離されて理解される。これが債権の世界である（図3の右側：横の関係）。しかし，債権においても，「債務者が任意に債務の履行をしないときは，債権者は，その強制履行を裁判所に請求することができる」（民法414条1項）。すなわち，債権者は，債務者に帰属する財産（責任財産）に対して強制執行をする権利を有している。これが債権の掴取力であり，ここにおいて，物権と債権とが交錯する世界が出現する（図4：斜めの関係）。

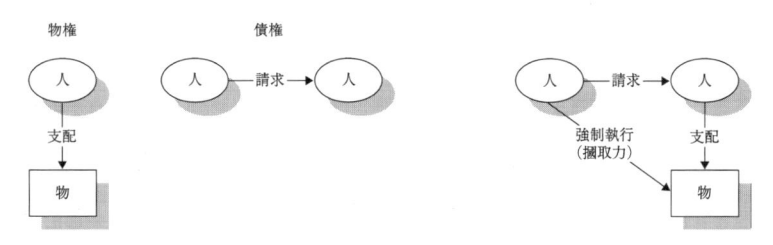

図3　物権と債権との区別

図4　物権と債権の交錯としての債権の掴取力

第 2 節　債権の摑取力における債権者平等の原則とその例外

　債権者は，民法 414 条 1 項によって，債務者の財産に対して強制履行をする権利を有し，債務者の財産を換価・処分する権限を潜在的に有している。しかし，その権限は，他の債権者との競合にさらされる。これが，債権者平等の原則である（図 4 と図 5 を参照のこと）。

　　　　　　　　　　　　　　　　もっとも，この債権者平等の原則にも例外が存在する。債権であっても，その性質によって，他の債権者に優先する権限が与えられる例が存在する。例えば租税債権は，債権であるが，優先弁済権を有する。また，先に述べたように，一般先取特権も，その性質によって，優先弁済権が認められている（本書の立場だけでなく，有力な学説も，一般先取特権は物権とはいえないと考えている。その理由は，その目的物が債務者の一般財産全体に及んでおり，決して特定することがないからであり，このような権利を物権と呼ぶことはできないと考えているからである）。このような優先弁済権は，債権者平等の原則の例外として存在する（図 5）。

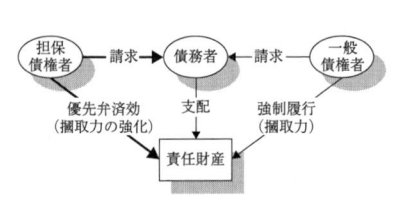

図 5　摑取力の強化としての優先弁済権

　債権の内部においても，「債権者平等の原則の例外」が認められることは，現行民法の源となった旧民法においては，当然のこととして，下記のような明文の規定が用意されていた（理解しやすくするため，カタカナをひらがなに改め，濁点と句読点を補っている）。この条文は，すでに第 2 章第 2 節でも引用しているが，①「責任財産とは何か」および②「債権者平等の原則とその例外」を的確に表現した優れた条文であるので，重複をいとわず再度引用する。

> 旧民法債権担保編（明治 23 年法律第 28 号）第 1 条
> ①債務者の総財産は，動産と不動産と，現在のものと将来のものとを問はず，其債権者の共同の担保なり。但，法律の規定又は人の処分にて差押を禁じたる物は此限に在らず。
> ②債務者の財産が総ての義務を弁済するに足らざる場合に於ては，其価額は，債権の目的，原因，体様の如何と日附の前後とに拘はらず，其債権額の割合に応じて之を各債権者に分与す。但，其債権者の間に優先の正当なる原因あるときは此限に在らず。
> ③財産の差押，売却及び其代価の順序配当又は共分配当の方式は，民事訴訟法を以て之

を規定す。

　これに対して，通説は，債権は必ず債権者平等の原則に服するのであり，優先弁済権を有する権利は，債権ではなく物権であると考えている。そして，優先弁済権を，債権とは独立した物権として構成している。しかし，その帰結は悲惨である（笑いごとでは済まされない）。なぜなら，優先弁済権は独立の物権だとしながら，債権の担保のための権利であることを認めざるを得ず，独立の権利であるはずの担保物権は，債権が不成立または無効の場合には，担保物権も効力を生じず，また，債権が消滅すると担保物権も付従して消滅するという，最初に前提とした物権の独立性を否定するという矛盾した性質を担保物権に与えざるをえなくなっているからである（担保物権を独立した権利とすることの理論的な破綻）。

　この点，担保物権を，債権の世界と物権の世界とが交錯する債権の掴取力の問題として捉え，掴取力に優先弁済権が付与されたものが物的担保であると理解するならば，いわゆる担保物権の付従性は，債権の効力の問題として，矛盾なく説明することができる。なぜなら，担保物権とは，債権の掴取力が質的に強化されたものに過ぎないのであるから，債権が不成立，無効，消滅という場合には，その効力（優先弁済効）に過ぎない担保物権も不成立，無効，消滅となるのは当然といえるからである（いわゆる担保物権における整合的な理論の構築）。

第5章
債権者代位権および直接訴権
（第三債務者に対する直接の取立権）

第1節　権利質権者による第三債務者に対する直接取立権

　無体物を目的とする担保物権である権利質が物権であるかどうかについては疑義があり，先に述べたように，立法者は，権利質は物権ではないと考えていた（梅・要義巻二 438 頁）。そして，そのことを明らかにするために，権利質の冒頭条文（民法 362 条 2 項）において，質権の総則を「適用」とすれば済むところを，わざわざ，総則を「準用」するという用語を選択したとしている（梅・同上）。

　後にも詳しく論じるように，権利質が物権かどうかは問題があるとしても，権利質において，質権者は，「質権の目的である債権（質入れ債権）を直接に取り立てることができる」（民法 366 条 1 項）。この直接の取立権，および，質権の目的とされた「債権の弁済期が質権者の債権の弁済期前に到来したときは，質権者は，第三債務者にその弁済をすべき金額を供託させることができる」という権限は，まさに，担保「物権」である質権の留置的効力であるとされてきた。

　しかし，一般債権者であっても，債権を差し押さえることによって，一定期間が経過した後は，自らの債権額の範囲で，第三債務者に対しても差押債権の取立てをすることができる（民事執行法 155 条）。そして，債権者の差押えに対しては，第三債務者は供託することができる（同法 156 条）。

　さらに，債権者は，債権差押さえという訴訟上の権利を行使しなくても，一定の要件を満たす場合には，実体法上の権利として，債権者代位権の制度（民法 423 条）を利用することによって，第三債務者に対して取立てを行うことができる。しかも，後に詳しく述べるように，債権者代位権の場合には，債権者は，債務者に対する債務名義を必ずしも必要としない。この点でも，債権者代

位権は，担保権の実行の場合に類似する性質を有している。

第 2 節　一般債権者による債務名義不要の取立権としての債権者代位権

Ⅰ　債権者代位権の位置づけ

　債権者代位権とは，債権者が，自己の債権を保全するために，債務者に属する権利を債務者に代わって行使することのできる制度である（民法 423 条 1 項本文）。

　本来，債務者が自己の財産をどのように管理するかは債務者の自由であるが，資力が悪化した債務者は往々にして債権回収に不熱心となる。そこで，債務者の無資力を要件として債権者が債務者の権利を代位行使することが認められているのである。ただし，債務者の一身専属権の代位行使は認められない（民法 423 条 1 項ただし書）。

　債権者代位権の特色は，強制執行手続（債権差押え）とは異なり，債務者に対する債務名義（民事執行法 22 条）なしに第三債務者に対して裁判外の請求または訴え（給付訴訟としての代位訴訟）を提起できる点にある。そして，債権者が第三債務者を相手取って訴えを提起した場合の判決の効力は，債務者（中間債務者）に対しても既判力を生じるとされている（民事訴訟法 115 条 1 項 2 号）。

　確かに，債権者の債権の弁済期が到来しない間は，保存行為を除いて，裁判上の請求しかなしえない（民法 423 条 2 項，非訟事件手続法 72～74 条〔裁判上の代位〕）。しかし，債権者が裁判上の代位の申請を行いそれが認められて，債務者に告知されたときは，債務者はその権利の処分ができなくなるという効力が生じる（非訟事件手続法 76 条）。このことからも，債権者代位権は，単に債務者に属する権利を保全するため，かつ総債権者の利益のために行使する権利にとどまるものではなく，債務者に代わって，相手方に対して直接取立てを行使できる債権者の権利であり，債権担保権として位置づけられるべきことになる。

　もっとも，債権者代位権を理論的にどのように位置づけるかについては，学説上，以下のような厳しい対立が見られる。

A 責任財産保全制度説

　第1の考え方は，債権者代位権は，債務者の責任財産を保全するための制度であり，その効果は総債権者のために生じるとするのである（責任財産保全制度説）。この説が通説・判例の採用する立場とされている（内田・民法Ⅲ〔2005〕290頁）。

　この説の弱点は，金銭債権については，債権者代位権を行使する債権者が債務者に代わって取り立てた金銭を債務者に返還する債務について，その債務と債権とを相殺すること等によって「事実上の優先弁済権」を取得することをやむをえないとする点にある。確かに，債権者代位権が利用される重要な場面の一つに，特定債権における債権者代位権の転用の問題（優先権を牽連性という別の理由で正当化しうる）があるが，主要な場面は，なんといっても金銭債権であり，これについて，債権者代位権を行使する一人の債権者が事実上の優先弁済権を有することを認めるのであれば，それは，すべての債権者のための責任保全の制度であるとの理論の出発点から逸脱しており，整合的な理論とはいえない。

B 簡便な債権回収手段説

　第2の考え方は，債権者代位権を，迂遠な強制執行手続を回避する簡便な債権回収手段として位置づけるものである（簡便な債権回収手段説）。この説によると，判例が，第1の考え方に依拠しつつ，現実には，債権者代位権を行使する債権者の事実上の優先弁済権を認める結果となっていることを，積極的に評価することができる。そして，この説は，債務者の無資力要件をも廃止するという方向にまで向かっている（天野弘「債権者代位権における無資力要件の再検討(上)(下)」判夕280号〔1972〕24頁，282号〔1972〕34頁）。

　この説に対しては，訴訟法の立場から，債権者代位権は，債権に対する強制執行の制度が未整備だった時代にフランスで発達した制度であり，ドイツ法と同様，債権執行に対して整備された法制を有するわが国の場合には，債権者代位権の制度自体は不要か，少なくとも抑制的に適用すべきであり，無資力要件まで廃止するのは明らかに行き過ぎである，との批判が向けられることになる（三ケ月章「わが国の代位訴訟・取立訴訟の特異性とその判決の効力の主観的範囲」『民事訴訟法研究』6巻〔有斐閣，1972〕，同「取立訴訟と代位訴訟の解釈論的・立法論的調整」『民事訴訟法研究』7巻〔有斐閣，1978〕参照。また，奥田・債権総論

255頁は，無資力要件を撤廃することは信用取引の安全を害することになるとして批判する）。債権者代位権を債務名義を要しない簡易の債権担保執行として位置づける点は評価できるが，次に述べるように，債権者代位権の行使要件のうち無資力要件を一律に不要とすることは行き過ぎであろう。

C 包括担保権説

第3の考え方は，ボアソナードの旧民法の考え方と同様であるが，債権者は債務者の財産に対して一種の「包括担保権」を有し，その実行方法として債権者代位権があるとするものである（包括担保権説）。この説は，金銭債権者が債務者の有する金銭債権を代位行使した場合の優先弁済の結果を，債権者代位権の中心的機能として正面から肯定し，これを積極的に正当化しようとする（平井・債権総論260頁以下）。

確かに，この説は，債権者が包括担保権を有するものであり，それが，担保物権の場合には，債務名義なしに，法定文書の提出だけで強制執行ができることになる点で，債権担保制度に共通の性質を有するという本書の立場と基本的には同じである。

しかし，債権者に事実上または法律上の優先弁済権を与えるべきかどうかは，債権者が責任財産の上に包括担保権を有しているということだけで判断できるわけではない。債権者に優先弁済権を与えるかどうかは，相殺の担保的機能の箇所でも言及したように，また，後に留置権および先取特権の箇所で詳しく論じるように，債権者の債務者に対する債権（α債権）と債務者の第三債務者に対する債権（β債権）との間に密接な関連（牽連性）があるかどうかで判断される。したがって，債権者代位権が行使される場合のうち，α債権とβ債権との間に牽連性がある場合（債権者代位権の転用，直接訴権の場合がこれに該当する）には，無資力要件を不要とし，かつ事実上または法律上の優先弁済権を与えることができる。しかし，牽連性が認められない場合には，無資力要件を必要とし，かつ優先弁済権を認めないというように，牽連性の有無を考慮して，無資力要件の要否，優先弁済効の適否等を判断しなければならない（加賀山説：債権者代位権と直接訴権の区別説）。したがって，債権者代位権が包括担保権の実現方法であるということから，一般的に，債権者代位権には無資力要件が不要であるとか，優先権を付与することができるという第3の考え方は，理論的には正当化できないというべきである。

Ⅱ　債権者代位権の要件

債権者が債権者代位権を行使するためには，民法 423 条の解釈上，以下の要件が満たされていなければならない。
(1)　債権者が自己の債権を保全する必要があること
(2)　債務者が自らその権利を行使しないこと
(3)　債務者の債務が履行期にあること
(4)　債務者の一身に専属する権利でないこと

　第 1 の要件の解釈として，通説・判例（大判明 39・11・21 民録 12 輯 1537 頁）は，債権者代位権の行使要件として，債務者が無資力であることという要件（無資力要件）を付加している。

　第 2 の要件の解釈として，確かに，債務者自身が権利を行使した後は，債権者は，重ねて権利を行使することができない。しかし，いったん債権者が債権者代位権の行使を債務者に通知するか，債務者が債権者の行使を知った後は，債務者はその権利の処分ができなくなると解している（最三判昭 48・4・24 民集 27 巻 3 号 596 頁）。

　　最三判昭 48・4・24 民集 27 巻 3 号 596 頁
　　「債権者が代位の目的となった権利につき訴訟追行権を有していることが判明したときは，債務者は右権利につき訴訟追行権を有せず，当事者適格を欠くものとして，その訴は不適法といわざるをえない反面，債権者が右訴訟追行権を有しないことが判明したときは，債務者はその訴訟追行権を失っていないものとして，その訴は適法ということができる。」

　このような判例の立場によると，債権者代位権の場合には，債権者代位権の要件が満たされて（債務名義は不要である），その行使が行われると，差押えと同様の効果が認められることになる。一般的に，担保権に基づく債権執行の場合にも，債務名義によらず，法定文書の提出に基づく執行裁判所の差押えによって開始するが（民事執行法 193 条 2 項による 143 条の準用），債権者代位権の場合にも，同様の結果が，債権者代位権という簡易の手続として認められていると考えることもできよう（前述の債権者代位権の位置づけに関する第 2 の考え方に対する部分的肯定）。

　第 3 の要件である弁済期の要件に関しては，先にも述べたように，確かに，

債権者の債権の弁済期が到来しない間は，保存行為を除いて，裁判上の請求しかなしえない（民法423条2項，非訟事件手続法72～74条〔裁判上の代位〕）。しかし，債権者が裁判上の代位の申請を行ってそれが認められて債務者に告知されたときは，債務者はその権利の処分ができなくなるという効力が生じる（非訟事件手続法76条）点が重要である。このことも考慮して，上述の債権者代位権の「差押えと同様な効果」が正当化されているからである。

最後の第4の要件である一身専属性については，学説において，判断基準についてさまざまな説がある。この問題を理解する上で，遺留分減殺請求権について一身専属性が認められ，債権者代位権の行使が否定された最高裁判決（最一判平13・11・22民集55巻6号1033頁）が参考になる。

最一判平13・11・22民集55巻6号1033頁
（事案の概要）　被相続人Aの遺言によってXが相続すべきものとされた不動産につき，当該遺言で相続分のないものとされた相続人Bに対して貸金債権を有する上告人Yが，当該相続人に代位して法定相続分に従った共同相続登記を経由した上，当該相続人Bの持分に対する強制競売を申し立て，これに対する差押えがされた。これに対して，被上告人Xがこの強制執行の排除を求めて第三者異議訴訟を提起した。上告人Yは，上記債権を保全するため，当該相続人Bに代位して遺留分減殺請求権を行使する旨の意思表示をし，その遺留分割合に相当する持分に対する限度で上記強制執行はなお効力を有すると主張した。
（判旨）　「遺留分減殺請求権は，遺留分権利者が，これを第三者に譲渡するなど，権利行使の確定的意思を有することを外部に表明したと認められる特段の事情がある場合を除き，債権者代位の目的とすることができない。」

なお，一身専属性の判断に関しては，慰謝料請求権が一身専属性を失うプロセスを明らかにした以下の判例も重要である。

最一判昭58・10・6民集37巻8号1041頁
「名誉侵害を理由とする慰謝料請求権は，加害者が被害者に対し一定額の慰藉料を支払うことを内容とする合意若しくはかかる支払を命ずる債務名義が成立したなどその具体的な金額が当事者間において客観的に確定したとき又は被害者が死亡したときは，行使上の一身専属性を失う。」

Ⅲ　債権者代位権の特色

　債権者代位権は，先に述べたように，債務者がその財産権を行使しない場合に，債権者がその債権を保全するために債務者に代わってその権利を行使して，債務者の責任財産の維持・充実を図る制度である（民法423条）。この制度の起源は，フランスの間接訴権（action oblique）に求められる。間接訴権（action oblique）は，強制執行，特に債権差押制度が不備であったフランスにおいて，それを補うために発達した制度である。

　条文には明記されていないが，通説・判例によって明らかにされている債権者代位権の特色は以下のとおりである。なお，以下の説明においては，債権者をA，債務者をB，第三債務者をCと呼ぶことにし，AのBに対する債権をα債権，BのCに対する債権をβ債権と呼ぶことにする。

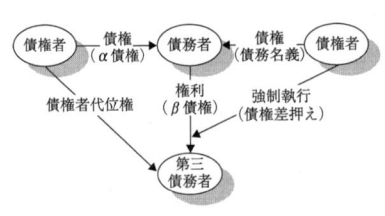

図6　債権者代位権と債権差押えとの対比

A　債務者の無資力要件

　Aは，Bに対する債権（α債権）を保全するために，BのCに対する金銭債権（β債権）をBに代わって行使するものであり，そのようなことが可能であるのは，Bが無資力の時に限る（大判明39・11・21民録12輯1537頁。ただし，後に述べる債権者代位権の転用の場合は，無資力要件は不要とされる）。

B　債務者に対する確定判決の不要

　Aは，BのCに対する債権（β債権）を差し押さえる場合とは異なり，Bに対する確定判決（債務名義）を要せず，いきなりCを訴えることができる（代位訴訟）。Aが，BのCに対する権利に代位して，Cに対して訴えを提起し，Cに対する判決を受けた場合，その既判力は，Bに対しても及ぶと解されている（民事訴訟法115条1項2号）。

C　行使できる権利の範囲

AのBに対する債権の範囲およびBのCに対する債権の範囲の両者によって二重に制約される（最三判昭44・6・24民集23巻7号1079頁）。

例えば，AのBに対する債権（α債権）が5万円，BのCに対する債権（β債権）が10万円である場合，AはCに対して5万円しか請求できない。AのBに対する債権（α債権）が10万円，BのCに対する債権（β債権）が5万円である場合も，5万円しか請求できない。また，BのCに対する債権の弁済期が到来していることはもとより，AのBに対する弁済期も，裁判上の代位，保存行為の場合を除いて，到来していることが必要である（民法423条2項）。

第3節　債権者代位権（間接訴権）と直接請求権（直接訴権）との関係

フランスにおいては，上記の債権者代位権，すなわち間接訴権（acition oblique）の外に，直接訴権（action directe）という制度がある。実はこの制度も，民法613条，自賠法16条において，すでにわが国にも導入されている。

この直接訴権（action directe）は，間接訴権（action oblique）としての債権者代位権とは異なり，AがBのCに対する債権を自らの名で，かつ自らのために行使することを認めるものであり，CはAに対して直接に義務を負うばかりでなく，金銭債権という限定もなく，無資力要件も不要である。ただし，行使できる権利の範囲は，債権者代位権の場合と同様，二重の制約を受けるほか，AのBに対する債権とBのCに対する債権とが同種のものであること，少なくとも密接な関係にあることが求められる。

わが国において，債権者代位権の転用といわれている現象は，まさに，フランスの直接訴権（action directe）の導入に他ならない。フランスの直接訴権とは，以下のような特色を持つものとされている。

(1) 特別の要件

　　賃料債権と転貸料債権（民法613条），交通事故に基づく損害賠償債権と交通事故の責任保険の保険金請求権（自賠法16条）などのように，債権者の債務者に対する債権と債務者の第三債務者に対する債権との間に密接な関係がある。

(2) 特別の効果

　(a) 第三債務者が債務者に対抗できる事由のうち，一定のもの（例えば借賃の

前払い等）は，債権者に対抗できない。
　(b) 債権者は，債務者の他の債権者との競合を排除したり，先取特権（民法314条）を有する。

　フランス民法によって採用され，その後，特に損害保険の分野で発展を遂げて，世界的に評価されている直接訴権の制度は，以下の2つのタイプに分類されている。すなわち，完全直接訴権（自賠法16条），不完全直接訴権（民法613条）の2つである。

I　完全直接訴権（自賠法16条の直接請求権）

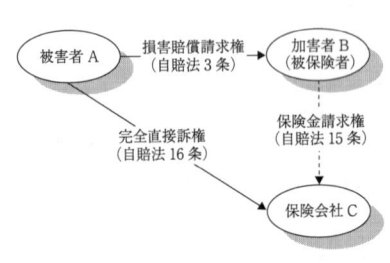

図7　自賠法16条の直接請求権の構造

　例えば，交通事故が発生した場合に，加害者Bの保険会社Cに対するβ債権（保険金請求権）が自動的に被害者Aに移転するものである。完全直接訴権の場合，最初からβ債権がAに移転するため，Cは，被保険者であるBに保険金を支払うことはできない点が，大きな特色となっている。CがBに保険金を支払うことができるのは，まず，BがAに損害賠償を行い，AのCに対する直接訴権に代位できるようになったときだけである。

(1)　要　件
　(a) 債権者代位権の場合と同様，α債権，β債権の存在が前提となる。
　(b) 債権者代位権の場合と異なり，債権者（被害者）を保護する必要性が特に高く，第三債務者の債務者に対する弁済を禁止する必要性がある。
　(c) 通常の債権者代位権の場合とは異なり，債務者の無資力要件は必要ない。

(2)　効　果
　(a) α債権の発生と同時に，β債権の弁済は禁止される（自賠法15条）。
　(b) β債権は，発生と同時に債権者に移転し，その効果（直接請求権）が発生する（自賠法16条1項）。

Ⅱ 不完全直接訴権（民法613条の直接請求権）

上記の完全直接訴権と異なり，直接訴権は，AがCに請求をしたときにはじめて，β債権がAに移転する。したがって，それまでの間は，CはBに弁済することができる。ただし，B・CがAを害する目的で前払いをしたような場合には，CのBに対する弁済は，Aに対抗できなくなる（民法613条1項2文）。

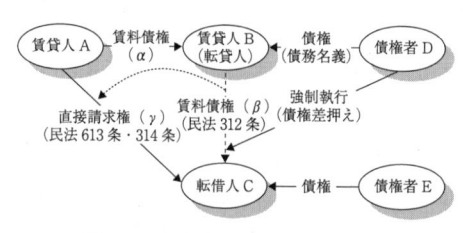

図8　民法613条の直接請求権の構造

(1) 要　　件
　(a)　債権者代位権の場合と同様，α債権の存在，β債権の存在が前提となる。
　(b)　債権者代位権の場合と異なり，α債権とβ債権との関係の密接不可分性が要求される。
　(c)　一般の債権者代位権の場合と異なり，債務者の無資力は必要ない。
(2) 効　　果
　完全直接訴権の場合と異なり，β債権は，直接訴権の行使の後に移転し，その効果（直接請求権）が発生する。
　① 完全直接訴権の場合と異なり，直接訴権の行使があるまでは，原則として，CはBへの弁済を禁止されない。ただし，Bと共謀した詐害的な前払いは，Aに対抗できなくなる（民法613条1項2文）。
　② 完全直接訴権の場合と同様，直接訴権の行使後は，CはAにのみ弁済をなしうる。CがBに弁済しても，有効な弁済とはならない。
　③ 債権執行の場合と異なり，Aは，Cに対して直接訴権を行使した後も，Bに対しても従来の権利を行使しうる（民法613条2項）。

A　民法613条の直接請求権のメカニズム

民法613条は，債権者代位権から進化したフランス民法の直接訴権を取り入れた制度である。債権者代位権は，先に述べたように，債権者Aの債務者Bに対するα債権を保全するために，債務者Bの第三債務者Cに対するβ債権に対して，無資力となったBに代わって債権者Aが直接Cに対して債権の履行を請求できる制度である。これに対して，直接訴権は，α債権とβ債権との間

に密接な関係がある場合に限って認められるものであるが，Aは，β債権をBに代わって行使するのではなく，自らの権利として直接にCに対して履行を請求できる権利である。債権者代位権の場合とは異なり，Bの無資力要件は必要ではなく，また，CがBに対して有していた抗弁のうち，Aを害するもの，例えば，CのBに対する詐害的な前払いなどは，Aに対抗できなくなる点に特色がある（民法613条1項2文）。

　直接訴権は，賃貸人等の債権者Aの権利を保護するための制度である。しかし，Aの保護に偏する制度ではなく，以下に述べるように，以下の2点で，転借人等の第三債務者の利益を害さないような配慮もなされている。
(1) 直接訴権を行使するためには，行使の時点で，α債権とβ債権の両方の権利が存在することが必要である。
　　したがって，Cがβ債権の期限到来の後にBに弁済した場合には，β債権は消滅しているので，直接訴権は行使できない。
　　ただし，先に述べたように，Cがβ債権の弁済期の期限到来の前に詐害的な前払いをした場合には，その前払いによるβ債権の消滅は，Aに対抗できない。すなわち，Aはβ債権が消滅していないかのように直接訴権を行使できる（民法613条1項2文）。
　　また，α債権とβ債権とがともに存在する場合に，AがCに直接請求を行った後は，Cは，これを無視してBに弁済することはできない。β債権は，直接訴権の行使によってAに移転しているからである（民法613条1項1文）。
(2) AがCに対して直接に請求できる権利の範囲は，α債権とβ債権との両方の債権の範囲に限定される。例えば，賃料が10万円で転借料が15万円である場合には，直接訴権は，10万円の範囲に限定される。また，賃料が12万円で転借料が8万円の場合には，直接訴権は，8万円の範囲に限定される。

　直接訴権は，上記のように，第三債務者の権利の保護にも配慮しながら，α債権とβ債権との密接な関連に着目して，α債権に先取特権を与えている（民法314条）。この先取特権は，民法312条の先取特権がβ債権にも適用されるため，Aが民法613条の直接訴権を行使すると，β債権がAに移転すると同時に，β債権に与えられている民法312条の先取特権が，β債権の移転に随伴してAに与えられる，と考えるとわかりやすい。つまり，民法314条の先取特権は，民法312条の先取特権と民法613条との組合せによって当然に生じるものと考えることができる。

B　民法613条の直接訴権による権利関係の変動

先に説明した民法613条の直接訴権のメカニズムを箇条書で整理すると以下のようになる。

(1) 直接訴権の行使による，債務者Bの第三債務者Cに対する債権（β債権）の変動
   (a) 直接訴権の行使（請求）により，β債権が債権者Aへと移転する。
   (b) β債権の移転により，債務者Bの他の債権者との競合が排除される。すなわち，Aは，Bのその他の債権者を排除して，β債権を独占的に行使することができる。
   (c) β債権の移転に随伴して，債務者の第三債務者に対する先取特権も移転する（民法314条）。この結果，Aは，Bの債権者ばかりでなく，Cの債権者にも優先することができる。
(2) 直接訴権の行使による，債権者の債務者に対する債権（α債権）の連帯保証（債務）への転化
   (a) β債権の移転によって，α債権は代物弁済によって消滅するはず。
   (b) しかし，債権者を保護するため，連帯保証（債務）に転化して存続する（民法613条2項）。

C　民法613条の直接訴権と第三債務者の抗弁との関係

先に説明した債権者Aの保護と第三債務者Cの保護とのバランスは，第三債務者が債務者に有している抗弁がAに対して対抗できるかどうかに依存しており，その成否は，以下の基準によって決定される。

(1) 直接訴権の発生前
   (a) 期日後の弁済……債権者に対抗できる（成立要件の問題——当然のことなので条文に規定なし）
   (b) （詐害的な）前払い……債権者に対抗できない（民法613条1項2文）
      ① 期日前の前払い……詐害的な前払いと推定される→通常は，債権者に対抗できない。
      ② ただし，慣習的な前払い等は，詐害的な前払いではないので，債権者に対抗できる。
(2) 直接訴権の発生後
   (a) すべての抗弁が債権者に対抗できなくなる（直接訴権の効力の問題——当然のことなので条文に規定なし）
   (b) 通説は，期日後の弁済は，民法613条1項の反対解釈として，債権者に対

抗できるとする。しかし、以下に述べるように完全な誤解である。

D 直接訴権の第三債務者の抗弁に関する通説の誤解とその解明

通説は、期日後の弁済は、民法613条1項の反対解釈として、債権者に対抗できるとする。しかし、完全な誤解であることはすでに述べた。その理由をまとめると以下の通りである。

(1) 民法613条1項1文の誤った反対解釈（通説）
  (a) 転貸借契約の期日前の弁済（前払い）……債権者に対抗できない（民法613条1項2文の解釈）。
  (b) その他の後払いは、直接訴権行使後の弁済も含めてすべて債権者に対抗できる（誤った反対解釈）。期日前の弁済（前払い）と直接請求権の行使前の弁済（行使前支払）とを混同している。

(2) 民法613条の正しい反対解釈
  (a) 直接訴権の行使前の弁済
    ① 期日前の（詐害的な）前払いのみが債権者に対抗できない（613条1項2文の解釈）。
    ② 原則として債権者に対抗できる（613条1項2文の正しい反対解釈） ← 直接訴権の成立要件（$\alpha \cdot \beta$ 両債権の存在）の問題
  (b) 直接訴権行使後の弁済
    いかなる場合も、債権者に対抗できない（通説とは正反対の結果。しかし、このように解釈しないと、民法613条の存在価値がなくなる）。

要するに、通説の誤りは、前払い（直接訴権行使前の期限前弁済）の反対概念が後払い（直接訴権行使前の期限後弁済）であることを認識せず、訴権行使後の弁済にまで拡張している点にある。

通説の反対解釈の誤りは、表5のように、正しい反対解釈と対比することによって明らかになると思われる。

なお、本書の立場は、正しい反対解釈説をさらに推し進め、民法613条1項2文の「前払い」とは実は「詐害的前払い」のことをいうのであり、条文に書かれている「前払い」すなわち「期限前弁済」は「詐害的前払い」と推定されているに過ぎないと解釈するものである（一種の例文解釈：民法612条2項について判例は同様の解釈を行っている。なぜならば、民法612条2項は、無断譲渡・転貸が解除原因となると規定しているにもかかわらず、判例は、背信的行為のみが解除原因であり、無断譲渡・転貸は単に「背信的行為」を推定するに過ぎないとし

表5　民法613条おける誤った反対解釈と正しい反対解釈の比較

転借人の賃借人への弁済の時期			通説(誤った反対解釈)		正しい反対解釈		加賀山説	
1 直接訴訟の行使前	1-1 期限前の弁済（前払い）	1-1-1 慣習に従った前払い	×賃貸人に対抗できない	民法613条1項2文	×賃貸人に対抗できない	民法613条1項2文の文理解釈	○賃貸人に対抗できる	民法613条1項2文の例文解釈（反対解釈と結果は同じ）
		1-1-2 詐害的前払い					×賃貸人に対抗できない	民法613条1項2文の目的的解釈（文理解釈と結果は同じ）
	1-2 期限後の弁済（後払い）		○賃貸人に対抗できる	民法613条1項2文の反対解釈（誤り）	○賃貸人に対抗できる	民法613条1項2文の反対解釈（正しい）	○賃貸人に対抗できる	民法613条1項2文の反対解釈
2 直接訴訟の行使後	2-1 期限後の弁済（行使後弁済）				×賃貸人に対抗できない	民法613条1項1文の文理解釈	×賃貸人に対抗できない	民法613条1項1文の文理解釈

ているからである）。

　本書の立場によれば，「期限前弁済」は，通常は「詐害的前払い」と推定されるが，例えば，慣習に従った適正な前払いであることが証明された場合には，「詐害的な前払い」であるとの推定は破られ，そのような適正な前払いは賃貸人に対抗できると考えることになる。

第4節　債権者代位権（間接訴権）の転用と直接請求権（直接訴権）との関係

　債権者代位権と直接請求権との関係が明らかとなると，債権者代位権の転用といわれている場合が，実は直接訴権の問題であることが明らかとなる。つまり，被保全債権と被代位債権との間に密接な関連がある場合には，以下のよう

に，無資力要件を必要としない直接請求権が判例法理によって認められていると考えることが可能となる。

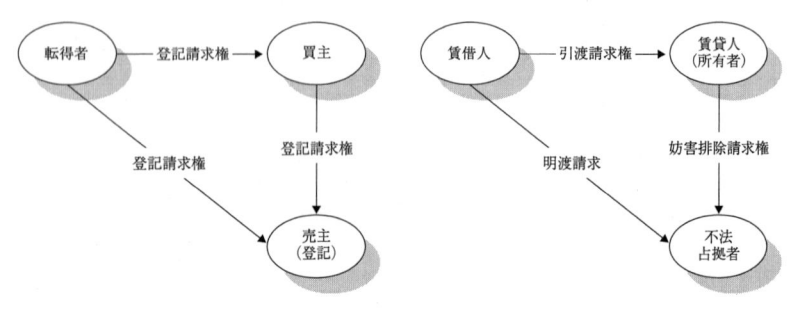

```
転得者 ──登記請求権→ 買主          賃借人 ──引渡請求権→ 賃貸人(所有者)
  │         │                  │              │
  │登記請求権  │登記請求権          │明渡請求       │妨害排除請求権
  ↓         ↓                  ↓              ↓
         売主(登記)                        不法占拠者
```

図9　債権者代位権の転用例（その1）
　　　　　　　登記請求権
　（大判明43・7・6民録16輯537頁）

図10　債権者代位権の転用例（その2）
　賃借人の不法占拠者に対する妨害排除請求権
　（最二判昭29・9・24民集8巻9号1658頁）

大判明43・7・6民録16輯537頁
　「甲・乙・丙と順次所有権の移転があった場合には，丙は乙に対する登記請求権保全のため乙の甲に対する登記請求権を代位行使することができる。」

最一判昭50・3・6民集29巻3号203頁
　「買主に対する土地所有権移転登記手続義務を相続した共同相続人の一部の者が右義務の履行を拒絶しているため，買主が，相続人全員による登記手続義務の履行の提供があるまで代金全額について弁済を拒絶する旨の同時履行の抗弁権を行使している場合には，他の相続人は，自己の相続した代金債権を保全するため，右買主が無資力でなくても，これに代位して，登記手続義務の履行を拒絶している相続人に対し買主の所有権移転登記手続請求権を行使することができる。」

最二判昭29・9・24民集8巻9号1658頁
　「建物の賃借人が，その賃借権を保全するため賃貸人たる建物所有者に代位して建物の不法占拠者に対しその明渡を請求する場合においては，直接自己に対してその明渡をなすべきことを請求することができるものと解するのを相当とする。」

表6　債権者代位権，債権者代位権の転用，直接訴権との関係

	債権者代位権 （action oblique）	債権者代位権の転用	直接訴権 （action directe）
被保全債権	原則として，金銭債権に限る	登記請求権（大判明43・7・6民録16輯537頁） 賃借人の不法占拠者に対する妨害排除請求権（最二判昭29・9・24民集8巻9号1658頁）	賃貸人の転借人に対する賃料の直接請求権（民法613条） 賃貸人の転借人に対する明渡請求権（民法613条の解釈） 保険金請求権（自賠法16条）
無資力要件	必要	不要	不要
２つの債権の等質性	不要（行使される債権は，金銭債権に限られない）	等質か密接不可分であることを要する	等質か密接不可分であることを要する
代位権行使の範囲	AがBに対する金銭債権に基づいてCに対する金銭債権を代位行使する場合には，Aは，自己の債権の範囲においてのみBの権利を代位行使できる（最三判昭44・6・24民集23巻7号1079頁）	債権者の債務者に対する債権と，債務者の第三債務者に対する債権の範囲によって，二重に制限される。	債権者の債務者に対する債権と，債務者の第三債務者に対する債権の範囲によって，二重に制限される。
債権者の直接の引渡請求	不可	可 建物の賃借人が，賃貸人たる建物所有者に代位して，不法占拠者に対し建物の明渡しをする場合には，自己に直接その明渡しをなすべき旨を請求できる（最二判昭29・9・24民集8巻9号1658頁）。	可

第４節　債権者代位権（間接訴権）の転用と直接請求権（直接訴権）との関係

第三債務者が債権者に対して対抗できる抗弁	第三債務者は，債務者に対して主張しうる事由を債権者に対抗することができる（最一判昭33・6・14民集12巻9号1449頁） 第三債務者が主張した事由に対して債権者が反論することのできる事由は，債務者自身が主張し得るものに限られ，債権者独自の事情を主張することはできない（最二判昭54・3・16民集33巻2号270頁）。	―	直接請求後に生じた事由は債権者に対抗できない。 直接請求前に生じた事由は原則として対抗できる。ただし，詐害行為は債権者に対抗できない（民法613条1項2文参照）。
他の債権者との競合・優先弁済権	他の債権者との競合にさらされ，債権者の優先権は認められない。	―	自賠法15条（債務者の第三債務者に対する保険金請求の禁止） 民法314条（賃貸人の転借人に対する先取特権）

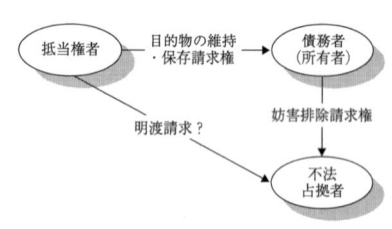

図11 債権者代位権の転用例（その3）
　　（最大判平11・11・24民集53巻8号1899頁）

　債権者代位権の転用に関しては，抵当権者の第三者に対する明渡請求の代位構成を是認した最大判平11・11・24（民集53巻8号1899頁——抵当権者が権利の目的である建物の所有者の不法占有者に対する妨害排除請求権を代位行使して直接抵当権者に建物を明け渡すよう求めることができるとした事例）が注目を集めている。

　しかし，債権者代位権の転用については，以下の2つの点が問題となる。
　(1) AがCに請求できる範囲は，AがBに請求できる範囲とBがCに請求できる範囲とによって二重に制限されている。
　(2) CがBに対して有している抗弁は，Aに対しても対抗できる。

　第1点に関しては，最大判平11・11・24の判断はこの点を逸脱しており，到底是認できない。

　本件の場合，最高裁は，「抵当権者は，抵当不動産の所有者に対し，その有

する権利を適切に行使するなどして右状態を是正し抵当不動産を適切に維持又は保存するよう求める請求権を有する」と述べ，奥田昌道裁判官の補足意見では，この被保全債権を「担保価値維持請求権」と名づけている。しかし，果たして，占有権限を有しない抵当権者が所有者に対して抵当不動産の引渡しを請求できると考えているのであろうか。本判決において最高裁は，「抵当権者は，原則として，抵当不動産の所有者が行う抵当不動産の使用又は収益について干渉することはできない」と判示していることから考えると，占有権限を有しない抵当権者が所有者に対して抵当不動産の引渡しを請求できると考えているとは考えられない。もし，最高裁が，占有権限を有しない抵当権者は，抵当権の設定者である所有者に対して抵当不動産の引渡しを求めることまではできないと考えているのであれば，そもそも，債権者代位権であれ，その転用であれ，抵当権者は第三者に対して抵当不動産の引渡しを求めることはできないはずである。

つまり，最高裁が，平成11年判決（最大判平11・11・24）において，抵当権者が債務者に対して，抵当目的物を適切に維持または保存するように求める請求権（担保価値維持請求権）を有するとしたことは，正当であり，評価されるべきである。しかし，そうであれば，抵当権者の第三者に対する妨害排除は，債務者が抵当目的物を適切に維持・保存するという範囲でのみ認められるべきであって，債権者が債務者にも有していない，抵当目的物の返還請求を認めるということは，許されないというべきである。

債権者代位権の転用によって，債権者に対して直接の明渡しを認めたリーディング・ケースである最高裁判決（最二判昭29・9・24民集8巻9号1658頁）の場合においても，その事案は，建物の賃借人が，賃貸人である建物所有者に代位して，不法占拠者に対し建物の明渡しを求めたものであり，債権者は，もともと債務者に対して建物の引渡権限を有していた事例であった。したがって，債権者代位権の転用だから，債権者が目的物の引渡しを求めることができると考えるのは，早計のそしりを免れない。

第2点に関しては，最高裁の判断は，Cが賃借権限を有しない不法占拠者の場合にのみ適用可能であり，CがBに対して適法な短期賃借権や長期賃借権を有する場合には，CはBに対してその事由をもってAに対抗できるはずであり，債権者代位権構成の採用は，不法占拠者に対してしか意味を有さない。

平成11年の最高裁判決によって，抵当権者は，不法占拠者ばかりでなく，

解除された短期賃貸借の賃借人，適法な短期賃貸借の場合の賃借人，さらには，抵当権の設定後に適法に締結された長期賃貸借の場合の賃借人に対しても，明渡請求が認められたと理解する見解が主張されている。このような誤解を与える点でも，今回の最高裁判決は重大な疑義を有しているといえよう。

なお，最高裁は，最近になって，債権者代位権による請求ではなく，抵当権者は物権的請求権（妨害排除請求権）に基づき物件の引渡請求ができるとの判決を下すにいたっている。執行法の権利を実体法上の権利として構成したものであり，これも，抵当権者を過度に保護しようとするものであり，行き過ぎた解釈と思われる。

最一判平 17・3・10 民集 59 巻 2 号 356 頁（建物明渡請求事件）
(1) 所有者から占有権原の設定を受けて抵当不動産を占有する者に対して抵当権に基づく妨害排除請求をすることができる場合
「抵当不動産の所有者から占有権原の設定を受けてこれを占有する者であっても，抵当権設定登記後に占有権原の設定を受けたものであり，その設定に抵当権の実行としての競売手続を妨害する目的が認められ，その占有により抵当不動産の交換価値の実現が妨げられて抵当権者の優先弁済請求権の行使が困難となるような状態があるときは，抵当権者は，当該占有者に対し，抵当権に基づく妨害排除請求として，上記状態の排除を求めることができる。」
(2) 抵当権に基づく妨害排除請求権の行使に当たり抵当権者が直接自己への抵当不動産の明渡しを請求することができる場合
「抵当不動産の占有者に対する抵当権に基づく妨害排除請求権の行使に当たり，抵当不動産の所有者において抵当権に対する侵害が生じないように抵当不動産を適切に維持管理することが期待できない場合には，抵当権者は，当該占有者に対し，直接自己への抵当不動産の明渡しを求めることができる。」
(3) 第三者による抵当不動産の占有と抵当権者についての賃料額相当の損害の発生の有無
「抵当権者は，抵当不動産に対する第三者の占有により賃料額相当の損害を被るものではない。」

もっとも，最高裁平成 17 年判決が，抵当権者には抵当不動産の使用・収益権がないことを理由に，抵当権者からの不法行為に基づく賃料相当額の損害賠償請求を認めなかったことは，妥当なものとして評価することができる。

第6章
詐害行為取消権（第三者に対する追及効）

第1節　追及効を有するのは物権だけか

　債権の効力は，当事者間に限定されているため，第三者には及ばないのが原則である。このため，債権には追及力がないと考えられてきた。これに対して，物権は対世権であるから，第三者に対してもその効力を及ぼすことができる。例えば，所有権は物権であるから，所有物が侵奪された場合には，第三者が民法192〜194条等によって原始取得しない限り，その物が転々譲渡された場合でも，どこまでも追及して，返還を請求できると考えられている（物権的返還請求権）。そこで，次のような思考が自然に受け入れられてきた。

　　対世権である物権には追及効があるが，相対権である債権には追及効がない。
　　したがって，追及効がある権利（例えば抵当権）は，債権ではなく，物権である。

　もっとも，この思考方法には，問題がないわけではない。というのは，物権のすべてが追及効を有するわけではないからである。例えば，編別としては物権とされている占有権の場合には，追及効が制限され，侵奪者から善意で譲渡を受けた者（善意の特定承継人）には及ばない（民法200条2項）。また，担保物権である留置権も，占有権と同様に追及効を有していない（民法302条）。また，先取特権も追及効が否定されている（民法333条）。そうすると，追及効がないから物権ではないとはいえないことになる。

　しかし，少なくとも，追及効がある権利は物権といえそうである。そうだとすると，抵当権の場合，抵当権が設定された目的物が第三者に譲渡された場合にも，抵当権者は，第三者に譲渡された抵当目的物に対して抵当権の実行手続としての競売を申し立てることができる，すなわち，抵当権には追及効があるから，抵当権は物権だということになる。

これに対して，本書の立場は，担保物権は債権の掴取力に優先弁済効が付与されたに過ぎず，担保物権は物権ではないというものであるから，債権の効力にも追及効があることを示さなければならない。これから論じる「詐害行為取消権（債権者取消権ともいう）」（民法 424〜426 条）は，債権の対外的効力といわれており，以下に述べるように，相対権といわれる債権であっても，一定の要件の下で，第三者に対して追及効を有しているのである。

第 2 節　債権に追及効を与える制度としての詐害行為取消権
　　　　　（民法 424〜426 条）

　債務者が債務を任意に履行しない場合には，債権者は，債務者の財産に対して，強制競売を申し立てることができる。そればかりでなく，債務者が債権者を害することを知りながら第三者（受益者）に財産を譲渡した場合，さらには，受益者が同様にしてその財産をさらに他人（転得者）に譲渡した場合でも，債権者は，そのような詐害的な行為を取り消すことによって，第三者の下にある財産に対し直接に強制競売を申し立てることができる。債権者のこのような権利は，詐害行為取消権（債権者取消権）と呼ばれており，この制度を通じて，債権であっても，目的財産に対する追及効が与えられていることが，明文によって規定されていることになる（民法 424〜426 条）。

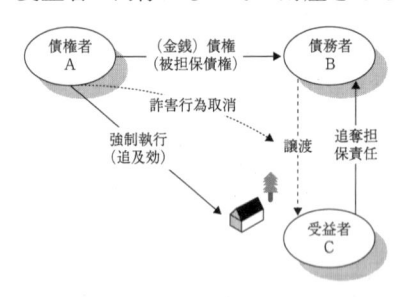

図12　債権の追及効としての詐害行為取消権

　民法の立法の当初は，この取消権は，詐欺や強迫の取消権と同じように，第三者（債権者）による取消権であると考えられていた（図12）。しかし，取り消されるべきＢＣ間の取引は，ＢＣ間では有効であり，Ａや他の債権者との間で相対的に取り消されると考えれば十分ではないかという考え方が生じ（相対的な取消し〔大連判明 44・3・24 民録 17 輯 117 頁〕），現在に至っている。しかし，「相対的な取消し」という意味は，要するにＡが，名義がＣに移転した財産について，あたかも名義が移転しなかったかのように，強制執行ができればそれで済む問題であり，それを超えてＢＣ間の行為を無効とする必要はない。
　詐害行為取消権を追及効として構成することを可能にしたのは，詐害行為取

消権に関する責任説である。この学説については後に詳しく論じるが、この説の功績は、詐害行為の取消しを、民法総則で規定された取消し（民法5条以下・96条・120条以下）とは異なり、詐害行為そのものは有効であるが、詐害行為の結果としての債務者の責任財産からの移転（逸失）を無効（責任無効）とするというものであり、債権者は、第三者である受益者または転得者の名義になっている財産に対して、今なお債務者の責任財産に属しているとみなして、強制執行を行うことができるということを理論的に解明した点にある。

このような考え方は、債務と責任としっかり区別しないと成り立たない考え方であるので、その点から見ても、詐害行為取消権は興味深い制度であるといえる。なぜなら、詐害行為の受益者および転得者は、債務者ではないにもかかわらず、有効に取得した財産に対し債権者から強制執行を受けて、財産権を追奪されるからである。つまり、詐害行為の受益者および転得者は、債務のない責任を負っており、その地位は、質権や抵当権を設定した物上保証人（民法351条・372条）と同じ立場になる。

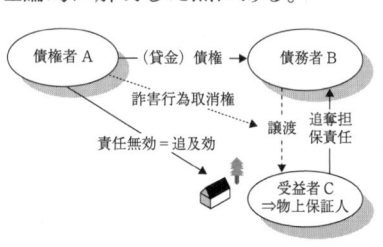

図13 詐害行為取消権における受益者・転得者の地位

このように考えると、債権であっても、その対外的効力が民法423〜426条において認められており、その中でも、民法424〜426条の詐害行為取消権は、債権者の追及効を認めた条文と理解することができる。そうすると、物権の中にも追及効が認められる場合（所有権、抵当権および抵当権の規定が準用される不動産質権）と認められない場合（占有権、留置権、先取特権、不動産質権以外の質権）とがあり、債権であっても、追及効が認められないのが原則であるが、例外的に認められる場合がある。したがって、追及効の有無によって物権か債権かを判断することはできないことになる。つまり、最初に提起した追及効に関する命題は、以下のように修正すべきことになる。

> 対世権である物権にも追及効があるものとないものとがある。相対権である債権に関しても、原則は追及効がないが、詐害行為がある場合には、債権者は、受益者、転得者に対して追及効を有する。したがって、追及効があるからといって、その権利が物権であるとはいえない。債権であっても、登記をすることによって対世効を持つものがある（民法605条）のと同様に、抵当権のように、

債権者と債務者との合意に基づいて債権に優先弁済権を付与し，それを登記することによって追及効を有するものもあると考えることができる。

第3節　詐害行為取消権の性質

詐害行為取消権（債権者取消権）の制度は，フランス民法1167条のパウルス訴権（廃罷訴権）を導入したものである。パウルスの訴権（action paulienne）とは，債権者が自己の債権を保全するため，債権の一般的担保を構成する債務者の財産（patrimoine）を不当に減少させる債務者の詐害行為を取り消す訴権であるとされている。

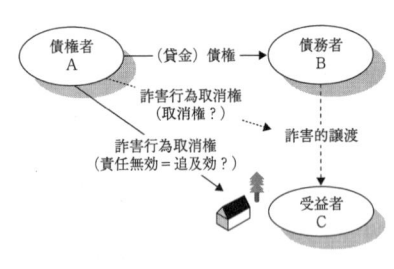

図14　詐害行為取消権の構造

I　形成権説

債務者と第三者である受益者との間で行われた債権者を害する法律行為（詐害行為）を債権者が取り消すことによって，逸失財産を債務者へと取り戻し，責任財産を確保する制度であると解する。取消しの効果は民法121条によって無効となり，債務者と受益者との間でも，法律行為は無効となる。

このため，債権者が詐害行為を取り消すためには，債務者と受益者とを共同被告とする必要がある。さらに，取消訴訟の後に，転得者に対して，債権者代位権に基づいて目的物の返還を求める給付訴訟を提起しなければならない。

II　請求権説

債務者と受益者との間で行なわれた詐害行為について，その法律行為を「取り消」すと考えるとさまざまな弊害（取消しの絶対効に伴う債務者を共同被告とする必要性，別途の給付訴訟の必要性）が生じるため，「取消し」を経ることなく，債権者が，直接受益者に対して逸失財産の取戻しを請求できる権利であると解する。

この権利は，債務者と受益者との関係には影響を及ぼさないので，債権者は，受益者だけを被告として訴えを提起できる。

III　折衷説（相対的取消説）

債務者と受益者との間で行われた詐害行為について，債権者が詐害行為を取り消すとともに，債権者が転得者に対して逸失財産の取戻しを請求できる権利であると解する。ただし，第1の取消しは「相対的な取消し」であり，その効果は，債権者と受益者（または転得者）の間にのみ及び，債務者には及ばない。

その結果，債権者は，債務者を共同被告とする必要はなく，転得者が現れた場合であっても，受益者を被告として価格賠償を請求することもできるし，転得者を被告として現物の取戻しを請求してもよい（通説）。

「相対的な取消し」という考え方は，便利な考え方には違いない。利点は，色々あるが，次の2つが重要である。

(1) 債権者Aは，財産を譲り受けた受益者Cだけを訴えて強制執行ができればよいのだから，債務者Bを共同被告とする必要はない。相対的な取消しという考え方は，このことを理論的に説明できる。
(2) Aとの関係では，BC間の譲渡は無効であり，Bとの関係では，BC間の取引は有効であると考えると，3者間の法律関係の説明が容易である。

しかし，この「相対的な取消し」という考え方には，以下のような欠点がある。

(1) Aとの関係では，BC間の譲渡は取消しによって無効であるが，Bとの関係では，BC間の譲渡は有効であるとすると，全体として，BC間の取引をどのように考えるべきか答えることができない。
(2) むしろ，この点が，相対的取消しの理論の致命的な欠陥となる。なぜならば，相対的取消しの理論は，Bとの関係では，BC間の取引は有効であるとしている。そうだとすると，Aの詐害行為取消権によってCからBへと財産が取り戻されることになるとしても，Bは，BC間の取引の有効性を理由に，Cからの目的物の返還に対して，その受領を拒絶できることになる。しかし，これでは，詐害行為取消権の目的は果たされなくなってしまう。つまり，この説においては，詐害行為取消訴訟は，債務者には何らの影響も与えないことになるため，登記名義を債務者に回復させたり，動産の占有を債務者に移転させることを強制できないはずで，「取消し」によって総債権者のために逸失財産を回復して強

第3節　詐害行為取消権の性質

制執行を可能にするというメカニズムを説明しえない。
(3) 多数当事者の法律関係を，まず2者間に分解して検討することは有用である。しかし，検討の結果が出た場合に，それを全体として構成できない理論は，未熟なものといわざるを得ない。民法の理論は，2者間の関係にとどまらず，3者以上の法律関係を公平かつ整合的に説明できるところにその理論の到達点が置かれるべきだからである。

そもそも，取消しという概念は，無効を主張できる主体を相対化して，一定の範囲に絞り込み，その者を取消権者として限定しているだけであり，取消権者が取消しを行った以上，その効力としての無効は，原則として，すべての人に主張できることになっている（制限能力者の取消し）。無効の効力が第三者との関係で制限されるのは，無効や取消しが対抗できないという対抗不能の問題に他ならない（詐欺取消しの対抗不能の問題）。このように考えると，相対的な取消しとは，結局のところ，ＢＣ間の有効な行為が債権者に対抗できないという問題に還元されることになる。

Ⅳ 責任説

債務者と受益者との間で行われた詐害行為について，逸失財産を債務者の財産として強制執行の対象に回復させるために，責任財産の移転の取消しを訴求し（責任無効を求める取消訴訟），その取消訴訟が確定した後に，債権者は受益者または転得者を被告として，債務者に対する債権の満足のために，受益者または転得者の手中にある詐害行為の目的物に対して強制執行をすることができる旨の判決（執行認容判決）を債務名義として，強制執行を行い，債権の満足を得ることができる制度であると解する（中野貞一郎「債権者取消訴訟と強制執行」『訴訟関係と訴訟行為』〔1961〕160頁・166頁，下森定「債権者取消権に関する一考察」志林57巻2号〔1959〕44頁，3＝4号〔1960〕176頁）。

ただし，執行認容判決という制度は，ドイツ法の制度であり，わが国には馴染みがないばかりでなく，訴訟が2度手間となってしまう。

Ⅴ 訴権説

責任説の主張する執行認容訴訟を別個に観念する必要はなく，民法424条の

詐害行為取消訴訟こそが執行認容訴訟そのものであると解する（佐藤・詐害行為取消権〔初出1987〜88年〕286頁，平井・債権総論〔初版1985〕293頁以下）。

Ⅵ　対抗不能説

債務者と受益者との間で行われた詐害行為について，債務者の責任財産から逸失したという効果のみが債権者に対抗できないとするものであり，債権者は，受益者または転得者へと移転した財産に対して，債務者に対する債務名義で強制執行を行うことができるとする制度と解する（片山直也「一般債権者の地位と『対抗』──詐害行為取消制度の基礎理論として」法学研究66巻5号〔1993〕1頁）。

対抗不能といえば，不動産物権変動の二重譲渡を思い起こすことができる。不動産物権変動の二重譲渡の場合も，登記を得た第2買主は，第1買主の売買契約の有効性を前提としつつ，その財産権移転の効力を否認して，所有権に基づく明渡請求をすることができた。詐害行為取消権の場合も，債権者Aは，BC間の詐害行為の有効性を前提としつつ，その責任移転の効力を否認し，C名義となっているBの財産に対して，Bに対する債務名義なしに（この点は，債権者代位権の場合と同じである），強制執行を行うことができると考えることができる（加賀山説）。

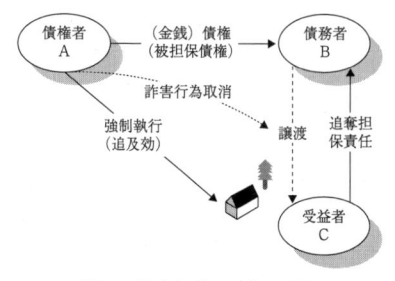

図15　詐害行為取消権と否認 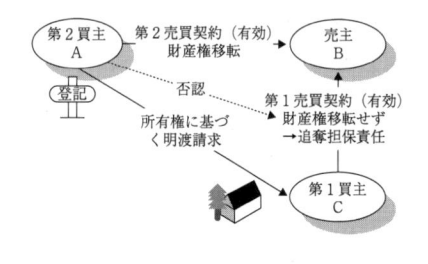　　　図16　不動産二重譲渡の対抗問題と否認

対抗不能の効力（責任移転の無効）は，総債権者のために生じるので，すべての債権者が，その強制執行に配当請求できることになる（民法425条）。

対抗不能を否認権説によって説明する場合，否認という用語は，民法37条5項（旧49条2項）において，対抗問題を表すものとしてすでに利用されている。さらに，詐害行為取消権の本質は，債務者の破産の場合に認められている

否認権（破産法160条以下）と同一の性質を有していることが一般に指摘されている（もっとも，詐害行為取消権は，破産法上の否認権よりも取り消しうる範囲は狭いが，破産宣告を必要とせずにこの権利を行使しうる点に利点がある）。

　民法424条の「債権者は，債務者が債権者を害することを知ってした法律行為の取消しを裁判所に請求することができる」という文章の意味を明確にするために，「債務者が債権者を害することを知ってした法律行為は」を主語にして書き換えると，以下のようになる。すなわち，「債務者が債権者を害することを知ってした法律行為は，債権者に対抗することができない。ただし，債権者が裁判上で主張したときに限る」となる（このような書換え原則を，著者は，「対抗不能と否認との書換え原則」〔加賀山茂『民法体系1』信山社（1996）216頁〕と呼んでいる）。

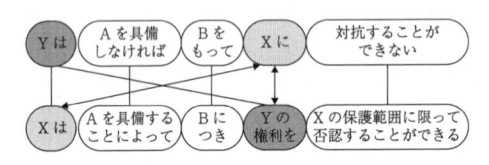

図17　対抗不能と否認との書換え原則

　もっとも，上記の書換え原則は，登記を要する物権変動を念頭において作成された原則である。その際，上の図のAは「登記」を意味し，Bは「物権変動」を意味していた。詐害行為取消権にこれを当てはめる場合には，「Aを具備しなければ」は，「債権者の責任財産を故意で逸失させたときは」を意味し，「Aを具備することによって」は，「責任財産の減少と債務者の害意を証明した場合には」を意味する。また，Bは「詐害行為」を意味することになる。

　詐害行為取消権の法的性質に関するさまざまな説を，債権者・債務者間，債務者・受益者間，債権者・受益者間というそれぞれの関係ごとにその効果を対比したのが，次の表7である。

表7　詐害行為取消権に関する学説一覧

	取消しの意味	相手方	取消しの効果			実効性の確保
			債権者・債務者間	債務者・受益者間	債権者・受益者間	
形成権説	詐害行為を債権者が取り消す	債務者と受益者の双方	詐害行為は無効	詐害行為は無効	詐害行為は無効	債権者は，転得者に対して，債権者代位権に基づいて目的物の返還を求める給付訴訟を提起しなければならない。
請求権説	逸失財産の取戻しを請求できる権利	受益者のみ	詐害行為は有効	詐害行為は有効	詐害行為は有効	債権者は，受益者だけを被告として訴えを提起できる。しかし，債務者には何らの影響も与えないことになるため，登記名義を債務者に回復させたり，動産の占有を債務者に移転させることを強制できないはずで，取消しによって，総債権者のために逸失財産を回復して，強制執行を可能にすることを説明できない。
折衷説（相対的取消）	債権者が詐害行為を取り消すとともに，債権者が転得者に対して逸失財産の取戻しを請求できる権利	受益者のみ	詐害行為は有効？	詐害行為は有効	詐害行為は無効	
責任説	責任財産の移転の取消しを訴求する（責任無効を求める取消訴訟）	債務者と受益者	詐害行為は有効	詐害行為は有効,責任無効	詐害行為は有効,責任無効	債務者に対する債権の満足のために，受益者または転得者の手中にある詐害行為の目的物に対して強制執行をすることができる旨の判決（執行認容判決）を債務名義として強制執行を行わなければならない。
訴権説・対抗不能説	債務者の責任財産から逸失したという効果のみが債権者に対抗できない	受益者	詐害行為は有効だが，責任移転の効力が否認される（対抗不能）	詐害行為は有効	詐害行為は有効だが，責任移転の効力が否認される（対抗不能）	債権者は，受益者または転得者へと移転した財産に対して，債務者に対する債務名義でもって（訴権説），または，債務名義も必要とせず（債権者代位権の場合と同じ＝加賀山説），債権者取消権の要件が充足されていることを証明するだけで，受益者または転得者を訴えることによって，債権の強制履行を実現することができる。

第3節　詐害行為取消権の性質

第 4 節　詐害行為取消権の要件

I　客観的要件

　債務者自身の行為によって責任財産が減少し，債権者の債権を満足させるのに足りなくなることが，第 1 の要件である。一部の債権者に弁済することは，それだけでは原則として詐害行為とならない（大判大 5・11・22 民録 22 輯 2281 頁）。ただし，以下の場合には，債権者に対する弁済であっても，例外として詐害行為となる。
(1)　一部の債権者と通謀し，他の債権者を害する意思をもって弁済したとき（最二判昭 33・9・26 民集 12 巻 13 号 3022 頁）
(2)　代物弁済をした場合（最一判昭 50・7・17 民集 29 巻 6 号 1119 頁）
(3)　不動産や重要な動産を売却する行為は，相当価格でも，債務者の資産が消費されやすい金銭に変じるから，原則として詐害行為となる（大判明 39・2・5 民録 12 輯 136 頁）。また，一部の債権者に改めて担保を提供することは詐害行為となる（大判明 40・9・21 民録 13 輯 877 頁，大判昭 12・9・15 民集 16 巻 1409 頁，最二判平 12・7・7 金法 1599 号 88 頁〔譲渡担保の設定〕）。

　もっとも，以下の場合には，例外的に，詐害行為に当たらないと解されているので，注意が必要である。
(1)　生活費等の「有用の資を弁ずるため」に不動産を売却した場合（大判大 6・6・7 民録 23 輯 932 頁），生活費や子女の教育費を得るために重要な動産を譲渡担保として新たに他の債権者から借入れを行った場合（最一判昭 42・11・9 民集 21 巻 9 号 2323 頁）
(2)　「弁済のために資金を得る場合」，例えば，抵当債権者に弁済するために，債務者が抵当不動産を債権者以外の者に相当価格で売却した場合（最二判昭 41・5・27 民集 20 巻 5 号 1004 頁）
(3)　「新たな借入れのためにする担保の設定」（最二判昭 44・12・19 民集 23 巻 12 号 2518 頁）

　詐害行為は，財産上の法律行為でなければならない（民法 424 条 2 項）。離婚に伴う適正な財産分与（最二判昭 58・12・19 民集 37 巻 10 号 1532 頁），認知，相続の放棄等は，たとえ債務者の財産状態を悪化させるものであっても，詐害行為とはならない。ただし，離婚に伴う財産分与として金銭を給付する旨の合意

が不相当に過大な場合には，その過大部分についてのみ，詐害行為として取り消される（最一判平12・3・9民集54巻3号1013頁）。

最一判平12・3・9民集54巻3号1013頁（民法判例百選Ⅱ18事件）

「離婚に伴う財産分与として金銭の給付をする旨の合意は，民法767条3項の規程の趣旨に反してその額が不相当に過大であり，財産分与に仮託してされた財産分与であると認めるに足りるような特段の事情があるときは，不相当に過大な部分について，その限度において詐害行為として取り消されるべきである。」

Ⅱ　主観的要件

債務者および受益者・転得者が詐害行為の当時または財産取得の当時，その行為によって債権者を害することを知っていたことが，第2の要件である。

「詐害行為の成立には債務者がその債権者を害することを知って行為を行なったことを要するが，必ずしも債権者を害することを意図し，若しくは欲して行なったことを要しない」（最三判昭35・4・26民集14巻6号1046頁）

責任財産を減少させる行為と無資力要件とは，密接に関連している。責任財産を減少させても，債権の弁済が可能である（無資力にならない）ならば，それは詐害行為にはならない。その意味で無資力は詐害行為の時点では必要がなく，詐害行為の結果によって無資力になればその要件が満たされるという関係にある。反対に，すでに無資力であれば，責任財産を減少させる行為は，常に詐害行為となる。

第5節　詐害行為取消権の行使方法

Ⅰ　裁判上の請求

詐害行為取消権を行使するには，必ず裁判所に訴えを提起することを要する（民法424条1項本文）。このことは，必ず請求の形式によるべきであって，裁判上であっても，抗弁として主張することは許されないと解すべきであろうか。

この点について，最二判昭39・6・12（民集18巻5号764頁）は，民法424条について，「詐害行為取消権の行使は，訴えの方法によるべきであって，抗

弁の方法によることは許されない」と解している。この解釈によれば，「詐害行為取消権は，必ず裁判上で行使しなければならないので，訴訟外の意思表示では足りず，訴訟においても，抗弁で提出することは認められない」ということになりそうである。

　確かに，実務では，「裁判所に請求することができる」という条文の意味を一般的に，「抗弁の方法によることは許されない」と解しているようである（民法258条〔裁判による共有物の分割〕，354条〔動産質権の実行〕，414条〔履行の強制〕，424条〔詐害行為取消権〕，744条・747条〔婚姻の取消し〕，758条〔夫婦の財産関係の変更の制限等〕，804〜807条〔縁組の取消し〕，826条〔利益相反行為〕，841条〔未成年後見人の選任〕，845条・851条〔辞任した後見人による新たな後見人の選任の請求〕，876条の2・876条の7〔保佐人及び臨時保佐人の選任等〕，892〜894条〔推定相続人の廃除〕，907条〔遺産分割の協議又は審判等〕，941条〔財産分離〕，976条・979条〔危急時遺言〕，1019条〔遺言執行者の解任及び辞任〕，1027条〔負担付贈与に係る遺言の取消し〕；中間法人法17条1項・37条2項・42条2項・70条1項・75条1項；区分所有法25条2項等参照）。

　ところで，詐害行為取消権と性質を同じくする破産法上の「否認権」の行使に関しては，破産法173条が，「否認権は，訴え，否認の『請求又は抗弁によって』，破産管財人が行使する」と規定しており，裁判上の請求だけでなく，抗弁による行使を認めている。そして，民法上の詐害行為取消権と破産法上の否認権とは性質がほぼ同じであることを考えると，「抗弁による行使」に関して明文の規定のある破産法173条の規定を，明文の規定のない民法424条の場合にも準用または類推するというのも，穏当な考え方であるといえよう。

　これに反して，上記の最高裁判決（最二判昭39・6・12）は，以下のように述べて，この考え方（詐害行為取消権の裁判上の「抗弁」による行使）を否定している。

　　「取消しうべき法律行為の取消については民法123条に『相手方ニ対スル意思表示ニ依リテ之ヲ為ス』と規定し，否認権の行使については破産法76条〔現行破産法173条〕に『訴又ハ抗弁ニ依リ破産管財人之ヲ行フ』と規定しているのに反し，詐害行為の取消については，民法424条に『裁判所ニ請求スルコトヲ得』と規定しているから，訴の方法によるべく，抗弁の方法によることは許されないものと解するのを相当とする（大判明30・10・15民録3輯9巻58頁，大判大5・11・24民録22輯2302頁参照）。」

しかし，最高裁の判決理由は，性質を同じくする詐害行為取消権と否認権とについて，なぜ取扱いを別にしなければならないのか，その実質的な説明を欠いており，説得力を有しない。民法424条の文言解釈からしても，「裁判所に対し，請求によってしなければならない」と書かれているわけではなく，単に「裁判所に請求することができる」とされているだけなのであるから，性質を同じくする破産法173条の否認権の場合と同様にして，「請求又は抗弁」によって，裁判所を通じて行使することができると解することも可能であろう。

そこで，上記の最高裁判決（最二判昭39・6・12）に関する控訴審判決に遡って事実関係を調べてみることにしよう。そうすると，本件は，手形金の請求を行うXに対してYが手形金の請求を拒絶する理由として，手形上の悪意の抗弁と並べて，いわゆる「詐害行為の仮定抗弁」を主張した事案であることがわかる。すなわち，本件における「詐害行為の仮定抗弁」とは，手形の振出人であるYの手形をAから事情を知りながら手形裏書を受けたXに対して行った以下のような抗弁である。

「Aは，債務超過で手形を不渡にする状態にありながら，Yの手形返還請求権を害する目的で本件3通の約束手形をXにそれぞれ裏書譲渡し，Xは右事実を知って右手形を取得したものである。したがって，Yは，民法424条に基づき，AのXに対する右手形裏書の行為を取り消す。そうすると，Xは本件手形の正当な所持人ではなく，無権利者であるから，Yは本件手形金の請求に応じられない。」

本件において，詐害行為取消権が裁判上の請求権として主張されず，「詐害行為の仮定抗弁」として主張された理由は，上記のように，Yとしては，AX間の手形の裏書行為を詐害行為取消権によって取り消す（裁判上の主張）が，Yの詐害行為の取消しの真の目的は，手形金の支払いを拒絶することにあり，したがって，不渡りの手形を取り戻すこと（裁判上の請求）までは必要としないという事情に由来している。つまり，本件においては，詐害行為取消しの結果として，YがXに対して手形の返還を請求しうるのであるが，詐害行為の取消しによって，裏書行為が取り消され，その手形が本来Yに返還されるべきものであることが明らかとなり，その結果，悪意のXが手形金を請求するのは信義則に反するという結果を導くことができれば，詐害行為取消権に基づく請求までは必要がないため，いわゆる「悪意の抗弁」の一つとして主張されることになったのである。

このような抗弁の使い方は，不当利得を「返還請求権」として主張するのではなく，「不当利得の抗弁」，すなわち，ある行為が不当利得に該当することを主張するが，その返還請求までは必要がなく，その行為は不当利得に該当するからそれを根拠とする請求には応じられないという抗弁として利用するという場合によく似ている。

このように考えると，本件の「詐害行為の仮定抗弁」の性質は，つまるところ，原告の主張を認めると，詐害行為が有効な行為となってしまい，法秩序を乱す結果となる，もしくは信義則に反する結果となるという主張であるということになる。したがって，詐害行為の請求が裁判上の行使を必要とするとか，裁判上の請求でなければならないかどうかという議論とは無関係に，原告の請求が信義則に反して許されないということのより具体的な主張としてその適否を判断すれば済む問題であったといえよう。

最高裁は，Yの主張が，Xの主張の不当性，信義則違反のより具体的な表現としての支払拒絶の抗弁であることを理解せず，「詐害行為取消権の行使は，訴えの方法によるべきであって，抗弁の方法によることは許されない」という判断を下したのであるが，その結論の当否は別として，その理由は，本件の解決とは無関係かつお門違いの判断であったと思われる。なぜなら，Yの主張の核心は，手形金の請求が，詐害行為によって取り消されるべきほどに違法な方法によって取得された手形に基づいてなされており，そのような手形であることを知って裏書譲渡を受けたXが，Yに対して手形金を請求するのは，権利の濫用であり，信義則に反して許されないという抗弁を，より具体的に表現したものであり，そのような信義則違反の抗弁として，その適否を判断すべきだったからである。そのように考えてはじめて，本件において最高裁が判決を下すに際して，実質的な理由づけを行っていない，むしろ行いえなかった理由もはっきりするといえよう。

II 訴えの相手方

債務者は被告とはならない。受益者または転得者のみを被告として，訴えを提起することになる。すでに述べたように，詐害行為取消権は，債務者から受益者または転得者へと逸失した財産に対して，責任移転の効力を否認し（責任的無効），債権者が受益者または転得者名義となっている逸失財産に対して直

接に強制執行を行うことを実現する制度である。したがって、詐害行為取消権の相手方は、債務者ではなく、逸失された財産について執行ができる受益者または転得者になるのである。

　以上の趣旨からすると、受益者のほかに転得者がいる場合には、本来的には、転得者だけを相手にすべきであるが、受益者に対しても、価格賠償をすることが認められている。これは、悪意の受益者に対する不法行為に基づく損害賠償として考えることが可能である。なぜなら、悪意の受益者は、たとえ第三者（転得者）に財産を移転しても、共同不法行為者として連帯責任を負わされるからであり、その責任のとり方として、価格賠償責任を負わされるからである。

第 7 章
履行拒絶の抗弁権による同時履行の実現(引換給付)

第 1 節　対立する債権の一方についての「履行拒絶の抗弁権」は，他方の債権に関して事実上の優先弁済権を生じさせる

　債権の履行を確保するための手段としては，通常は，①人的担保と②物的担保という 2 つのものが挙げられてきた。第 1 の人的担保（保証，連帯債務）は，債務者の責任財産からだけでなく，他人（保証人）の責任財産からも債権を回収するもの（摑取力の量的強化）であり，第 2 の物的担保（留置権，先取特権，質権，抵当権）は，債務者または物上保証人の責任財産から，他の債権者に先立って債権を回収するもの（摑取力の質的強化）である。

　しかし，債権の履行を確保するための手段としては，ほかにも重要な手段がある。それは，典型的には双務契約に見られるように，2 当事者（A，B）間で 2 つの債権（α債権，β債権）が対立しており，双方の債権を「同時に履行させる」ことが公平に資するという関係にある場合において見られる。その場合，債務者Aによって債権（α債権）の履行がなされるまで，債権者Bが自分の債務（β債務）の履行を拒絶することができる，すなわち，同時履行を実現するために当事者に「履行拒絶の抗弁権」が与えられると，一方の当事者であるBは，自己の債務の履行を拒絶しつつ，自己の債権（α債権）を確実に回収することができるのであり，さらに，一定の条件が備わると，以下で詳しく論じるように，Bは，事実上の優先弁済権を実現できることになる。

I　履行拒絶の抗弁権（広義の同時履行の抗弁権）の種類

　「履行拒絶の抗弁権（広義の同時履行の抗弁権）」には，以下のものがある。
(1) 物の引渡拒絶の抗弁権（民法 295 条以下の留置権がその典型）

留置権は，民法の編別では，物権（担保物権）の箇所にある。しかし，留置権は，他の担保物権と異なり，担保物権の通有性といわれている「優先弁済権」を有しておらず，留置的効力に基づく事実上の優先弁済権しか有していない。したがって，通常の競売権，物上代位の権利等，債権を回収するための積極的な権利を全く有しない。つまり，留置権は，積極的な権利ではなく，履行拒絶の抗弁権として位置づけられるべき権利である。現にドイツ民法は，留置権を，物権ではなく，給付拒絶の抗弁権として構成している（ドイツ民法273条）。

　わが国の民法においても，留置権が物権ではないことは，以下の理由によって明らかであると思われる。

　留置権は，占有を失うと，権利自体が喪失するため（民法302条），留置権が「本権としての物権」といえるかどうかは疑わしい。留置権に事実上の優先弁済権をもたらすものは，物の「引渡拒絶の抗弁権」（これが本権）によって正当化される占有の継続のみである。

　占有の継続という権限を兼ねた公示方法が備わっていることによって，留置権には動産・不動産を問わずその対抗力が認められるが，これは，物権法総則の規定に反している。なぜなら，民法177条は，不動産物権変動の対抗要件を登記としており，民法178条は，動産物権変動の対抗要件を引渡し（占有の移転）としているのであるから，留置権の対抗要件である「占有の継続」は，物権変動の対抗要件の原則とは明らかに異なっており，留置権は，物権総則の規定に従っていない。

　以上の観点からすると，留置権とは，独立した物権（積極的な権利）ではなく，留置権者（B）が占有する他人の物に関して，債務者（A）および目的物の所有者（C）がその物の引渡しを請求してきた場合に，その物の引渡請求権と牽連する債権が弁済されるまで目的物の返還を拒絶することのできる抗弁権であると考えることができる。この抗弁権は，Bが目的物の占有を継続している限り，第三者への公示が認められ，その限度で，第三者に対抗することができる。そして，このことが，留置権に対して，事実上の優先弁済権という機能を生み出しているのである。

　通説が，「留置権の物権性は希薄である。占有を失うと留置権が消滅するからである」といいつつ，第三者が引渡しを要求してきた場合には，「留置権は物権であるから，第三者にも対抗できる」と，手のひらを返したように物権性を強調するのは，自らの理論的な破綻を示しているに過ぎない。

(2) 弁済拒絶の抗弁権（民法576～578条のいわゆる「不安の抗弁権」がその典型）

　民法576条は，「売買の目的について権利を主張する者があるために買主がそ

の買い受けた権利の全部又は一部を失うおそれがあるときは，買主は，その危険の限度に応じて，代金の全部又は一部の支払を拒むことができる」と規定している。民法576条について立法者は，「双務契約の総則〔同時履行の抗弁権〕のみにては，少しく不十分の感あるを以て，特に本条を設けて買主の権利を明かにせり」という理由を述べている（民法理由書 原案575条参照）。

　ここでは，売主の担保責任に対応する買主の損害賠償債権（α債権）と売主の代金債権（β債権）とが対立している。この場合，売買の目的がすでに買主に引き渡されているのであるから，売主のα債務（売主の担保責任）よりもβ債務（代金支払債務）の方が先履行の関係にある（同時履行の関係にはないし，留置権も問題にならない）。それにもかかわらず，買主にβ債務について弁済拒絶の抗弁権が与えられているのは，「買主がその買い受けた権利の全部又は一部を失うおそれがある」からであり，すなわち，2つの債権を同時に実現させることが公平の観点から是認されるからである。

　なお，保証人が有する催告の抗弁権（民法452条），検索の抗弁権（民法453条）もここでの弁済拒絶の抗弁権に含まれるが，これらの抗弁権は，人的担保の箇所で取り上げるので，その存在を指摘するにとどめる。

(3) 狭義の同時履行の抗弁権（民法533条のほか，さまざまな箇所に準用規定がある）。

　同時履行の抗弁権の意味と範囲は多義的である。民法533条に規定された同時履行の抗弁権は，その範囲が双務契約上の2つの債権・債務に限定されている。しかし，同時履行の抗弁権が準用される場合（解除により対立する原状回復義務の履行〔民法546条〕，売主の担保責任としての代金返還債権と目的物の返還債権〔民法571条〕，注文者の瑕疵の修補に関する損害賠償請求権と請負人の報酬請求権〔民法634条2項〕）ばかりでなく，以下のように，判例によって同時履行の関係が認められているものの中には，双務契約上の2つの債権・債務ではないものも含まれている。

　　弁済と受取証書の交付（民法486条）

　　　一方の先履行を認めると二重払いの危険という不都合を生じるので，これを避ける趣旨で，同時履行の関係にあるとされている（最三判昭33・6・3民集12巻9号1287頁〔貸金請求事件〕，最二判昭35・7・8民集14巻9号1720頁〔売掛金請求事件〕，最三判昭40・8・24民集19巻6号1435頁〔貸金請求事件〕）。法律上の弁済拒絶の抗弁権の一種である。

　さらに，同時履行の関係になく，一方が先履行の関係にある場合でも，先に述べた不安の抗弁のように，他方の債務が履行されない危険がある場合には，公平の観点から，同時履行の関係が復活する。この場合も，広義の同時履行の

抗弁権ということができる。

しかし、引渡拒絶の抗弁権（留置権を含む）と弁済拒絶の抗弁権（不安の抗弁権を含む）はすでに取り上げたので、以下では、説明をする際の具体例としては、主として、双務契約において同時履行の抗弁権が「準用」されている請負の目的物に瑕疵がある場合の報酬債権（修理代金）に対する弁済拒絶の抗弁権（民法634条2項）を取り上げることにする。

以上のような「履行拒絶の抗弁権」は、法律上は、優先弁済権として認められていないが、「事実上の優先弁済権」として機能することがある。留置権の場合を含めて、法律上の優先弁済権が与えられない場合に、「履行拒絶の抗弁権」が与えられると、なぜ「事実上の優先弁済権」が生じるのであろうか。ここでは、物権法上の制度であると信じられてきた「事実上の優先弁済権」（留置権）が、実は、債権法上の「履行拒絶の抗弁権（民法533条・576条・634条2項等）」によってはじめて説明可能であり、むしろ履行拒絶の抗弁権は、留置権を超える「法律上の優先弁済権」を確保できることを明らかにする。

II　同時履行を実現するための履行拒絶の抗弁権が、対立する債権に対する事実上の優先弁済権を生じさせる

ここでは、第1に、留置権（民法295条）が、事実上の優先弁済権を有するメカニズムについて検討する。そして、第2に、同時履行の抗弁権（民法533条）も、第三者に対抗できる場合には、同様にして、事実上の優先弁済権を有することを論じる。そして、最後に（次の節で）、同時履行の関係に相殺が加わると、事実上の優先弁済権にとどまらず、法律上の優先弁済権が生じることを明らかにする。

第1に、留置権は、法律上の優先弁済権を有しないにもかかわらず、「履行拒絶の抗弁権」の一つである「引渡拒絶の抗弁権」を有することによって、事実上の優先弁済権がもたらされている。この点については、学説上、異論を見ない。

しかし、留置権の主要な効果としての「引渡拒絶の抗弁権」は、留置権だけでなく、債権法上の「同時履行の抗弁権」によっても実現されているのであるから、もしも、「引渡拒絶の抗弁権」があるから事実上の優先弁済権が与えられると考えると、同時履行の抗弁権にも、その「引渡拒絶の抗弁権」の作用によって事実上の優先弁済権が与えられることになり、留置権と同時履行の抗弁

権との関係が明確に区別できなくなるのではないかという疑問が生じる。この点をどのように考えたらよいのかが問題となる。

　留置権は物権だから優先弁済権が生じ，同時履行の抗弁権は債権だから優先弁済権を生じないと考えるべきであろうか。しかし，留置権といえども，事実上の優先弁済権を有するだけで，法律上の優先弁済権を与えられているわけではない。留置権が事実上の優先弁済権を有するのは，留置権の内容である物の引渡義務に対する「履行拒絶の抗弁権」が第三者に対抗できるからである。これに対して，同時履行の抗弁権は，必ずしも第三者に対抗できるとは限らないので，その場合には，事実上の優先弁済権を生じない。しかし，同時履行の抗弁権であっても，第三者に対抗できる場合，たとえば債権譲渡の場合にも，同時履行の抗弁権は債権の譲受人にも対抗できるため（民法468条2項），譲渡された債権と同時履行を主張できる債権とが同種の債権である場合には（民法505条），次の節で詳しく述べるように，相殺を通じて優先弁済権を実現することが可能となる。

A　質権との類似性を根拠にする事実的優先弁済権の説明とその破綻

　これに対して，従来の考え方によると，留置権による事実上の優先弁済権は，同じく担保物権とされる質権の留置的効力との対比で説明されてきた。留置的効力を比喩的に説明するには，「人質」を例に取るのが分かりやすい。債務者が一番大切に思っている人を「質」に取っておけば，その人を取り戻したい債務者は，確実に債務を弁済してくれるであろうから，「質」は，債権回収の有効な手段となる。もちろん「人質」の場合には人権問題が生じるために現在では利用できないが，人ではなく，債務者にとって大切な「物」を質にとる方法（質権）は，現代でも利用されている。合意で大切なものを質に取り，債務の履行があるまでその物の引渡しを拒絶すること（留置的効力）によって債権の履行を確実にするのが質権（民法342条）であり，合意のあるなしを問わず，他人の物の占有を取得した人が，その物に関連して生じた債権の履行を確実にするため，その物の引渡しを拒絶すること（留置的効力）ができるのが留置権（295条）である。

　しかし，質権と留置権とは，質的に異なっている。なぜなら，質権は，上記の留置的効力ばかりでなく，目的物を競売して，売却代金から優先して弁済を受ける権利（優先弁済権）まで有しているため，留置権よりも強い担保的効力

を有している。したがって，質権が優先弁済権を有しているからといって，留置権が優先的効力を持つことを説明することはできない。さらに，質権の実態を見てみると，現在では，質権は，そのほとんどが，特別法としての質屋営業法または公益質屋法が適用される事業者によって行使されており，その場合には，民法上は禁止されている流質特約（民法349条）が有効とされるため，現実には，清算なしの代物弁済によって即座に債権の回収がなされており，競売手続に乗ることはほとんどないとされている。

このように考えると，質権の有する強い担保的効力は，留置権にはない，競売に基づく優先弁済的効力，または，清算を必要としない代物弁済的効力（流質）の効力によって強化されていることがわかる。したがって，留置的効力によって債権の回収を図るしかない留置権の担保的効力を説明するには，質権の担保的効力を引合いに出しても，あまり説得力がないことがわかる。

B 「履行拒絶の抗弁権」を有する同時履行の抗弁権と留置権との異同

これまで述べてきたように，留置権は，質権とは異なり，積極的効力はなく，消極的な効力（留置的効力＝引渡拒絶の抗弁権）のみによって債権の回収を確保する制度である。確かに，留置権による競売も民事執行法195条によって認められている。しかし，この競売は，債権者が留置権の目的物を保管する負担（民法298条1項）を軽減するために認められたものであり，債権の満足を伴わない形式的競売の一種とされている。いずれにせよ，留置権は，競売手続においては優先弁済権を有しない。

目的物を競売してその売却代金から優先的に弁済を受けるという機能を有する質権とは異なり，そのような積極的な優先弁済権を有しない留置権が事実上の優先弁済権を有するのは，債務者が目的物を取り戻したいと思ってくれる場合に限定される。もしも，債務者にそのような取戻しの意思がない場合には，留置的効力を唯一の拠りどころとする留置権は無力となる。

それでは，法律上の優先弁済権を有しない留置権が事実上の優先弁済権を有するとされるのはなぜであろうか。その理由は，先に述べたように，留置権は，債権の弁済を受けるまで，たとえ執行官が引渡しを求めても目的物の引渡しを拒絶できるという点に求められる。ただし，留置権は，通常の競売権も優先弁済権も有していないので，目的動産が競売手続に乗ってしまうと，債権の弁済を確保できない。もっとも，不動産の場合には，たとえ目的不動産が競売され

た場合でも，留置権は，目的物を取得した買受人に対しても対抗できる（民事執行法59条4項・188条）。このように，留置権は，すべての人に対抗できる「引渡拒絶の抗弁権」を有している。この「引渡拒絶の抗弁権」に基づいて，競売手続に乗せることを拒絶することができるために，どうしても目的物の引渡しを必要とする者（債務者または目的物の所有者など）から，確実な債権の回収を図ることができるのである。

C 同時履行の抗弁権は，留置権とは別に，事実上の優先弁済権を実現できるか

同時履行の抗弁権（民法533条）は，留置権と同様に，訴訟上も引換給付判決（民事執行法31条1項）が認められており，このことによって，債権の回収が確保される。なぜなら，AがBに対してβ債権を有しており，反対にBがAに対してα債権を有している場合に，Aがβ債権の実現を望むならば，同時にα債務を履行せざるをえないからである。この関係は，目的物の返還を望むAが留置権者Bに対するα債務を履行せざるをえないのと同じである。

従来は，留置権と同時履行の抗弁権とは，前者は物権で第三者にも対抗できるのに対して，後者は，債権に属する抗弁権であって，第三者に対抗できない点で異なるとされてきた。しかし，一方で，留置権は，占有を失うと消滅すること，さらに優先弁済権を有しない点で物権性は希薄であるとされている。他方で，同時履行の抗弁権は，債権譲渡の際には，原則として，第三者である譲受人に対抗できる（民法468条2項）。

　　最二判昭42・10・27民集21巻8号2161頁
　　　「未完成仕事部分に関する請負報酬金債権の譲渡について，債務者の異議をとどめない承諾がされても，譲受人が右債権が未完成仕事部分に関する請負報酬金債権であることを知っていた場合には，債務者は，右債権の譲渡後に生じた仕事完成義務不履行を事由とする当該請負契約の解除をもって譲受人に対抗することができる。」

さらに，特別法によって，同時履行の抗弁権が第三者に対抗できる場合が増えている（割賦販売法30条の4・35条の3の19等）。

以上の2点を考慮するならば，第三者の対抗力という点では，留置権と同時履行の抗弁権との差は縮まっている。

履行拒絶の抗弁権のうちの同時履行の抗弁権が事実上の優先弁済権を生み出

すメカニズムを具体例（民法633条）で説明すると以下のようになる。

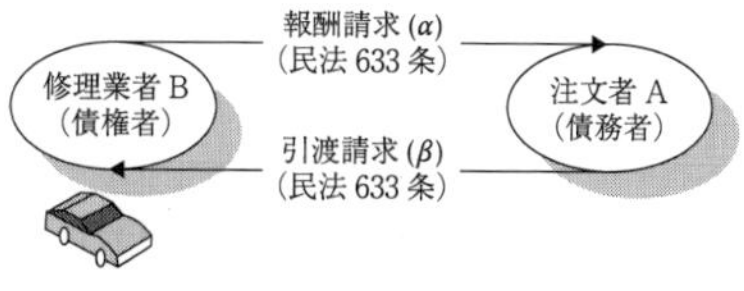

(1) 仕事の完成債務の先履行関係から，仕事の完成による報酬債権（α債権）と目的物の引渡債権（β債権）の同時履行関係への移行

図18　修理における留置権と同時履行の抗弁権との競合（引渡前なので，Bは同時履行の抗弁権と留置権とを有する）

 (a) 自動車の修理を依頼した注文者Aに対して，修理を行った修理業者Bは，修理代金＝報酬請求権（α債権）を取得する（民法632条）。

 (b) これに対して，注文者Aは，修理を行ったBに対して，自動車の引渡請求権（β債権）を有している（民法633条）。

 (c) Bの報酬債権（α債権）とAの目的物の引渡債権（β債権）とは，同時履行の関係にある（民法533条）。

(2) 同時履行を実現するための履行拒絶の抗弁権の付与

修理業者Bは，報酬債権（α債権）を確保するため，民法533条に基づき，注文者Aに対する引渡債務（β債務）の履行を拒絶する権利（履行拒絶の抗弁権）を有することになる（民法295条の債権の側からの解釈）。

(3) 自己の債務に対する履行拒絶の抗弁権による，自己の債権回収の確保

 (a) 修理業者Bの引渡拒絶の抗弁権があるために，自動車の引渡しを望むAは，報酬債務（α債務）を履行せざるをえない。

 (b) 修理業者Bは，β債務の履行を拒絶することによって，α債権の回収を確実にすることができ，結果として，事実上の優先弁済権を取得することになる（法律上の優先弁済権を有しない留置権が事実上の優先弁済権を獲得する理由も，実はこの点にある）。

D　先履行義務を拒絶できる不安の抗弁権を通じて，同時履行と事実上の優先弁済権が生み出される

履行拒絶の抗弁権で忘れてならないのは，同時履行ではなく，一方の債務が先履行の関係にある場合であっても，他方の債務が実現されない虞がある場合には，公平の観点から，先履行の関係から同時履行の関係へと変更が生じ，履行拒絶の抗弁権が認められる。その典型例が「弁済拒絶の抗弁権」（民法576～578条）である。この弁済拒絶の抗弁権は，不安の抗弁権（ドイツ民法321条）の一種であり，自らの債務がすでに弁済期に来ているにもかかわらず，そ

表8　弁済拒絶の抗弁権と不安の抗弁権との比較

不安の抗弁権 （広義）	弁済拒絶の抗弁権 （民法576～578条）	不安の抗弁権 （ドイツ民法321条）
条文	第576条（権利を失うおそれがある場合の買主による代金の支払の拒絶） 売買の目的について権利を主張する者があるために買主がその買い受けた権利の全部又は一部を失うおそれがあるときは，買主は，その危険の限度に応じて，代金の全部又は一部の支払を拒むことができる。ただし，売主が相当の担保を供したときは，この限りでない。 第577条（抵当権等の登記がある場合の買主による代金の支払の拒絶） ①買い受けた不動産について抵当権の登記があるときは，買主は，抵当権消滅請求の手続が終わるまで，その代金の支払を拒むことができる。この場合において，売主は，買主に対し，遅滞なく抵当権消滅請求をすべき旨を請求することができる。 ②前項の規定は，買い受けた不動産について先取特権又は質権の登記がある場合について準用する。 第578条（売主による代金の供託の請求） 前２条〔買主の代金支払拒絶権〕の場合においては，売主は，買主に対して代金の供託を請求することができる。	ドイツ民法第321条（不安の抗弁権） ①双務契約に基づいて先給付義務を負う者は，契約締結後，その者の反対給付請求権が相手方の給付能力の欠如により危殆化されることを知ることができるときは，その者が負担する給付を拒絶することができる。反対給付が実現され，またはそのための担保が給付されたときは，給付拒絶権は消滅する。 ②先給付義務者は，相手方が給付と引換えに，その選択に従い，反対給付を実現し，または担保を給付しなければならない，相当期間を指定することができる。その期間が徒過されたときは，先給付義務者は契約を解除することができる。この場合には，323条〔不給付又は不完全給付の場合の解除〕の規定が準用される。
共通点	先履行義務が履行されない状態で，対立する債権の履行に不安が生じている。代金拒絶の抗弁権の場合を具体的に述べると，売買目的物の履行がなされているので，本来なら代金支払債務が履行されなければならないのであるが，売買の目的に権利の瑕疵があるため，先履行義務（代金支払義務）が履行されない状態で，相手方の債務（売主の担保責任）の履行に不安が生じている。	
相違点	抗弁権を終了させる効果が，担保請求または供託請求である。	抗弁権を収束させる効果が，引換給付，担保請求，または解除である。

の債務の履行を拒絶しつつ，自らの権利の弁済期が来るのを待ってその債権の回収を実現することができる点で，債権の確保に強力な作用を発揮する。

履行拒絶の抗弁権のうちの支払拒絶の抗弁権（民法576～578条）が事実上の優先弁済権を生み出すメカニズムを具体例（民法634条）で説明すると以下のようになる。支払拒絶の抗弁権は売買の箇所で規定されているが，これらの規定は，その他の有償契約にも準用されるので（民法559条），請負の問題の場合にも利用することができる。

(1) 先履行債務における弁済拒絶の抗弁権の承認（民法634条2項）

先の例において，自動車の修理が終了し，Bが自動車を注文者Aに引き渡した場合には，Aは，報酬（修理代金）を支払う義務を有する。しかし，自動車の修理に瑕疵がある場合には，Aは，民法634条2項に基づいて損害賠償を請求することができる。

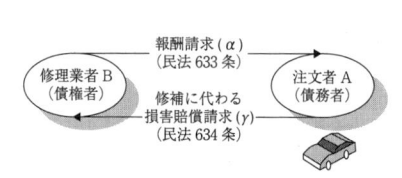

図19 修理における同時履行の抗弁権
（引渡しが終わっているので，留置権は問題とならない場合）

この場合，Aの損害賠償債権よりも，請負代金支払債務が先履行の関係に立つことは，民法633条の文言からも明らかである。しかし，民法は，損害賠償の支払を確保するため，576条（弁済拒絶の抗弁権）の趣旨を活かして，634条2項により，損害賠償債権と請負代金支払債権とが同時履行の関係に立つことを認めている。

ここで注意すべきは，留置権と同時履行の抗弁権との差である。ここでは，修理業者Bは，自動車をAに返還し，すでに占有を喪失しているので，留置権を失っている。これに対して，請負の瑕疵に基づく損害賠償債権を有する注文者Aは，修理業者Bの請負代金（報酬）債権の請求に足して，同時履行の抗弁権（履行拒絶の抗弁権）を有している。

(2) 弁済拒絶の抗弁権による事実上の優先弁済権

修理された自動車の引渡しを受けた注文者Aは，その時に，修理業者Bに修理代金を支払う義務を負うにもかかわらず，修理に瑕疵がある場合には，損害賠償債権を確保するために，Aには，代金支払拒絶の抗弁権が発生する（民法576条の準用，民法634条2項）。

履行拒絶の抗弁権を有するAは，これによって，修理代金債権（β債権）と損害賠償債権（γ債権）とを相殺する機会を与えられることになり，γ債権の履行を確保することができる。

上記のように，修理業者Bが修理を終えた目的物を注文者Aに引き渡して報酬を請求したところ，Aが目的物を検査した結果，修理が不完全であることがわかったという場合に，修理業者は留置権を失い，注文者だけが同時履行の抗弁権を有するというのでは，修理業者にとっては不利のように思われる。このような場合に修理業者の保護はなされないのであろうか。もう少し具体的に考えてみよう。

　注文者Aの修補に代わる損害賠償請求（α債権）は5万円であり，修理業者Bの報酬請求（β債権）は15万円だとしよう。まず，注文者は，修補に代わる損害賠償債権（α債権）の弁済があるまで，報酬債権の履行を拒絶することができる（民法634条2項）。この場合，報酬債権の弁済期が，修補に代わる損害賠償債権の弁済期よりも先に来る場合であっても，同様である。さらに，注文者Aは，対立するα債権とβ債権とを対当額で相殺することができる（民法505条）。相殺権者Aの自働債権については，Bによる同時履行の抗弁権が付着しており，自働債権に抗弁権が付着している場合には相殺はできないという原則があるが，これは，同時履行を実現するための法理であり，本件の場合，相殺によって実質的な減額請求が同時に実現されることになるので，この原則に反するものではない。さらに，民法634条2項の同時履行の抗弁権は，注文者のために認められた抗弁権であり，注文者の方から相殺することは，問題なく認められている。その結果，修理業者Bは，残りの10万円について注文者に請求できるに過ぎない。これは，請負の担保責任について減額請求権を認めたのと同じ結果となっており，公平の観念からも是認される結論である。

第2節　履行拒絶の抗弁権は，相殺と組み合わされたときには，最強の担保権として機能することができる

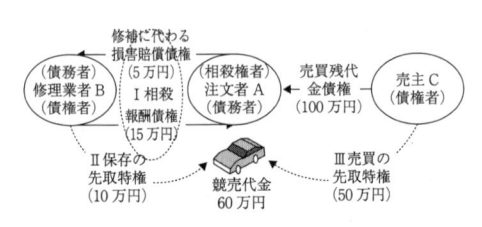

図20　牽連する債権の同時履行と優先履行

　修理業者の保護は，どのようになされるのであろうか。それは，例えば，修理された自動車について売買代金が完済されていない場合を想定するとわかりやすい。自動車の売主Cが，上記の事例で，修理の注文者Aに対して，残代金

債権100万円を有していたとしよう。そして，Cが本件自動車を差し押さえたとする。競売によって，自動車が60万円で売却されたとする。その場合には，修理業者は，その売却代金の中から，注文者によって相殺された残りの10万円の債権について，自動車の売主Cに先立って弁済を受けることができる。なぜなら，自動車の売主の先取特権（民法330条1項3号）は第3順位の先取特権であるのに対して，修理業者Bの先取特権は第2順位の先取特権であり（民法330条1項2号），BがCに優先するからである。その結果，修理業者Bは，競売による売却代金から10万円の配当を受け，売主Cは，残代金債権50万円のうち40万円の配当を受けるにとどまる。

　この結果を見ると，第1順位は，相殺によって目的物の修補に代わる損害賠償債権を実現する注文者A，第2順位は，目的物を保存した修理業者B，第3順位は，目的物を売却した売主Cということになっている。このような順序によって，目的物の修補について，注文者Aの報酬代金の減額請求権，修理業者の報酬請求権，売買残代金債権が同時に実現されていることが分かる。

　それでは，条文に規定のない相殺がなぜ第1順位の優先権を有するに至るのであろうか。これが，次章で論じるべき課題となる。その前に，同時履行を実現する手段についてまとめておくことにしよう。同時履行を実現する方法には，以下のものがある。

(1)　引換給付判決（民事執行法31条1項）
　(a)　留置権（自らの債務である引渡債務を拒絶することによって，事実上，自らの債権を優先的に回収できる権利）
　(b)　同時履行の抗弁権（自らの債務の履行を拒絶することによって，事実上，自らの債権を優先的に回収できる機能を果たす）
(2)　相　　殺
　　意思表示のみによって，自らの債務（受働債権）の履行を拒絶しつつ，受働債権を消滅させることを通じて，自らの債権（自働債権）を他の債権者に先立って回収できる権利

　同時履行を実現する方法としては，訴訟法上は，引換給付判決が用意されている（民事執行法31条1項）。留置権の場合も，同時履行の抗弁権も，同時履行が引換給付判決によって実現される（有斐閣・法律学小辞典）。

　「引換給付判決とは，民事訴訟において，原告の請求に対し，被告から同時履行の抗弁又は留置権の抗弁が提出された場合に，原告が反対給付を履行するこ

とと引換えに被告に対して給付を命じる判決をいう。これは，無条件の給付判決ではないので，原告の一部敗訴判決である（履行拒絶の抗弁権の認容）。この判決を債務名義として強制執行を行う場合に，反対給付の履行又はその提供は，執行文付与の要件ではなく，執行開始の要件である（民事執行法31条1項）。これは，執行文付与の要件とすると，債権者に先履行を強いることになるからである。」

最二判昭33・6・6民集12巻9号1384頁（建物収去土地明渡請求事件）

「物の引渡請求に対する留置権の抗弁を認容するときは，引渡請求を棄却することなく，その物に関して生じた債権の弁済と引換に物の引渡を命ずべきである。」

対立する債権が金銭債権の場合には，同時履行を実現する方法として，相殺がある。相殺は，債権の消滅原因として，受働債権の消滅の抗弁として，自らの債務を免れる性質を有すると同時に，他の債権者に先立って自働債権を回収するという機能を有する。後者は，相殺の担保的機能と呼ばれている。

これまで述べてきた担保法の一般的な考え方を組み合わせることによって，担保物権よりも強力な担保的機能を有するといわれる相殺の担保的機能を論じる準備が整ったことになる。債権総論に位置づけられ，債権の消滅原因の一つとして規定されている相殺が，なぜ最強の担保としての効力を有するのか。次の章で，その課題の解明に入ることにする。

第8章

相　殺
（意思表示のみによる同時履行を超えた即時・優先的取立権）

第1節　債権法に属する相殺が担保物権を超える担保力を有するのはなぜか

　相殺は，相互に対立する債権が存在する場合に，意思表示のみによって相互に対立する債権を消滅させるという債権の消滅原因として位置づけられている。

　しかし，相互に対立する債権・債務のうち，相殺をする側の債権に注目するときは，相殺には，自らの債務（受働債権：β債権に対する債務）を免れることによって自らの債権（自働債権：α債権）を独占的・排他的に回収する機能があることが，古くから知られてきた。

　このことは，他の債権者がβ債権を差し押さえた場合，または，β債権が譲渡された場合に顕著となる。なぜなら，相殺権者はそのような場合に，相殺の抗弁をもって差押債権者に対抗できること（民法511条），および，相殺の抗弁をもって債権の譲受人にも対抗できること（民法468条2項）を通じて，どの債権者にも優先して自らの債権を回収できるからである（相殺の担保的機能）。

　後に詳しく論じるように，相殺の担保的機能は非常に強力であり，担保物権のうちでもっとも強力とされる抵当権にもまさる力を発揮することがある。このような強力な担保的機能が債権の分野に属する相殺に見られることは注目すべき点である。それでは，債権の分野に属する相殺が，担保物権を凌駕する担保的効力を有するのはなぜなのか，このことを解明することが，ここでの課題である。

I　相殺の意義

　相殺とは，2人の者が互いに相手に対して同種の債権をもっている場合に，

一方から相手方に対する意思表示によってその債務を対当額で消滅させることをいう（民法505条1項）。

例えば、AがB銀行に50万円預金をし、BがAに対して80万円貸し付けた場合に、AまたはBが相殺の意思表示をすれば、AのBに対する50万円の債権が消滅し、AのBに対する30万円の債務が残ることになる。

なお、相殺をする側の債権を自働債権、される側の債権（反対債権）を受働債権という。例えば、先の例で、Aに対して80万円の貸金債権をもつBが、Aの50万円の預金債権に対して相殺する場合、貸金債権80万円が自働債権、預金債権50万円が受働債権である。

II 相殺の機能

A 簡易決済の機能

上記のように、AとBとの債権が互いに対立している場合に、AとBとがそれぞれ別々に請求し、別々に弁済することは、不便であり、無駄である場合が多い。そこで、AがBに80万円を支払い、BがAに50万円を支払うという手間を省いて、相殺し、AがBに30万円を支払うことによって決済をすることが認められるべきである。これを相殺の簡易決済の機能という。

B 公平に基づく担保的機能

相殺が認められるのは、A・B双方がその債権を別々に取り立てるという不便を除くためだけでなく、公平のためであると説かれている。すなわち、Aが破産した場合を考えると、BはAに対し50万円全額支払わなければならないのに、Bの80万円の債権は、債権額に応じて配当されるにとどまって不公平であり、A・B相互間に債権・債務が成立した時から対当額において債権が決済されたものとして取り扱うのが公平であるという。

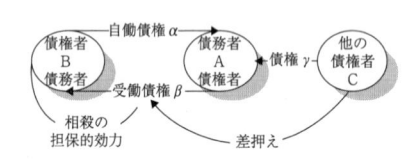

図21 相殺の担保的機能（その1）

したがって、Bは、Aの財産状態が悪化しても、50万円については相殺の意思表示をすれば、それだけで簡単かつ確実に他の債権者に先立って回収できるから、相殺は債権担保の役割も果たすことになる。相殺の担保的機能は重要

な問題であるので，節を改めて説明を行う。

III　相殺の要件

A　相殺適状

相殺ができるのは，相殺適状にあるときである。相殺適状とは以下の場合をいう。

(1) 同種の債権（実際には金銭債権がほとんどである）が債権者・債務者間に相対立して存在すること。
(2) 双方の債権ともに弁済期にあるとき。

1　代替性・相互性の要件

第1の要件は，厳密には，これを2つに分け，同種の債権であることを「代替性の要件」と呼び，2人が相互に債権者でありかつ債務者であることを「相互性の要件」と呼ぶことができる。第1の要件は，相殺の本質をなすものであり，この要件を欠く場合には，相殺は不可能である。

2　相互性の拡張としての3者間相殺

相互性要件の例外として「3者間相殺」の存在を考慮しなければならない。もっとも，第1に，「3者間相殺」のうちの多くの場合は，債務引受け，代位弁済，代物弁済，第三者のための契約等の働きを通じて，2者間の関係に引き直された場合に相殺が可能となると考えることができる（深川・相殺の担保的機能208〜239頁）。第2に，条文に規定があるため，従来「3者間相殺」とされてきた以下の2類型についても，それを，2者間相殺における相殺の援用権者の拡張，および2者間相殺の関係の存続（接続）として説明することが可能である（深川裕佳「3者間における相殺の類型的検討」東洋法学52巻〔2009〕21〜41頁）。

以下に，従来「3者間相殺」とされてきた具体例を，上記の深川論文に基づいて説明する。その際，条文の順番とは異なり，保証を先に，連帯債務を後に説明する。その理由は，本書においては，連帯債務の法的性質を「相互保証理論」，すなわち，連帯債務とは本来の債務（負担部分）と連帯保証（保証部分）との結合であると考えているからである。連帯債務の複雑な問題を考える際に，それを本来の債務と保証とに分解して考えると，単純な問題へと還元できる。3者間相殺という複雑な問題も，まず保証の問題を片付けてから連帯債務の問

題を考えると，理解が容易となるのである。
(1) 相殺の援用権者拡張型（2者間相殺の拡張型その1）
　(a) 保証人援用型
　　民法457条2項「保証人は，主たる債務者の債権による相殺をもって債権者に対抗することができる。」
　　この条文は，「債務者が債権者に対して債権を有するときは，債権者の債権と債務者の債権との間でなされるべき相殺について，保証人は，債務者に代わって相殺を援用することができる」と解することができる。

　　我妻説は，民法457条2項において，保証人は，債務者の有する反対債権をもって相殺できるという意味を，「連帯債務におけると同様に，保証人は，主たる債務者の有する反対債権を処分する権限をもつのではなく，相殺によって消滅する限度で，単に弁済を拒絶する抗弁権をもつと解するのが正当である」（我妻・債権総論483頁）と解している。

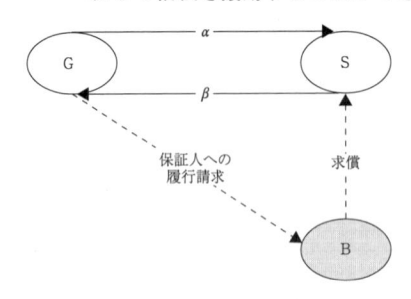

図22　相殺の援用者拡張型

　　この点について，平野『債権総論』(393頁) は，「抗弁説では，相殺がなされなかった場合に，保証人の保護として十分ではない。……436条2項を根拠に，保証人に相殺まで認めてよい」として，我妻説を批判している。
　　民法457条2項は，債権者と債務者間で相殺適状が生じている場合に，第三者である保証人が2者間相殺を援用できるものと解すべきであり，相殺の援用権者拡張型として位置づけることができる。
　(b) 連帯債務者援用型
　　民法436条2項「（連帯債務者の一人が債権者に対して債権を有するにもかかわらず）相殺を援用しない間は，その連帯債務者の負担部分についてのみ他の連帯債務者が相殺を援用することができる。」
　　この条文は，後に述べる連帯債務の「相互保証理論」によると，以下のように，上記の保証の規定（民法457条2項）に還元することができる。
　　すなわち，「連帯債務者の一人（主たる債務者）が債権者に対して債権を有するにもかかわらず相殺を援用しない間は，その連帯債務者の負担部分（主たる債務者の債務部分）について，他の連帯債務者（保証人）が相殺を援用することができる」と書き換えることができる。したがって，民法457条2項があれば，民法436条2項は，その応用に過ぎず，当然の規定ということ

になる。

　民法の条文が，保証については先に述べたように，「相殺をもって対抗できる」（民法457条2項）としているのに対して，連帯債務者については「相殺を援用できる」（民法436条2項）というように，援用権者の拡張型であることを正しく表現しているため，通説・判例（大判昭12・12・11民集16巻1945頁）も，この類型については，第三者に相殺の援用権を与えていると解している。

　ところが，わが国の通説を代表してきた我妻説は，保証と連帯債務との相互関係を十分に理解していないため，「相殺を援用する」という意味を，兼子説（兼子一「判民昭和12年度136事件」）に従って見解を改め，「弁済を拒絶する抗弁権を与えたものにとどまり」，「相殺の効果を生じさせる権能を与えたものではない」と解するに至っている（抗弁説：我妻・債権総論413頁）。

　この点に関しては，兼子説に反対し，「連帯債務者は，それぞれ，他の連帯債務者をして自己の負担部分を超えた弁済を債権者から強いられることのないように協力する義務を負っている。相殺を主張することによりこの協力義務の履行が容易にできるのに，それに協力しない連帯債務者をそこまで（債務を消滅させず，免責に協力をしない連帯債務者の無資力による求償の危険を他の連帯債務者に転嫁するというところまで）保護する必要はない」という，相互保証理論からの的確な批判がなされている（浜上・共同不法行為390頁）。

(2) 相殺の抗弁の存続（接続）型（2者間相殺の拡張型その2）

　(a) 債権譲渡型

　　民法468条2項「〔債権の〕譲渡人が譲渡の通知をしたにとどまるときは，債務者は，その通知を受けるまでに譲渡人に対して生じた事由〔相殺を含む〕をもって譲受人に対抗することができる。」

　　この条文は，債務者が債権の譲渡人に対して有していた抗弁（相殺の抗弁を含む）を債権の譲受人に対しても対抗できるということであり，2者間相殺の抗弁が，債権譲渡によっても存続する，または，債権の譲受人に対しても接続することを意味している。

　　従来の通説は，この類型を「第三者に対する債権で相殺しうる例外的場合」としている（我妻・債権総論

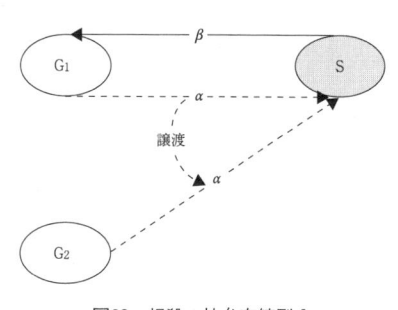

図23　相殺の抗弁存続型Ⅰ

322頁)。しかし，債権譲渡前の状況を考えると，2当事者間，すなわち譲渡人と債務者との間で，相殺適状の状態にあったのであるから，債権が譲渡されても，債務者は相殺の抗弁をもって対抗できると考えるべきである。

(b) 保証人代位型

民法463条1項「第443条〔通知を怠った連帯債務者の求償の制限〕の規定は，保証人について準用する。」

この条文は，通知を怠った保証人が主たる債務者に対して求償する場合に，債務者が債権者に対抗することができる事由（相殺の抗弁を含む）を有していたときは，その事由をもって保証人に対抗することができるということを意味する。

保証人の求償は，債権者の債務者に対する債権の法定移転を伴うと考えるならば，通知を怠った保証人の求償の場合には，民法468条1項ではなく，上記の債権譲渡における抗弁の接続の場合と同様，上記の民法468条2項が適用されるのと同じ結果となると考えることができる。

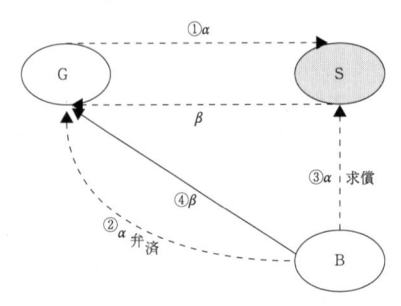

図24 相殺の抗弁存続型Ⅱ

従来の学説は，この類型を「第三者に対する債権で相殺しうる例外的場合」としている（我妻・債権総論322頁)。これは，保証人の債務者（第三者）に対する求償権を担保するための保証人の弁済に基づく代位について，それが，もともと2当事者間（債権者と債務者との間）で存在した債権の一方が保証人に移転したものであって，債権譲渡における相殺の抗弁の場合と同様，2当事者間の相殺の抗弁が存続するという問題である点を見過ごしたためである。

(c) 連帯債務者代位型

民法443条1項「連帯債務者の一人が債権者から履行の請求を受けたことを他の連帯債務者に通知しないで弁済をし，その他自己の財産をもって共同の免責を得た場合において，他の連帯債務者は，債権者に対抗することができる事由を有していたときは，その負担部分について，その事由をもってその免責を得た連帯債務者に対抗することができる。この場合において，相殺をもってその免責を得た連帯債務者に対抗したときは，過失のある連帯債務者は，債権者に対し，相殺によって消滅すべきであった債務の履行を請求することができる。」

この条文は，上記の通知を怠った保証人＝連帯債務者の一人，他の連帯債

務者＝債務者と考えると，すぐに理解できる。

ただし，この条文の後段については，複雑な問題が生じる。現行民法の起草者の見解によると，民法443条1項後段の意味は，以下のように説明されている。

> 過失のある連帯債務者は，求償権（α債権）を被担保債権とし，他の連帯債務者が債権者に有していた債権（β債権）について，直接訴権を行使できる（梅・要義巻三130～132頁）。

直接訴権の効果は被担保債権αの範囲でのβ債権の法定移転であるから，民法443条1項後段の通説による理解（相殺によって消滅すべきであった債務〔β債務〕が移転すると解している〔我妻・債権総論322頁・435頁〕）と結論が一致することになる。

(d) 債務者の意思に反した保証人代位型

民法462条2項「主たる債務者の意思に反して保証をした者は，主たる債務者が現に利益を受けている限度においてのみ求償権を有する。この場合において，主たる債務者が求償の日以前に相殺の原因を有していたことを主張するときは，保証人は，債権者に対し，その相殺によって消滅すべきであった債務の履行を請求することができる。」

この条文は，上記の民法463条1項・443条1項の考え方を総合すると，自然に導かれるものであることを理解することができる。

しかし，上記の場合のような2者間の相殺問題の拡張ではなく，以下に示すように，一定の要件の下で，固有の「3者間相殺」が認められる場合がある（深川裕佳「3者間における相殺の類型的検討」東洋法学52巻〔2009〕41～46頁）。

(3) 固有の3者間相殺

(a) 保証人の債権者に対する債権による債務者の債権者に対する債務の相殺型

条文にはないが，わが国の通説は，保証人が債権者に対して債権を有している場合に，相殺を主張することによって，保証人は主たる債務を消滅させることができる，と説明している（川井・債権総論256頁，平野・債権総論443～444頁）。

このことは，一見，第1類型（相殺の援用権者拡張型），すなわち，保証人による相殺権の援用型と同じように見えるが，第1類型とは類型が異なる。

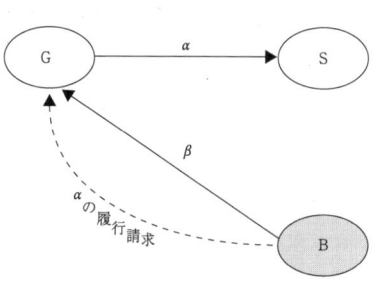

図25 固有の3者間相殺型

なぜなら、この類型の場合、保証人は、他人の間に存在する2つの債権の相殺を援用するのではなく、債権者に対して保証人自らが有する債権によって、債権者の債務者に対する債権を相殺することができることを意味しているからである。

もっとも、この類型は、保証人の債権者に対する債権と保証債務との間の2者間相殺として説明できるようにも見える。しかし、保証人の債務は、本来の債務ではなく、求償を伴う債務であり、その意味では、債権者は保証人に対して主債務とは異なる別個の債権を有するわけではない。

したがって、この類型の相殺は、決して2当事者間の相殺には還元できない、固有の意味での3者間相殺ということができる。

「相手方（債権者）の第三者（債務者）に対する債権を受働債権として、自分（保証人）の債権で相殺しうるか」という問題について、我妻説は、一般的には、そのような3者間相殺を否定するとしつつも、物上保証人に関してではあるが、「自分の責任を免れるために、その基礎たる他人の債務を自分の債権で相殺することだけは認めてよいと思われる」（我妻・債権総論323頁）として、例外的に、この類型の存在を認めている。

(b) 連帯債務者の一人の債権者に対する債権による連帯債務の負担部分の相殺型

民法436条1項「連帯債務者の一人が債権者に対して債権を有する場合において、その連帯債務者が相殺を援用したときは、債権は、すべての連帯債務者の利益のために消滅する。」

この条文の意味は、後に述べる連帯債務の相互保証理論に基づいて解釈すると、以下のように単純化される。

連帯債務者の一人（保証人）が債権者に対して債権を有する場合において、その連帯債務者（保証人）が、その債権と、債権者の連帯債務者（債務者）に対する債権とを相殺したときは、債権は、すべての連帯債務者（債務者および保証人）の利益のために消滅する。

条文にはないが、先に述べたように、わが国の通説も、保証人が債権者に対して債権を有している場合に、相殺を主張することによって、主たる債務を消滅させることができると説明しており（川井・債権総論256頁）、結果は同じとなる。

この条文の具体例として、我妻『債権総論』（412頁）は、以下のような例を挙げている。

乙・丙・丁が甲に対して90万円の連帯債務を負担し、乙が甲に対して50万円の反対債権を有する場合に、乙がその50万円の債権で相殺するときは、

丙も丁も50万円だけ債務を免れる。すなわち，乙・丙・丁は，40万円の連帯債務を負担することになる。

この場合，連帯債務の当初の総額は90万円，各自の負担部分は平等に30万円であるが，相殺によって，各自の連帯債務の内容は，乙：40万円（負担部分0，保証部分40万円），丙：40万円（負担部分20万円，保証部分20万円），丁：40万円（負担部分20万円，保証部分20万円）となる。

以上のことから，民法436条1項は，連帯債務者の一人が債権者に対して有する債権でもって，債権者と連帯債務者との間の債権・債務（負担部分）を相殺によって消滅させることができることを意味しており，2当事者間に還元できない，固有の意味での3者間相殺ということができる。

3 請求可能性（2つの債権が弁済期にあること）

相殺の第2の要件である請求可能性（弁済期）に関しては，例外が認められ，要件の緩和がなされている。相殺しようとする者は，相手方に対して負っている債務，すなわち相殺される債権（受働債権）についての期限の利益を放棄すれば相殺できるから，相殺する債権（自働債権）さえ弁済期にあれば相殺できることになる（民法505条1項）。

B 相殺の障害要件

以上のような相互性の要件の緩和（3者間相殺）とは反対に，以下のような相殺の障害要件がある場合には，相殺は許されない。

(1) 相殺禁止の特約があるとき（民法505条2項）。
(2) 互いに労務を供給する債務（収穫時期に相互に協力する作為債務，互いに競業しない不作為債務など）のように，相殺をして消滅させたのでは意味のない債権の場合。
(3) 受働債権を消滅させずに現実に支払を確保する必要があるとき。
   (a) 受働債権が不法行為によって生じた場合（民法509条）。
   (b) 受働債権が差押えを禁止されている場合（民法510条）。
   (c) 受働債権が支払の差止めを受けている場合。ただし，支払の差止めを受ける以前の債権によって相殺することはできる（民法511条）。
   (d) 受働債権が株式払込請求権である場合（商法旧200条2項，会社法208条3項）（会社における資本充実の原則の要請による）。
   (e) 受働債権が賃金債権である場合（労働基準法17条。なお，船員法35条参照）。
(4) 自働債権が差押えを受けているなど処分が禁止されているとき。

(5) 自働債権に抗弁権が付着しているとき（相手方の抗弁権を奪うことになるから）。
　(a) 原　　則
　　① 自働債権が保証人に対する債権であり，相手方に催告・検索の抗弁権があるとき（最二判昭32・2・22民集11巻2号350頁）。
　　② 自働債権が売買代金であり，相手方に代金支払拒絶の抗弁権（民法576条・577条），または同時履行の抗弁権があるとき（大判昭13・3・1民集17巻318頁〔借家人の造作買取請求権に基づく相殺について，同時履行の抗弁権が付着していることを理由に，これを否定した事例。ただし，この事案は，次の例外に当たる場合であって，本来は，相殺が認められる場合である〕）。
　(b) 例　　外（その抗弁権が，相殺権者のために与えられているから）
　　両債務が同一の双務契約から生じ，相互に同時履行の関係にあり，自働債権に抗弁権が付着しているために，形式的には相殺ができない場合に該当するが，その抗弁権が相殺権者のために与えられたものである場合（純粋の同時履行の場合ではなく，同時履行の抗弁権の準用である場合が多い）。

　　　　最一判昭51・3・4民集30巻2号48頁（注文者が民法637条所定の期間の経過した請負契約の目的物の瑕疵修補に代わる損害賠償請求権を自働債権〔この自働債権については，確かに，634条2項によって，同時履行の抗弁権（民法533条）の準用があるとされており，自働債権に抗弁権が付着しているが，この抗弁権は，注文者のために与えられた抗弁権である〕とし，請負人の報酬請求権を受働債権としてする相殺については，民法508条の類推適用がある）。

Ⅳ　相殺の効果

A　通説的理解

　相殺の意思表示は単独行為であり（民法506条1項），意思表示があれば，双方の債権は相殺適状の時にさかのぼって対当額で消滅する（同条2項）。
　この遡及効が，他の債権者が受働債権を差し押えてきたときに，自働債権の債権者に対して，一般債権者の宿命としての按分比例額ではなく，受働債権の範囲で，全額の回収を実現するという，相殺の担保的機能の大きな要素となっていると考えられてきた（深川・相殺の担保的機能106～134頁）。しかし，比較法的な考察によると，国際的な契約法の傾向は，相殺の遡及効を放棄する方向

に向かっており，相殺は将来効を有するものとされてきている（ヨーロッパ契約法原則13:106条，ユニドロワ国際商事契約原則〔2004〕8.5条〔3〕）。このような中で，遡及効を維持することは，次第に困難な状況になりつつある（深川・前掲書76-85頁）。確かに，現在のところでは，わが国ではなお，相殺の担保的機能を遡及効に基づいて説明することが可能である。しかし，遡及効によって相殺の担保的機能を説明する場合には，受働債権について第三者が差し押さえたり譲り受けたりする時点で未だ相殺適状に達していなくても，相殺の担保的機能を認める判例法理（最高裁昭和39年判決〔最大判昭39・12・23民集18巻10号2217頁〕，同45年判決〔最大判昭45・6・24民集24巻6号587頁〕）を整合的に理解することは困難である。相殺の意思表示主義に立つからには，意思表示の時点で相殺適状が満たされていなければならないはずであるにもかかわらず，上記の判決は，相殺適状にない時点で他の債権者が受働債権を差し押さえた場合にも相殺の担保的機能を認めているからである。

したがって，将来的には，相殺の担保的効力は，対立する債権が牽連性を有する場合に認められる相殺の優先弁済効（一種の先取特権）として構成するほかないと思われる（深川・前掲書139～149頁）。しかし，現在のところでは，相殺の遡及効も，相殺の担保的効力を説明する際に有用な概念として理解しておく必要がある（深川・前掲書86～96頁）。そこで，ここでは，相殺の遡及効と相殺の担保的効力との関係についても概観しておくことにする。

B 踏み込んだ理解

通説の理解によると，相殺は，相殺するという一方当事者の意思表示によって成立するが，その効果は，相殺適状の時に遡って生じるという。しかし，相殺が一方当事者の意思表示によって生じるのであれば，なぜ一方当事者の意思表示の効果が相殺適状の時にまで遡るのかを説明することは困難である。

相殺の意思表示の遡及効と対比されるものとしては，取消しの遡及効および時効の遡及効がある。これらについて，どのような理由で遡及効が認められているのかを考察すると，実は，いずれも，遡及効は意思表示によって生じるのではなく，すでに生じている無効や時効の効果を当事者が援用するか放棄するかの選択ができるに過ぎない問題であることがわかる。そのことを以下において明らかにすることにしよう。

1 取消しの遡及効

取消しの遡及効については，以下の3つの考え方がある。

(1) 取消しができる行為は，取消しがなされない状態であっても常に確定的であるという考え方

　　取消しまでは，法律行為は完全に有効である。また，取消しの意思表示があると法律行為は初めに遡って完全に無効となる。いずれの場合も，法律行為の効力は確定的であるという。

　　この考え方は，無効と取消しの違いを説明するには有用であるが，無効と取消しの違いを取消権者の側から見てその確実性を強調するものであって，取消権者の相手方にとっての不確実性を無視している。この考え方では，取消しの相手方になぜ催告権（民法20条）が与えられているのかを説明することができない。

(2) 取消しができる行為は，取消しがなされるまでは不確定な状態にあるという考え方

　　取消しまでは，法律行為は完全に有効となるか，初めから無効となるか不確定な状態にあると考える。確かに，追認があれば，初めから有効となり，取消しがあれば，初めから無効となるが，その間，不確定な状態が続くことは避けられない。取消権者の相手方に，取り消すのか追認するのかを催告する権利（民法20条）が与えられることがあるのは，このためである。

　　この考え方は，取消権者とその相手方の権限の観点から無効と取消しの違いを明らかにしており，制度の趣旨を説明するのに有用である。しかし，この考え方も，(1)の考え方と同様，法律行為は意思表示の力だけで無効にも有効にもできるという印象を与えることとなり，当事者間で合意した法律行為の効力を否定できるのは背後に控えた法律の力があるからだという側面を無視することになる点で問題がある。つまり，これらの説は，法律行為を取り消すことができるのは，法律が定めた取消原因が満たされた場合に限定され，かつ，遡及効は当事者の一方の力によっては生じないという側面が無視されている。

(3) 取消しができる行為は無効と同じであるが，無効を主張する者が限定されており，かつその者は追認によって有効にできる点が異なるという考え方

　　無効と取消しができる法律行為は，実は，取消原因が生じた時にすでに無効となっているのであって，当事者の一方の意思表示によって，行為の効力が遡って無効になるわけではない。

　　確かに，立法者が無効ではなく，取消しすることができるという制度にし

ている場合には，取消権者だけが無効を主張でき，相手方は無効を主張できないことになるという点は，誰でも主張できる公序良俗違反の無効の場合とは異なる。また，取消権者は，無効を援用することもできるし，無効をあえて主張しないという自由を有しており，無効を援用すれば，それが取消権の行使と解されて，法律行為は当然に無効となり，無効を援用しないことにすれば，それが取消権の放棄（追認）と解されて，法律行為は有効となる。取消権の放棄によって行為が有効となる点は，追認が許されない公序良俗違反の無効の場合とは異なる。

大切なことは，当事者の合意によって法律行為の無効状態を作り上げることは可能である（民法94条1項）が，当事者の一方の意思表示の力だけで当事者が合意した法律行為を無効にすることはできない。また，当事者の合意で法律行為を無効にすることができても，その無効を第三者にも対抗できるかどうかは，法律によって定まるのであって（同条2項），当事者の一方の意思表示の力で無効状態や遡及効を作り出すことはできないことを確認する必要がある。

法律行為を絶対的に無効とするか（民法90条），当事者の一方だけに無効を主張する権利を与えるとするか（民法95条），相手方に催告権を与えない取消しとするか（民法96条），相手方に催告権を与える取消しとするか（民法20条）は，立法政策上の問題であって，法律行為を無効にする原因，誰に対して無効を主張できるかを決めるのは，法律の力であり，当事者の意思表示ではないことに留意する必要がある。

以上のことを念頭において，取消しの遡及効について論じると，以下のようになる。

民法5条以下の制限能力者の法律行為の取消しの場合であれ，民法96条の詐欺・強迫による取消しの場合であれ，法律が取消しに遡及効を認めているのは，本来は，そのような場合は当然に無効とすべき場合に該当するが，法律が保護すべきと考える当事者の一方が無効とすることを望む場合にのみ，例えば，制限能力者，被詐欺者，被強迫者の側の取消しの意思表示（無効の援用）をまって，無効の法律効果を与えようとしているに過ぎない。

取消しの効果が遡及効を持つのは，実は，意思表示の効果ではなく，制限能力者や被詐欺者・被強迫者を保護するために，そのような者がした意思表示の効力を無効とすることを法律が認めているという背景があるからである。つまり，取消しの効力が遡るのは，意思表示の力ではない。取消しの効力が遡るの

は，すでに法律の力によって初めから無効となっている効果を主張（援用）できる者を当事者のうちの保護すべき側に限定しているに過ぎないのである。

2 時効の遡及効

相殺に関連するのは，取得時効ではなく，消滅時効であるので，消滅時効の効果の遡及効（民法144条）について考察してみよう。消滅時効が遡及効を持つのは，この場合も意思表示の力ではない。債権の一般的な消滅時効についていえば，10年間の権利不行使という事実に基づいて，10年前に遡って債務はすでに消滅したことになる（民法167条1項）。当事者は，債務が消滅していることを援用するか放棄するかの選択をすることができるに過ぎない（民法145条）。

取消しの場合の遡及効と異なり，遡及効の源を意思表示に求めようとする学説は存在しないが，ここでも，時効の援用という意思表示によって遡及効が生じるのではなく，時の経過を要件として，法律が与えた遡及効を当事者が援用できるだけだということを再確認することが重要である。

債権者が10年間権利の行使をしないために債権が時効によって消滅した場合，債務者が消滅時効の援用をしないとどうなるか。債務者は，消滅時効を援用しないで債務の弁済をすることができる（民法145条）。この場合，債務は消滅していると考えると，債務者の弁済は不当利得となり，弁済した物の返還が請求できそうである。しかし，この場合には，民法145条に従って，債務者は，不当利得に基づく返還請求をすることができない。このため，消滅時効による債務の消滅の効果は不確定であり，当事者が時効を援用した場合には確定的に債務が消滅するが，援用しない間は，債務が消滅するかどうかは不確定であり，当事者が弁済した場合には，債務は消滅しなかったことになる。

時効消滅した債権については，債権者からは請求も強制履行もできないが，債務者から任意に弁済をした場合には，その弁済は有効となることから，消滅時効にかかった債務は自然債務であるという考え方も唱えられている。また，ドイツ民法は，時効にかかった債務も，債務として存在し続けるが，債務者は，時効消滅した債務について，履行を拒絶する永久的な抗弁権を取得する，との考え方を採用している。

3 相殺の遡及効

時効の遡及効が意思表示の効果であると考えることはできないのと同様，相殺の遡及効も，意思表示の効果ではない。取消しの場合には，法律によって定

められた取消原因が満たされた場合に法律行為は無効となっており，それを援用するか放棄するかの自由が与えられているに過ぎないことは，すでに述べたとおりである。また，時効の場合にも，一定の権利状態の継続という要件の充足によって時効の効果（権利の取得，または権利の消滅状態）が法律によって用意され，当事者はそれを援用するか放棄するかの自由が与えられているということについても，すでに述べたとおりである。

　相殺の場合にも，相殺要件の充足によって双方の債務が消滅するという効果が法律によって用意され，当事者は，それを援用するか（相殺の意思表示をするか），それを放棄するか（相殺の意思表示をしないでおくか）の自由が与えられているに過ぎない。

　確かに，民法の条文（506条2項）を読むと，「前項〔相殺〕の意思表示は，双方の債務が互いに相殺に適するようになった時にさかのぼってその効力を生ずる」と書かれているため，相殺は当事者の一方の意思表示によって実現し，かつ意思表示の効果が相殺適状に遡って生じるかのように読める。しかし，遡及効は常に相手方および第三者の権利を害する危険性を持っており，当事者の一方の意思表示でもって実現できるものではない。相殺の効力としての遡及効の場合も，取消しの場合や時効の場合と同様，法律の力によって生じるのであって，決して，当事者の一方の意思表示で生じるものではない。それぞれの当事者は，法律が用意した遡及効を援用できるに過ぎない。

　このように考えると，遡及効が発生する多くの場合に，「第三者の権利を害することができない」と書かれている理由が明らかとなる。例えば，無権代理行為の追認の遡及効（民法116条ただし書），取り消すことができる行為の追認の遡及効（民法122条ただし書），期限の利益の放棄の効力（民法136条2項ただし書），選択権行使の遡及効（民法411条ただし書），解除のいわゆる遡及効（民法545条1項ただし書），夫婦関契約の取消しの遡及効（民法754条ただし書），認知の遡及効（民法784条ただし書），遺産分割の遡及効（民法909条ただし書）においては，いずれも，第三者の権利を害する遡及効に制限が課せられている。それにもかかわらず，相殺の場合には，このような遡及効を制限する文言がない。その理由は，相殺の場合には，民法511条に規定されているように，衡平の観点から認められている相殺の担保的機能を実現するために，第三者の権利を害することがある場合でも（もちろん無制限ではないが）相殺権者の権利を優先することを法が認めているのである。このような遡及効を当事者の一方の意

思表示の力によって実現することは不可能であることは明らかであろう。

第 2 節　相殺の担保的機能

I　相殺の担保的機能に関する基本的な考え方

担保物権法の代表的な教科書である高木多喜男『担保物権法』（6～7頁）によれば，非典型担保である譲渡担保，仮登記担保，所有権留保と並べて，「その他の物的担保」として「相殺・相殺予約」が以下のように紹介されている（記号の甲乙丙は便宜上，ＡＢＣに変更している）。

　「債権者と債務者が相対立する債権を有する場合の最も簡便な回収方法は，相殺である。この相殺が，担保の実行という効果をもたらしている。たとえば，Ａに対して50万円の債務を負っているＢが，Ａに100万円融資した場合には，Ｂは相殺によって50万円は回収しうる。しかも，Ａの債権者ＣがＡのＢに対する債権を差し押さえても，判例（最大判昭45・6・24民集24巻6号587頁）は，民法511条の解釈として，ＢのＡに対する債権が，差押え以前に取得したものであれば，ＢはＣに対して相殺をもって対抗しうるとしている。ＡのＢに対する債権については，Ｂ，Ｃとも債権の効力として平等に攫取力をもっているはずであるが，上記のごとき相殺によって，ＢはＣに優先して回収しうるわけであり，したがって，ＡのＢに対する債権が，Ａにとっては担保財産となっており，相殺が担保実行の方法となっているわけである。銀行のごとき金融機関は，預金をしている者に融資したり，融資の一部を預金させたり（歩積み・両建て）するのが通常であるが，かかる場合には，そのような意味で，預金が担保財産となっているのである。」

II　相殺の担保的機能の特色

相殺の担保的機能については，以上の解説が基本的な考え方を見事に説明している。それにもかかわらず，相殺の担保的機能に関しては，まだまだ解明されていない点が残されている。

従来は，担保的機能を説明するに際して，すでに典型的な担保として認められている制度と比較して，いかに似ているかを示すことに力点が置かれてきた。例えば，第1に，相殺は，自働債権の債権者が受働債権に対して「債権質」を設定したのと実質的には同じであるとか，第2に，自働債権の債権者が受働

債権について譲渡担保を設定したのと実質的には同じであるとか，いろいろな説明が試みられている。しかし，いずれの説明も，致命的な欠陥を有している。なぜならば，第1の質権説は，設定したはずの債権の第三債務者が債権者自身で

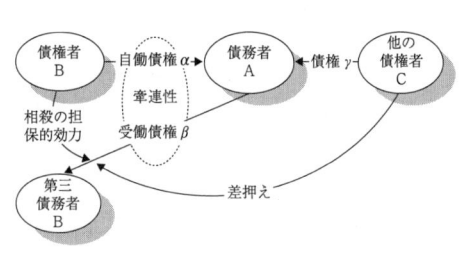

図26　相殺の担保的機能（その2）

あるという奇妙な結果を生じさせてしまうからである。また，第2の譲渡担保説も，債権が譲渡されると債権者と債務者が混同によって消滅してしまい，債権譲渡の途端に担保権が実行されたのと同じになって終了してしまい，担保権の設定の意味を失ってしまうからである。

　相殺の担保的機能の本質は，一般債権が債権者平等の原則に従って債権額に按分した額しか配当を受けることができないのに対して，自働債権の債権者は，相殺を行うことによって，自らの債務（受働債権）と対当額で，全額の配当を受けることができることにある。これは，担保物権を有する債権者が他の債権者に先立って債権の弁済を受けるのと全く同じである。しかも，この現象は，他の担保物権の仕組みから説明することはできない。この点が相殺の担保的機能の説明を困難にしている。

　この問題を考えるには，2つの視点から光を当てるのが有用であろう。一つは，相殺の抗弁権，すなわち，相手方の履行に対する履行拒絶の抗弁権としての位置づけである。相殺は，2つの債権を同時に消滅させるものであり，相手方の履行に対しては，履行拒絶の抗弁権の役割を果たしうる。そして，履行拒絶の抗弁権といえば，同時履行の抗弁権と並んで，留置権がこれに該当する。したがって，相殺の担保的機能を解明するに際しては，留置権における履行拒絶の抗弁権がなぜ担保的機能を果たしているのかという観点から分析を行うことが重要となる。そうすれば，相殺の場合には，留置権の場合の引換給付判決が執行されて，対立債権が満足して消滅するのと同じ効果を，意思表示だけによって実現していることがわかる。相殺が最も強力な担保権といわれるのは，意思表示だけで引換給付とそれ以上の債権の全額回収までを実現しているからである。

　相殺の担保的機能の解明につながるもう一つの視点は，相殺による受働債権の全額回収機能が債権者平等原則の例外であることを捉えて，先取特権の規定

の類推を行うという方向である。相殺の場合に，相殺権者に優先弁済権を与えるべき根拠は，先取特権を与える根拠である，債務者の責任財産の形成・維持への貢献である。相殺権者は，相殺により，自働債権を消滅させることを通じて，債務者の一般財産のうち債務を減少させることに貢献しており，この点で，単なる一般債権者とは区別される。このような複数の視点からの考察によって，相殺の担保的機能に関する研究の進展がなされるべきであろう。このことが，相殺の担保的機能の解明に際して残された課題となっている。

　最近の研究（深川・相殺の担保的機能139〜149頁）によると，代替性のある相互的な債権が牽連性を持っている場合には，自働債権には，受働債権に対して，動産先取特権に類する第1順位の先取特権が与えられている，と考えるべきではないのかということが提言されている。もしも，相殺のメカニズムが，自働債権と受働債権との牽連性に基づいて，受働債権に対して，動産先取特権に類する優先弁済権が，民法511条の反対解釈を通じて，自働債権に与えられていると考えると，相殺の担保的機能とは何かを見事に解決することができる。しかし，民法511条を先取特権の規定と解釈することが可能かどうか，相殺の受働債権を動産と同じように扱って，第1順位の動産先取特権と位置づけることが相当であるかどうか，慎重な検討を要する問題である。この点については，先取特権の箇所で，詳しく検討する。

III　定期預金における相殺予約

　銀行が貸付けを行う際には，債務者に相応額の預金を求めるのが普通であり，少なくとも当初は，その銀行に預金させることを貸付けの条件とすることが多いとされている。

　銀行としては，貸金と同額の預金を預かっていれば，まさに，預金を質にとっているようなものであり，いざという時は優先的に貸金の返済に充当しようと考えたとしても，それほど不思議ではない。

　最高裁は，当初は，甲（C）が乙（A）の丙（B）に対する債権を差し押えた場合において，丙（B）が差押え前に取得した乙（A）に対する債権の弁済期が差押え時より後であるが，被差押債権の弁済期より前に到来する関係にあるときは，丙（B）は右両債権の差押え後の相殺をもって甲（C）に対抗することができるが，右両債権の弁済期の前後が逆であるときは，丙（B）は右相

殺をもって甲（C）に対抗することはできないものと解すべきであるとしていた（最大判昭39・12・23民集18巻10号2217頁）。

最大判昭39・12・23民集18巻10号2217頁
「甲が乙の丙に対する債権を差し押えた場合において，丙が差押前に取得した乙に対する債権の弁済期が差押時より後であるが，被差押債権の弁済期より前に到来する関係にあるときは，丙は右両債権の差押後の相殺をもって甲に対抗することができるが，右両債権の弁済期の前後が逆であるときは，丙は右相殺をもって甲に対抗することはできないものと解すべきである。

債権者と債務者の間で，相対立する債権につき将来差押を受ける等の一定の事由が発生した場合には，両債権の弁済期のいかんを問わず，直ちに相殺適状を生ずる旨の契約および予約完結の意思表示により相殺をすることができる旨の相殺予約は，相殺をもって差押債権者に対抗できる前項の場合にかぎって，差押債権者に対し有効であると解すべきである。」（補足意見および反対意見がある。）

しかし，昭和45年，最高裁は，従来の判例を変更して，「銀行の貸付債権について，債務者の信用を悪化させる一定の客観的事情が発生した場合には，債務者のために存する右貸付金の期限の利益を喪失せしめ，同人の銀行に対する預金等の債権につき銀行において期限の利益を放棄し，直ちに相殺適状を生ぜしめる旨の合意は，右預金等の債権を差し押さえた債権者に対しても効力を有する」として，相殺予約の効力を認めた上で，「債権が差し押えられた場合において，第三債務者が債務者に対して反対債権を有していたときは，その債権が差押後に取得されたものでないかぎり，右債権および被差押債権の弁済期の前後を問わず，両者が相殺適状に達しさえすれば，第三債務者は，差押後においても，右反対債権を自働債権として，被差押債権と相殺することができる」として，相殺の担保的効力を認めるに至っている（最大判昭45・6・24民集24巻6号587頁）。

最大判昭45・6・24民集24巻6号587頁／民法判例百選Ⅱ〔第6版〕第42事件
「債権が差し押えられた場合において，第三債務者が債務者に対して反対債権を有していたときは，その債権が差押後に取得されたものでないかぎり，右債権および被差押債権の弁済期の前後を問わず，両者が相殺適状に達しさえすれば，第三債務者は，差押後においても，右反対債権を自働債権として，被差押債権と相殺することができる。」（補足意見，意見および反対意見があ

る。）

「銀行の貸付債権について，債務者の信用を悪化させる一定の客観的事情が発生した場合には，債務者のために存する右貸付金の期限の利益を喪失せしめ，同人の銀行に対する預金等の債権につき銀行において期限の利益を放棄し，直ちに相殺適状を生ぜしめる旨の合意は，右預金等の債権を差し押えた債権者に対しても効力を有する。」（意見および反対意見がある。）

実務は昭和45年の大法廷判決に即して行われているが，昭和39年判決を評価する学説も多い。相殺予約の第三者効を認めるには，理論的に解明すべき問題点が残されているからである。

表9 相殺の担保的機能に関する事案の類型と学説・判例の状況

学説		自働債権	受働債権	相殺可能の理由
相殺適状説	相殺適状説	①弁済期		相殺適状が差押えよりも前である
			②弁済期(相殺適状)	
			③差押え	
	相殺適状修正説	①弁済期		
			(③による相殺適状)	
			②差押え	
			③弁済期 期限の利益の放棄が可能↑	
制限説	制限説Ⅰ（弁済期先後説）（最高裁昭和39年判決）		①差押え	自働債権の弁済期が受働債権の弁済期より先である
		②弁済期		
			③弁済期（期限の利益の喪失約款）↑	
	制限説Ⅱ（期待利益説）		①差押え	相殺に対する合理的な期待（継続的な取引関係，相殺予約等）がある
			②弁済期	
		③弁済期（相殺予約）		
無制限説（最高裁昭和45年判決）			①差押え	民法511条の反対解釈 差押えよりも先に自働債権が取得されている
			②弁済期	
		③弁済期		

相殺の担保機能に関する無制限説に対して批判がなされている理由は，Aに対するBの自働債権の弁済期が到来する前にAの受働債権がAの債権者Cによって差し押さえられた場合に，Bの自働債権の弁済期が来ていないにもかかわらず，Bによる相殺の担保的機能を認めることは，弁済期に弁済をせずに債務不履行状態を継続しつつ，自働債権の弁済期が到来するや否や相殺を行うことによって自働債権の回収を行うという相殺権者Bの行為が信義則に違反すると考えられるからである。

しかし，他の債権者Cが差押えを行う場合というのは，Aの資力に不安が生じている場合であることが多い。このような場合に，受働債権の弁済期が到来したとはいえ，牽連しているBの自働債権の弁済に不安が生じている以上，Bに履行拒絶の抗弁権を与えるべきである。

ドイツ民法は，一方で，弁済期先後説を明文で定めているが（321条），他方で，牽連する債務が「相手方の給付の欠如により危殆化されることが予見できる場合には，その者が負担する給付を拒絶することができる」という，不安の抗弁権を認めている（同条）。

わが国には，不安の抗弁権そのものを規定する条文は存在しないが，買主が売買代金の支払義務を負う場合について，民法576条は，「買主がその買い受けた権利の全部又は一部を失うおそれがあるときは，買主は，その危険の限度に応じて，代金の全部又は一部の支払を拒むことができる」として，先履行義務を負う当事者について，実質的な不安の抗弁権を認めている。

このように考えると，2つの対立する債権の間に牽連性がある場合には，たとえ，それぞれの弁済期に差がある場合であっても，一方の債務の履行に不安がある場合には，牽連性に基づく同時履行の要請を理由として，先履行義務を拒絶しつつ，相殺によって同時履行を実現することは，信義則に反する行為ではないということを理論的に説明することができる。

IV 相殺の担保的機能が問題となる場面

A 振込指定

「振込指定」とは，債務者Aに対して債権者である金融機関Bが有する債権を担保するため，Aが第三債務者Cに対して有する債権の弁済方法として，AがBに開設した口座にCに振り込ませ，その振込金に対するAの預金返還請求

権に対して，金融機関BがAに対して有する債権でもって相殺することである。

これも，相殺の担保的効力を応用したものであり，実質的には，CからのAに対する振込みをもって，Aに対するBの債権の優先的な弁済に充てることになる。

名古屋高判昭58・3・31（判時1077号79頁）は，銀行融資の返済に充てるため退職金を預金することを約束した者が破産宣告を受けた場合につき，その後退職金の振込みによって銀行が負担した預金債務は破産法旧104条2号ただし書の「前ニ生ジタル原因」に基づく債務であるとして，相殺の担保的効力を認めている。

B　敷金と相殺

賃貸人は，賃借人の債務不履行に備えて，賃借人から一定の金額を差し出させるのが通常である。これを敷金という。この敷金に対しては，賃貸借契約の終了時に賃借人の損害賠償額を差し引いた額について賃借人が返還請求権を有する。

この返還請求権（将来債権）を賃借人の債権者が差し押さえた場合に，賃貸人は，賃借人に対する損害賠償請求権を自働債権として，敷金返還請求権を相殺することができるかどうかが問題となる。

敷金の法的性質をどのように考えるかで理論構成は異なる。まず，敷金の返還請求権が，損害賠償額を控除した後の額についてのみ発生するならば，賃貸人は，相殺の抗弁を出すまでもなく，損害賠償額について敷金から優先的に充当を受けることができることになる。また，先に発生した損害賠償請求権と賃借物件を明け渡した後に発生する敷金返還請求権とが並立して存在すると考えた場合にも，賃貸人は両債権を対当額で相殺することができると考えることができ，この相殺は，賃借人の債権者による敷金返還請求権の差押えに対抗できることになろう。

この点に関しては，敷金による相殺と同じ機能を敷金の充当として認めた最高裁の以下の判決が参考になる。

　　最一判平14・3・28民集56巻3号689頁
　　　「敷金が授受された賃貸借契約に係る賃料債権につき抵当権者が物上代位権を行使してこれを差し押さえた場合において，当該賃貸借契約が終了し，目的物が明け渡されたときは，賃料債権は，敷金の充当によりその限度で消滅

する。」

　なお，民法は，敷金について，賃貸借契約の条文（619条）においては詳しい規定をおかず，先取特権の箇所で，その本質の一部を明らかにしている（316条）。

　すなわち，民法316条によると，賃貸人は，敷金でまかなえない部分の賃料債権，その他の賃貸借関係から生じた債権についてのみ，第1順位の先取特権（民法330条）を有するとしているのである。これを反対から言えば，敷金は，その第1順位の先取特権を超える最高順位の担保権として扱われていることがわかる。

Ⅴ　相殺の遡及効と同時履行の関係等によるその制限

　先に述べたように，自働債権に抗弁権が付着している場合には，相手方を保護する必要があるため，相殺は認められないのが原則である。つまり，相殺の遡及効は，原則として，同時履行の関係にある相手方に対抗できない（相手方の権利を害することができない）。ただし，同時履行の関係にある場合には，同時履行の抗弁権が相殺権者のために与えられている場合には，相殺自体は許される。

　　最一判昭51・3・4民集30巻2号48頁，判時849号77頁，金法787号34頁，金商514号38頁
　　　「注文者が民法637条所定の期間の経過した請負契約の目的物の瑕疵修補に代わる損害賠償請求権を自働債権とし請負人の報酬請求権を受働債権としてする相殺については，同法508条の類推適用がある。」
　　最一判昭53・9・21判時907号54頁，判タ371号68頁，金法878号24頁，金商558号10頁，NBL 180号43頁
　　　債権額の異なる請負人の注文者に対する報酬債権と注文者の請負人に対する目的物の瑕疵修補に代わる損害賠償債権とは同時履行の関係にあるが，相殺することができるとされた事例において，「右両債権は同時履行の関係にある（民法634条2項）とはいえ，相互に現実の履行をさせなければならない特別の利益があるものとは認められず，両債権のあいだで相殺を認めても，相手方に対し抗弁権の喪失による不利益を与えることにはならないものと解される。むしろ，このような場合には，相殺により清算的調整を図ることが当事者双方の便宜と公平にかない，法律関係を簡明ならしめるゆえんでもあ

る。この理は，相殺に供される自働債権と受働債権の金額に差異があることにより異なるものではない。したがって，本件工事代金債権と瑕疵修補に代わる損害賠償債権とは，その対当額による相殺を認めるのが相当であ」るとされた。

ただし，相殺の遡及効が制限される場合がある。

> 最二判昭32・3・8民集11巻3号513頁，判タ71号52頁，ジュリ129号76頁
>
> 「賃貸借契約が，賃料不払のため適法に解除された以上，たとえその後，賃借人の相殺の意思表示により右賃料債務が遡って消滅しても，解除の効力に影響はなく，このことは，解除の当時，賃借人において自己が反対債権を有する事実を知らなかったため，相殺の時期を失した場合であっても，異なるところはない。」

同時履行の関係にあった2つの債権が対当額で相殺され，残債務が生じた場合，その残債務に関する遅延損害金の発生時期は，相殺の意思表示の翌日からであって，相殺適状の日にまで遡るわけではない。

> 最三判平9・7・15民集51巻6号2581頁
>
> 「請負人の報酬債権に対し注文者がこれと同時履行の関係にある瑕疵修補に代わる損害賠償債権を自働債権とする相殺の意思表示をした場合，注文者は，相殺後の報酬残債務について，相殺の意思表示をした日の翌日から履行遅滞による責任を負う。」

第3部
担保法各論(1)
人的担保

担保法は，人的担保と物的担保とに分かれる。人的担保は，保証（通常保証と連帯保証とがある）と連帯債務とに分かれる。物的担保が，債権の掴取力を質的に強化して，債権者に優先弁済権をもたらすものであるのに対して，人的担保は，掴取力を量的に強化し，第三者である保証人の責任財産をも掴取力の対象とする制度である。したがって，人的担保である保証を学ぶことによって，掴取力の対象としての責任財産の量的強化の考え方，すなわち「債務なき責任」という考え方を深く理解することができるようになる。

　人的担保のうち，連帯債務は，通常の債務と連帯保証が組み合わさったものなので，保証を理解し，債務を理解すれば，連帯債務の構造はすぐに理解できる。そこで，ここでは，最初に保証の構造を明らかにすることにする。

　保証は，保証債務ともいわれ，債務の一種であるかのように考えられてきた。しかし，保証は，決して債務ではない。他人の債務を履行する責任を負わされた状態（債務のない責任）をいうのであって，保証人は，主債務者の債務以外に別の債務を負うものではない。主債務者の債務が一つだけ存在し，その債務を第三者である保証人が，一定の要件が備わった場合に，主債務者に肩代りして，主債務（保証債務ではない）を履行しなければならない責任を負うものに過ぎない。

　物上保証の場合には，物上保証人は，債務を負わず，責任だけを負っていること（債務のない責任）を通説も認めている（我妻・担保物権129頁）。通常の保証の場合にも，保証人は，債務者の債務について肩代りの履行責任を負わされているだけであるというのが，筆者の見解である。この点を理解できるかどうかが，保証の本質に迫れるかどうかの分れ目となっている。そこでここでは，保証は，物上保証がそうであるように，「債務なき責任である」といっていいのかどうかを，詳しく検討することにする。

第9章

保　証

第1節　保証の基本的な考え方

I　保証の性質

　保証とは，債権者と保証人との間で，第三者である「債務者がその債務を履行しないときに」，保証人が債権者のために債務者に代わって「その債務を履行する責任を負う」という片務契約である（民法446条）。保証協会による保証のような機関保証の場合を除いて，保証契約は無償で行われるので，保証契約は，通常は，以下のように片務・無償の契約である。

　　「保証契約は，諾成・片務（保証人のみが債務〔責任〕を負担する）・無償契約である（ドイツ民法・フランス民法では保証は契約の一つとして規定されている）。保証契約の締結を慎重にさせる趣旨で，その成立に書面を要求する立法例もあるくらいであり（ドイツ民法766条などドイツ系），とくに人的保証にあっては保証契約であるか否かの解釈および成立の認定は慎重になすべきである。」（平井・債権総論305頁）

II　書面性が要求される理由

　2004年の民法改正によって，保証は，多数当事者の債権・債務関係として位置づけられるばかりでなく，書面を必要とする一種の要式契約として位置づけられることになった。

　保証契約の効力要件として，書面によることが要求された理由を本書の立場から説明すると，以下の通りである。

　すべての有償契約について売買の規定が準用される（民法559条）のと同様，

無償契約である保証契約についても，贈与契約の規定，すなわち民法550条（書面によらない契約は履行するまでは撤回できる）・551条（要約者は担保責任を負わない）が準用されるということから出発するのが衡平と思われる。なるほど，贈与の規定には，売買の場合のように，売買の規定はその他の有償契約に準用するという民法559条のような規定は存在しない。しかし，無償契約の一つである使用貸借の規定には，贈与の重要な規定である無担保原則について，贈与の規定を準用するという規定が存在する。これをさらに一般化して，贈与契約の規定に，すべての無償契約に準用されるという規定があってよいというのが，筆者の発想の原点である。

　この考え方は，一見，過激に見えるかもしれないが，その趣旨は，以下のような根拠に基づいている。

　民法550条・551条の規定は，片務・無償の契約の場合，要約者に対して，契約をしたというだけの理由で強制力を行使するのは妥当でないという考慮に基づいている（英米法のconsideration，フランス法のcauseの考え方にも似ている）。

　そうだとすれば，片務・無償の保証契約についても，贈与契約の場合と同様の考慮がなされるべきである。

　このように，片務・無償の契約である保証契約に関して，贈与に関する民法550条・551条が準用されると考えることによって，以下の点が導かれるとともに，さまざまな疑問点が解明される。

(1) 書面によらない保証契約の撤回可能性（民法550条の準用）

　　2004年の民法改正によって，保証契約の効力発生に書面による契約が求められるようになった理由は，片務・無償の保証契約については，贈与の場合と同じく，書面によらない場合には，履行がなされるまではいつでも「撤回」できるから，保証契約の効力を確定的に生じさせるためには，書面による契約でなければならないからである。

　　そのように考えることによってはじめて，2004年の改正民法が，保証契約に対して書面性を要求した意味が理解できる。

　　それと同時に，保証契約には民法550条を準用すればよいのであるから，契約自由の原則を曲げてまで保証契約を要式行為とする必要もなかったことも理解できる。その理由は以下の通りである。

　　　保証契約を要式行為にしたからといって，それだけで保証人が保護されるわけでない。

なぜなら，「保証契約は，書面でしなければその効力を生じない」という規定は，裏を返せば，「書面にさえすれば，過酷な保証契約も有効となる」とういう危険性があるからである。実は，書面性の要請は，うっかりミスを防止する程度の効用しかなく，保証人の保護にとっては，ほとんど意味を持たない。

　しかも，要式契約は，契約自由の原則に無用の混乱をもたらすものであり，好ましいものでもない。本当に保証人を保護するつもりであれば，保証契約に贈与の規定を準用するくらいの決意が必要である。

(2) 保証人の担保責任の否定（民法551条の準用）

　民法が，保証に関して，その条文のほとんどを，保証人の免責（付従性による免責〔448条〕，債権者による催告・検索の懈怠による免責〔455条〕，担保保存義務の懈怠による免責〔504条〕，事前求償権，事後求償権による免責〔459条以下〕等）の規定に当てているのは，そのような保証人の免責条件が十分充たされた場合にのみ，無償の保証人に法的拘束力（担保責任）を追及することが正当化されるからであると解すべきである。

　そのような条件が充たされていない場合には，原則どおり，保証人は全く担保責任を負わないと解すべきである。

　本書では，以上のように，民法の保証に関する規定が保証人の免責を中心になされているのはなぜなのかを検討することを通じて，片務・無償の保証の特質および保証人の免責の意味を再検討することにする。

Ⅲ　保証契約の構造

　保証契約は，必ずしも，債務者による保証委託を必要としない（民法462条参照）。しかし通常は，以下のような，特別縁故者である債務者の委託（民法459条参照）に基づいて，債権者と保証人との間で保証契約が締結される。

　　債務者：保証人がいないと債権者が融資をしてくれないので，信用のあるあなたに保証人になっていただきたい。もちろん，債務は私が弁済しますので，あなたには一切迷惑をおかけしません。万が一，ご迷惑がかかるようなことがあっても，最終的には，債務は私が負担しますので，ご安心ください。

　保証契約は，他人の債務を無償で負担するという片務・無償の契約であるから，非常に危険な契約である。したがって，このような危険な契約については，一方で，「『保証するな』は親の遺言」として，そのような契約を極力回避する

ことが勧められ，他方で，そのような危険な契約を締結した保証人に対しては，以下のような非難の言葉が投げかけられてきた（星野・民法概論Ⅲ 175 頁〔Heckの表現〕参照）。

「しばしば，愛他的・楽天的な，情に脆く人を信じ易い，一言でいえば非常に好ましい人物が，軽々しく保証債務を引き受けて財産を失い，自己のみならず家族の没落を招くに至る。」

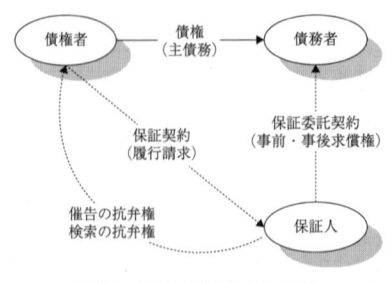

図27 通常の保証契約の構造

しかし，学生が奨学金を受けるにしても，自立のために住宅を借りるにしても，さらには，起業をめざすにしても，保証人の助けなしには自立の道を歩みがたいのが現実である。社会が保証人を必要としておきながら，無償で社会的な貢献を果たしている保証人に対して，保証人になったこと自体を非難したり，「保証した以上は，責任を負うのは当然である」として，保証人だけに危険を押し付けることは，衡平ではなく，社会的正義に反するというべきである。

Ⅳ　貸金等根保証契約に関する特則

2004 年の民法改正により，保証契約の内容の適正化という観点から，個人保証人の保護を図るため，貸金等根保証契約について極度額，元本確定期日等に関する規定を新設することその他の保証債務に関する規定の整備が行われた。その主な内容は次の通りである。

(1) 極度額（限度額）の定め
　　極度額の定めのない根保証契約は無効とする。
(2) 元本確定期日（保証期間の制限）
　　(a) 根保証をした保証人は，元本確定期日までの間に行われた融資に限って保証債務を負担する。
　　(b) 元本確定期日は，契約で定める場合には契約日から 5 年以内，契約で定めない場合には契約日から 3 年後の日とする。
(3) 元本確定事由
　　主たる債務者や保証人が，強制執行を受けた場合，破産手続開始の決定を受けた場合，または死亡した場合には，根保証をした保証人は，その後に行われた融資については保証債務を負担しないものとする。

(4) 書面の作成

　根保証契約を含む保証契約は，書面（契約書）によらなければ無効とする。

第2節　保証は債務か責任か

I　多数当事者の「債権」の節に，なぜ保証「債務」が規定されていたのか

　民法は，第3編債権の第1章第3節で「多数当事者の債権及び債務」という表題を挙げているが，2004年の改正に至るまでは，「多数当事者ノ債権」であり，「債務」は含まれていなかった。それにもかかわらず，不可分債務，連帯債務，保証債務については，「債権」ではなく，「債務」という言葉が使われていた。確かに，不可分債権，連帯債権という用語は存在すものの，これらは，それぞれ，不可分債務の債権者の有する債権，連帯債務の債権者が有する債権を意味するわけではない。さらに，保証「債権」という言葉は条文上は存在しない。もしも，保証債務に対応する債権であると考えて使うとすれば，それは誤用であろう。

　保証債務に対応する債権に，何の名前も付けることができない理由は，債務者が債権者に負っている債務だけが本来の債務であり，債権者と保証人との間には，別の債権は全く存在しないからである。保証は，債権者と債務者との間の債務につき，保証人が責任のみを負っているのであって，債権の側からは，保証「債務」に対応する保証「債権」という名前を付けることができない。これが，立法者が，「多数当事者ノ債権」という表題を掲げつつ，保証につき，債権の側から名称をつけることを断念し，債務の側から名称をつけざるをえなかった真の理由であろう。

　先に述べたように，保証「債務」は，「多数当事者の債権及び債務」の個所において，不可分債務，連帯債務と並べて規定されている。しかし，保証「債務」は，不可分債務や連帯債務と異なり，本来の債務部分を持っておらず，民法上は，「保証債務」と呼ばれているが，本来の債務ではなく，「債務のない責任」を負っているに過ぎない。なぜなら，本来の債務であれば，弁済によって求償権を取得することはありえないからである。

　確かに，通説は，物上保証は「債務のない責任」であることを認めるが，保証債務は債務であり，「債務のない責任」ではないとしている。しかし，保証

表10 債務と「債務のない責任」との対比

責任の態様		名称	解説	具体例
債務あり	責任あり	(本来の)債務	債務者が債権者に負う本来の債務であって、他人に転嫁（求償）することができないもの。債権者から裁判所に訴えて履行を求めることができる。	通常の債務、連帯債務の負担部分（なお、通説によれば、狭義の保証もここに含まれることになろう）。
	責任なし	自然債務	債務者が任意に履行すれば有効な弁済となり、債務者は給付したものを不当利得として債権者から取り戻すことはできないが、債権者の方から裁判所に訴えて履行を求めることができない債務。	いわゆる紳士契約・紳士協定、消滅時効が援用された債務。
		責任のない債務	訴求して給付判決をもらうことまではできるが、強制執行はできない債務。	強制執行免脱約款つきの債務。
債務なし	責任あり	債務のない責任	他人の債務を肩代りして弁済する責任のこと。本来の債務者に対して求償権を有するのが特色。	物上保証、狭義の保証、連帯債務の連帯部分。
	責任なし	―	―	―

債務の実質は「債務のない責任」であることを認めざるをえない。通説を代表する我妻『債権総論』(75頁) も、保証債務について、「現行法上は保証人自らも債務を負うが、責任を負うことだけに存在意義がある」と述べており、奥田『債権総論』(99頁) は、「民法は、保証債務という債務を負担するものと構成しているため、形式上は債務なき責任の場合にはあたらない」としつつも、さらに一歩を進めて、「保証人は実質的には債務なくして責任のみを負担しているわけである」としているからである。結局、通説においても、保証債務は、物上保証と同様、実質上は「債務のない責任」であることを認めざるをえない状況にあるといえよう。

　もっとも、連帯債務は、債務であるにもかかわらず、他の債務者への求償が可能である。しかし、連帯債務の場合に求償ができる理由は、これから詳しく論じるように、連帯債務者の一人が、自己の本来的な債務である負担部分を超えて保証部分（他の連帯債務者の負担部分について自らが保証している部分）を弁済したために、共同の免責を得たからに過ぎない（民法442条）。したがって、

本来の債務部分である自己の負担部分を弁済したにとどまる場合には，求償権を取得しないのである（民法465条1項参照）。

II 連帯債務の構造と求償権発生のメカニズム

　保証の理論が最もよく適合するのは，実は，連帯債務の規定である。従来の考え方では，人的保証を保証と連帯債務であるとしながら，保証と連帯債務とがどのように関連しているのかがあいまいにされてきた。以下においては，連帯債務と保証債務との関係を論じることを通じて，「債務」の弁済によって求償権が生じるのは本来の債務の弁済でない場合に限ることを明らかにしようと思う。説明の流れを示すと以下のようになる。

(1) 連帯債務には，本来の債務（負担部分）と保証（連帯部分または保証部分）とが同居している。より厳密にいえば，図24のように，連帯債務は，固有の債務（負担部分）と他人の債務に対する責任部分（保証部分）とから構成されている。

(2) 連帯債務者の一人が，自らの負担部分を超えて弁済をした場合，すなわち，保証部分について他人のために弁済した場合には，求償権を取得する。この場合は，自分の債務を弁済したからではなく，保証人として，他人の債務を支払ったからである。

(3) 反対に，弁済が負担分の範囲内に留まる場合には，連帯債務者の一人は，単に自己の債務を弁済したに過ぎないため，求償権を取得できない。

(4) 以上のことを通じて，保証債務とは，実は，本来の債務ではなく，他人の債務を負担するという「債務のない責任」に過ぎないことを明らかにする。

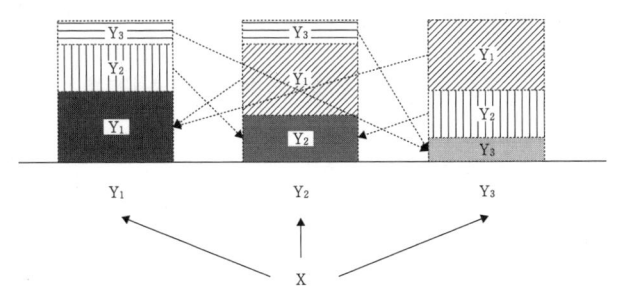

図28　相互保証理論：連帯債務とは，本来の債務と連帯保証との結合である

　例えば，Y_1が300万円，Y_2が200万円，Y_3が100万円をXから借りて，そ

れぞれが X に対して 600 万円の連帯債務を負ったとする。Y_1 が X に 300 万円を支払った場合，連帯債務は，600 万円から 300 万円へと減少するが，Y_1 は，他の連帯債務者に対して求償を行うことはできない。Y_1 が特別の弁済の指定をしない限り，それは Y_1 の負担部分に充当されるからであり，自己の固有の債務を弁済しても求償権が発生する理由がないからである。

これに反して，Y_1 が X に対して 300 万円を超える弁済をした場合には，Y_1 は，自己の負担分を超えて，他人の保証部分を弁済したことになり，民法 442 条にいう「共同の免責を得」たことになるため，Y_1 は，Y_2・Y_3 に対して求償を行うことができる。例えば，Y_1 が X に対して 480 万円を弁済した場合には，300 万円を超える 180 万円分につき，Y_1 は，Y_2・Y_3 の負担部分の割合に応じて，それぞれ，Y_2 に対して 120 万円，Y_3 に対して 60 万円の求償をすることができる。

III 保証の規定の連帯債務への準用の可能性

ところで，民法は，保証について連帯債務の規定を準用するという方法を採用している（458 条・459 条・463 条・465 条など）が，連帯債務を固有の債務と連帯保証との結合と考えるのであれば，むしろ保証を先に規定し，連帯債務の規定がそれを準用するのが妥当と思われる。

実際，旧民法は保証を先に規定し，連帯債務は保証の規定を準用していた。そこで，求償の問題について，もしも，現行民法が旧民法と同じように，共同保証人の求償に関する規定（465 条）を連帯債務者の求償に関する規定（442 条）が準用するとしていたら，問題状況はかなり異なっていたと思われる。

A 求償の要件としての負担部分を超える弁済（民法 465 条と 442 条との関係）

例えば，現行民法とは異なり，保証人の求償権に関する条文が先に置かれ，次に連帯債務者間の求償の規定が置かれた状態，すなわち旧民法の時代状況を再現してみると，求償権の発生が，負担部分を超えて初めて生じるかどうかについて，明確な基準を導くことができるように思われる。

表11　共同保証人間の求償の要件連帯債務者間の求償の要件との対比

	民法465条（共同保証人間の求償権）	民法442条（連帯債務者間の求償権）
現行民法の構造（準用が逆）	(1)　第442条から第444条までの規定〔弁済した連帯債務者の求償権〕は，数人の保証人がある場合において，そのうちの一人の保証人が，主たる債務が不可分であるため又は各保証人が全額を弁済すべき旨の特約があるため，<u>その全額又は自己の負担部分を超える額を弁済したとき</u>について準用する。	(1)　連帯債務者の一人が弁済をし，その他自己の財産をもって共同の免責を得たときは，その連帯債務者は，他の連帯債務者に対し，各自の負担部分について求償権を有する。
旧民法時代の構造への復元	(1)　数人の保証人がある場合において，そのうちの一人の保証人が，主たる債務が不可分であるため又は各保証人が全額を弁済すべき旨の特約があるため，<u>その全額又は自己の負担部分を超える額を弁済したときは</u>，他の保証人に対し，各自の負担部分について求償権を有する。	(1)　連帯債務者の一人が弁済をし，その他自己の財産をもって<u>共同の免責を得たときは</u>，第465条〔共同保証人間の求償権〕の規定を準用する。

　条文の順序と準用関係を逆の状態に戻してみると，連帯債務者間の求償関係と共同保証人間の求償関係は，反対解釈の関係にあるのではなく，実は同じように解釈すべきことが明らかとなるはずである。

　その理由は，以下の通りである。

　弁済として提供した金額が債務の全体に満たない場合には，弁済した金額のうち，それがどの債務に充当されるのかは，民法488条以下の弁済充当の規定によって決定される。連帯債務のうちどの部分に充当するのかについての合意がない場合には，民法489条の法定充当の規定が適用される。民法489条の各号の要件のうち，弁済期は同じなので，1号・3号は適用されない。そこで，2号が適用され，「債務者のために弁済の利益が多いものに先に充当する」ことになる。弁済する債務者としては，保証部分よりも，自らの債務である負担部分に充当される方が弁済の利益が大きいことはいうまでもない。他の債務者にとっても，負担部分が弁済されると，他の債務者の保証部分も消滅するため，その利益は大きい。したがって，連帯債務者の弁済は，まず負担部分から，次に保証部分に充当すると考えることになる。

　以上の議論を補足するものとして，最近の国際的な契約法の動向を援用することもできる。ヨーロッパ契約法原則10：106条によると，「連帯債務者の一人が自らの負担部分を超えて履行したときは，他のいずれの連帯債務者に対し

ても，それらの債務者各自の未履行部分を限度として，自らの負担部分を超える部分を求償することができる」ことが明らかにされている（潮見他・ヨーロッパ契約法原則Ⅲ〔2008〕32頁）。

このように考えると，連帯債務者が他の連帯債務者に求償ができるのは，通説・判例（大判大6・5・3民録23輯863頁）とは異なるが，負担部分を超えた場合に限定されることが明らかになったと思われる。

B 求償の要件としての事前の通知・事後の通知（民法463条と443条との関係）

上記の考え方のメリットは，保証と連帯債務の求償関係について統一的な解決指針を与えてくれる点にある。そればかりでなく，この考え方によれば，通知を怠った連帯債務者間の関係について，混乱に陥っている現在の学説・判例をあるべき解決へと導くことも可能となる。

連帯債務者間の求償については，民法443条1項が，求償の要件として事前の通知を規定するとともに，同条2項が，事後の通知を規定している。しかし，連帯債務者の一人が弁済によって共同の免責を得たが，事後の通知を怠っている間に，他の連帯債務者が事前の通知を怠って二重に弁済をしてしまったというように，事後の通知を怠った連帯債務者と事前の通知を怠った連帯債務者とが競合した場合に，どちらの弁済が有効となるかについては，明文の規定は存在しない。

この点については，古くから学説の対立があり，一方で，第1の弁済を有効とし，または，民法443条2項の適用には，同条1項の事前の通知が前提となるとし，事前の通知を怠った連帯債務者に対して民法443条2項の適用を否定する考え方（民法443条2項適用否定説）が通説として存在する（我妻・債権総論438頁）。他方で，民法443条2項には，1項の事前の通知は要件となっていないとして，第1の弁済者が事後の通知を怠った場合には，事前の通知を怠った第2弁済者に民法443条2項の適用を肯定する考え方（民法443条2項適用肯定説）や，両者の過失の程度によって，どちらが弁済するかを判断するという考え方（折衷説）も存在する（学説については，辻伸行・民法判例百選Ⅱ〔第6版〕47頁参照）。

このように学説が対立している中で，最高裁昭和57年判決は，連帯債務者のうちの一人であるXが，事前の通知と事後の通知の両者を怠って，債権者

Aに連帯債務全額を弁済したところ，他の連帯債務者Yが，事前の通知を怠って，負担部分の範囲で債権者Aに弁済をした場合に，全額弁済をしたXがYに対する負担部分の全額について求償請求を行ったという事案について，民法443条2項適用否定説の立場に立ち，以下のように判示して，Yの民法443条2項の抗弁を否定した。

最二判昭57・12・17民集36巻12号2399頁／民法判例百選Ⅱ〔第6版〕22事件

「連帯債務者の一人〔Y〕が弁済その他の免責の行為をするに先立ち他の連帯債務者〔X〕に対し民法443条1項の通知をすることを怠った場合は，既に弁済その他により共同の免責を得ていた他の連帯債務者〔X〕に対し，同条2項の規定により自己の免責行為を有効であるとみなすことはできない。」

最高裁の判断は，抽象的なレベルでは成り立ちうるが，本件の事案の下では，具体的な妥当性を有しない。本書の立場からは，最高裁昭和57年判決による事案の解決は，民法443条1項に反して求償を認めている点で，民法の解釈を誤ったものといわざるをえない。その理由は，以下の通りである。

連帯債務を債務と保証の結合と考える本書の立場（相互保証理論）に立つと，求償の要件としての通知は，負担部分を超える弁済（弁済に類似する出捐行為を含む）の場合と，負担部分を超えない弁済とを厳しく区別する必要がある。先に明らかにしたように，第1に，負担部分を超える部分の弁済は，保証人としての弁済であり共同の免責を生じるために，求償が生じる。これに対して，第2に，負担部分の範囲内での弁済は，主債務者としての弁済に外ならず，求償の問題を生じない。したがって，他の連帯債務者に対して通知する必要もない。このことは，一方で，保証人の場合は，債務者への事前の通知が必要であるのに対して，他方で，債務者は保証人への事前の通知が必要とされないのと同じである。保証人の弁済は求償権を生じるため事前の通知が必要であるが，債務者の弁済は求償を生じないので，事前の通知をする必要がないためである。

もっとも，保証に関する民法463条2項は，「連帯債務に関する民法443条（通知を怠った連帯債務者の求償の制限）の規定は，主たる債務者についても準用する」と規定している。この条文からは，主債務者も，保証人に対して，事前・事後の通知を要求されているように見える。しかし，ここでも，本来なら，保証の規定を連帯債務に準用すべきであるのにもかかわらず，逆に，連帯債務の規定が保証に準用されている点で，その解釈には，慎重な態度が要求される。

通説も，民法463条2項の適用に際して，主債務者の弁済については，事前の通知は問題とならないとしており（我妻・債権総論491頁），その理由については，潮見『債権総論II』（487頁）が，以下のように，的確な説明を行っている。

　「民法463条2項は，主たる債務者が弁済その他の出捐行為をした場合につき，事前の通知，事後の通知に関する連帯債務の規定（民法443条）を準用している。けれども，事前の通知を定める民法443条1項の規定は，主たる債務者が弁済その他の出捐行為をする場合には，準用の余地がない。なぜなら，『事前の通知』の制度は，弁済その他の出捐行為をした者が債権者に対して有する抗弁でもって対抗できるとするものである。ところが，主たる債務者が弁済その他の出捐行為をしたとしても，主たる債務者は保証人に対して求償権を有しない。だから，ここでは，443条1項を準用する基礎が存在しないのである。」

　このように考えると，先に負担部分の求償について，保証と連帯債務との関係を論じたのと同様，通知を怠った連帯債務者間の求償の問題を論じる場合にも，先に共同保証人間の求償の法理を明らかにした上で，連帯債務者間の求償について考察することが賢明であることがわかる。

　保証に関しては，民法463条は，通説の立場によっても，以下のように解釈されるべきである。

(1) 保証人が債権者に弁済その他の出捐行為をする場合
　　債務者に求償するためには事前通知・事後の通知が必要である。
(2) 主債務者が弁済その他の出捐行為をする場合
　(a) 事前の通知は必要がない。
　(b) 事後の通知に関しては，保証人の二重弁済を未然に防止するため，委託を受けた保証人に対して義務づけられている（民法463条2項）。

　そうすると，通知を怠った連帯債務者間の事前・事後の通知に関しても，明文の規定はないが，以下のようなルールを導くことができる。

(3) 連帯債務者が負担部分を超えて弁済その他の出捐行為をする場合（保証人が弁済その他の出捐行為をする場合と同じ）
　　他の債務者に求償するためには，事前の通知（民法443条1項）および事後の通知（民法443条2項）が必要である。
(4) 連帯債務者が負担部分の範囲内で弁済その他の出捐行為をする場合（主債務者が弁済その他の出捐行為をする場合と同じ）
　(a) 事前の通知は必要がない（明文の規定はない）。

(b) 事後の通知に関しては，他の連帯債務者による二重弁済を未然に防止するため，義務づけられている（民法443条2項）。

以上の考え方に基づいて，先の最高裁昭和57年判決の事案を検討してみよう。本件の場合，事前・事後の通知が要求されるのは，負担部分を超えて弁済をし，Yに対して求償を求めているXだけである。求償を請求されているYは，自己の負担部分について弁済をしているに過ぎず，先に述べたように，負担部分の範囲内の弁済については主債務者による弁済と同視されるため，民法443条1項の事前の通知は必要とされない。したがって，たとえ，最高裁の見解に従って，一般論としては，連帯債務者の一人は，民法443条2項の適用を受けるための前提として，民法443条1項の事前の通知が必要とされるとしても，本件の場合には，Yの弁済は，負担部分の範囲内であり，求償の問題は生じないので，事前の通知は必要とされない。そのため，本件においては，Yは，事前の通知をしなくとも民法433条2項の効力を受けることができるという，最高裁昭和57年判決の結論とは逆の結論が導かれることになる。

最高裁やそれを支持する学説が，本件について誤りを犯している原因は，民法465条2項の「誤った反対解釈」によって，連帯債務者は，負担部分の範囲内で弁済をした場合にも，他の債務者に求償ができると考えているからに他ならない。連帯債務者の場合も，共同保証人の場合と同様，負担部分を超えて弁済をした場合にのみ求償ができるのであり，負担部分の範囲内の弁済については，事前の通知は問題とならないことを理解するならば，最高裁昭和57年判決が事案の解決に際して，誤った判断を下していること，このことからも，保証に関して連帯債務の規定が準用されている場合の解釈については，慎重な判断をすべきことが理解できるであろう。

IV 債務なき責任としての保証「債務」と物上保証との関係

以上の考察から，本来の債務を弁済した場合は求償権は生じないが，本来の債務ではなく，他人の債務を弁済すべき者が他人の債務を負担した場合には求償権を取得できることが理解されたと思われる。

次の図は，保証は債務なき責任であることを示すものである。保証関係においては，債権および債務は主債務ただ一つであり（実線部分），保証人が負うのは，債務ではなく，主債務を肩代りして履行する責任に過ぎない（点線部

分）。債務ではなく責任に過ぎないからこそ，保証人は，債務者に対して求償権を有するのである。点線部分の肩代り責任と求償権とが組み合わされて，実線部分の債権（主債務）へのバイパスが出来上がっていることに注意すべきである。

保証「債務」を「債務のない責任」として理解するということになると，保証と物上保証との関係が問題となる。物上保証人が債務を負わず，責任だけを負っていることは，一般に認められている

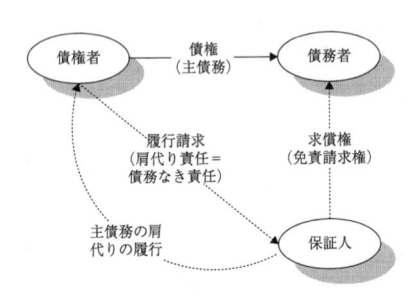

図29　保証は主債務のバイパス

保証は債務のない責任であり，本来の債務ではない。単に，債権（主債務）のバイパスを形成しているに過ぎない。

（我妻・担保物権129頁）。保証人も，本来の債務を負わず，責任のみを負っている点で，物上保証人の立場とよく似ている。物上保証人と保証人との違いは，前者が，担保に差し出した物の価値の範囲内で有限責任を負うに過ぎないため，一般財産からの弁済の責任を負わないのに対して，保証人は，主たる債務の額の範囲で無限責任を負うため，一般財産からの弁済の責任を負うことになる点だけである。

第3節　主契約，保証委託契約，保証契約との関係

I　主債務と保証「債務」との関係（付従性）

　保証は，債権者と保証人との間の保証契約によって生じる。しかし，保証契約は，債権者と保証人との間の保証契約だけでは存在しえない。保証契約が存在するためには，債権者と債務者との間に主たる債務が存在することが必要であり，さらに，通常は，債務者と保証人との間の保証委託契約も存在する。もしも，債権者と債務者との間に主たる債務が存在しない場合には，保証債務も，付従性によって，そもそも不成立となるか，無効となるか，そうでなければ消滅する（民法448条）。

　保証契約においては，保証人は，債務者が債務を弁済しなかった場合には，債務者に代わって債権者に債務を弁済することを約する。この保証契約は，保証人は，対価を得ることもなく，しかも，一方的に責任を負うだけである。す

なわち，保証契約は，贈与と同じく，片務・無償の契約である。したがって，書面によらない保証契約は，実際に保証の責任が生じるまではいつでも撤回ができると考えるべきである（民法 550 条の準用）。

　先に述べたように，2004 年の民法改正によって，「保証契約は，書面でしなければ，その効力を生じない」とされたが，この規定は，保証人の保護にとってはほとんど意味をもたない上に，契約自由の原則にも反した無用の改正であり，いずれ再改正が必要と思われる。このように考えると，確かに，現行民法の解釈としては，書面によらない保証契約は，民法 446 条 2 項に従って，無効と解すべきである。しかし，今後，民法が改正され，契約自由の要請等から，保証契約の要式性が不用とされた場合でも，保証人の保護は可能である。その場合の保証人保護の考え方は，以下の理由に基づくことになると思われる。すなわち，無償の保証契約には，無償契約の典型である贈与契約の規定が準用されるべきであり，書面によらない保証契約には民法 550 条が準用されるため，保証人は，履行がなされるまで，保証契約をいつでも撤回できる。したがって，保証契約がいつでも撤回されるのを防止しようと思えば，債権者は，書面による保証契約を締結するほかない。それが，現行民法 446 条 2 項の真の理由でもあり，その規定がなくなったとしても，保証人保護のために使える考え方なのである。

II　保証委託契約と保証契約との関係（求償関係）

　保証人が，何のメリットもなく責任だけ負担させられる保証契約を債権者と締結するのは，通常は，債務者に保証を頼まれるからである（保証委託契約）。この保証委託契約においては，債務者は，保証人に絶対に迷惑をかけないことを約束する。つまり，「保証人がいないと債権者が融資をしてくれないから，仕方なく保証人になることをお願いしたい。しかし，債務は必ず私が弁済するのであって，あなたに払わすようなことはしない。万が一，債務を弁済してもらうような事態が生じたとしても，必ず私がお返しする」と。

　債務者が保証人にする以上の約束を法律的に分析すると，以下のようになる。
(1)　保証人は本来の債務を負担しない。保証人の本来の役割は，貸し渋る債権者に対して円滑な融資・与信を促進することである。
(2)　弁済期が来ても債務者が債権者に弁済しない場合に，債権者から保証人に支

払いを請求された場合には，保証人に迷惑をかけないよう，債務者がその額を保証人に対して支払う（事前求償権の確保）。
(3) 保証人が債権者に支払いをした場合には，債務者がその全額を保証人に支払う（事後求償権の確保）。

以上の約束は，単なるリップサービスに留まらない。民法は，債務者の保証人に対する約束を実現させるため，保証人の権利として，債務者に対する求償権を与えている（459条以下）。さらには，後に述べるように，債権者が保証人の求償権を妨害した一定の場合には保証人を免責する規定まで用意している（455条・504条）。

第4節　保証人の免責

I　主債務の不発生・無効・消滅による保証人の免責（付従性）

A　付従性の原則

民法446条によれば，保証とは，主たる債務者がその債務を履行しない場合に，主たる債務者に代わって主たる債務を履行する責任のことをいう。したがって，保証は，主たる債務がなければ存在しないし，主たる債務が無効となれば保証も無効となり，主たる債務が消滅すれば保証も消滅する。これを保証の付従性（民法448条）と呼んでいる。

もっとも，行為能力が制限されている人が負担する債務について，取消原因があること（その人が責任を制限されていること）を知りつつ保証を行った場合には，保証を行った者は，独立の債務を負担したものと推定されることになっている（民法449条）。

民法449条が，取り消すことができる債務全般について規定せず，制限行為能力者に対する保証に限定して独立の債務を負担するとしたことには，深い理由がある。そのことは，制限能力者ではなく，詐欺・強迫による取消しの場合を考えればよくわかる。

詐欺・強迫によって契約が取り消された場合には（民法96条），詐欺・強迫による契約は無効となるため，債務者と同様，保証人も責任を負わない。たとえ保証人がその契約が詐欺・強迫によってなされたことを知って保証をした場合であっても，債権者の詐欺・強迫によって契約をした債務者がその契約を取

り消した場合には，取消しによって効力を失った債務について保証人は責任を負わない。もしも，その場合でも保証人が責任を負わなければならないとしたら，詐欺や強迫をする者は，保証人を立てることによって，公序良俗に違反する契約を実質的に有効としてしまうことになる。これでは，詐欺・強迫による意思表示を取り消すことができるとした立法趣旨が無意味になってしまう。

　このように考えると，民法449条の射程を，制限能力者の問題を超えて一般化することの危険性が明らかになる。例えば，内田『民法Ⅲ』（342頁）は，立法者が未成年者を含めた制限能力者の起業を支援する保証人の責任の場合だけを想定していたために，民法449条の適用がないとしていた問題，すなわち，債務者が詐欺・強迫をした場合について，以下のように，民法449条の適用範囲を拡大することを主張している。

　　「債務者の側が詐欺をして貸付を受け，債権者が取り消した場合には，詐欺・強迫による取消を449条の適用対象から除外する上述の議論が妥当するとは思えない。449条を類推適用して，債権者保護のために，詐欺を知っている保証人の保証債務を存続させるべきではないだろうか。」

　しかし，この例は，債務者が詐欺をした場合であって，通常は付従性が問題とならない事例である。なぜなら，債務者の詐欺によって貸付けをした債権者が債権を回収しようと思えば，詐欺による取消しをする必要はなく，そのまま回収を行えばよい場合だからである。取消しをするかどうかは債権者の自由であり，取り消した以上は，付従性の制限に服さなければならないと考えるべきである。もっとも，債権者が契約を取り消して債務者と保証人に請求を行う場合には，消費貸借契約が取り消されたことによって生じる別の有効な債務，すなわち民法703条以下の不当利得返還請求権についても保証人の責任が及ぶかという，民法447条の保証債務の範囲の問題が生じるかもしれない（中田・債権総論458頁）。しかし，この問題は，付従性の問題とは別の保証債務の範囲の問題であり，この場合についても，保証人の責任が過大にならないような配慮が必要である。

　後に詳しく論じるように，保証契約は無償の契約であり，本来担保責任を負わないはず（民法551条・596条）の無償の契約について，保証人に無限責任を負わせるという非常に危険な契約である。内田説をはじめ通説は，「債権者保護」ばかりを強調する。しかし，債権者が債務者に信用を与えるに際して，その担保のためと称して，本来，債権者・債務者間で公平に配分すべきリスクを，

無償契約によって，すべてのリスクを保証人に負わせるということになると，保証契約それ自体が，余りにも「債権者保護」に偏し，公平から逸脱した契約ということになり，有効性に疑いが生じることになる。

　民法の保証の規定が，そのほとんどの条文を費やして，「保証人の免責」についてなされ，そのような免責の規定（催告・検索の抗弁とその違反による免責，事前求償・事後求償による免責，債権者の担保保存義務違反による免責等）で埋め尽くされていることは，このような保証人保護の条件が満たされた場合にのみ，無償の契約によって過酷な担保責任を負わされる保証人が保護され，「暴利行為，著しい不均衡」という契約の無効原因をかろうじて免れているのだという立法者のメッセージとして，真摯に受け止めるべきである。

　このようにして，保証契約そのものが，資本形成期においてのみ許される，債権者を過度に保護する，著しい不均衡を内容とする無償契約であり，民法に規定された数々の保証人の免責規定を通じてかろうじて契約自体の無効を免れているのだという認識に立つならば，保証契約において，「債権者の保護」を理由に，保証人の責任を拡大したり類推することは，危険である。

　なお，現行民法449条の立法に影響を与えたボワソナードが，制限行為能力者の場合に限って保証人の責任を拡大したのは，第1に，実務上，制限行為能力者の法律行為について信用を与える必要性があったこと，および，第2に，理論上，制限行為能力者の債務について，制限行為能力者が履行を拒絶できるのは，保証人が援用できる債務（dette）の問題（物的抗弁）ではなく，責任（obligation）の問題（人的抗弁）に過ぎず，事情を知って保証した保証人はこの責任限定の人的抗弁を持ち出せないと考えていたからだとされている（柴崎・手形保証の付従性13頁・42頁）。

　いずれにせよ，民法449条において，制限行為能力者が契約を取り消した場合に保証人が負担する独立の債務は，損害担保契約または独立担保といわれている。この債務の本質は，完全独立の債務であって，本来の保証ではない。この場合，付従性も求償権も発生しないからである。

　この問題との関係で敷衍すると，今回の民法典の現代語化に際して民法449条の見出しが，「取り消すことができる債務の保証」と一般化されて規定されているのは問題である。民法449条の見出しは，あくまで「制限行為能力者の債務の保証」とすべきであったと思われる。

B 保証の付従性の緩和，債務者の安易な免責に対する批判的考察

ところで，保証の付従性に関しては，破産法253条2項が保証の付従性に関して，重大な例外を規定している。

この破産法の規定は，民法の原則を無視するものであり，保証契約の趣旨に反して保証人に過酷の責任を課すものであり，直ちに改正すべきであると考える。

破産手続の終了によって債務者が免責された場合，保証の付従性によって保証「債務」も消滅するのが原則である。もしも，主たる債務が免責されても保証「債務」のみが存続するとすれば，それは，もはや保証「債務」ではなく，独立した債務といわざるをえない。保証人は，主たる債務者との契約により，保証「債務」を負うことは約したかもしれない。しかし，保証人は，債務者が免責されても保証人だけは最後まで債務を負いつづけ，しかも，債務者に対する求償権も失うということまで約束していたといえるであろうか。その答えは明らかに否であろう。保証人の意思に反する契約の変更を余儀なくさせる破産法253条2項は公序良俗に違反して無効であると考えざるをえない。

しかし，破産法が改正されるまでは，以下のような解釈によって，保証人の権利を保護すべきである。

破産法253条2項は，債権者が「保証人」に対して有する権利，担保に「影響を及ぼさず」と規定している。破産免責によって債務者が免責されても，保証「債務」が存続するということは，保証「債務」は独立保証担保へと変更する，すなわち，債権者の保証人に対する権利は「独立債務」へと変更することとなり，債権者の保証人に対する権利に「影響を及ぼさず」という文言に反することになる。したがって，破産法253条2項の解釈としては，保証「債務」は，破産免責によってもその本質に影響が及ぼされることはなく，保証の付従性によって消滅すると解すべきであろう。

II 債権者の責めに帰すべき事由に基づく保証人の免責

A 債権者の適時の催告・検索懈怠による保証人の免責

保証人は，債権者から債務の履行を請求されたときは，まず主たる債務者に催告するよう求める催告の抗弁権を有している（民法452条）。また，債権者が主たる債務者に催告をした場合であっても，主たる債務者に弁済の資力があり，

かつ執行が容易であることを証明して，債権者に対して，まず主たる債務者の財産について強制執行をするよう求める検索の抗弁権を有している（民法453条）。

　保証人がこのような催告の抗弁権または検索の抗弁権を主張しているにもかかわらず，債権者が，催告をせず，または強制執行を怠っているうちに，主たる債務者の資力が悪化し，債務者から全部の弁済を受けることができなくなってしまった場合には，債権者が直ちに催告または強制執行をしていたならば弁済を得ることができたであろう範囲で，保証人は免責される（民法455条）。

　保証人は，主たる債務者がその債務を履行しない場合に，主たる債務者に代わって債務を弁済する責任を負うのであるから，債権者は，主たる債務者に履行を請求しようと，保証人に履行を請求しようと自由な立場にあり，債務者への履行請求が遅れたからといって，非難される筋合いではないはずである。債権者が非難されるのは，保証人が催告・検索の抗弁権を主張しているにもかかわらず，主たる債務者に対する催告・執行を怠ったため，債務者の資力が低下し，本来ならできたはずの保証人の求償権が確保されなくなったためである，と考えるのが正当であろう。

　債権者は，保証人と保証契約を締結した結果，信義則上，保証人の求償権を確保するための配慮義務を負うに至ると考えるならば，その配慮義務を怠った債権者に対して，保証責任の消滅という制裁が課せられるとしても，不思議ではない。

> 静岡地判昭31・8・31下民集7巻8号2334頁，判時95号18頁
> 債権者が債務者から抵当権の設定を受けるため，その登記に必要な一切の書類の交付を受けたが，その登記をせずに放置しているうち債務者は抵当物件を他に売却してしまったので，債権者はその登記をすることができなくなってしまったという事案において，それが連帯保証人を免責する事由となるとされた事例

　上記の判決例に即して考えると，保証人が催告または検索の抗弁権を主張しようとしても，債権者が抵当権の登記を怠っていて，すでに債務者の財産は競落されているため，これらの抗弁を主張しても意味がないように思われる。しかし，債権者が抵当権の登記をしておれば，債権者は債務者の財産に対して容易に執行することが可能だったのであるから，もしも，債権者が保証人の財産を当てにして，保証人の検索の抗弁権の行使を妨害するため，故意に抵当権の

登記をしなかったのであれば，民法130条により条件は成就したものとみなして，民法455条に基づき免責を主張することも可能であろう。

B 債権者の担保保存義務違反による保証人の免責

債権者の行為によって保証人の求償権が害される典型例は，債権者の担保保存義務に違反する行為である（西村・継続的保証〔1952〕212頁以下）。この場合に，民法504条によって保証人が免責されるのは，先の場合と同様，債権者の義務違反行為によって保証人の求償権が害されたからである。

このように考えると，保証契約を締結した債権者は，信義則上，保証人の求償権を害しないような配慮義務を負うと解すべきである。このように考えることによって，民法455条と504条における保証人の免責を統一的に理解することが可能となるのである。

この考え方は，通常の保証人だけでなく，物上保証人およびそれに類似する地位に立つ，抵当権が設定された不動産の第三取得者，またはその譲受人にも妥当する（最三判平3・9・3民集45巻7号1131頁）。

最三判平3・9・3民集45巻7号1131頁
「債務者所有の甲不動産と第三者所有の乙不動産とが共同抵当の関係にある場合において，債権者が甲不動産に設定された抵当権を放棄するなど故意又はけ怠によりその担保を喪失又は減少したときは，第三取得者はもとより，その後の乙不動産の譲受人も債権者に対して民法504条に規定する免責の効果を主張することができる。」（意見がある。）

もっとも，最一判平8・12・19（金法1482号77頁）は，「債権者である被上告人のした根抵当権放棄により，これをしないでC銀行に対する弁済がされなかった場合に比べて，被上告人の株式会社Aに対する求償金債権で物的担保により満足を受けることのできないものの額がより多額になったということはできないから，債権者である被上告人の右行為は，金融取引上の通念から見て合理性を有するものであり，連帯保証人である上告人Bが担保保存義務免除特約の文言にかかわらず正当に有し，又は有し得べき代位の期待を奪うものとはいえない。したがって，被上告人が右特約の効力を主張することが信義則に反するものとは認められないとした原審の判断は，結論において是認することができる」として，債権者が担保保存義務を特約によって免責することを認めている。しかし，母法となったフランスでは，このような免責特約は，信義則に反

することを理由に，無効となるという立法的な解決がなされている（フランス民法典 2314 条）。

> **フランス民法典 2314 条**
> 債権者の行為によって保証人が債権者の権利，抵当権及び先取特権について代位ができなくなるに至ったときは，保証人はその責任を免れる。これに反するすべての条項は書かれなかったものとみなす。

　保証は無償の片務契約とされており，義務を負うのは保証人だけであって，債権者は保証人に対して何らの義務も負わないとされてきた。それにもかかわらず，債権者が保証人に対して担保保存義務を負うのはなぜか。それは，債権者といえども，保証人が債務者に対して有している求償権を害してはならないという信義則上の義務を負うからである。契約外の第三者も債権者の担保義務違反を援用することができる（最三判平 3・9・3 民集 45 巻 7 号 1131 頁）のは，それが，信義則上の義務だからである。

　これに反して，民法 504 条に規定された担保保存義務を免責する特約は，故意による信義則違反であり，特段の事情がない限り，無効である。したがって，そのような免責条項は，第三者に対して効力を有しない。最高裁は，このような信義則に反する特約の第三者に対する効力を認めているが（最二判平 7・6・23 民集 49 巻 6 号 1737 頁〔民法判例百選Ⅱ 41 事件〕），民法 504 条の解釈を誤っている。

第 5 節　保証の公序良俗違反性とその克服

　民法は，保証契約を，第 3 編第 2 章「契約」の箇所ではなく，第 3 編第 1 章「総則」の中の第 3 節「多数当事者の債権及び債務」の箇所に置いている。確かに，この配置は，保証と連帯債務（契約だけでなく，共同不法行為において重要性を有する）との関係を明らかにする上で優れたものではある。

　しかし，保証は，本来，典型契約として位置づけられるべき問題である。保証を典型契約として考察することによって，はじめて，無償契約総則としての贈与の規定との関係が明らかとなり，保証人の適切な保護が図られると考える。

I　2004年民法改正の意義と問題点

　2004年の民法改正においては、以下のように、保証の最初の規定に「保証契約」という用語が用いられており、保証が多数当事者の債権・債務関係に関するものだけでなく契約の一つであることを明確にした点で評価されるべきである。

　もっとも、2004年の民法改正によって、保証が保証契約であることが明文化されたのは、保証契約を書面契約とするドイツ民法766条、イギリスの詐欺防止法等の影響が大きいと考えられる。しかし、書面契約によって、詐欺を防止したり、弱者を保護したりできないことは、以下のように、歴史の示すところである（木原浩之「契約の拘束力としての『意思』の歴史的解釈とその現代における再評価(1)——第一次リステイトメント・UCC第2編・第二次契約法リステイトメントをマイル・ストーンとして」明治学院大学法科大学院ローレビュー1巻1号〔2004年〕81〔106〕頁）。

　「詐欺と偽証の防止を目的として制定された『1677年詐欺防止法』は、訴訟の増加をもたらし、結果的に、詐欺行為を助長するものとなった。すなわち、『書面』や『署名』といった文言の解釈をめぐって無数の訴訟が提起され、それにより極めて技術的で複雑な判例法理が形成されることとなった。その結果、当事者間に真の合意があったにもかかわらず、同法にいう『書面』要件を満たし得なかったために、契約に法的拘束力なしとする不合理な結果が生じ、また、当事者の一方のみが署名した場合には、署名した当事者が詐欺防止法に拘束されるのに対して、署名しなかった当事者は自由に相手方を訴えられるという不公平が生じた。これらの批判を受けて、1677年詐欺防止法は、『保証契約』と『土地・家屋等に関する不動産契約』に関する条項を除き、『1914年法律改正（契約強制）法』（Law Refom (Enforcement of Contracts) Act）により廃止された。」

　保証契約に書面性を要求したところで、保証人を保護できないことは明らかである。そうだとすれば、書面でしなければ保証契約の効力が生じないとされるに至った理由は、それが、無償契約であり、贈与と同様、書面によらない無償契約は、原則として、いつでも理由なしに「撤回」できるはずだからであろう。したがって、今回の民法改正は、保証人の保護というよりは、債権者を保護し、法的安定を確保するため、無償契約の性質として、履行するまでは理由

なしに「撤回」できるはずの保証契約を書面契約とし，保証契約を「撤回」できないものとしたに過ぎないと考えるのが妥当である。

II 保証人の保護の根拠としての無償契約に関する民法 550 条・551 条の準用

　保証人の保護は，先にも述べたように，書面契約によっては実現できない。書面によりさえすれば，保証人に過酷な責任を負わせることができるからである。保証人を本当に保護するつもりであれば，保証契約を書面契約とするのではなく，諾成契約としておき，無償契約の総則と考えるべき贈与の規定を準用すれば足りる。

　第 1 に，書面によらない無償契約は，約因 (consideration) も原因 (cause) もないため，履行するまではいつでも「撤回」できるのが原則と考えるべきである。そうだとすれば，贈与契約の場合と同様，保証契約を要式契約とする必要は存在しない。

　第 2 に，たとえ書面による契約であっても，贈与契約で規定され，同じく無償契約の使用貸借でも準用されている通り，要約者 (例えば贈与者，使用貸主保証人等) は担保責任を負わないと考えるべきである。すなわち，無償契約の場合，たとえそれが書面によってなされた場合であっても，要約者が任意に履行した場合，保証人の場合には，任意に支払った部分についても求償権が認められるだけでなく，たとえ要約者が任意に履行した額が責任額に不足している場合でも，それで十分であり，要約者はそれ以上の責任を負わないと考えるべきである。

　以上の法理を保証契約に当てはめてみよう。保証契約とは，債権者と保証人との間で，第三者 (債務者) の債務を肩代わりして弁済する責任を負うことを約する契約であるが，保証契約のほとんどは，無償・片務の契約であり，書面による保証契約であっても，贈与の場合と同様，担保責任を負わないのが原則と考えるべきである。

　ただし，保証契約の趣旨に鑑み，その責任が，表 12 に掲げた免責要求の要件がすべて充たされており，保証人の責任が，確実に一時的なものに限定される場合に限って，担保責任を負うことが認められると考えるべきである。

　以上の免責要件を充たしていない場合，すなわち，以下のような場合には，

表12　保証は，保証人の免責の体系として規定されている

免責要求の分類	名称	内容	要件	効果
債権者に対する免責要求	保証の付従性	責任を債務者以下の責任に限定すること	債務の縮小・消滅	債務者の責任の減少の範囲で免責される（民法448条）。
	催告の抗弁権	まず，債務者に対して請求すること	債権者の懈怠	迅速な催告をしなかったことから生じた結果に関して免責される（民法455条）。
	検索の抗弁権	まず，債務者の財産から執行すること		迅速な執行をしなかったことから生じた結果に関して免責される（民法455条）。
	担保保存義務	求償権を確保するため，担保を保存すること		担保の減少・減失によって求償権を行使できなかった限度で免責される（民法504条）。
	情報提供義務	債務者の資力に関する情報を提供すること		保証契約の締結の回避，解除の機会を失ったことによる限度で免責される。
債務者に対する免責要求	抗弁の援用	債務者の有する時効・相殺の抗弁を援用すること	債務者の抗弁	債務者が債権者に対して有する抗弁を援用することによって免責される（民法457条）。
	事前求償権	債務者の財産でもって弁済するため，事前に求償すること	保証委託契約	債務者の財産で弁済することによって免責される（民法460条）。
	事後求償権	責任を果たした後に求償すること	担保責任の実行	債務者に事後求償することによって補償を受ける（民法459条・462条）。
共同保証人に対する免責要求	事後求償権	責任を果たした後に求償すること	担保責任の実行	共同保証人に求償することによって補償を受ける（民法465条）。

無償の保証人は，原則に立ち返って，担保責任を負わない（民法551条の準用）。

(1) 付従性の剥奪
　(a) 債務が無効であるにもかかわらず，保証人のみが独立の責任を負うとされている場合（民法449条）
　(b) 民法459条以下の保証人の求償権に関して，特約等によって，それが制限・剥奪されている場合

第5節　保証の公序良俗違反性とその克服

(c) 債務者の破産の場合において，債務者が免責されたときに，保証契約の付従性が奪われる場合（破産法253条2項）
(d) 特約，判例，法律の規定によって，債務者の時効の抗弁や相殺の抗弁を保証人が援用できないとされている場合
(2) 免責の機会の侵害・喪失
(a) 親族関係や人間関係のしがらみにより，半ば強制されて，保証契約を締結させられた場合
(b) 保証契約の締結に際して，または契約締結後の適切な時期に，債務者の返済能力の不足，低下，不能等につき，債権者が故意または過失によって十分な情報を提供しなかった場合
(c) 特約，判例，法律の規定によって，検索の抗弁，催告の抗弁が奪われている場合（連帯保証の場合を含む）
(3) 求償権の確保の侵害・喪失
(a) 保証人のための債権者の担保保存義務（民法504条）が，特約等によって免除されている場合
(b) 債務者の破産の場合において，債務者が免責されたために，保証人の求償権が奪われる場合（破産法253条2項）

実務の取扱いにおいては，保証契約の付従性が剝奪されて，独立担保契約とされたり，債務者のみを免責することによって，保証人の求償権が確保されていない場合が多い。このような場合には，原則どおり，無償の保証人は担保責任を負わないと解すべきである。

Ⅲ　今後の展望

保証人に対して債務全額の責任を負わせるのであれば，有償の保険契約（保険料を支払って債務者の債務不履行事故に備える）で対処すべきである。もっとも，保証を有償の保険契約とした場合には，保険料が高額なものになることが予想され，そのような保険システムを構築すること自体が採算に合わないことが予想される。しかし，採算が合わないほどに危険な保険を，「無知な」，「人のよい」保証人に無償で負担させてきたこと自体が異常だったのであり（平野・保証人保護7頁），従来の保証契約は，衡平・正義・公序のすべてに違反することを認識すべきである。いずれにせよ，無償の保証人に過酷な責任を負わせる時代は終りにしなければならない。

第10章 連帯保証

第1節　実務における連帯保証契約の濫用と当事者の意思解釈

　連帯保証は，保証の一種であり，付従性を有する。すなわち，主たる債務者について生じた事由は，すべて連帯保証人にその効力を及ぼす（民法448条・457条2項）。しかし，連帯保証人は，補充性がない，すなわち，催告の抗弁権も検索の抗弁権も有しない点（民法454条），さらに，連帯保証人が数人いても分別の利益（民法456条）をもたない点で，通常の保証と区別されている。このように，連帯保証は，通常の保証よりもさらに厳しい責任であり，債権者にとって有利である。このため，実際の取引界では，通常の保証よりも頻繁に用いられており，その弊害は目に余るものがある。

　例えば，学生がアパートを借りる場合を考えてみよう。賃貸借契約に際しては，賃借人には，通常，保証人が求められる（学生のいわゆる保護者〔親〕が保証人となることが多い）。賃借人が賃料不払いとなった場合に，頼りになるのが保証人だからである。その際に，保証人は，通常の保証ではなく，連帯保証人となることが求められるのが，実務の慣行となっている。しかし，この場合に，実際に保証人は連帯保証人として扱われているかどうかを調査してみると，理論と実務とは乖離していることが多いことがわかる。もしも，賃貸借契約における保証人が連帯保証人であるならば，賃借人が賃料の支払を怠った場合に，賃借人に催告することなく，直ちに保証人に賃料の請求ができることになる。しかし実際は，まず賃借人に催告し，それでも支払がない場合に，いわゆる保護者に催告するのが現実であり，いきなり保護者に催告する例は，本人が行方不明になっている等，本人に連絡ができないという場合を除いて，ほとんどない。賃料支払の遅れがあったからといって，当事者を差し置いていきなり保護者に請求することは，当事者の信頼関係を破壊する虞があるからである。

したがって，このような場合の連帯保証は，書面の上では慣行となっているが，実際の運用は，通常の保証と同じように扱われており，債権者に行き過ぎた権利を与えるといういわゆる通謀虚偽表示が行われているに過ぎない。したがって，市販の契約書を利用して，「連帯保証」契約がなされていても，当事者の真の意思は，通常の保証契約が締結されていると考えるのが，契約の解釈として妥当である（例文解釈）。

もしも，実務の運用が補充性のある通常の保証であるにもかかわらず，それが連帯保証であると主張する債権者がある場合には，それは，通謀虚偽表示として無効となるか，実体が保証であるにもかかわらず，保証人の催告の抗弁権と検索の抗弁権とを奪う契約は，先にも述べたように，公序良俗に反する契約として無効となると考えるべきであろう。

第2節　連帯保証の意義と機能

このように，市民が市販の契約書を使って契約する場合には，連帯保証契約のほとんどは通常の保証契約に過ぎず，連帯保証契約を締結することは，通謀虚偽表示か，公序良俗に違反する契約として無効である。そうだとすると，連帯保証の意義はどこにあるのであろうか。

連帯保証の本来の意義は，次に述べる「連帯債務」とこれまで述べた「通常の保証」との橋渡しをすることにある。なぜなら，次に述べる連帯債務は，本来の債務（負担部分）と連帯保証（保証部分）とが結合したものであり，負担部分がゼロになった場合の連帯債務が連帯保証だからである。

連帯債務は，実務的に重要な意義を有する。そこに組み込まれた連帯保証は，債務者と債権者との利害関係を調整する法理として重要な役割を果たしており，特に，共同不法行為の連帯責任の場合のように，被害者の救済を図る上でも，重要な役割を果たしている。しかし，連帯保証が重要な役割を果たしているのは，連帯債務の中に組み込まれた場合のみである。通説は，保証といえば，通常保証ではなく，むしろ，補充性のない連帯保証が原則であると考えている。しかし，連帯債務と切り離された連帯保証は，債権者に一方的に有利であり，債務者に過酷な責任を課すものとして，特別の事情がない限り，信義則に反して無効となるのが原則と考えるべきである（加賀山説）。

第11章 連帯債務

第1節 連帯債務の特色

　連帯債務とは，本来の債務（負担部分）と連帯保証（保証部分）とが組み合わされたものである（連帯債務における相互保証理論）。連帯債務をこのように分析的に考えると，連帯債務が人的担保であることを理解することが容易となる。ところが，従来の通説は，相互保証理論のような分析的な思考を採用せず，連帯債務を債務の一種（特別の「債務」）だと考えている。このような通説の考え方は，連帯債務が「債務」と債務ではない「保証」との組合せによる人的担保であるという本質を見誤ることになるばかりでなく，連帯債務のさまざまな性質・機能を論理的に説明することができない。特に，連帯債務者の一人に生じた事由が絶対的な効力を有するか相対的効力にとどまるかの問題をめぐって，通説は大混乱に陥っている。そこで，ここでは，通説がなぜ大混乱に陥っているのかを明らかにするところから出発することにする。

I　通説による連帯債務の定義とその破綻

　通説を代表する我妻説（債権総論401頁）によれば，連帯債務とは，以下のように定義されている。

　　「連帯債務とは，数人の債務者が，同一の給付について，各自が独立に全部の給付をなすべき債務を負担し，しかもそのうちの一人の給付があれば他の債務者も債務を免れる多数当事者の債務である。」

　しかし，この定義は，「各自が独立に全部の給付をなすべき債務を負担する」としているところに「ごまかし」があり，以下のような破綻をきたしている。
(1)　各債務者が独立に全部の給付をなすべき債務を負担するのであれば，債権者

は複数倍の給付を得られることになるはずである。また，独立というのであれば，債務者の一人が全額を支払っても，それは，他の債務者には影響を与えないはずである。
(2) 一人の債務者が全額を支払うと，他の債務者が本当に債務を免れるのであれば，その関係は，独立に全部の債務を負うということと矛盾する。しかも，全額を支払った債務者が他の債務者に求償できるとすれば，結局のところ，各債務者は，全額の債務を負担せず，一部の債務を負担していたに過ぎないことになる。

このような論理的な破綻が明らかな定義が，何の反論も受けずに，通説として幾世代にも亘って保持されてきたことに，法律学の悲劇がある。つまり，他の社会科学者から，法律学とは「権威主義的カルト集団の学問」と揶揄されていても，当人たちは全くそれに気づかないのである。

Ⅱ 社会科学の方法論の採用

この点に関して，太田『法律』（Ⅴ-Ⅵ頁）は，以下のように述べて，社会科学としての法律学の無価値性に言及している。

「(1) 社会科学を学び，理論，仮説，検証・反証という社会科学のマインドを身につけた者からみると，法律学の議論は，カルト教義と区別がつかないように思われるかもしれない。
(2) 法律学における『理論』とは，仮説を構築し，検証・反証に曝すための理論ではなく，とりたてて根拠があるとは限らないようなドグマ（教義）の『体系』であり，これを信じて他者に使えるようになることが法律学を身につけることである。
(3) 法律の分野では，このような法律学を身につけることを『リーガル・マインドを修得することである』という。法学部の学生たちは，これを『リーガル・マインド・コントロールだ』と揶揄する。」

そこでここでは，社会科学の方法論に従い，以下の順序で，連帯債務を科学的に分析し，通説の地位を占めつづけているが論理的に破綻している従来の通説に代わる理論（相互保証理論）を検証することにしよう。

(1) 連帯債務の特色として一般に挙げられていることがらを検討し，共通理解としうる点を特定する。
(2) 連帯債務の性質として共通理解が得られている点をすべて説得的に説明でき

るモデルを提示する。
(3) 具体的な事例に対して，そのモデルがどのような具体的な解を導き得るか，シミュレーションを行なう。
(4) モデルに基づいたシミュレーションによる解決が，条文に従った解釈として正当化しうるかどうかを検証する。

Ⅲ 連帯債務の性質に関する共通理解

連帯債務の性質として一般に認識されている点を以下に列挙する。連帯債務の理論モデルは，これらの性質をすべて矛盾なく説明できるものであることが必要であり，かつ，そのモデルにしたがって推論を行うと，条文に従って解決したのと同様の結果が生じるものでなければならない。
(1) 各債務者の債務は全部の給付を内容とする。
(2) 債務者のうちの誰か一人の給付があれば全部の債務は消滅する。
(3) 債務者の一人について生じた事由は，一定の範囲において，他の者にも影響を及ぼす。
(4) 各債務者の負担部分が定まり，互いに共同して出捐を負担すべきものとされる。
(5) 連帯債務は債務者の数に応じた数個の債務であり，各債務者の債務が態様を異にすることも妨げない。

連帯債務に関する通説の定義や解説では，連帯債務の多数性・独立性と，一人の債務者が負担部分を超えて支払ったときに他の債務者がそれに影響されること，すなわち連帯債務の従属性とを矛盾なく説明することができないことは，すでに述べた通りである。

以下では，連帯債務における多数性・独立性と，一人の債務者の一定の行為によって他の債務者が影響を受けるという連帯債務の従属性とを矛盾なく説明できるモデルを提示することにする。そして，そのモデルに従ってシミュレーションを行うと，連帯債務の規定に従った解釈と同じ結論を導くことができる上に，通説よりもわかりやすく説明することができることを示そうと思う。

第2節　連帯債務の性質を説明するモデル——相互保証理論

I　相互保証理論モデルの提示

　連帯債務における債務の複数性と目的の単一性とを同時に説明しうるモデルとして，固有の債務と連帯保証との組合せという相互保証理論モデルを提示する。
　この相互保証理論というのは，下の図のように，連帯債務のモデルを，各債務者が負担する債務（負担部分）の上に，他の債務者の負担部分を連帯して保証する連帯保証（保証部分）が乗っているものとして理解しようとするものである。

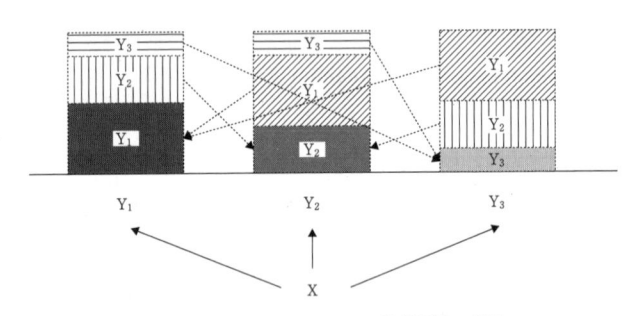

図30　相互保証モデルによる連帯債務の構造

　例えば，XからY$_1$，Y$_2$，Y$_3$がそれぞれ600万円，400万円，200万円を借り受けて，連帯して弁済することを約した場合，Y$_1$，Y$_2$，Y$_3$は，以下のように，各自の負担部分のほか，他の債務者を相互に連帯保証するという負担を負うことになる。

(1)　Y$_1$は，600万円の債務（負担部分）を負うばかりでなく，Y$_2$の400万円について連帯保証するとともに，Y$_3$の200万円についても連帯保証するという600万円の連帯保証（保証部分）を負担している。

(2)　Y$_2$は，400万円の債務（負担部分）を負うばかりでなく，Y$_1$の600万円について連帯保証するとともに，Y$_3$の200万円についても連帯保証するという800万円の連帯保証（保証部分）を負担している。

(3)　Y$_3$は，200万円の債務（負担部分）を負うばかりでなく，Y$_1$の600万円につ

いて連帯保証するとともに，Y_2の400万円についても連帯保証するという1,000万円の連帯保証（保証部分）を負担している。

II 相互保証理論モデルによるシミュレーションと適用法理

相互保証理論モデルは，連帯債務を通常の債務（負担部分）と連帯保証（保証部分）との結合と考える理論（相互保証理論）に基づいたモデルであり，そのモデルでシミュレーションを行う場合の適用法理は，連帯債務に関する規定はすべて弁済の規定と保証の規定から導くことができるという試みを実現するために，債務の消滅に関する理論および保証の理論に限定する。

相互保証モデルに基づくシミュレーションに用いられる法理のうち，当面利用されるのは，具体的には以下の4つの法理のみである。
(1) 債務は，弁済，相殺，更改，免除，放棄，混同によって消滅する。
(2) 保証（連帯保証を含む）は，主たる債務の債務の消滅によって，それに付随して消滅する（保証の付従性）。
(3) 債務を保証人が弁済した場合には，保証人は，債務者自身に対する求償権を取得する（求償権の発生）。
(4) 同時に，弁済した保証人は，求償権の限度で債権者に代位する（求償権の範囲での債権の弁済者への法定移転〔代位〕）。

III 各債務者が全額を弁済した場合のシミュレーション

ここで，連帯債務者の一人であるY_1が，連帯債務の全額である1,200万円をXに弁済した場合に，相互保証理論モデルでは，他の債務者の債務がどのように変化するのかを見てみることにしよう。
(1) Y_1の全額弁済のうち，本来の債務である600万円の弁済により，Y_2の負担していたY_1の保証部分，およびY_3の負担していたY_1の保証部分が，保証の付従性によって消滅する。
(2) Y_1の全額弁済のうち，Y_2の保証部分である400万円の弁済により，Y_3が負担していたY_2の保証部分である400万円も目的を達して消滅し，Y_1は，Y_2に対して，Xに代わって求償を求める権利を取得する。
(3) Y_1の全額弁済のうち，Y_3の保証部分である200万円の弁済により，Y_2が負担していたY_3の保証部分である200万円も目的を達して消滅し，Y_1は，Y_3に対

して，Xに代わって求償を求める権利を取得する。

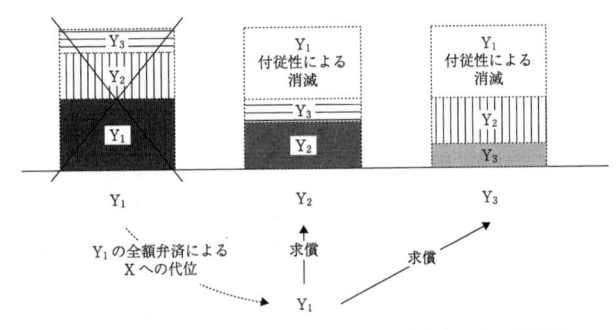

図31 連帯債務者の一人による弁済が連帯債務に及ぼす影響

　従来の学説では，一人の債務者が連帯債務の全額を弁済すると，なぜ，独立の債務であるはずの他の債務も消滅するのか，また，なぜ，他の債務者に対して求償権を取得できるのかが，十分に説明できなかった。
　しかし，相互保証理論モデルによれば，一人の債務者が連帯債務の全額を支払うことには，第1に，自らの固有の債務である負担部分を支払うこと，第2に，他の債務者の債務を連帯保証人として弁済すること，という性質の異なる2つの行為が含まれていることが明らかとなる。
　そして，第1の行為によって，他の債務者が負担していた保証部分が付従性によって消滅すること，第2の行為によって，他の債務者が負担していた残りの保証部分が目的到達によって消滅すると同時に，他の債務者に対する求償権とそれを担保するための債権者への代位が発生するというメカニズムを説明することができる。
　相互保証理論モデルの特色は，連帯債務を固有の債務としての負担部分と連帯保証としての保証部分とに分解して再構成した点にある。従来の通説が説明できなかった連帯債務の独立性と従属性という矛盾する性質を，このモデルは，負担部分が債務の独立性を，保証部分が付従性によって従属性をそれぞれ説明することによって，矛盾なく整合的に説明することができるようになったのである。

第3節 連帯債務者の一人に生じた事由の他の連帯債務者に対する影響

I 例題 1

Xに対してY$_1$，Y$_2$，Y$_3$がそれぞれ600万円，400万円，200万円を借り受け，各自がXに対して1,200万円の連帯債務を負担する場合に，XがY$_1$の債務を全額免除したとしよう。その場合，Xは，Y$_2$，Y$_3$に対していくらの請求ができるか。

A 通説による説明

債権者が，連帯債務者の一人に対して債務を免除した場合の他の連帯債務者に対する効力について，通説（我妻・債権総論416頁）によれば，以下のように説明されることになる。

> 債権者が連帯債務者の一人に対してその債務を免除したときは，民法437条により，その債務者の負担部分について，他の債務者も債務を免れる。Xに対してY$_1$，Y$_2$，Y$_3$がそれぞれ600万円，400万円，200万円を借り受け，各自がXに対して1,200万円の連帯債務を負担する場合に，XがY$_1$の債務を免除するときは，Y$_2$もY$_3$もY$_1$の負担部分600万円について債務を免れる。その結果，Y$_2$，Y$_3$が600万円の連帯債務を負担することになる。
>
> この規定は，当事者間の法律関係を簡易に決済しようとする——転償（求償の循環）を避ける——もの，と説かれる。このような規定がなければ，XはY$_2$，Y$_3$からなお1,200万円を請求し，弁済者はY$_1$に600万円求償し，Y$_1$はこれをXから不当利得として償還させることになるからである。そして，この規定は，債権の効力を弱めるものとして批判されている。

通説が，連帯債務者の一人が弁済した場合と異なり，連帯債務者の一人が免除された場合に，他の連帯債務者に対して絶対的効力が及ぶことに批判的なのは，以下の理由に基づいている。

> 弁済の場合は，連帯債務の目的が実現されるため絶対的効力が及んでも，連帯債務の独立性とは矛盾しないが，免除の場合は，連帯債務の目的が実現されているわけではないので，他の債務者に対しても絶対的な効力が及ぶのは，連帯債務の独立性と矛盾するばかりでなく，連帯債務の効力を弱めることになる

ので，なるべく認めるべきではない。

B 相互保証理論による説明

債権者 X が連帯債務者の一人 Y_1 に対してその債務全額を免除したときは，Y_1 の固有の債務である 600 万円が消滅するので，Y_1 の債務について連帯保証していた Y_2，Y_3 の保証部分が，それぞれ 600 万円の範囲で付従性によって消滅する。したがって，Y_1 の連帯債務は消滅し，Y_2 の連帯債務は 600 万円（負担部分 400 万円，保証部分 200 万円）となり，Y_3 の連帯債務も 600 万円（負担部分 200 万円，保証部分 400 万円）となる。

このように考えると，民法 437 条は，連帯債務の本質から必然的に導かれる当然の規定であり，転償（求償の循環）を避けるためにやむなく規定された不合理な規定ではないことがわかる。

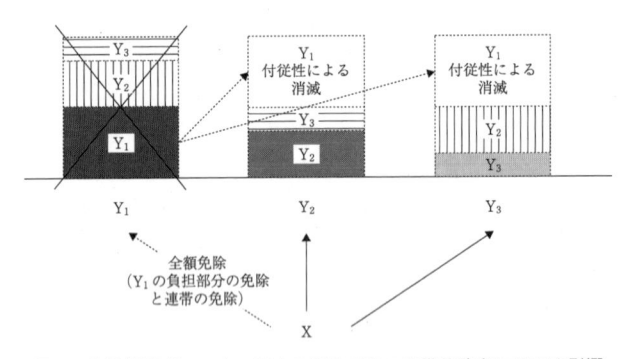

図32 連帯債務者の一人に対する免除が他の連帯債務者に及ぼす影響

連帯債務者の一人によって連帯債務の全額が弁済された場合と連帯債務者の一人が全額を免除された場合の相違は，以下の点にある。

1. 全額弁済の場合には，まず，Y_1 の弁済による Y_1 の負担部分の消滅によって，他の連帯債務者 Y_2，Y_3 の保証部分が付従性によって消滅する。次に，Y_1 による連帯部分の弁済を通じて，連帯債務全体の消滅という現象が発生する。もっとも，正確にいうと，連帯債務全体が消滅するのではなく，Y_1 による保証部分の弁済を通じて，Y_1 の Y_2，Y_3 に対する求償関係が発生し，X の Y_2，Y_3 に対する請求権は，代位の規定によって Y_1 へと移転する。

2. これに対して，債権の満足なしに債権の消滅をもたらす免除の場合には，Y_1 の負担部分が消滅することにより，他の連帯債務者 Y_2，Y_3 の保証部分が付従性

によって消滅するだけであり，弁済の場合のように連帯債務全体の消滅をもたらすことはない。

C 通説に対する相互保証理論からの批判

通説による免除の絶対効の説明が煮え切らないものであるのに対して，相互保証理論に基づく説明は簡潔であり，しかも，民法437条の条文の意味が鮮明となることが明らかとなった。

通説が，民法437条の規定があるにもかかわらず，この条文を含めて，弁済以外の事由に絶対的効力を認めることに批判的な理由は，以下の点にあると思われる。

(1) 通説の定義によれば，連帯債務とは，「同一の給付について，各自が独立に全部の給付をなすべき債務を負担し，しかもそのうちの一人の給付があれば他の債務者も債務を免れる」という債務である。つまり，通説によれば，連帯債務の目的は同一の給付であり，給付を実現する弁済のみが他の債権者にも影響を及ぼすと考えている。したがって，債務の実現とはいえない更改，免除，混同，消滅時効等については，他の債務者に影響を与えるべきでないという考慮が強烈に働くことになる。

(2) 通説によれば，連帯債務者の一人について生じた弁済以外の事由が他の債務者に影響を与えるのは，債務者の間に主観的な共同関係があるためであると考えており，したがって，債務者間にそのような主観的な共同関係がない場合には，連帯債務者の一人に生じた弁済以外の事由は，他の債務者には影響を与えるべきでないということになる。

(3) しかし，連帯債務者の一人に生じた事由が弁済以外の場合でも，連帯債務者の一人の負担部分が消滅すれば，その債務について連帯していた他の債務者の債務に影響が生じるのは，当然のことであるといわなければならない。連帯債務における「連帯」とは，先に述べたように，個別に債務を負った債務者が，さらに債務の弁済を確実にするために，債権者との契約により，または法律の規定（例えば民法719条）によって相互に連帯保証しあう関係に入ることにほかならない。したがって，主たる債務が消滅すれば，連帯保証は付従性によって当然に消滅する。これは，連帯債務者の間に主観的な共同関係があるかないかとは無関係である。

通説の致命的な欠点は，一人の債務者に生じた弁済以外の事由について他の債務者が影響を受けるのは，債務者間に主観的な共同関係がある場合に限り，

そのような関係がない場合には影響が及ばないとしている点にある。しかし，連帯債務における共同関係とは，相互保証の関係であり，主観的な共同関係の有無には関係なく，すべての連帯債務が相互保証関係にあることを認識すべきである。

II 例題 2

Xに対してY_1，Y_2，Y_3がそれぞれ600万円，400万円，200万円を借り受け，各自がXに対して1,200万円の連帯債務を負担する場合に，XがY_1の債務を半額免除したとしよう。その場合，Xは，Y_2，Y_3に対していくらの請求ができるか。

A 相互保証理論によるすべての説の説明

半額免除とは，いかなる意味であろうか。その解釈によって，結果は異なる。相互保証理論モデルは，いずれの説をとっても，それぞれをうまく説明することが可能である。
(1) 半額とは，負担部分も連帯部分も等しく半額を免除することであると考える。判例（大判昭15・9・21民集19巻1701頁）のとる見解である。
(2) 半額とは，負担部分から優先的に半額を免除することであると考える（柚木説）。
(3) 半額とは，連帯部分から優先的に半額を免除することであると考える（我妻説）。

半額を免除することについて，債権者が明確な指定をしていない場合には，判例のように，負担部分と連帯部分とをその割合に応じて比例的に免除すると考えるのが正当であろう。

B 相互保証理論による判例の説明

連帯債務の半額免除について，判例のように，負担部分と連帯部分とをそれぞれの割合に応じて比例的に免除すると解釈すると，XがY_1の連帯債務を半額免除することによって，他の連帯債務者の債務は以下のように変化する。

債権者Xが連帯債務者の一人Y_1に対してその債務の半額を免除したときは，Y_1の固有の債務である600万円の半額（300万円）が消滅するので，Y_1の債務

について連帯保証していたY_2，Y_3の連帯部分が，それぞれ300万円の範囲で付従性によって消滅する。したがって，Y_1の連帯債務は600万円（負担部分300万円，連帯部分300万円）となり，Y_2の連帯債務は900万円（負担部分400万円，連帯部分500万円）となり，Y_3の連帯債務も900万円（負担部分200万円，連帯部分700万円）となる。

　連帯債務者の一人に生じた事由が他の連帯債務者に対して絶対的な効力を有する場合として，ここでは，債権を満足させて消滅させる弁済（履行）と，債権を満足させないで消滅させる免除について論じた。そのほかにも，債権を満足させて消滅させる更改，相殺，混同，ならびに，債権を満足させずに消滅させる時効等について説明する必要がある。しかし，相殺の絶対的効力については，すでに相殺の箇所（第8章第1節Ⅲ A 2相互性の拡張としての3者間相殺）で詳しく解説したので，ここでは省略する。また，更改，混同については，以下で簡単に触れることにする。

第4節　相互保証理論に対する批判と再批判

　これまでに述べた相互保証理論（山中康雄「連帯債務の本質」『私法学の諸問題』有斐閣〔1955〕所収，浜上則雄「連帯債務の本質と免除」法学セミナー1972年8月号，於保・債権総論234頁参照）に関して，平井（債権総論329～330頁）は，以下のような評価をしている。

　　「（相互保証）説は，きわめて明快であり，連帯債務を対人担保の側面において理解しようとする本章の立場の理論的根拠となるものではあるけれども，負担部分を基礎とした効果を生じる場合以外の場合（435条，438条）についての説明に窮する。こう考えると，連帯債務の性質を一義的に定め，そこから連帯債務の要件・効果を導くための前提を論理的・演繹的に導き出すことは困難である。」

　しかし，平井の批判は，以下に述べるように，的を射ていないと思われる。相互保証理論は，立法者の趣旨を十分に発揮できる優れたモデルであって，すべての答えが一義的に決定されるという硬直的なモデルではない。更改や混同を弁済と同様に扱うか，弁済以外の免除と同じように扱うべきかは，立法者・解釈者の意思に従うのであって，相互保証理論モデルは，それらの意思に応じて働きを変えることが可能なのである。

(1) 連帯債務者の一人と債権者との間に更改がなされた場合、例えば、XとY₁との間に1,200万円全額の弁済に代えて1,200万円の不動産を引き渡す旨の合意が更改に当たる場合には、Y₂、Y₃ともに連帯債務を免れる。この場合、更改によって連帯債務全体が消滅するのは、新債務が代物弁済と同様の意味を有すると解されるからである。総債務の弁済があれば債務が消滅することは、相互保証理論が最も容易に説明しうる。

(2) 連帯債務者の一人と債権者との間に混同があった場合、例えば、Y₁がXから1,200万円の債権の譲渡を受けた場合、一種の相殺適状の状態が生じる。その場合に、債務者Y₁が相殺を援用すると民法436条によって連帯債務は総債務者の利益のために消滅する。つまり、相殺は、弁済と同様の効果が与えられている。民法438条は、立法者が、混同の場合も、相殺と同じく、弁済と同じ効力を認めることを宣言したものであり、総債務の弁済があれば債務が消滅することは、相互保証理論が最も容易に説明しうる。

債権者と連帯債務者の一人との間に生じた事由については、先に弁済の絶対効の説明の個所で述べたように、それが債権を満足させて消滅させるものか、債権を満足させずに消滅させるものかを判断しなければならない。そして、それが、債権全体を満足させるものである場合には、一人の債務者の負担部分の消滅にとどまらず、連帯債務全体の消滅（厳密には、求償権の発生と代位）をもたらす。これに反して、債権を満足させずに終了させる場合には、その債務者の負担部分のみが消滅し、他の債務者は、連帯債務の付従性を通じて影響を享受できるのである。このような結論は、まさに相互保証理論によってのみ容易に説明することができるといわなければならない。

平井（債権総論330頁）は、「連帯債務の性質を一義的に定め、そこから連帯債務の要件・効果を導くための前提を論理的・演繹的に導き出すことは困難である」と述べている。しかし、連帯債務の要件と効果を導くための仮説モデルを設計し、モデルに従ったシミュレーションを行いながら、そのモデルによってすべての効果が説明できるようにモデルの修正・発展を行うことは、重要な研究課題となりうる。従来の通説が、連帯債務の性質を導く理論を構築できなかったからといって、連帯債務の要件・効果を論理的・演繹的に導きうるモデルの構築を否定することは、正当とはいえないであろう。

科学とは、まさに、このような仮説を構築し、それを公表することを通じて、他人による検証・反証に曝すことを可能にする作業に他ならないからである。

第12章
不可分債務

第1節 多数当事者の債権・債務関係における不可分債務の位置づけ

　現行民法は，連帯債務と保証の規定を，民法第2編（債権）第1章（総則）第3節（多数当事者の債権及び債務）に位置づけている。「多数当事者の債権及び債務」という概念は，同一の給付について，債権者または債務者のいずれか一方，もしくは双方が複数である場合を意味する。このため，「多数当事者の債権及び債務」の節には，人的担保として位置づけられる連帯債務と保証のほかに，分割債権・債務，不可分債権・債務という規定が含まれている。

　このうち，分割債権・債務は，本書では，連帯債務を「分割債務と連帯保証の結合」であると構成しているため，連帯債務の考え方の中に吸収して論じることができる。例えば，負担部分の額が不明なときには，分割債権・分割債務の総則規定である民法427条の「各債務者は，それぞれ等しい割合で権利を有し，又は義務を負う」を準用して，負担部分の割合を平等と推定することができる。

第2節 債権・債務における不可分の意味

　不可分債務は，債務が可分か不可分かによって分類された概念の一つであるが，本書で主として問題にする金銭債務については，債務が「性質上」不可分ということはありえない。また，当事者の意思によって不可分にすることができるとしても，それは，つまるところ，可分の金銭債務を連帯債務とするという意味しか持ちえない。確かに，有体物については，可分か不可分かを問うことができる。しかし，債権または債務は，無体物であり，観念上の存在である

ので，どのような債権・債務も分割することが可能である。例えば，不可分の物の所有権については，共有概念によって，分割が可能である。債権・債務の場合も，準共有（民法264条）という概念を通じて，債権・債務の共有的帰属（広義の共有）を観念することが可能である。

したがって，債権法における問題解決の視点からは，可分の債権・債務を前提にした上で，債務の対象となっている給付について，目的物をいつ分割できるのか，分割できない期間の権利関係はどうなるのか，分割できるようになった場合には，どのような割合で，どのような手続で分割できるのかを，個別的に検討すればよい。例えば，共有概念の内部でも，目的物の分割請求がいつでも可能な狭義の共有（民法256条）と，特定目的の実現のために，一定期間に限って目的物の分割を許さない合有（組合財産に関する民法676条2項，相続財産に関する民法898条・906条以下など）とを区別することができる。合有のように，一定期間に限って目的物の分割ができないときの債権・債務関係は，その関係を制御する組合や相続財産に関する個々の規定に従って処理すれば足りる。このような具体的な条文を無視して，抽象的に可分債務か不可分債務かを論じても，その実益はない。

そもそも，不可分債務という概念を創設したところで，その内容はすべて，分割債権・分割債務の規定，または連帯債務（先に述べたように，分割債務と連帯保証の組合せ）の規定が準用されるだけであり（民法430条），不可分債務という概念の独自性は存在しない。

第3節 不可分債務において一人の債務者に生じた事由の他の債務者に対する効力

確かに，債務者の一人について生じた事由については，民法430条は，連帯債務の場合に認めている絶対的効力の規定（民法434〜440条）の準用を排除している。しかし，その理由は，「債務者相互の間には，代理其他連帯の場合に於ける如き関係の存するものに非ず。故に，本条を以て其一人に付き生じたる事項は他の債務者に対して効力を生ぜざることを明示するの必要あるなり」（民法理由書413頁）というものである。

この点に関しては，連帯債務において，一人に生じた事由が絶対的効力を生じるのは，債務者間に代理関係があるからではなく，負担部分に対する相互保

証の付従性によるものであり，合理的な規定であることは，すでに詳しく論じた。また，現行民法の立法者も，連帯債務について，旧民法が認めていた「代理関係」の考え方を採用せず，「近来の立法例は代理関係を認めざるの主義に傾けり。故に，本案に於いても亦，此の主義を採用し，代理関係の存在を認めず」（民法理由書419頁）として，代理関係を否定している。そうだとすると，たとえ，性質上の不可分債務といえるものが存在するとしても，本書で問題とする金銭債務については，常に負担部分を観念することができるのであるから，一人に生じた事由について，結局は絶対的効力を認めざるをえない。民法430条のように，絶対的効力を認めない代りに，民法429条の不可分債権の規定を準用して，不当利得に基づき，債権者が得た利得を債務者に償還するという迂遠な方法（民法430条で準用されている429条1項）を採用するよりも，連帯債務の絶対的効力の規定を準用した方が，はるかに合理的である。

　一部の学説も，条文上は，民法430条によって，民法436条（相殺の絶対効）の適用が排除されているにもかかわらず，不可分債権の場合には債権者が複数であるため相対的効力しか認められないとしても，不可分債務の場合には，債権者は一人しかいないとの理由で，相殺の絶対効を認めている（於保・債権総論196頁・219頁，潮見・債権総論510頁）。

　また，条文には規定がないが，不可分債権の場合について，学説は，「履行を受けた債権者は，他の債権者に対して，内部関係の割合に応じて分与すべきである」（篠塚・条解民法II 105頁）としている。このことは，不可分債務の場合にも，同様の内部関係，すなわち，負担分が当然に想定されることになる。そうだとすると，不可分債務についても，負担部分に応じた絶対的効力を否定することはできなくなるのであり，民法430条の適用除外規定にもかかわらず，結局，不可分債務についても，負担部分が関係する広い範囲で，連帯債務の絶対効を承認せざるをえなくなるのである。その意味で，上記の有力説が，相殺ばかりでなく，民法430条によって準用される429条によって絶対的効力が否定されている代物弁済についても絶対的効力を認めているのは，大きな意味を有している。

　このように考えると，少なくとも金銭債務に関しては，不可分債務という概念を利用する実益はない。確かに，一般論としては，不可分債務という概念が存在することによって，ある債務を単純な分割債務とするか連帯債務とするかどうかを判断する場合の当事者意思の解釈にとって，説得的な結論を得ること

ができる場合がありえよう。判例は，多数当事者の債権・債務関係に関して，分割債務を原則としている（最一判昭44・11・13判時580号49頁，判タ242号167頁〔継続的な物品供給契約における父と子の売掛代金債務について，連帯債務であることを否定した事例〕，最三判昭45・10・13判時614号46頁，判タ255号148頁〔一船分の木材を2人が共同して買い受けた場合について可分債務とした事例〕）。したがって，連帯債務であることを証明する際に，不可分債務であるから，連帯債務の規定が準用されるという論理は，場合によっては説得的であり，その意味で不可分債務の概念に有用性が認められないわけではない。

　しかし，そのような有用性は，つまるところ，連帯債務とすべきかどうかに関する当事者の意思解釈の問題であるので，不可分債務という概念がなければ問題が解決できないというわけではない。そうだとすると，不可分債務という考え方は，説得技術としては有用な概念であるが，理論的には，連帯債務または準共有や合有関係に解消されるべき概念である。そして，多数当事者の債権・債務関係は，先に述べたように，それぞれの法律関係を制御する個々の条文によって問題を解決すべきであり，「不可分債務だからこうなる（例えば，債務者の一人に生じた事由は他の債務者に影響を及ぼさない）」というような乱暴な議論は避けるべきであろう。

第4部
担保法各論(2)
物的典型担保(民法上の「担保物権」)

これから，物的担保（いわゆる担保物権）の解説に入る。物的担保の民法上の位置づけは，制限物権としての担保物権である。民法では，物的担保は，所有権を制限する制限物権としての担保物権として位置づけられている。なぜなら，債務者が債務不履行に陥った場合には，債権者は，担保物権の設定者の目的物を換価・処分する権限を有しており，担保物権の設定者の所有権を制限する物権だからだと考えられていたからである。

表13 物的担保の民法による位置づけ

物権	占有権			
	本権	所有権		
		制限物権	用益物権	地上権，永小作権，地役権
			担保物権	典型担保	留置権，先取特権，質権，抵当権
	民法に規定されていない担保物権		非典型担保	譲渡担保，所有権留保，仮登記担保

民法においても，物的担保の多くを物権と考えていたことは，その編別（物権編に収められている）からも明らかであるし，用語法においても，「設定」「設定行為」「設定者」「被担保債権」という，物権を前提とした用語を使っていることからも知ることができる。

なぜなら「設定」という用語は，民法176条において「物権の設定及び移転は，当事者の意思表示のみによって，その効力を生ずる」という文脈で使われている。そして設定行為の意味は，以下のように，主として，「制限物権を創設する法律行為（契約）」の意味で用いられている。例えば，「地上権の設定」（267条・268条〔地上権の設定行為〕，269条の2〔地下・空中地上権の設定行為〕），「永小作権の設定」（272条〔永小作権の設定行為〕，273条〔永小作権の設定行為で定めない事項に関する賃貸借の規定の準用〕，278条〔永小作権の存続期間に関する設定行為の限界〕），「地役権の設定」（280条〔地役権の設定行為〕，281条〔地役権の付従性と設定行為〕，285条〔用水地役権と設定行為〕，286条〔地役権設定行為による承役地の所有者の工作物の設置義務〕）などである。また，「被担保債権」という用語法（315条・316条〔先取特権〕，346条〔質権〕，375条〔抵当権〕，398条の3・398条の4・398条の7〔根抵当〕）も，物権の観点から担保される側の債権を見るという立場に立った用語法であり，いずれも物的担保について，民法の立法者がそれを物権として構成していることを示している。

そして通説は，このような設定行為を物権行為として説明する。例えば，抵

当権の設定行為は，金銭債権を発生させる消費貸借契約とは別個独立の物権行為であると説明している（通説とその批判については，清水（元）・担保物権21〜22頁参照）。

しかし本書では，物的担保を物権ではなく債権の掴取力に優先弁済効が付加されたものとして，債権法の分野に属する権利として考察する。上記の例で言えば，消費貸借契約から生じる金銭債権は，そのままでは債権者平等に服する掴取力しか生じない。しかし抵当権設定契約を締結し，それを登記を通じて公示すると，その掴取力に優先弁済権が付加されるのである。すなわち，抵当権の設定契約とは，物権を創設する契約ではなく，債権の掴取力に優先弁済権を付加する債権契約に他ならないのであり，それが公示されることによって，第三者対抗力を獲得するのである（民法605条における債権の対抗力と同じである）。本書では，担保権の設定という民法の用語法をそのまま利用するが，その内容は通説の理解とは異なり，目的物の設定者が，その債権のために優先弁済権を付与する行為であって，債権とは別個・独立の物権行為ではないということになる。

民法が物権として規定しているものを，なぜ，わざわざ債権法の分野に属するものとして再構成するのかという理由は，すでに詳しく論じた通りであるが，物的担保から読み始める読者のことを考慮して，再度，その概略を述べることにする。本書が物的担保を物権ではなく債権の効力として説明する理由は，以下の通りである。

第1に，物的担保のそれぞれの冒頭条文（定義条文）を読んでみると，法律上の優先弁済権を有しない留置権を除いて，物的担保のすべてが，「他の債権者に先立って自己の債権の弁済を受ける権利」（民法303条・342条・369条）として定義されている。「債権の弁済を受ける権利」とは，債権そのものであり，物権ではありえない。このように，物的担保は，民法の編別上は物権として位置づけられているにもかかわらず，その定義・内容については，民法自身が債権者の権利として規定していることに留意しなければならない。

第2に，債権は，債権者平等の原則に服するのに対して，物的担保は，優先弁済権を有しており，そのような優先権が生じる理由は，それが物権だからであるという説明がなされることがある。しかし，物権が債権に優先するとは限らない。例えば，所有権は，賃借権という債権によって制限されるし，対抗力を備えた賃借権には，目的物の所有者は，その譲受人を含めて，すべてこの賃

借権に従わなければならない。さらに，担保物権は債権に優先するというのであれば，債権が消滅すると物的担保も消滅するという担保物権の従属性（債権に対する付従性）を説明することは不可能である。したがって，物的担保の優先弁済効は，物権の効力ではなく，むしろ，債権者平等の原則に反して優先弁済権が与えられる債権が存在するとして再構成する方が，はるかにわかりやすい。

　第3に，物的担保（担保物権）を物権として位置づける効用の一つは，物的担保に物権法総則（民法175～179条）が適用できるという点にあるはずである。しかし，物的担保の中で，実務で最も多彩に利用されているのは，民法に規定されていない譲渡担保（動産・集合動産譲渡担保，不動産譲渡担保，債権・集合債権譲渡担保など）であるが，これは，民法175条の物権法定主義に従っていない。しかも，典型担保に関しては，留置権も，先取特権も，質権も，物権変動の対抗要件の原則（民法177条・178条）に従っていない。わずかに抵当権だけが民法177条に従っているように見えるが，抵当権の処分については，債権譲渡の対抗要件（民法467条）が適用されており（民法377条），完全に民法177条に従っているわけではない。このように，物的担保を物権として位置づけたとしても，物権法総則を利用できるというメリットは存在しないばかりか，例外に次ぐ例外という混乱状態を生じさせているだけである。

　以上の理由に基づき，本書では，物的担保をすべて，債権の掴取力に事実上の優先弁済権（留置権）または法律上の優先弁済権（先取特権，質権，抵当権，仮登記担保，譲渡担保，所有権留保）が付加されたものとして考察することにする。

　そして，本書では，物的担保を，次頁の表のように，債務者に目的物の使用・収益を許すものと，使用・収益を奪うものとに分けて論じることにする。

　従来は，債権者が目的物を占有するか占有しないかを基準として，前者を占有担保（留置権，質権），後者を非占有担保（先取特権，抵当権，仮登記担保，譲渡担保，所有権留保）という分類を行ってきた（近江・講義III 10頁，内田・民法III 383頁）。しかし，権利質については，2003年の民法改正によって，債権質の場合には，物の占有は必ずしも必要とされなくなったため，質権を一般的に占有質と呼ぶことは不正確となった。そこで本書では，そもそも債権について占有で区別することが無意味であることも考慮して，物的担保の分類基準を「物的担保の設定者が使用・収益権を奪われるかどうか」という新しい基準を

表14　物的担保の分類

債務者等から目的物の使用・収益権を奪うもの	典型担保	留置権	
		質権	動産質
			不動産質
			権利質
債務者等から目的物の使用・収益権を奪わないもの	典型担保	先取特権	一般先取特権
			動産先取特権(債権先取特権を含む)
			不動産先取特権
		抵当権	普通抵当
			根抵当
	非典型担保	仮登記担保	
		譲渡担保	動産譲渡担保
			不動産譲渡担保
			債権譲渡担保
		所有権留保	

設定し，その基準に従って，物的担保の解説を行うことにしている。

　このような基準によると，地上権，永小作権という権利の上の物的担保が，なぜ権利質ではなく抵当権とされているのか（民法369条2項）という疑問にも答えることができ，物的担保の分類概念として有用であると考えている（この点については，第15章第1節Ⅱ，第7節Ⅲ A，および，第16章第1節Ⅲ Aで詳しく論じる）。

第13章
留　置　権

　物的担保の最初の章は，留置権である。留置権は，法律上の優先弁済権を有せず，通常の競売権を有しないのであるから，通説によれば「他の担保物権のように，目的物の価値を物権的に支配する権利ではない」し，留置権による被担保債権の履行は，質権とは異なり，先履行ではなく，債権法に属する同時履行の抗弁権と同じく，引換給付判決によるものとされるため，「留置権の性質を著しく同時履行の抗弁権に接近せしめることとなっている」（高木・担保物権15頁）。また，留置権は，「占有を失えば消滅する（追及権もなし）ものである点では極めて弱い物権であるのみならず，その競売権は大いに争われ，……担保物権としてもいわば例外的存在である」（我妻・担保物権23頁）とされている。すなわち，留置権は，通説によれば，最も物権らしからぬ担保物権であるとされているのである。

　通説が，留置権を，最も物権らしからぬ担保物権であるとしていることの真の意味は，本書の以下の章を読み終わると自然に理解される。その結論を先取りして述べると，留置権は，債権法に属する「履行拒絶の抗弁権」（催告・検索の抗弁権〔民法452条・453条〕，同時履行の抗弁権〔民法533条〕，代金支払拒絶の抗弁権〔民法576～578条〕が含まれる）の一種としての「引渡拒絶の抗弁権」に他ならず，物権ではない。だからこそ，通説がいうように，留置権は，積極的な権利としての物権的性格が希薄なのである。また留置権は，引渡拒絶の抗弁権として，事実上の優先弁済権を有するに過ぎないのであるから，他の物的担保に認められている「通有性」としての①法律上の優先弁済権も，②物上代位性も有していない。そして，担保物権の通有性としてあげられる他の項目，すなわち，③付従性，④不可分性，⑤留置性は，留置権が担保物権ではなく，債権上の「引渡拒絶の抗弁権」だからこそ，必然的に有しているのである。また，他の担保物権の箇所ではあまり論じられることのない「物と債権との牽連

性」が留置権には要求される理由も，それが引渡拒絶の抗弁権だから，被担保債権と引渡請求権との間の牽連性が必要とされるということも，納得できると思われる。

　留置権を最初に学ぶ人は，上記の本書と通説との対比に関する説明を無視し，これから始まる本書の説明を丹念にフォローしていけばよい。そうすれば，留置権の本質と留置権に関する個々の規定の意味を矛盾なく，体系的に理解することができる。反対に，通説に従って留置権を理解しようとしたが，うまく理解できなかった人にとっては，本書の解説は，目からうろこが落ちるように，発見に次ぐ発見の連続として読むことができると思われる。

第1節　留置権概説

I　留置権の意義と典型例

　留置権とは，他人の物の占有者が，その物に関して生じた債権の弁済を受けるまで，相手方（所有者等）からの返還債務の履行を拒絶してその物を留置し続けることのできる権利（履行拒絶の抗弁権）であり，この権利を通じて，債権の事実上の優先弁済権を確保するものである（民法295条以下）。

　留置権については，すでに担保法総論の箇所（第7章）で，事実上の優先弁済権を生み出す抗弁権としての「引渡拒絶の抗弁権」として捉え，同じく債権的な「履行拒絶の抗弁権」としての性質を有する同時履行の抗弁権，相殺の抗弁と比較して，その概略を述べている。ここでは留置権を，事実上の優先弁済権を有する抗弁権として，物的担保の側面から説明する。その前提として，最初に，留置権の典型的な問題を挙げておく。

　留置権に関する古典的な問題とは，時計の修理（最近では，自動車，電気製品，パソコン等の修理が多い）に関して，注文者（債務者）Aに依頼されて目的物を修理した者（債権者）Bは，請負契約から生じる修理代金債権（報酬債権）を保全するために，注文者（債務者）A，または，債務者から目的物を譲り受けた所

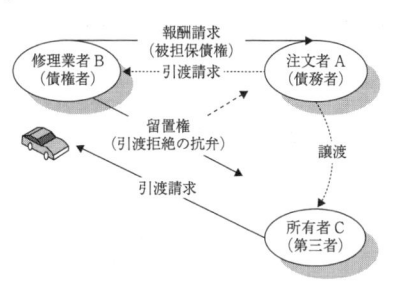

図33　留置権に関する典型例

有者（第三者）Cからの引渡請求に対して，その引渡しを拒絶し，被担保債権（報酬債権）が弁済されるまでその目的物を留置することができるかどうかを問うものである。そして，それが肯定されたときに，Bは留置権を有するという。

なお，本書では，留置権の記号表記について，Aを債務者，Bを留置権者，Cを第三者とする。留置権者は常にBである。

この章では，このような典型例のほかに，留置権が問題となるさまざま局面について，留置権の成立と効力に焦点を当てて詳しく検討する。

II 担保物権の各論を留置権から始めるのではなく抵当権から始める講義や教科書が増えてきている理由

A 留置権を担保物権であると説明しても，学生たちの理解は得られない

従来の担保物権の教科書は，留置権に関して，一方で，「物権性は希薄だ」としておきながら，他方では，「物権だから第三者にも対抗できる」とするなど，矛盾するような記述が散見され，全体を整合的に理解するのが困難であった。このために，ほとんどの読者は，はじめの段階から担保物権を理解することができなくなり，担保物権に苦手意識を持つに至ることが多い（先にも述べたように，筆者の経験からしても，担保物権が好きだという学生には，これまで一度も出会ったことがない）。

そこで本書では，留置権を楽しく学ぶことができるように，従来の学説とは全く異なる切り口で，読んでいて「わくわく」するような記述を試みることにした。確かに，本書の記述は，旧民法の理由書や現行民法の理由書の原文を引用するなど立法過程の記述が詳しすぎると思われる点があるかもしれない。しかし，読者は，そのような資料を使った本書の記述を読むことによって，はじめて，現行民法の立法の不親切さと，それによって通説が難解な記述へと陥っていったプロセスを知ることができる。そのようなプロセスを学んでこそ，読者は，理論的に矛盾すると思われる箇所が多い通説から解放されるとともに，わかりやすい具体例を通じて，留置権の本質へと迫ることができるようになると思われる。

これまでの担保物権の教科書の中にも，学生たちの理解度を考慮して，担保物権の各論を，理解が困難な留置権から入ることをやめ，「最もよく利用されている」という理由で，抵当権から解説を始めるものが存在した（古くは，石

田・担保物権(上)(下)にさかのぼるが，鈴木・物権法がその代表）。そして，現在では，そのような記述方法がむしろ当り前のようになってきているように思われる（内田・民法III，田井他・新担保物権，松井・担保物権法，平野・民法総則3，清水（元）・担保物権，安永・物権，担保物権など）。

　しかし，「最もよく利用されている」という理由で物的担保を解説するというのであれば，最も利用頻度の高い「譲渡担保」から講義すべきであろう。また，質権の解説は，その利用が極端に減少している「不動産質」や「動産質」からではなく，最も利用の多い「権利質」から解説すべきだということになる。しかし，現在のところ，そのような順序で記述された教科書は存在しない。

　また，以前であれば，抵当権を講義の後に回すと，結局，時間切れで講義ができなくなる虞れがあるという問題があった。しかし，レジュメに基づく講義が一般化して，計画的な講義が実行されている現在では，そのような虞れはなくなっている。

　抵当権から講義した場合の弊害は，抵当権の判例の中で重要な地位を占めている物上代位の法理を十分に理解できないことにある。その理由は，抵当権の物上代位（民法372条）は先取特権の規定（民法304条）を準用しているからに過ぎず，先取特権についての十分な理解（先取特権と抵当権の順位に関する民法339条の理解，および，民法304条における立法の不適切さに関する深い理解）なしには，抵当権の優先弁済権を理解することができないからである。

B　学生たちが留置権について理解困難に陥る理由とそのプロセス

　それでは，なぜ，最近の教科書は，留置権の解説を最初にすることを嫌い，後回しにしようとするのだろうか。その理由は，留置権を従来の通説で解説しても，通説自体が多くの矛盾を抱えているために，留置権を理解できる学生がほとんどいないからである。

　教科書の役割は多様であるが，そのうちの一つに，講義を前提として，講義の前に予習を促すことが挙げられる。ところが，いわゆる担保物権をはじめて学習する学生たちに，いきなり留置権の解説を読ませても，ほとんどの学生が留置権の全体像を把握することができない。その理由は以下の通りである。

1　留置権と「担保物権の通有性」との乖離

　担保物権には，占有を伴うもの，占有を伴わないもの，優先弁済権を有するもの，優先弁済権を有しないものというように，さまざまなものがある。法令

用語として存在しない「担保物権」という概念を採用しようとする限り，その概念をまとめる共通項として，担保物権の「**通有性**」という考え方を採用せざるをえない。したがって，担保物権のすべての教科書が，この「通有性」について論じている。

しかし，留置権には，担保物権の「通有性」として挙げられる「物上代位」の機能が存在しない。留置権には，法律上，「優先弁済権」が認められていないからである。そうすると，学生たちは，「担保物権の通有性」に欠ける留置権は，実は，担保物権という積極的な「権利」ではなく，消極的な「引渡拒絶の抗弁権」に過ぎないのではないかとの疑問を持つことになる。

教科書によっては，担保物権の「通有性」とは，「必ずしも共通の性質とはいえず，いちおうの整理に過ぎない」（道垣内・担保物権8頁）として，この矛盾を回避しようとするものもある。しかし，学生たちは，それなら「担保物権の通有性」などという概念を使わなければいいのではないのかとの疑問を抱くことになる。

2　留置権の物権性の希薄さ

留置権は，占有を失うと消滅するので（民法302条），留置権は，「極めて弱い物権である」（我妻・担保物権23頁）とか，留置権の「物権性は希薄である」と説明される（高木・担保物権13頁）。そうすると，学生たちは，留置権は「本権を伴わない占有」と同じであり，本来の物権とも異なるものではないのかとの疑問を抱くことになる。

この疑問を解くために，「占有権は物権であるから，占有を伴う留置権も物権である」という乱暴な説明をすることも可能である。しかし，そのような説明によれば，占有をともなう債権である使用貸借，賃貸借，請負，委任，寄託もすべて物権だということになり，これまた，学生の不評を買うことにならざるを得ない。

3　留置権の物権としての強力な対抗力

留置権における「物権性の希薄さ」について説明を受けた直後に，学生たちは，留置権は「物権」なので，「同時履行の抗弁権」の場合とは異なり，「第三者にも対抗できる」として，留置権の「強力な担保的作用」の解説を受けることになる。そうすると，学生たちは，留置権は物権なのか物権でないのか，わけがわからなくなる。

最近の学生は，消費者法の知識も豊富であり，同時履行の抗弁権が第三者に

対抗できる場合があることを知っている（割賦販売法30条の4・35条の3の19）。さらに、債権法の学習を済ませた学生なら、債権譲渡の場合には、同時履行の抗弁権でさえ原則として第三者に対抗できること（民法468条2項）も知っているので、上記のような説明では、同時履行の抗弁権と留置権とがどのような関係にあるのか、わけがわからなくなる。

4 留置権の対抗要件と物権総則（民法177条・178条）との乖離

留置権が第三者に対抗できる要件の話になると、学生たちの疑問は一段と深刻なものとなる。なぜなら、不動産物権変動の対抗要件は「登記」であり（民法177条）、動産物権変動の対抗要件は「引渡し」である（民法178条）から、留置権が物権であるとすれば、不動産留置権の対抗要件は登記であり、動産留置権の対抗要件は引渡しであろうと考える。ところが、留置権の場合には、物権変動の対抗要件に関する以上の原則とは異なっていることが、理由もなく告げられる。すなわち、留置権の対抗要件は、動産・不動産を問わず、「占有の継続」であると。

このようにして、留置権は、積極的な権利ではなく引渡拒絶の抗弁権として機能すること、および、占有を失うと留置権消滅するのだから、留置権の「物権性は希薄である」という説明と同時に、留置権は、同時履行の抗弁権とは異なり、「物権だから」第三者に対抗できるという「強力な物権性」の説明を受け、かつ、その対抗要件は、物権総則（民法177条・178条）とは異なり、動産・不動産を問わず占有の継続であるということになる。そうすると、学生にとって、留置権とは何者ぞという疑問が、さらに深まることになる。

5 留置権の成立要件における矛盾と混乱

留置権に関する学生の疑問は、留置権の成立要件に関する以下の「トラック暴走・突込み事件」（留置権の肯定例）と「不動産の二重譲渡事件」（留置権の否定例）の解説を読むにつけ、極限に達する。

(1) トラック暴走・突込み事件（近江・講義Ⅲ 15頁）

A（加害者）が、Cから借りた、またはCから窃取したC所有のトラックを暴走させてBの家に突っ込んだという不法行為の事例の場合に、トラックの所有者Cが被害者Bに対してトラックの返還を

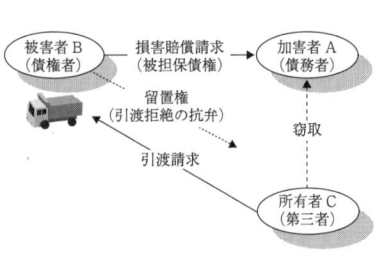

図34 トラック暴走・突込み事件
（3当事者型）

求めても，被害者であるBは，壊された家屋を修繕するための損害賠償債権の満足を受けるまで，留置権を根拠にして，第三者であるCに対しても，そのトラックを留置できると解説される（損害賠償債権に関する留置権の肯定）。

この事件の特色を，留置権の最初の箇所で示した古典的な例との比較で述べると，以下の通りである。

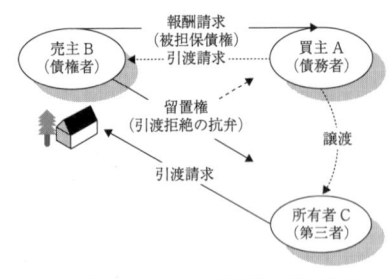

図35 典型例としての留置物の譲渡事件
（2当事者間の抗弁の存続型）

典型例の場合には，まず，BはAに対して被担保債権を有しており，Aに対して留置権を有している。その後，Aが目的物をCに譲渡したとしても，物権である留置権は，Cに対しても対抗できる。このように，典型例においては，2当事者間で成立した留置権が第三者に対抗できるかどうかが問題となる（2当事者間の抗弁の存続型）。

このような場合には，判例（最一判昭47・11・16民集26巻9号1619頁）は，売主である債権者Bから目的物を買い受けた債務者Aが，売買代金を支払わないままこれをCに譲渡した場合には，Bは，Cからの物の引渡請求に対して，未払代金債権を被担保債権とする留置権の抗弁権を主張することができる，と判示している。

トラック暴走・突込み事件の場合には，加害者Aが目的物を窃取し，暴走させたことによって，一方で，被害者BがAに対して損害賠償請求権を取得し，他方で，所有者CはBに対して引渡請求権を取得しており，Bの留置権は，被担保債権の発生と同時に第三者に対して発生するのかどうか，または第三者に対抗できるのかが問題となる。

このように，トラック暴走・突込み事件においては，いったん発生した留置権が第三者に対抗できるのかという問題ではなく，目的物に関する不法行為（窃取・暴走・突込み）に基づいて生じた債権を被担保債権として，いきなり第三者の引渡請求を拒絶できるかという問題である点で，特色を有する。

なお，トラック暴走・突込み事件と同様の事例として，鈴木『物権法』（424頁）は，AがCのボールを投げてBの窓ガラスをこわした事件（ボールによる窓ガラス破損事件）を取り上げて，留置権の成立を認めている。この例を使って，さらにアレンジを加えて具体的に考えてみよう。

Aが打ったボールがそれて，Bの家の窓ガラスを割って部屋に飛び込んできたとする。Bが外を見ると，Aが全速力で逃げて行くのが見えた。しばらくして，ボールの所有者Cが訪れて，事情を説明してくれた。Cのボールを知人のAが勝手に持ち出してノックの練習をしていて，Bの窓ガラスを割ってしまった。その後，Aは行方をくらましてしまってみつからない。しかし，Cのボールは，有名選手のサインボールなので，Cに返してほしいという。

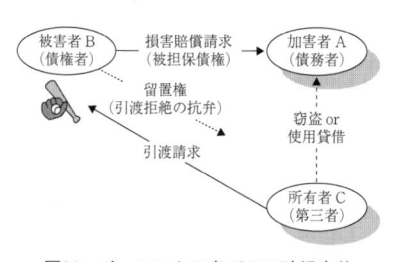

図36　ボールによる窓ガラス破損事件（3当事者型）

　ボールの所有者Cからその返還を請求されたBは，割られた窓ガラスの損害賠償の支払がなされるまでそのボールを留置し，その引渡しを拒絶することができるだろうか。

　この問題は，トラック暴走・突込み事件の場合と同様である。Aの不法行為（ボールの不正使用）という一つの行為によって，一方でAのBに対する損害賠償請求権が発生すると同時に，他方でCのBに対する目的物の返還請求権が発生している。

　いずれにしても，これらの問題は，被担保債権と目的物の返還請求権とは，目的物の窃取と暴走または暴投という同一の法律関係（不法行為）によって生じている。つまり，被担保債権は，物に関連して生じている。したがって，この場合にも，Bには留置権が認められるべきである。

　このようにみてくると，学生たちは，以上のような不法行為の場合だけでなく，以下のような債務不履行の場合にも，同じようになるだろうと考える。

(2)　不動産の二重譲渡事件

　Aが不動産をBに売却し，Bが売買代金を支払って不動産の引渡しを受けたが，登記が完了していない間に，Aが債務の本旨に反して，その不動産をCに二重に譲渡し，Cが先に登記をしたという事例の場合には，被害者であるBは，債務不履行に基づく損害賠償債権の満足を受けるまで，留置権を根拠にして，第三者で

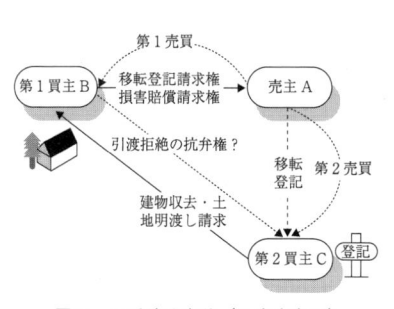

図37　二重譲渡事件（3当事者型）

第1節　留置権概説　　189

あるCに対しても不動産の留置ができるはずだ，と学生たちは考える。先の問題が不法行為の問題であったのに対して，この問題は債務不履行である点が異なるだけだからである。

　この不動産の二重譲渡事件に対する学生たちの考え方は，不動産の所有者が登記を先に得たCであること（民法177条）と矛盾するわけではない。このような場合に，登記を先に得たCに所有権があることは，物権法総論の段階ですでに解決済みである。学生たちの考え方の核心は，Aの契約違反による被害者であるBは，Aに対する債務不履行に基づく損害賠償債権が履行されるまでの間，Cからの引渡請求に対しても，その不動産を留置することができるのではないか，というものである。

　道垣内『担保物権』（17頁）は，「このBの主張を認めると，民法177条の対抗要件主義がないがしろになり，妥当ではない」として，Bの留置権は認めつつも，その留置権はCに対抗できないとする。しかし，Bの留置権がCに対抗できるとしても，Cの所有権が否定されるわけではなく，民法177条の対抗要件主義がないがしろになることはない。

　留置権が成立した後に目的物が第三者に譲渡された場合の留置権の効力に関する問題についてではあるが，同じ著者が，「このようなとき，留置権に対抗力を認めると，登記を基準にした取引の安全を害するのではないか，との疑問も生じる。しかし，少なくとも留置権者はその物を占有しているのであるから，ある程度の公示は図られているし，また，法が特に保護すべき債権者として留置権者を処遇する以上，避けえない結果である」（道垣内・担保物権31頁）と述べているのであり，このことは二重譲渡事件にも当てはまるはずであるから，学生たちの疑問は大きくなるばかりである。

　トラック暴走・突込み事件（または，ボールの暴投事件）の場合にも，学生たちは，トラック（またはボール）の所有権がCにあることに疑問を感じているわけではない。この場合，所有者であるCからの目的物の引渡請求に対して，Bは，目的物を暴走させた，または暴投したAに対する損害賠償債権が履行されるまで目的物の留置ができるからといって，Cに所有権があることが否定されたり，物権秩序に問題が生じることはないからである。そうであれば，不動産の二重譲渡の場合にも，被害者であるBは，Aに対する損害賠償債権が履行されるまで目的物を留置できても，物権秩序に問題が生じることはないのであり，所有権に基づくCの請求に対して，Aの債務不履行による被害者であるB

に留置権を認めてもいいのではないか，と学生たちは考えるのである。

この問題について，近江『民法講義Ⅲ』(26頁)は，「留置権は，履行の拒絶権である以上，その引渡義務と被担保債権とは，『同一の法律関係』から直接に生じていなければならないが，BのAに対する損害賠償債権は，A・B間の不動産譲渡という『同一の法律関係』から直接に生じた債権ではなく，Cが入ってきたことによる新たな法律関係から生じた債権であるから，留置権の成立要件を満たしていない」としている。

しかし，この説明では，とうてい学生たちを納得させることはできない。なぜなら，二重譲渡の場合，売主Aの「物の譲渡」(債務不履行としての二重譲渡)という同一の法律関係または事実関係から，一方でBからAに対する損害賠償請求権が発生し，他方でCからBに対する引渡請求権が同時に発生しており，BのAに対する損害賠償債権は，A・B間の不動産の二重譲渡という「同一の法律関係」または「同一の事実関係」から直接に生じているからである。実定法の解釈としても，被担保債権と目的物の引渡請求権との間には牽連性があり，しかも，Bの被担保債権は，「物に関して生じた債権」と考えることができるのであるから，民法295条の留置権を否定する根拠とはならない。

法政策的な観点からしても，単なる二重譲渡の場合ではなく，買主Bが代金を支払い，すでに引渡し(占有)を得ている場合には，第2買主Cは，不動産の占有状況を調査すれば，すでにBが居住していることがわかる。したがって，Bが売主Aから損害賠償を受けるまで，Cの引渡請求が実現しなくても，占有の調査を怠ったCにそのリスクを転嫁することは，むしろ公平であろう。

ところが，留置権に関する通説・判例の結論は逆である。最高裁の判決によると，不動産の二重売買において，第2の買主のため所有権移転登記がされた場合，第1の買主は，第2の買主の右不動産の所有権に基づく明渡請求に対し，売買契約不履行に基づく損害賠償債権をもって留置権を主張することは許されないとされている(最一判昭43・11・21民集22巻12号2765頁)からである(損害賠償債権に関する留置権の否定)。

その理由は，「上告人ら主張の債権〔被担保債権としての損害賠償債権〕は，いずれもその物自体を目的とする債権がその態様を変じたものであり，このような債権はその物に関し生じた債権とはいえない」というものである。しかし，この考え方に対して道垣内『担保物権』(29頁)は，「当該債権は，本件土地の価値の全部または一部が変形したものであるから，B・A間では留置権が成立

第1節　留置権概説

する」として，最高裁の理由づけに反対している。

　このようにして，二重譲渡事件に関する最高裁の判決理由を読み，その法理を先のトラック暴走・突込み事件に適用してみると，トラック暴走・突込み事件の場合にも留置権を否定しなければならないという不当な結論が生じることになってしまう。そうすると，留置権の成立要件の成否について，理論的に重大な矛盾が生じていることがわかる。ここで，学生の混乱は最高潮に達することになるというわけである。

　ところが，このような例外と矛盾に満ちた留置権の問題を整合的に解決する理論は，現在の教科書には用意されていない。なぜなら，トラック暴走・突込み事件（または，ボールの窃取・暴投事件）と不動産の二重譲渡事件を整合的に解説できる理論は，これまでのところ完成されていないからである。したがって，担保物権をはじめて学ぶ学生に対して，留置権から講義したのでは，最初から脱落者の山を築くだけになることは目に見えている。最近の傾向として，担保法の講義を留置権から順番に行うのでなく，最後の抵当権から行う理由は，実はここにあると思われる。

C　学生たちに留置権を理解できるように説明する方法とは

　しかし，留置権の講義を最後の方に回したからといって，問題の解決に役立つわけではない。抵当権を物権として講義した後に，留置権を同じく物権として講義したのでは，留置権の理解はさらに遠のくばかりだからである。

　このように考えると，問題の解決のためには，留置権の説明を後回しにするという安易な方法を採用するのではなく，留置権を物権として講義することをやめ，同時履行の抗弁権と同様，債権法上の履行拒絶の抗弁権として捉え，それが事実上の優先弁済権を獲得するメカニズムをきちんと説明することが重要である。

　本書は，そのような立場で留置権を解説することにする。したがって，本書の解説は，従来の教科書の説明とは全く異なるが，その解説を通じて読者は，留置権の本質に迫ることができるようになる。なぜなら，本書の解説によれば，上記の学生の疑問はすべて解消できるからである。その後で，学生が通説の矛盾に満ちた解説を読めば，通説がなぜ理解困難だったのかを含めて，通説の立場をより深く理解することができるようになると思われる。

III 留置権は，法律上の優先弁済権がなく，物権として構成する必要はない

A 留置権には，物権の根拠とされてきた「法律上の優先弁済権」は存在しない

　留置権は，その他の物的担保（先取特権，質権，抵当権）とは異なり，法律上の優先弁済権を有していない（民法295条）。ところで，民法において，物的担保が物権として規定された理由は，それが「債権者平等の原則」に反して優先弁済権を有するからであり，「債権者平等の原則」に反する以上は，それは債権ではなく，もっと強力な物権だから，「債権者平等の原則」の例外が認められるのだとして，物権の存在を正当化するためであった。そうすると，法律上の優先弁済権が認められていない留置権の場合には，留置権という引渡拒絶の抗弁権（訴訟上も，同時履行の抗弁権と同じく，引換給付判決〔民事執行法31条1項〕が下される）を，わざわざ物権として構成する必要性は存在しない。

　先に述べたように，ドイツ民法においては留置権（Zurückbehaltungsrecht）は，以下のように，物権ではなく，「給付拒絶の抗弁権」として，債権法（ドイツ民法第2編「債務関係の法」〔Recht der Schuldverhältnisse〕）において規定されている。

>　ドイツ民法273条（留置権）
>　①債務者が債務を負担したのと同一の法律関係に基づき，債権者に対して弁済期に達した請求権を有する場合において，債務関係から別段の結果を生じない限りにおいて，債務者は，自己に帰属すべき給付を受けるまでは，その負担する給付を拒絶することができる（留置権）。
>　②目的物を返還すべき義務を負う者がその目的物に加えた費用，または目的物によって生じた損害について，すでに弁済期に達した請求権を有するときも同じである。ただし，債務者が故意に加えた不法行為によってその目的物を取得したときはこの限りでない。
>　③債権者は，担保を供して，留置権の行使を免れることができる。ただし，その場合の担保として，保証人を立てることは許されない。

　後に，留置権の成立要件について詳しく検討するが，民法295条が，留置権の成立要件を「物に関して生じた債権」としか規定していないのに対して，わが国の通説は，それを，①「債権が物自体から生じた場合」と②「債権と物の引渡請求権とが同一の法律関係ないし生活関係から生じた場合」の2つに分類

している。それは，わが国の通説が，上記のドイツ民法273条を参考にして作り上げた独自の概念（要件分類）だからである。ところがドイツ民法は，留置権を物権ではなく，同時履行の抗弁権と類似の「給付拒絶の抗弁権」として規定しており，その上で，「物の返還義務」と「目的となる債権」との間の「牽連性」を問題にしているのであるから，このような要件をいわゆる担保「物権」の成立要件として構成することには，もともと無理があったのである（清水元「留置権における牽連性」〔椿他・民法改正を考える142頁〕は，わが国の通説がドイツ民法における一般留置権を転用して作り上げてきた留置権の牽連性基準は「適切な解釈基準とはなりえていない」と断じている）。ドイツ法を参考にして要件論を構成するのであれば，むしろ，留置権を物権と考えるのをあきらめ，ドイツ民法にならって，留置権を，同時履行の抗弁権と同様の「履行拒絶の抗弁権」として構成すべきであるというのが，本書の立場である。

　このように，世界の動向を見てみると，留置権を物権とする根拠は薄弱である。上記のように，わが国の学説が最も強い影響を受けてきたドイツ民法は，留置権を「物権」でなく「給付拒絶の抗弁権」として，「債務法」に属するものとして規定している（273条）。また，すでに見てきたように，現行民法の立法者が，字句の修正にとどめ，内容については変更していないとされる旧民法の留置権に関する規定は，「債権担保編」に規定されていた。さらに，契約各論の中に留置権の規定をちりばめてきたフランス民法典も，2006年の担保法改正によって，留置権（droit de rétention）の一般規定を創設したが（2286条），新しいフランス民法典は，留置権を物的担保（第2章）ではなく「担保法の総論」の箇所に規定している。このように考えると，比較法的にみても，留置権を物権ではなく履行拒絶の抗弁権の一つとして説明する方が説得的であると思われる。

B　留置権に事実上の優先弁済権が認められる理由は，誰に対しても対抗できる「履行拒絶の抗弁権」を有するからである

　必ずしも物権として構成する必要のない留置権が，わが国の現行民法において物権として規定されているのは，確かに留置権には法律上の優先弁済権が存在しないが，少なくとも事実上の優先弁済権が認められるからであるというのがその理由である。しかし，事実上の優先弁済権は，物権でなければ認められないのであろうか。これが，ここでの問題である。

結論を先取りして，簡潔に述べておくと，留置権が事実上の優先弁済権を有する「真の理由」は，以下の通りである。

　相手方の引渡請求権に対して，留置権者には「引渡拒絶の抗弁権」が認められる。そして，それは，強制執行をとり行う執行官に対しても対抗できる（民事執行法124条・190条）。そればかりでなく，たとえ目的物が競売された場合でも，留置権は，目的物を取得した買受人に対して対抗できる（民事執行法188条によって準用される民事執行法59条4項）。したがって，留置権者からその物の返還を受けようと思えば，いかなる人も，その物に関して生じた債権の弁済を留置権者に対して履行せざるを得なくなる。すなわち，留置権が有する事実上の優先弁済権は，債権法に属する「履行拒絶の抗弁権」が「引渡債務と被保全債権との間の牽連性」および「占有の継続」を根拠としてすべての第三者に対抗できることから生じているのである。

　債権上の抗弁権が第三者に対抗できるかどうかは，債権の世界に属する同時履行の抗弁権においても，また相殺の抗弁（相殺の担保的機能）においても生じる現象であり，物権として構成しなければ説明がつかないという問題ではない。同時履行の抗弁権や相殺の抗弁が債権譲渡の場合に第三者である譲受人に対抗できることは，民法上も明らかであるし（468条2項），特別法においても広く認められる傾向にあるからである（例えば，割賦販売法30条の4・35条の3の19参照）。

　留置権は占有を伴う権利であるから物権として説明せざるをえないと考える人があるかもしれないが，これは，もはや通説の見解でもないし，現在では受け入れられない考え方であると思われる。目的物の占有を伴う場合であっても，使用貸借，賃貸借，請負，委任，寄託はあくまでも債権であって，これらの場合に，占有を伴っているからという理由で，債権ではなく物権であると考える人はいないからである。

　もっとも，留置権における占有は，第三者に対する対抗要件という意味では，大きな意味を有している。同時履行の抗弁権は，留置権の場合と同様に，債権間の牽連性を理由に認められているが，常に第三者に対抗できるわけではない。その理由は，牽連性の公示が必ずしも明確ではないからである。しかし，留置権の場合は，被担保債権と引渡債権との間の牽連性は，その債権がその物に関連して生じたこと，および物の「占有の継続」によって公示されている。「引渡拒絶の抗弁権」という債権の世界に属する留置権が，第三者に対しても対抗

第1節　留置権概説

力を有するのは，それが物権だからではなく，「占有の継続」という対抗要件を備えているからである（この対抗要件が，物権の対抗要件である登記〔民法177条〕とも引渡し〔民法178条〕とも異なることは，すでに述べたとおりである）。

債権である賃借権が「登記」（民法605条，借地借家法10条）または「引渡し（占有の移転）」（借地借家法31条）という対抗要件を備えれば，第三者に対抗できるのも，また，債権譲渡が債務者への「通知または承諾」（民法467条）によって第三者に対抗できるのも，それらが物権だからではなく，それらが第三者に対する対抗要件を備えているからである。「引渡拒絶の抗弁権」としての留置権が第三者に対抗できる理由も，第三者に対抗できる債権があるのと同様である。

このように考えると，法律上の優先弁済権を有せず，占有を失うと消滅する留置権を，わざわざ物権として構成する必要はないということが理解できる。そして，留置権には法律上の優先弁済権がないにもかかわらず事実上の優先弁済権が認められる理由は，すでに述べたように，同時履行の抗弁権や相殺の抗弁の担保的効力と同じく，債権法の世界に存在する「履行拒絶の抗弁権」の効力から導かれる。むしろ，留置権を，占有の継続を対抗要件とする第三者に対抗できる「履行拒絶の抗弁権」として，債権法の世界において再構成するならば，留置権の物権性の希薄さも，物権とは異なる対抗要件を有することも，矛盾なく説明することができる道が開かれることになるのである。

第2節　留置権における牽連性の要件

I　留置権の成立要件としての牽連性

留置権は，一定の要件を満たした債権に対して法律上当然に成立し，かつ第三者に対抗できる物的担保（いわゆる法定担保物権：留置権，先取特権）の一つである。この点で，当事者の合意によって成立し，公示によって第三者に対抗できる物的担保（いわゆる約定担保物権：質権，抵当権）とは，区別されている。

確かに，留置権は，法定の物的担保であり，留置的効力があることから，法定質と呼ばれることがある。留置権の規定の多くが質権に準用されている（民法350条）のも，この考え方に親和性がある。しかし，先に述べたように，留置権は，質権を含めた他の物的担保とは異なり，優先弁済権を有していない。

留置権にあるのは，事実上の優先弁済権のみである。この事実上の優先弁済権は，先に述べたように，自らの債権が弁済されるまで，その債権に関連して取得した他人の物の占有を継続し，相手方の引渡請求権を拒絶できる点にある。つまり，留置権においては，占有で公示される「引渡拒絶の抗弁権」という消極的な権利（物権ではない）の存在が，留置権の事実上の優先弁済権を導いているのである。

　では，事実上の優先弁済権を導く履行拒絶の抗弁権は，どのような要件の下に認められるのであろうか。留置権と同様の抗弁権とされている「同時履行の抗弁権」の場合には，2つの債権の間に密接な関連（牽連性）があること（最も狭い意味では，同一の双務契約から生じる2つの債権であること）が必要である。これと同様に，留置権の場合にも，原理的には，自らの被保全債権（被担保債権）と相手方の目的物引渡債権との間に**牽連性**があることが要求されている。しかし，留置権の場合には，実際には，この2つの債権の間の牽連性について，目的物の占有を仲介項として証明を軽減することが認められている。すなわち，自らの被保全債権と相手方の引渡請求権との間の直接の牽連性を証明しなくても，自らの被保全債権が目的物の占有の開始と牽連性があることを証明できれば，2つの債権の間の牽連性が認められるのである。

　例えば，目的物の占有の開始が，契約（売買，請負，委任，寄託など）またはその不履行によって生じた場合，または，契約がなくても，目的物の事務管理，もしくは目的物を原因とする不法行為によって生じた場合には，その「物に関して生じた」売買代金債権，報酬債権，費用償還債権，損害賠償債権を被担保債権として，その債権が弁済されるまで，その物の引渡しを拒絶して留置することができる。

　留置権が成立するためには，被担保債権は「物に関して生じた債権」でなければならない（民法295条）という意味は，以上の通りである。言い換えると，物の引渡請求権と物に関連して生じた債権との間に牽連性がある場合であって，そのことが占有を通じて公示されている場合に，被担保債権は，「物に関して生じた債権」と認定され，第三者に対抗できる「引渡拒絶の抗弁権」としての留置権が発生するのである。

　上に述べた留置権の成立要件である「物に関して生じた債権」の意味について，従来の通説は，この抽象的な要件をわかりやすく説明しようとして，この成立要件を，①「債権が物自体から生じた場合」と②「債権と物の引渡請求権

とが同一の法律関係ないし生活関係から生じた場合」の2つに分類している。しかし，肝心のこの要件分類に重複や混乱が生じており，わかりやすく分類することに成功しているとはいえない。その結果，先に学生の疑問として述べたように，通説の説明を読んでもほとんどの人が理解できない状態にあるのが現状である。そこで本書では，留置権の成立要件の問題について，立法理由から旧民法にさかのぼって，詳しく，かつ，わかりやすく解説することを試みる。

Ⅱ　留置権の成立要件（民法295条）の立法理由

　留置権の成立要件に関しては，民法295条の規定が重要である。ただし，この条文は，抽象的過ぎて，初めて読む人には理解が困難である（その理由が，現行民法の立法者の不親切と誤解によるものであることは，後に詳しく述べる）。しかし，ひとまずは，留置権に関する現行法の冒頭条文である民法295条を読むことから始めるほかない。

　この規定は，①正当な理由で（民法295条2項は，この要件を反対側から規定している），②他人の物を占有し，③その物（の占有）に関して生じた債権を有し，④その債権が弁済期にあるという4つの成立要件が満たされた場合に，債権者に対して，その債権の弁済を受けるまでその物の引渡しを拒絶する抗弁権を与え，その債権者に事実上の優先弁済権を認めるものである。

　第1に，現行民法の規定は，旧民法と比較すると，債権が弁済期にあることを要求する点で，債権者にとって厳格なものとなっている。債権が弁済期にあることは，担保権が，債務者が債務を任意に履行しない場合に債権の回収を確実にするものであることから，当然に要求される要件と考えられている。そして，債権が弁済期にあることを必要とするという要件は，詳しくは留置権の効力の箇所で説明するが，占有者，買戻しの場合の買主・転得者，または賃借人が「有益費」の償還請求権に基づいて留置権を行使する場合に，裁判所がこれに期限の利益を許与すると（民法196条2項ただし書〔有益費・悪意占有の場合〕，583条2項ただし書〔有益費〕，608条2項ただし書〔有益費〕），留置権が消滅するという重大な効果が生じる。留置権の規定である民法299条2項ただし書（有益費）の場合も同様である。

　もっとも，留置権が履行拒絶の抗弁権であることを考慮するならば，履行拒絶の抗弁権の一つである同時履行の抗弁権の場合には，同じく弁済期にあるこ

とを要求されながら（民法533条ただし書），相手方の債務が履行期にあり，自らの債務は弁済期にないために先履行を要求されている場合であっても，「相手方の給付能力の欠如により危殆化されるおそれがある場合」には履行を拒絶できるという「不安の抗弁権」が学説によって認められていることを無視すべきではない。不安の抗弁権は，ドイツ民法321条に由来する法理であるが，わが国の民法も，売買目的物の引渡しを受け，先履行義務がある買主に対して，代金支払拒絶抗弁権を与えており（576～577条），実質的に不安の抗弁権を認めている。そして，わが国の判決例の中には，この不安の抗弁権を認めるものも存在する（東京地判平2・12・20判時1389号79頁，判タ757号202頁）。この点を考慮するならば，債権が弁済期にないときは原則として留置権は成立しないが，債務者の信用不安等のため，その債権の弁済が確保されなくなるおそれがあることが明らかな場合には，例外的に留置権を行使することができると考えるべきであろう。ただし，民法576条ただし書の場合と同様，債務者または第三者が相当の担保を供したとき，または，先に述べたように，裁判所が債務者に期限の猶予を与えた場合には，留置権は消滅すると考えるべきである。

　第2に，留置権に関する現行民法の規定は，旧民法の規定に比べて，以下の3点で，物を占有する債権者を保護している。

　第1点は，旧民法（債権担保編92条）においては，留置権が成立するためには，債権者の方で，占有の取得に「正当な原因」があることを立証しなければならなかった。しかし，現行民法は，留置権を争う相手方の方で，占有の取得が不法行為に基づくことを証明しない限り，占有の取得は正当な原因に基づくものであると推定している（295条2項）。

　もっとも，この点に関しては，現行法の規定の仕方が適切であったかどうかについて，課題が残されている。なぜなら，現在では，現行法による成立要件の緩和は，留置権が安易に認められる道を開き，「実務では嫌われものの留置権」（須藤典明「留置権の主張と引換給付判決」鎌田他・民事法II 16頁）といわれるに至っているからである。したがって，現行法が，旧民法の「正当の原因」という成立要件の代りに，「占有が不法行為によって始まった」場合だけを除くという立法をした点に関しては，立証責任の分配を含めて，再検討の必要が生じているといえよう。

　第2点は，旧民法債権担保編92条が，「債務者」の物（動産または不動産）を占有する債権者のみを保護していたのに対して，民法295条は，「債務者」

の物に限らず，第三者を含めた「他人」の物でもよいとしている点である。確かに，旧民法債権担保編92条は，留置権の目的物を「債務者の動産又は不動産」に限定している。しかし，旧民法は，現行民法と異なり，留置権を債権担保編だけに集中して規定するのではなく，フランス民法と同様，財産取得編にも，さまざまな種類の留置権を規定していた。このような個別の留置権の場合には，例えば，寄託における費用償還請求権または損害賠償請求権を担保するためにも受寄者に留置権が認められていた。この場合の目的物は，必ずしも寄託者の所有に属する物でなくても，賃借した他人の物を寄託した場合にも当然に適用される。したがって，現行民法の立法者が，留置権を民法295条以下に集中して規定することにし，旧民法に散在する留置権の規定を総合した結果として，目的物を「債務者の動産又は不動産」から「他人の物」へと変更したことは，賢明であったといえよう。この点に関して，その後の通説（我妻・担保物権35頁，柚木＝高木・担保物権25頁，など）および判例（最一判昭47・11・16民集26巻9号1619頁）も，留置権の目的物について，債務者の物に限らないとしており，妥当である。

　もっとも，この問題については通説・判例の見解とは異なり，目的物を「債務者の物」に限定して解釈すべきである，すなわち，「留置権を債権的に考える」べきである（高木・担保物権28頁）として，留置権の成立時点における債務者以外の物に対する留置権の成立を否定する少数説がある（薬師寺・留置権60～73頁がその論拠を詳しく論じている）。具体例としては，「C所有の時計をAが借りていた場合において，A（債務者）がこのC所有の時計をB（債権者）に修理するよう依頼したときに，Aに対する修理代金債権を確保するために，Bは所有権に基づくCの返還請求を留置権を理由に拒絶することができるか」という問題として提起されている（高橋・担保物権15頁は，この問題について，公平の観点から留置権を肯定する）。留置権を債権的な「引渡拒絶の抗弁権」と考える立場からは，目的物を債務者の所有物に限定すべきであるとする説も成り立ちうる。しかし，本書のように，留置権を債権的な「返還拒絶の抗弁権」であるとの立場をとった場合でも，留置権の成立には，以下の2点を考慮すると，目的物を「債務者の動産又は不動産物」に限定する必要性はないと考える。

① 被担保債権と物の占有との間には牽連性が要求されている
　　上記の例に即していえば，賃借人Aが目的物の修理のためにBに占有を移転し，Bが目的物を修理することよって，結局，所有者Cは利益を受けている。

つまり，BがCの物を占有したこと（Bの目的物の占有）と，BのAに対する修理代金債権とは牽連性を有している（Bの修理代金債権は，物に関して生じた債権である）。

② 第三者に対する対抗要件として，占有の継続が要求されている

留置権の対抗要件は，動産物権変動において要求される「引渡し」よりも，公示力が明確な占有の継続が要求されている。したがって，第三者は，占有関係を調査すれば，不測の損害を回避することができる。

このように考えるならば，旧民法からの変更点のうち，留置権の目的物を「債務者の動産又は不動産」に限定せず，「他人の物」へと拡張したことは，立法技術としても正当であったといえよう。

第3点は，牽連性の証明の軽減（または免除）である。留置権の本質は，相手方の目的物の返還請求権に対する「履行拒絶の抗弁権」であり，その成立要件として，①「被保全債権」と②「目的物の返還債権」との間に牽連性があることが必要である。しかし，民法295条は，両者の牽連性を判断するに際して，不法行為によって占有を有したのではない（他人の物を正当な権原で占有する）債権者は，被保全債権が目的物の占有に関連して発生したことを証明できれば，被保全債権と目的物の引渡請求権との間に牽連性があるとみなすことにしており，この点でも債権者を保護している。

以上のことをよりよく理解するために，現行民法295条の立法に決定的な影響を与えた旧民法における留置権の規定を概観することにする。読者の中には，旧民法などという廃止された法律をわざわざ持ち出さなくてもよいのではないかと思われる人がいるかもしれない。しかし，旧民法を参照することには，相当の理由がある。第1に，立法者自身が，現行民法295条は，旧民法債権担保編92条の内容には根本的な変更をせず，字句を修正しただけだとしており（民法理由書312頁），現行民法295条の解釈のよりどころとなりうる。第2に，現行民法295条の要件は抽象的過ぎてわかりにくいのに対して，現行民法が依拠した旧民法債権担保編92条の要件は具体的でわかりやすい。第3に，旧民法は，フランス民法と同様，さまざまな契約において留置権が成立する具体的な例を債権担保編だけでなく財産取得編にも置いており，留置権の多様な発生状況を具体的に知ることができる。したがって，現行民法よりもわかりやすい旧民法の条文を参照しない理由はない。

A　旧民法債権担保編 92 条

　留置権の成立要件を規定している現行民法 295 条の成立に決定的な影響を与えた旧民法債権担保編 92 条は，以下の通りである（ただし，読みやすくするために，カタカナをひらがなに変換し，濁点・句読点を追加している）。

旧民法債権担保編 92 条（留置権の成立要件）
　①留置権は，財産編及び財産取得編に於て特別に之を規定したる場合の外，債権者が既に正当の原因に由りて其債務者の動産又は不動産を占有し，且，其債権が其物の譲渡に因り，或は其物の保存の費用に因り，或は其物より生じたる損害賠償に因りて，其物に関し，又は其占有に牽連して生じたるときは，其占有したる物に付き債権者に属す。
　②委任なくして他人の事務を管理したる者は，必要の費用及び保持の費用の為めに非ざれば，其管理したる物に付き留置権を有せず。

　旧民法の上記の規定は，留置権の成立要件について，現行民法とは異なり，非常に具体的でわかりやすく規定されている。問題があるとすれば，そのような具体的な成立要件がすべての場合を尽くしているのかどうかである。そこで，旧民法債権担保編 92 条が規定する留置権の成立要件を箇条書きにして整理してみよう。
　(1)　債権者が正当の原因によって占有を取得していること，かつ，
　(2)　債権がその物の譲渡によってその物に関して生じていること，あるいは，
　(3)　債権がその物の保存の費用によってその物に関して生じていること，あるいは，
　(4)　債権がその物から生じた損害賠償によってその物に関して生じていること，または（すなわち），
　(5)　債権がその占有に牽連して生じていること

　旧民法債権担保編 92 条の要件のうち，上記の(1)の点に関しては，現行民法 295 条は，債権者を保護するために，立証責任を転換し，留置権の成立を争う者の方で，債権者の占有が不法行為によって始まったことを証明しない限り，債権者の占有は正当な原因によって取得されたものとして，留置権の成立を認めることにしている（民法 295 条 2 項）。この点については，立証責任の違いがあるだけでなく，「正当の原因」を「占有が不法行為によって始まった場合」を除くとした点が，要件の行き過ぎた緩和となっていないかどうかが問題となる。この点は，先に述べたように，今後の立法の課題である。
　現行民法において，「占有が不法行為によって始まった場合」には留置権が

成立しないとされた点に関しては、占有取得時には適法な占有であったが占有権原喪失後に悪意または有過失で必要費・有益費を支出して費用償還請求権を取得した場合（民法196条）に、民法295条2項を類推適用して、留置権の成立を否定すべきか、それとも、民法196条2項ただし書に規定されている期限許与制度によって留置権を制限するかで、判例と学説が対立している。判例は、上記の場合に、民法295条2項を類推して、留置権の成立を否定している。

最一判昭41・3・3民集20巻3号386頁（売買契約の解除、占有者悪意の場合）

「建物の売買契約によりその引渡を受けた買主が、右売買契約の合意解除後売主所有の右建物を権原のないことを知りながら不法に占有中、右建物につき必要費、有益費を支出したとしても、買主は、民法第295条第2項の類推適用により、当該費用の償還請求権に基づく右建物の留置権を主張できない。」

最二判昭46・7・16民集25巻5号749頁（賃貸借契約の解除、占有者悪意の場合）（民法判例百選Ⅰ80事件）

「建物の賃借人が、債務不履行により賃貸借契約を解除されたのち、権原のないことを知りながら右建物を不法に占有する間に有益費を支出しても、その者は、民法295条2項の類推適用により、右費用の償還請求権に基づいて右建物に留置権を行使することはできない。」

最一判昭51・6・17民集30巻6号616頁（売買契約の無効、占有者善意・有過失の場合）

「農地買収・売渡処分が買収計画取消判決の確定により当初にさかのぼって効力を失った場合において、被売渡人から右土地を買い受けた者が土地につき有益費を支出していても、その支出をした当時、買主が被買収者から買収・売渡処分の無効を理由として所有権に基づく土地返還請求訴訟を提起されており、買主において買収・売渡処分が効力を失うかもしれないことを疑わなかったことにつき過失があるときには、買主は、右有益費償還請求権に基づく土地の留置権を行使することができない。」

しかし、民法196条が、悪意占有者に対しても有益費の償還請求権を認め、かつ、悪意占有者に対しては、占有回復者の請求によって、有益費の支払について裁判所が相当の期限を許与することができ、その手続を通じて、民法295条1項ただし書により、留置権の成立を制限することができるのであるから、民法295条2項の類推によって、留置権の成立を全面的に否定するのは誤りで

あると考える。学説の多くも，民法295条2項を類推することに批判的である（我妻・担保物権36頁，関・留置権459頁，近江・講義Ⅲ31頁，平野・民法総合3 348〜349頁）。

　もっとも，清水（元）『担保物権』（182〜183頁）は，占有の開始のときは適法であっても，後に不適法に変わった場合（権限喪失型）には，民法295条2項が不法行為性を留置権の消極要件としている点からして違法性の契機を否定すべきでないとし，「無権限占有が違法と評価された場合に限って，同条項を類推適用すべきものと考える」とする。そして，上記の判例（最二判昭46・7・16民集25巻5号749頁〔賃貸借契約の解除，占有者悪意の場合〕）の場合につき，「契約解除の場合，以後は返還債務が賃借人に発生しており，債務不履行として違法な占有があるということができよう。とくに，かかる場合に費用支出を理由として返還を拒むということ自体が権利濫用的意味あいを帯びており，295条2項〔の類推〕によって留置権を否定することは妥当であるといえる」としている（清水元「民法295条2項の類推適用」〔民法判例百選Ⅰ（第6版）80事件〕）。

　しかし，旧民法が，「債権者が既に正当の原因に由りて其債務者の動産又は不動産を占有」していることを留置権の成立要件としていたこと，これを踏まえて，現行民法が，このことを裏側から，すなわち，消極的要件として「占有が不法行為によって始まった場合には，適用しない」としている点が重視されるべきである。つまり，正当な原因に基づく占有が，解除等によってその正当な原因が失われ，最終的に，正権原を有する者（所有者）へと移転されるというプロセスの中で，いったん正当な権限を有していた占有者の利益は，それが尊重されつつ，穏やかに占有の移転が計られるべきであり，その間の本権と占有権との利益調整は，民法の占有に関する規定（189〜196条）に基づいて行われるべきである。そのように考えると，留置権者によって占有がいったん適法に開始された以上は，その正当な原因が解除等によって喪失されたとしても，本権者へと占有の移転が完了するまでは，留置権者は，なお，費用償還請求権を有する（196条・299条）ことが重視されなければならない。したがって，民法196条2項または299条2項に従って，所有者に相当の期限が許与されるまでは，留置権者は，なお，事実上の優先弁済権である留置権を保持すると考えるべきである。

　以上の問題点を踏まえた上で，以下において，旧民法の上記(2)〜(4)の要件が

留置権成立のすべてを尽くしているかどうかの検討に入ることにする。

(2)～(4)までの要件の列挙は，現行民法と比べると，具体的で，非常にわかりやすい規定となっている。ところが，現行民法の立法者は，このような列挙は脱漏のおそれがあるとして採用しなかった。例えば，(3)に「物の保存の費用」が挙げられているが，現行民法の立法者によると，これでは，「物の改良の費用」の場合には留置権が発生しないと解されるおそれがあるという。そして，現行民法の立法者は，これら(2)～(4)のわかりやすい列挙をすべて削除し，「その物に関して生じた債権」という抽象的でわかりにくい要件に変更してしまったのである。

しかし，これは，旧民法の立法者であるボワソナードの意図を誤解したものと思われる。なぜなら，次に詳しく検討するように，ボワソナードの起草した旧民法の解説書（Boissonade, Projet）によると，(2)～(4)の要件は，抽象的な要件である(5)の要件によって包括的に言い換えられており，(2)～(4)の要件の列挙によっても脱漏のおそれはないからである。つまり，次に詳しく述べるように，旧民法債権取得編92条の要件を構造的に表現すると，留置権の成立要件は，(5)の要件で包括的に表現され，(2)～(4)の要件は，(5)の要件を例示したものと解釈できるのである。

このような立法例，すなわち，具体的な要件を列挙したように見えて，最後の要件が包括的な一般規定となっているという例は，実は，現行民法にも存在する。例えば，民法770条（裁判上の離婚原因）の規定がその典型例である。すなわち，民法770条1項の1～5号に列挙された要件のうち，1～4号（不貞行為，悪意の遺棄，生死不明，強度の精神病）までは，具体的な離婚原因の例示であり，最後の5号が，それらを包括し，かつ，遺漏のない真の離婚原因（婚姻を継続しがたい重大な事由）となっているからである（離婚原因の構造については，加賀山・民法学習法48～53頁を参照）。

以上のような旧民法の新しい解釈を裏づけるために，ボワソナードが起草した旧民法草案の解説の翻訳と原文（Boissonade, Projet p.197）を以下に掲げておくことにする（なお，旧民法は，ボワソナードの草案〔Projet〕の誤訳の上に成り立っている可能性があるという点については，清水・留置権概念124頁以下，関・留置権611頁以下，深川・相殺の担保的機能289頁を参照のこと）。

①本法典の第2編および第3編の特別規定によって債権者に留置権が認められる場合の外に，(1)債権者が正当な原因により債務者の動産または不動産を占有し

ており，かつ，(2)その債権が占有に牽連して生じたときは，すなわち，(a)その債権がその物につきなされた譲渡により，(b)或いはその物の保存のためになされた場合により，(c)或いはその物の惹起した損害で所有者が責任を負う場合により，この物に関して生じたときは，すべての債権者に留置権が帰属する。
②委任なくして他人の事務を管理した者は，その管理した物に関する必要の費用及び保存の費用についてのみ，留置権を有する。

Art. 1096

    Indépendamment des cas où le droit de rétention est reconnu au créancier par des dispositions spéciales des Livres IIe et IIIe du présent Code, le même droit appartient à tout créancier, sur la chose mobilière ou immobilière de son débiteur, lorsqu'il la possède déjà en vertu d'une cause légitime, et lorsque sa créance est connexe à cette possession ou née à l'occasion de ladite chose, par l'effet soit de la cession qu'il en a faite, soit de dépenses faites pour sa conservation, soit de dommages par elle causés, lorsque le propriétaire en est responsable.

    Celui qui a géré les affaires d'autrui, sans mandat ne jouit du droit de rétention, à l'égard des choses dont il a pris la gestion, que pour les dépenses nécessaires et pour celles de conservation.

B   旧民法債権担保編 92 条の要件分析

旧民法債権担保編 92 条の条文の意義を，ボワソナードの Projet の原文に照らして解釈しなおすと，以下のようにまとめることができる。

(1) 債権者が正当の原因によって占有を取得していること（←現行民法 295 条では，立証責任を転換して，第 2 項に回されている），かつ，
(2) 債権がその占有に牽連して生じていること，すなわち，（←包括的要件であり，民法 295 条の「その物に関して生じた債権」と同じ。以下は具体例の例示）
  (a) 債権がその物の譲渡によってその物に関して生じていること（←目的物の売買によって代金債権が生じた場合がその例），或いは，
  (b) 債権がその物の保存の費用によってその物に関して生じていること（←目的物の使用貸借・賃貸借・請負・委任・寄託・事務管理等によって報酬債権，費用償還債権が生じた場合がその例），或いは，
  (c) 債権がその物から生じた損害賠償によってその物に関して生じていること（←目的物に関する債務不履行・不法行為等によって損害賠償債権が生じた場合がその例）

旧民法に規定された留置権の成立要件を、上記のように箇条書きにして、構造的に再構成してみると、債権担保編92条1項は、「或いは」で例示されたわかりやすい3つの具体例とともに、「又は（筆者の見解によれば、「すなわち」の意味）」で示された先行する3つの例示を総括する「債権がその占有に牽連して生じていること」という一般規定から構成された優れた条文であったことがわかる。

　このように考えると、現行民法立法者が旧民法の「例示」を「列挙」と誤解して、旧民法のわかりやすい具体例を削除したのは、民法を市民にわかりやすいものとするという観点からは、誤りであったということができよう（民法295条における立法の過誤）。

C　立法理由と旧民法の修正

　以上の予備知識を得た上で、『民法理由書』（312頁）を読んでみよう（読みやすくするために、カタカナをひらがなに改め、濁点、句読点を追加している）。

　（理由）　既成法典担保編第92条の規定に付き種々の評論あるに拘らず、本案は其主義に於ては之に従ふべきものと認めたるを以て、本条の修正は多くは字句の修正に止まれり。即ち、

　　（第一）　既成法典は、留置権の目的物を債務者の動産又は不動産に限定すと雖も、債務者以外の者に属する物を善意にて占有する場合に於ては、又固より留置権を生ぜしめざるべからざるを以て、本案は広く他人の物を占有するときと改めたり。

　　（第二）　既成法典は、占有の原因を表面より観察して正当の原因に基くことを要すと規定せり。然れども、単に正当の原因に因りて占有すと云ふときは、其始め不正の原因たるも後に至りて正当と為るときは留置権は存立する如く解せしむるに足るべし。之れ本案の避けんとする疑点にして、占有が詐欺の如き不正の原因に因りて始まりたるときは、其後に至り正当の名義を得るも法律は之に因りて留置権を生ぜしむべきにあらず。故に本案は此主意を明了ならしむる為め、本条第2項に於て、既成法典の正当の原因なる字句を裏面より解して、占有が不法行為に因りて始まりたるときは留置権を生ぜしめざることを明かにせり。又既成法典の規定に依れば、留置権者は正当の原因たることを証明せざるべからずと雖も、本条第2項の如くなれば、証明の責任は留置権を攻撃する者に存し、之に因りて又、権利保護の趣旨に適せしむることを得べし。

（第三）　既成法典の条文に依れば，債権発生と共に留置権も亦直に成立する如き疑を生ぜしむるに足ると雖も，若し斯くの如くなれば，取引の安全を害すること少からざるを以て，本案は債権が弁済期に在ることを要する旨を示し，期限前に留置権の成立せざることを明かにせり。蓋し，留置権の規定をして実際の便利に適せしむるには，其まさに成立すべき時期を明示するを以て必要と信ずればなり。

　（第四）　既成法典は，債権発生の原因を詳細に記載すと雖も，之れ固より脱漏の虞なき能はず。例へば，既成法典に依れば，改良費用に基く債権の如きは留置権を生ぜざるが如し。本案は，苟も債権が存在する以上は其原因の何たるを問はず広く留置権を生ぜしめ，先取特権の如く債権の種類を区別すべきものにあらずと信ずるを以て，単に占有物に関して生じたる債権と改めたり。

　又既成法典第92条第2項の規定は，事務管理の規定に属すべきものなれば，之を削除せり。

　以上の留置権の立法理由を読んでみて，読者はどのように感じられたであろうか。何の予備知識もなく立法理由を読んだ場合には，なるほどと思うだけであろう。しかし，旧民法債権担保編92条の条文をしっかり理解してから読んでみると，立法理由のうち，一応納得できる部分（第一～第三）と，旧民法の誤解に基づいた，しかも市民にとって不親切な部分（第四）があることを発見できるであろう。なぜなら旧民法は，留置権の発生に関する包括的な要件（債権が占有に牽連して生じていること），および包括的要件を例示する具体的な要件（①債権が，物の譲渡によりその物に関して生じていること，②債権が，物の保存の費用によってその物に関して生じていること，③債権がその物から生じた損害賠償によってその物に関して生じていること）という，2種類の要件（包括要件と例示要件）をうまく組み合わせていたのであり，このような組合せこそが，民法の条文構造の妙味であり，もっともわかりやすい表現でもあるからである。

　従来の教科書は，このようなプロセスを省略して，現行民法の難解な条文を，ドイツ民法273条を参考にして，さらに難しく解釈するという方向に向かっているように思われる。学説の対立が見られ，初めて学ぶ者にとって理解が困難な場合には，現行民法を単に解説するのではなく，条文が成立するまでにどのような歴史があり，現行民法はそのような歴史に耐えうるものであるかどうかの検討をすることが必要であろう。

D　現行民法における「隠れた留置権」の規定

現行民法は，旧民法とは異なり，留置権を 295〜302 条に集中して規定し，その他の箇所には留置権を規定しないという方針を採用している。しかし，現行民法においても，295〜302 条とは異なる箇所に，留置権と同定できる権利が点在している。これを，本書では，「隠れた留置権」として，以下に立法理由とともに列挙しておく。

読者は，以下の「隠れた留置権」の規定を読んで，現行民法 295 条の抽象的な規定が，具体的な場面でそれらを吸収できるものとなっているかどうかを検討してみるとよい。

1　盗品・遺失物に関する善意取得の特則における留置権の規定（民法 194 条）

民法 194 条（盗品又は遺失物の回復 2）
　占有者が，盗品又は遺失物を，競売若しくは公の市場において，又はその物と同種の物を販売する商人から，善意で買い受けたときは，被害者又は遺失者は，占有者が支払った代価を弁償しなければ，その物を回復することができない。

（理由）　本条は既成法典証拠編第 146 条第 1 項の字句を修正したるに過ぎず。又同条第 2 項は損害賠償の一般原則に従ふべきものなれば，之を除けり。

旧民法証拠編 146 条
①盗取せられ又は遺失したる物を競売又は公の市場に於て又は此類の物の商人若くは古物商人より善意にて買受けたる者あるときは，所有者は其買受代価を弁償するに非ざれば回復を為すことを得ず。
②此場合に於ては右の代価に付き所有者は売主に対し，又売主は譲渡人に対して求償権を有し，終に盗取者又は拾得者に遡る。

民法 194 条の規定は，通常は，盗品・遺失物に関する民法 192 条の善意取得の特則であって，留置権に関する規定であるとは考えられていない。しかも，最高裁の平成 12 年判決（最三判平 12・6・27 民集 54 巻 5 号 1737 頁）が，盗品・遺失物の善意取得者による原所有者に対する「代価の弁償」に関して，大審院以来の抗弁説（大判昭 4・12・11 民集 8 巻 923 頁）を捨てて，請求権説を採用したことから，現在においては，民法 194 条と留置権との関係はますます希薄となっている。

しかし，本書の立場からすると，民法 194 条は，原所有者（C）から善意取得者（B）に対する盗品・遺失物の返還請求に対して，善意取得者（B）が前主である売主（A）に対する追奪担保に基づく請求権（代価の賠償請求権）を保全するため，善意取得者（B）が代価の弁償を受けるまで盗品・遺失物の返還

第 2 節　留置権における牽連性の要件

を拒絶できる抗弁権（留置権）と解することができる。

確かに，善意取得者（B）は，回復を求める原所有者（C）に対して，民法194条に基づいて，取得価格の補償を直接に請求できる，と解するのが一般的であろう。しかし，民法194条が善意取得者（B）に取得価格の補償を認めた理由

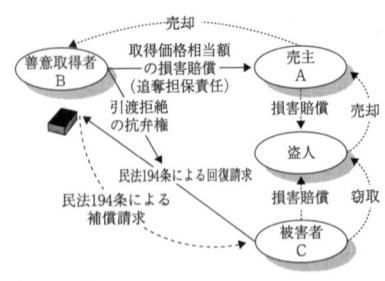

図38　民法194条における「隠れた留置権」

は，上記の理由に基づくと考えた方がわかりやすい。なぜなら，善意取得者に対して補償を行うなら，取得価格ではなく，取得価格を限度とする**市場価格（時価）**と考える方がより説得的だからである。さらに，民法196条の元となった旧民法証拠編146条2項（上記参照）によれば，上の図のように，売主は盗人へ，所有者も盗人へと求償がさかのぼることが規定されており，その前提として，善意取得者（B）から売主（A）への追奪担保責任の存在が前提とされているからである。

代価の弁償について，善意取得者に代価弁償請求権を与えることと，善意取得者に対して，代価の弁償を受けるまで履行拒絶の抗弁権を与えることとは矛盾しない。したがって，最高裁が，代価の弁償について，善意取得者の請求権だから抗弁権ではないと判断したことは，一面的に過ぎると思われる。なぜなら，民法194条は，善意取得者を保護するために，善意取得者に，前主である売主に対するだけでなく，目的物の回復を求める所有者に対しても，代価弁償請求権を認めるともに，さらに，その請求権の履行を担保するために，引渡拒絶の抗弁権（留置権）をも与えた，と解することが可能だからである。

もっとも，民法194条の取得価格の補償請求権について，先に述べたように，善意取得者（B）の前主（A）に対する追奪担保責任を保全するため善意取得者に与えられた履行拒絶の抗弁権であると考えると，善意取得者（B）が任意に占有を原所有者（C）に返還した場合には，留置権は失われてしまうことになり，不都合が生じるように思われる。しかし，判例において，不都合が生じたという事例は，例えば，第1に，善意取得者（B）が，証拠品として警察に提供したところ，警察が，善意取得者（B）の承諾を得ることなく原所有者（C）に返還したり（大判昭4・12・11民集8巻923頁），第2に，裁判所（1審・2審）が不当に高額な使用利益の支払を善意取得者（B）に命じたため，

その支払に耐えかねて，仕方なく，善意取得者（B）が原所有者（C）へと目的物を返還したりした場合であり（最三判平12・6・27民集54巻5号1737頁は，善意取得者に対して使用利益の支払を命じた1審・2審の判決を破棄している），いずれの場合も，善意取得者（B）が目的物を任意に原所有者（C）に返還したものではない。目的物が任意に返還されたのではない場合には，民法203条ただし書の趣旨を生かして，占有権は喪失せず，したがって留置権も消滅しないと考えることができると思われる（民法302条）。なお，2006年の担保法改正によって創設されたフランス民法2386条2項は，「留置権は，任意の占有放棄によって消滅する」と規定していることも，参考になるだろう。

たとえ，そのような解釈はできないと考え，民法194条は，善意取得者（B）が原所有者（C）に対して直接に「占有者が支払った代価を弁償」することを求める請求権を認めたものであるとしても，その請求権は，「物から生じた債権」であるから，それに民法295条における留置権が付与されると考えることは十分に可能である。そのように考えた場合には，善意取得者（B）が，たとえ目的物を任意に原所有者（C）に返還したとしても，確かに留置権は失われるが，民法194条によって善意取得者に与えられた権利（補償請求権）は，留置権のない請求権として存続することになる。

このように考えると，いずれの立場をとるにせよ，民法194条は，民法295条以外の箇所で，留置権を認めた規定であると解することができる。本書において，民法194条の規定が「隠れた留置権」の規定であると解する理由は，以上の通りである。

民法194条の規定が留置権の規定を含んでいるとすると，これが，非権利者による不動産の無断売買事件に類推されるかどうかが問題となる。例えば，不動産の処分について権限を有しないAがC所有の不動産をBに売却したところ（他人物売買），Cが追認せず，買主Bに対して目的不動産の返還を請求した場合に，Bは，Aに対する損害賠償請求権を被担保債権として，所有者Cに対して留置権を行使できるだろうか。判例（最一判昭51・6・17民集30巻6号616頁）は，これを否定する。

最一判昭51・6・17民集30巻6号616頁
「他人の物の売買における買主（B）は，その所有権を移転すべき売主（A）の債務の履行不能による損害賠償債権をもって，所有者（C）の目的物返還請求に対し，留置権を主張することは許されないものと解するのが相当

である。蓋し，他人の物の売主（A）は，その所有権移転債務が履行不能となっても，目的物の返還を買主（B）に請求しうる関係になく，したがって，買主（B）が目的物の返還を拒絶することによって損害賠償債務の履行を間接に強制するという関係は生じないため，右損害賠償債権について目的物の留置権を成立させるために必要な物と債権との牽連関係が当事者間に存在するとはいえないからである。」

しかし，このような事例の場合，一方でBの被担保債権であるAに対する履行不能に基づく損害賠償請求権（α債権）は，非権利者Aによる目的不動産の処分行為によって生じており，他方でその同じ行為によって，所有者CのBに対する返還請求権（β債権）が生じているのであるから，両債権は密接な牽連関係があり，Bの被担保債権（α債権）は，まさに物に関して生じた債権ということができる。したがってこの場合においても，Bの留置権の主張は認められるべきことになろう。

2 他人物による弁済，制限能力者による弁済の場合における留置権の規定（民法475条・476条）

民法475条（弁済として引き渡した物の取戻し1）
　　弁済をした者が弁済として他人の物を引き渡したときは，その弁済をした者は，更に有効な弁済をしなければ，その物を取り戻すことができない。

（理由）　本条は既成法典財産編第455条第2項及び第4項の規定に依るものにして，同条第1項及び第6項の規定は特に明文を要せざるに因り共に之を削除せり。蓋し，弁済者が他人の物を引渡したるときは，其弁済は無効なるを以て，所有者は勿論弁済者も其物を取戻すことを得べしと雖も，弁済者にして何時たりとも之を取戻すことを得とするときは，弁済受領者は之れが爲めに常に不利益を被むらざるべからず。故に，本案は，既成法典の如く，弁済者は更に有効なる弁済を爲すに非ざれば其物を取戻すことを得ずとし，弁済受領者に留置権とも称すべき一種の担保を与へたり。

民法476条（弁済として引き渡した物の取戻し2）
　　譲渡につき行為能力の制限を受けた所有者が弁済として物の引渡しをした場合において，その弁済を取り消したときは，その所有者は，更に有効な弁済をしなければ，その物を取り戻すことができない。

（理由）　本条は，既成法典財産編第455条第3項の規定に依るものにして，既成法典は弁済の無効を請求することを得と規定すと雖も，本条は無能力者が爲したる一種の法律行爲に関する規定にして，行爲其ものは無効なるに非ず，単に取消し得べきに止まるものなれば，本案は譲渡の能力なき所有者が其弁

済を取消したるときとし，此場合に於て所有者は更に有効なる弁済を為すに非ざれが引渡したる物を取戻すことを得ざる本条の要旨に至りては，固より既成法典と異なることなしとす。

旧民法財産編 455 条
① 義務が定量物の所有権の移転を目的とするときは，其物の所有者にして且之を譲渡すの能力ある者に非ざれば，引渡其他の方法を以て弁済を為すことを得ず。
② 他人の物を引渡したるときは，当事者各自に其弁済の無効を主張することを得。
③ 譲渡すの能力なき所有者が物を引渡したるときは，其所有者のみ弁済の無効を請求することを得。
④ 右孰れの場合に於ても，債務者は更に有効なる弁済を為すに非ざれば引渡したる物を取戻すことを得ず。
⑤ 債権者が弁済として受けたる動産物を善意にて消費し又は譲渡したるときは，債務者は其取戻を為すことを得ず。
⑥ 又債権者は，他人の物を以てせる弁済を認諾することを得。但真の所有者より回復を訴へたるときは，債務者に対する担保の訴権を妨げず。

　民法 475 条および 476 条の規定は，法律行為が有効であることを前提にして，その履行としての弁済（法律行為に準じる）の目的物が第三者のものであって債権者がその第三者から返還を請求されたり（民法 475 条），弁済の目的物を処分する能力を有しないために弁済としての給付行為を取り消され，目的物の処分権者（所有者）から返還を要求されたり（民法 476 条）した場合に，債権者に留置権を認める規定である。

　第 1 に，民法 475 条の場合は，民法 194 条の留置権の場合と同様，3 者間関係において留置権が認められる場合である。

　すでに述べたように，民法 194 条の場合には，原所有者（返還請求権者C）の善意取得者（代価弁償の債権者B）に対する盗品・遺失物の返還請求に対して，善意取得者Bが追奪担保責任に基づいて，売主Aから代価相当額の賠償を受けるまで，原所有者Cに対して目的物を留置する権利を認めるものと解することが可能である。また，民法 475 条の場合には，目的物の真の所有者（返還請求権者C）からの債権者（他人の物の弁済を受けた債権者B）に対する目的物の返還請求に対して，債権者Bが債務者（他人の物の弁済者A）から債権の弁済を受けるまで，目的物を留置する権利を認めるものである。

　第 2 に，民法 476 条の場合は，民法 475 条の 3 者間関係の場合とは異なり，2 者間関係（制限能力者〔A〕からの返還請求に対する，債権者〔B〕の留置権の承認）の場合である。

ところで，民法475条・476条と留置権との関係については，担保物権の教科書で詳しく取り上げているものは少ない。その中にあって，道垣内『担保物権』（12頁）は，この問題を「留置権類似の制度」として以下のように論じている。立法理由についてはすでに述べたので，その点を踏まえた上での議論だけを引用する。

> 「弁済が無効であり，または取り消されたとき，弁済の対象となった債権は，弁済として引き渡された物に関して生じた債権とはいえないから，民法295条に基づく留置権は発生しない。そこで，特則（民法475条，476条）が必要とされるわけである（もっとも，民法475条の趣旨ははっきりしない。債権総論に譲る）。」

上記の記述のうち，民法475条の場合には，民法295条に基づく留置権が発生しないという点については，疑義がある。

第1に，他人物による弁済を無効とする旧民法財産編455条2項は，フランス民法に倣ったものであり，他人物売買を無効とするフランス民法の考え方を基本としている。しかし，現行民法は，ドイツ民法に倣い，他人物売買を有効とする立場をとっている（560条）。したがって，他人物による弁済も有効であり，弁済者は，他人から権利を取得して債権者に移転する債務を負う，と考えることもできる。そうだとすると，他人（C）の物によって債務者（A）から債権者（B）が弁済を受けた場合，弁済によって債務は消滅するとともに，債務者（A）は，所有者（C）から権利を取得して債権者に移転する債務を負う，と考えられる（民法560条の類推）。上記の条文に続く民法477条は，「前2条の場合において，債権者が弁済として受領した物を善意で消費し，又は譲り渡したときは，その弁済は，有効とする」としている。しかし，弁済の効力について，弁済を受けた後の時点において債権者が費消したり譲渡したりすると，その効力がはじめにさかのぼって変化し，本来無効であったものが有効になるというのは，説得的ではない。他人の物が費消されても費消されなくても，譲渡されても譲渡されなくても，他人物による弁済は常に有効である。しかし，債権者を保護するため，債権者の債務者に対する，第三者の権利を取得して債権者に移転す

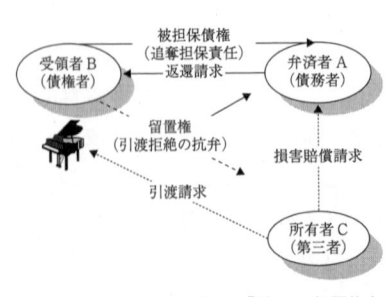

図39　民法475条における「隠れた留置権」

るよう要求する権利が履行されるか，または，それが履行されない場合には，さらに有効な弁済を受けるまで，債権者（B）は，債務者からの目的物の返還に対してそれを拒絶できるばかりでなく，たとえ目的物の所有者（C）が弁済受領者（B）に対して目的物の返還を請求した場合にも，債権者（B）には，目的物を留置する権利が与えられている，と考えるべきである。

　すなわち，他人物による弁済を受けた債権者（B）には，他人物売買の場合と同様，債務者（A）に対して，他人（C）から所有権を得て債権者（B）に移転するように求める債権が発生する。また，他人（C）から目的物の返還を請求された場合には，債権者（B）は債務者（A）に対して，追奪担保責任を追及できる。このようなAに対するBの債権を担保するために，債権者（B）には，債務者（A）からの，または所有者（C）からの返還請求を拒絶することができると考えられる。このように考えるならば，民法475条は，民法295条の留置権の規定を確認するものではあるが，民法295条以外の箇所に規定された留置権（「隠れた留置権」）の規定であると解することが可能である。

　もっとも，民法477条1文のように，債権者（B）が弁済として受領した物を善意で費消し，または譲渡した場合には，もはや債権者は占有を有していないので，留置権を行使することができない。したがって，債権者（B）は，第三者（C）からの賠償請求に応じた上で，債務者（A）に求償をすることになる（民法477条2文）。

　第2に，第1の考え方を否定し，立法者の考え方に従って，他人物による弁済を無効と考える場合には，債権者（B）は，債務者（A）からの弁済によって目的物を取得するが，債務者（A）は，不当利得に基づいてその返還を求める権利を有する。債権者（B）は，無効な弁済によって消滅しなかった債権を担保するために，さらに有効な弁済を受けるまで，目的物の返還を拒絶できる。

　この場合の被担保債権は，道垣内『担保物権』（2008，12頁）が指摘しているように，確かに，無効な弁済から生じた債権ではないので，民法295条による場合には留置権は成立しないとの考え方も成り立つ。しかし，弁済の目的物を仲介項として，無効な弁済の目的物の返還請求権と弁済されるべき債権との間には，密接な関連（牽連性）が存在する。したがって，牽連性を要件とすると解釈すべき民法295条によっても，債権者（B）は，無効な弁済の目的物に対する留置権を取得すると考えることができる。

E 旧民法に規定されていた留置権であって，現行民法295条と重複すると
して削除されたもの

　旧民法では，先に述べたように，留置権を1箇所にまとめて規定するだけでなく，その他の箇所においても，留置権を認める規定を置いていた。現行民法は，295〜302条の中に留置権のすべてを規定するという方針を採ったため，旧民法における個別の留置権の規定は，重複する規定であるとして，現行民法から削除されている。しかし，これらの旧民法における留置権の規定は，重複するという理由で削除されたのであり，留置権が否定されるという理由で削除されたわけではない。したがって，現行民法では削除されているが，留置権が認められる多様な場合を知る上で大いに参考になる。

　なお，旧民法の個別の留置権に関する規定が削除された理由については，従来の教科書においては，ほとんど記述されることがなかった。その理由の一つは，現行民法の立法理由は簡単に検索できるが，旧民法の個別の条文が「削除された理由」を検索することは簡単ではないからである。筆者は，本書の執筆に先立って，『民法理由書』を電子化することを実現し，コンピュータ上で逆検索を行うことを通じて，旧民法がなぜ削除されたのか，その理由を明らかにすることができた。

　そこで，以下において，現行民法には規定がないが旧民法で認められていた個別の留置権の条文を概観し，現行民法においてそれが「削除された理由」を明らかにしておく。読者は，旧民法のそれぞれの規定について，現行民法295条によって留置権が成立するかどうかを検証してみるとよい。

1　売買代金を担保するために売主に与えられた留置権

　旧民法財産取得編47条（売主の引渡の義務）
　　①売主は売渡物を其合意したる時期及び場所に於て現存の形状にて引渡す責に任ず。但其保存に付き懈怠あるときは，買主に対して賠償を負担す。
　　②引渡の時期及び場所に付き合意を為さざりしときは，財産編第333条第6項及び第7項の規定に従ふ。
　　③然れども買主が代金弁済に付き合意上の期間を得ざりしときは，売主は其弁済を受くるまで売渡物を留置することを得。
　　④売主は，代金弁済の為め期間を許与したるときと雖も，買主が売買後に破産し若くは無資力と為り又は売買前に係る無資力を隠祕したるときは，尚ほ引渡を遅延することを得。

　　（理由）　本款（売買の効力）に於ては，追奪及び瑕疵の担保並に代金に関する

義務を規定し，恰も既成法典財産取得編第3章第2節に相当す。然れども，其中より削除したる条文尠なからず。今左に商法の規定中より削除したる条文を併せ，之を列叙せん。……取得編第47条第1項及び第2項の引渡の時期及び場所等に関するもの，第3項の留置権に関するものは，本案の債権及び契約の総則並に留置権等の規定に依りて明らかに，第4項の破産若くは無資力に関するものは破産法の規定に譲るべきを以て，同条は悉く之を削り，同第55条は当然言ふを待たざる所なるを以て之を削り，又商法第536条及び第538条の如きも亦，債権及び契約の総則を適用すれば足れりとして之を削除したり。

売買代金を担保するため，売主は，代金の弁済を受けるまで，売買目的物の引渡しを拒絶できる。留置権が成立する典型的な事例である。現行民法においては，民法295条の解釈を通じて，「債権が目的物の引渡義務と同一の法律関係から生じた場合」であるとして，留置権の成立が認められている（通説）。

Bから物を買い受けたAが，代金を支払わないまま，Bに対して物の引渡しを請求した場合，Bは，双務契約に基づく同時履行の抗弁権を行使して，代金の支払があるまで物の引渡しを拒絶することができるし，留置権を行使して，代金の支払を促すこともできる。この段階では，留置権と同時履行の抗弁とは機能的に同じ働きをする。

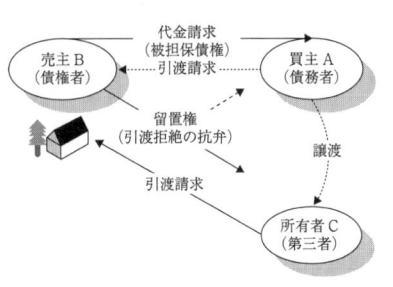

図40　売買契約から生じる債権と留置権

売買事例における**第1の問題**は，同時履行の抗弁権（民法533条）および留置権（民法295条）が共に成立しうるのか（いわゆる請求権競合：通説），一方の成立があった場合には他方の成立を妨げるのか（法条競合：少数説）というものである。

法条競合説（鈴木・物権法340頁以下）は，理論的には成り立つ考え方であるが，留置権と同時履行の抗弁権のいずれが優先するかについての基準が明らかではないために，実際上の不都合が生じる。ここで問題としている留置権も同時履行の抗弁権も，いずれもローマ法上の「悪意の抗弁権」から発達した制度であり，どちらが優先すべきかの決め手を欠いている。なぜなら，同時履行の抗弁権は，債権間の牽連性を根拠に認められる制度であり，留置権は，物の占

有を仲介項として，物の返還債権と被担保債権との牽連性を根拠に認められる制度であり，どちらか一方が一般法で，他方がその特別法といえる関係にはないからである。したがって，ある事例において，同時履行の抗弁権の成立要件が充足されるとともに留置権の成立要件をも充足する場合に，同時履行の抗弁権と留置権のどちらの制度を選択するかは，当事者または裁判所の判断にゆだねるのが妥当である。

さらに，同時履行の抗弁権の場合も，留置権の場合も，その効果は，引換給付判決（民事執行法31条1項）によって実現される。したがって，2つの抗弁権が並び立つとしても，一方のみが成立するとしても，結果は同じである。

このように考えると，同時履行の抗弁権と留置権の要件が共に満たされている場合には，当事者の選択によっていずれかの抗弁権を認めればよく，いずれか一方の要件しか満たされていない場合には，一方の抗弁権だけを認めればよい，すなわち，請求権競合説が妥当であるという結論に至る。

判例も，このような場合，すなわち同時履行の抗弁権と留置権の要件が共に認められる場合に，留置権の成立を認めている。

> 最一判昭47・11・16民集26巻9号1619頁
> 「甲〔B〕所有の物を買受けた乙〔A〕が，売買代金を支払わないままこれを丙〔C〕に譲渡した場合には，甲〔B〕は，丙〔C〕からの物の引渡請求に対して，未払代金債権を被担保債権とする留置権の抗弁権を主張することができる。
> 　物の引渡請求に対する留置権の抗弁を認容する場合において，その物に関して生じた債務の支払義務を負う者が，原告〔C〕ではなく第三者〔A〕であるときは，被告〔C〕に対し，その第三者〔A〕から右債務の支払を受けるのと引換えに物の引渡をすることを命ずるべきである。」

売買事例における第2の問題は，Aから物を買い受けたBが，代金を支払わないうちに第三者Cに転売した場合にも，BはCに対して留置権を主張できるかというものである。

同時履行の抗弁権については，とりわけ，CがBに売買代金を支払っている場合には，一般には，Cからの引渡請求に対して，AがBに対する同時履行の抗弁権をもってCに対抗することはできない，と考えられている。

これに対して，留置権については，AはBに対する代金債権の支払を受けるまで売買目的物を留置することができる権利として構成されているので，Bが

支払うにせよ，Cが立替払いするにせよ，Bに対する代金債権が弁済されるまで，Aは，目的物を留置して，Cの返還請求を拒絶することができる。上記の判例（最一判昭47・11・16）は，この点についても明確な判断を下している。

　このことを通説は，留置権が物権だからであるという理由で説明する。しかし，それは正確ではない。物権でも，対抗要件を欠いている場合には，第三者に対抗できない。もしも留置権が物権であるならば，物権法の総則に従って，目的物が不動産の場合には登記（民法177条）が，動産の場合には引渡し（民法178条）が対抗要件となるはずである。しかし，留置権は，以上のような物権変動の対抗要件の原則に全く従っていない。留置権が第三者に対抗できるのは，引渡拒絶の抗弁権（物権ではない）が，法律によって定められた「占有の継続」という特別の対抗要件を備えているからである。

2　使用貸借・賃貸借における費用償還請求権または損害賠償請求権を担保するために借主に与えられた留置権

旧民法財産取得編204条
①貸主は，借主が借用物保存の為め支出したる必要且急迫なる費用を之に弁償する責に任ず。
②又貸主は，貸付物の瑕疵の為めに借主の受けたる損害に付ては，第182条第1項の規定を適用す。
同205条（使用貸借の借主の留置権）
　　借主は，前条に依りて自己の受く可き賠償を得るまで，借用物に付き留置権を行ふことを得。
（理由）　本節（使用貸借）に於ては，既成法典の規定に些少の修正を加へたるものに過ぎず。第205条に於て借主の留置権を有することを規定せりと雖も，留置権に関する第二編の規定あるを以て，此に之を明言するの必要を見ず。故に之を削除せり。

　賃貸借における費用償還請求権を担保するため，および，賃借物の瑕疵によって賃借人に損害が生じた場合にその損害賠償請求権を担保するために，賃借人が借用物を留置することができるとした規定である。現行民法はこの規定を削除したが，その理由は，上記のように，民法295条の解釈によって賃借人に借用物に対する留置権が認められるのは当然であり，民法295条に重複する不要な規定と考えられたからである。現行法の解釈としては，通説は，このような場合に，「債権が物自体から生じた場合」であるとして，民法295条の留置権が認められるとしている。

もっとも，借地借家法に定められた建物買取請求権に基づいて，借地人が敷地について留置権を有するかどうかについては，通説・判例ともにこれを認めるが，同じく借地借家法に定められた造作買取請求権に基づいて，借家人が借家について留置権を有するかどうかについては，争いがある。判例（最一判昭29・1・14民集8巻1号16頁）および少数説はこれを否定しているのに対して，通説はこれを肯定している。この点については，留置権の成立要件に関する問題として，後に詳しく検討する。

3 寄託における費用償還請求権・損害賠償請求権を担保するために受寄者に与えられた留置権

旧民法財産取得編219条（受寄者の費用償還請求・損害賠償請求と留置権）
①寄託者は，寄託物の保存の為め受寄者の支出したる必要の費用と其物の為めに受寄者の受けたる損害とを賠償することを要す。
②右賠償の皆済を受くるまで，受寄者は受寄物の上に留置権を行ふことを得。

現行民法661条（寄託者による損害賠償）
　寄託者は，寄託物の性質又は瑕疵によって生じた損害を受寄者に賠償しなければならない。ただし，寄託者が過失なくその性質若しくは瑕疵を知らなかったとき，又は受寄者がこれを知っていたときは，この限りでない。

（理由）　本条（現行民法661条〔寄託者による損害賠償〕）は，財産取得編第219条第1項末段に該当す。既成法典は物の爲め受寄者の受けたる損害とあり，其意若し保管の爲め受寄者の受けたる損害と云ふに在らば，寄託者の責任重きに失するものと謂ふ可し。思ふに既成法典の精神は本条に定むる所と同一なるべしと雖も，頗る明瞭を欠くを以て，本条の如くに修正せり。又本条に於て損害の原因を物の性質及び瑕疵に限りたる以上は，但書の規定は欠く可からざるものと謂ふ可し。若し此規定なきときは解釈上疑の生ずるを免れざるなり。

旧民法財産取得編219条1項が規定する必要費の償還請求権，および受寄者が一定の要件の下に寄託物によって受けた損害の賠償請求権について，受寄者が留置権を有することは，現行民法295条の規定によって明らかである。旧民法の前記219条が削除されたのは，理由書には明記されていないが，これまでの規定と同様，当然の規定であって，重複していると考えられたからであろう。

4 請負における報酬請求権・損害賠償請求権を担保するために請負人に与えられた動産留置権

旧民法財産取得編283条（請負人の留置権）
　他人の材料を以て仕事の全部に供したると一分に供したると，又其仕事を実行した

ると契約を解除したるとを問はず，請負人は仕事の為め又は解除の賠償の為め自己の受く可き金額の皆済に至るまで其材料を留置することを得。但此留置権は動産物のみに之を適用す。

（理由）　既成法典同（財産取得編）第283条を削除したるは，請負人の留置権は，既に物権編に於て留置権に関する規定に依り之を認めたればなり。

　現行民法の解釈としては，請負人は，その報酬債権を被担保債権として請負の目的物の引渡しを拒絶できるかどうかが問題とされる。特に，請負人は，未完成建物の工事代金を被担保債権として商事留置権（商法521条）を主張できるかが問題となっている。商事留置権の場合は，民法上の留置権とは異なり，占有が債務者との商行為によって自己に帰した場合には，物と債権との間の牽連性がなくても留置権を主張できるとされている。そこで，工事が完成していないため民法上の留置権を主張できない請負人が，商事留置権を主張して，未払工事代金が弁済されるまで未完成建物の敷地の引渡しを拒絶できるかどうかが争われることになるのである。

　この問題については，最高裁の判決がなく，下級審の判例が分かれているために，その成否が議論されている。商事留置権の成立を肯定する判決例としては，東京高決平6・2・7（判タ875号281頁）などがあり，否定する判決例としては，東京高決平10・12・11（判時1666号141頁）などがある。

　この点について，旧民法の立場ははっきりしている。すなわち，請負人の留置権の目的物は動産に限定されている。現行民法の立法者は旧民法の規定を削除したが，その理由は，民法295条にすでに規定があるからというものである。現行法の解釈としては，請負人は，不動産保存の先取特権（民法326条・331条・337条・339条），不動産工事の先取特権（民法327条・331条・338条・339条）によって一応の保護がなされているため，留置権については，民法295条の一般条項にもかかわらず，旧民法の立場を考慮して，目的物は動産に限定されていると解釈することも不可能ではない。商事留置権については，歴史的経過から，目的物は動産に限定されていたということも考慮して，少なくとも，請負人が主張する商事留置権の目的物は動産に限定されるという解釈が妥当であろう（高木・担保物権20頁，近江・講義Ⅲ20頁）。

F　旧民法で認められていた留置権に関するまとめ

　このようにして，現行民法においては，留置権とは明言されていない「隠れ

た留置権」（民法194条・475条・476条）や，重複しているという理由で旧民法から削除された具体的な留置権（契約に基づく代金債権，報酬債権，費用償還債権等を被担保債権とする留置権）について，公平の観点から，留置権の存在を解釈によって認めることが可能であることがわかる。つまり，物の占有を仲介項として，物の引渡請求権と被担保債権の間に牽連性が認められることを根拠に，現行民法の解釈を通じて，民法295条以外の場合にも，第三者に対抗できる履行拒絶の抗弁権（留置権）を認める道が残されていることになる。

III 留置権の成立要件に関する通説の考え方

　現行民法の留置権の規定は抽象的過ぎて理解するのが困難である。しかし，現行民法の立法理由を橋渡し役として，具体的な規定を数多く有している旧民法の規定を見てきた段階では，現行民法の留置権の規定は，かなり理解しやすいものとなっているはずである。これに対して，現行民法の留置権の成立要件に関する通説による解説は，非常にわかりにくく，かつ矛盾に満ちている。その理由は，通説が，民法295条の解釈に際して，旧民法ではなく，先に述べたように，債権上の給付拒絶の抗弁権として規定されているドイツ民法273条の要件を取り込んで，無理な解釈を行っているからである。
　そこで，ここでは，通説を批判的に検討することを通じて，通説の考え方を理解すること，および，通説の考え方にどのような問題点があるのか，通説の矛盾を解決するためにはどのような考え方を採用すればよいのかを，順を追って明らかにすることにしよう。

A 通説による要件分類

　他人の物の占有者が，所有者等の返還請求に対して，自らの債権の弁済を受けるまでその物を留置すると主張できるためには，被保全債権と留置物の占有との間に牽連関係が認められること，すなわち，被担保債権が「その物に関して生じた」ものであることが必要である（民法295条）。
　しかし，債権と物権がどのような関係にある場合に留置権が発生するのかについて具体的なイメージを描くことは困難である。なぜなら，民法295条の「他人の物の占有者は，その物に関して生じた債権を有するとき」という文言は，余りにも抽象的だからである。

そこで学説は，民法295条の「その物に関して生じた債権」を，以下のように，「債権が物自体から生じた場合」と「債権が目的物の引渡義務と同一の法律関係または事実関係から生じた場合」との2つに分類することによって，成立要件をわかりやすく説明しようとしている（我妻・担保物権28頁以下，柚木＝高木・担保物権19〜20頁など）。

表15　通説による留置権の成立要件の分類

大分類	中分類	具体例
第1類型　債権が物自体から生じた場合	A　物に必要費を支出した場合	事務管理または支出不当利得に基づく費用償還請求権
	B　物に有益費を支出した場合	
	C　物によって損害を被った場合	不法行為に基づく損害賠償債権
第2類型　債権が目的物の引渡義務と同一の生活関係から生じた場合	D　同一の法律関係から生じた場合	売買による代金債権
		請負による報酬債権など
	E　同一の事実関係から生じた場合	傘の取替え請求など

B　通説による要件分類の問題点

しかし，この分類は，厳密に排他的に分類されているわけではない。例えば，第2類型に分類されている「修理契約という法律関係から物の返還義務と代金債権が生じる場合」という典型例（これまでの教科書では，時計の修理の例が登場する。しかし，時計の修理は減少しており，現代では自動車の修理が一番多いので，自動車の修理の例を挙げるのが今後の傾向となると思われる）は，第1類型の「債権が物自体から生じた場合」，具体的には，「他人の物の占有者が，その物に必要費や有益費などをかけたために費用償還請求権を持つ場合」であると考えることも不可能ではない。

しかし，現実には，学生が時計や自動車の修理の場合について，それを第1類型であると答えると，試験においては得点を得ることができない。第1類型は契約関係がない場合に適用されることが暗黙の前提となっているからである。しかし，賃借人が有益費を出した場合に，賃貸借が終了した際の費用償還請求権について，第1類型の留置権になるのか，第2類型の留置権になるのかは，問題となりうる。この場合も，契約関係が終了しているので，通説によれば，第1類型の留置権であると答えても，第2類型の留置権と答えても，間違いと

はいえないはずである。

　むしろ，第1類型の「債権が物自体から生じた場合」という分類自体が，誤解を招きやすい不適切な分類である。債権は，契約，事務管理，不当利得，不法行為という人の行為や事件から生じるのであって，厳密にいえば，債権が「物自体から生じる」ということはありえない。旧民法債権担保編92条1項が，留置権の具体的な成立要件として，「物の保存の費用により，或は其物より生じたる損害賠償に因りて……生じたるとき」と規定しているため，「債権が物自体から生じた」という表現が使われるようになったものと思われるが，ドイツ民法273条も，上記の第1類型について「目的物によって生じた損害について，……請求権を有するとき」としており，いずれも，「債権が物自体から生じる」という表現を使用していない。また，現行民法の起草者の一人である富井政章（物権下）も，第1類型を「物が事実上債権発生の原因と為りたる場合」としていた。

　現在の通説にように，第1類型について，「債権が物自体から生じた場合」という言い回しが用いられるようになったのは，ドイツ法に基づいて担保物権法の体系化を行った三潴『担保物権法』（42～43頁）が，第1類型を「物自身が債権発生の直接原因を為したる場合」とし，さらに，留置権に関する最初の本格的な研究書とされている薬師寺『留置権』（76頁・271～272頁）が，第1類型を「債権が直接に物自体を原因として発生した場合」としたことによるものと思われる（なお，第2類型については，ドイツ民法273条にならって，「債権が目的物の引渡債務と同一の法律関係から生じた場合」とすることについては，いずれの学者の間でもほぼ一致していた）。

　しかし，第1類型に分類されている「物に必要費や有益費を支出したことによって生じる費用償還債権」も，実は，事務管理や支出不当利得という「法律関係から生じる」債権であり，また，第1類型に分類されている「物によって損害を被った場合の損害賠償債権」も，人（例えば，工作物の占有者・所有者，動物の買主など）の不法行為という「法律関係から生じる」債権であって，決して，債権が物自体から生じるのではない。そうしてみると，第1類型も，債権が目的物の返還義務と同一の法律関係（事務管理・不当利得・不法行為）から生じた場合に含まれることになり，せっかくの2分類が意味を失うことになってしまう。

　さらに，第2類型のうち，「債権が同一の事実関係から生じた」という類型

については，傘の相互の取違えの例が挙げられるのが通例であるが，3人が傘を取り違えた場合を念頭において，このような場合にはそもそも留置権を認めるべきでないとの有力説が主張されており（鈴木・物権法421・423頁），最後の類型の存在の妥当性自体に疑問が投げかけられている。よく考えてみれば，傘の取違えの場合には，占有が不法行為（過失による不法行為）によって始まっており，民法295条2項によって，留置権は発生しないと考えるのが妥当であろう。このようにして，通説の分類には，通説内部においてもすでにほころびが生じているのである（山野目・物権208～210頁は，「通説の説明は，あまり成功しているようには思えない」として，旧民法による分類に従った説明を行っている）。

Ⅳ　留置権の成立要件の新しい考え方

A　留置権の成立要件の再構成

留置権の成立要件については，旧民法の一般条項（「債権が……その物の……占有に牽連して生じた場合」）を含む具体的で詳細な規定（旧民法債権担保編92条）から，現行民法295条の一般的・抽象的規定（「その物に関して生じた債権」）へと変更されたため，意味がわかりにくくなってしまっている。そこで学説が，成立要件の再分類を行って，旧民法の規定を生かしつつ，現行民法295条の抽象的な規定の解釈に具体的な手がかりを与えようと試みているのであるが，先に述べたように，この試みは成功しているとはいい難い。

民法295条にいわゆる「物から生じた債権」とは，先に述べたように，物自体から債権が生じることがない以上，実は，「目的物の引渡義務と同一の法律関係から生じたすべての債権」に他ならない。債権についてそれ以上に細かい分類をするのであれば，債権の発生原因（契約，事務管理，不当利得，不法行為）から分類するより他に方法はない。

債権を無理に2つに分類したいのであれば，表16のように，「契約から生じた債権」と「契約以外から生じた債権」に分類するのが適切であろう。そして，このように考えると，通説の恣意的な分類を体系的に再構成する道が開かれることになる。通説の分類である「物自体から生じた債権」というのは，「契約以外から生じた債権」のことであり，「目的物の引渡義務と同一の法律関係から生じた債権」というのは，厳密にいえば，「契約から生じた債権」に他なら

ないからである。

表16 物に関して生じた債権の分類

大分類	中分類	小分類	具体例 （子犬*のイメージ）
その物に関して生じた債権 （被保全債権と目的物の引渡債務との間に牽連性があることが要件である。しかし，被保全債権が目的物の占有に関連して生じたことが証明されると，被保全債権と目的物の引渡債務との間に牽連性があると認められる。）	(1) 物と関連する契約関係から生じた債権 （いわゆる目的物の引渡義務と同一の法律関係から生じた債権）	売買による代金債権	
		賃貸借による費用償還債権	
		請負・委任・寄託等の報酬債権	① 預けた子犬のイメージ （通常は，時計の修理の事例）
		債務不履行による損害賠償債権	
		契約解除による代金返還債権	
	(2) 物と関連する契約関係以外から生じた債権 （いわゆる物自体から生じた債権）	事務管理による費用償還債権	② 負傷した子犬のイメージ
		不当利得による利得返還債権	
		不法行為による損害賠償債権	③ 迷惑な子犬のイメージ （通常は，野球のボールや暴走トラックが家に飛び込んできた事例）
留置権が認められない場合	占有が不法行為によって始まった場合 （占有に正権原がない場合）		④ 可愛すぎる子犬のイメージ （通常は，傘の取違えの事例）

　　* 明治学院大学法科大学院で著者の講義を聴講していた学生（井上晋太郎氏）が，表の子犬に「留置犬」という名称をつけてくれた。

　以上の留置権の成立要件に関する考え方を具体例を使って説明することにする。具体例はすべて「子犬のイメージ」で統一している。

B 具体的イメージと留置権の発生理由の擬人的表現

1 具体例1（預けた子犬のイメージ）

　Aは子犬の飼主である。Bはペットホテルの経営者である。Aは親友Cと1週間の旅行に出るため，Bに子犬を料金5万円で預かってもらうことにした。旅先で親友Cと話しているうちに，その犬をCに15万円で売ることにし，ペットホテルの料金はAが負担することにした。旅行から帰ったCがBのところに子犬を取りに行った。ところが，Aはペットホテルの経営者に5万円を払っていないことがわかった。Cが5万円を支払うまで，BはCからの引渡請求を拒絶することができるだろうか。

　この場合，Cが5万円を支払うまで，Bは留置権に基づき，Cからの引渡請求を拒絶することができる。AのBに対する物の引渡債権（民法657条）に対して，履行の拒絶をするために持ち出された被保全債権は，子犬を目的物とする寄託契約から生じた報酬債権（民法665条によって準用される648条）である。したがって，この債権は，通説によれば，「目的物の引渡義務と同一の法律関係から生じた債権」に該当する。本書の考え方によれば，この債権は，「目的物の引渡債務と同一の契約（寄託）関係から生じた債権」であり，いずれの考え方によっても，民法295条にいう「その物に関連して生じた債権」ということができ，留置権の成立要件を満たしている。

2 具体例2（負傷した迷い犬のイメージ）

　Aは子犬の飼主である。その子犬が行方不明になった。Bは，雨の日にけがをして庭先で震えているその子犬を発見し，獣医にけがの治療をしてもらい2万円を支払った。そして，1ヵ月間，餌代3万円を支出して飼育をしていた。1ヵ月後に，子犬を探していたAがBを尋ねてきて，子犬を引き取りたいと申し出た。Aから，治療費2万円，餌代3万円，合計5万円の支払を受けるまで，BはAからの引渡請求を拒絶することができるだろうか。

　これも留置権の典型例であるが，1の場合とは異なり，当事者となるAとBとの間には契約関係はない。Aは所有権に基づき子犬の返還を請求している。これに対してBが保全したいと考えている債権は何であろうか。それは，事務管理に基づく費用償還請求権である（民法702条）。通説によれば，この場合は，「債権が物自体から生じた場合」であるとして，留置権を認めている。しかし，民法702条に基づく債権が「物自体から生じた」という説明は，奇異である。本書の考え方によれば，この場合も，先の例と同じく，物の占有を介して，被

保全債権と物の返還債務との間に密接な関連があるかどうかを問題にすれば足りる。この場合は，物の占有が事務管理という法律関係に基づいており，その事務管理に基づいて，被保全債権である費用償還債権が発生している。したがって，この債権は，物の占有と密接に関連しており，物の占有を介して，所有権に基づく返還債務とも密接に関連している。したがって，この債権は，民法295条にいう「その物に関連して生じた債権」ということができ，留置権の成立要件を満たしている。

この場合，比喩的な表現を用いるならば，犬は，「人質」ならぬ「物質」であり，犬を擬人化すると，犬自身が，「私は，占有者のご恩を受けて，けがを治していただいた上に，ここまで育てていただいたのですから，必要費・有益費を支払っていただかないと，受け戻してもらえないのです。飼主様，お金を払って私を受け戻して下さい」と訴えているということになろう。

3　具体例3（いたずらで迷惑な子犬のイメージ）

Aは子犬の飼主である。その子犬が行方不明になった。Bは，大きな物音がしたので庭先に出てみると，大切にしていた5万円相当の盆栽を子犬がひっくり返し，大切な盆栽の幹を折ってしまったのを発見した。そして，その犬を捕まえて，保護していた。近所を探していたAがその犬を見つけて，Bに子犬を引き取りたいと申し出た。盆栽の幹を折られた損害賠償としての5万円の支払を受けるまで，BはAからの引渡請求を拒絶することができるだろうか。

この場合は，2の場合と同じく，当事者となるAとBとの間には契約関係はない。Aは所有権に基づき子犬の返還を請求している。これに対してBが保全したいと考えている債権は何であろうか。それは，不法行為に基づく損害賠償債権である（民法709条または718条）。通説によれば，この場合は，「債権が物自体から生じた場合」であるとして，留置権を認めている。しかし，民法709条または718条に基づく債権が「物自体から生じた」という説明は，奇異である。本書の考え方によれば，この場合も，先の例と同じく，物の占有を介して，被保全債権と物の返還債務との間に密接な関連があるかどうかを問題にすれば足りる。この場合は，物の占有が不法行為という法律関係に基づいており，その不法行為に基づいて，被保全債権である損害賠償債権が発生している。したがって，この債権は，物の占有と密接に関連しており，物の占有を介して，所有権に基づく返還債務とも密接に関連している。したがって，この債権は，民法295条にいう「その物に関連して生じた債権」ということができ，留置権

の成立要件を満たしている。

この場合，比喩的な表現を用いるならば，犬は「人質」ならぬ「物質」であり，犬を擬人化すると，犬自身が，「私の不始末で現在の占有者に損害を与えてしまったのですから，それを弁償してもらわないと受け戻してもらえないのです。飼主様，お金を払って私を受け戻して下さい」と訴えているということになろう。

4 具体例4（かわい過ぎる子犬のイメージ：否定例）

Aは子犬の飼主である。その子犬が行方不明になった。子犬があまりにもかわいいのでBが勝手に連れ出して飼育していることがわかった。Bは，Aがその子犬を探し当てるまで，餌代5万円を費やして大切にその犬を飼育していた。Aが5万円を支払うまで，BはAからの引渡請求を拒絶することができるだろうか。

子犬を無理やり連れ帰った場合は，占有が不法行為によって始まっており，留置権は発生しない（民法295条2項）。**3**の事例は，留置権の相手方であるAの不法行為によってBに損害賠償が生じた事例であった。**4**の場合は，留置権者となるべきBの不法行為によって占有が始まっており，両者は，はっきりと区別されなければならない。比喩的な表現を用いるならば，この場合，犬は，Bによって誘拐されたのであり，占有の取得に正当な理由がないBに留置権を認める必要はないのである。

従来の教科書の中には，傘や靴の取違え事件について，留置権が成立するとするものがある。しかし，傘や靴の取違えは，過失による不法行為に基づくものであり，上記の例と同様，留置権は成立しない。

第3節　留置権の成立要件・対抗要件が争われている典型例と解決法

I　概　説

法律要件のうち，成立要件・効力要件と対抗要件とは，原則として区別して取り扱われている。しかし，留置権の場合には，対抗要件としての占有の継続が，留置権の成立要件，効力要件，消滅要件のいずれにも関係しているために，これらを区別して取り扱うことが困難である。

(1)　民法295条1項が留置権の発生に占有を要求しているため，占有は留置権の

成立要件となっている。
(2) 占有が不法行為によって生じている場合には留置権は成立しないので，占有の態様が留置権の成立要件（不法行為による占有の開始が成立障害要件）ともなっている（民法295条2項）。
(3) 留置権の対抗要件は占有の継続であるが，占有を失うと原則として留置権も消滅するため（民法302条），占有の継続は，留置権の効力要件でもある。

そこで本書では，留置権の対抗要件を，留置権が第三者に対抗できるかどうかという問題として，占有の開始（成立要件），占有の態様（障害要件），占有の継続（対抗要件），占有の喪失（消滅要件）を区別することなく，総合的に取り扱うことにする。

第三者対抗要件としては，占有の継続だけでなく，すでに述べた成立要件としての物と被担保債権との間の牽連性が問題となるが，以上のような留置権の特色を考慮して，ここでは，両者を含めて，留置権が第三者に対抗できる場合はどのような場合かという観点から論じることにする。

留置権が発生するか否かについては，物に関して生じる債権のすべての場合を論じるべきであるが，すでに，旧民法における具体的な留置権の発生原因について考察をしているので，ここでは，代表的な例について触れるにとどめる。

本書の基本的な考え方は，民法295条1項ただし書や民法の明文によって留置権が発生しないことが明らかな場合を除いて，牽連性が認められる場合には留置権の発生を広く認めるべきであるというものである。

II 留置権の発生が争われている典型例

A 賃貸借物件の買取りの場合
1 借地における建物買取請求権の場合

建物買取請求権の行使から代金債権と建物・土地の引渡義務が生じる（借地借家法13条・14条）。建物買取請求権によって売買が成立するのであるから，代金が支払われるまで借地人が建物を留置できるのは当然である。

問題は，建物とともに敷地をも留置できるかである。借地借家法13条の建物買取請求の趣旨が，借地上の建物を借地と分離せずに不可分のものとして評価しようという趣旨であることを考慮するならば，建物を留置しうる効果として，それと密接な関係にある敷地に対しても留置権の範囲が及ぶと考えるべき

である。

判例（大判昭7・1・26民集11巻169頁，大判昭18・2・18民集22巻91頁）および通説は，建物買取請求の場合，留置権は建物のほかに敷地に及ぶとしている。

2 借家における造作買取請求権の行使の場合

造作買取請求権の行使から代金債権と造作・建物の引渡義務が生じる（借地借家法33条）。建物買取請求権の場合と異なり，造作買取請求権の場合は，判例は，「借地借家法33条の造作の買取請求権は造作自体に関して生じた債権であるにとどまり，家屋に関して生じた債権とはいえないから，留置権を理由として建物の明渡を拒むことはできない」としている（大判昭6・1・17民集10巻6頁，最一判昭29・1・14民集8巻1号16頁〔高崎尚志・判例百選Ⅰ（第3版）170頁〕，最一判昭29・7・22民集8巻7号1425頁）。

通説は，判例に反対して，造作は，賃貸人の同意を得て付加された建物の価値増加物である以上，建物との経済的・法的一体性を保っており，造作について留置権を認めるのであれば，それと不可分の関係にある建物についても留置権を認めるべきだ，と主張している（我妻・担保物権30頁，星野・借地借家634頁など）。

少数説は，建物と造作は別個の存在を有し，かつ造作代金債務と建物引渡債務には対価関係がない，従物に関する債権で主物たる建物全体の明渡しを拒絶しうるのは公平に反する等として，建物に対する留置権を否定する（薬師寺・借地借家法論261頁）。

しかし，建物に留置権を認めないで，収去した造作（現代社会においては，造作の代表例は，借家人が備え付けたエアコンであるといわれている）についてのみ留置権を認めても，債務の弁済を促進する効果は全く期待できないのであり，造作を収去すること自体が，借家人に造作買取請求権を認めた趣旨に反する結果となる。したがって，建物に留置権を認める通説の見解が妥当である。

3 敷金返還請求権

敷金とは，特に家屋の賃借人の債務不履行（賃料不払いや用法違反等）に基づく賃貸人の損害賠償請求を担保するために，賃貸借契約の締結時に賃借人が賃貸人に預託する金銭である。これに対して賃借人は，賃貸借契約の終了を停止条件として返還請求権を有する（最二判昭48・2・2民集27巻1号80頁）。しかし，この賃借人の敷金返還請求権について，賃貸人は，いつでも，賃借人の

債務不履行に基づく損害賠償額を相殺して，残額のみを返還する権利を有している。民法316条が，不動産賃貸人の先取特権の被担保債権について，「賃貸人は，敷金を受け取っている場合には，その敷金で弁済を受けない債権の部分についてのみ先取特権を有する」と規定していることから，賃貸人によるいわゆる「敷引き」が相当な理由がある場合に限り許されている。しかも，賃貸人の敷引きの権利は，賃貸借の満了によっても消滅せず，賃貸人の損害賠償債権が充足されるまで存続する（民法619条2項ただし書）。

最二判昭48・2・2民集27巻1号80頁

「家屋賃貸借における敷金は，賃貸借終了後家屋明渡義務履行までに生ずる賃料相当額の損害金債権その他賃貸借契約により賃貸人が賃借人に対して取得する一切の債権を担保するものであり，敷金返還請求権は，賃貸借終了後家屋明渡完了の時においてそれまでに生じた右被担保債権を控除しなお残額がある場合に，その残額につき具体的に発生するものと解すべきである。

家屋の賃貸借終了後明渡前にその所有権が他に移転された場合には，敷金に関する権利義務の関係は，旧所有者と新所有者との合意のみによっては，新所有者に承継されない。

家屋の賃貸借終了後であっても，その明渡前においては，敷金返還請求権を転付命令の対象とすることはできない。」

しかし，これでは，賃貸人の保護として，明らかに行き過ぎである。賃貸人は，契約締結時に賃借人から，利子もつけずに預かり金をした上で，それを保全する義務を負わないとされている。このため，賃貸人が敷金を流用して返せなくなるといった事態が生じうる。このような場合，賃借人は，「相手方の給付の欠如により危殆化されることが予見できる場合には，その者が負担する給付を拒絶することができる」という，「不安の抗弁権」（ドイツ民法321条，民法576条参照）に基づいて，敷金返還請求権の条件を成就させ，自らの債務不履行債務を敷金と相殺する（または，債務を敷金返還請求権へ充当する）権利を有する，と考えるべきである。最高裁も，敷金返還請求権が，賃貸人の債権者による物上代位等の請求によって返還が脅かされる場合には，賃借人による賃料債務と敷金返還請求権の充当（正確には相殺）による消滅を認めている（最一判平14・3・28民集56巻3号689頁）。

最一判平14・3・28民集56巻3号689頁

「敷金が授受された賃貸借契約に係る賃料債権につき抵当権者が物上代位権を行使してこれを差し押さえた場合において，当該賃貸借契約が終了し，目

的物が明け渡されたときは，賃料債権は，敷金の充当によりその限度で消滅する。」

さらに一歩を進めて，賃貸人が，敷金を分別管理したり，基金への預託をしたり，保険をかけるなど，預託金である敷金を保全する措置を講じていない場合には，敷金の返還請求権が危殆化されていると解すべきであり，賃借人は，将来発生すべき敷金返還請求権について，期限が到来したものとみなすことができると解すべきである。そして，賃借人は，その敷金返還請求権を被担保債権として賃借物を留置することが認められるべきであろう。

B 不動産の二重譲渡の場合
1 第1買主の第2買主に対する留置権

売主Aが不動産をB（第1買主）とC（第2買主）に二重譲渡し，Bに占有を移転した後に，Cに登記名義を移転し，CがBに当該不動産の引渡しを請求した場合，売主Aの債務不履行から，Aに対するBの損害賠償請求権と，BのCに対する引渡義務が同時に発生したのであるから，Bは，損害賠償の支払がなされるまで，不動産の引渡しを拒絶できると解すべきである。

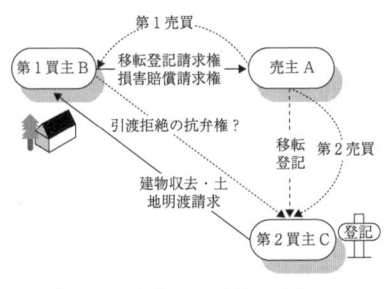

図41 不動産の二重譲渡と留置権

2 通説・判例の考え方

ところが，通説・判例（最一判昭43・11・21民集22巻12号2765頁）は，Bは，Aに対する損害賠償請求権の保全のために留置権を主張してCの明渡請求を拒否することはできないとしている。

その理由は，この場合，当事者間で留置権がすでに発生した後に目的物が第三者へと譲渡された場合とは異なり，損害賠償債権の債務者Aと物の引渡請求権者Cとが当初より別人であり，債権と牽連関係を有すべき引渡請求権を債務者は有していない（内田・民法Ⅲ 505頁）。しかも，理論的には，第三者Cが有効に引渡請求権を持つことに確定して初めて損害賠償請求権が生ずるのであるから，留置権の発生を認めるべきでないというものである。

3 道垣内説による説明とその批判

この場合に，留置権の成立要件としての牽連関係を認めて，留置権は発生す

るとする説（道垣内・担保物権16～17頁）が存在する。しかし，この説も，留置権の人的効力の範囲を限定しており，留置権の成立時点で債務者Aが債権者Bに対してその物の引渡請求権を有しない場合には，債権者Bと債務者Aとの間で留置権の成立が認められても，その効力を目的物所有者に対して主張できないと解すべきであるとして，結果的に，BのCに対する留置権の主張を否定している（前掲書21頁・29頁）。

　道垣内説は，「B－A間では留置権が成立する」（前掲書21頁）とするが，引渡請求権を持たないAに対してBの留置権を認めること自体が無意味である。留置権の本質は，物の引渡請求を受けた債権者が物に関して生じた債権の弁済を受けるまで引渡請求を拒絶することができる点にあり，債権者（B）が引渡請求権を持たない債務者（A）に対して留置権を認めるというのは，概念の遊戯に過ぎない。

　道垣内は，上のような批判（目的物の引渡請求権を有しない債務者との関係では，留置権の成立がおよそ問題にならないから，成立した留置権の人的効力範囲の問題として考えるのは妥当ではない〔高木・担保物権27頁，大村・基本民法Ⅲ195～196頁〕）に対しても，留置権の人的効力の範囲の問題を牽連関係の問題とすることは，制度や原理間の衝突・調整という実質的判断をわかりにくくするので適切でない，と反論している（道垣内・前掲書31頁）。

　しかし，この問題に関する限り，道垣内説は説得的ではない。なぜなら，第1に，制度や原理間の衝突・調整という「実質的な判断」をするのであれば，自らが述べているように，「少なくとも留置権者はその物を占有しているのであるから，ある程度の公示は図られているし，また，法が特に保護すべき債権者として留置権者を処遇する以上，避けえない結果である」（道垣内・前掲書31頁）としているのであり，むしろ，留置権の効力の人的範囲の面からも，留置権を肯定すべきである。第2に，留置権の成立の問題は，まさに，引渡請求権と被担保債権との間の牽連性をどのように考えるかが問題なのであって，その判断を避けて，人的範囲の限定の問題であるとすることの方が，問題をわかりにくくすることになり，適切ではない。第3に，留置権は，同時履行の抗弁権とは異なり，占有を伴う引渡拒絶の抗弁権であることから，常に第三者に対抗できる点に意味があるのであって，第三者に対抗できない留置権を成立させても意味がない。

4 通説に対する批判

いずれにせよ、通説・判例は、二重譲渡の場合、第2譲渡という、Bに対するAの債務不履行の時点で、Aは、Bに対して物の引渡請求権を有しないとし、それを理由に、Bの留置権を否定している。

しかし、Aは、Bに対する第1譲渡によって、Bに対して、不動産の引渡義務を負うとともに、Cに対する第2譲渡によって、今度は、Cに対して、Bを不動産から退去させてCに不動産を引き渡す義務を負う（民法560条参照）という矛盾した立場に立っている。つまり、Aは、Cとの関係では、売主の責任として、Bに対して不動産の引渡しを請求しなければならないのである。

もしも、AがCに対する責任を果たすため、Bに対して、「まことに申訳ないが、この物件はCに売却し、登記もCに移してしまった。あなたとの売買契約はなかったことにして、ここから出てもらえないか」という無体な申出をしたとしよう。

この場合、Bは、民法177条の規定に従って、所有権をCに対抗できないのであるから、所有権の取得は諦めるとしても、Aに対して、売主としての義務を果たしていないことを理由に損害賠償を請求すると同時に、損害賠償が行われるまでは物件を留置するとの抗弁を出すことが認められるべきである。そして、Bの留置権は、対抗力を取得した所有者CがAに対して、所有権に基づいて引渡しを請求した場合でも、以下に論証するように、Cに対して主張できると考えるべきである。

この法理は、Aが引渡しの交渉をすることなく、いきなりCがBに対して物件の引渡しを請求してきた場合にも適用されるべきである。Bは、Aの債務不履行とCの登記の取得によって目的物に対する所有権取得の道が塞がれたのであり、Bには、物に関して生じた債権（債務不履行による損害賠償請求権）が発生しているのであるから、その弁済を受けるまでは、Cに対しても留置権を主張できると解すべきである。判例も、引渡請求権の主体と留置権の被担保債権の相手方とが異なる場合であっても、留置権の成立を認めている（最一判昭47・11・16民集26巻9号1619頁）。

　　最一判昭47・11・16民集26巻9号1619頁
　　「甲所有の物を買受けた乙が、売買代金を支払わないままこれを丙に譲渡した場合には、甲は、丙からの物の引渡請求に対して、未払代金債権を被担保債権とする留置権の抗弁権を主張することができる。

物の引渡請求に対する留置権の抗弁を認容する場合において，その物に関して生じた債務の支払義務を負う者が，原告ではなく第三者であるときは，被告に対し，その第三者から右債務の支払を受けるのと引換えに物の引渡をすることを命ずるべきである。」

上記の事案は一見，目的不動産がBからAへ，AからCへと転々譲渡された場合には，最初の売主（B）が最初の買主（A）に対する残代金債権を被担保債権として，転得者（C）からの目的物の引渡請求に対して，留置権を主張し，それが認められた事件のように見える（転売構成）。そうであれば，A・B間で発生していた留置権について，目的物が第三者Cに譲渡された場合であっても，Bは留置権の抗弁を主張することができるという平凡な事例に過ぎないということになる（藤原正則「留置権の対抗力」〔民法判例百選Ⅰ79事件〕は，本件を売買が連鎖した事件として構成している）。しかし，この事件を別の角度から見ると，実は目的物の二重譲渡事件と同じように構成することができる（3当事者型構成）。

その理由は，以下の通りである。BはAに対して，残代金債権を被担保債権として不動産売買の先取特権を有している。これに対して，CもAに対して貸金債権を被担保債権として代物弁済予約に基づく担保権（仮登記担保権）を有している。この場合の3当事者の関係は，転売から生じる2当事者間の留置権の対抗力という単純な問題ではなく，3当事者型の留置権の問題として構成されるべきである。なぜなら，代物弁済予約に基づいて建物収去・土地明渡しを請求するCに対して，Bは，Aに対する残代金債権を有しており，それが，「その物に関して生じた債権」であることを主張して，留置権を主張することができるからである。

そうすると，昭和47年最高裁判決は，A・Bの2当事者間で成立した留置権が第三者Cに対して対抗力を有するという平凡な判決ではなく，Aに対する残代金債権に基づいて不動産売買の先取特権を有するBは，たとえ登記を有しない場合でも，その代わりに占有を継続している場合には，留置権によってその優先弁済権が強化され，Aから登記を有する抵当権と同等の効力を有する仮登記担保権を得たCに対しても，実質的な優先権を取得できることを認めた画期的な判決であるということになる。なぜなら，この判決は，不動産売買の先取特権と仮登記担保とが競合した場合について，登記を有しないが占有を有するために留置権を有する不動産売買の先取特権者に，仮登記担保権者に優先す

る権利を与えたことになるからである。

5　留置権を認めることと不動産物権秩序への影響

　第1買主Bの留置権の主張が，第2買主Cの所有権の主張と矛盾するものではないことは，留置権の発生の後に目的物が第三者に譲渡された場合に所有者である第三者に対して留置権を主張できるのと同様であり，Bに留置権を認めても，物権の秩序に影響を与えることはない。

　確かに，留置権を物権として構成し，留置権に対抗力を認めることになると，特に，不動産の場合，登記を対抗要件として処理すべき物権法秩序に混乱が生じることになるかもしれない。

　民法は，不動産物権変動に関しては，占有ではなく登記に対抗要件を与えているのであって（177条），留置権を物権と構成しつつ，しかも，占有による公示手段しか持たない留置権を不動産登記よりも優先させるということになると，深刻な問題が生じることになる。

　この点，担保物権＝債権効力説をとる本書の立場では，留置権は質権と同様に「物の占有によって優先弁済効（事実上の優先弁済権）が確保される債権」に過ぎないとして，債権法秩序の中で位置づけられているため，登記を対抗要件とする不動産物権秩序と矛盾する事態は生じない。

　BがCに対して留置権の主張をするのは，物に対する占有を継続することによって，AのBに対する損害賠償の支払を確保するという債権法上の理由に基づく行為であって，Cが所有者であるかどうかという，登記を対抗要件とする物権の帰属の問題について争っているわけでは決してないからである。

　いずれにせよ，不動産の二重譲渡の場合，留置権が問題となるのは，第1買主Bが売買目的物の引渡しまで受けている場合である。この場合には，第2買主Cが不動産の現況を調査していれば，第1買主がすでに物件を購入していることを知ることができるのであり，売主に問いただせば，Bの代金の支払状況，Bの損害賠償請求についても予見が可能である。したがって，第2買主Cは，たとえ第1買主Bよりも先に登記を得て完全な所有権を取得できる場合であっても，不誠実な売主Aに対する第1買主Bの損害賠償請求が実現されるまでは，目的不動産の引渡しを受けえないことを甘受すべきであろう。

　この場合，物権の帰属の問題は，民法177条の問題として，決着済みである。したがって，第1買主Bの留置権の主張が認められ，売主Aに対するBの損害賠償請求の決着がつくまで，所有者である第2買主Cは，目的物件の引渡しが

遅れることを甘受すべきであるということになったとしても，民法177条の問題に影響が及ぶことは全くないのである。

なお，農地の所有権の移転の無効に影響がでることを考慮して，留置権の成立を否定した判決があるが，これも不当であろう。

最一判昭 51・6・17 民集 30 巻 6 号 616 頁
「農地買収・売渡処分が買収計画取消判決の確定により当初にさかのぼって効力を失った場合において，被売渡人から右土地を買い受けた者が土地につき有益費を支出していても，その支出をした当時，買主が被買収者から買収・売渡処分の無効を理由として所有権に基づく土地返還請求訴訟を提起されており，買主において買収・売渡処分が効力を失うかもしれないことを疑わなかつたことにつき過失があるときには，買主は，右有益費償還請求権に基づく土地の留置権を行使することができない。」

6　担保権＝債権拡張効力説の効用

二重譲渡の問題に関して，通説・判例が第1買主の留置権を否定してきた根拠には，「Bの主張を認めると，民法177条の対抗要件主義がないがしろになり，妥当でない」(道垣内・担保物権15頁)との配慮がなされているようである。

しかし，通説・判例ともに，登記ではなく占有を効力・対抗要件としている不動産留置権を「物権」と考えること自体が，そもそも，すべての不動産物権変動につき登記を対抗要件としている民法177条をないがしろにしているという点に気づくべきであろう。

担保物権を物権ではなく債権の拡張効と捉え，ここで問題となっている留置権を，「物に関して生じた債権担保のために，物の適法占有によって，事実上の優先弁済効を認める制度である」と位置づける本書の立場によれば，不動産留置権の事実上の優先弁済権の対抗要件を占有とすることにつき，民法177条の問題は生じる余地もない。

占有自体が物権ではないかとの疑問が生じるかもしれないが，占有の物権性については疑問が投げかけられているだけでなく，ここでの占有は，登記と同じく公示のためのニュートラルな概念として用いられており，債権の効力や対抗要件につき占有を持ち出すこと自体は，公示される権利が債権か物権かの判断に影響を与えるものではない。

債権の効力や公示につき，債権と占有とを関係させることが特異な現象では

ないことは，指図債権について，民法469条が，証書の「裏書」と「交付」すなわち占有の移転を債権譲渡の対抗要件と規定していることからも，明らかであろう。

C 譲渡担保物件の債権者による無断譲渡の場合
1 譲渡担保設定者の転得者に対する留置権

AのためにBが不動産をAに譲渡担保としたが，Aは，その不動産を勝手にCに譲渡し，登記もCに移転してしまった。そして，Cが所有権に基づいて不動産の引渡しを請求する訴えを提起したとする。

この場合も，Bは，Aの債務不履行によって生じた損害賠償請求権を担保するため，引渡しを請求するCに対しても留置権を行使できると解すべきである。

2 通説・判例の考え方

判例（最一判昭34・9・3民集13巻11号1357頁）は，不動産を譲渡担保に供した者は，担保権者が約束に反して担保不動産を他に譲渡したことにより，担保権者に対して取得した担保物返還義務不履行による損害賠償債権をもって右譲受人からの転々譲渡により右不動産の所有権を取得した者の明渡請求に対し，留置権を主張することは許されないと判示している。

> 最一判昭34・9・3民集13巻11号1357頁
> 「不動産を売渡担保に供した者（B）は，担保債権（A）が約に反して担保不動産を他に譲渡したことにより，担保権者に対して取得した担保物返還義務不履行による損害賠償債権をもって右譲受人からの転々譲渡により右不動産の所有権を取得した者（C）の明渡請求に対し，留置権を主張することは許されない。」

通説も，判例の見解に賛成する。Bに留置権を認めない理由は，二重譲渡の場合と同様であり，損害賠償請求権の債務者Aと物の返還請求権者Cとが，留置権の発生の当初から別人であるという点にある。

3 通説・判例に対する批判

しかし，この場合も，二重譲渡の場合に述べたように，Aは，Cに物件を無断譲渡するという債務不履行を行うことによって，同一の法律関係から，Cへの売主として，Bに対して損害を賠償する義務を負担する（民法560条参照）。

Cへの売主としてのAから明渡しを求められた場合に，Bが留置権を主張できることは当然であり，所有権者Cからの明渡請求に対しても，留置権を主張

して，Aから損害賠償の支払を受けるまで明渡しを拒むことができると解すべきであろう。

Bの主張は，単に，Aの債務不履行によって生じた損害賠償請求権を確保するために事実上の優先弁済権を主張しているに過ぎないのであって，Cの所有権の主張と矛盾するものではない。

D 賃貸人による賃貸目的物の譲渡の場合
1 賃借物が第三者に譲渡された場合の留置権
賃貸人AがBに賃貸している目的物を第三者Cに譲渡し，Cが賃借人Bに対してその引渡しを請求した場合，Bは，通常，賃借目的物の譲受人Cに対して賃借権を対抗できないとされている。

しかし，賃借人Bは，賃貸人Aに対する債務不履行に基づく損害賠償請求権を確保するため，その支払を受けるまでは賃借物を留置できると解すべきである。

2 通説・判例の考え方
判例は，土地の賃貸借が新地主に対抗できない場合の事件であるが，賃借人Bは，新地主Cに対して，賃貸人Aに対する不法行為に基づく損害賠償請求権を確保するために留置権を主張することはできないし（大判大9・10・16民録26輯1530頁），Aに対する賃借権自体を「物に関して生じた債権」として，新地主Cに対し留置権を主張することもできない（大判大11・8・21民集1巻498頁）としている。

> 大判大9・10・16民録26輯1530頁
> 「賃借人甲（B）主張の契約不履行に因る損害賠償の請求権は，賃貸人たる乙（丙の先代）（A）に対し有する債権に過ぎずして，相続人丙より土地の所有権を取得し甲（B）に対し引渡を求むる丁（C）に対抗することを得ざるものなれば，民法第295条に所謂其物に関して生じたる債権に非ず。従て甲（B）は該土地に付き留置権を有せざるものとす。」

通説も，判例の見解に賛成する。Bに留置権を認めない理由は，二重譲渡の場合と同様であり，損害賠償請求権の債務者Aと物の返還請求権者Cとが，留置権の発生の当初から別人であるという点にある。

3 通説・判例に対する批判
しかし，この場合も，二重譲渡の場合に述べたように，Aは，Cに物件を譲

渡すること，すなわち，Bの使用・収益を不可能にするという債務不履行を行うことによって，Cへの売主として，同一の法律関係からBに対して引渡しを求める義務を負担する（民法560条参照）。

　Cへの売主として，Aから明渡しを求められた場合に，Bが留置権を主張できることは当然であり，所有権者Cからの明渡請求に対しても，留置権を主張して，Aから損害賠償の支払を受けるまで明渡しを拒むことができると解すべきであろう。

　Bの主張は，単に，Aの債務不履行によって生じた損害賠償請求権を確保するために事実上の優先弁済権を主張しているに過ぎないのであって，Cの所有権の主張と矛盾するものではない。

第4節　留置権の効力

I　概　　説

　留置権の規定は，発生と消滅に関する規定を除いて，効力に関する規定すべてが，質権によって準用されている。反対からいえば，質権の効力と比較して理解することが，留置権の効力の理解を深める上で有用である。この点に関しては，留置権を法定質権と考えることにメリットがある。

　ところで，留置権の効力に関しては，ほとんどすべての教科書が，同時履行の抗弁権との対比を行いつつ，不動産の留置権を含めて「留置権は，物権であるから対世的効力を有し，すべての人に対して行使することができる」と説明している。しかし，この説明は，「土地所有権であっても登記がなければ第三者に対抗できない」という説明と明らかに矛盾している。先にも述べたように，不動産留置権が，不動産物権の一般原則である公示原則に従わず，占有のみによってその効力を保持している点から考えても，留置権を物権とする必要はないし，登記を有しないにもかかわらず物権だから対世的効力を有するとするのは，明らかな誤りである。

　留置権の効力は，他人の物を占有する債権者に対して，その物に関して生じた債権の弁済を確保するために，第1に，債権者にその物に関する引渡拒絶の抗弁権を与えて債務者を心理的に圧迫するとともに，第2に，その引渡拒絶の抗弁権を第三者にも対抗できるものとすることによって，債権者に事実上の優

先弁済権を与えているものに他ならない。

II 留置的効力と引渡拒絶の抗弁権

A 引渡拒絶の抗弁権

　留置権の効力は，先にも述べたように，物に関して生じた債権が弁済されるまで物の占有を継続することによって，債務者，または債務者から物を譲り受けた第三者に対して心理的圧力を加え，債務の弁済を確保することにある。留置権の効力は，第1に，物の占有を継続できることにあり，これは，物の返還請求に対して，引渡拒絶の抗弁権として現れる。

B 引換給付判決（同時履行の抗弁権との類似性）

　しかし，この抗弁権は，債務の弁済を確保するために限定されており，債務者や所有者の引渡請求訴訟に対して留置権を認める判決は，原告の敗訴判決ではなく，債務の弁済を条件に引渡請求を認めるという，原告勝訴の引換給付判決である（民事執行法31条1項）。

　引換給付判決に基づいて，債務者または所有者が物の引渡しを執行するためには，債務額を証明する文書を裁判所に提出した後に初めて執行文の付与（民事執行法26条以下）を受けることができるのであって，執行文の付与を受けてから強制執行が開始されるまでの間に債務額を証明する文書を裁判所に提出すればよいというものではない。

　ただし，執行文付与の要件としては，あくまで，反対給付の債務額を証明する文書を提出すればよいのであって（民事執行法27条1項），反対給付またはその提供までを証明する必要はない。もしも，債権者による「反対給付またはその提供」が，民事執行法27条1項の「債権者の証明すべき事実の到来」として，執行文付与の条件ということになると，債権者に反対給付の先履行を強いることになって，同時履行を定める実体法の趣旨に反することになるからである。したがって，執行文の付与は，単に，反対給付の債権額を証明する文書を裁判所に提出すればよく，執行文の付与を受けた後の執行開始の要件として，「債権者が反対給付又はその提供のあったことを証明」することが要求されているのである（民事執行法31条1項）。

　民事執行法31条（反対給付又は他の給付の不履行に係る場合の強制執行）

①債務者の給付が反対給付と引換えにすべきものである場合においては，強制執行は，債権者が反対給付又はその提供のあったことを証明したときに限り，開始することができる。

つまり，債権者が物の引渡しの執行をする場合に，債務者が留置権の抗弁を主張した場合には，債権者は，まず，反対給付の債務額を証明する文書を提出して，執行文付与を受けることができる。債権者は，次に，執行機関（執行官）に対して，執行の申立てを行うことになるが，その際に，債権者は，引換給付判決で命じられた反対給付の弁済の提供をしなければならない。これを執行機関が確認することによって，民事執行法31条1項の執行開始要件が満たされたことになり，実際の執行が行われることになるのである。

C 留置権の訴訟上の行使と時効中断の効力

民法300条は，「留置権の行使は，債権の消滅時効の進行を妨げない」と規定しているが，この意味は，留置権の行使，すなわち単に物を留置しているだけでは，債権の消滅時効は中断しないという意味に解すべきである。

これに反して，訴訟における留置権の主張，すなわち引渡拒絶の抗弁権の行使は，引換給付判決へと帰結することからも明らかなように，反対給付を求める主張（催告）が潜在的に含まれていると解すべきである。したがって，留置権の効力の第2として，留置権の訴訟上の行使は債権の時効を中断する効力を有する（最大判昭38・10・30民集17巻9号1252頁）。

D 留置的効力と同時履行の抗弁権との対比

物に関する双務契約において，代金・報酬・費用償還請求権と物の引渡請求権とが対立している場面では，留置権と同時履行の抗弁権の要件がともに満たされるという事態が発生する。そして，この場合には，留置権の引渡拒絶の抗弁と同時履行の抗弁とが競合すると考えるべきである。

しかし，留置権と同時履行の抗弁権が同時に発生する場合でも，目的物が第三者に譲渡された場合には，同時履行の抗弁権は，原則として，第三者には主張できないと解されており，留置権の主張のみが認められる。さらに，同時履行の抗弁権は，双務契約またはこれと類似する関係が生じている場合にのみ発生するのであり，迷い犬・猫の飼育や，飛び込んできたボールやトラックの事例のように，事務管理や不法行為に関して留置権が発生する場合には，同時履

行の抗弁権は発生しない。

これとは逆に，請負人の注文者に対する報酬請求権と注文者の請負人に対する損害賠償請求権とは，同時履行の関係にあり（民法634条2項），この同時履行の関係は，請負の目的物が注文者に引き渡された後も存在する。しかし，留置権の方は，請負の目的物が注文者に引き渡された後は，請負人は，占有を失っており，もはや留置権を行使することができない。

III 留置的効力による事実上の優先弁済権

A 事実上の優先弁済権

質権については，民法342条が「物を占有し，かつ，その物について他の債権者に先立って自己の債権の弁済を受ける権利を有する」と規定しているのに対して，留置権については，民法295条が，「債権の弁済を受けるまで，その物を留置することができる」と規定しているに過ぎない。

したがって，法定質権としての留置権と質権との効力の差異は，質権が留置的効力と同時に競売代金に対する優先弁済権が確保されているのに対して，留置権は，留置的効力のみで，留置権者が自ら競売を望んだ場合，競売代金に対する優先弁済権が認められていない点にある。

もっとも，留置的効力による事実上の優先的効力は，債権者が占有を失うと優先的効力を失うため，いわゆる追及効は存在しないが，占有を継続している以上は，目的物の所有権が譲渡されても，誰に対しても事実上の優先弁済権を主張しうる非常に強力なものである。

しかも，留置権の留置的効力は，民事執行法により十分に保障されている。なぜなら，他の債権者が競売を申し立てた場合，不動産の競売については，競売の買受人は，留置権の目的となっている債権をまず弁済しなければならないし（民事執行法188条・59条4項），動産の競売については，留置権者の同意なしには競売自体が開始できないことになっている（同法124条・190条）からである。

B 留置的効力と優先弁済権との対比

しかし，留置権者が競売を望んだ場合（民事執行法195条）には，換価金に対する優先弁済権は認められておらず，一般債権者として平等の割合で配当を

受けることになっている。この点に，本来の優先弁済権と留置的効力による事実上の優先弁済権との差があるといえよう。さらに，留置権の場合は，本来の優先弁済権が認められていないため，優先弁済権を前提とする物上代位も認められない。

もっとも，留置権の場合も，次に述べるように，留置する物から生じる果実に関しては，果実を収取して，そこから優先的に債権の弁済に充当するという，本来の意味の優先弁済権が認められている（民法297条）。

表17　留置権と質権の効力の対比

種類		留置権		質権	
		存否	条文の根拠	存否	条文の根拠
担保物権の通有性	優先弁済権	×	民法295条1項	○	民法342条
	付従性・随伴性	○	民法295条1項（発生・消滅要件と解釈する）	○	民法342条（発生・消滅要件と解釈する）
	不可分性	○	民法296条	○	民法350条による296条の準用
	物上代位性	×	民法295条1項 民法304条の準用なし	○	民法350条による304条の準用
	追及効	×	民法302条	△	民法352条（動産質権）△ 民法361条（不動産質）○ 民法364条以下（権利質）○

Ⅳ　不可分性（民法296条）

不可分性とは，担保物権をもつ者は，被担保債権の全部の弁済があるまでその目的物の全部について権利を行使しうるという性質をいう。この不可分性により，被担保債権の一部が弁済等によって消滅しても，その残額がある限り，担保物全部の上に担保物権の効力が及ぶ。元本の全部が弁済されたが利息・損害金が残っているという場合でも同じである。

さらに，判例（最三判平3・7・16民集45巻6号1101頁）は，土地の宅地造成工事を請け負った債権者が造成工事の完了した土地部分を順次債務者に引き渡した場合につき，債権者が右引渡しに伴い宅地造成工事代金の一部につき留

置権による担保を失うことを承認した等の特段の事情がない限り，債権者は，宅地造成工事残代金の金額の支払を受けるに至るまで，残余の土地につきその留置権を行使することができるとしており，不可分性の意味が拡張されている。

　留置権の箇所で規定されている不可分性（民法 296 条）は，他の担保物権にも共通の性質であるため，先取特権（同 305 条），質権（同 350 条），抵当権（同 372 条）のそれぞれの箇所で準用されている。ただし，共同抵当の場合には，各不動産の負担額が限定されるなど（同 392 条），不可分性に対する例外が規定されている。

V　果実収取権：留置権者の善管注意義務（民法 298 条）と果実からの優先弁済権（民法 297 条）

A　概　説

　留置権の場合，留置物本体については，質権とは異なり，これを換価・処分してそこから他の債権者に先立って優先弁済を受けるという効力は認められていない。しかし，留置権も，留置する物から生じる果実に関しては，果実を収取してそこから優先的に債権の弁済に充当するという，本来の意味の優先弁済権が認められている（民法 297 条）。

　ところで，占有理論によれば，他人の物の占有者は，善意の場合は，占有物から生じる果実を取得することができるが（同 189 条），悪意の場合は，悪意の不当利得の場合（同 704 条）と同様，収取した果実を返還し，消費した果実の代価を償還しなければならない（同 190 条）。

　留置権者の場合，占有は適法に始まったとはいえ，他人の物を悪意で占有しているわけであるから，本来なら，果実を収取する権利を有しないはずである。しかし，民法は，他人の物の悪意の占有者である留置権者に，占有物につき善管注意義務を負わせるとともに（298 条），果実の収取・優先弁済権を与えることによって（297 条），バランスをとっているのである。

B　具体例による検討

　留置権の成立の箇所では，犬（留置犬）の例を挙げたが，今度は，猫の例で説明することにしよう。例えば，けがをした猫が A の家に迷い込んできたので，飼主が見つかるまで飼育したという例で，A が飼育しているうちにその猫が子猫を生んだ場合を考えてみよう。

飼主Bが猫を探して尋ねてきた場合，Aは治療費と養育費を支払ってもらうまでその猫を留置できることはすでに述べた。しかし，飼主が見つからない場合，その猫を勝手に処分することはできない。確かに，留置権者は留置物を競売することは認められている（形式競売：民事執行法195条）。ただし，その場合の競売権は，留置権者が長く弁済を受けないことの不便を考えて設けられた，換価のための競売（形式的競売）であると解されており，留置権者に優先弁済権は認められていない。

これに反して，猫が子猫を生んだ場合には，留置権者は，その子猫を売って，その代金を優先的に親猫の治療費，飼育費等の債務の弁済に充てることができる（民法298条1項）。この場合の充当の方法は，弁済充当の原則（民法491条参照）に従い，まず債権の利息に充当し，なお余剰があるときに元本に充当しなければならない（民法297条2項）。

VI 費用償還請求権

A 概説（民法295条と299条との関係）

他人の物の占有を適法に開始した占有者が，占有物に必要費または有益費を投じ，費用償還請求権が発生した場合には，民法295条に基づいて，その費用償還請求権者に留置権が発生する。そして，すでに留置権を有する債権者が，留置物の保存・改良のために費用を投じると，民法299条によって，その費用償還請求権のために，さらに留置権が発生する。民法295条と299条を対比した場合，留置権の発生を判断するだけならば，民法295条さえあれば，299条の規定は不必要ではないかと思われるかもしれない。

しかし，留置権者は適法に他人の物の占有を開始したといっても，占有については悪意の場合もあるし（悪意の占有者の費用償還請求権に対しては，所有者の請求によって期限の許与が認められている），留置権者は，民法297条により，占有物から生じる果実を収取してそこから優先弁済を得ることができることになっている（占有の規定によれば，果実を収取した占有者に対する費用償還請求権は否定されている）。他方で，留置権者は，占有物の保管について善管注意義務を負わされ，しかも，債務者の承諾なしに占有物を使用・賃貸・担保提供することを禁じられているという，かなり微妙な立場に置かれている。

このような状況のもとで，留置権者が，留置物に対して保存費用や改良費用

を出した場合に，そもそも，費用償還請求権が発生するのかどうか（民法196条1項ただし書は，果実を収取した占有者に対する費用償還請求権を否定する），費用償還請求に対して期限を許与することが許されるのかどうか（民法196条2項ただし書は，悪意の占有者の費用償還請求権に対して期限の許与を認めている）という問題を解決しておく必要がある。

民法299条は，留置権者のおかれた微妙な立場に対して，単なる他人の物の占有者の場合における費用償還請求権の場合とは異なる解決を与えようとするものである。

留置権者の費用償還請求権の規定（民法299条）と，一般的な占有者の費用償還請求権の規定（民法196条）とを注意深く対比することによって，留置権が，単なる占有権とは異なり，債権の担保のための占有であることが明らかになるであろう。

表18　留置権者の費用償還請求権をめぐる利害対立

	留置権者の言い分	債務者・所有者の言い分	民法の規定
必要費償還請求権	留置権者は，管理について善管注意義務が課せられる一方で，使用・賃貸・担保供与の自由が与えられていない（民法298条2項）のであるから，必要費の償還請求が認められるべきである。	留置権者は果実収取権を有するのであるから，占有の一般原則である民法196条1項ただし書（占有者が果実を取得したときは，通常の必要費は占有者の負担に帰する）の規定に従って，必要費償還請求権は否定されるべきである。	299条1項 留置権者は，留置物について必要費を支出したときは，所有者にその償還をさせることができる。
有益費償還請求権	占有者には，一般的に，有益費の償還請求権が認められている（民法196条2項）のであるから，留置権の場合にも，有益費の償還請求権が認められるべきである。 善意占有者の場合には，有益費の償還請求権につき期限の許与が認められないのであるから，留置権の場合にも，期限の許与は認めるべきではない。	悪意の占有者に対しては，有益費の償還請求権につき期限の許与が認められている（民法196条2項ただし書）。また，契約関係がある場合には，有償・無償の区別を問わず（民法583条2項・595条2項・608条2項），期限の許与が認められているのであるから，留置権の場合にも，期限の許与が認められるべきである。	299条2項 留置権者は，留置物について有益費を支出したときは，これによる価格の増加が現存する場合に限り，所有者の選択に従い，その支出した金額又は増価額を償還させることができる。ただし，裁判所は，所有者の請求により，その償還について相当の期限を許与することができる。

B　必要費償還請求権

　留置権者が留置物について必要費を出したときは，所有者にその償還を請求できる（民法299条1項）。留置権者の必要費償還請求権は，物の占有に関して生じた債権であるため，この債権に基づく目的物の留置権も認められる。

　ところで，占有の規定によれば，他人の物の占有者がその物の保存のために必要費を支出した場合には，その償還を請求できるのが原則である（民法196条1項本文）から，留置権者の必要費償還請求権は，一般原則の適用に過ぎないようにもみえる。

　しかし，占有の規定では，占有者が果実を取得する場合には，通常の必要費は占有者が負担することになっている（民法196条1項ただし書）。そして，留置権者の場合，果実を収取して優先弁済を受けることができる（民法297条1項）のであるから，占有理論に従えば，留置権者は，必要費の償還は請求できないはずである。

　それにもかかわらず，留置権者に必要費償還請求権が認められている理由は，留置権者は，留置物の管理について善管注意義務を負わされ，かつ，債務者の承諾なしに留置物を使用し，賃貸し，担保に供することが禁止されており，賃料収入などの果実収取の機会が大幅に減じられていることの配慮であると思われる。

　これに対して，以下に述べる有益費の償還請求権については，必要費の場合とは異なり，有益費の額は，果実収取権では賄えない額になることが多いため，果実収取とは関係なしに償還請求権が認められている。ただし，有益費の償還請求権については，権利そのものは認められても，以下に述べるように，その権利を確保するための留置権の主張は制限されているので，注意を要する。

C　有益費償還請求権

　留置権者が留置物について有益費を出したときは，その価格の増加が現存する場合に限って，所有者の選択に従い，その費やした金額または増価額の償還を請求できる（民法299条2項本文）。

　留置権者の有益費償還請求権は，物の占有に関して生じた債権であるため，この債権に基づく目的物の留置権も認められる。しかし，必要費の場合とは異なり，有益費の償還請求の場合には，裁判所は，所有者の請求によって相当の

期限を許与しうる（民法299条2項ただし書）ので，その場合には，留置権は発生しない。

ところで，占有の規定によれば，他人の物の占有者がその物の改良のために有益費を支出した場合には，その価格の増加が現存する場合に限って，所有者の選択に従い，その費やした金額または増価額の償還を請求できるのが原則である（民法196条2項本文）から，留置権者の有益費償還請求権は，一般原則の適用に過ぎないようにもみえる。

しかし，占有の規定では，占有者が善意の場合と悪意の場合とを区別し，悪意の場合に限って，裁判所は，所有者の請求によって相当の期限を許与しうると規定している（民法196条2項ただし書）。留置権者の場合，占有は適法に始まっているとはいえ，悪意占有であるから，占有の規定では，悪意占有者にのみ認められている期限の許与の制度が，留置権の場合には，一律に取り入れられたものと思われる。

民法299条が，必要費の償還請求の場合は常に留置権を認める一方で，有益費の償還請求に関しては，留置権の存否を裁判所の判断に委ねた理由は，有益費は必要費に比して高額に上る場合があること，および，留置権の保管を簡素なものに抑えようとする民法298条の趣旨を考慮して，裁判所が所有者に有益費の償還につき期限を許与することが望ましいと判断する場合には留置権を認めないことができるようにしておき，裁判官の総合判断によって結果の具体的妥当性を確保することを狙ったためであると思われる。

第5節　留置権の消滅

I　概　説

留置権の消滅原因として，従来の学説は，第1に，物権に共通の消滅原因として，目的物の滅失・混同・放棄等を挙げ，第2に，担保物権に共通の消滅原因として，付従性から導かれる被担保債権の消滅（弁済，代物弁済，相殺，免除，混同，消滅時効，契約の解除等）を挙げ，第3に，留置権固有の消滅原因として，留置権の消滅請求（民法298条3項），代担保の供与による消滅（民法301条），占有の喪失（民法302条本文）を挙げてきた。

しかし，留置権は，正当な原因によって他人の物の占有を開始した債権者に

対し，その物を留置することによって事実上の優先弁済権を与える制度であるとの本書の立場に立てば，留置権の消滅原因は，物権とか付従性を持ち出すまでもなく，第1に，担保物権に共通の債権そのものの消滅，第2に，留置権と質権に共通の消滅原因，第3に，留置権に固有の消滅原因という3種類の原因によって説明することができる。

表19　留置権の消滅原因の分類

	留置権の消滅原因		条文
留置権・質権に共通の消滅原因	留置権の消滅請求		民法298条（留置権者による留置物の保管等）①留置権者は，善良な管理者の注意をもって，留置物を占有しなければならない。②留置権者は，債務者の承諾を得なければ，留置物を使用し，賃貸し，又は担保に供することができない。ただし，その物の保存に必要な使用をすることは，この限りでない。③留置権者が前2項の規定に違反したときは，債務者は，留置権の消滅を請求することができる。
いわゆる留置権に固有の消滅原因	動産質の場合と類似の消滅原因	占有の喪失	民法302条（占有の喪失による留置権の消滅）留置権は，留置権者が留置物の占有を失うことによって，消滅する。ただし，第298条第2項〔債務者の承諾を得た留置物の使用・賃貸・担保供与〕の規定により留置物を賃貸し，又は質権の目的としたときは，この限りでない
	留置権に固有の消滅原因	代担保の供与による消滅	民法301条（担保の供与による留置権の消滅）債務者は，相当の担保を供して，留置権の消滅を請求することができる。
		債務者の破産	破産法66条（留置権の取扱い）・186条（担保権の消滅の許可の申立て）・192条（商事留置権の消滅請求）
		会社更生	会社更生法29条（商事留置権の消滅請求）

ここでは，第1の債権そのものの消滅原因（弁済，代物弁済，相殺，免除，混同，消滅時効，契約の解除等）は担保物権すべてに共通する問題であるので省略

することとし，第2の留置権と質権に共通の消滅原因，すなわち，債権者の義務違反に対する債務者側からの留置権の消滅請求（民法298条3項），第3の留置権に固有の消滅原因，すなわち，事実上の優先弁済権を裏付けている占有の喪失（民法302条本文），および，債務者側からの代担保の供与による消滅（民法301条）を取り上げることにする。

II 留置権・質権に共通の消滅原因

A 留置権者の善管注意義務

　留置権は，他人の物を占有することを許す権利である。そして，民法は，他人の物を有償（留置権者は果実収取権を有している）で占有する者の一般原則に従い，「善良な管理者の注意をもって，留置物を占有しなければならない」という善管注意義務を課している（民法298条1項）。

　上記の注意義務の結果として，留置権者は，債務者と所有者の承諾なしに留置物を使用し，賃貸し，担保に供することはできない。もっとも，使用に関しては，保存に必要な使用は認められている（民法298条2項）。

　例えば，借家人が修繕費の償還請求権の担保のために，借家契約終了後，借家を留置する場合に，従来通り居住を継続することについて，当初の判例は，借家人が居住を継続することは，留置物の「使用」にあたり，家主の同意がないときは許されないとして，家主の留置権消滅請求を認めた（大判昭5・9・30新聞3195号14頁）。しかし，その後，見解を変更し，借家人の居住は，留置物の保存にあたり，家主の承諾なしになしうるとしている（大判昭10・5・13民集14巻876号）。

B 善管注意義務違反に対する制裁としての債務者・所有者による留置権の消滅請求（民法298条3項）

　留置権者が善管注意義務に違反した場合，または，留置物を無断で，保存目的以外の使用をしたり，留置物を賃貸したり，担保に供したりした場合には，その制裁として，債務者および所有者は，留置権の消滅を請求できる（民法298条3項）。

　例えば，判例は，借地の場合に関して，地上の建物を第三者に賃貸することは，保存に必要な使用ではないとして，留置権の消滅請求を認めている（大判

昭10・12・24新聞3939号17頁)。また，船舶上の留置権に関して，貨物の運送業務のため遠距離（和歌山から山口あたりまで）を航行したことは，航行の危険性に鑑み，留置物の保存に必要な使用とはいえないとして，船舶所有者の留置権消滅請求を認めている（最二判昭30・3・4民集9巻3号229頁）。

最二判昭30・3・4民集9巻3号229頁
「木造帆船の買主が，売買契約解除前支出した修繕費の償還請求権につき右船を留置する場合において，これを遠方に航行せしめて運送業務のため使用することは，たとえ解除前と同一の使用状態を継続するにすぎないとしても，留置物の保存に必要な使用をなすものとはいえない。」

留置権の消滅請求は，形成権と考えられており，留置権者の違反行為が継続しているかどうか，違反行為によって損害を受けたかどうかを問わず（最二判昭38・5・31民集17巻4号570頁），上記の違反行為があれば，債務者または所有者の意思表示によって，留置権は当然に消滅する（民法298条3項）。

最二判昭38・5・31民集17巻4号570頁
「留置権者が民法298条1項および2項の規定に違反したときは，当該留置物の所有者は，当該違反行為が終了したかどうか，またこれによって損害を受けたかどうかを問わず，当該留置権の消滅を請求することができるものと解するのが相当である。」

Ⅲ　いわゆる留置権に固有の消滅原因

A　動産質の場合と類似の消滅原因
1　原則：占有の喪失（民法302条本文）
留置権は，占有の喪失によって消滅する（民法302条本文）。留置権は占有を通じて事実上の優先弁済権を確保する制度であり，占有によってその効力が発生し，占有の喪失によって消滅することとしているのである。
2　例外：留置権が消滅しない場合（占有回収，間接占有）
(1)　占有回収の訴えによって占有を回復した場合

留置権が占有を効力要件とする以上，留置権者が占有自身の保護機能としての占有訴権を利用することは当然に許されている。したがって，占有回収の訴えによって占有を回復した場合には，留置権も回復すると解されている。その理由は，民法203条により，占有者が占有回収の訴えを提起したときは占有権

は消滅しないと規定されているからである。
　(2) 間接占有
　留置権の効力要件としての占有は，間接占有でもよいとされる。留置権者が，債務者および所有者の承諾を得て，留置物を「賃貸し又は質権の目的としたときは」，直接占有は喪失するが，間接占有は保持するため，留置権は消滅しないとされている（民法302条ただし書）のがその理由である。
　もちろん，債務者および所有者の承諾を得ずに留置物を「賃貸し，又は担保に供」した場合には，民法298条3項による留置権の消滅請求によって消滅することはあるが，承諾を得ずに留置物を「賃貸し又は質権の目的とした」からといって，当然に留置権が消滅することはない。ただし，留置権者が債務者や所有者に留置物を返還した後，占有改定によって占有した場合には，動産質の場合と同様に考えて（民法344条参照），留置権は消滅するとする学説がある。確かに，約定担保権である質権の場合には，当事者の意思が意味を持ちうるかもしれない。しかし，法定担保権である留置権の場合には，「正当の原因」によって占有が継続されているかどうかで判断すればよく，その占有に間接占有が含まれるとするのであれば，たとえ留置物を返還しても，占有改定によって占有が継続している以上，留置権は消滅しないと考えるべきであろう。

B　留置権に固有の消滅原因
1　代担保の供与による消滅（民法301条）
　債務者または留置物の所有者は，留置物の代りに「相当の担保を供して，留置権の消滅を請求することができる」（民法301条）。留置権の場合，すでに述べたように，債権額と留置物の価格が均衡していることは要件とされていないので，債権額に比較して留置されている物の価格が著しく大きい場合に，この制度の意義があるとされている。
　しかし，債権額に比較して物の価格が著しく大きい場合というのは，反対からいえば，債権額が著しく小さい場合であるから，債務者または留置物の所有者は，著しく小さい債権額を弁済することによって，債務を消滅させ，いわゆる付従性の原則により，留置権を消滅させることができる。したがって，この場合の実益は，理論上ほど大きくはないと思われる。
　むしろ，この制度は，債権額と留置物の価格が均衡し，かつ債権額が大きい場合に，留置物に代わる代担保を提供することによって留置権を消滅させるこ

とができる点に実益がある。例えば，債務者には，留置物と同等の価値をもつ手持ちの物件があるが，それがすぐには換価できない状態にあり，かつ，債権額を支払うだけの金銭的余裕もないといった場合に，手持ちの物件を代担保にして留置権を消滅させることができれば，債務者にとって利益が大きいといえよう。

通説（富井・物権下33頁，柚木＝高木・担保物権38頁，高木・担保物権30頁，近江・担保物権32頁，道垣内・担保物権33頁）は，代担保の提供には留置権者の承諾を要するとしているが，この代担保提供による留置権の消滅請求権は，民法298条3項の留置権の消滅請求の場合と同様，形成権と考えるべきであり，代担保が相当であるとの要件を備えていれば，留置権者の承諾は不要であると解すべきである（我妻・担保物権46～47頁，鈴木・物権法〔1994〕293頁）。

2 債務者の破産（破産法93条2項）・会社更生（会社更生法2条10項）

債務者の破産に際しては，商事留置権（商法または会社法の規定による留置権）が「特別の先取特権（ただしその順位は，一般先取特権には優先するが，民法その他の法律の規定による他の特別の先取特権に劣後する）」とみなされ（破産法66条1項），その結果，別除権をも有する（破産法65条）のとは異なり，留置権は，破産財団に対し対抗することができない（破産法66条3項）。民事再生の場合も同様である（民事再生法53条1項）。また，会社更生の場合にも，商事留置権が「更生担保権」として扱われるのとは異なり，民法上の留置権は更生担保権として扱われていない（会社更生法2条10項参照）。

したがって，民法上の留置権については，債務者の破産，民事再生，会社更生によって，事実上の優先弁済権も否定されるに至るため，留置権は消滅すると解さざるをえない。つまり，この場合には，留置権は，一般債権者の債権と同じ扱いを受けることになる。

第6節 留置権のまとめと提言

I 要件としての牽連性

他人Aの物の占有者Bが，その物の占有に関連して，Aに対して債権（α債権）を有している場合には，Bは，α債権の弁済を受けるまで，その物の返還債権（β債権）を有するA，または第三者Cに対しても，β債務の履行を拒絶

する権利を有する（履行拒絶の抗弁権）。

その理由は，α債権とβ債権とが，占有を媒介項として牽連性を有しており，そのように牽連するα債権とβ債権の両債権を同時に履行させること，すなわち，α債権の弁済があるまでβ債務の履行を拒絶することが，公平に合致するからである。

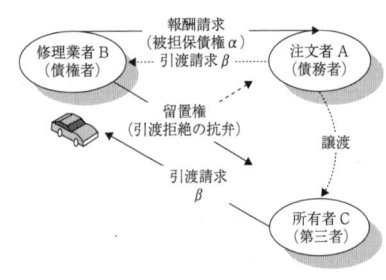

図42　留置権のまとめ

α債権とβ債権の牽連性は，例えば，以下のように，物を介さずに，直接に証明することもできる。
(1) α債権（注文者Aに対する請負人Bの報酬債権）とβ債権（請負人Bに対するAの目的物の返還債権）とが，同一の契約関係（請負契約の履行）から生じている。
(2) α債権（所有者Aに対するBの費用償還請求権）とβ債権（Aに対する所有者の目的物返還債権）とが同一の契約以外の法律関係（事務管理の履行）から生じている。
(3) α債権（加害者Aに対する被害者Bの損害賠償債権）が，同一の契約以外の法律関係（相手方の不法行為）から生じている。

このように考えると，従来の学説が，留置権の成立要件に関して，履行拒絶の抗弁権に過ぎないドイツ民法273条の条文に即して，「①債務者（B）が（返還）債務を負担したのと同一の法律関係に基づき，債権者（A）に対して弁済期に達した請求権を有する場合」，および，「②目的物を返還すべき義務を負う者が，その目的物に加えた費用，または目的物によって生じた損害について，すでに弁済期に達した請求権を有する場合」に，留置権を認めてきた理由が明らかとなる。

しかし，β債権は目的物の返還債権に固定されているので，例えば，以下のように，α債権が目的物の占有に関連して生じていることを証明することで足りる（民法295条）。
(1) α債権（例えば，Aに対するBの報酬債権）が，目的物の修理契約（請負契約）から生じている。
(2) α債権（例えば，Aに対するBの費用償還請求権）が，目的物の事務管理から生じている。
(3) α債権（例えば，Aに対するBの損害賠償債権）が，目的物に関するAの債

務不履行，またはAの不法行為から生じている。

このように考えると，トラック暴走・突込み事件，ボールによる窓ガラスの破損事件において，被害者Bが損害賠償債権の弁済を受けるまで目的物の留置ができるばかりでなく，二重譲渡の場合にも，目的不動産の引渡しを受けた第1買主Bは，売主から損害賠償債権の弁済を受けるまで，登記を先に備えた第2買主に対して，目的不動産を留置することができることが明らかとなる。

上記のような場合に留置権を認めることは，留置権を物権と考える従来の考え方によると，不都合が生じる。なぜなら，所有権者の権利と留置権とが衝突し，留置権が勝るということになると，所有権を中心とした物権秩序を乱すおそれがあるからである。そこで，このような場合には，通説・判例とも，留置権の成立または効力を否定している。しかし，留置権を債権上の引渡拒絶の抗弁権と考える本書の立場によれば，物権と物権との衝突という事態は回避される。さらに，実質的に考えても，以下のように関係者の利害関係を考慮するならば，上記の場合に留置権の成立を認めることは，公平に合致するといえよう。

第1のトラック暴走・突込み事件やボールによる窓ガラスの破損事件の場合，返還を求める所有者Cには，管理を十分にしていなかった等の帰責性が認められる。これに対して，留置権を有する債権者Bは，トラックやボールによって破損を受けた被害者であり，帰責性は存在しない。したがって，このような被害者Bに留置権を認めて救済を確保することは，公平の観念に合致する。

第2の二重譲渡の場合には，第1買受人Bは，確かに登記を得ていないが，すでに売買代金を支払って不動産の引渡しを受け，占有（居住）を継続しており，一応の公示がなされている。したがって，そのような占有状態を調査せずに二重に買い受けた第2買主Cには，多少の帰責性がある。確かに，民法177条に従って，先に登記を得た第2買主Cは所有権を取得するが，第1買主Bが売主Aから損害賠償債権の弁済を受けるまで引渡しを受けられないとしても，占有状態を調査していればそのような事態は回避できたのであるから，やむをえないと考えることができよう。いずれの場合も，不法行為または債務不履行の被害者である債権者Bはその物を占有しているために，ある程度の公示は図られているし，また，法が，公平の観点から，目的物の占有に牽連して生じた債権を保護するとしている以上，それによって所有者にある程度の不都合が生じるとしても，履行拒絶の抗弁権としての留置権の成立を認めるべきであると思われる。

Ⅱ　効果としての事実上の優先弁済効

　α債権の債権者Bは，債務者Aから弁済を受けるまで，誰に対しても，目的物の返還債務の履行を拒絶できる（履行拒絶の抗弁権）。このため，目的物の返還債権（β債権）の弁済を受けようとするすべての者は，α債権の弁済をせざるをえない。このことによって，債権者Bは，目的物の返還を求めるすべての者に対して，優先的にα債権の回収を行うことができる。

　α債権の債権者に過ぎず，法律上の優先弁済権を有しないBが，β債務の履行を拒絶することが許されるのは，先に述べたように，α債権とβ債権との牽連性により，2つの債権を同時に履行させること，すなわち，α債権の弁済を受けるまでBの引渡債務の履行を拒絶することが公平に合致するからである。そして，そのような履行拒絶の抗弁権が第三者にも対抗できるのは，留置権の場合，履行拒絶の抗弁権が，占有の継続という対抗要件に基づいて，第三者にも対抗できるからである。このようにして，第三者にも対抗できる履行拒絶の抗弁権であるからこそ，留置権は，優先弁済権が与えられていないにもかかわらず，事実上の優先弁済権を確保できるのである。

　占有の継続は，履行拒絶の抗弁権の第三者対抗要件であり，物権法総則に定められた対抗要件（不動産は登記，動産は引渡し）とは異なるものであり，履行拒絶の抗弁権（物権という積極的な権利ではなく，債権法上の抗弁権に過ぎない）の対抗要件であると解すべきである。

　以上の点を踏まえるならば，民法295条は，その意味を明確にするために以下のように改正されるべきであろう。

民法295条（留置権）　改正私案
①他人の物の占有者は，次の各号に例示する場合のように，その物に関して生じた債権を有するときは，その債権の弁済を受けるまで，その物の返還債務の履行を拒絶して，その物を留置することができる（引渡拒絶の抗弁権）。
　一　債権が，物と関連する一つの契約上の法律関係から，または，密接な関連を有する複数の契約上の法律関係から生じた場合
　二　債権が，物と関連する契約以外の法律関係（事務管理，不当利得，不法行為）から生じた場合
②前項の規定により，他人の物の占有者は，物の返還義務を拒絶することを通じて，その物に関して生じた債権につき，他の債権者に先立って弁済を受ける権利を有する

(事実上の優先弁済権)。
③前2項の場合において，その債権が弁済期にないときであっても，その債権の債務者の信用不安等のため，その債権の弁済が確保されなくなるおそれがあることを証明した場合には，留置権を行使することができる（不安の抗弁権）。ただし，債務者又は第三者が相当の担保を供したときは，この限りでない。
④前3項の規定は，占有が不法行為等，正当な原因によらずに始まった場合には，適用しない。

第14章
先取特権

　先取特権は，いわば，優先弁済権そのものである。したがって，優先弁済権の本質，優先順位の確定に関する原則，他の優先弁済権との調整方法等，優先弁済権にまつわる複雑な法理を理解するには，先取特権の規定を理解することから始めるべきである。そして，先取特権のさまざまな規定の裏に隠された原理を知るためには，民法の立法理由にさかのぼって，それぞれの条文を導いた原理をマスターする必要がある。

　担保物権を理解する上で，なぜ先取特権が最も重要な役割を果たしているかというと，それは，以下の3つの理由に基づく。

　第1に，先取特権における優先弁済権は種類が豊富だということである。先取特権には，一般先取特権，動産先取特権，不動産先取特権というように，豊富な種類が用意されている。民法以外の先取特権は，後に述べるように，1960年代の調査では約130種類，1990年代の調査では151種類にのぼることが指摘されており，現在では200種類以上に増加している。物権の対象は，原則として有体物（動産，不動産）に限定されるはずであるが（民法85条），先取特権の対象は，有体物としての動産（動産先取特権），不動産（不動産先取特権）から，無体物としての債権（民法304条における売買代金債権，賃料債権，損害賠償債権，民法314条における賃料債権など），債務者の全財産（一般先取特権）に至るまで，あらゆる種類の目的物を対象とすることができる。したがって，先取特権の目的物を理解すると，物的担保の対象についての理解を深めることができる。

　第2に，先取特権においては，被担保債権の種類・性質が優先順位の決定に大きな役割を果たしている。その他の物的担保の場合には，被担保債権の種類・性質は優先弁済権の順位に影響を及ぼさないのが原則であるが，先取特権の場合には，抵当権，質権に遅れて設定されても，それらに優先するもの（不

動産保存の先取特権〔民法339条〕）から，同順位となるもの（動産質権は，第1順位の先取特権とみなされる〔民法334条〕），それらに劣後するもの（一般先取特権〔民法329条・335条・336条〕）まで，さまざまな優先弁済権が優先順位とともに規定されている。しかも，その優先順位の決定ルールが，必ずしも登記の先後とか，契約の先後とか，保存の先後によるわけではなく，例えば，保存については，後に保存した者が先に保存した者に優先するなど（民法330条1項2文），物権の優先順位とはまるで無関係，むしろ正反対の順位決定のルールが出現する。このようなルールについて精通するようになると，従来の学説が解決に難渋している，譲渡担保と動産売買の先取特権との優先順位の基準（第14章第4節で説明する），抵当権に基づく物上代位と相殺権者との優先順位の基準（第16章第5節ⅤA4で説明する），さらには，非典型担保としての譲渡担保に物上代位が類推されるかどうかという問題（第20章第1節Ⅲ）等についても，明確な基準を提示できるようになる。

　したがって，優先弁済権の意義と優先弁済権相互の優先関係について理解しようと思えば，先取特権の個々の規定と，それを説明する原理について，十分な理解をすることが必要となる。このような理解なしに，いきなり抵当権を学んでも，抵当権と他の担保物権との優先順位について総合的な理解をすることはできない。繰返しになるが，物的担保（担保物権）の真髄である優先弁済権について理解するためには，何よりも先に先取特権の優先順位決定のルールについて理解を深めなければならない。

第1節　先取特権概説

　先取特権は，物的担保（いわゆる担保物権）の中で，もっとも特徴的なものである。先取特権を理解することによって，はじめて，特定の債権者が債権者平等の原則に反して優先弁済権を取得するのはなぜなのかを理解することができる。ところが，先取特権は，フランス法起源の制度であり，ドイツにはこの制度がないために，これまで，理論的な研究が手薄の状況にあった。

　このため，先取特権は，これまで研究者や法曹実務家によって軽視される（嫌われる）傾向にあり，後に詳しく論じるように，ドイツ民法の一部の研究者からは，先取特権の廃止論まで提案されるに至っている（椿他・民法改正を考える140頁）。しかし，このような提案は，時代に逆行しており，後に詳しく

述べるように，採用されるべきではない（椿他・前掲書145頁）。なぜなら，わが国においては，特別法を含めた先取特権の数は，時代が進むにつれてますます増加する傾向にあるからである。特に，特別法上の先取特権は，行財政改革の進展にともなう独立行政法人の信用を確保するために，近年になって急激に増加しており，先取特権の研究も，むしろその必要性が増大しているといえる。

　先取特権，特に一般先取特権が研究者や法曹実務家から嫌われるもう一つの理由は，先取特権の中でも特に一般先取特権については，それを物権として説明することができないからである。民法の起草者（梅謙次郎）も，以下のように述べて，物上代位（民法304条），すべての一般先取特権（民法306～310条），並びに，動産先取特権の一部（不動産賃貸の先取特権の一部〔民法314条2文〕，および，公吏保証金の先取特権〔民法旧320条〕）について，それらが物権ではないことを明らかにしていた（梅・要義巻二285頁）。

　「〔民法〕第304条〔物上代位〕，第306条乃至第310条〔一般の先取特権〕，第314条〔2文（賃料・転借賃料債権に対する先取特権）〕及び〔旧〕第320条〔公吏保証金の先取特権（2002年の現代語化に際して削除された）〕の場合においては，先取特権は債権，其他有体物以外の物の上に存することあり。此場合に於いては，先取特権は物権に非ず。」

　一部の先取特権についてではあるが，以上のように，民法の起草者によって，「先取特権は物権ではない」と宣言されているのであるから，担保物権を物権として体系化しようとしているわが国のほとんどすべての学者にとって，先取特権が「嫌われもの」となる理由も，なんとなく見えてくる。

　このように，担保物権を物権として認知しようとする通説・判例にとって，先取特権はまさに異物といえるものであり，ドイツ民法に規定がないこともあいまって，それを軽視する傾向があることは事実である。しかし，いわゆる担保物権の本質ともいえる優先弁済権の本質を究めようとすれば，先にも述べたように，先取特権の規定，特に先取特権の優先順位の決定基準についての深い理解が不可欠となる。

　そこで，この章では，特定の債権者に先取特権が付与される理由にはどのようなものがあり，その理由はどのように分類できるのか，特に，その理由が先取特権の順位をどのように左右するのかを検討することを通じて，物的担保（いわゆる担保物権）の本質に迫ることにする。

I　先取特権の意義

　先取特権とは，法律の定める特別の債権をもつ者が，債務者の総財産あるいは特定の動産・不動産から，「他の債権者に先立って自己の債権の弁済を受ける権利」（優先弁済権）のことをいう（民法303条）。
　例えば，社会政策上，特別の保護に値する給料，または，雇用関係から生じたその他の債権（労働災害に基づく損害賠償債権，退職金債権，年金債権など）を有する使用人（労働者）は，債務者である雇い主（使用者）の総財産（一般財産・責任財産）から，他の債権者に先立って優先的に弁済を受ける権利を有している（民法306条2号・308条）。
　民法は，上の例のように，社会政策的配慮から，または当事者の意思・態様を考慮して，または公平の見地から，特定の債権については先取特権を与え，法律上当然に優先弁済を受けることができるものとしている。
　先取特権は，物的担保の中核的な機能である優先弁済権そのものにかかわる権利である。したがって，本書では先取特権を，優先弁済権の基本的な考え方をマスターするために最も重要な権利（優先弁済権そのもの）として，詳しく検討する。

II　「嫌悪される」べき先取特権に対する廃止論とその根拠に対する批判

　先取特権と留置権は，ともに，法律上当然に成立する法定の物的担保（いわゆる法定担保物権）である。法律がこのような担保権を認めている理由は，両者ともに公平の観点に基づいており，この点については争いがない。公平の観点は，法律の最も基本的な観点であり，そのことに争いがないにもかかわらず，従来の担保物権の教科書においては，留置権に対しても，また先取特権に対しても，低い評価しか与えられていなかった。すなわち，法定の物的担保は，主として抵当権を害するという理由で，担保物権の研究者や実務家からは嫌われる傾向にあった。
　例えば，留置権については，「実務では嫌われものの留置権」という指摘がなされている。裁判所の実務で，「留置権が嫌われる大きな理由は，抵当権と利害が対立するからである」とされており，抵当権の執行妨害として留置権が

利用されることが多いことがあげられている（須藤典明「留置権の主張と引換給付判決」鎌田他・民事法Ⅱ 16 頁）。もっとも，公平の観点から占有者に認められる留置権は，実務においても重要な役割を果たしており，この制度を廃止すべきだという意見は今のところ存在しない。

これに対して，もう一つの法定担保権であり，この章で取り扱う先取特権については，以下のような制度自体の廃止論が展開されている（近江幸治「現行担保法制をどのように考えるべきか」椿他・民法改正を考える 140 頁）。

　「『先取特権』であるが，使われてきたのは，一般先取特権では『共益費用』・『雇用関係』，動産先取特権では『動産売買』くらいであり，それ以外は，現代の市民生活では使われてもいないし，また使われたとしても取り立てて『優先』させる必要もないのである。そもそも，先取特権制度は，前近代的性格を色濃く残しているものであり，現代の実情に合っていない。そこで，このような先取特権制度を全般的に廃止し，共益費用，雇用給与，動産売買先取特権は，それぞれ，『優先債権』として個別的に扱えば足りる。たとえば，共益費用については，執行法で，雇用給与については，労働関係で，動産売買先取特権については，債権法でそれぞれ『優先債権』として（租税債権のように）扱えばよい。」

このような，先取特権に対する嫌悪論の根拠は，十分に説得的であろうか。物的担保はすべて債権に優先権が付与されたものと考える本書の立場に立てば，先取特権だけを「優先債権」とする必要もないことになる。

もっとも，先取特権制度に対する批判を受けて，戦後の判決例を調査してみると，確かに，民法の先取特権に関する規定の適用頻度は，それほど高くはない。

しかし，第 1 に，先取特権の総論に位置する物上代位の規定（民法 304 条）は，現在ではむしろ頻繁に適用されている。第 2 に，一般の先取特権（民法 306 条以下）についても，共益費用（民法 306 条 1 号・307 条）や雇用関係（民法 306 条 2 号・308 条）ばかりでなく，葬式費用の先取特権（民法 306 条 3 号・309 条）については，少ないとはいえ適用例（東京地判昭 59・7・12 判時 1150 号 205 頁〔夫の死後妻が夫の社会的地位に応じて支弁した葬式費用は相続財産の負担となる〕）があり，国民感情としても，葬式費用を出せないような困窮者のために葬式費用を負担した者に対して先取特権を与え，香典等から優先弁済を受けさせることに違和感はないと思われる。したがって，葬式費用の先取特権（民

法306条3号・309条)，および，同じ趣旨に基づく日用品供給の先取特権（民法306条4号・310条）の廃止論には，異論があろう。第3に，動産の先取特権（民法311条以下）についても，動産売買の先取特権ばかりでなく，不動産賃貸の先取特権（民法312条以下）については，適用例があり，特に，先取特権と敷金との関係について規定する民法316条は，重要な意義を有している。第4に，不動産の先取特権（民法325条以下）についても，不動産工事の先取特権（民法325条2号・327条）については，先に述べたように，留置権の主張を制限すべきであるとの考え方が有力になっている関係で，先取特権に対する需要が増加しているのが現状である。

　先取特権制度が前近代的な制度であり，「近代物的担保制度の極度に嫌悪するところである」というのは，通説の見解ではあるが，ドイツ法から見た場合の一面的な見方に過ぎず，現代の比較法の観点からは，十分な説得力を持たない。最近になって，担保法を全面的に改正したフランス民法典においては，先取特権の制度は，整備された形で従来のまま保持されており，前近代的な制度というのは，明らかに言い過ぎであろう。わが国においても，特別法上の先取特権は，現在においても増加する傾向にあり，それらの先取特権の適用に際しては，民法の先取特権の規定が常に念頭に置かれている（特別法上の先取特権は，後に述べるように，「民法の規定による一般の先取特権に次ぐものとする」とするものが多い）。したがって，先取特権の制度が前近代的な制度であるとの論証は不十分であるように思われる。

　そこで，先取特権制度を前近代的な制度だと断定してきた通説の見解を詳しく検討してみることにしよう。通説を形成してきたのは，以下に述べる我妻説および柚木説（柚木＝高木・担保物権42〜44頁）であるが，ここでは，通説を代表する我妻説を詳しく検討する。我妻説（我妻・担保物権）によるわが国の先取特権に対する批判のエッセンスは，以下の通りである。

　　「先取特権の存在が他の債権者にとって苦痛であることはいうまでもない。ことに，先取特権は，留置権と異なり，それによって担保される債権と担保物とは必ずしも緊密な場所的関係を持たない。従って，他の債権者は，意外なところから先取特権者が出現することによって，不測の損失を被ることもないではない。そして，このことは，近代物的担保制度の極度に嫌悪するところである〔筆者注：「近代的担保制度は公示のない担保制度（特に先取特権）を極度に嫌悪する」の意〕。果たせるかな，近代法は，先取特権制度の採用に甚だしく慎重である。

すなわち，

(a) ローマ法においては，わが民法の先取特権とほぼ同型の各種の優先弁済権が認められていたが，その後次第に整序された。

(b) ドイツ民法は，債務者の総財産の上の優先弁済権のみならず不動産の上の優先弁済権をも廃止し，ただ特定の動産の上の優先弁済権を散在的に認めたに過ぎない。しかも，これを法定質権（gesetzliches Pfandrecht）となし，債権と目的物との場所的関係を考慮して公示の原則をできるだけ守ろうとしている。……

(c) これに反し，スイス民法は，ドイツ民法の法定質権に該当するものを留置権（Retentionsrecht）として認める（スイス債務法272条・451条・491条等）他に，不動産の上にも法定抵当権ともいうべきもの（gesetzliches Grundpfandrecht）を独立の一制度として認めている（スイス民法836～841条）。しかし，この権利も，租税その他の公法的債権について登記なしに成立してすべての債権に優先する（スイス民法836条参照）例外を除いては，登記によって成立し，その順位ももっぱら登記によるから，他の債権者を害するおそれはない。…

(d) ドイツ，スイス両民法に対してローマ法の伝統に忠実なのは，ここでもフランス民法である。同法は抵当権の一形態として〔筆者注：質権に比較して，債務者の占有を許す意味で，抵当権の一形態といいうる〕先取特権（privilège）を認め，債務者の総財産の上のものと，特定の動産の上のものと，特定の不動産のものとの3種に分けて詳細な規定をする（フランス民法旧2095条以下〔新2323条以下〕）。しかも，公示の原則を無視してまで先取特権の効力を強大にする態度をとっている。

(e) しかして，わが民法は，旧民法以来フランス民法のこの態度に倣い，ただ不動産について公示の原則をやや尊重しているものである。従って，わが民法の先取特権のうち，一般先取特権は，フランス民法に存してドイツ，スイス両民法にはない制度であり，動産の先取特権は，その二，三のものはドイツ，スイス両民法に類似の制度があるが，主としてフランス民法に近いものであり，そして，不動産の先取特権は，フランス民法に倣う他，スイス民法に類似の制度をみるものである。近代法における物的担保制度進展の過程からみてやや遅れた態度であることは否定しえないであろう。

しかしながら，さらに近時の立法の傾向をみれば，先取特権は，必ずしも衰滅の道をたどらないことを発見する。」

以上の通説の見解においてドイツ法を偏重するのは，わが国の従来の学説の

傾向を示すものであるが，無視してはならないのは，先取特権は現行法上も決して減少していないという指摘である。それもそのはずで，**現行民法の制定後も，先取特権の数は増加を続け**，昭和39（1964）年の調査では約130種類に及び（甲斐道太郎「特別法上の先取特権の一覧表」林・注釈民法(8) 167頁以下），その後の調査でも151種類にのぼることが指摘されている（松岡久和「特別法上の先取特権」遠藤他・注解財産法2 61〜62頁）。この傾向は現在も続いており，2008年現在では，200以上の法律が先取特権を規定するに至っている。

このような先取特権のインフレ傾向が生じる以前から，先取特権制度に批判的な我妻説に対しては，すでに林良平（「先取特権・前注」林・注釈民法(8) 84頁）が，以下のように的確な批判を行っている（先取特権の肯定的評価）。

> 「近代法はこの制度に批判的態度をとるものが多く，先取特権制度はやや衰微するかにみえたときもあった。しかし，他方，国家が当事者間の自由な競争にまかせ，あるいは，自然の推移にまかせることをよしとせず，特殊な社会関係や経済関係に干渉介入を必要とするときには，特定の債権者の保護という形態をとろうとするときには，この先取特権の制度が技術的方法としては最適なものである。現代社会において，何らかの理由による国家の干渉介入の必要の増加は避けられない傾向であり，したがって，先取特権またはこれに類する優先権によって保護せられる特定債権はむしろ増加している。」

特に，最近の行・財政改革の波及的効果としての先取特権の増加には，目を見張るものがある。民営化された会社，独立行政法人等が長期借入れのために発行する債券については，いずれの場合にも，その債権者は，そのような会社財産，機関・機構の財産の上に，一般の先取特権を有することとされ，その順位は，「民法の規定による一般の先取特権に次ぐものとする」とされている（独立行政法人鉄道建設・運輸施設整備支援機構法〔2002〕19条，国立大学法人法〔2003〕33条，日本郵政株式会社法〔2005〕7条等参照），すなわち，特別法上の一般先取特権は，民法上の一般先取特権を尊重するものとなっている。

このようにみてくると，我妻『担保物権』（50〜52頁）にはじまり，近江（椿他・民法改正を考える140頁）がこれを集大成する形で主張する，「先取特権の廃止論」を含めた批判にもかかわらず，先取特権は決して「前近代的性格を色濃く残しているもの」ではなく，社会政策を推進する過程において，ますます重要性を増しているといえる。すなわち，第1に，弱者保護のため（例えば，保険業法〔1995〕117条の2〔生命保険会社における保険契約者等のための生命保

会社の総財産の上の先取特権〕，同法190条6項・223条6項・272条の5第6項〔保険契約者等の供託金の上の先取特権〕，同法291条6項〔保険契約者等の保証金の上の先取特権〕，信託業法〔2004〕11条6項〔受益者のための営業保証金の上の先取特権〕，金融商品取引法〔2006〕31条の2第6項〔契約者のための営業保証金の上の先取特権〕，同法114条4項〔委託者のための信認金の上の先取特権〕），第2に，**産業の育成のため**（借地借家法〔1991〕12条〔借地権設定者の先取特権〕，マンションの建替えの円滑化等に関する法律〔2002〕77条〔施行業者の先取特権〕等）という理由で，特別法上の先取特権は増え続けている。そして，それらの基盤となっている民法上の先取特権も，重要な地位を占めるにいたっている。

さらに，最近では，「担保の女王」とされる「相殺の担保的機能」（公示なしに最強力の債権回収を実現する制度）を先取特権として再構成する動きもでており（平野裕之「相殺規定の見直しは必要か」椿他・民法改正を考える266頁，深川・相殺の担保的機能157頁以下），優先弁済権の中核的存在としての民法の先取特権はその重要性を増している。

したがって，立法論としても，先取特権を廃止すべきではなく，以下のように，先取特権を民法上に残すべきであるとの指摘（下村信江「先取特権規定を残す必要性があるのか」椿他・民法改正を考える145頁）が穏当であると考える。

　　「民法上の先取特権については，保護の必要性の認められる債権につき，その効力および内容等を見直して，実効性のある先取特権として民法典上に残すべきである。」

Ⅲ　優先弁済権の典型例としての先取特権の重要性

先取特権は，先に論じた留置権とともに，法律上当然に成立する法定の物的担保（いわゆる法定担保物権）である。ただし，留置権が，引渡拒絶の抗弁権を通じて事実上の優先弁済権を有しているに過ぎないのに対して，先取特権は，法律上の優先弁済権を有している点で違いがある。留置権によって，事実上の優先弁済権のメカニズムを理解した後は，いよいよ，先取特権を通じて法律上の優先弁済権の概念を深く理解することができる段階に達したことになる。

現行民法においては，法律上の優先弁済権は，法定の物的担保では先取特権だけに，約定の物的担保では質権と抵当権の両者に与えられている。優先弁済権とは，債権者平等の原則の例外として，特定の債権者に与えられた権限であ

る。優先弁済権を有する債権者は，目的物を「担保権の実行としての競売」（民事執行法180〜195条）に付し，競売で得られた配当金から，他の債権者に先立って優先弁済を受けることができる。

　従来の学説は，優先弁済権を債権者平等原則に反するものとして，物権における目的物の換価・処分権能の一つとして説明してきた。昭和54（1979）年に廃止された競売法（明治31年法15号）は，まさにこの考え方に基づいており，担保物権の換価機能に基づく競売を強制執行とは別のものとして，すなわち，債務名義を前提とせず，かつ差押えを要しないとするなど，特別のものとして規定していた。しかし，現行の民事執行法では，通常の強制執行と担保権の実行としての競売（担保執行）とは，同一の法律の中で規定され，担保権の実行には，強制執行の規定が広く準用されるにいたっている。さらに，手続法の中でも，会社更生法に至ると，物的担保は，更生債権として，優先権のある「債権」としての扱いがなされており，現在においては，優先弁済権を物権として構成する必然性は，手続法との関係でも，次第に失われつつあるといえよう。

　実体法のレベルでも，優先弁済権の定義として，目的物に対して所有権を有さない債権者のために，「物権としての換価権能」を与えるものである，というような無理な構成をすべきではない。優先弁済権は，債務者が債務を任意に履行しない場合に限って債権者に等しく認められている強制執行力（摑取力）が，法律により，または当事者の合意と公示を通じて強化され，他の債権者に対して優先することが認められたものとして，債権の効力の延長線上で説明されるべきである。

　通説は，優先弁済権を物権の換価機能として説明しようとする。しかし，物権の換価権能といっても，つまるところ，所有者である債務者が債務不履行に陥った場合にしかその権能が認められないというのであれば，物権ではなく債権の側面から説明する方が説得的であろう。そして，第1に，特別に保護すべき債権には，債権者平等の原則を排除して他の債権者に優先して弁済を受ける権利が与えられる（法定担保権としての先取特権），第2に，債権者と債務者との間の合意と公示（占有の継続，債務者に対する通知，債務者の承諾，登記・登録等）がなされた場合には，その債権者に優先弁済権が与えられる（約定担保権としての質権，抵当権）というように理解するならば，他の債権者に先立って弁済を受ける権利としての優先弁済権の意味をより深く理解することが可能となる。

優先弁済権を物権の換価機能であると学んだ人の中には，物権の排他性と優先弁済権とを混同し，競売後の配当計算を苦手とする人が多い。その理由は，以下の通りである。
　物権は，有体物に対する直接・排他的な支配権であるとすると，先取特権を理解することは困難である。
　例えば，ある債務者に債権者が2人存在し，一方の債権者Aは，100万円の債権について優先弁済権を有する一般先取特権者であり，他方の債権者Bは，200万円の債権について優先権を有しない一般債権者であると仮定する。
　債務者が両債権者に対して債務の履行をせずに行方不明になったとしよう。そこで，債権者であるAとBは，債務者の財産を競売を申し立てたとする。そして，債務者の財産を調査したところ，以下のことが判明したとする。
　第1に，債務者には，50万円の財産しかないことがわかったとする。
　この場合には，Aは，債権額の一部である50万円の配当を受けるが，Bは，全く配当を受けることができない。
　Aは，債権額の一部に過ぎないとはいえ50万円全額を回収できるのに対して，Bは，配当から排除される。
　この場合は確かにAは，Bを排除して，債務者の財産について直接的・排他的支配権を有しているように見える。
　しかし，第2に，債務者には，150万円の財産があることがわかったとする。
　この場合には，Aは，債権額全額の100万円，Bは債権額のうちの一部である50万円の配当を受けることができる。
　Aは債権額全額を回収できるが，Bも一部とはいえ債権の回収を実現できており，先取特権者が債務者の財産について直接的・排他的な支配権を及ぼしているわけではないことになる。
　この場合には，先取特権を直接的・排他的な支配権としての「物権」であるとすることには，定義上無理がある。
　第3に，債務者は，債務超過だと考えて行方不明となったのであるが，調査してみると，債務者には300万円の財産があることがわかったとする。
　この場合には，Aは債権額全額の100万円，Bも債権額全額の200万円の配当を受ける。
　A，Bともに，債権額に応じた平等な配当を受けるのであるから，先取特権者Aは，債務者の財産に対して直接的・排他的な支配権を及ぼしていない。B

も債権額全部について満足を得ているからである。

　この場合には，先取特権を直接的・排他的な支配権としての「物権」であるとすることは，定義上，不可能である。

　通説は，優先弁済権を物権として構成しているが，実は，優先弁済権とは，目的物に対する直接的・排他的な権利ではなく，その性質は，債権としての弁済を受ける権利であって，債権であることに変わりはない。ただし，優先弁済権は，債権者平等の原則に対する例外とはなっており，他の債権者に先立って弁済を受けることができるという，対世的な権利である。このような債権者平等原則の例外である優先弁済権は，法律が特に認めた場合や当事者の合意と公示がある場合に限って認められ，他の債権者に対して対世的な効力を生じるのである。

　このように，優先弁済権は，確かに対世権ではあるが，目的物に対して直接的・排他的な支配権（物権）を及ぼすものではない。上記の第3の場合のように，債務者の財産に十分の余裕があれば，すべての債権者は平等に弁済を受けることができるし，第2の場合のように，すべての債権者を満足させることができない場合でも，優先弁済権者に配当をした後に，残額があれば，他の債権者も弁済を受けることができる。もっとも，第1の場合のように，優先弁済権者だけが配当を受けることができる場合には，優先弁済権は排他的な権利となるが，それは，債権者が一人しかいない場合と同じであり，目的物を競売した結果，競売代金が低ければ，いずれにせよ，債権額すべてを回収できるとは限らない。つまるところ，債権を完全に回収できるかどうかは，競売の結果に依存するのであって，優先的に弁済を受ける権利を，物に対する直接的・排他的な支配権である物権として説明することには，そもそも無理がある。

　このように，物権としての直接的・排他的な支配権と，法律上の優先弁済権とは，全く異なるものである。優先弁済権は物権であるという通説の説明を受けた学生が，優先弁済権の意味を理解できなくなるのには，もっともな理由がある。したがって，いわゆる担保物権の本質である優先弁済権を理解するには，約定担保権の説明に先立って，優先弁済権が最も特徴的に表れている先取特権について，具体的な例に即し，配当計算をすることを通じて理解することがぜひとも必要である。

　そこで，以下では，先取特権が問題となる典型的な事例を挙げることによって，法律上の優先弁済権とは何かを理解するための検討を行うことにする（不

動産に備え付けられた動産の例としては、エアコンの方がわかりやすいかもしれないが、ここでは、便宜上パソコンセットの例を採用している）。

第2節　先取特権の設例と解説

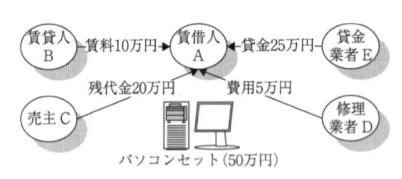

I　先取特権の設例

図43　先取特権相互間の優先関係

Aは、Bのアパートに下宿しており、1年前に50万円で、大型のスクリーンを備えたパソコンと周辺機器（パソコンセットという）をC電気店から購入した。しかし、収入を親の仕送りに頼っていて金銭的な余裕はなく、購入代金のうち、頭金以外の残代金20万円の支払を待ってもらっている。その上、保証期間が切れた直後にハードディスクが故障してしまい、D修理業者に出張修理してもらった修理代金5万円をまだ支払っていない。また、分をわきまえない派手な生活のため、貸金業者Eに25万円の借金があり、家賃も2ヵ月分10万円を滞納している。とうとうAは、債権者たちにパソコンセットを差し押さえられてしまった。

パソコンセットが30万円で競売された場合、Aの債権者はどのような割合で配当を受けうるか。ただし、訴訟費用、配当表等の作成費用は無視するものとする。

II　設例の解説

A　先取特権の制度がないと仮定した場合の配当額

パソコンセットが30万円で競売された場合、もしも先取特権の制度がないと仮定した場合には、債権者は債権額に応じて平等に配当を受けることができる。したがって、各債権者の配当額は、次表のように比例配分されるはずである。

表20　債権者平等の場合の配当

	債権額	按分比	配当額
B（賃貸人）	10万円	10/60	5万円
C（売主）	20万円	20/60	10万円
D（修理業者）	5万円	5/60	2.5万円
E（貸金業者）	25万円	25/60	12.5万円

B　先取特権の規定に従った正しい配当額

1　先取特権の種類と順位の確定基準

　ところが，先取特権が存在する場合は，原則として，債権額に従った比例配分ではなく，優先順位に従った配当がなされる。同一目的物につき同一順位の先取特権者が複数存在するときにのみ，例外的に比例配分（按分比例）が行われるに過ぎない（民法332条）。

　先取特権の順位は，民法329〜332条の4ヵ条に規定された原則によって決定される。その原則を理解するためには，先取特権の規定が債権を責任財産との関係でどのように分類しているかを知る必要がある。

　先取特権は，まず，一般財産を責任財産とする一般先取特権と特定財産を責任財産とする特別先取特権とに分類される。そして次に，特別先取特権は，動産を責任財産とする動産先取特権と不動産を責任財産とする不動産先取特権とに分類されている。そして，先取特権の順位は，それぞれの先取特権ごとに，以下のように順位がつけられている。

表21　先取特権の種類と優先順位（概観）

	優先順位	先取特権の種類	条文
一般先取特権	1	共益費用の先取特権	民法307条
	2	雇用関係の先取特権	民法308条
	3	葬式費用の先取特権	民法309条
	4	日用品供給の先取特権	民法310条
動産先取特権	1	不動産賃貸の先取特権	民法312〜316条
		旅館宿泊の先取特権	民法317条
		運輸の先取特権	民法318条

		2	動産保存の先取特権	民法320条（旧320条〔公吏の職務上の過失〕削除、旧321条1項・2項の項番号を削除して繰上げ）
		3	動産売買の先取特権	民法321条（旧322条を繰上げ）
			種苗・肥料供給の先取特権	民法322条（旧323条を繰上げ）
			農業労務の先取特権	民法323条（旧324条の一部）
			工業労務の先取特権	民法324条（旧324条の一部）
不動産先取特権		1	不動産保存の先取特権	民法326条（旧326条1項・2項の項番号を削除）
		2	不動産工事の先取特権	民法327条
		3	不動産売買の先取特権	民法328条

2 先取特権の順位の確定作業

先取特権の順位は，債権の種類に応じて決定されているので，設例の場合の先取特権の順位を知るためには，各債権者がAに対してどのような種類の債権を有しているのかを確認しなければならない。

そこで，B，C，D，Eがそれぞれどのような債権を有しているかをチェックしてみると，以下のようになる（各自で？マークを埋めてみよう）。

表22　債権の種類の確定

	債権の種類	目的物	先取特権の種類	優先順位
B	借家の賃料債権	借家に持ち込まれたパソコンセット	?	?
C	動産売買の代金債権	売却したパソコンセット	?	?
D	動産保存の報酬債権	修理したパソコンセット	?	?
E	貸金債権（一般債権）	一般財産	?	?

これらの債権について，目的物であるパソコンセットとの関係でどのような先取特権が存在し，その順位がどうなっているのかを，民法330条に基づいて検討すると，次表のようにまとめることができる。

表23　債権の種類と優先順位の確定

	債権の種類	目的物	先取特権の種類	優先順位
B	借家の賃料債権	借家に持ち込まれたパソコンセット	不動産賃貸の先取特権（民法312条・330条1項1号）	1

C	動産売買の代金債権	売却したパソコンセット	動産売買の先取特権 (民法321条・330条1項3号)	3
D	動産保存の報酬債権	修理したパソコンセット	動産保存の先取特権 (民法320条・330条1項2号)	2
E	貸金債権(一般債権)	一般財産	—	—

3 先取特権の順位の確定と順位に従った配当額の決定

以上の作業を通じて，各債権者の優先順位は，①家屋賃貸人B，②修理業者D，③売主C，④貸金業者Eとなることが確定された。そこで，パソコンセットの競売表価額30万円を，先取特権の優先順位に従って各債権者の債権額を割り付けていくと，次表のようにまとめることができる。

表24　各債権者に対する配当額の決定

	順位	債権額	評価残額−債権額=残額	配当額
B (賃貸人)	1	10万円	30−10=20	10万円
D (修理業者)	2	5万円	20−5=15	5万円
C (売主)	3	20万円	15−20<0	15万円
E (貸金業者)	4	25万円	0	0

配分結果は，B：10万円，D：5万円，C：15万円となり，Eは配当を受けることができない。もしも，パソコンセットの評価額が15万円にしかならない場合は，配分結果はB：10万円，D：5万円となり，CもEも配当を受けることができなくなる。

以上の作業を通じて，債権額に応じて単純に比例配分した場合と，先取特権を考慮して，優先順位に従って配分した結果は，全く異なるものとなることが理解できるであろう。

C 債権の種類によって優先順位をつける意味

設例の場合に即して，債権の種類によって優先順位がつけられ，順位の高い債権者が優遇される理由を考えてみよう。

第1順位の家屋の賃貸人は，パソコンセットの設置場所を提供し，責任財産の保全に貢献している。もしも，家賃を払わない債務者が契約を解除されてそこから追い出されていたら，パソコンセットを差し押さえることすらできなか

ったと思われる。家賃が払われないままに，パソコンセットの設置場所を提供し続けた賃貸人は，パソコンセットが差し押さえられ換価されるのに大きく貢献していることになる。

　第2順位のパソコンセットの修理業者は，壊れたパソコンセットを修理し，価値を保全した功績がある。もしもパソコンセットの修理がなされていなければ，30万円で評価されることはなく，配当額はもっと少なくなっていたはずである。

　第3順位のパソコンセットの売主は，代金の全額の支払を受けていないにもかかわらず，パソコンセットの所有権を債務者に移転し，債務者の責任財産に組み込んだ功労者である。もしも売主がパソコンセットを債務者に引き渡していなかったら，パソコンセットを差し押さえることすらできなかったのである。

　第4順位の貸金業者は，一般債権者であって，債務者の責任財産の拡大には貢献しているが，パソコンセットの購入・保全に関しては，何の貢献もしていない。

　このように考えると，先取特権が債権の種類と債権の目的物（責任財産）の種類とに応じて優先順位を決定していることの合理性を理解することができる。しかも，その順位のつけ方には，債権の目的物（責任財産）の存在と価値の保全に対してその債権者がどの程度貢献しているかという考慮が働いている。

　そして，価値の保全に関しては，「数人の保存者があるときは，後の保存者が前の保存者に優先する」（330条1項柱書）という原則，すなわち，より直近の保存者を優先するという原則が働いていることも理解することができる。

　設例の場合のパソコンセットの価値の保全の順序は，(1)売買によるパソコンセットの搬入と保全，(2)修理による価値の保全，(3)修理されたものが元の持主の下に戻って保全されるという順序を経ており，優先順位は，反対に，最後のものから最初のものへと遡る形式をとっているのである。

D 第1順位の先取特権者が，第2順位または第3順位の先取特権者の存在を知っていた場合の例外

　上記の問題は，単純に考えるとそれほど難しい問題ではない。しかし，条文の細かい解釈をする場合には，もう少し複雑な考慮を必要とする。民法330条を詳しく検討してみると，その複雑さが理解できる。

　例えば，民法330条1項1号・2号・3号にあたる先取特権者が一人ずつい

たとして，第1順位の先取特権者が第3順位に当たる先取特権者の存在のみを知っていた場合には，優先順位はどのようになるのであろうか。

民法330条1項1号にあたる先取特権者（以下「1号先取特権者」とする。同法の2号・3号にあたる先取特権者も同様とする）は，2号先取特権者には優先できるものの，3号先取特権者には劣後し，一方，3号先取特権者は，1号先取特権者には優先できるものの，2号先取特権者には劣後するのだから，三すくみ状態になってしまい，優先順位が決せられないようにも思われる。

この場合の結論を述べると，順序は，2号先取特権者，3号先取特権者，1号先取特権者の順となり，三すくみ状態にはならない。その理由は，立法理由（民法理由書第304条）を読まないと出てこない。その理由を簡単に述べると以下の通りとなる。

1号先取特権者は，場合によって順序が変わり第3順位にまで落ちるが，2号先取特権者は，順位が上がることはあっても2位以下に下がることはない。したがって，2号先取特権者と3号先取特権者との順序（序列）は入れ替わることはないので，3号先取特権者は，第2順位以上になることはない。3号先取特権者は，2号先取特権者には常に劣後するのである。

その理由は，現行民法を見ただけではわからない。実は，民法330条の規定は，旧民法の規定を尊重しつつ，字句をわかりやすく変更したとされているものである。この場合も，旧民法を知っていると，実は，1号先取特権者（環境提供者）は，2号先取特権者（保存者）または3号先取特権者（供給者）を知らないときだけ第1順位になることができるということ，1号先取特権者は2号先取特権者（保存者）を知っていることが多いこと，1号先取特権者（環境提供者）は第3順位にまで下がることがあるが，2号先取特権者（保存者）は，第1順位となることはあっても，第2順位より順位を下げることはないことを考慮するならば，実質的な第1順位は2号先取特権者（保存者）だということが，よく理解できる。

旧民法と理由書はカタカナ書きで読みにくいので，ひらがなに変換し，句読点を入れ，かつ，わかりやすくするために，〔　〕内に解説を挿入しておいたので，じっくり読み込んでみよう。

旧民法債権担保編164条
①一箇の動産に付き特別の先取特権を有する諸種の債権競合するときは，其相互の優先権は下の順序及び区別に従ひて之を定む。

第2節　先取特権の設例と解説

②第一の順位は，先取特権の目的物を保存したる者に属す。
③若し数人の債権者漸次に保存を為したるときは，優先権は其間にて最後の保存者に属す。
④第二の順位は，合意上の動産質に因り或は不動産の賃貸人，旅店主人又は運送営業人の如く黙示の動産質〔不動産賃貸人の先取特権は，黙示の動産質と考えられていた〕に因りて物を〔黙示の〕質に取りたる債権者に属す。
⑤第三の順位は，物の売主に属す。
⑥然れども，〔黙示の〕質取債権者〔賃貸人等の第2順位の先取特権〕は，動産質設定の時其物の保存費用の未だ支払あらざることを知らざりしときは，第一の順位を得。〔不動産の賃貸人，旅店主人または運送営業人は，保存者を知らないときのみ，保存者に優先できる。現行民法と逆のようだが，結果はほぼ同じ。現行民法では，知っているときは順位が下がる。旧民法は，知らないときは，第2順位が第1順位に昇格する。〕
⑦之に反して，質取債権者が売却代価の未だ支払あらざることを知りたるときは，売主之に先だつ。
⑧収穫物に関しては，第一の順位は農業の稼人に，第二の順位は種子及び肥料の供給者に，第三の順位は土地の賃貸人に属す。
⑨工業の職工は，工業より生ずる産出物又は製造品に付き，賃貸人に先だつ。
⑩公吏の保証金に関しては，職務上の所為に対する各債権者は，相共に債権の割合に応じ，其債権の日附に関せず，他の債権者に先だち，又保証金を貸付たる債権者にも先だつ。其保証金を貸付たる債権者は，保証金の残額に付き，第二位にて先取特権を有す。

〈現行民法330条の立法理由〉

　（理由）　本条は，既成法典担保編第164条に修正を加へたりと雖も，其実質に於て大差あるにあらず。

　　既成法典は原則として先取特権の目的物の保存者に第一の順位を与へ，不動産賃貸人等に第二の順位を与ふと雖も，不動産賃貸人の如き者は，所謂「黙示の質権」を有するものなれば，恰も既成法典同条第6項に於て動産質設定の時其目的物の存保費用が未だ支払はれざることを知らざりし質取債権者に第一の順位を与ふる如く，黙示の質取債権者にも之と同様の順位を得せしむるを以て至当と認めたれば，本案は原則として不動産賃貸の先取特権を第一位に置き，動産保存の先取特権に第二の順位を与へ，動産売買の先取特権は既成法典の如く之を第三の順位に置くと雖も，本条第二項の規定に依りて之に例外を設け，第一の順位に在る者が債権取得の当時に第二又は第三の順位に在る先取特権の存在を知りたるときは之に先つことを得ざる旨を掲ぐるを以て，其実質に於ては既成法典と別に異なる所なしとす。

　　又本条に於て不動産質取債権者の順位を掲げざるは，本案は之を先取特権

の効力に関する第331条の規定に譲りたればなり。

　次に本条第3項は既成法典第164条第8項と同趣旨に依り之を規定し、既成法典同条第9項の工業者の先取特権の順位は此の中に含まるるに因り之を削除せり。

　又既成法典同条第10項前段の規定は質権の規定に依りて明白なるのみならず、其後段に於ける保証金貸主の先取特権は本案の認めざる所なるを以て、第10項の規定は之を削除せり。

　このように、現行民法が、旧民法の趣旨を受け入れて、「実質に於ては既成法典と別に異なる所なし」として起草されたことを理解していると、先の問題においても、三すくみの状態が生じないことがわかる。1号先取特権者は、2号先取特権者と3号先取特権者とを知らない場合にのみ、2号先取特権に優先できる。むしろ、旧民法では、2号先取特権者が原則として最優先順位を得ていた。現行民法でも、実は、1号先取特権者は、2号先取特権者や3号先取特権者を知らないときだけ2号先取特権者に優先できるのである。1号先取特権者が、2号先取特権者か3号先取特権者かを知っている場合には、常に2号先取特権者に劣後する。したがって、1号先取特権者が2号先取特権者のみを知っている場合には、順序は、2号先取特権者、1号先取特権者、3号先取特権者の順になる。

第3節　先取特権の種類と優先順位

　上記の設例を解決する過程で明らかになったように、先取特権の種類を理解するには、被担保債権の種類と先取特権の目的（物）との関係をよく理解する必要がある。そうすれば、「不動産賃貸」の先取特権がなぜ、「動産」先取特権なのかという疑問にも、容易に答えることができる。なぜなら、不動産賃貸の先取特権は、優先権を有する被担保債権は、「不動産」賃貸借から生じる債権なのであるが、優先権を有する債権の目的物の範囲が不動産賃貸における賃借人の「動産」に限定されている。したがって、不動産賃貸の先取特権は、被担保債権の視点からは、不動産賃貸に関する問題なのであるが、目的物の視点からは、動産先取特権だということになる。

　そこで、以下では、民法が規定する先取特権について、それぞれの特色をよく理解するため、大きく3つに分類し、それぞれの分類に応じた合計15種類

の先取特権(第1:一般先取特権〔4種類〕,第2:動産先取特権〔8種類〕,第3:不動産先取特権〔3種類〕)について,3分類のそれぞれについて,種類と優先順位を表の形で整理した後,個々の先取特権の内容と特色を検討することにする。

I 一般先取特権とその優先順位

民法は,306～310条において,以下の4種類の一般先取特権を規定している。これらの先取特権は,順位において,それ以外の先取特権に劣後するのが原則であるが(民法329条2項本文),共益費用の先取特権(民法306条1号・307条)は,その利益を受けたすべての債権者に優先する効力を有しているので(民法329条2項ただし書),注意が必要である。

表25 一般先取特権の種類と優先順位

先取特権の種類		優先順位	条文	債権の種類	責任財産の種類
一般先取特権	1 共益費用の先取特権	1	民法307条	債務者の財産の保存,清算又は配当に関する費用	債務者の総財産
	2 雇用関係の先取特権	2	民法308条	給料その他債務者と使用人との間の雇用関係に基づいて生じた債権	
	3 葬式費用の先取特権	3	民法309条	債務者のためにされた葬式の費用のうち相当な額,債務者がその扶養すべき親族のためにした葬式の費用のうち相当な額	
	4 日用品供給の先取特権	4	民法310条	債務者又はその扶養すべき同居の親族及びその家事使用人の生活に必要な最後の6箇月間の飲食料品,燃料及び電気の供給	

A 共益費用の先取特権(民法306条1号・307条)

各債権者に共通の利益のための費用(債務者の財産の保存,清算,または配当に関する費用)について,公平の観念に基づいて先取特権が認められている(民法306条1号・307条1項)。

第1の要件としての「財産の保存」とは,債務者の財産の現状を維持する行為であり,例えば,債務者の財産を事実上保存する行為をしたり,債務者に代

位して債務者が有する権利について時効中断のために権利を行使したり（民法423条），詐害行為を取り消したり（民法424条）することをいう。第2の要件としての「清算」とは，清算人，管財人，執行官等が，債務者の財産の換価，債権の取立て，債務の支払，財産目録の作成等をすることをいう。第3の要件としての「配当」とは，債権者の債権を調査して配当表を作成し，債務者の財産を換価して配当を実行することをいう。

共益費用のうち，それがすべての債権者に有益でなかった場合，例えば，抵当権が設定された不動産の売却行為を詐害行為として取り消した場合，一般債権者は財産の保存によって利益を受けるが，すでに追及効を有する抵当権者はこれによって利益を受けることはないという場合には，先取特権は，その費用によって利益を受けた債権者に対してのみ存在する。例えば，上記の例では，詐害行為を取り消した債権者は，一般債権者に対しては先取特権を主張できるが，抵当権者に対しては先取特権を主張することができない（民法307条2項）。もっとも，保存の費用はすべての債権者に対抗できる。

共益費用の先取特権の特色は，最初に述べたように，その他の一般先取特権が特別の先取特権（動産先取特権，不動産先取特権）に劣後するのに対して，共益費用によって利益を受けたすべての債権者に対して優先する点にある（民法329条）。

B 雇用関係の先取特権（民法306条2号・308条）

雇用に関する債権（給料債権，退職金，労災等に関する損害賠償債権等）について，労務を提供している者を保護すべきであるという社会政策的理由に基づいて，先取特権が認められている（民法306条2号・308条）。

C 葬式費用の先取特権（民法306条3号・309条）

葬式の費用について，財力の十分でない者にも葬式を営む場合の金融を受けやすくしようという公益上の理由に基づいて先取特権が認められている（民法306条3号・309条）。

死者本人が，自己の葬式に関連する債務を負担した場合には，その債権者は，債務者の遺産に対して先取特権を有する。また，夫の死後に，妻が夫の社会的地位に応じて支弁した葬式費用は，相続財産の負担となる（東京地判昭59・7・12判時1150号205頁）。

D 日用品供給の先取特権（民法306条4号・310条）

　日用品の供給に関する債権について，主として小規模の商人を保護するという社会政策上の理由に基づいて先取特権が認められている（民法306条4号・310条）。この場合の債務者は，自然人に限られ，法人は含まれないとされている（最一判昭46・10・21民集25巻7号969頁）。

II　動産先取特権とその優先順位

　民法は，その311～324条において，以下の8種類の動産先取特権を規定している。この中には，以前は，動産先取特権だけでなく，独立項目として債権の先取特権が含まれていた。

　すなわち，民法旧311条4号・旧320条には，公吏保証金の先取特権が規定されており，これは，厳密には，動産先取特権ではなく，**債権先取特権**という重要な性質を有していた。しかし，この規定は，現代では使われていないという理由で，2004年の現代語化に際して削除された。したがって，現行民法で債権先取特権について明文で規定しているのは，民法304条（物上代位）と314条2文（転借料債権等に対する先取特権）のみとなっている。

　債権の先取特権との関係では，民法316条に規定された敷金について，立法者は，公吏保証金の先取特権と同様，賃貸人は，「不動産の賃料その他の賃貸借関係から生じた賃借人の債務」（民法312条）につき，「敷金返還債務」と相殺することによって，賃料債権等について確実な回収を期待できるため，賃貸人は敷金返還債務の上に最優先の先取特権を有していると考えていた（梅・要義巻二318～319頁）。賃貸人はそのような最優先の先取特権を有しているのであるから，「賃貸人は，敷金を受け取っている場合には，その敷金で弁済を受けない債権の部分についてのみ先取特権を有する」（民法316条）と規定されたのである。

　動産先取特権については，以上のように，通常の教科書では触れられていないさまざまな興味深い話題が潜んでいる。以下では，そのような，敷金と先取特権とに関する興味深い話題についても，詳しい検討を行うことにする。

表26 動産先取特権の種類と優先順位

先取特権の種類		優先順位	条文	債権の種類	責任財産の種類
動産先取特権	1 不動産賃貸の先取特権	1	民法312〜316条	不動産の賃料その他の賃貸借関係から生じた賃借人の債務 ・賃借人の財産のすべてを清算する場合には，前期，当期及び次期の賃料その他の債務並びに前期及び当期に生じた損害の賠償債務 ・敷金を受け取っている場合には，その敷金で弁済を受けない債権の部分についてのみ	賃借人の動産，果実
	2 旅館宿泊の先取特権		民法317条	宿泊客が負担すべき宿泊料及び飲食料	旅館にある宿泊客の手荷物
	3 運輸の先取特権		民法318条	旅客又は荷物の運送賃及び付随の費用	運送人の占有する荷物
	4 動産保存の先取特権	2	民法320条（旧320条〔公吏保証金の先取特権（実は，債権上の先取特権）〕を削除，旧321条1項・2項の項番号を削除して繰上げ）	動産の保存のために要した費用又は動産に関する権利の保存，承認若しくは実行のために要した費用	保存された動産
	5 動産売買の先取特権		民法321条（旧322条を繰上げ）	動産の代価及びその利息	売買された動産
	6 種苗・肥料供給の先取特権	3	民法322条（旧323条を繰上げ）	種苗又は肥料の代価及びその利息	種苗又は肥料を用いた後1年以内にこれを用いた土地から生じた果実（蚕種又は蚕の飼養に供した桑葉の使用によって生じた物を含む）
	7 農業労務の先取特権		民法323条（旧324条の一部）	農業労務従事者の最後の1年間の賃金	労務によって生じた果実
	8 工業労務の先取特権		民法324条（旧324条の一部）	工業労務従事者の最後の3ヵ月間の賃金	労務によって生じた製作物

なお，債権を目的とする先取特権は，先に述べたように，現在では，民法304条と314条2文に規定があるだけである。民法314条2文の債権先取特権とは，賃貸人Aが賃借人Bに賃料債権等の債権を有しているときに，Bが賃借権をCに譲渡した場合，または，Bが賃借権をCに転貸した場合に，Aが，その売買代金債権の上に，または，転借料債権等の債権の上に先取特権を取得するというものであり，物上代位と同一の趣旨の規定であるとされている。

　上記の動産先取特権については，従来は，執行官への動産の提出や債務者の差押承諾書の提出が要求されたために，その実行が困難であった。しかし，2003（平成15）年の担保法・執行法改正により，動産競売開始決定の制度（民事執行法190条）が創設されたことにより，動産売買の先取特権を含めて動産先取特権の実行が容易となっている。

A　不動産賃貸の先取特権（民法311条1号・312条）

　賃貸借関係から生じる債権（賃料債権，損害賠償債権等）について，賃借人が賃貸不動産に持ち込んだ動産の上に先取特権が認められている（民法311条1号・312条）。この先取特権は，従来は，当事者の意思の推測に基づいて法が認めたもの（黙示の質権〔gage tacite〕）とされてきた（林・注釈民法(8)119頁）。しかし，賃貸人の不動産に賃借人が持ち込んだ動産に賃借人が質権を設定するという意思は存在しない上に，賃借人は，その動産の直接占有を放棄せずに使用を続けているのであるから，占有改定による設定を認めない質権とは異なり，むしろ，賃借人の動産の価値の維持に資する環境を提供している賃貸人を保護するために，法定の動産抵当というべき優先弁済権を賃貸人に与えたもの，と考えるべきであろう（深川・相殺の担保的機能145～146頁，深川裕佳「第1順位の先取特権について——黙示の質権"gage tacite"の法的性質」東洋法学52巻1号〔2008〕72～91頁参照）。

　不動産賃貸の先取特権の優先順位は，その他のいわゆる「黙示の質権」（旅館宿泊および運輸の先取特権）と同様，第1順位の先取特権とされている（民法330条1項1号）。しかし，この第1順位は，脆弱である。なぜなら，この「第1順位の先取特権者は，その債権取得の時において第2順位又は第3順位の先取特権者があることを知っていたときは，これらの者に対して優先権を行使することができない」（民法330条2項1文）。この点については，先に説明した通りである。それだけでなく，この第1順位の先取特権は，「第1順位の先取

特権者のために物を保存した者に対しても」劣後する（民法330条2項2文）。例えば，借家人の備え付けた家具に対して賃貸人の第1順位の先取特権が成立した後にその家具を保存（修理等）した者（第2順位の先取特権者）があるときは，賃貸人は，その保存者に対して優先権を行うことができない。しかも，その保存は，賃貸人の利益に帰すれば十分であり，賃貸人の委託を受けてしたものであることを必要としない。また，賃貸人の善意・悪意も問題とならないとされている（我妻・担保物権90頁）。

　この点については，民法330条1項1号の第1順位の先取特権が，旧民法（債権担保編164条）においては，動産の保存の先取特権に次ぐ，第2順位の先取特権と規定されていたこと，また，第3順位の動産売主の先取特権の存在を知っていたときは，第3順位まで転落すると規定されていたことが想起されなければならない。現行民法においても，その結果は全く同じであり，民法330条1項1号の第1順位の先取特権は，むしろ，出発点は最下位であり，第3順位とされる動産売買の先取特権の存在を知らない場合に，第2順位に昇格することができるほか，第2順位とされる動産保存の先取特権者が賃貸借契約の前にのみ保存行為を行っており，かつ，賃貸人がそのことをを知らなかった場合にのみ，第1順位となりうるに過ぎないことがわかる。すなわち，現行民法の解釈としては，民法330条1項1号の第1順位の先取特権は，実は，その初期値（デフォルト値）が第3順位という最下位の先取特権であり，第2順位の動産売主の先取特権の存在を知らなかった場合に初めて第2順位へと昇格することができ，さらに，動産保存の先取特権者が賃貸人の先取特権よりも前に存在しており，かつ，そのことを賃貸人が知らなかった場合にだけ，第1順位となることができるという，第1順位というのは名ばかりで，実は，順位の脆弱な先取特権であることに留意しなければならない。

　最後のまとめ（優先順位決定のルール）で詳しく論じるが，体系的な思考を採用するのであれば，先取特権の順位の初期値（デフォルト値）は，動産，不動産を問わず，第1順位は「保存」（動産保存，不動産保存，不動産工事，果実における農業労務）であり，第2順位は，「供給」（動産売買，不動産売買，果実における種苗または肥料供給）であり，第3順位は「環境提供」（いわゆる黙示の質〔賃貸・宿泊・運輸〕，果実における土地の賃貸）と考えるべきである。果実に対する先取特権の場合には，この順位が不動のものとして規定されている（民法330条3項）。そして，第1順位の保存の先取特権の内部では，常に「後の保存

者が前の保存者に優先する」（民法330条1項2文）という原理が妥当する。不動産先取特権の順位として、先に生じる不動産「工事」の先取特権が、常に、後に生じる不動産「保存」の先取特権に劣後するのは（民法331条）、不動産「工事」の性質が先の保存であり、不動産「保存」が後の保存だからである。初期値（デフォルト値）が第3順位に過ぎない環境提供が動産先取特権において第1順位とされているのは、第2順位以下の先取特権の存在を知らず、かつ、第2順位の保存の先取特権よりも後に第1順位となった場合に限られており、あえて言えば、これも、広い意味での「後の保存者（賃貸人・旅館主・運送人）が前の保存者に優先する」という原理の適用例と考えることができる。なぜなら、第1順位の動産先取特権が成立した後に第2順位の動産保存の先取特権が生じた場合には、「後の保存者が前の保存者に優先する」という原理に従って順位が逆転し、第2順位の保存の先取特権が第1順位の先取特権に優先する（民法330条2項2文）からである。

1　不動産賃貸の先取特権の目的物の範囲

　不動産賃貸の先取特権というと、一見、不動産に関する先取特権かと思われるかもしれない。しかし、不動産賃貸の先取特権とは、「不動産賃貸人」のための、不動産賃借人または不動産転借人がその不動産に持ち込んだ「動産」に対する先取特権のことであり、不動産先取特権ではなく、動産先取特権であることに、くれぐれも注意することが大切である。

　不動産賃貸の先取特権が及ぶ目的物の範囲は、第1に、土地の賃貸借の場合には、①その土地に備え付けられた動産（例えば、土地に備え付けられている排水用または潅漑用のポンプなど）、②その利用のための建物に備え付けられた動産（賃借地の納屋に備え付けられている農具、家畜、家具など）、または、③賃借人が占有する土地の果実（天然果実）に及ぶ（民法313条1項）。

　第2に、建物の賃貸借の場合には、賃借人がその建物に備え付けた動産に及ぶ（民法313条2項）。建物に備え付けた動産の意味に関しては、判例は、これを広く解し、継続的に置いておくためにその建物に持ち込まれたものには、宝石、金銭、有価証券、商品なども含まれるとしている（大判大3・7・4民録20輯587頁）。これに対して多数説は、建物の使用に関連して常備されるものに限ると解し、家具、調度、機械、器具、営業用什器などは含むが、賃借人の個人的所持品、建物の使用と関係のない金銭、有価証券などは含まないとしている。

第3に，賃借権の譲渡または転貸の場合には，不動産賃貸の先取特権は，譲受人または転借人の動産にも及ぶ（民法314条）。そして，賃借権の譲渡の場合は，被担保債権の譲渡に伴って先取特権も随伴するために先取特権の範囲に変化はなく，また，転貸の場合にも，被担保債権が民法613条の直接請求権の範囲に限定されるため，転借人が不測の損害を被ることはない。

　民法314条の先取特権によって転借人が不測の損害を被ることがない理由は，以下の通りである。

(1) 民法312条により，賃貸人Aは，賃借人Bに対する賃料またはその他の賃貸借関係から生じた債権（α債権）を被担保債権として，賃借人Bの動産に対して先取特権を有する。

(2) 同様にして，転貸人Bは，転借人Cに対する賃料またはその他の賃貸借関係から生じた債権（β債権）を被担保債権として，転借人Cの動産に対して先取特権を有する。

(3) 賃貸人Aが転借人Cに対して直接訴権を行使する場合には，先に直接訴権の箇所で詳しく論じたように，賃貸人Aの転借人Cに対する直接請求権は，α債権の範囲内でのみ，β債権が賃貸人Aに移転することによって生じる。その場合，いわゆる担保権の随伴性に従って，転貸人Bの転借人Cに対する先取特権も，賃貸人Aに移転する。

(4) 民法314条の賃貸人Aの転借人Cに対する先取特権は，上記のように，民法312条と民法613条とによって合成されたものであり，被担保債権が613条によって制限されている（α債権とβ債権のうちの額の少ない方に制限され，かつ，β債権が正規に弁済されている場合には，直接請求権も発生しない）ために，転借人Cが不測の損害を被ることはない。

　以上のように，民法の場合には，不動産賃貸の先取特権の目的物は「動産」に限られ，地上の建物には及ばない。ただし，この原則にも例外がないわけではない。なぜなら，借地借家法の場合には，最後の2年分の地代について，借地権者がその土地において所有する建物の上にも先取特権が及ぶとして，先取特権の拡張を行っている（借地借家法12条）からである。

2　被担保債権の範囲（敷金がある場合の制限を中心に）

　被担保債権は，賃料，または，賃貸借関係から生じるその他の債権（損害賠償債権，解除に伴う返還請求権等）である。賃料の場合も，原則としては，その額に制限があるわけではない。しかし，以下の場合には，被担保債権の範囲が限定される。

第1に，賃借人の破産，賃借人の遺産相続についての限定承認（民法922条以下），賃借人である法人の解散等により，賃借人の財産すべてを清算するという例外的な場合には，賃貸人の先取特権は，前期，当期および次期の賃料その他の債務ならびに前期および当期に生じた損害の賠償債務についてのみ存在する（民法315条）として，先取特権の範囲が制限されている。賃借人の破算等によって総清算が行われる場合には，賃貸人の保護だけでなく，賃貸人以外の債権者を害することがないよう，すなわち，総債権者の利益をできる限り平等にするという配慮が必要だからである。
　第2に，賃貸人が敷金（不動産，特に家屋の賃借人が，賃料その他の債務を担保するために，契約成立の際あらかじめ賃貸人に交付する金銭）を受け取っている場合には，賃貸人は，「敷金で弁済を受けない債権の部分についてのみ先取特権を有する」（民法316条）として，被担保債権の範囲が，敷金で弁済を受けない範囲に限定されている。その理由はなぜか。高橋『担保物権』（40頁）のように，「賃貸借終了時において，賃貸人は賃借人に対し，敷金相当分を控除した残額についてのみ債権を有するに過ぎないから」とし，債権の付従性によってこの理由を説明する学説も存在する。そうだとすると，先取特権の制限は，「敷金の性質上当然のことである」ということになりそうである。しかし，本書では，敷金返還請求権について，賃料が当然に充当されるのではなく，賃貸人，または，賃借人の相殺の意思表示を必要とすると考えるので，この説は採用できない。不動産賃貸人の動産先取特権が敷金で弁済を受けない債権の部分に限定されているのは，付従性の問題ではなく，以下のような深い意味が隠されていると考える。

(1) 賃貸人は，賃料，または賃貸借関係から生じる債権について，他の債権者に先立って敷金から弁済を受ける権利を有している。
　　なぜなら，賃貸人は，「賃料債権，または賃貸借関係から生じる債権」と「敷金返還債務」とをいつでも相殺することができ，相殺の担保的機能によって，結果的に，自らの債権を他の債権者に先立って回収することができるからである。
　　つまり，賃貸人が敷金を受け取っている場合には，賃貸人は，相殺の担保的機能を通じて，敷金に対して最優先の先取特権を有していることになる。
(2) 賃貸人は，敷金に対して，以上のような最優先の先取特権を有しているのであるから，その優先権から先に行使すべきである。

なぜなら，その優先権を行使すれば，債務者の一般財産の減少が食い止められ，賃貸人以外の債権者の利益も保護されるからである。

(3) 後に述べるように，抵当権の場合にも，抵当権者は，抵当不動産から最優先で弁済を受けることができることを理由に，抵当権者は，「抵当不動産の代価から弁済を受けない債権の部分についてのみ，他の財産から弁済を受けることができる」（民法394条1項）とされている。敷金を受け取った賃貸人が，「敷金で弁済を受けない債権の部分についてのみ先取特権を有する」のと，その趣旨は同じである。

(4) このことを一般化すると，特定財産に対して優先弁済権を有する債権者（優越的な地位にある債権者）は，まずその優先弁済権を行使することによって，その特定財産から満足を得るべきであって，あえてそれを行使せずに，債務者の一般財産から回収を図ろうとすることは，他の債権者を害する行為として許されないということになる。このことは，「高い身分には義務が伴う（Noblesse oblige）」という格言に基づくものであり，本書では，これを担保法の一般原則へと高め，さまざまな場面でその適用を試みている。

　敷金の法的性質について，従来は，立法者も言及しているように，賃借人が敷金返還請求権を債権者のために質入れする債権質であるという説が有力であった。しかし，敷金返還の債務者である賃貸人が，自らの債務について質権者となるというのは不自然であり，しかも，この説によると，いわゆる担保物権の不可分性により，まず債務の支払をして初めて敷金を返還してもらえるという点で，賃借人の権利が極端に弱められてしまう点で難点がある。そこで，**通説・判例（最二判昭48・2・2民集27巻1号80頁等）は，敷金の法的性質を，停止条件付返還債務を伴う金銭所有権の移転であるとしている。**この説によれば，債権質説とは異なり，未払債務を敷金から差し引き残額を返せと請求できることになる。

　　　最二判昭48・2・2民集27巻1号80頁
　　　「家屋賃貸借における敷金は，賃貸借終了後家屋明渡義務履行までに生ずる賃料相当額の損害金債権その他賃貸借契約により賃貸人が賃借人に対して取得する一切の債権を担保するものであり，敷金返還請求権は，賃貸借終了後家屋明渡完了の時においてそれまでに生じた右被担保債権を控除しなお残額がある場合に，その残額につき具体的に発生するものと解すべきである。」

　しかし，判例・通説の見解では，債権質説とは反対に，「なぜ賃貸人が敷金から他の債権者に先立って賃料等の債権を回収できるのか」を説明することが

できない。その点，民法316条の解釈を通じて，賃貸人は敷金に対して最優先順位の先取特権を有しており，相殺によって，第三者に対してもその優先権を実現できるという本書の説は，次に述べるように，現行民法の立法者の問題提起を正面から受け止めるものであり，かつ，上記の説がもつ弱点をすべて克服していると考える。

3　民法316条の解釈を通じた敷金に対する賃貸人の先取特権と敷金返還請求に対する賃借人の先取特権の創設

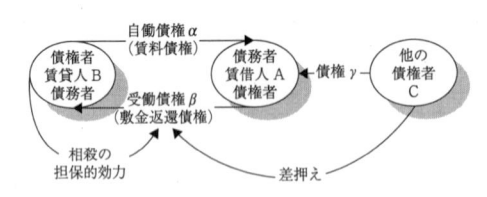

図44　賃貸人の敷金に対する最優先順位の先取特権の構造

以上に述べた民法316条の解釈を通じて，賃貸人は，第1順位の先取特権である不動産賃貸の先取特権（民法311条1号・312〜315条）のほか，賃借人から受け取った敷金に対して，優先順位がさらに高い先取特権を獲得しており，その権利は，相殺の担保的機能（賃料債権，または賃貸借関係から生じる債権〔用法違反等に基づく損害賠償債権〕と敷金返還債務とを相殺することにより，賃借人の他の債権者に先立って弁済を受ける権利）によって実現することができることが明らかとなった。

賃貸人が賃借人から受け取った敷金に対して先取特権を有していることは，現行民法の立法者である梅謙次郎が，すでに，権利質との対比において，以下のように明らかにしている（梅・要義巻二 318〜319頁）。

> 「賃借人の債権〔筆者注：敷金返還請求権〕は，賃貸人の為めに担保と為り，若し賃借人が借賃の支払を怠りたるときは，直ちに其敷金の中より之を除し，以て其弁済に充つることを得べき旨を約したるものなり。然りと雖も，此の権利質は普通の権利質と大にその性質を異にする〔筆者注：以下のように，賃貸人の債権と敷金返還債務とが相殺されることによって優先権が確保される〕が故に，権利質に関する次章の規定に拠ることを要せざるものなり。
>
> 賃貸人は若し賃借人が借賃の支払を怠りたることなくんば，敷金の全額を返還すべく，若し……弁済を怠りたる金額に付ては，敷金を賃借人に返還すべき義務と之を相殺し，其残余のみを返還すれば可なるものとしたるなり。」

このようにして，賃貸人の敷金に対する先取特権が，賃貸期間中，相殺の担保的機能によって実現されているとするならば，逆方向から，賃借人の敷金返

還債権に対しても，先取特権が与えられていると解釈するのが公平に合致すると思われる。

敷金は，賃貸借契約を締結する際に有無をいわさず賃貸人に差し入れることが慣習上も賃借人に要求されており，預けた敷金には利子が付かず，かつ敷金の保全に関して別段の措置も講じられていない現状，および，敷金は，賃料不払い等の賃借人の債務不履行の場合を想定してその担保として差し入れられており，敷金の返還債権と賃料債権等とは相互に密接な関連（牽連性）を有していることを考慮するならば，賃借人の敷金返還債権に対しても，民法 316 条の賃貸人の敷金に対する先取特権の場合と同様，債権者の賃料債権等の上に最優先順位の先取特権（共益費用の先取特権と同様，すべての先取特権に優先する最優先順位の先取特権）が与えられるべきであり，賃借人はその権利を相殺（いわゆる敷金からの充当）によって実現できる，と考えるべきである。

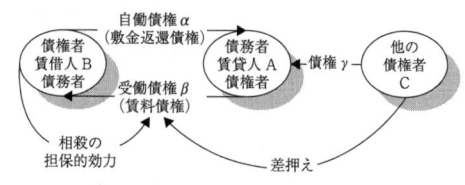

図45 賃借人の敷金返還債権に対する最優先順位の先取特権の構造

このように考えると，例えば，賃貸人の債権者である抵当権者が，賃料債権に対し物上代位を行使して優先権を主張してきた場合においても，賃借人は，その賃料債務と敷金返還債権とを相殺することを通じて，抵当権に優先する地位を主張することが可能となる（最一判平 14・3・28 民集 56 巻 3 号 689 頁）。この点は，反対の立場に立つ判例も存在する（最三判平 13・3・13 民集 55 巻 2 号 363 頁）ので，抵当権の物上代位の箇所でさらに詳しく検討することにする。

最後に，このような優先権を有する敷金返還請求権にさらに質権が設定された場合の問題点について，平成 18 年の最高裁判決を紹介しておくことにする。

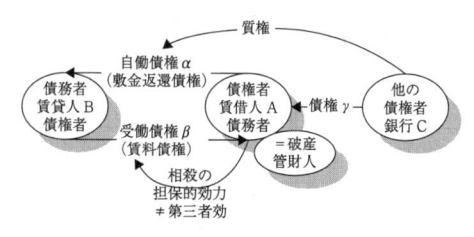

図46 敷金返還債権に対する債権質と賃借人の相殺との優劣

先取特権を有すると考えられる賃借人の敷金返還請求権に対して，賃借人の債権者が債権質（すでに優先権を有する債権に質権を設定するのであるから，その性質は転担保の一種と考えることが可能であろう）を設定し，対抗要件も備えたところ，その賃借人が破産し，破

産管財人が，破産財団に十分な預金があるにもかかわらず，賃料を支払わないまま，未払賃料と敷金とを相殺し，敷金のほぼ全額を充当した事例について，最高裁は，以下のように判断して，破産宣告（破産手続開始）後の未払賃料等に敷金を充当して現実の賃料の支払を免れた破産管財人に対して，敷金の質権者への不当利得に基づく返還を命じている（最一判平 18・12・21 民集 60 巻 10 号 3964 頁）。

最一判平 18・12・21 民集 60 巻 10 号 3964 頁
「債権が質権の目的とされた場合において，質権設定者は，質権者に対し，当該債権の担保価値を維持すべき義務を負い，債権の放棄，免除，相殺，更改等当該債権を消滅，変更させる一切の行為その他当該債権の担保価値を害するような行為を行うことは，同義務に違反するものとして許されないと解すべきである。そして，建物賃貸借における敷金返還請求権は，賃貸借終了後，建物の明渡しがされた時において，敷金からそれまでに生じた賃料債権その他賃貸借契約により賃貸人が賃借人に対して取得する一切の債権を控除し，なお残額があることを条件として，その残額につき発生する条件付債権であるが（最高裁昭和 46 年（オ）第 357 号同 48 年 2 月 2 日第二小法廷判決・民集 27 巻 1 号 80 頁参照），このような条件付債権としての敷金返還請求権が質権の目的とされた場合において，質権設定者である賃借人が，正当な理由に基づくことなく賃貸人に対し未払債務を生じさせて敷金返還請求権の発生を阻害することは，質権者に対する上記義務に違反するものというべきである。
……そうすると，破産財団は，本件充当合意により本件宣告後賃料等の支出を免れ，その結果，同額の本件敷金返還請求権が消滅し，質権者が優先弁済を受けることができなくなったのであるから，破産財団は，質権者の損失において本件宣告後賃料等に相当する金額を利得したというべきである。」

敷金返還請求権に質権を設定した債務者（破産管財人は，質権設定者の地位を承継している）が，自発的に最高順位の先取特権を質権者に与えたのであれば，自ら優先弁済権を行使することは禁じられていると解さなければならない。それにもかかわらず，管財人が，質権者に先立って敷金から債権の回収を行ったことについて，最高裁は，破産管財人の行為は，「担保価値維持義務」に違反すると判断している。しかし，他方で，破産管財人は，総債権者のために破産財団を形成・充実する必要があり，未払賃料に敷金を充当することは，財団の財産維持に寄与していることになる。したがって，上記の判決において最高裁

は，破産管財人が「質権者に対する義務に違反するものではないと考えて本件行為を行ったとしても，このことをもって破産管財人が善管注意義務違反の責任を負うということはできないというべきである」と判断している。

　破産管財人の一つの行為について，一方で担保価値維持義務に違反するが，他方で善管注意義務に違反しないというのは，ありえないことではないが，奇妙でもあり，すっきりしない。破産管財人が破産財団の形成・維持に注意を尽くしておれば，善管注意義務違反とはいえないし，敷金は，もともと，賃借人の債務不履行の場合に備えて，債務不履行責任を担保するために差し入れられたものであり，敷金の担保価値とは，債務不履行責任を果たした後の残額に過ぎない，と考えることもできよう。そうだとすれば，敷金は，賃借人の債務不履行がない場合に限って残存することがあるだけで，そもそも担保価値保持義務は存在しないと考えることもできる。本件の問題を義務違反の観点からアプローチし，債務不履行や不法行為の問題として捉えるのであれば，損害賠償の問題に帰着するのであり，本件の解決が不当利得の問題として解決されたこととは，整合性を有しない。

　本件に関しては，一方で，管財人は破産財団の形成・維持に関して善管注意義務を尽くしている。他方で，敷金返還請求権については，賃借人の債務不履行責任との相殺が前提とされており，その性質上，担保価値維持義務を問題にすることはできない。したがって，質権が設定された敷金返還請求権については，賃借人は，相殺の担保的機能を剥奪されており，賃料支払債務との間で相殺（または充当）しても，敷金返還請求権について優先弁済権を有する質権者には対抗できない（優先弁済効は生じない。すなわち，質権者に対する関係では，相殺は無効である）と解することで足りると考える。確かに，未払賃料等の債務と敷金返還請求権とは，本来的には牽連性を有しており，その相殺は第三者に対抗できるのが原則である。しかし，賃借人がその優先権を質権者に与えた以上，賃貸人に対する相殺の効力は，第三者である質権者には対抗できないのであり，それだからこそ，質権者は，債務者に対して，不当利得に基づく返還を請求することができるのである。

　もしも，破産管財人の行為が「担保価値維持義務」に違反する行為であるとすれば，先に述べたように，それは，不法行為または債務不履行に基づく損害賠償の問題となるはずであり，最高裁が，この問題を不当利得の問題として解決しようとしたこととは矛盾している。不当利得という正しい結論を導くため

には，矛盾する2つの義務違反を論じるのではなく，相殺の担保的機能の第三者対抗力（相殺・充当の無効）の問題として，敷金返還請求権と賃料支払債務等とを相殺した場合に，どの範囲までが，第三者である質権者に対抗できるのか，を論じるべきであったと思われる。

B　旅館宿泊の先取特権（民法311条2号・317条）

旅館（対価を得て客を宿泊させることを業とする者）が宿泊客に対して有する債権（宿泊料債権，飲食料債権）について，宿泊客の手荷物がその旅館にある場合について，その手荷物の上に先取特権が認められている（民法311条2号・317条）。

この先取特権は，従来は，当事者の意思の推測に基づいて法が認めたもの（黙示の質権〔gage tacite〕）とされてきた。しかし，携帯した動産に客が質権を設定するという意思は存在しない上に，客が手荷物を特別に預けた場合（この場合には留置権が発生する）を除き，客は手荷物の直接占有を放棄せずに使用を続けているのであるから，占有改定による設定を認めない質権とは異なる。

この先取特権は，先に述べたように，むしろ，宿泊客の動産の価値の維持に資する環境を提供している旅館を保護するために，法定の動産抵当というべき優先弁済権を旅館に与えたものと考えるべきであろう。

C　運輸の先取特権（民法311条3号・318条）

運送人（運送を業としている者に限らない）が旅客または荷送人・荷受人に対して有する債権（旅客の運送賃，荷物の運送賃，および付随の費用〔荷物の荷造り費，関税の立替金等〕）について，運送人が占有する荷物の上に先取特権が認められている（民法311条3号・318条）。

この先取特権は，従来は，当事者の意思の推測に基づいて法が認めたもの（黙示の質権〔gage tacite〕）とされてきた（林・注釈民法(8) 132頁）。しかし，運送人が占有する荷物に顧客が質権を設定するという意思は黙示にも存在しない。

したがって，この先取特権は，顧客の動産の価値の維持に資する環境を提供している運送人を保護するために，運送人に優先権を与えたものと考えるべきであろう。

D いわゆる黙示の質権に対する即時取得の規定の準用（民法319条）

以上の3つの動産先取特権, すなわち, 不動産賃貸の先取特権, 旅館宿泊の先取特権, 運輸の先取特権は, 従来は, 主として当事者の意思の推測に基づいて先取特権が認められてきたとして, 黙示の質権とか黙示の担保権とかいわれてきた。

しかし, 先にも述べたように, 債務者に質権を設定する意思もそのつもりもないことが指摘されており, また, 質権というには, 債務者が占有を継続しているものが多いために, 黙示の質権というよりは, 黙示の抵当権と呼ぶべきであり, 結局のところ, 目的物の価値を維持するための環境を与えた債権者（不動産賃貸人, 旅館, 運送人）を保護するために法が与えた優先弁済権であるとするのが適切であろう。

これらの3つの動産先取特権は, 後に述べるように, 原則として第1順位の先取特権としての地位が与えられているが, その順位は不動のものではなく, 前の保存者を知っているかどうかで順位が下がる場合があることは, 先に述べたとおりである。また, 民法192〜194条までの即時取得の規定が準用されており（民法319条）, ここでも, 債権者が善意かどうかが決定的な要件となっている。

例えば, 不動産に持ち込まれた動産について, 旅館に持ち込まれた手荷物について, または運送を引き受けた荷物について, それらの動産が実は債務者の所有物ではないのに, 賃貸人, 旅館, または運送人がそうであると誤信し, かつ誤信することについて無過失であった場合には, 賃貸人, 旅館, 運送人は, それぞれの目的物について先取特権を取得する。

この理由については, 歴史的な経緯からして, これらの3つの先取特権が, 当事者の意思の推測に基づいて認められたものであるとの理解があり, そのことから, 債権者が悪意の場合にはその順位を下げられるが, 反対に善意無過失の場合には即時取得がありうるとして債権者のいっそうの保護がなされるという制度が構築されてきたのであろう。

E 削除された公吏保証金の先取特権

民法旧320条（公吏保証金の先取特権）（削除）
　　公吏保証金ノ先取特権ハ保証金ヲ供シタル公吏ノ職務上ノ過失ニ因リテ生シタル債権ニ付キ其保証金ノ上ニ存在ス

この条文は，国家賠償法が制定されたこともあり，ほとんど利用されないことが主な理由となって，2004年の民法の現代語化に際して削除された。しかし，この先取特権は，理論的には非常に重要な意味を持つ条文であった。なぜなら，この公吏保証金の先取特権は，「動産」先取特権の箇所に配置されているが，先に述べた賃貸人の敷金に対する先取特権と同様，「動産」の上に成立するのではなく，「債権」の上に成立する「債権先取特権」だからである。

　敷金に対する先取特権に関しては，不動産賃貸人の先取特権の被担保債権が敷金を控除した範囲に限定されるという規定（民法316条）があるだけで，賃貸人が敷金に対して先取特権を有しているかどうかは解釈にゆだねられていた。この点について本書は，先に述べたように，第1に，民法316条の解釈を通じて，賃貸人は，賃料債権等，賃貸借から生じる債権を担保するため，敷金に対して最優先順位の先取特権を有しており，それだからこそ，不動産賃貸人の先取特権の被担保債権の範囲は，敷金に対する先取特権を行使した残りの部分に限定されることを明らかにした。第2に，賃借人も敷金返還請求権に最優先順位の先取特権を有しており，賃貸人の債権者（抵当権者等）が賃料債権等を物上代位等に基づいて差し押さえたときにも，賃料債権等と敷金返還請求権とを相殺することによって第三者に対抗できることを明らかにした。しかし，賃貸人や賃借人の敷金に対する先取特権については，明文の規定を欠いている。

　これに対して，公吏保証金の先取特権は，民法上は，債権の上の先取特権を明文で規定した唯一のものとされてきたものであり，その点で重要な意義を有していた（正確にいうと，先に述べた民法314条の先取特権は，その2文によって，売却代金債権または転貸賃料債権〔譲渡人または転貸人が受け取るべき金銭〕にも及ぶことが示されており，この規定もまた，債権の上の先取特権を明文で規定したものであり（梅・要義巻二285頁），現行民法においても債権に対する先取特権が存在することに注意しなければならない）。いずれにせよ，民法の現代語化に伴って旧320条を削除したことは，債権先取特権の今後の発展の芽を摘むものであり，学問的には，不必要な削除であったといわざるをえない。

F　動産保存の先取特権（民法311条4号・320条）

　動産保存の先取特権の典型例は，動産を修理した者（請負人）の報酬債権（動産の保存費）に優先弁済権を与える場合である。民法が動産保存の先取特権を認めた理由は，目的物について保存費を費やした者を他の債権者よりも保

護しようとするからであり，公平の理念に基づくものとされている。法と経済学の観点からは，目的物が競売されたとき，保存された目的物は，保存される前よりも価値が上昇しており，配当を受けるにあたって，保存をしていない他の債権者が保存の費用を出した者と平等な配当を受けるのは，いわゆる「ただ乗り（free rider）」であり，保存の費用を出した者にその限度で優先権を与えようとするものである，と説明することもできる。

　現代語化前の旧条文（旧321条）では，1項の物理的な保存費用，2項の法律的な保存費用とが分離して規定されていたが，現代語化によって，両者が1つにまとめられ，かえって意味がわかりにくくなっている。

　第1の物理的な保存費用（保存費）としての「動産の保存のために要した費用」には，債務者の所有する目的物を債権者自らが修理する場合と，債権者が他人に依頼して修理をしてもらう場合とが含まれる。

　第2の法律的な保存費用としては，権利の保存，権利の承認，権利の実行のために要した費用が含まれる。それぞれの行為の意味は以下の通りである。

(1) 権利の保存　　債務者の所有する目的物が他人によって時効取得されるのを防ぐため，占有者に対する請求等を行って時効の中断をすることなど。
(2) 権利の承認　　債務者の所有する目的物が他人によって時効取得されるのを防ぐため，占有者の承認を促して時効の中断をする行為など。
(3) 権利の実行　　債務者の所有する目的物が他人によって時効取得されるのを防ぐため，占有者に対して目的物を債務者に返還させる行為など。

　動産保存の先取特権の特色は，その優先順位の決め方にある。すなわち，「動産の保存の先取特権について数人の保存者があるときは，後の保存者が前の保存者に優先する」（民法330条1項2文）。その理由は，前の保存者も後の保存者の保存行為によって利益を受けるからであると説明されている（我妻・担保物権89頁）。ここで重要なことは，「後の保存者が前の保存者に優先する」の意味することの重要性に気づくことである。なぜなら，このことは，早い者勝ちこそが真の権利者となる物権法の法理（例えば，民法177条・178条）を逆転させるものであり，先取特権が物権とは異なる法理（公平の理念）によって支配されていることを示す傍証となっているからである。

G　動産売買の先取特権（民法311条5号・321条）

　動産の売買代金について売主を保護する規定である。民法が「動産売買の先

取特権」を認めた理由は，代金は未払いだが，動産の引渡しによって所有権が買主に移転した場合でも，売買目的物の上に先取特権が成立するとして，売主を保護するものであり，公平の理念に基づくものといわれている。

動産が売主から買主へと引き渡されていない場合には，売主は，同時履行の抗弁権（民法533条），留置権（民法295条）によって保護されるので，動産の先取特権が実益を発揮するのは，目的物がすでに買主に引き渡された場合である。

H 種苗または肥料の供給の先取特権（民法311条6号・322条）

種苗または肥料の供給者に先取特権が与えられた理由は，上記の動産売買の先取特権と同様，当事者間の公平を図るという理由のほか，農業金融を促進しようとするねらいがあったとされている。

後者のねらいは，その後，1933（昭和8）年の農業動産信用法の制定により実現されることになる。農業金融を行う者に対して広範な先取特権（農業経営資金貸付の先取特権）が，農業用動産，農業生産物の保存，農業用動産の購入，種苗または肥料の購入，蚕種または桑葉の購入，薪炭原木の購入等に関して認められたからである。

I 農業労務の先取特権（民法311条7号・323条），工業労務の先取特権（民法311条8号・324条）

このような先取特権が認められたのは，賃金労働者を保護しようとするものであり，雇用関係の一般先取特権（民法308条）を強化しようとするものである。

2つの条文は，もともとは，1つの条文（旧324条）の1項と2項に規定されていたものであった。2つの条文の立法趣旨は同じであり，わざわざ条文を2つに分離する必要はなかった。民法旧320条（公吏保証金の先取特権）を削除したため，条文の間隙が生じるのを嫌う法務官僚の美学に従って，つじつま合せのために条文が2つ分割されたに過ぎない（民法の現代語化に便乗した不毛な条番号の変更，重要な条文の削除に対する批判については，加賀山・民法学習法131頁以下〔140～141頁〕参照）。

Ⅲ 不動産先取特権とその優先順位

民法は，325～328条において，以下のように，3種類の「不動産の先取特権」を規定している。これらの先取特権は，その他の先取特権が公示を必要としないのに対して，その効力を保存するためには登記を必要としている点に特色を有する。

表27 不動産先取特権の種類と優先順位

先取特権の種類		優先順位	条文	債権の種類	責任財産の種類
不動産先取特権	1 不動産保存の先取特権	1	民法326条（旧326条1項・2項の項番号を削除）	不動産の保存のために要した費用又は不動産に関する権利の保存，承認若しくは実行のために要した費用	保存された不動産
	2 不動産工事の先取特権	2	民法327条	工事の設計，施工又は監理をする者が債務者の不動産に関してした工事の費用（工事によって生じた不動産の価格の増加が現存する場合に限り，その増価額についてのみ存する）	工事された不動産
	3 不動産売買の先取特権	3	民法328条	不動産の代価及びその利息	売買された不動産

A 不動産保存の先取特権（民法325条1号・326条）

民法325条1号・326条が「不動産保存の先取特権」を認めたのは，公平の理念に基づくものであり，現代的な視点から見れば，他の債権者による「ただ乗り（free rider）」を認めない趣旨と考えることができる。

これは，動産保存の先取特権を認めたのと同じ理由に基づく。現行民法の土台となった旧民法には，動産については，動産「保存」の先取特権の規定が存在したが，不動産に関しては，不動産「工事」の先取特権の規定があるものの，不動産「保存」の先取特権は規定されていなかった。もっとも，不動産「工事」の先取特権は，その被担保債権が，「工事によって生じた不動産の価格の増加が現存する場合」に限定されている（旧民法債権担保編175条1項，現行民法327条2項）ことから，旧民法の場合には，不動産工事の中に保存の工事が

含まれていたと思われる。しかし，現行民法の立法者は，以下のように述べて，動産保存の先取特権の規定に倣って，不動産保存の先取特権を創設したのである（民法理由書 330 頁）。

> （理由）既成法典は，不動産保存者の先取特権を認めずと雖も，既に動産保存者の先取特権を認むる以上は，不動産の保存に本づく債権にも先取特権を付するを以て至当と信じたれば，本案は，不動産の保存を以て先取特権の一原因とし，新に之を加へたり。

　現代語化以前の規定は，「不動産保存」の先取特権について，「動産保存」の先取特権の規定を準用するという構成をとっていたため，両者の結びつきが明確であった。現代語化に際して，このような準用規定をなくし，それぞれの条文を独立したものとして書き直したことは，一見，個々の条文の意味をわかりやすくするための配慮のように見えるが，実は，条文間の関連を断ち切るものであり，現代語化としては，行き過ぎであったと思われる。

　動産保存の先取特権と不動産保存の先取特権との違いは，動産保存の先取特権が対抗要件を必要としないのとは異なり，不動産保存の先取特権の場合には，その効力を第三者に対抗するためには，保存行為が完了した後，遅滞なく登記をしなければならないとされている点にある（民法 337 条）。民法がこのような厳格な要件を定めたのは，この先取特権には，それ以前に登記された抵当権に優先するという強い効力が認められているからである（民法 339 条）。

　この理由について，詳しく検討してみよう。そもそも先取特権は，法定の物的担保であり，かつ債権者が目的物を占有する必要のない（債務者の使用・収益を認める）物的担保である。したがって，動産先取特権の場合も目的物の引渡しを受けることを要しないし，また，一般先取特権の場合にも対抗要件を必要としない（民法 336 条本文参照）。しかし，不動産に関しては登記が重要な意味を持つので，その点を考慮して，一般先取特権については，さすがに，登記をした第三者には対抗できないとしている（民法 336 条ただし書）。

　しかし，ここで問題としている不動産保存の先取特権に関しては，先に述べたように，それ以前に登記された抵当権にも優先する効力を有するという非常に強力な効力を生じるのであるから（民法 339 条），民法は，不動産保存の先取特権にも，例外的に，第三者対抗要件としての登記を要求したのである（民法 337 条）。この登記は，民法 325 条 1 号・326 条ですでに効力が認められている不動産保存の先取特権に対して，第三者対抗要件として登記を要求したもので

あって，通説・判例の見解とは異なるが，効力要件として登記を要求したものではない。立法者も，この点について，以下のように述べている（民法理由書337頁）。

　　（理由）　本条は，不動産保存の先取特権を保存する手続を定むるものにして，本案が，既に325条の規定に依りて此の特権を認めたる自然の結果に出づるものなり。而してその保存の方法は，他の不動産の先取特権の如く，登記せしむるを以て適当と認めるに因り，保存行為完了の後直ちに登記を為すべきものと定めたり。

　これに反して判例は，民法337条・338条の「先取特権の効力を保存するため」の登記の意味を，第三者に対する対抗要件ではなく，効力発生要件であると解している（大判大6・2・9民録23輯244頁）。しかし，すでに述べたように，民法337条は，民法325条以下で効力を生じている不動産先取特権について，第三者対抗要件として登記を要求したものであり，効力の「発生」要件とするのは，すでに生じた効力を「保存する」という文言に反している。また，旧民法が不動産工事の先取特権につき複雑な手続を規定していたのを，現行民法の立法者が，「先取特権の便益を減殺する」として，これとは別に，簡易な手続による不動産保存の先取特権という新たな先取特権を認めた，という立法趣旨にも反している。したがって，民法337条・338条に規定された不動産保存の先取特権および不動産工事の先取特権における登記の意味は，すでに生じた先取特権の効力を第三者に対抗するための対抗要件であると解すべきである。

　不動産保存の先取特権は，保存行為が完了した後に遅滞なく登記を行うと，民法339条により，登記の先後を問わず，抵当権に優先する効力を有する。このことは，不動産物権変動に関する民法177条の原則を大きく修正するものであり，先取特権を「物権」と考える場合には，理解に苦しむことになる。例えば，通説を代表する我妻説は，「排他性を本質とする物権の一般理論によれば，先取特権の順位はその成立の時の順序によるべきである」とし，民法がこの理論に従わない理由を説明しかねている（我妻・担保物権88頁）。

　しかし，動産先取特権の箇所でも詳しく論じたように，目的物の保存に寄与した債権者に対して先取特権が与えられる場合には，民法330条1項2文の「保存の先取特権について数人の保存者があるときは，後の保存者が前の保存者に優先する」という，物権法の法理では説明することができない「保存に関する優先順位決定のルール」が思い起こされなければならない。なお，民法

第3節　先取特権の種類と優先順位

330条1項2文の「後の保存者が前の保存者に優先する」というルールは、動産先取特権のみに適用されるルールではない。通説も、「保存または工事の先取特権が数個あるときは、その順位は後のものが優先すると解すべきであろう」（我妻・担保物権91頁）として、上記のルールが不動産先取特権にも適用されることを認めている（旧民法にはこのことを認める明文の規定があった〔旧民法債権担保編187条1項第1本文〕）。しかも考えてみれば、不動産先取特権について、第1順位が不動産先取特権であり第2順位が不動産工事の先取特権であることは、民法331条1項によって明らかであるが、その順序自体が、第1に工事の完成、第2にその保存という、本来的な成立の順序とは反対になっており、ここでも広い意味での「後の保存者〔不動産保存者〕が前の保存者〔不動産工事者〕に優先する」というルールが実現されているのである。

　この「保存に関する優先順位決定のルール」が適用されることにより、その結果として、抵当権者の登記に遅れたとしても、最後に保存した不動産保存の先取特権には、最優先の先取特権が与えられるのである（民法339条）。

　民法339条によって認められている、遅れて登記した先取特権が先に登記した抵当権に優先するという法理は、非常に大きな意味を持っている。後に詳しく検討するように、抵当権の登記に遅れて発生した相殺権が先に登記した抵当権に基づく物上代位に優先するという法理、すなわち、先に登記した抵当権に基づく賃料債権に対する物上代位に対して、賃借人が賃料債務と敷金返還請求権とを相殺した場合に、相殺の担保的効力が抵当権に優先する（最三判平13・3・13民集55巻2号363頁はこれを否定したが、最一判平14・3・28民集56巻3号689頁は、結果的にこれを肯定している）、ならびに、抵当権の登記に遅れて登記された賃借権、および抵当権の登記に遅れて対抗力を獲得した借地・借家権が、先に登記された抵当権に対抗できるという法理（後に詳しく論じる）を導く上でも、重要な役割を果たすことになる。

B　不動産工事の先取特権（民法325条2号・327条）

　民法325条2号・327条が「不動産工事の先取特権」を認めたのは、当事者の意思の推測および、公平の理念に基づくものであるとされている。不動産保存の先取特権との違いは、不動産の「工事」が不動産を「創設」するものであるのに対して、不動産の「保存」は、不動産の存在を前提にして、その「維持・改良」を行う点にある。したがって、新築・増築工事は不動産の「工事」

であり，建物の修理は不動産の「保存」である。

しかし，「工事」と「保存」との境界はあいまいであり，多くの問題が生じている。特に，不動産保存の先取特権は，保存の後に登記をすれば第三者に対抗できるが（民法337条），不動産工事の先取特権は，工事の前に工事費用の予算額を登記しなければならない（民法338条，不動産登記法83条・85～87条）。そこで，事前の登記を怠った請負人は，遅れて登記をした後に，それまでの工事と登記後の工事とを二分し，前半を不動産の工事，後半を不動産の保存として，後半部分について先取特権の効力を第三者に主張しようとする傾向にある。

しかし，判例は，このような主張を認めない。建築工事完成後に登記しても，これについて先取特権の効力を保存することはできない（大判明43・10・18民録16輯699頁）。また，登記前の工事と登記後の工事は単一の工事であるから，その工事全体のはじめに先取特権の登記をしなければ，登記後の工事についても効力はない（大判大6・2・9民録23輯244頁）。

ところで，建物の新築工事の際の登記はどのようにして実現可能なのであろうか。新築工事の場合には，先取特権の登記の時点では建物の所有権の保存登記が存在しないため，どのような登記をすべきなのかが問題となる。その手続は，不動産登記法83条・85～87条，不動産登記規則161条・162条，不動産登記令の別表43号に規定されている。新築工事の先取特権保存の登記申請がなされると，不動産登記法86条に基づき，登記官は，登記記録の甲区に登記義務者の氏名または名称および住所ならびに不動産工事の先取特権の保存の登記をすることにより登記をする旨を記録する（不動産登記規則161条）。そして，建物が完成した場合には，建物の所有者（登記義務者）は，遅滞なくその建物の所有権の保存の登記をしなければならない（不動産登記法86条）。したがって，不動産工事の先取特権の保存登記をした者は，建物完成とともに，建物所有者に対してその所有権保存登記手続を請求することができることになる（大判昭12・12・14民集16巻1843頁）。

不動産工事の先取特権は，不動産保存の先取特権に比べて，その保存の登記を事前にしなければ第三者に対抗できないという点が短所となっている。不動産の工事をする者が，あらかじめ登記をしないで工事に着手すると，この先取特権を第三者に対抗できない。新築の工事の場合には，そもそも建物の登記がないのであるから，手続がめんどうであり，実行が困難な上に，工事に着手してから債務者の資力が乏しいことがわかったという場合には，不動産工事の債

権者の救済が困難となる。そこで，立法論としては，不動産保存の先取特権の場合と同様，工事着手後に登記しても，その後に登記された抵当権に優先する効力を認めるのが妥当である，との見解が主張されている（我妻 = 有泉・コンメンタール 533 頁）。

　立法者も，旧民法における不動産工事の先取特権の保存の手続が煩瑣に過ぎることには気づいており，現行法は，以下のように，それを改善するために修正されたという経緯がある。

　　（理由）　既成法典は担保編第 175 条に於て 3 種の調書を作るべきこと，及び，同第 183 条に於て，此等の調書に依る登記の時に関し精密なる規定を掲ぐと雖も，如斯手続は従来の慣習上到底行はれ難く，之れが爲めに先取特権の便益を減殺する虞あるを以て，本案は務めて之を簡略にし，工事著手前に一度予算額を登記せば之に依りて先取特権を保存することを得とし，且，此登記に依りて増価額評定の標準を定めたり。

　このような立法趣旨を活かすためには，上記の立法論ではまだ不足であり，不動産を創設した債権者にも，不動産保存の先取特権と同様，工事の後，遅滞なく登記をすれば，第三者に対しても対抗できるとすべきであろう。

　また，山野目『物権』（219 頁）は，保存後遅滞なく登記がなされなかった不動産保存の先取特権や，公示前に登記がなされなかった不動産工事の先取特権であっても，それらには，339 条の定める特典が否定されるにとどまり，それらの先取特権が登記されたのちは，それに遅れて登記された抵当権には優先するとの考え方（民法 373 条・341 条参照）も成り立ちうるとしている。時間の先後を重視する考え方ではあるが，民法の規定の不備を補充する解釈として，注目に値する。

C　不動産売買の先取特権（民法 325 条 3 号・328 条）

　民法が不動産売買の先取特権を認めたのは，動産売買の先取特権の場合と同じく，公平の理念によるものである。この先取特権をもって第三者に対抗するためには，売買契約と同時に不動産の代価またはその利息について弁済がなされていない旨を登記しなければならない（民法 340 条）。

　この登記の効力には，民法 339 条が適用されない。このため，不動産保存の先取特権および不動産工事の先取特権の場合とは異なり，常に抵当権に優先するとは限らない。すなわち，不動産売買の先取特権と抵当権との優劣は，登記

の先後によって決まることになるからである。

　もっとも，不動産売買の先取特権と抵当権との優劣については，明文の規定がない。しかし，不動産先取特権のうち，不動産保存の先取特権と不動産工事の2つの先取特権については，適法に登記した先取特権は抵当権に優先することが定められている（民法339条）。この反対解釈として，不動産売買の先取特権は必ずしも抵当権に優先するとは限らないということになる。「不動産売買の先取特権は必ずしも抵当権に優先するとは限らない」という意味は，決して，抵当権に劣後するということではない。民法340条は，「不動産売買の先取特権の効力を保存するためには，……登記をしなければならない」と規定しており，その意味するところは，不動産売買の先取特権は，登記をすれば，抵当権と同等の効力を有するということだからである。

　それでは，登記をした不動産売買の先取特権と登記をした抵当権の優先順位は，どのようにして決せられるのであろうか。不動産売買の先取特権の優先順位に関する民法331条によれば，売買の先後によることになり，抵当権の順位に関する民法373条によれば，登記の先後によることになる。それでは，いずれの規定を適用すべきであろうか。結論から言えば，どちらの規定によっても登記の先後によることになる。なぜなら，民法340条によれば，不動産売買の先取特権が対抗力を有するためには，売買契約と同時に登記をしなければならないのであるから，民法331条の順位決定基準は，結局，売買契約と同時になされる登記の先後によることになり，抵当権の順位の決定基準である民法373条と同じとなる。

　このことから，抵当権と不動産先取特権との関係は，次のようにまとめることができる。
(1) 不動産先取特権間の順位（民法331条1項）は，以下の順序による。
　(a) 不動産保存の先取特権
　(b) 不動産工事の先取特権
　(c) 不動産売買の先取特権
(2) 抵当権との関係を考慮（民法331条2項，および339条の反対解釈）すると，下記の順序が導かれる。
　(d) 不動産売買の先取特権と抵当権とは同順位であり，両者の順位は，登記の先後による。

　それでは，抵当権が，不動産保存の先取特権および不動産工事の先取特権に

は劣後し、不動産売買の先取特権と同順位とされる理由は何か。それは、不動産の売買により、目的物は、代金未済の不動産買主（債務者）の責任財産に取り込まれているが、売買代金の支払を猶予してくれている売主（直近で貢献した債権者）のおかげである。しかし、その目的物が存在するのは、目的物を建築した不動産工事の先取特権者のおかげであり、さらに、目的物が現在の価値を有するのは、その価値を維持・増加させた不動産保存の先取特権者のおかげである。保存に関しては、後の保存者が前の保存者に優先するというルールがあり（民法330条1項2文）、そのルールが適用されることになる。

　その結果、最後の保存者である**不動産保存の先取特権**が、登記の先後にかかわらず**第1順位**となり、最初に目的物を創設・保存した**不動産工事の先取特権**が、工事に先立って登記をしていると**第2順位**となり、目的物の価値の保存に関与しない**不動産売買の先取特権**は、売買と同時に登記をした場合に限り**第3順位**となり、占有を伴わず、不動産の管理に関与しない抵当権も、不動産売買の先取特権と同じく**第3順位**となる。そして、第3順位の内部での優先順位は、民法331条2項に従い、売買の前後ということになるが、不動産売買の先取特権は、売買契約と同時に登記をしなければならなず（民法340条）、結局は、民法373条と同じく、対抗要件としての登記の順序によることになる。

　先取特権の順位決定ルールの特色は、民法330条に代表されるように、対抗要件を先に備えた方が優先権を獲得するというような単純な方式を採用しているわけではない。優先すべき**債権の性質**、すなわち、その債権が債務者の責任財産にどのような価値をもたらしているか、さらに**当事者の態様（善意・悪意等）**を考慮しつつ、優先順位を確定するという、柔軟なルールを採用している。

　そのような考慮の結果、**抵当権**が、不動産売買の先取特権と同順位の**第3順位**に位置づけられていることが重要である。売買の売主も、抵当権者も、目的物の保存者とは異なり、目的物の価値の創設・保存・維持に関与せず、目的物の取得に間接的に寄与しているに過ぎない点が考慮されているからである。したがって、以下で問題とするように、動産の先取特権と、動産抵当権ともいわれる譲渡担保とが競合する場合にも、このような優先順位を決定するための基本的な考え方に基づく考慮が必要となる。

第4節　動産売買の先取特権と集合物譲渡担保との競合

I　設　　例

　先取特権と典型担保との優先順位について検討したので，次に，先取特権と非典型担保との優先順位について検討することにしよう。以下の事実関係において，Xの動産売買の先取特権とYの集合物譲渡担保とは，どちらが優先権を有するか。根拠条文とその解釈について検討する。
(1)　Y会社は，昭和50年2月1日，訴外A会社との間で，大要次のような根譲渡担保権設定契約（以下「本件契約」という。）を締結した。
　(a)　訴外A会社は，Y会社に対して負担する現在及び将来の商品代金，手形金，損害金，前受金その他一切の債務を極度額20億円の限度で担保するため，原判示の訴外A会社の第1ないし第4倉庫内及び同敷地・ヤード内を保管場所とし，現にこの保管場所内に存在する普通棒鋼，異形棒鋼等一切の在庫商品の所有権を内外ともに被上告会社に移転し，占有改定の方法によってY会社にその引渡を完了したものとする。
　(b)　訴外A会社は，将来右物件と同種又は類似の物件を製造又は取得したときには，原則としてそのすべてを前記保管場所に搬入するものとし，右物件も当然に譲渡担保の目的となることを予め承諾する。
(2)　X会社は訴外A会社に対し，普通棒鋼，異形棒鋼，普通鋼々材等を継続して売り渡し，昭和54年11月30日現在で30億1,787万0,311円の売掛代金債権を取得するに至った。
(3)　訴外A会社は，X会社から第一審判決別紙物件目録記載の異形棒鋼（以下「本件物件」という。）を買い受け，これを前記保管場所に搬入した。
(4)　本件物件の価額は585万4,590円である。
(5)　X会社は，本件物件につき動産売買の先取特権を有していると主張して，昭和54年12月，福岡地方裁判所所属の執行官に対し，右先取特権に基づき，競売法3条による本件物件の競売の申立（福岡地裁昭和54年(執イ)第3265号）をした。

Ⅱ 設例の検討（学説・判例の状況）

(1) 民法333条適用説
   (a) 〔趣旨〕 譲渡担保の設定は，民法333条の第三取得者への引渡しに当たり，それによって先取特権の追及効が消滅する（民法333条）として，譲渡担保を優先させる（最三判昭62・11・10民集41巻8号1559頁）。
   (b) 〔批判〕 しかし，所有権移転の外観を呈してはいても，その実質は，動産担保権の設定であって，所有権の移転を伴わない譲渡担保について，譲渡担保権者を所有権の第三取得者と同視してよいかどうかが問題となる。判例も譲渡担保の所有権的構成から，後に詳しく検討する担保的構成へと移行しつつあり，所有権的構成を採用していた以前の判例の立場を現在も貫くことができるかどうかは大いに疑問である。

(2) 民法334条類推説
   (a) 〔趣旨〕 譲渡担保を動産担保権である質権と同質・同列に捉えて334条を類推し，譲渡担保は，民法330条1項の第1順位のものであるとし，第三順位の動産売買の先取特権に優先するとする。
   (b) 〔批判〕 直接占有を伴わず公示もされない譲渡担保を動産質権と同様に考えてよいかどうかが問題となる。さらに，民法330条1項の第1順位の先取特権は，民法330条2項により，第1順位の先取特権が第2の動産保存先取特権，または第3順位の動産売買の先取特権があることを知っていた場合には，第2順位，第3順位の先取特権に劣後する。つまり，代金の未払いであることを知って質に取った質権者の優先権は，第3順位の売買代金債権者に劣後することになる（我妻・担保物権92頁）。したがって，たとえ譲渡担保権者を質権者と同質・同列に捉えることができたとしても，譲渡担保権者が，常に動産売買の先取特権に優先するとは限らない。

(3) 民法319条類推説
   (a) 〔趣旨〕 債務者の占有に対する先取特権者の信頼を保護すべきであるとの考慮から，民法319条を類推して，先取特権の即時取得を認め，先取特権を優先させる。
   (b) 〔批判〕 民法319条は，間接占有ではあるが占有を伴う不動産賃貸借，旅館宿泊，運輸の先取特権（いわゆる黙示の質権）に限って準用されるのであり，占有を伴わない動産売買の先取特権に類推できるかどうかが問題となる。少なくとも，民法319条の条文上は，第1順位の先取特権について

のみ即時取得の規定の準用を認めているのであり，第3順位の動産先取特権には，即時特権の規定は準用されておらず，その類推適用も条文の趣旨（黙示の質権に限定する）に照らしてみても無理がある。

最高裁は，以下のように，民法333条適用説を採用している。ただし，最高裁は，譲渡担保について，所有権的構成から，徐々に担保的構成へと移行しているのが現状である（最三判昭57・9・28判時1062号81頁，判タ485号83頁〔譲渡担保設定者に不法占拠者に対する明渡し請求を認める〕，最二判平18・10・20民集60巻8号3098頁〔譲渡担保権者に第三者異議の訴えを認める〕，最二決平11・5・17民集53巻5号863頁〔譲渡担保権者に抵当権と同じく物上代位の権利を認める〕，最一判平18・7・20民集60巻6号2499頁〔譲渡担保に先順位権者と後順位権者とがともに存在することを認める〕）。したがって，現在においても，最高裁が以下のように，民法333条適用説を維持できるかどうかについては疑問が生じている。

最三判昭62・11・10民集41巻8号1559頁

「構成部分の変動する集合動産を目的とする集合物譲渡担保権の設定者がその構成部分である動産の占有を取得したときは譲渡担保権者が占有改定の方法によって占有権を取得する旨の合意があり，譲渡担保権設定者がその構成部分として現に存在する動産の占有を取得した場合には，譲渡担保権者は右譲渡担保権につき対抗要件を具備するに至り，右対抗要件具備の効力は，新たにその構成部分となった動産を包含する集合物に及ぶ。

構成部分の変動する集合動産を目的とする集合物譲渡担保権者は，特段の事情のない限り，第三者異議の訴えによって，動産売買先取特権者が右集合物の構成部分となった動産についてした競売の不許を求めることができる。」

先取特権の効力と順位を考察した上で，上記の問題を検討すると，通説・判例が見過ごしている以下の点が明らかとなる。先取特権と他の物的担保が競合する場合には，まず債権の性質が，次に対抗要件の先後関係が問題にされなければならない。そして，優先順位を決定する上で重要なことは，目的物の保存者が目的物の保存・改良等の管理に寄与していない者に優先するという点である。

民法334条が，動産質権者を民法330条の規定による第1順位の先取特権者と同視しているのは，質権者および黙示の質権者（賃貸人，旅館主，運送人）は目的物の保存・維持に関与しているからである。それでは，民法に規定されていない譲渡担保権者をどのように位置づけるべきであろうか。動産譲渡担保は，

動産抵当といわれることがあり、民法は動産については質権だけを認めていることから、譲渡担保を質権と同じように扱うべきだとする民法334条類推説があることは、すでに述べた。しかし、債権者が占有改定によって目的物を占有している譲渡担保に対して、質権においては、債権者が目的物を占有改定によって占有することは認められていない（民法345条）。占有改定は、公示としての実質的な意味を持たないからである。したがって、譲渡担保と先取特権との関係を考察する場合に、占有改定によって占有を行う譲渡担保権者と占有改定が許されない質権者とを同視することは許されないというべきであろう。譲渡担保は、債務者から目的物の使用・収益権を奪わない点で、動産抵当ともいわれるべき担保権であり、質権ではなく、むしろ抵当権に近づけて理解されるべきである。確かに、民法は、動産について抵当権の規定を用意していないため、動産先取特権と典型担保との関係については、動産先取特権と質権との関係だけを規定している。しかし、先取特権と譲渡担保との関係を考えるのであれば、不動産先取特権と抵当権との関係についての民法の規定（337～339条）が考慮されるべきである。

このように考えると、不動産先取特権の順位の箇所で述べたように、不動産の抵当権者が不動産売買の先取特権と同じく第3順位に位置づけられていることが明らかとなる。復習を兼ねて、その点についての理由を簡略に述べると、以下のようになる。

　抵当権は、正規に登記された不動産保存の先取特権および不動産工事の先取特権に劣後する（民法339条）。つまり、抵当権者の優先順位は、第1順位の不動産保存の先取特権および第2順位の不動産工事の先取特権に劣後するのであるから、第3順位の不動産売買の先取特権（民法331条1項）とその順位が同じことになる。

　抵当権者の優先順位が第3順位と解釈される実質的な理由は、不動産保存者や不動産工事者とは異なり、抵当権者は、不動産の売主と同様、目的物を占有せず、管理もせず、目的物の価値の増加・維持に何ら貢献していないからである。

　そうだとすると、目的物を占有せず、管理もせず、目的物の価値の増加・維持に何ら貢献していない不動産譲渡担保権者は、同じく、目的物を占有せず、管理もせず、目的物の価値の増加・維持に何ら貢献していない抵当権者または目的物の売主（第3順位の先取特権者）と同様に扱われるべきである。

　第3順位としての不動産売買の先取特権は、契約の先後（民法331条2項）

によってその優先順位が判断されることになるのであるから，動産譲渡担保権者と動産の売主の優先順位も，それぞれの契約の先後によって決定されるべきである（加賀山説：民法331条類推説）。

このように論じると，譲渡担保を最優先順位と位置づけている通説・判例の考え方と余りにもかけ離れていると思われるかもしれないが，本件の場合，最終的な結論は同じになるので，心配は無用である。本書の立場による説明を続けよう。

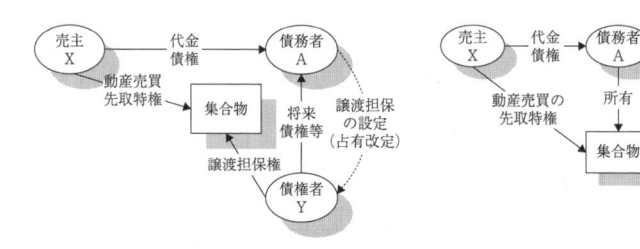

図47 先取特権と譲渡担保権との競合
（所有権移転説）

図48 先取特権と譲渡担保権との競合
（担保権説）

確かに，譲渡担保によって目的物は譲渡担保権者に引き渡されるので，民法333条により，先取特権の効力はその目的物に及ばないというのが，判例の立場である（図47）。しかし，それは余りにも形式的な考え方であり，説得力をもたない。譲渡担保権者は，質権者と異なり，実際の引渡しを受けることなく，公示としての機能を全く持たない占有改定によって引渡しを受けているに過ぎないのであり，質権者との対比においては，引渡しを受けていない担保権者といわざるをえない（図48）。そして，譲渡担保の性質は，動産抵当権と考えるのが妥当である（譲渡担保における担保的構成）。そうだとすると，本問の場合も，上記の通り，不動産売買の先取特権（民法331条1項により第3順位とされている）と不動産抵当権（民法339条により，第1順位，第2順位に劣後するため第3順位となる）とが競合した場合と同様に考えることができる。そして，不動産売買の場合と同様，譲渡担保権者も売主も，目的物の価値の増加・保存に何の貢献もしていないことを考慮するならば，動産売買の場合においても，譲渡担保権者（動産抵当権者）は，動産売主と同等の第3順位の動産先取特権者とみなすべきであるということになる。確かに，動産売買の先取特権同士が競合した場合に順序がどのようになるかは，民法には直接の規定が存在しない。しかし，不動産売買に関しては，民法331条2項により，売買の先後によって

優先権の順位が決まるとされているのであるから，動産抵当ともいわれる譲渡担保と売主の先取特権の優先順位の決定に際しても，民法332条を適用する前に，民法331条2項の規定が類推されるべきである。したがって，動産譲渡担保権者と動産売買の売主の優先権の順位はそれぞれの契約の先後によって決定されるという結論が導かれることになる（加賀山A説）。

このように考えると，理論は異なるが，目的物の譲渡担保契約が，目的物の売買契約に先行する本件の事案においては，譲渡担保権者が売主に優先するという判例と同一の結論に達することがわかる。

以上のような説（加賀山A説）を執筆をした後，動産先取特権の第1順位とされるいわゆる「黙示の質権（gage tacite）」に関する最新の論文（深川裕佳「第1順位の先取特権について——黙示の質権"gage tacite"の法的性質」東洋法学52巻1号〔2008〕72〜91頁）に接することができた。この論文によると，いわゆる黙示の質権（不動産賃貸，宿泊，運輸の先取特権）は，もともとは，農業動産に関する黙示の「動産抵当」から発展したものであるという。そうだとすると，動産譲渡担保は，まさに「黙示の動産抵当」として，黙示の質権と同様，第1順位の先取特権が与えられてしかるべきことになる（加賀山B説）。

ところで，先にも述べたように，いわゆる「黙示の質権」に与えられた第1順位の先取特権は，脆弱な第1順位である。なぜなら，第1順位の動産先取特権は，第2順位の動産保存の先取特権，第3順位の動産売買の先取特権のいずれかの存在を知っている場合には，それらのすべてに劣後するからである（民法330条2項）。

動産売主の先取特権と譲渡担保権との競合に関して，民法330条2項を類推適用すべきであるとの本書の加賀山B説に関しては，すでに，千葉恵美子（「流動集合動産を目的とする譲渡担保の効力」『担保法の判例Ⅱ』別冊ジュリ〔1994〕4〜5頁），高橋『担保物権』（60頁）が主張するところと結論において同じである。本書は，この理由づけとして，深川理論に基づき，民法330条1項1号のいわゆる「黙示の質権」には，歴史的に，「黙示の動産抵当」が含まれており，したがって，動産抵当に類似する譲渡担保を民法330条1項1号の先取特権と同順位となることについての別の理由を付加したことになる。

このように考えると，本件の場合，譲渡担保権者Yが第3順位の動産先取特権の存在を知って譲渡担保を設定したかどうかが問題となる。本件の場合，Xの動産売買の先取特権の成立よりも，Yのための譲渡担保権の設定の方が先で

あり，譲渡担保権者Yが第3順位の動産先取特権を知っていたわけではないから，第1順位の譲渡担保権者であるYが優先することになる。

したがって本件の場合，A説，B説のどちらの説を採用しても結論は同じとなる。ただし，考え方自体は異なっているため，事案によっては結論が異なることがありうる。この点をどのように考えるべきであろうか。

譲渡担保といっても，動産譲渡担保と不動産譲渡担保とでは公示の方法が異なるのであり，その優先順位が異なったとしてもおかしくない。したがって，動産・債権譲渡担保に関しては，第1順位の動産先取特権と同様と考えるが（加賀山B説），不動産譲渡担保の場合には，上記で詳しく検討したように，抵当権と同様と考え，第3順位の不動産先取特権と同様の順位とする（加賀山A説）ことができる。このようにして，動産・債権譲渡担保（第1順位の動産先取特権と同順位）と不動産譲渡担保（第3順位の不動産先取特権と同順位）とを別々に考えるのが妥当であるということになろう。

第5節　先取特権に基づく物上代位（現行民法の破綻とその後の解釈の大混乱）

I　概　　説

先取特権の担保目的物が売却・賃貸・滅失・破損等によって金銭債権等（売買代金債権，損害賠償請求権，保険金請求権等）に転化したときは，これらの上にも効力が及ぶことが，目的物の交換価値の減少を防ぐ上で必要となる。そこで，民法304条は，担保物権の目的物に代わる物・金銭にも担保物権の効力が及ぶこととした。これを物上代位と呼んでいる。

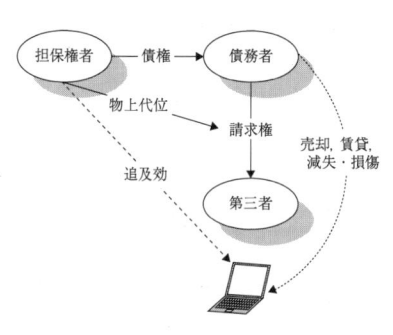

図49　物上代位の構造

物上代位は，フランス民法が起源の制度である。わが国の民法は，ボワソナードが起草した旧民法債権担保編133条の物上代位（subrogation réelle [Boissonade, Projet, p.267］の制度を，字句の修正をしただけでそのまま採用したものである（民法理由書304条）。したがって，民法304条の物上代位を理解する

には，旧民法の規定を含めて理解する必要がある。

　　旧民法債権担保編133条
　　①先取特権の負担ある物が第三者の方にて滅失し又は毀損し，第三者此が為め債務者に賠償を負担したるときは，先取特権ある債権者は他の債権者に先だち此賠償に於ける債務者の権利を行ふことを得。但其先取特権ある債権者は弁済前に合式に払渡差押を為すことを要す。
　　②先取特権の負担ある物を売却し又は賃貸したる場合及び其物に関し権利の行使の為め債務者に金額又は有価物を弁済す可き総ての場合に於ても亦同じ。

　現行民法304条は，先に述べたように，「既成法典〔旧民法債権担保編〕第133条の字句を修正したるに過ぎず」とされている。しかし，両者を比較すると，驚くべきことに，旧民法の方が，現行民法よりも遥かに出来がよく，物上代位が債権差押えとされている現在の実務にも適合していることに気づく。なぜなら，現行民法は，物上代位の目的物を「債務者が受けるべき金銭その他の物」としているが，もしも目的物が有体物である「金銭その他の物」だとすれば，それは，債務者ではなく第三債務者に帰属しており，債権者である先取特権者が執行できない財産だからである（先取特権には追及効がないのであるから，第三債務者の財産に追及できるはずがない）。これに対して，旧民法の規定は，物上代位の対象を無体物である「債務者の権利（債権）」としており，債権者が差し押さえることのできる財産であることが明らかであり，現在の実務にも適合しているからである。

　民法の起草者の一人である梅謙次郎は，民法304条の物上代位は，先取特権の目的物に代わるべき債権の上に存在するものであり，この先取特権は物権でないとして，正しい解釈を行っていた（要義巻二289頁）。

　　「本条〔民法304条〕は，先取特権が其目的物に代はるべき債権の上にも亦存在すべきことを定めたるものなり。此場合に於いては，先取特権は物権なりと云ふことを得ず。」

　しかし，物上代位の対象が債権であるにもかかわらず，条文の文言を「債務者が受けるべき金銭その他の物（有体物）」と表現したために，その後の学説の誤りを誘発することになった。

　本書では，これから，現行民法の立法の過誤（不適切な表現）を指摘していく。その前に，現行民法の起草者の名誉のために述べておかなければならないことがある。それは，第1に，先取特権の規定のうち，債権を対象としている場合には，現行民法の起草者は，そのような先取特権は物権ではないと明確に

述べていたのであり，この点は高く評価されるべきである。第2に，債権の上に先取特権を及ぼす場合の表現は，民法314条（不動産譲渡・転貸の場合の先取特権）の場合には，「譲渡人又は転貸人が受けるべき金銭について」とか，民法旧320条（公吏保証金の先取特権）の場合には，「其保証金の上に存在す」とかいうように，原則として，「受けるべき金銭」に限定しており，そのことによって，先取特権の対象が有体物ではなく債権であることを暗示するように起草していたのである。これらの努力は評価されてよい。

ところが，肝心の民法304条の場合には，現行民法の立法者は，物上代位の対象を「債務者が受けるべき金銭その他の物」としてしまった。ところで，「その他の物」は，まさに有体物を意味する用語であるから，注意深く読まないと，まさかこれが債権を意味するものとは考えられなくなってしまっている。

現行民法の立法者がこのような不適切な表現を採用するに至った原因は，旧民法が，せっかく，「物に有体なる有り無体なる有り」（旧民法財産編6条1項）として，債権をも「物」と呼ぶことを可能にしていたのに対して，現行民法の立法者は，この旧民法の考え方を全面否定し，「物とは有体物をいう」（85条）と規定してしまったことにある。そして，債権を決して物とは考えないとし，債権の目的と債権の目的物の区別等でかなりの間違いを犯しつつも（民法旧条文の402条2項・419条1項・422条では，債権の目的と債権の目的物とを間違えて起草していた。2002年の現代語化ではこの誤りが修正されているが，質権の目的と目的物との混同〔343条〕は現在も残ったままである），幾多の危ない橋をなんとか渡り続けた。しかし，ついに，現行民法304条の起草に際して，旧民法が物上代位の対象を正当にも「債務者の権利」（債権担保編133条1項）としていたにもかかわらず，その字句を修正し，「債務者が受けるべき金銭その他の物」という不適切な表現を採用したことによって，それまでの立法者の努力がすべて水泡に帰すことになるのである。

民法304条1項ただし書は，先取特権者が「金銭その他の物」の「払渡し又は引渡し」の「前に差押えをしなければならない」と規定している。しかし，これを有体物のことだと解釈するならば，完全な自己矛盾に陥ってしまう。なぜならば，一方で，第三債務者が目的物を債務者に「払渡し又は引渡し」する前は，その財産は第三債務者に属しているので，追及効を有しない先取特権者はそれを差し押さえることができない。他方で，「払渡し又は引渡し」した後であると，目的物は債務者の一般財産の中に混入され，執行ができなくなって

しまう。つまり，先取特権者は，「払渡し又は引渡し」の前も，「払渡し又は引渡し」の後も，いずれの場合も目的物を差し押さえることができない。これは，「債務者が受けるべき金銭その他の物」を有体物のことであると解釈するならば，現行民法の論理破綻であり，物上代位制度に関する致命的な欠陥ということになってしまう。

　このように，旧民法財産取得編133条と比較すると現行民法304条は，誤解を招きやすい，不適切な条文であることが明白である。本書では，現行民法の立法の過誤の原因を探求するとともに，現代の学説が立法者の不適切な表現に引きずられて重大な矛盾に陥っていることを明らかにする。そして，民法304条をどのように再構成することによって矛盾のない解釈を行うことができるのかを探求する。

A　民法304条の物上代位の要件（民法304条の不適切な表現）

　民法304条を理解するには，まず民法304条の要件を理解することから始めなければならない。民法304条の要件は，3つの部分から成り立っている。すなわち，①担保（先取特権）の目的物が責任財産から逸失（売却，賃貸，滅失・損傷）したこと，②逸失した目的物に代わる物（代用物：代金，賃料，賠償金等）が債務者の責任財産に存在すること，③代用物の払渡しまたは引渡しの前に担保権者（先取特権者）が差押えをすることである。

(1) 担保目的物の債務者の責任財産からの逸失による追及効の遮断（先取特権には追及効がない〔民法333条〕）　担保目的物の売却，賃貸，滅失または損傷によって，目的物は，先取特権者が追及できない存在となる。
(2) 追及効の遮断と，担保目的物と牽連性のある物（代用物）の存在　←　実は，担保目的物と牽連性のある債権の存在
　(a)　債務者が受けるべき金銭その他の物
　　①　売却の場合　　債務者が弁済を受けるべき代金（金銭）　←　実は，代金債権
　　②　賃貸の場合　　債務者が弁済を受けるべき賃料（お金，または，お米等の代替物）　←　実は，賃料債権
　　③　滅失または損傷の場合　　債務者が受けるべき賠償金（お金）　←　損害賠償債権
　(b)　逸失した担保目的物の代用物の第三債務者の下での存在
　　(i)　現行民法304条の問題点

民法304条1項が物上代位の目的物としている「債務者が受けるべき金銭その他の物」は，債務者ではなく，第三債務者に帰属している。先取特権は，第三者の物に対しては担保権を及ぼすことができないというのが，物上代位の出発点である。もしも，第三者の物に担保権を及ぼすことができる（追及効を認める）のであれば，第三者のところにある担保物から債権の回収をすべきであり，わざわざ，担保物とは異なる「代用物（金銭その他の物）」から債権の回収をする必要はない。

以上のことを踏まえた上で，なお，「債務者が受けるべき金銭その他の物」が物上代位の対象であると考えるのであれば，先取特権者（担保権者）が差し押さえることができるのは，その「払渡し又は引渡し」の「後」としなければならない。なぜなら，第三債務者が債務者へ「払渡し又は引渡し」をした後は，その財産は債務者の物となり，先取特権の効力の及ぶ範囲に収まるからである。したがって，民法304条の規定は，「払渡し又は引渡しの後」と修正されるべきであるということになる。

しかし，債務者が受けるべき金銭その物が「払渡し又は引渡し」された後は，それらの金銭その他の物は，債務者の一般財産に混入されてしまい，先取特権者が差し押さえることはできなくなってしまう。

このようにして，先取特権者が，「債務者が受けるべき金銭その他の物」について，「その払渡し又は引渡しの前」に差し押さえることはできないことが明らかであり，通常の文言解釈を行えば，民法304条1項は論理的に破綻していることになる。

(ii) 現行民法304条の破綻を救うための解釈

そこで，民法304条1項の論理的破綻を救うためには，この条項について特別な解釈をすることが必要となる（本来は，後に述べるように，不適切な表現を改めるため，民法を改正すべきである）。

先取特権に追及効がないこと（民法333条）を前提にするならば，先取特権者が差し押さえることができるのは，第三債務者に帰属している債務者が受けるべき「金銭その他の物」ではありえない。この文言は，「債務者が受けるべき金銭」または「債務者が受けるべきその他の物」と注意深く読み込むことを通じて，それらは，担保目的物が責任財産から逸失することによって生じた，債務者の第三債務者に対する代金債権，賃料債権，損害賠償債権等の「債権」であると解釈し，それらの債権こそが，債務者に帰属しており，担保目的物に代わるもの（いわゆる代用物）として，先取特権の対象となっていると解釈しなければならない。

そして，そのような代用物としての債権は，第三債務者から債務者へと

「払渡し又は引渡し」されると債権自体が消滅するため、必ず「払渡し又は引渡し前」に、先取特権者によって差押えを行う必要がある。これが、民法304条の不適切な表現について、民法を破綻から免れさせる唯一の解釈である。物上代位の対象が、決して「金銭その他の物」ではなく、「債務者が受ける金銭または債務者が受けるべきその他の物」、すなわち、有体物ではなく無体物としての債権であるとするこの解釈は、現行法の実務において、物上代位が債権執行によって実現されていることからも是認されるべきである。

(3) 目的物に代わる代用物（代金，賃料，賠償金等）に対する差押え
   (a) 払渡前の差押え　　金銭の払渡しの前の差押え　←　実は，債権の弁済前の差押え
   (b) 引渡前の差押え　　賃料等の代替物（お米等）の引渡しの前の差押え　←　実は，債権の弁済前の差押え

上で述べたように、払渡前または引渡前には、代償物は第三債務者に帰属しているので、差押えは不可能である。債権者が差押えをすることができるのは、債務者に帰属している代金債権、賃料債権、損害賠償債権等の債権に限られる。

「払渡し又は引渡しの前」とは、立法者の意図によれば、「金銭の弁済（払渡し）又は代替物の引渡しの前」という意味であるが、上記のように、第三債務者に帰属する金銭や代替物を債権者が差し押さえることはできないのであるから、この意味は、「金銭債権の弁済を受ける前、または、代替物による弁済を受ける前」と解すべきである。そして、厳密には、弁済ではなく、代物弁済、相殺、更改、譲渡を含む、債務の消滅・移転のことである。その理由は、先取特権には追及効がないため、差押えの対象となる債権が消滅したり移転したりする前に差し押さえなければ、差押えは意味を失うからである。

上記の検討の結果をまとめて論じると、以下のようになる。

第1に、物上代位の出発点は、先取特権には追及効がないことであるとされる。例えば、債務者が先取特権の目的物を第三者に売却した場合、先取特権者は、債務者が第三者に譲渡した目的物に対して先取特権を行使することはできない（民法333条）。そこで、例えば、目的物の売却に代わって債務者の責任財産に帰属している売買代金（債権）に対して先取特権を及ぼすことが考えられる。

これに反して、第2に、物上代位の目的物が債権ではなく、売買代金そのものであるとすれば、それは第三者の所有物であるから、先取特権者には、それに対して追及する権利はない（先取特権の目的物に対してさえ追及効がないので

あるから，第三者の物に対して権利を行使できるわけがない）。したがって，先取特権者が物上代位の対象とすることができるのは，債務者が売買代金を受け取った時以降の金銭だけであり，売買代金の払渡しまたは引渡しの「後に」ならないと差押えをすることはできないはずである。

ところが，第3に，債務者がその売買代金を受け取ってしまうと，売買代金は債務者の一般財産に混入し，これまた差押えによって優先弁済権を主張することが不可能となる。そこで，先取特権者は，債務者が第三者に対して有している売買代金債権をその「払渡し」（弁済）の「前に」差し押さえて，被担保債権の範囲で，その売買代金債権から他の債権者に先立って弁済を受けることができる，ということになるのである。

第4に，民法304条が，先取特権者は，「債務者が受けるべき金銭その他の物に対して」，「その払渡し又は引渡しの前に差押えをしなければならない」と規定していることは，物上代位の目的物が，第三者の所有に属する「金銭その他の物」ではなく，債務者に帰属する売買代金債権，賃料債権，損害賠償債権等の「債権」であると解釈しなければならない。なぜならば，「金銭その他の物」であれば，「その払渡し又は引渡しの後」でなければ，債務者の財産に対する担保権の行使の対象とならないし，「その払渡し又は引渡しの前」であれば，その時点で債務者の財産に帰属しているのは，「金銭その他の物」ではなく，売買代金債権，賃料債権，損害賠償債権等の「債権」のみであり，そのような債権に対してのみ担保権を行使することが可能だからである。物上代位の方法が，すべて債権執行手続に基づいてなされているのは，以上の理由による。

B 民法304条の立法理由に基づく旧民法債権担保編133条との対比

このように考えると，物上代位の制度は，民法304条の文言の通常の解釈にもかかわらず，「金銭その他の物」を対象としているのではなく，「債務者が受け取るべき金銭」または「受け取るべきその他の物」，すなわち，目的物の逸失と牽連性のある「債権」（担保目的物の逸失に関して生じた債権）に対する差押えによって実現される制度であることがわかる。そこで，「困難な問題に遭遇したときは，問題点を明らかにするために歴史をたどってみるのがよい」という原理に基づいて，再度，民法304条の立法理由を見てみることにしよう。

民法の立法理由書を読んでみると，民法304条は，「既成法典〔旧民法債権担保編〕第133条の字句を修正したるに過ぎず」とされていることがわかる。つ

まり，物上代位の制度を理解するためには，旧民法債権担保編133条に遡って考察しなければならない。

そこで，旧民法債権担保編133条を見てみよう。そうすると，物上代位の対象は，第三債務者に帰属する「金銭その他の物」（有体物）では決してなく，債務者に属する「債務者の権利」（無体物）として規定されていたことを発見する。そして，差し押さえなければならない時点は，現行法における「払渡し又は引渡しの前」と同じではあるが，もっとわかりやすく，「債務者の権利」の「弁済前」と規定されていたことも明らかとなる。

このようにして，現行民法304条と旧民法債権取得編133条とを対比してみると，現行民法304条の不適切な表現のために，通常の解釈では誤りに陥りやすい状況が，少しずつ解消されていくことがわかる。

表28　旧民法と現行民法における物上代位の規定の比較

物上代位	旧民法債権担保編133条	現行民法（304条）に関する通常の解釈	備考（旧民法と現行民法との違い）
原因の種類	①滅失又は毀損 ②売却，賃貸	売却，賃貸，滅失又は損傷	順序が異なる。（滅失又は損傷は絶対的逸失，売却・賃貸は相対的逸失）
目的の種類	債務者の権利（無体物）	債務者が受けるべき金銭その他の物（有体物と誤解されやすい）	代物が無体物（権利＝債権）か有体物（金銭その他の物）かという違いがあるように見える。
差押えの時期	第三債務者による弁済の前	金銭の払渡又は物の引渡しの前	上記の違いに基づき，債権の弁済か，金銭の払渡しもしくはその他の物の引渡しか，という違いがある。

C　旧民法債権担保編133条の趣旨を活かした民法304条の新しい解釈

このように対比してみると，民法304条における「払渡し又は引渡し」の意味が，実は，第三債務者による金銭の払渡しまたはその他の物（例えば，賃料としての代替物である米・麦）の引渡しではなく，債務者による目的財産の逸失と牽連性を有する「債権」の弁済（消滅）であることが明らかとなる。そして，先取特権者は，担保目的物の責任財産からの逸失に関して生じた債権に対しても，債権差押えによって優先弁済権を行使することができること，そして，そ

の債権差押えは，第三債務者による「債権」の消滅（正確には消滅または移転），すなわち，「弁済，代物弁済，相殺，更改，免除，混同，譲渡」の前にしなければならないことが確定できる。したがって，民法304条は，上記の不適正な表現を改め，以下のように改正すべきである。

民法304条（物上代位）改正私案
①先取特権は，その目的物の売却，賃貸，滅失又は損傷に関して生じた債権，すなわち，売買代金，賃料債権，損害賠償債権等の債務者に帰属する債権に対しても行使することができる。ただし，先取特権者は，その債権の弁済等による消滅又は移転の前に差押えをしなければならない。
②債務者が先取特権の目的物につき設定した物権（地上権，永小作権，地役権）の対価（地代等の債権）についても，前項と同様とする。

上記の改正私案304条1項ただし書をみれば，物上代位の対象である債権の「弁済」には，代物弁済（転付命令による債権の移転や，対抗要件を備えた債権譲渡）も含まれることが明らかとなる。弁済も代物弁済も，債務者の一般財産からの逸失であるという点で変りはないからである。もっとも，債権譲渡の場合には，それが債権者を害する詐害行為となる場合には，先取特権者は，その債権に対して追及することができる（民法424条）。

II 通説による物上代位制度の趣旨（とその批判）

物上代位の制度に関する現行民法と旧民法との比較を通じて，現行民法には誤解を招きやすいという欠陥があり，旧民法の規定に照らして現行民法の解釈を再構成する必要があり，それによれば，物上代位の制度は，債権者代位権に優先弁済権が付与されたのと同様に解することができることが明らかとなった。このような理解を前提にして通説の見解を眺めてみると，その混乱ぶりと問題点が手に取るようにわかるようになる。

ここでは，まず，通説による物上代位の説明を見てみることにしよう。

先取特権のうち，一般先取特権は，目的物が特定されておらず，債務者の一般財産すべてについて優先弁済権が及ぶ。これに対して，動産先取特権，不動産先取特権の場合のように，優先弁済を受けうる目的物が特定されている場合には，原則として，目的物に関してのみ優先弁済権が及ぶのであるが，その目的物が売却されたり，賃貸されたり，滅失または損傷することによって，債務者が受けるべき金銭その他の物（代償物（surrogat）民法536条2項参照）が

生じる場合には，それに対しても，その払渡しまたは引渡し前に差押えをすることによって，優先弁済権を及ぼすことができる（民法304条）。これを先取特権の物上代位と呼んでいる。

　物上代位の制度目的は，ある行為・事件によって担保目的物の価値が減少すると当時に，同一の行為・事実に基づいて，債務者の一般財産において新たな価値を有する債権が生まれた場合に，それを担保目的物と同等の物とみなし，目的物の価値が減少した範囲で，債務者が受けるべき金銭その他の物から優先弁済を受ける権利を担保権者に認めるものである。

通説の解釈は，物上代位の対象に「代償物」という用語を用いており，民法304条の債務者が受けるべき「金銭その他の物」という文言に忠実のように見える。

A　債務者が受けるべき「金銭その他の物」の意味

しかし，この考え方は，物上代位の実務が物上代位を債権執行としている点を無視するわけにはいかず，結局，物上代位の目的物を，債務者が受けるべき「金銭その他の物」ではなく，債務者が第三債務者に対して有している債権であると認めざるをえないことになっている。

　物上代位の目的物である「金銭その他の物」とは，現物自体ではなく，売買代金請求権，賃料請求権，損賠賠償請求権等の債権である。「物」自体に対する権利である「追及効」と，物に対する追及効が生じない場合にそれに代わって生じる債権への物上代位とは，区別されなければならない。物上代位権の行使が債権執行となるのは，物上代位の当然の帰結である。

この点については，民法の起草者も，民法304条の物上代位の場合には，この先取特権は「物権に非ず」としていた（梅・要義巻二285頁）。

B　「その払渡し又は引渡しの前に差押えをしなければならない」の意味

通説の問題点は，民法304条における「払渡し又は引渡しの前に差押えをしなければならない」の解釈において，混乱の極みに陥っている。

　物上代位を行使するには，目的物である債権の「払渡し：弁済（又は引渡し）」前に，「差押え」が必要である。「代償物」が債務者に払い渡される（又は引き渡される）と債務者の一般財産に混入されてしまうからである。

この点は，通説の誤解である。代償物が債権であるとすると，それは，もともと債務者の一般財産に属しており，完全に特定されている。払渡し前にしな

ければならない理由は，払渡しによって債権が消滅するからである。決して，一般財産に混入されてしまうからではない。

しかし，動産先取特権，不動産先取特権は，特定物に関して優先弁済権を受ける担保権であるから，一般先取特権と異なり，一般財産に対する権利を有しない。したがって，その代償物が債務者の一般財産に混入する「払渡し・引渡し」の前に，当該債権を特定する必要がある。なお，特定の不動産に関する権利を目的とする抵当権の物上代位の場合にも，同様の問題が生じる（民法394条1項参照）。

これも通説の誤解である。代償物である債権は，その発生から消滅のときまで，一般財産の中で特定しており，混入することはありえない。

下記の判例（最一判昭59・2・2民集38巻3号431頁）は，先取特権者は，債務者が破産宣告を受けた場合であっても，目的債権を差し押さえて物上代位権を行使することができる，と判示したものであるが，物上代位を行使する際に，「金銭その他の払渡し又は引渡し前に差押えをしなければならない」理由を，通説を踏まえた上で簡潔に表現している点で，重要な意義を有している。

最一判昭59・2・2民集38巻3号431頁（供託金還付請求権存在確認請求本訴，同反訴上告事件）

「民法304条1項但書において，先取特権者が物上代位権を行使するためには金銭その他の払渡又は引渡前に差押をしなければならないものと規定されている趣旨は，先取特権者のする右差押によって，第三債務者が金銭その他の目的物を債務者に払渡し又は引渡すことが禁止され，他方，債務者が第三債務者から債権を取立て又はこれを第三者に譲渡することを禁止される結果，物上代位の対象である債権の特定性が保持され，これにより物上代位権の効力を保全せしめるとともに，他面第三者が不測の損害を被ることを防止しようとすることにあるから，第三債務者による弁済又は債務者による債権の第三者への譲渡の場合とは異なり，単に一般債権者が債務者に対する債務名義をもって目的債権につき差押命令を取得したにとどまる場合には，これによりもはや先取特権者が物上代位権を行使することを妨げられるとすべき理由はないというべきである。」

この判例は，物上代位の法的性質（学説における特定性維持説，優先性維持説，第三債務者保護説）ばかりでなく物上代位制度の存在理由を明らかにした優れた判決といえる。

しかし，この判例においては，全体としては，物上代位の目的が債権（無体

物）であることが明らかにされているにもかかわらず，差押えの効力について述べている「第三債務者が金銭その他の目的物を債務者に払渡し又は引渡すことが禁止され」という箇所では，物上代位の目的物を「金銭又はその他の物（有体物）」としており，次に続く，正しい文章である「他方，債務者が第三債務者から債権を取立て又はこれを第三者に譲渡することを禁止される」との整合性が取れていない点が惜しまれる。なぜなら，上記の判決文においては，「金銭その他の目的物の払渡し又は引渡し」という「物の処分」と，「債権の取立て又は譲渡」という「債権の処分」という性質の異なる処分が，なぜ，先取特権者のする差押えによって同時に実現されるのか，わかりにくい表現となっているからである。

　先取特権に基づく物上代位は，あくまで担保権の実行であるから，第1に，債権者である先取特権者は，債務名義なしに，私文書を含めて，担保権の存在を証明する文書（民事執行法193条1項後段）を提出することによって，目的債権に対する担保権の実行をなしうる（民事執行法193条1項）。第2に，債権に対する担保権の実行は，債権に対する強制執行と同様に，執行裁判所が物上代位の目的である債権（売買債権，賃料債権，損害賠償債権等）に対する差押命令（処分禁止命令）を発することによって開始される（民事執行法193条2項による143条・145条の準用）。したがって，民法304条が，「先取特権者は，その払渡し又は引渡しの前に差押えをしなければならない」と規定していることは，担保権の実行として，民事執行法145条の流れに沿ったプロセスの一部を述べているに過ぎず，担保権の実行手続として当然のことを述べているに過ぎないのであり，差押えが必要であることの民事執行手続以外の特別の理由を述べているわけではない。

　したがって，上記の判決文の理解としては，物上代位の目的を債権と割り切り，担保権者の担保権の実行の申立てにより，執行裁判所が目的債権の差押命令を発すること（民事執行法193条2項によって準用される145条1項）により，「債務者に対し債権の取立てその他の処分が禁止され，かつ，第三債務者に対し債権者への弁済が禁止される」ということが述べられたにとどまると解すべきであろう。

　上記の判例の考え方（物上代位に基づいて目的債権について優先弁済権を行使する債権者は，たとえ差押えが競合した場合でも優先弁済権を保持するという考え方）は，その後の判例，例えば，最二判昭60・7・19（民集39巻5号1326頁〔物

上代位に基づく転付命令と他の債権者の差押えとが競合したために，第三債務者が供託をした場合の物上代位に基づく優先弁済権の効力を肯定した事例〕）によっても，そのまま援用されている。

> 最二判昭60・7・19民集39巻5号1326頁
>
> 「差押命令の送達と〔動産売買先取特権に基づく物上代位によって〕転付命令の送達とを競合して受けた第三債務者のした供託が民事執行法156条2項〔第三債務者の供託〕の類推適用により有効である場合において，右供託金について転付命令が効力を生じないとの〔誤った〕解釈のもとに配当表が作成されたときは，効力の生じた転付命令を得た債権者は，配当期日における配当異議の申出，さらには配当異議の訴えにより転付命令に係る債権につき優先配当を主張して配当表の変更を求めることができる。」

つまり，他の債権者が差押えをした段階では，まだ債権は消滅していない（いわゆる「金銭その他の物の払渡し又は引渡し」には至っていない）ので，先取特権者は，物上代位による優先権を保持している。したがって，先取特権者は，担保権の存在を証する文書を提出して目的債権を二重に差し押さえ，配当要求をすることによって，優先弁済権を受けることができることになる。

ただし，物上代位に基づいて債権差押えを行う債権者であっても，配当要求の終期までに，担保権の存在を証する文書を提出して先取特権に基づく配当要求またはこれに準ずる先取特権行使の申出をしなければ，優先弁済を受けることができないのであり，この点は注意を要する（最一判昭62・4・2判時1248号61頁）。

> 最一判昭62・4・2判時1248号61頁，判タ645号162頁，金法1168号26頁，金商777号3頁（配当異議事件）
>
> 「動産売買の先取特権に基づく物上代位権を有する債権者は，物上代位の目的たる債権を自ら強制執行によって差押えた場合であっても，他に競合する差押債権者等があるときは，右強制執行の手続において，その配当要求の終期までに，担保権の存在を証する文書を提出して，先取特権に基づく配当要求又はこれに準ずる先取特権行使の申出をしなければ，優先弁済を受けることができないと解するのが相当である。」

さらに，物上代位に基づく優先弁済権の行使には，配当要求では足りず，自ら差押えをすることを要する，としている判決がある点にも注意が必要である。

> 最一判平13・10・25民集55巻6号975頁（配当異議請求事件）　上告棄却
>
> 「抵当権に基づき物上代位権を行使する債権者は，他の債権者による債権差

押事件に配当要求をすることによって優先弁済を受けることはできないと解するのが相当である。けだし、民法372条において準用する同法304条1項ただし書の「差押」に配当要求を含むものと解することはできず、民事執行法154条及び同法193条1項は抵当権に基づき物上代位権を行使する債権者が配当要求をすることは予定していないからである。」

　もっとも、物上代位における差押えを、債権に対する担保権の実行の一つとして考える場合には、差押えの必要性は、目的債権が弁済・譲渡等によって債務者の責任財産から消滅することを防止するために行うためのものに過ぎない。つまり、目的債権に対して、弁済禁止効が生じさえすれば十分なのであり、理論的には、自ら差押えをすることまで要求する必然性はないというべきであろう（田髙・物権法233頁）。

C 「払渡し（引渡し）」と「差押え」のそれぞれの意味

　先に述べたように、金銭またはその他の物の「払渡し」または「引渡し」とは、文言上は、「金銭の払渡し、または、その他の物の引渡し」という意味であるが、そのように解すると、先取特権者は、第三債務者の所有する金銭またはその他の物に対して追及効を有することになり、先取特権の物上代位の制度そのものと矛盾してしまう。そこで、金銭またはその他の物の「払渡し」または「引渡し」とは、目的物の逸失と牽連する債権（代金債権、賃料債権、損害賠償債権）の絶対的消滅としての「弁済」または相対的消滅としての「譲渡」であると解さざるをえない。

　判例も、目的債権が譲渡され、第三者対抗要件を備えた場合には、物上代位は行使することができないとしている（最三判平17・2・22民集59巻2号314頁）。

　　　最三判平17・2・22民集59巻2号314頁
　　　「動産売買の先取特権者は、物上代位の目的債権が譲渡され、第三者に対する対抗要件が備えられた後においては、目的債権を差し押さえて物上代位権を行使することはできない。」

　もっとも、抵当権に基づく物上代位の場合には、目的債権が譲渡された場合にも物上代位権を行使することができるとしている（最二判平10・1・30民集52巻1号1頁、最三判平10・2・10判時1628号9頁、最一判平10・3・26民集52巻2号483頁）。これらの判決は、第三債務者保護説によっており、他の学

説から厳しい批判にさらされている。

　最二判平10・1・30民集52巻1号1頁（取立債権請求事件）〔第三債務者保護説を採用した判例〕

　　「民法372条において準用する304条1項但書が抵当権者が物上代位権を行使するには払渡し又は引渡しの前に差押えをすることを要するとした趣旨目的は，主として，抵当権の効力が物上代位の目的となる債権にも及ぶことから，右債権の債務者（以下「第三債務者」という。）は，右債権の債権者である抵当不動産の所有者（以下「抵当権設定者」という。）に弁済をしても弁済による目的債権の消滅の効果を抵当権者に対抗できないという不安定な地位に置かれる可能性があるため，差押えを物上代位権行使の要件とし，第三債務者は，差押命令の送達を受ける前には抵当権設定者に弁済をすれば足り，右弁済による目的債権消滅の効果を抵当権者にも対抗することができることにして，二重弁済を強いられる危険から第三債務者を保護するという点にあると解される。

　　右のような民法304条1項の趣旨目的に照らすと，同項の『払渡又ハ引渡』には債権譲渡は含まれず，抵当権者は，物上代位の目的債権が譲渡され第三者に対する対抗要件が備えられた後においても，自ら目的債権を差し押さえて物上代位権を行使することができるものと解するのが相当である。」

　最三判平10・2・10判時1628号9頁，判タ964号79頁，金法1508号73頁，金商1037号10頁（第三者異議事件）

　　「民法の趣旨目的に照らすと，同法304条1項の『払渡又ハ引渡』には債権譲渡は含まれず，抵当権者は，物上代位の目的債権が他に譲渡され，その譲渡について第三者に対する対抗要件が備えられた後においても，自ら目的債権を差し押さえて物上代位権を行使することができるものと解するのが相当である。」

　最一判平10・3・26民集52巻2号483頁

　　「債権について一般債権者の差押えと抵当権者の物上代位権に基づく差押えが競合した場合には，両者の優劣は，一般債権者の申立てによる差押命令の第三債務者への送達と抵当権設定登記の先後によって決すべきである。」

　抵当権に基づく物上代位の場合でも，目的債権について転付命令が出された場合には，もはや物上代位権を行使することができないとされている（最三判平14・3・12民集56巻3号555頁）。上記の一連の平成10年判決は，この平成14年判決（転付命令の場合は特例とする）によっては変更されないといわれているが，転付命令の実体法的な意味は，他の債務者への債権譲渡による代物弁

済であることは疑いがない。そうすると、前記の一連の平成10年判決は、この判決によって、その本質部分が変更された（対抗力を生じた債権譲渡が生じた場合には、物上代位権はもはや行使しえない）ということができる。

　　　最三判平14・3・12民集56巻3号555頁
　　　「抵当権の物上代位の目的となる債権に対する転付命令は、これが第三債務者に送達される時までに抵当権者により当該債権の差押えがされなかったときは、その効力を妨げられない。」

　このように考えると、先取特権に基づくものであれ、抵当権に基づくものであれ、物上代位は、目的債権の消滅（弁済、相殺等）または譲渡（移転）の前に行使しなければその効力を生じないということになる。

　ところで、物上代位における差押えは、通説・判例によると、「金銭又はその他の物」が「払渡し又は引渡し」される前に差し押さえないと、債務者の一般財産に混入してしまうから、それを未然に防ぐために差押えが必要である、と説明されている（特定性保持説：最一判昭59・2・2民集38巻3号431頁）。しかし、物上代位の目的物が「金銭その他の物」ではなく、先取特権の目的物が債務者の責任財産から逸失した場合（目的物が滅失・損傷した場合を含む）にそれと牽連して債務者の財産に属する「債権」であることは、通説・判例も認めざるをえない。そうだとすれば、目的である債権は、目的物の逸失の当時から債務者の財産に帰属しているのであり、かつ債権として特定されており、債務者の一般財産に混入することはありえない。つまり、差押えをしなくても、目的債権は特定しているのである（特定性維持説の破綻）。

　それでは、なぜ、「払渡し又は引渡し」の前に差押えが必要なのだろうか。それは、先にも述べたように、目的債権は、債権の消滅原因である弁済等によって絶対的に消滅するほか、譲渡によって相対的に消滅してしまうからである。物上代位に差押えが必要なのは、目的債権が消滅する前に差し押さえ（支払差止め）、その債権から優先弁済を受けるためである。そして、もっと割り切った言い方をすれば、物上代位は、担保権の実行手続の一つとしての、債権に対する担保権の実行なのであるから、債権者が担保権の実行を申し立てれば、執行裁判所は差押命令を発してくれる。そして、差押命令が発せられると、民事執行法193条2項によって準用される同法145条1項の規定により、「債務者に対し債権の取立てその他の処分」が禁止され、かつ、「第三債務者に対し債務者への弁済」も禁止されるのであるから、債権者は、何も特別のことをする

必要はなく，担保権の実行手続を申し立てればそれで足りるのである。

反対からいえば，物上代位に基づく差押えは，目的債権（先取特権の目的物の逸失〔消滅・損傷を含む〕）と牽連して生じる債権（売買代金債権，賃料債権，損害賠償債権等）が消滅していない限り，物上代位権を行使することができる。つまり，以下の判例が明らかにしているように，目的債権が差し押さえられたり，債務者が破産した場合でも，物上代位を行使することができる。

(1) 一般債権者の差押え

最一判昭59・2・2民集38巻3号431頁（供託金還付請求権存在確認請求本訴，同反訴事件）

「民法304条1項但書において，先取特権者が物上代位権を行使するためには金銭その他の払渡又は引渡前に差押をしなければならないものと規定されている趣旨は，先取特権者のする右差押によって，第三債務者が金銭その他の目的物を債務者に払渡し又は引渡すことが禁止され，他方，債務者が第三債務者から債権を取立て又はこれを第三者に譲渡することを禁止される結果，物上代位の対象である債権の特定性が保持され，これにより物上代位権の効力を保全せしめるとともに，他面第三者が不測の損害を被ることを防止しようとすることにあるから，第三債務者による弁済又は債務者による債権の第三者への譲渡の場合とは異なり，単に一般債権者が債務者に対する債務名義をもって目的債権につき差押命令を取得したにとどまる場合には，これによりもはや先取特権者が物上代位権を行使することを妨げられるとすべき理由はないというべきである。」

(2) 債務者の破産

最一判昭59・2・2民集38巻3号431頁（供託金還付請求権存在確認請求本訴，同反訴事件）

「債務者が破産宣告決定を受けた場合においても，その効果の実質的内容は，破産者の所有財産に対する管理処分権能が剥奪されて破産管財人に帰属せしめられるとともに，破産債権者による個別的な権利行使を禁止されることになるというにとどまり，これにより破産者の財産の所有権が破産財団又は破産管財人に譲渡されたことになるものではなく，これを前記一般債権者による差押の場合と区別すべき積極的理由はない。したがって，先取特権者は，債務者が破産宣告決定を受けた後においても，物上代位権を行使することができるものと解するのが相当である。」

Ⅲ　先取特権の類型による考察

　物上代位を規定している民法304条は，先取特権の総則として，先取特権一般について，目的物の売却，賃貸，滅失・損傷の場合に物上代位が認められるとしている。しかし，一般先取特権，動産先取特権，不動産先取特権のそれぞれの特性を無視して一律に考えることはできない。以下のように，それぞれの先取特権について個別に考察することが必要である。

A　一般先取特権

　一般先取特権は，債務者の動産・不動産・債権を問わず，すべての一般財産に対して優先弁済権を有するので，物上代位はそもそも問題となりえない（物上代位を認める必要がない）。つまり，民法304条は，一般先取特権には適用されない（学説に異論がない）。

B　動産先取特権

　動産の先取特権は，不動産の先取特権については追及効がないため（民法333条），目的物の売買の場合に，物上代位を認める必要があることについては異論がない。また，目的物の賃貸の場合にも，動産の賃貸は必然的に目的物の価値の低減を生じることから，目的物の賃料は，目的物の価値の代償物としての性格（物的牽連性）を有する。したがって，賃料債権についても，物上代位を認める必要がある。さらに，目的物の滅失・損傷の場合につき，その損害賠償債権または保険金請求権についても物上代位を認める必要がある。

C　不動産先取特権

　不動産の先取特権の場合には，動産先取特権と異なり，抵当権と同様に追及効があることが考慮されなければならない。したがって，目的物の売却の場合には，抵当権の場合と同様，物上代位を認める必要はない。また，目的物の賃貸の場合も，土地の賃貸借の場合は，賃貸によって目的物の価値が減少することはないので，物上代位を認める必要はない。ただし，目的物が建物の場合は，動産の賃貸の場合と同様，賃貸によって価値が低減し，家賃は目的物の価値のなし崩しという意味をもつため，物上代位を認める必要がある。目的物の滅

失・損傷の場合に物上代位を認める必要があることは，動産先取特権の場合と同様である。結果的には，不動産先取特権の物上代位の要件は，抵当権の物上代位の要件と同一である。

第6節　先取特権の消滅

先取特権は，物的担保共通の消滅原因（被担保債権の消滅に伴う付従性による消滅，担保権の実行による消滅）によって消滅する。また，動産を目的とする先取特権は，民法333条により，その目的動産が第三取得者に引き渡されることによって消滅し，不動産を目的とする先取特権の場合には，抵当権の規定が適用されるため（民法341条），代価弁済（民法378条）または抵当権消滅請求（民法379～386条）によって消滅する。

第7節　先取特権のまとめ（優先順位決定のルールについて）

これまで，先取特権について類型ごとの考察を行ってきた。個別の考察が終了した後は全体を眺めなおし，個々の規定を前提としつつも，全体としての優先順位の決め方に関するルールについて思いをめぐらせることが大切である。先取特権の全体について，どのような基本的考え方に基づいて，優先順位が決められているのかを理解することができれば，優先弁済権についての理解は，飛躍的に向上すると思われるからである。

先取特権の存在理由については，先に述べたように，①債権者間の実質的な公平の確保，②社会的弱者が有する債権の社会政策的考慮に基づく保護，③債権者の通常の期待の保護，④特定の産業の保護等があげられている（道垣内・担保物権43頁）。しかし，それらの目的に従って，例えば社会的弱者が有する債権が第1順位の優先弁済権を有するわけではない。それでは，先取特権の優先順位は，どのような観点から決定されているのだろうか。そして優先弁済の順位の決定基準には，明確で客観的なルールが存在するのだろうか。これが，個々の先取特権の学習を終えた現在における，まとめの課題である。

I　先取特権の優先順位の決定基準となるキーワードとしての「保存」

　先取特権の順位の決め方の問題については，これまで，統一的説明がなされることはなかったといってよいであろう。そこで，先取特権の学習を終えるにあたって，これまでの個別的な検討を総合するものとして，優先弁済権の決定ルールを抽出する作業に挑戦してみることにしよう。

　先取特権に関する民法の規定を横断的に検討してみると，先取特権の優先順位は，常に，第1順位から第3順位までに分類されていることがわかる（民法329〜332条）。そして，第1順位に属するグループ，第2順位に属するグループ，第3順位に属するグループの属性を検討し，それと優先順位との関係を検討してみると，優先順位の決定に関して共通のルールが見えてくる。先取特権の順位決定に関する共通ルールを抽出するそのようなプロセスを経ることによって，以下のことが明らかになってくる。

　第1に，先取特権の順位に関する規定を読み，共通する事項に注目すると，「動産の保存」（民法330条1項2号），「不動産の保存」（民法325条1号）に代表されるように，優先順位の確定には，担保目的物の「保存」という用語がキーワードとなっていることがわかる。

　第2に，動産の保存の場合は，保存は第2順位となっているが（民法330条），不動産の場合には，保存が第1順位となっており（民法331条），果実の場合にも第1順位と考えてよい（民法330条3項）。果実に関して第1順位とされる「農業の労務に従事する者」は，第2順位（種苗または肥料の供給者〔売主〕），第3順位（土地の賃貸人）と比較すると，果実の「保存者」といってよいと思われるからである。さらに最初に戻って，「保存」であるにもかかわらず第2順位とされている「動産の保存」についても，第1順位の「黙示の質権者」が第2順位の「動産の保存」を知っている場合には，「動産の保存」が第1順位となる。したがって，先取特権の第1順位は，目的物の「保存」が原則であると考えることが許されよう。

　第3に，①目的物の「保存」というキーワードが抽出されたことを考慮して，第2順位，第3順位に該当する先取特権者のグループの性格を検討してみると，まず，②目的物または目的物の保存に必要不可欠の物（果実のための種苗，肥料）を債務者の財産に「供給した者」（例えば，動産売主，不動産売主，果実の種

苗または肥料の提供者），次に，③目的物の保存のための「環境を提供した者」（例えば，動産の保存のために不動産を提供している不動産賃貸人〔黙示の質権者〕，果実の保存のために土地を提供している土地賃貸人）というように，それぞれのグループについて，①目的物の「保存」，②目的物等の「供給」および③目的物への「環境提供」という名前を与えることができる。

II 「保存」「供給」「環境提供」と優先順位との関係

このようなプロセスを経て，先取特権の順位決定のキーワードとして，目的物の「保存」，目的物の維持・保存・価値の増加のための「供給」，目的物の保存等のための「環境提供」という3つの重要類型が抽出されたことになる。しかも，このキーワードの順序に関する初期値（デフォルト値）は，①保存が第1順位，②供給が第2順位，③環境提供が第3順位であることがわかる。もっとも，このデフォルト値は，以下のように類型ごとに微妙に変化する点に注意しなければならない。

A 動産先取特権における優先順位決定のルール

第1に，動産の場合には占有が重視されるため，いわゆる「黙示の質権 (gage tacite)」といわれる環境設定（不動産賃貸，旅館の宿泊，運輸）が優位となり，環境提供者である黙示の質権者が善意の場合には，環境提供者が第3順位から第1順位へと昇進する。その結果，民法330条1項では，これらの「黙示の質権」が第1順位の優先弁済権を獲得している。このことから，先取特権者ではないが，質権者が同じく第1順位の地位を与えられていること（民法334条）の理由も明らかとなる。

もっとも，この第1順位は脆弱である。なぜなら，第1順位の先取特権者が第2順位以下の先取特権者を知っているときは，順位が次々に下降し，第3順位まで下降するからである（民法330条2項）。その結果，そのような場合には，第1順位が保存，第2順位が供給，第3順位が環境提供というもとの順位（デフォルト値）に戻ることになる。

B 不動産先取特権における優先順位決定のルール

第2に，不動産の場合には登記が重視されるために，登記をしていない不動

産保存者，不動産工事者は，登記をした抵当権者に劣後する。しかし，いったん，不動産の保存者および工事者が適切に登記を行った場合には，不動産保存者，不動産工事者は，先に登記をした抵当権者に対しても，優先することができる（民法339条）。

　この点は，非常に重要である。確かに不動産にとって，登記は重要である。しかしそれは，対抗要件として重要なのであって，優先権の順序としては，登記の先後は余り意味を持たない。優先順位の確定においては，対抗要件を備えさえすれば，不動産においても，対抗要件の先後は決定的な役割を果たすわけではない，むしろ不動産においても，「後の保存者が前の保存者に優先」していることがわかる。

　その例として，不動産工事の先取特権と不動産保存の先取特権の順序に注目してみよう。民法325条の不動産の先取特権の順序を見ると，不動産保存の先取特権が先に，不動産工事の先取特権が後に規定されている（優先順位もこの順序である〔民法331条1項〕）。しかし，不動産の工事によって不動産が出来上がり，その後になって，不動産の保存が行われるのであるから，時間的順序から言えば不動産の工事が先であり，不動産の保存が後である。それではなぜ，時間的に後の不動産保存の先取特権が，時間的に先の不動産工事の先取特権に優先するのだろうか。それは，「後の保存者が前の保存者に優先する」（民法330条1項2文）という動産先取特権の優先順位決定のルールが，不動産先取特権にも準用されているからである。

　すなわち，不動産においては登記が重要であるため，不動産先取特権は，登記がなければ登記のある権利に劣後するとしても，登記がなされれば，優先順位は原則どおり，「保存」が「供給」，「環境提供」に優先する。しかも，保存者の中では，「後の保存者が先の保存者に優先する」。近代担保制度の中で王座を占めるとされる抵当権であっても，抵当権者は，担保目的物の保存には関与せず，資金の供給によって，せいぜい担保目的物の供給，または環境設定に貢献しているに過ぎない。したがって，先に登記をした抵当権者が，後に登記をした不動産保存の先取特権に劣後することは（民法339条），むしろ当然である。従来は，後に登記をした不動産保存の先取特権が先に登記した抵当権に優先するのは例外のように考えられてきた。しかし，本書の立場に立てば，民法339条の規定は，まさに優先順位の決定のルールに従ったものであり，決して例外ではないことが理解できるであろう。

先取特権，抵当権を物権と考え，登記の先後が優先関係を決定するという通説の立場に立った場合には，民法339条を民法の中で整合的に説明することは不可能である。むしろ民法339条は，物権法秩序を破壊するものとして，異端視せざるをえない（我妻・担保物権92頁）。しかし，本書の立場のように，物的担保の物権性を否定し，債権の優先弁済効に過ぎないと考えるならば，民法339条は，ここで抽出された優先順位決定のルール（保存，供給，環境設定の順で，かつ，後の保存は先の保存に優先するというルール）に従った規定として，民法秩序の中で整合的に説明することができる。

　それだけではなく，この優先順位決定のルールは後に述べるように，現在，大きな問題とされている抵当権に基づく物上代位をめぐる問題を解決するためにも有用である。例えば，一方で賃料債権に対する抵当権に基づく物上代位，他方で賃料債権に対する賃借人による敷金返還請求権に基づく賃料債権との間の相殺権とが存在し，両者が競合した場合にも（第16章第5節ⅤD），また，一方で保険金債権に対する抵当権に基づく物上代位と，他方で保険金債権に対する債権質とがあって，両者が競合した場合（第16章第5節ⅤC）においても，単に，抵当権の登記とその他の権利の対抗要件との先後関係を見るだけで問題を解決しようとするのではなく，双方の権利の対抗要件の具備を前提とした上で，単に対抗要件の先後で決めるのではなく，ここで示した優先順位決定のルールに基づく解決方法（保存，供給，環境設定の順で，かつ，後の保存は先の保存に優先するというルール）をも考慮に入れてみるとよい。そして，それぞれの解決策から導かれる結論を比較すれば，どちらが，事案の解決にとって具体的な妥当性を確保できるかが，よく理解できるようになると思われる。この問題については，後に詳しく論じることにする。

C　一般先取特権における優先順位決定のルール

　このようにして，上記の類型を考慮するならば，一般先取特権のうち，例外的に，第1順位の先取特権とされる「共益費用の先取特権」も，目的財産の維持費用を負担した者として，広い意味での「保存者」と考えることが可能であり，それがすべての類型を超えて，第1順位とされている（民法329条2項ただし書）こと，すなわち，すべての類型を超えた最優先順位（第0順位）が与えられている理由となっていると考えることができよう。

　なお，共益費用の先取特権が，担保目的物の保存と関連していることは，例

えば，抵当権の競売手続において，抵当不動産の売却代金の配当手続において，まず，第三取得者が支出した必要費または有益費が，他の債権者に先立って配当される（民法391条）ということにも表れている。その理由は，第三取得者が支出した必要費または有益費は，抵当不動産の価値を維持するのに最も関係が深い一種の共益費用だからであるとされている（我妻＝有泉・コンメンタール615頁）。

　このように考えると，一般先取特権の順位は，上記の第0順位の共益費用の先取特権を除いて，特別の先取特権に劣後するのであるから（民法329条1項本文），特別先取特権を含めた全体としての順位は，第0順位（共益の費用），第1～第3順位（特別先取特権），第4順位（雇用関係の一般先取特権），第5順位（葬式の費用の一般先取特権），第6順位（日用品の供給の一般先取特権）と位置づけることができる。

　最後に，先取特権の順位に着目して，第1順位，第2順位，第3順位に該当する権利をグループに分類した場合に，それぞれのグループにどのような優先順位が与えられ，どのような場合にその順位が変動するのかを整理してみよう。本書の立場は，以下の表によって表現できる。

表29　優先順位の変動と確定のルール

	類型	権利者	順位	順位の変動	同一順位内での優先関係
一般	共益費用	共益費用負担者（民法306条1号）	第0（民法329条2項ただし書）	なし（常に第1順位）（民法329条2項ただし書）	平等（民法332条）
動産・債権	環境提供	不動産賃貸人，旅館主，運送人（黙示の質権者）（民法311条1号〜3号）	第1（民法330条1項1号）	悪意の場合には，第3順位まで順位が下降する（民法330条2項）	平等（民法332条）
		質権者（民法334条）	第1（民法334条）		
	保存	保存者（民法311条4号）	第2（民法330条1項2号）	第1順位まで順位の昇進あり（民法330条2項）	後の保存者が先の保存者に優先する（民法330条1項2文）

第14章　先取特権

不動産	供給		売主（民法311条5号〜8号）または譲渡担保権者	第3（民法330条1項3号）	第2順位まで順位の昇進あり（民法330条2項）	先の設定者が後の導入者に優先する（民法331条の類推）
	保存	後の保存	保存者（民法325条2号）	第1（民法331条1項）	登記をすると、先に登記をした抵当権に優先する（民法339条）。登記をしない場合には、登記をした第3順位にも劣後する。	後の保存者が先の保存者に優先する（民法330条1項2文の類推）
		先の保存	工事者（民法325条1号）			
	供給		売主（民法325条3号）譲渡担保権者、抵当権者（民法331条2項）	第3（民法331条2項）	売買契約と同時に登記が必要（民法340条）。第1順位者が登記をしない場合には、第1順位となる。	先の設定者が後の導入者に優先する（民法331条2項）
果実	保存		農・工業労務提供者（民法330条3項）	第1（民法330条3項）	変更なし（民法330条3項）	平等（民法332条）
	供給		種苗または肥料の供給者（民法330条3項）	第2（民法330条3項）		
	環境提供		土地賃貸人（民法330条3項）	第3（民法330条3項）		
一般	供給環境提供		雇用者（民法306条2号）	第4（民法329条）	変更なし（民法329条）	平等（民法332条）
			葬式備品供給者（民法306条3号）	第5（民法329条）		
			日用品供給者（民法306条4号）	第6（民法329条）		

III 優先順位決定のルール（結論）

　前記の表において，一般先取特権を最初と最後に分断した理由は以下のとおりである。すなわち，共益の費用の先取特権（民法306条1号）は，すべての先取特権に優先するのであるから，第0順位として最初に配置し，残りの雇用関係，葬式の費用，日用品の供給の先取特権（民法306条2～4号）は，特別の先取特権（動産・債権先取特権，および不動産先取特権）に劣後するため，第4，第5，第6順位として，最後に配置している。

第15章

質　権

　これまで，留置権，先取特権という法定の物的担保を検討してきた。これからは，当事者の合意と公示によって優先弁済権を確保する約定の物的担保を検討する。約定担保の最初は，担保設定者から使用・収益権能を奪い，債務者に心理的な圧迫を加えると同時に，他の債権者に先立って債権の回収を図る手段としての質権である。

第1節　質権の意義

　質権とは，債権者と債務者，または債権者と第三者（物上保証人）との間で，債権者が債権の引当てとなる特定の財産から他の債権者に先立って優先的に弁済を受けることを合意し，かつその財産を債権者から受け取ることによって，債権の優先弁済権を確保するものである（民法342条）。
　質権を有する債権者は，被担保債権が弁済されるまでその物を留置することができ（民法347条），その留置作用によって債務の弁済を間接的に強制することができる。それでもなお債務者が債務を弁済しない場合には，債権者は，目的物を競売し，その売得金から他の債権者に先立って弁済を受けることができる。そこで，質権は，当事者間の契約（債権者と質権設定者との間の質権設定契約）によって生じる約定の担保物権であるとされてきた。
　ところで，質権には，動産質，不動産質，権利質の3つの種類がある。上記の質権の定義（民法342条）は，第1の動産質および第2の不動産質には当てはまるが，第3の権利質には，正確には当てはまらない（権利質の場合には，債権者は，必ずしも，対象となる権利を受け取る必要がない〔民法363条・364条〕）。そこで，民法は，質権の総則，動産質，不動産質のそれぞれの規定を権利質に「準用」しているだけであり（民法362条2項），質権の定義（冒頭）条

文（民法342条）についても，正確に「適用」されるわけではない点に注意が必要である。

なお，民法362条2項が，質権の総則を権利質に「準用する」という表現を用いたのには，先に述べたことではあるが，深い意味を有する。すなわち，物権の対象は，原則として有体物（民法85条）に限定されるべきであり，本来なら，権利（債権を含む）の上に物権を設定することはできない。なぜなら，権利の上に物権を設定することを認めると，債権の上の所有権をも認めざるをえなくなり，そうすると，物権と債権とを区別している現行民法の体系が破壊されてしまうからである。民法の起草者は，このことをおそれて，権利質を物権とすること，特に，債権質を物権と認めることをはばかり，権利質については，質権の総則を「適用」するのではなく，「準用」することにしたのである。

上に述べたように，質権の定義規定（民法342条）も，動産質と不動産質には正確に該当するが，権利質には必ずしも正確には該当しない。それは，権利質が，明らかに物権ではなく（債権の上の物権という概念を現行民法の立法者は認めていない），また，質権は，本来，債権者が目的物の占有をするはずであるのに（占有を伴う担保物権），権利質においては，債権者は必ずしも質権の目的を占有する必要がないからである。

I　留置権との対比

留置権の場合と同様，質権を有する債権者は，質権の効力により，第1に，他人の物である目的物を債務の弁済が完了するまで占有できる（民法342条）。したがって，質権を有する債権者は，債務者に心理的圧力を加えて，債務の履行を間接的に強制しうる。これが，質権の留置的効力（民法347条）であり，この点では，法定の物的担保である留置権と同様の効力を有する。このため，質権には，留置権の規定（民法296〜300条）が準用されている（民法350条）。

質権を有する債権者は，質権の効力により，第2に，目的物が競売された場合でも，目的物から優先弁済を受けることができる（優先弁済権）。質権の定義条文（民法342条）に規定されている法律上の優先弁済権こそが，事実上の優先弁済権しか有しない留置権（第三者に対抗できる引渡拒絶の抗弁権だが，積極的な権利ではない）とは異なる。また，以上の点に関連するが，留置権が特別の例外（形式競売：民事執行法195条）を除いて，積極的な競売権を有しないの

と異なり（留置権者は形式競売を行うことができるが，その場合には，優先弁済権は有しない），質権には，積極的な権利としての競売権と優先弁済権が認められている点も，質権が留置権と異なる点である。

Ⅱ　抵当権との対比

　これまで見てきた法定の物的担保である留置権および先取特権とは異なり，質権は，当事者間の合意で発生（設定）される物的担保であり，その点では，後に検討する抵当権と同じである。しかし，質権と抵当権との違いは，大雑把にいえば，イソップの寓話における，「北風と太陽」とが採用する戦略に似ているところがある。
　質権は，人質とまではいかないが，債務者または物上保証人から目的物の占有を奪って不自由を感じさせ，心理的に圧迫して債務の弁済を促すというものである（大切なものを奪い，それを返して欲しければ借金を返せという戦略）。これに対して，抵当権は，債務者または物上保証人に目的物の占有を許し，むしろそれを使用・収益させて，その収益から間接的に債務の弁済を促進するというものである（大切なものを取り上げず，むしろ，それをうまく使って収益を得て借金を返せという戦略）。

表30　質権と抵当権との区別の基準(1)

	債権者による目的物の占有
質権	あり
抵当権	なし

　担保とは，もともと，債務の履行を確保するためのものであるから，債権者がとる戦略としては，所有者から占有を奪って，目的物の使用・収益を禁じるよりも，所有者に目的物を使って使用・収益を行わせ，そこから弁済を確保する方が勝っていると思われる。つまり，使用・収益できるものはそれをする方が効率的である。質権の目的物が，債務者や物上保証人が普段使用しない古着，装飾品，骨董品等に集約されていくのは，当然といわなければならない。目的物が使用・収益に適した物である場合には，そして，目的物に関する公示が可能である場合には，質権は，基本的に，抵当権に劣るといわなければならない。
　ところで，解釈学における一般的な見解によれば，質権は，債権者が目的物

第1節　質権の意義

を占有する（反対からいえば，債務者は占有を剥奪される）物的担保であり，抵当権は，債権者が目的物の占有をしない（反対からいえば，債務者または物上保証人が占有を継続する）物的担保であるというものである。例えば，近江『講義Ⅲ』(10 頁) は，質権と「抵当権との差異は，目的物の占有の移転の有無と考えてよい」としている（内田・民法Ⅲ 487 頁，田髙・物権法 184 頁）。

しかし，債権者が目的物の占有をするかしないか（占有担保か，非占有担保か）という基準によって，質権と抵当権との区別をすることには，限界がある。特に，権利質に関しては，質権は必ずしも目的である権利を占有する必要がないため（民法 363 条・364 条），同じく権利の上に設定される地上権または永小作権を目的とする抵当権（民法 369 条 2 項）との区別が不明確となる。すなわち，権利質については，抵当権と同じく，「非占有型担保」がありうる。

表31　質権と抵当権との区別の基準(1)の不明確性

	目的物	債権者による目的物の占有
質権	動産質	あり
	不動産質	
	権利質	なし
抵当権	不動産	なし
	地上権又は永小作権	

そこで，厳密にいうのであれば，質権と抵当権との区別の基準を変更する必要が生じる。区別の基準が問題となるのは，権利を目的とする質権（民法 362 条以下）および権利（地上権または永小作権）を目的とする抵当権（民法 369 条 2 項）の場合である。

そもそも，「物とは有体物をいう」（民法 85 条）とする民法の立場からすると，権利（有体物ではない）を占有すると考えることには無理がある。確かに，民法 205 条は，物の占有を伴わない財産権について，準占有という概念を用いて，占有の規定を準用するとしている。しかし，権利の行使が当然に目的物の占有を伴う場合には，準占有は成り立たない。例えば，所有権，地上権，永小作権，賃借権，質権の場合には，その権利を行使すれば当然に占有そのものが成立するのであるから，準占有は問題とならない。

もっとも，鉱業権や知的財産権等に関しては準占有（民法 205 条）を問題に

することは可能であるが，民法の規定が準用されるかどうかは個別的に検討しなければならず，必ずしも，占有の規定が準用されるとは限らない。例えば，準占有については，善意取得の規定（民法192～194条）は準用されないと解されている（大判大8・10・2民録25輯1730頁）。さらに，通常の債権の場合，特に1回で消滅する債権の場合には，準占有は問題とならない。また，債権の準占有者（民法478条）という概念は，債権者であるとの外観を呈していることをいうのであって，目的物に対する事実上の支配という意味での占有ではない。

いずれにしても，財産権に関する質権と抵当権との区別の基準を「占有」に求めることには無理がある。占有を区別の基準としていたのでは，権利質と権利（地上権，永小作権）の上の抵当権とを区別することができないからである。したがって，財産権に関する質権と抵当権との区別を明確にするためには，使用・収益の主体に着目すべきであり，「債権者」が目的物を占有しているかどうかではなく，下の表のように，「債務者または担保設定者」が目的物に対して使用・収益権を有するかどうかで区別すべきだということになる。

表32　質権と抵当権との区別の基準(2)

	目的物	設定者の目的物の使用・収益権
質権	動産質	なし（奪われる）
	不動産質	
	権利質	
抵当権	不動産	あり（奪われない）
	地上権又は永小作権	

従来の考え方とは若干異なるが，質権と抵当権との区別の基準を，（債権者の）占有の有無ではなく，（設定者，すなわち債務者または物上保証人の）使用・収益権の有無であると考えると，不動産の地上権または永小作権に対する担保権が，権利質でななく，抵当権でなければならないということ，すなわち，民法369条2項（地上権および永小作権を目的とする抵当権）の存在理由も見えてくる。その理由がどのようなものなのかは，権利質の箇所で詳しく検討するが，以下に結論だけ示しておく。

地上権または永小作権は，使用・収益のみを目的とした権利であり，その使

第1節　質権の意義

用・収益権を債権者が設定者（債務者または物上保証人）から奪ってしまうと，権利そのものが意味を失ってしまうため，使用・収益権の場合には，質権の設定が制限されざるをえない。例えば，権利者自身がその権利を行使することを要請されている権利については，質権の設定は禁じられている（鉱業法13条・72条，漁業法23条2項）。確かに，観念的には，地上権または永小作権の上に質権を設定することは可能である（例えば，旧民法債権担保編118条は，地上権に対する不動産質権の設定を認めていた。ただし，現行民法の立法者は，以下のように述べて，地上権に対する質権の設定を否定している）。

　　（理由）　債権担保編第118条は不動産売の目的物及び質権設定の能力を規定せり。然れども，不動産質の目的の何たるは敢て之を言ふを要せず。質権設定の能力に付きても亦た特に明文を設くるの必要を見ざるなり。彼の地上権の如き権利を以て質権の目的と為す場合に至りては，次節〔抵当権〕に於て之を規定する処あり。是れ同条を削りたる所以なりとす。

　現行民法が，地上権，永小作権につき，369条2項において，権利質ではなく抵当権の設定を認めたのは，地上権の本質が不動産の使用・収益にあり，債務者から使用・収益権を奪うことになる質権よりも，債務者の使用・収益を許す抵当権を認める方が用益権の制度目的に適合すると考えたためと思われる。

　そして，このことは，特許権，実用新案権，意匠権，著作権等のいわゆる無体財産権を担保にする場合に，債権者は無体財産権に対して質権を設定できるが，この質権は，実は，債権者による使用・収益権が制限され，債務者が使用・収益をすることが認められている（特許法95条，実用新案法25条，意匠法35条，著作権法66条）。このため，これらの質権の実質は，「質といっても抵当と差はない」（我妻・担保物権106頁）ということになる。なお，この点は重大な問題なので，後に詳しく論じることにする（第16章第1節I参照）。

第2節　質権の設定（優先弁済権付与の合意）

I　質権の目的物（債権の優先弁済の引当てとなる財産）

　質権は，先に述べたように，原則として，目的物を留置し，設定者（債務者または物上保証人）に心理的圧迫を加えて弁済を促進することができる。したがって，優先弁済権を利用しなくても，留置的効力のみによってその目的を達

することが可能である。したがって，理論的には，法律上譲渡できないものでも，設定者にとって重要な値打ちのあるものであれば，その占有を奪って質権の目的物とすることも不可能ではない。しかし，民法は，質権の優先弁済権を重視し，目的物の譲渡可能性を質権の不可欠の要素としている（民法343条）。

　すなわち，優先弁済権の確保は，競売等によって行われるため，債権の引当てとなる財産（「目的物」という）は，原則として，譲渡性のあるすべての物，譲渡性のあるすべての権利を対象とすることができる（民法343条の反対解釈）。

　ただし，特別法によって，動産抵当制度が設けられている動産について質権の設定が禁止されている場合には（自動車抵当法2条・20条，商法850条，航空機抵当法23条，建設機械抵当法25条など），質権を設定することができない（我妻・担保物権101〜102頁の対照表がわかりやすい）。

　さらに，先に触れたように，地上権または永小作権を担保にする場合には，質権ではなく抵当権を設定しなければならないのと同じ理由で，権利者自身がその権利を行使することを要請されている権利については，質権の設定は禁じられている（鉱業法13条・72条，漁業法23条2項）。

　これに対して抵当権は，登記によって優先弁済権を公示するものであるから，目的物が，登記が可能な物または権利に限定される。民法は，不動産および地上権，永小作権のみを抵当権の目的物としているが，各種動産抵当制度（農業動産信用法，自動車抵当法，航空機抵当法，建設機械抵当法）によって，登記・登録のできる動産も抵当権の目的物とする道が開かれており，さらに，各種財団抵当制度（工場抵当法，鉱業抵当法，軌道抵当法，運河法，漁業財団抵当法，港湾運送事業法，道路交通事業抵当法，観光施設財団抵当法）によって，特定の不動産ばかりでなく，有機的な統一体としての企業財産全体を目的物とすることも可能となっている。それでもなお登記・登録になじまない物および権利は，依然として，抵当権の目的物とすることができない。

　このように，質権と抵当権とを比較すると，先に述べたように，抵当権よりも質権の方が，目的物としてとりうる対象範囲は格段に広い。しかし，現実には，先に述べた理由のほか，質権は目的物の占有を債権者に移さなければその効力が発生せず，かつ，占有を失うと対抗力を失うため，実際には，目的物の範囲はかなり限定されてしまう。例えば，機械，器具等の企業の生産手段の占有を債権者に移転すると企業活動が停止してしまうので，これらの動産を質権

の目的物とするわけにはいかない。また，不動産質は，債権者が不動産の管理をしなければならないため，現実にはほとんど利用されていない。したがって，現実に質権の対象とされているのは，下の表に掲げるように，他人に引き渡しても生活が成り立ちうる衣服，宝石，時計，骨董品等を対象とする動産質，および，有価証券，無体財産権等の財産権を対象とする権利質である。

表33 質権の目的物の典型例

	種類	具体例
質権の目的物	動産	衣服，宝石，時計，骨董品など
	不動産	土地，建物など
	権利	債務者の第三債務者に対する債権など

　もっとも，このような事態は，平成10（1998）年6月12日に成立し同年10月1日に施行された「債権譲渡の対抗要件に関する民法の特例等に関する法律」（債権譲渡特例法）が，平成17（2005）年7月26日に改正され同年10月1日から施行されている「動産及び債権の譲渡の対抗要件に関する民法の特例等に関する法律」（動産・債権譲渡特例法）によって変化がもたらされつつある。この法律によって，法人が譲渡人となる動産および債権について登記を対抗要件とすることができるようになったからである。この法律は，動産および債権を活用した企業の資金調達の円滑化を図るため，法人がする動産の譲渡につき登記による新たな対抗要件の制度を創設するものであるが，この法律によって利用できる担保は，現在のところ，動産譲渡担保と債権譲渡担保，債権質に限定されている（動産質権の設定には利用できない）。しかし，譲渡担保は，抵当権と同じような働きをするものであり，動産および債権について登記が可能となったことは，動産および債権に対する抵当権の設定も夢ではなくなったわけであり，将来的には抵当権の対象がすべての物に拡大する可能性をもたらしているといえよう。

　ところで，消費者金融の観点から，質権を再評価すべき事態が生じている。質屋営業法2条1項に基づく許可件数は，1958年の2万1,539件をピークに減少を続け，2007年末における質屋営業の許可件数は3,579件となっている（http://www.npa.go.jp/safetylife/seianki79/h19_kobutsu.pdf）。これは，無担保でローンができる消費者金融の発展の影響である。しかし，無担保で融資を行う場合には，過剰融資が原因で，いわゆるサラ金地獄，カード破産等の消費者

被害が発生するという深刻な問題が発生している。この点，質屋による融資は，質物に預けることのできる担保物の限度に限られており，担保物を失う以上の損失が生じるおそれがないため，安全な庶民金融として再評価がなされている。

II 質権の設定行為（優先弁済権の付与の合意および目的物の引渡し）

A 質権設定行為の意義と性質

債権の引当てとなる特定財産を指定して，債権者が，その特定財産から他の債権者に先立って優先的に弁済を受けることを約し，この優先弁済権を確保するため特定財産を債権者に引き渡すことを，「質権の設定」と呼んでいる（民法344条）。

通説（高木・担保物権57頁，近江・担保物権73頁）は，質権の設定行為を物権契約であると解している。しかし，少なくとも債権質についてはその物権性を否定する現行民法の立法者の立場からは，物権契約ではありえないということになる。動産質，不動産質についても，特定財産を引当てとして債権に優先弁済権を付与し，これを公示する債権行為であって，債権譲渡，不動産賃貸借の登記と同様，物権契約と考える必要はない。もっとも，物権契約の意味をドイツ法流に単なる処分行為の意味で使うのであれば，これらすべてを物権契約または物権行為ということが可能である。しかし，債権譲渡等を処分行為ではなく物権行為というのは，用語法として不適切であろう。

B 質権設定契約の要物性

質権の設定は，(1)目的物からの優先弁済権を債権に付与する合意，および(2)目的物の引渡しという2つの行為からなる。優先弁済権の付与の合意だけで質権の効力が発生するとすれば，それは諾成契約であり，合意のほかに引渡行為も必要だとすると要物契約ということになる。

質権設定契約が諾成契約だとすると，質権者は，質権の設定契約の後に，債務者または物上保証人に対して目的物の引渡しを求める請求権を有するということになる。これは，民法344条の文言に抵触するばかりでなく，代理占有の禁止を規定する民法345条の規定との整合性が問題となる。したがって，通説（我妻・担保物権129頁，高木・担保物権62頁，近江・講義III 89頁）においては，質権設定は，目的物の引渡しを要する要物契約と解している。

しかし，将来質権を設定しようという合意も当事者を拘束するから要物性ということをとくに強調する必要はないとする見解（鈴木・物権法324頁）も存在する。確かに，質権設定契約は，(1)目的物からの優先弁済権を債権に付与する合意で成立し，(2)目的物の引渡しと占有の継続を優先弁済権の対抗要件とすることで足りるのであるから，質権を要物契約とする必要はないと思われる。

最近の有力説も，合意のみで質権設定契約は成立し，質権者は質権設定者に対する目的物の引渡請求権を有するに至ると解している（道垣内・担保物権81～82頁，また，内田・民法III 489頁，平野・民法総合3 220頁，山野目・物権224頁も，要物契約性には疑問を持つとしている）。質権の典型とされる動産質に関して，民法352条が質物の占有の継続を対抗要件として要求していることを重視するならば，質物の占有およびその継続は，質権の成立要件でも効力要件でもなく対抗要件であると解するのが，担保法全体の体系という観点からは一貫しているといえよう。

質権の効力で最も重要な点は，第三者に対抗できる優先弁済権であり，占有を伴わない質権は，結局のところ，優先弁済権を第三者に対抗できないことになるのであるから，上記のように解しても，民法344条の「目的物を引き渡すことによって，その効力を生じる」という文言にも反しないということができる。

C 債権の種類の無限定性

質権の目的物については，譲渡性が必要とされる等の制限があるが，質権の設定によって優先弁済権を取得する債権（被担保債権）の種類には，制限がない。一般的には金銭債権に対して質権が設定されるが，「金銭に見積もることができない」債権（民法399条）に質権を設定することも可能である。それらの債権も，質権の留置作用によって担保しうるからである。また，それらの債権が債務者の債務不履行によって金銭債権に転化すれば，優先弁済権によっても担保される。

質権設定契約は，通説によれば，要物契約であり，将来質権を設定しようという合意だけでは質権は効力を生じないとされている。しかし，質権設定の合意と目的物の引渡しがあれば，質権によって担保されるべき債権自体は，将来発生する債権でもよい。すなわち，被担保債権は，質権設定時に現存する債権であることを要しない。

将来において発生・消滅を繰り返す債権群（不特定債権）を担保すること，すなわち「根質」も可能である。「根」という概念は，「枝葉は違っても根は同じ」，「枝葉は枯れても根は残る」という喩えから，一定の継続的な取引関係から生じて増減変動する多数の債権を枠に入れてその枠内で変動する債権を対象とする場合に用いられるものである。根担保についても付従性が問題となる。枠内で変動する債権については付従性は問題とならず，担保権の確定によって枠がはずされると，確定した債権との間では，担保権の付従性の問題が復活するのであって，根担保について付従性の問題がなくなるわけではない。この問題については，根抵当のところで詳しく論じることにする。

質権の被担保債権の範囲については，民法346条に規定がある。質権の被担保債権の範囲は，質権設定契約に別段の定めがない限り，債権者である質権者の有する元本，利息（不動産質の場合には，特約がない限り利息を請求できないし〔民法358条〕，その特約を登記しないと第三者に対抗できない〔不動産登記法95条〕），違約金（不動産質の場合には，登記しなければ対抗できない〔不動産登記法95条〕），質権実行の費用（民事執行法194条・42条），質物保存の費用（民法350条による299条〔留置権による費用の償還請求〕の準用），債務不履行による損害賠償（民法415条），および，質物の隠れた瑕疵によって生じた損害賠償（質物の瑕疵拡大損害）についての請求権に及ぶ。

このような質権の被担保債権の範囲は，抵当権の被担保債権（民法375条）と比較すると，相当に広い。この理由については，質権者が目的物を占有するため，後順位質権者が生じることがまれであり，被担保債権の範囲を広く認めても第三者を害することがほとんどないからであると考えられている。

III 質権の設定者（債務者および物上保証人）

質権の設定は，債権者と債務者との間だけでなく，債権者と第三者との間でもなすことができる（民法342条は，債務者または第三者という表現を用いている）。質権の設定が債務者以外の第三者によってなされた場合，この第三者を「物上保証人」と呼んでいる（民法351条が物上保証人の権利について規定している）。

物上保証人は，質権の目的となった自己の所有財産の限度で質権者に対して債務ではなく責任を負う。この点は，通説と本書の立場との間に違いはない。

もっとも，先に述べたように，本書では，さらに一歩を進めて，通常の保証人も，本来の債務ではなく，責任のみを負わされており，この点では，通常の保証人と物上保証人とは同一の立場に立つと考えている。通説によれば，物上保証人は債務を負わないので，質権者は物上保証人に対して債務の履行を求めることができず，この点で保証人とは異なるとする（高木・担保物権62頁）。これに対して，本書の立場は，通説とは異なり，保証人と物上保証人とは，債務を負わない責任という点では同一であると考える。

それでは，本書の立場によれば「保証人と物上保証人とは全く同一か」というと，そうではない。両者は，債務のない責任という点では同一であるが，一方で，保証人の責任は，債権額の範囲で一般財産のすべてに及ぶ無限責任であるため，一般財産からの弁済も求められることになるのに対して，他方で，物上保証人の責任は，債権額の範囲で，かつ特定財産に限定された有限責任であるため，一般財産からの弁済まで求められることはないという点に，違いが存するのである。

物上保証人の責任が有限責任であるといっても，債務者が債務の支払いをしなければ，物上保証人は質権の目的物を処分されてしまうのであるから，物上保証人も，特定財産からではあるが，「第三者による債務の弁済」をする責任を負わされていることになる（なお，後に述べるように，営業質の場合は，流質契約が許されるので，まさに第三者による債務の代物弁済が行われる）。しかも，自分の財産について競売を阻止しようとすれば他人の債務を支払うしかないという立場は，保証人と異なるところがない。この点を捉えて，鈴木『物権法』（226頁）は，保証人が保証債務を負うのと同様，物上保証人も，担保物の価額を限度とする物的有限債務（物上債務）を負うとし，同様に債務を負っているという点で保証人と物上保証人の地位を同一視している。筆者の立場と結論は似ているが，筆者は，保証人も物上保証人も債務を負わず，責任のみを負うという点で，両者を同一視しており，理論は異なる。

いずれにせよ，物上保証人が債務者の債務を債務者に代わって弁済したり，質権の実行によって質権の目的物の所有権を失った場合のように，自らの弁済によって債務を消滅させた場合には，保証人が主債務者の債務を弁済したときと同じ関係が発生する。そこで民法は，物上保証人が，保証に関する規定に従って債務者に求償権を行使することを認めている（351条）。

第3節　質権の対抗要件

I　質権の効力発生要件と対抗要件

　質権は，目的物から他の債権者に先立って優先弁済を受ける効力を特定の債権に付与する当事者間の合意と，通説によると目的物の債権者への引渡しとによって効力を生じることは，すでに述べた。

　質権の設定において，特定の債権に優先弁済権を付与するという当事者間の合意は，他の債権者との関係でも効力を有すること，すなわち対抗要件を具備することによって初めて大きな意味を持ちうる。それでは，質権が第三者に対抗できることになるその要件（対抗要件）とは何であろうか。

　質権の対抗要件は，動産質権の場合には占有の継続（民法352条）であり，不動産質権の場合は登記（民法361条，不動産登記法3条6号）であり，権利質の場合には，(1)指名債権質については，債務者への質入れの通知または債務者の質入れの承諾（民法364条），(2)記名社債質については，質権者の氏名・住所の社債原簿への記載と質権者の氏名の社債券への記載（会社法688条），(3)記名国債については，証書の継続占有（記名ノ国債ヲ目的トスル質権ノ設定ニ関スル法律，民法362条2項・352条），(4)指図債権質については，質権設定の裏書と交付（民法365条・363条）となっている。

　以上のように，質権の対抗要件は，動産質，不動産質，権利質によって，同一ではない。したがって，対抗要件の詳しい説明は，それぞれの質権の箇所で個別的に論じることにし，ここでは，質権の基本形としての動産質の対抗要件について，以下でその基本的な考え方を説明する。

II　動産質権の対抗要件（占有の継続）

　次のような設例について考察してみよう。
　Aは，友人Bから，急に現金100万円が必要となったので貸してほしいと頼まれたが，Aは，担保がない人にはお金を貸さない主義なので，その申入れを断わった。困ったBは，親友Cからお金を借りようとしたが，Cはお金を持っていない。しかしCは，宝石の入った勲章を受け継いでおり，それを大切に保

管していた。その勲章は，余興で使う以外は必要がないものなので，Cは，親友Bのために，その勲章（時価200万円）を質に入れて，Aからお金を借りることに同意した。そこでBは，Cから預かった勲章を質に入れて，3ヵ月の期限でAから100万円を借りることができた。

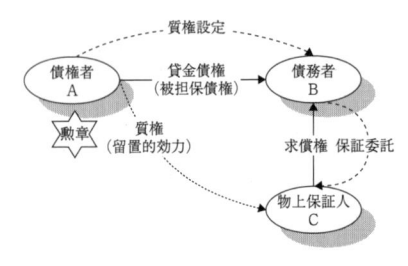

図50　物上保証人による質権設定の例

Cは，1ヵ月後のパーティに招待されており，その日だけ勲章を返してほしいと質権者Aに依頼したが，断わられてしまった。Cは，Aに対して，自分が借りたわけでもない債務者Bの借金100万円とその利子を支払わなければ，1日だけでも勲章をAから取り戻すことはできないのだろうか。

A　動産物権変動の対抗要件（引渡し）と質権の対抗要件（占有の継続）との相違

動産質を通説に従い物権と考えると，物権の対抗要件は，民法176条によれば引渡し（占有の移転）であり，いったん引渡しを受ければ，それで対抗力を取得するはずである。そして，たとえ占有を奪われたとしても，物権の権利者は，占有訴権の外に，物権的請求権に基づく返還請求ができるはずである。

ところが，動産質権の場合，対抗要件は，一般原則とは異なり「占有の継続」である。したがって，質権者がひとたび占有を喪失すると，留置権の場合と異なり，質権自体は消滅しないものの，第三者に対する対抗力を失うため，優先弁済権を発揮することができなくなる。

しかも，質権者が，質物の占有を喪失した場合，質権者は，占有回収の訴え（民法200条）によってしか質物の返還を求めえない（民法353条）。物権であるはずの質権は，いわゆる物権的請求権を持たないのであり，この点でも，動産質権を物権と構成することには問題があるといえよう。

通説は，質権を物権であると主張し，物権である質権に物権的返還請求権が与えられていないのは疑問であるとして，このことは，「動産質権の物権性を弱めるものとして立法の当否が問題とされている」（高木・担保物権59頁）と論じている。

しかし，「物権である以上こうあるべきだ」という議論は，あまり建設的で

はない。たとえ質権が物権だとしても，物権にも，先取特権のように占有を伴わないものなど，いろいろな種類が存在するのであって，質権者が占有を喪失した場合にいかなる回復手段を与えるのが相当であるかを，具体的な利益衡量によって明らかにすべきであろう。通説の立場に立つ場合には，同じく物権とされている留置権の場合には，占有を喪失すると権利自体が消滅するとされている（民法302条）ことについて，なぜ質権の場合のように「立法上の当否」を問題としないのかについても再検討すべきであろう。

B 質物の返還と対抗力の喪失（質権自体は消滅しない）

質権者が目的物を自発的に返還した場合には，留置権の場合とは異なり，質権自体は消滅しないが（大判大5・12・25民録22輯2509頁），質権は対抗力を失い，他の債権者に対して優先弁済権を主張しえなくなる（民法352条）。

ところが，通説は，「動産質権者は，継続して質物を占有しなければ，その質権をもって第三者に対抗することができない」という民法352条の文言にもかかわらず，質権者が目的物を自発的に返還した場合には，質権の対抗力が失われるだけでなく，質権自体が消滅するとしている。

留置作用は質権の本質的効力であり，民法345条（占有改定の禁止）を潜脱する行為を封ずる必要があるからというのがその理由であるが，ドイツ民法1253条1項が，「質権は，質権者が質物を質権設定者または所有者に返還したときは消滅する。質権存続の留保は無効とする。」と規定していることが影響を与えていると思われる（我妻・担保物権130頁参照）。

しかし，占有を失った動産質権は対抗力を失い，他の債権者に優先して弁済を受ける権利を失うのであるから，質権自体は消滅しないとしても，民法345条が潜脱されるおそれは全くない。ドイツ民法が，「質権者が質物を質権設定者または所有者に返還したときは消滅する」と規定していたとしても，ドイツ民法は，フランス民法と異なり，対抗要件の制度を知らないために，そのように規定するほかないのであって，わが国のように，対抗要件の制度を有する場合は，それに倣う必要はない。

上記の例題の場合において，もしも，質権者AがCの依頼を承諾して，Cがパーティに出席する日だけ質物をCに返還したとすると，通説によれば，その時点で質権は消滅してしまい，その後，AとCとの間で再度質権を設定し直す必要がある。対抗要件説に立てば，質物を任意に返還しても，質権自体は消滅

しないのであるから，パーティに出席した後，AがCから質物の占有の返還を受けた場合には，占有回収の訴えによって占有を回復した場合と同様，質権は対抗力を保持する，と解釈することが可能であろう（民法203条ただし書参照）。

　もっとも，先に述べたように，質権者が占有を失った場合，質権設定契約の当事者であるため契約上の返還請求ができるCを除き，質権者は占有回収の訴えによってしか質物の回復を図ることができない（民法353条）。したがって，AがC以外の第三者によって占有を奪われたのではなく，第三者に騙されて占有を失った場合，または，C以外の第三者によって質物を侵奪された場合でも，侵奪後1年を経過した場合（民法201条3項），または，質物がCによって侵奪されたり詐取されたりした場合であっても，質物が事実を知らない者の手に渡った場合には，質権者は占有を回収することができない（契約の相対性，および，民法200条2項）。

　以上の検討を踏まえると，占有を失った動産質権者の保護は非常に弱いため，設例（351頁）の場合においては，Aは，Cからの質物返還の依頼には応じる必要もないし，応じない方が賢明であるといえよう。

第4節　質権における担保物権の通有性

I　概　　説

　設例（351頁）の解説を終えるに際して，質権におけるいわゆる担保物権の通有性について再確認することにしよう。表34によると，例外はあるものの，留置効（民法347条）を含めてほとんどの欄が○印で埋っている。質権が担保物権の典型例と考えられてきた理由がここにあると思われる。

　しかしながら，質権を物権と考えると，すでに述べたように，動産質に関しては，対抗要件が引渡しではなく占有の継続であるため，一般の物権変動の対抗要件との間に齟齬が生じ，しかも，質権者が占有を失うと，第三者に対して質権に基づく返還請求権を行使しえないなど，追及効のない不完全な物権（高木・担保物権56頁）ということになってしまう。

　この点，質権を，当事者の合意と目的物の使用・収益権の移転とによって優先弁済権を取得する債権であると考えると，すでに詳しく述べたように，質権における担保物権の通有性をすべて無理なく説明することができる。

表34　質権における物的担保（担保物権）の通有性

			種類			説明
			動産質	不動産質	権利質	
担保物権の通有性	優先弁済権	存否	○	○	○	留置権の場合とは異なり，質権の場合には，優先弁済権が明文で規定されている。
		条文	342条			
	付従性・随伴性	存否	○	○	○	明文の規定はないが，質権も，債権を担保するための権利であり，債権の存否に従属する。
		条文	—			
	不可分性	存否	○	○	○	留置権の不可分性の規定が準用されている。質権も，債権額全額の弁済を受けるまでは消滅しない。
		条文	350条（296条の準用）			
	物上代位性	存否	△		×不要	先取特権の物上代位の規定が準用されている。ただし，売却代金に対する物上代位は認める必要がないし，不動産質権者は収益権があるので，賃料に対する物上代位は問題にならない。
		条文	350条（304条の準用）			
	追及効	存否	△	○	○	動産質の場合，占有を失うと，優先的効力を第三者に対抗できない。しかし，目的物が譲渡されても，債権者が占有を継続している限りは，優先弁済権が確保される。
		条文	352条，353条	361条	366条	
	留置効	存否	○	○	×	通常の指名債権（例えば代金債権）には，証書が存在しないことが多いし，たとえ証書があっても，指名債権の証書は，債権の証拠方法に過ぎず，その占有によって留置的効力を発揮しうるわけではない。
		条文	347条	347条，356条	363条	

第4節　質権における担保物権の通有性

II 優先弁済権と留置的効力

　質権の最初の箇所で述べたように，質権は，留置的効力と優先弁済権という2つの機能を持つことによって，他の物的担保と区別されている。留置的効力を裏付けるのが，質権設定者による代理占有の禁止（民法345条）であり，優先弁済権の実現のための強制競売権を裏付けるのが，民法342条，および，民事執行法の規定（180条以下）である。

A 留置権とは異なる質権の留置的効力

　質権の目的物の返還請求に対しては，留置権の場合とは異なり，引換給付判決（民事執行法31条1項）ではなく，原告（債務者，所有者）の敗訴判決が下される。このことは，留置権の場合には同時履行の抗弁権と同じく引換給付判決が下されるのに対して，質権の場合には債務者側に敗訴判決が下されるのはなぜかを問うことになる点で，重要である。その答えは，留置権は，同時履行の抗弁権と同じく，履行拒絶の抗弁権であって，積極的な権利ではないからであり，これに対して，質権には，競売権を含めて，積極的な権利としての法律上の優先弁済権が認められているからである。

　しかし，そのことは，逆説的ではあるが，留置権に比べて質権の効力を弱める結果を生じさせている点に留意すべきである。留置権は，引換給付判決を得ることができるに過ぎない権利ではあるが，相手方の目的物の引渡請求に対して，自らの債権が満足されるまでは，どのような権利者に対しても留置的効力を主張することができる（民事執行法124条・190条）。そればかりでなく，不動産の場合のように，留置権者の意に反して目的物の強制執行が行われたとしても，留置権者は，買受人に対しても，自らの債権の弁済を受けるまで，目的物を留置することが認められている（民事執行法59条4項・188条）。このように，留置権は，事実上の優先弁済権を有しているに過ぎないが，債権の回収という観点から見ると，留置権は，実質的には最高順位の優先弁済権を有しているといえる。

　これに対して，質権の場合には，法律上の優先弁済権を有するにもかかわらず，その優先権の順位が常に最高順位とは限らないために，その留置的効力に制限が課せられている（民法347条ただし書）。この点は重要な問題であるので，

以下で詳しく検討する。

B 質権の優先順位

　質権に優先する権利を有する者がいる場合には，その質権の留置的効力は，優先権を有する債権者に対抗することができない（民法347条ただし書）。この民法347条ただし書は，2つの点で重要な意味を有している。

　第1は，例えば動産質に関しては，第1順位の先取特権と同一の権利を有するとされており（民法334条），最優先順位を確保しているようにみえる。それにもかかわらず，第1順位の先取特権であってもさらにそれに優先する権利があることを再確認させる点で重要である。

　民法347条ただし書にいう，質権に対して「優先権を有する債権者」とは，以下の権利者（通説によると，物権を有する者）である。

(1) 先順位の質権者
  (a) 動産質権に関しては，民法355条（動産質権の順位）によって，先に質権を設定した質権者が，民法347条ただし書にいう「優先権を有する債権者」となる。
  (b) 不動産質権に関しては，民法361条で準用される373条によって，先に登記をした不動産質権者が，民法347条ただし書にいう「優先権を有する債権者」となる。
  (c) 権利質に関しては，無記名債権は動産とみなされるために，上記の通り民法355条の規定により，先に質権を設定した質権者が民法347条ただし書にいう「優先権を有する債権者」となる。指名債権の場合には，証書を交付することを要しないので，留置的効力は問題とならない。指図債権の場合には，民法363条・365条が適用され，留置的効力が問題となりうる。この場合には，質入れ裏書がなされた証券の交付を先に受けた者が，民法347条ただし書にいう「優先権を有する債権者」となる。

(2) 質権に優先する先取特権
  (a) 動産質権に優先する一般先取特権者が，民法347条ただし書にいう「優先権を有する債権者」となる。

　　民法329条2項ただし書は，「共益の費用の先取特権は，その利益を受けたすべての債権者に対して優先する効力を有する」と規定しており，共益費用の先取特権者は，特別先取特権である第1順位の動産先取特権と同じ順位となる動産質権者に優先することになる。したがって，一般先取特権者である

共益費用の先取特権者が，民法347条ただし書にいう「優先権を有する債権者」となる。
- (b) **動産質権に優先する動産先取特権者**が，民法347条ただし書にいう「優先権を有する債権者」となる。

  先に述べたように，動産質権と動産先取特権との優先順位については，民法334条が，「先取特権と動産質権とが競合する場合には，動産質権者は，第330条〔動産の先取特権の順位〕の規定による第1順位の〔動産〕先取特権者と同一の権利を有する」と規定している。

  質権者が第1順位の先取特権と同一の権利を有するということになると，質権に優先する先取特権は存在しないのではないかとの疑問が生じるかもしれない。

  しかし，第1順位の動産先取特権は，先に述べたように，民法329条2項ただし書により，共益費用の先取特権に劣後するだけでなく，民法330条2項により，債権取得の時に，第2順位（動産保存の先取特権），第3順位（動産売買の先取特権等）の先取特権者があることを知っていたときは，これらの者に対して優先権を行使できないのであり，これらの第2順位，第3順位の動産先取特権者が，民法347条ただし書にいう「優先権を有する債権者」となる。

- (c) **不動産質権に優先する不動産先取特権者**が，民法347条ただし書にいう「優先権を有する債権者」となる。

  民法361条により，不動産質権に関しては，抵当権の規定が準用される。

  抵当権と一般先取特権との優先関係については，すでに述べたように，民法336条により，一般先取特権は，登記をした第三者（抵当権者）に優先権を有しない。したがって，一般先取特権（共益費用の先取特権を除く）は，ここでは問題とならない。

  抵当権と不動産先取特権に関しては，すでに述べたように，民法339条により，保存行為の後に遅滞なく登記を完了した**不動産保存の先取特権者**，および，工事を始める前にその費用の予算額を登記した**不動産工事の先取特権者**が，抵当権に優先する。民法361条を経由して，これらの者が，民法347条ただし書にいう「優先権を有する債権者」となる。さらに，不動産売買の先取特権については，先に述べたように，抵当権よりも先に登記をした不動産売買の先取特権者が抵当権に優先するため，不動産質の登記に先立って登記をした不動産売買の先取特権者が，民法347条ただし書にいう「優先権を有する債権者」となる。

(3) **不動産質権者に優先する抵当権者**

不動産質権者に優先する抵当権者が，民法347条ただし書にいう「優先権を有する債権者」となる。
① 先に述べたように，民法361条により，不動産質権に関しては，抵当権の規定が準用される。つまり，不動産質権者と抵当権者との優先関係は，抵当権者同士の優先関係と同じとなる。
② したがって，民法373条により，不動産質権者よりも先に登記をした抵当権者が，民法347条ただし書にいう「優先権を有する債権者」となる。

民法347条ただし書の「優先権を有する債権者に対抗できない」，すなわち「留置的効力を主張できない」という意味は，質権に優先する上記の優先権を有する権利によって強制執行，担保執行が行われた場合には，質権者はその引渡しを拒絶することができないこと，したがって，質権者は，売却代金から優先権の順位に従って配当をうけることができるに過ぎないことを意味する。

なお，同順位の質権が競合した場合には，動産質権の場合には，質権の順位は設定の前後によって定まる（民法355条）。不動産質については，民法361条によって抵当権の規定が準用されるため，不動産質の順位は，登記の前後によって定まる（民法373条）。権利質については，対抗要件の具備の先後によって定まることになろう（民法363～365条参照）。

民法347条ただし書の特色の第2は，文言にかかわるものであるが，「この権利〔物権〕は，自己に対して優先権を有する債権者に対して対抗することができない」としている点にある。優先権を有する「債権者」が質権という「物権」に優先するという点が，興味深い。というのは，従来の学説・判例が固執してきた「物権は債権に優先する」というテーゼとは正反対の文言が民法347条ただし書に書かれているからである。この点については，優先権を有する債権者は結局のところすべて担保物権を有する者であるから，民法347条ただし書に深い意味はない，との反論も成り立つが，そうだとすると，担保物権の実体は，単に「優先権を有する債権に過ぎない」という本書の立場を認めることになる。さらに，質権に優先する権利の中に，物権であることが大いに疑われており，優先権を有する「債権」に過ぎないのではないかと疑われている一般先取特権（共益費用の先取特権）が含まれているのであるから，民法347条ただし書の表現には，いっそう深い意味があるといわなければならない。

C 優先権の実現

質権者が質権を実行して優先弁済を受けるためには，債務者が債務不履行に陥っていることが必要である。また，被担保債権が金銭債権でない場合には，それが金銭債権に変化している必要がある。

質権者が優先弁済権を実現するための方法としては，以下の2つの方法がある。第1は，競売である。質権者は，民事執行法190条・192条に基づき，質物の競売を申し立て，その売得金から優先弁済を受けることができる。第2は，配当要求である。他の債権者が動産執行または動産競売の申立てをしたときは，質権者は，民執行法133条・192条に従い，その手続内で配当要求をして，その売得金から優先弁済を受けることができる。

なお，質権設定者が破産したときは，質権者は，破産手続上の別除権を有する（破産法2条9項）。民事再生手続上も別除権を有する（民事再生法53条1項）。ただし，質権設定者に対して会社更生手続が開始した場合には，質権者は，更生担保権者（優先権を有する債権者）の地位に甘んじなければならない（会社更生法2条10項）。

第5節 動産質

これまでの質権の全体にかかわる問題においても，動産質はその典型例として説明をしてきた。特に，質権の第三者に対する対抗力については，他の質権とは異なる動産質の特質についても解説を行っている。これからの問題も，質権全体にかかわる問題であるが，特に動産質について問題が生じることが多いため，動産質を例にとって説明をする。

I 流質契約の禁止

A 概説

質権設定者は，設定行為または債務の弁済期前の契約で，質権者に弁済として質物の所有権を取得させ，その他法律に定めた方法によらずに質物を処分させることを約することができない（民法349条）。

B 流質契約禁止の例外

流質契約の禁止といっても，禁止されるのは，債務の弁済期前に締結された流質契約に限られる。したがって，弁済期以後に流質契約を締結することは禁止されていない。また，債務者の方で，目的物をもって弁済に充てる権利を持つという特約は，弁済期前になされた場合も有効である。

ところで，質権の場合に，原則として，私的実行である流質契約が禁止されるのは，清算義務を課すことが困難だからである。すなわち，もしも，比較的値段の低い動産をも目的物とする質権に関して常に清算手続を義務づけるとすれば，質権の実行は費用倒れになるおそれが大きいからである。流質契約が許されている質屋の質に関しても，質屋に清算義務を課すのではなく，行政的な監督の下での競争を促進することで問題の解決を図っているのは，この理由に基づく。動産の場合であっても，行政的な監督の及ばない動産譲渡担保の場合には，私的実行を許す代りに，判例によって清算義務が課されているのは，この意味でバランスのとれた解決というべきであろう。

表35 質権等における動産の私的実行

質権の種類	条文	動産の私的実行
民法上の質権	民法349条	原則的禁止（流質契約の禁止）。
	民法354条	一定の要件（正当な理由，鑑定人の評価）の下で，裁判所の許可を得て，私的実行を行うことができる（簡易の弁済充当）。
商法上の質権	商法515条	契約による質物の処分の禁止の適用除外（流質の承認）。
営業質	質屋営業法19条	（行政的監督の下に）公正競争が実現されるとの考え方によって私的実行が許可される。
譲渡担保	―	清算義務を課すことにより，私的実行が許されている。

C 営業質の例外

質屋の質については，質屋営業法が，各種の規制を設けて質権設定者の保護を図る一方で，民法の質権実行の方法は費用・手数を要し，少額の金融については不適切であるとの考慮から，流質を許容している（質屋営業法1条1項・19条）。

質屋営業法は，一方で「質屋は，流質期限を経過した時において，その質物の所有権を取得する」（19条1項本文）と規定するとともに，他方で質屋営業

法は，「質屋は，当該流質物を処分するまでは，質置主が元金及び流質期限までの利子並びに流質期限経過の時に質契約を更新したとすれば支払うことを要する利子に相当する金額を支払ったときは，これを返還するように努めるものとする」(19条1項ただし書) として，質置主の受戻権を規定している。

このように，質屋の質においては流質契約が許容されており，質物の価格が債権額に不足する時でも，質屋は残額の弁済を質権設定者に請求しえない，すなわち，質権設定者の一般財産に執行するすることはできない。

このこと，および，質屋営業法20条2項が，「災害その他質屋及び質置主双方の責に帰することのできない事由に因り，質屋が質物の占有を失った場合においては，質屋は，その質物で担保される債権を失う」と規定していることから，「営業質屋への質入れは，担保物権の設定ではなく，一定期間（流質期限）内の物権的受戻し約款つきで質屋に質物を譲渡する行為で，質権設定者の債務は初めから存在しないと考えることも可能であろう」との説（鈴木・物権法329頁）が主張されている。

確かに，営業質の場合には，質物の価格が債権額に不足する時でも，質屋は残額の弁済を質権設定者に請求しえないこと，反対に，質物の価格が債権額を超える場合でも，質屋に清算義務が生じない。このことを考慮すると，営業質は，清算を本質とする，いわゆる担保物権ではない。しかし，「質権設定者の債務はもともとない」と考えるのは行き過ぎであり，受戻期間（流質期間）は債権の弁済期の定めと考えることに不都合はない。

むしろ，質屋営業法1条が，「この法律において，『質屋営業』とは，物品（有価証券を含む。第22条を除く，以下同じ。）を質に取り，流質期限までに当該質物で担保される債権の弁済を受けないときは，当該質物をもってその弁済に充てる約款を附して，金銭を貸し付ける営業をいう」と規定し，明文で「金銭の貸付け」，「債権の弁済」という用語を用いている以上，質屋は質置主に対して，質物の質入れ後も貸金債権を有していると考えるべきであろう。

このように考えると，営業質の法的性質は，質物の管理・保存について質屋に厳格責任を課すとともに（質屋営業法20条2項），流質期限後においても，質物が実際に処分されるまでは債務者による受戻しが認められるという留保つき（質屋営業法19条1項）ではあるが，「貸金債務が期限内に支払われない場合には，質物でもって代物弁済がなされるという契約（清算を伴わない代物弁済予約）」であるといえよう。

II 質権の処分（転質）

A 概　説

　民法350条は，留置権者による留置物の保管に関する民法298条を準用している。民法298条2項によると，「留置権者は，債務者の承諾を得なければ，留置物を使用し，賃貸し，又は担保に供することができない」。この条文の反対解釈によって，承諾を得て質物を担保に供することは可能であり，これを承諾転質と呼んでいる。これに反して，承諾なしに質物を担保に供することは，できないことになりそうである。しかし，それでは，江戸時代から使われてきた質権者の資金調達手段（質物をさらに質に出して資金を調達すること）を封じてしまうことになる。現在においても，転質は，例えば，小規模の質屋が顧客から受け取った質物を，資本の大きい質屋に質入れして，顧客に貸し付けた資金の代りの資金を借り受けるというように，固定した資金の流動化を促進する作用を有しているのであり，この作用を封じてしまうことは得策とはいえない。

B 責任転質

　そこで，民法348条は，承諾を得ないで質物を担保に供することを認めることにしている。すなわち，質権者は，その権利の存続期間内に，自己の責任で質物を転質することができる。この場合には，質権者は，転質をしなければ生じなかったはずの不可抗力による損失ついても責任を負う。

1　転質の要件と効果

　責任転質の要件と効果は以下の通りである。
(1) 転質権の被担保債権額が原質権の被担保債権額より大きくても，転質権の効力は原質権の範囲を越えることはできない。
(2) 転質した者は，自分の債権についても弁済を受けることはできない。
(3) 原質の弁済期がこないうちは，転質の弁済期がきても転質権を実行することはできない。
(4) 転質権者は，質物を競売して弁済を受けることができる。

2　転質の法的性質

　責任転質については，さまざまな説（質物質入説，質物・債権共同質入説等）があり，厳しく対立している。

(1) 債権・質権共同質入説

　　責任転質は，質物だけではなく，被担保債権にも同時に質権を設定するものと考える。質物の留置によって原質権による弁済をも期待する当事者の意思にも，上記の項目にも適合する上，最も平明な構成によって当事者の利害を調整できると主張されているが，少数説である（柚木＝高木・担保物権 117 頁，近江・講義Ⅲ 96〜97 頁）。

(2) 質物再度質入説（質物質入説）

　　質物上に新たに質権を設定すると構成する説であり，通説（我妻・担保物権 149-150 頁）・判例（大連決大 14・7・14 刑集 4 巻 484 頁：質権者が質権設定者の承諾なしに転質をするのは横領罪に当たるとした判例〔大判明 44・3・20 刑録 17 輯 420 頁〕を変更したもの）とされている。その根拠は，民法 348 条の文理解釈である。

　　しかし，転質は，すでに質権が設定された債権に対する権利質であると構成することによって，上記の要件・効果をすべて矛盾なく説明することができる（転質＝原質権付債権に対する債権質説〔加賀山説〕）。

　　この説の利点は，転質という概念を特別のものとして捉えるのではなく，質権のついた債権に質権を設定することができるというだけで，すなわち，一種の債権質に過ぎないと考えることで，転質の機能を過不足なくすべて説明ができるだけでなく，転抵当についても，抵当権のついた債権に抵当権を設定すると考えることによって，統一的に考えることができる点にある。

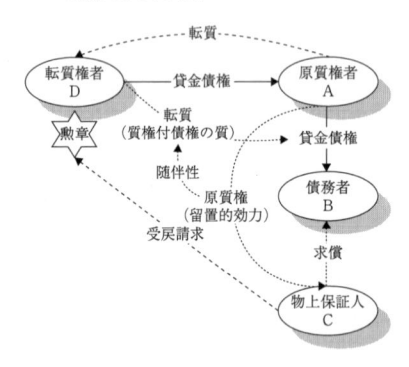

図51　責任転質の構造

　　原質権が設定された債権に対して権利質を設定することを転質と考える立場に立つと，債権に対する質権の設定は債権の処分行為に当たるとされているので，民法 87 条 2 項（従物は主物の処分に従う）によって，転質権者は，原質権を伴った債権質を取得することになる。

　　このように，転質を原質権付債権に対する質権の設定と考えると，その対抗要件は，民法 364 条以下の対抗要件，すなわち，民法 467 条以下の対抗要件と同様の対抗要件（債務者への通知または債務者の承諾）を備えることが必要となる。このことは，転抵当に関して，民法 377 条が 467 条の対抗要件を要求して

いることと整合的であり，通説が，転質に関して，転抵当における民法376条の類推を主張していることに対して，その根拠を提供することにもなる。

C 承諾転質

承諾転質とは，民法350条によって準用される民法298条2項に基づく，質権設定者の承諾を得た転質であり，民法348条の責任転質とは性質の異なる転質であると解されている。そして，その性質は，原質権とは別個の新たな質権設定であり，原質権の把握する担保価値に左右されないとされている。すなわち，原質権の債権の弁済期が到来しなくても，転質権の債権が弁済期にあれば転質権を実行できるし，また，質権設定者が原質権者に弁済しても転質権は消滅しないものとされている（我妻・担保物権154頁）。

このような解釈が生じたのは，民法348条が責任転質について転質権者の責任を加重していることの反対解釈として，承諾転質については転質権者の責任を軽減する必要があると考えられたからである。しかし，反対解釈は，往々にして極端な解釈を導くことが多く（例えば，民法613条1項の反対解釈），常に細心の注意が必要である。承諾転質について，転質権者の責任を完全に軽減するのみならず，転質権者の権利を原質権者の権利を超えて認めることは，そもそも，転質の本質に反しており，反対解釈の域を超えている。銀行取引では，責任転質は行われておらず，責任転質を回避して，承諾転質をすることにしているという（堀内仁・民法判例百選Ⅰ〔第2版〕184頁）。このような実務を考慮するならば，転質によって，転質権者は原質権者・原質権設定者の犠牲の上に，原質権者が有する以上の権利を取得することになり，不当である（公序良俗に違反する結果となる）。

承諾転質は，承諾を得ない責任転質の場合とは異なり，転質権者の責任が軽減される（不可抗力によって質物が滅失・損傷した場合には，転質権者は免責される）だけであり，原質権者以上の権利を有するものではないと解するのが，民法348条の正しい反対解釈と思われる。すなわち，転質の性質と構造においては，責任転質も承諾転質も全く同じであり，承諾転質をしたからといって，転質権者の権利が原質権者の権利よりも大きくなることは認められない（加賀山説：承諾転質＝責任転質∧不可抗力の場合の転質権者免責）。

第6節 不動産質

　質権は，動産を目的として発展し，目的物の範囲を不動産，そして権利へと拡大してきた。しかし，質権は，債務者から目的物の使用・収益権を奪う点で債務者にとって不便であり，質物の管理を債権者がしなければならない点で債権者にとっても面倒であるという欠点を内在している。したがって，質権の典型例としての動産質さえも，債務者から目的物の使用・収益権を奪わず，債権者による管理を必要としない動産譲渡担保（いわゆる動産抵当）に取って代わられつつある。そして，質権で利用頻度が高いのは，必ずしも占有の移転が必要とならない権利質だけであるという状況に陥っている。権利質のみが現在においても利用頻度が高い理由は，権利質が，債務者にとっての不便と債権者にとっての面倒臭さを免れている，すなわち，権利質については，必ずしも占有の移転が必要ではなく（民法363条・364条），債務者の不便と債権者の面倒臭さが緩和されているからである。

　これに対して，質権の欠点が集中的に表れている不動産質は，債権者が目的物を使用・収益することができるものであり（民法356条），債務者は不動産の占有と使用・収益権を奪われ，かつ，債権者は目的不動産を自らまたは他人に貸して占有管理しなければならないため，現在の金融取引ではほとんど利用されていない。

　もっとも，賃貸マンション等について，後に述べる指図による占有移転を利用した不動産質を設定する場合には，収益が債務者と債権者とに分属する可能性があるため，今後の発展の可能性を秘めていると考えられている（鈴木・物権法 329-330 頁，道垣内・担保物権 82 頁）。

I 成立要件

A 目 的 物

　不動産質権の目的物は土地と建物だけである。

　特別法によって不動産とみなされる立木（立木法2条1項）は，抵当権を目的とするために不動産と認められるのであり（同条3項），不動産質権の目的物とすることはできない。工場財団（工業抵当法14条），鉱業財団（鉱業抵当法

3条）も同じである。また，特別法で不動産と同様に取り扱われるものとして鉱業権（鉱業法12条・13条〔採掘権〕），漁業権（漁業法23条）などがあるが，これらの権利は，権利者自身に行使させることが法の目的となっているため，質権の目的とすることができない。

B　目的物の引渡し（占有改定のみは許されない）

不動産質権の設定については，不動産質に関する特別の規定がないため，通則である民法344条が適用される。つまり，不動産質権の設定には，目的物の引渡し（占有の移転）が必要である。目的物の引渡しとしては，現実の引渡しに限らず，簡易の引渡し（民法182条）でも，指図による占有移転（民法184条）でもよいが，占有改定（民法183条）によることはできない（民法345条）。

質権において占有改定のみが許されない理由を突き詰めていくと，債務者に使用・収益権が残されることが質権の本質に反することがわかる。そこで，債権者が不動産に質権を設定しておきながら，それを質権設定者に賃貸すること（占有改定）は，許されない。反対に，賃借人に占有させている賃貸物件について指図による占有移転によって質権を設定し，果実である賃料を質権者について優先弁済を受けるということは，許される。債務者に使用・収益権が残されていないからである。

このように考えると，債権者Aのために，債務者であるマンションの所有者Bが，賃借人Cに対して，以後，債権者Aのために占有するように指図して，賃貸マンションに不動産質を設定することができる（指図による占有移転による質権の設定）。債権者Aは，これにより，債務者Bの収益である賃料から，被担保債権を優先的に回収することが可能となる。

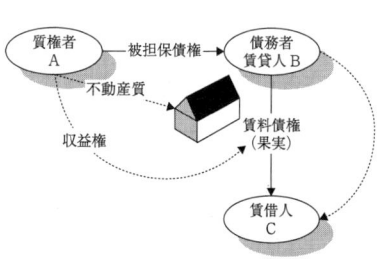

図52　指図による占有移転による不動産質の設定

賃貸中の不動産を質入れするためには，賃貸人の地位を質権者に移転すべきであって，これをせずに設定者が依然として賃貸人として賃料収取権を有する場合には，質権は成立しないといわなければならない，という見解が存在する（我妻・担保物権168頁）。この見解は，賃貸中の不動産の質入れには原則として賃貸人の地位の移転の合意を伴うと解するのが適当であるとする（大判昭

第6節　不動産質

9・6・2 民集 13 巻 931 頁参照)。

しかし,不動産質における質権者は,自ら目的物を使用・収益することができるばかりでなく,第三者に賃貸することもできるのであるから,債務者を賃貸人として管理をまかせ,収益の一部を優先的に自らの債権の回収に当てることは,許されるべきであろう。もっとも,収益をすべて回収する場合には,賃貸物権の管理に支障が生じるため,上記の説のように,債務者に代わって賃貸人の地位を引き受けるべきであろう。

C 存続期間

不動産質の存続期間は,10 年を超えることができない。更新は可能だが,それも 10 年を超えることができない(民法 360 条)。

不動産質の存続期間が定められているのは,通説によれば,不動産の用益権,特に耕作権能を所有者以外の者の手にゆだねることは,不動産の効用を害するおそれがあるとする考え方に基づいている。永小作権の存続期間(民法 278 条)および買戻しの期間(民法 580 条)が制限されているのと同じ理由であるとされている。もっとも,民法立法理由書によれば,民法 360 条の立法理由は以下の通りである。

> (理由) 債権担保編第 116 条第 3 項に於ては不動産質契約の期限を 30 个年となしたり。……不動産質契約は,不動産の改良を妨ぐるが如き種々の弊害を生ずるのみならず,抵当の発達と共に漸々衰滅に帰するものにして,現に仏法系諸国に於て之を禁ずるものあるに至れり。本案に於て既成法典に於ける不動産質契約の期限を短縮して 10 个年と為したるは,一は地方の慣習に依りたるものにして,又一は此契約を奨励せざるの主意に出でたるものなり。

Ⅱ 対抗要件(優先弁済権の成立要件)

不動産質権の対抗要件は,抵当権と同様,登記である(民法 361 条による 373 条の準用,不動産登記法 3 条 6 号)。登記をするに際しては,被担保債権を確定しなければならない(不動産登記法 83 条・95 条)。

対抗要件を備えた不動産質権者は,質権設定者が目的不動産を第三者に処分しても,その第三取得者に対して質権を対抗することができる。したがって,不動産質権が実行されると,第三取得者は権利を失うことになる。

この場合を想定して，民法は，売主の担保責任の箇所で第三取得者を保護するための規定をおいている。すなわち，第三取得者は，登記された不動産質が実行される前に，質権消滅請求の手続をとることができ，その手続が終わるまで，目的不動産の代金の支払を拒むことができる（民法577条2項による577条1項の準用）。

III 効　力

A 債権の範囲

不動産質の被担保債権の範囲は，民法346条の通則に従う。ただし，不動産質の場合には，利息は特約のある場合のみ請求しうる（民法358条・359条）。しかも，その特約は，登記をしなければ第三者に対抗できない（不動産登記法95条）。さらに，特約の登記がある場合でも，抵当権に関する民法375条の準用による制限があるかどうかが問題となる。この点について明文の規定はないが，不動産質においては，次に述べるように，質権者は目的物の使用・収益ができるのであり，それと管理の費用と利息とは相殺されるとするのが合理的である。したがって，質権者が利息を請求できるとする特約も，制限的な解釈が必要であり，利息等は最後の2年分に制限されるという抵当権に関する民法375条の規定が準用されると考えるべきであろう。

不動産質について，民法358条により，債権の利息を請求することが禁止された理由は，以下のように，不動産質権者が使用・収益することによる利益（費用を差し引いた純益）と債権の利息とがほぼ対応すると考えられたためである。

　（理由）　本条は債権担保編第126条に当るものとす。同条の規定は頗る煩しきを以て，不動産の使用及ひ収益に基く利得は総て利息と相殺するものとなしたり。

B 目的物の範囲

不動産質には，特別の規定のない限り，抵当権の規定が準用される（民法361条）。そこで，抵当権に関する目的物の範囲に関する民法370条が準用されるが，果実に関する民法371条は準用されない。その理由は，不動産質権者は，天然果実を収取し，または，第三者に収益させて，法定果実を収取することができるからである（民法356条）。

C 物上代位

不動産質も質権であるから，一般論としては，物上代位が認められる（民法350条による304条の準用）。しかし，不動産質権者は使用・収益権を有しているので，不動産質権者は，設定者の承諾なしに自由に目的物を第三者に賃貸することができ，物上代位の規定によることなく，自ら賃料を収取することができる。このため，物上代位のうち，賃貸による物上代位については，物上代位の余地はないと解されている（我妻・担保物権173頁）。

これに対して，抵当権の場合は，通説・判例は，目的物の賃貸の場合に物上代位を認めている（最二判平1・10・27民集43巻9号1070頁など）。使用・収益権が認められる不動産質権の場合に，賃料債権に対する物上代位が不要であるのに対して，使用・収益権が認められない抵当権の場合に，賃料債権に対する物上代位を認めることは，背理ではないのかとの疑問が生じる。

この点については後に詳しく論じるが，そもそも，不動産質権と抵当権との間には，債務者または物上保証人（担保権設定者）の使用・収益権が奪われるか（不動産質），設定者の使用・収益権が奪われないか（抵当権）の点で，決定的に異なる。不動産質権の場合には，目的物の使用・収益権は債権者に帰属し，法定果実である賃料を収取しうるし，指図による占有移転による質権の設定の場合でも，質権者は，賃料に対して優先弁済権を取得する。したがって，賃料債権について，通常は物上代位を認める余地もないし，たとえ物上代位を認めてもなんら支障は生じない。これに対して抵当権は，担保権設定者の使用・収益権を奪わない点に特色があるのであって，もしも，物上代位によって賃料債権から優先的に弁済を受けることができるとすると，それは，担保権設定者の使用・収益権を奪うものであり，もはや抵当権とはいえず，不動産質権となってしまう。そこで，抵当権の場合の賃料債権に対する物上代位に関しては，その制限を行うことが重要な課題となる。

D 使用・収益権

1 原 則

一般論としては，質権者は，質権設定者の承諾がなければ，質物を使用・収益できない（民法350条による298条の準用）。しかし，不動産質は用益質と呼ばれるように，質権者は，質物を使用・収益することができる（民法356条）。

ただし，その反面，不動産質権者は，自ら用益するか，他人に貸すかして，不動産を活用しなければならない。そして，民法357条により，質権者は，不動産の管理費用を自弁し，かつ，その他不動産に関する負担を負う。それだけでなく，先に述べたように，民法358条により，原則として，債権の利息を請求することができないため，質権利者には相当に重い負担が課せられることになる。もっとも，利益の存するところに負担も存するという考え方によるときは，果実を収取する権利を持つ者が管理費用等を負担するのが合理的であろう。

先に言及した物上代位の問題であるが，自ら管理をせず，かつ収益だけを掠め取ることを認めるのが，賃料債権に対する物上代位なのであるから，不動産質権とは異なり，使用・収益権を有さない抵当権者に物上代位の権利を認めることの方が，むしろ不合理といわなければならない。もしも，抵当権者に対して賃料債権に対する物上代位を認めるのであれば，少なくとも，管理費用を控除した部分についてのみ物上代位を認める等の解釈が必要と思われる。この点については，抵当権の箇所で詳しく論じる。

2 例　外

当事者が特約で，質権者に使用・収益権を与えないという特約をした場合には，質権者は使用・収益権を有しない（民法359条）。ただし，この特約は，不動産登記法95条の登記をしなければ対抗力を有しない。

民事執行法180条2号の担保不動産収益執行が開始されると，担保不動産の使用・収益権が管理人に移転し，管理人が費用等を負担する。それとの均衡上，不動産質権者は，使用・収益権を失うとともに，利息を請求できるようになる（民法359条）。

> **担保不動産収益執行**　不動産上の担保権に基づいて，不動産から生ずる収益（賃料など）を被担保債権の弁済にあてる手続（民事執行法180条2号・188条）。手続は，基本的には強制管理と同様であるが，手続の開始にあたり，債務名義を要せず，それに代わって担保権の存在を証する文書（民事執行法181条1項1～4号）が要求されるなどの特徴がある。平成15年の民事執行法改正（法134）により新設された（詳細は454頁以下参照）。

E　留置的効力

不動産質権者も民法347条の一般原則に従って，債権の弁済を受けるまでは質物を留置することができる。ただし，不動産質権に優先する債権者には対抗

することができない。不動産質権者に優先する債権者とは，通則の解説ですでに述べたように，以下の債権者である。

(1) 不動産質権者　不動産質権に関しては，民法361条で準用される民法373条によって，先に登記をした不動産質権者が，民法347条ただし書にいう「優先権を有する債権者」となる。

確かに，不動産質権は，多くの場合，債権者が目的物を占有するので，質権者同士の優劣が問題になることは少ない。しかし，指図による占有移転によって不動産質権を行うことは認められているから，このような場合には，不動産質権の優先順位の問題が発生する。

(2) 不動産先取特権者　民法339条により，保存行為の後に遅滞なく登記を完了した不動産保存の先取特権者，および，工事を始める前にその費用の予算額を登記した不動産工事の先取特権者が，抵当権に優先する。民法361条を経由して，これらの者が，民法347条ただし書にいう「優先権を有する債権者」となる。

不動産売買の先取特権については，先に述べたように，抵当権よりも先に登記をした不動産売買の先取特権者が抵当権に優先するため，不動産質の登記に先立って登記をした不動産売買の先取特権者が，民法347条ただし書にいう「優先権を有する債権者」となる。

(3) 抵当権者　不動産質権者よりも先に登記をした抵当権者が，民法347条ただし書にいう「優先権を有する債権者」となる。

不動産質の目的物である不動産については，他の担保権者は，担保権の実行としての担保不動産競売（民事執行法180条1号）または担保不動産執行手続（同条2号）を行うことができる。そればかりでなく，一般債権者も，競売（民事執行法45条以下）または強制管理（民事執行法93条以下）を申し立てることができる。その場合に，不動産質権者はどのような地位を確保できるのかが問題となる。

1　目的物が競売された場合

民事執行の第1の場合として，他の債権者によって，不動産質権の目的不動産が競売のために差し押さえられた場合には，動産留置権や動産質権の場合とは異なり，執行官に対しても目的物の引渡しを拒絶できるというような強力な留置作用が不動産質には認められていない。

2　不動産質権が最優先順位にあるとき

当該不動産質権が，最優先順位にあり，かつ，使用・収益をしないという特

約をしていない通常の不動産質の場合には，不動産質は，競売によっても消滅せず，競売における買受人は，質権者に被担保債権を弁済しないと目的物の引渡しを受けることができない（民法347条本文，民事執行法59条4項）。この点で，不動産質は，辛くも留置的効力を保持することになる。

3 不動産質権よりも優先順位にある担保権が競売により消滅するとき

目的不動産に対する差押えでも，それが，当該不動産質権者に優先する権利を有する者によってなされた場合，または，不動産質権について使用・収益をしない旨の定めがある場合には，不動産質権は，競売手続における目的物売却によって消滅し（民事執行法59条2項），不動産質権者は，その手続内で優先弁済を受けるにとどまる（民事執行法87条1項4号）。この場合には，登記された質権を有する不動産質権者は，優先弁済権の範囲で，自動的に配当を受けることができる。

不動産質権者が中間順位にあり，それよりも下位の担保権者により競売の申立てがなされた場合，競売により質権は消滅するが，下位の担保権の実行により不動産を競落した買受人は，質権を引き受けなければならないと解されている。

民事執行の第2の場合として，一般債権者が，不動産質の目的不動産に対して強制管理を開始しようとしても，質権者は，民法347条本文に基づき，質権の留置的機能をもって対抗できるので，管理人は質権者にその不動産の引渡しを求めることができない。したがって，民事執行法106条2項にいわゆる，強制管理手続に取消原因があることになる。したがって，一般債権者による強制管理の申立ては却下されることになる（道垣内・担保物権93頁）。

民事執行の第3の場合として，他の担保権者によって担保不動産収益執行を行おうとしても，それが，不動産質権者に優先権において劣後する先取特権者，後順位質権者，後順位抵当権者による申立てである場合には，一般債権者が強制管理を開始しようとした場合と同様，これを阻止できる。

しかし，不動産質権に優先する債権者によって担保不動産収益執行が開始されたときは，不動産質権者は，留置機能を失い（民法347条ただし書），かつ，不動産に関する使用・収益権を失う（民法359条）。不動産質権者は，執行裁判所の定める期間内に自ら不動産質権の実行としての担保不動産収益執行を申し立てることによって初めて配当を受けることができる（民事執行法107条4項1号ハ）。不動産質権の登記があっても当然に配当を受けることができるわけ

ではないので，注意が必要である。

F 優先弁済権

不動産質権には抵当権の規定が準用されるので（民法361条），その実行方法は競売による（民事執行法181条）。不動産質権相互間および抵当権との関係は，登記の前後によって優先関係が決まる（民法361条による373条の準用）。また，先取特権との関係は，抵当権との場合と同じとなる。民法336～339条に規定がある。

G 転 質

不動産質権に関しても，民法348条の転質の規定が適用される。ただし，不動産転質の対抗要件は，占有の継続ではなく，登記である。

第7節 権 利 質

民法は，無体物である権利を目的とすることができる物的担保として，権利質の規定を設けている。その中心は債権質であり，民法362条以下の規定は，債権質の設定（363条），債権質の対抗要件（364～366条），債権質の簡易な実行方法（367条）について定めている。

I 権利質の意義

質権の特色は，他の物的担保が原則として有体物（民法85条）のみを対象としているのに対して，無体物としての権利を目的物とすることを認めている点にある。

もっとも，他の物的担保においても，無体物である権利を目的とするものが存在する。第1は，先取特権に関するものである。民法306～310条の一般先取特権は，債務者の全財産を対象とするため，その中には，無体物である権利が含まれる可能性がある。また，民法304条の物上代位は，無体物である売買代金債権，賃料債権，損害賠償債権を目的としている。さらに，民法314条2文は，転借賃料債権という無体物を目的としている（なお，民法の現代語化によって削除されたが，旧320条も，公吏保証金の返還請求権という無体物を目的とし

ていた)。第2は，抵当権に関するものである。民法369条2項は，抵当権の目的を無体物である地上権，永小作権（物権）とすることができることを明文で定めている。しかし，これらは例外的な規定であり，すでに述べたように，現行民法の起草者は，これらは有体物を目的としない点で物権ではないことを明らかにしていた（梅・要義巻二285頁参照）。

　質権においては，無体物である財産権（特に債権）を目的とすることが，例外としてではなく，原則として認められることが，明文で規定されている。特に，約定担保として債権を担保に取る方法としては，民法上は質権だけが認められており，その意味でも権利質は重要な意義を有している。

Ⅱ　権利質が抱える法典編纂上の問題点

　上記のように，質権の特色として，無体物である権利をもその目的とすることができるということが挙げられる。しかし，権利の上の物権という概念は自己矛盾である。なぜなら，物権の対象は有体物に限定されるべきであって，もしも物権が，無体物である債権を対象とすることができるとすると，債権の上の所有権という概念が成立することになり，すべての債権は所有権の中に埋没することになってしまう。そうすると，物権と債権とを峻別するというわが国の民法の体系は根底から覆ることになる。

　民法の立法者はこのことを十分に意識しており，権利質は物権でないことを意識していた（梅・要義巻二438頁）。この点については，通常は見過ごしそうになる民法362条2項の「準用」という微妙な表現に注目すべきである。民法362条2項で，権利質には「総則」が「準用される」という一見意味不明の表現をわざわざ用いているのには，深い意味がある。そもそも，総則と各論との違いは，一般法と特別法との関係になっており，特別法は一般法を破る，一般法は特別法を補充するといわれるように，各論に規定がある場合には総則は適用されず，各論に規定がない場合には総論が適用される。このように，総則は必ず適用されるか適用されないかのいずれかであって，総則が準用されるということはありえない。したがって，立法者が，権利質には質権の「総則」が「準用」されるとしたのは，特別の意味がこめられているのである。すなわち，権利質は物権としての質権とは異なる，つまり，権利質は物権ではありえないため，質権の総則は適用できない，しかし，権利質も質権に似ているので，質

権の規定を準用することにした，というのが立法者の見解である。

この点についても，債権担保としての物的担保とは，債権が本来的に備えている摑取力について，債権者平等の原則の例外として，他の債権者に優先して弁済を受ける権利であるという本書の立場からは，権利質についても，物権と債権との区別を維持したまま，債権担保権のひとつとして，矛盾なく説明することができる。

Ⅲ 権利質を設定することが目的（物）である権利の性質と矛盾する場合の問題点

A 地上権，永小作権を担保目的（物）とする場合における権利質と抵当権との競合問題

権利質において，質権の総則が「準用」される点に関しては，地上権および永小作権を目的（物）とする抵当権に関する抵当権の総則の規定（民法369条2項）との関係が重要である。

もっとも，抵当権を物権だと信じる人にとっては，この問題を論じることはタブーとされてきた。なぜなら，物権の概念が崩壊することになる「権利の上の抵当権」など，論じるに値しない問題といわざるをえないからである（この点については，すでに，第15章第1節Ⅱで詳しく論じたので繰り返さない）。

さて，地上権・永小作権の上には，民法369条2項に基づいて抵当権を設定できるだけでなく，理論上は質権を設定することもできる。しかし，地上権・永小作権の上に質権を設定した場合には，民法362条2項によって，不動産質権の規定が準用され，不動産質権については，民法361条によって，さらに抵当権の規定が準用されるため，めぐりめぐって，民法369条2項の地上権・永小作権の上の抵当権の規定も準用されることになる。

そうだとすると，地上権・永小作権の上の抵当権と地上権・永小作権の上の質権との関係が問題となる。この場合の質権と抵当権との違いは，質権の場合には，用益権能を質権者に移す点にある。しかし，地上権・永小作権の本質はその用益権能であるため，それを質権者に移すことは，結局，地上権者・永小作権者の権利を完全に喪失させることになる（担保権の設定のはずが，本質的な要素が質権者に移るので，権利の譲渡と同じことになってしまう）。したがって，地上権・永小作権に関する質権は，地上権・永小作権の存在理由と矛盾することになりかねない。後に述べるように，権利者自身がその権利を行使すること

を要請されている権利については質権の設定は禁じられている（鉱業法13条・72条，漁業法23条）趣旨を考慮するならば，地上権・永小作権の実質を活かしたまま担保にする方法としては，抵当権を設定するほかないことになる。

ここで重要なことは以下の2点である。
(1) 民法369条2項の規定は，同じ権利について質権と抵当権とを設定できる珍しい場合である。

質権に比較して，使用・収益しながら担保に出せるという抵当権の利便性が際立っていることを示すよい例となっている。
(2) 現行法上も，権利の上の抵当権が認められている場合がある。

わが国の物的担保の特色は，法律に全く規定されていない譲渡担保のインフレーションという現象であろう。

その原因は，動産抵当，権利抵当が認められていないこと，不動産抵当権の実行手続が煩雑であることに起因する。

もしも，簡易な実行ができる動産抵当の制度が創設され，かつ，権利質よりも債務者の権利が認められる権利抵当の制度が創設されるならば，わが国における譲渡担保のインフレーション現象は沈静化に向かうと思われる。

そのような将来的な立法を展望する上でも，現行法上，権利の上の抵当権が認められている意義は大きいといえよう。

B 無体財産権を目的（物）とする場合

特許権，実用新案権，意匠権，著作権等のいわゆる無体財産権の上にも，質権を設定することができる（特許法95条，実用新案法25条，意匠法35条，著作権法66条）。その対抗要件は，それぞれの権利について設けられた特別の帳簿への登録である。

C 鉱業権，漁業権を目的（物）とする場合

権利者自身がその権利を行使することを要請されている権利については，質権の設定は禁じられている（鉱業法13条・72条，漁業法23条）。

IV 権利質の目的物についての問題点のまとめ

以上，権利質の目的物（無体物）について考察してきたが，権利質の全体像は，取立権限の独占型から使用・収益認容型への変遷としてまとめることがで

きる。その流れは，質権の本来の姿（留置型）の弱体化傾向であり，使用・収益を必要とする権利に関しては，最終的には「権利の抵当権」化へと変容していく過程が以下のように示されているように思われる。

(1) 証券的債権，無記名債権の上の質権のように，証書の占有の移転まで要求するため，いかにも質権らしい外観を呈するもの。
(2) 指名債権の上の質権のように，占有の移転ではなく，取立権限の移転だけを要求するもの。
(3) 地上権・永小作権の上の質権のように，使用・収益権を奪うと権利の存在理由を喪失させるにいたるため，質権から抵当権にその地位を譲るに至るもの。
(4) 無体財産権の上の質権のように，質権によっても実施権を奪うことができないため，質権の実質が変化して，使用・収益が許される抵当権と同じ働きをするに至っているもの。
(5) 鉱業権・漁業権の上の質権のように，その権利の使用・収益権を奪うことが認められていないため，質権の設定自体が禁止され，抵当権の設定だけが許されているもの。

V 権利質の成立要件，対抗要件

民法363条以下の規定は，権利質の成立要件，対抗要件について規定しているように見えるが，実際の規定は，権利質のうち，債権質の対抗要件が定められているだけである。その他の権利質の成立要件，対抗要件については，会社法，無体財産権等の特別法の規定にゆだねられている。

A 総論

民法は，権利質についても要物性を要求するように見える次のような規定をおいていた。

民法旧363条（要物契約性）
債権ヲ以テ質権ノ目的ト為ス場合ニ於テ其債権ノ証書アルトキハ質権ノ設定ハ其証書ノ交付ヲ為スニ因リテ其効力ヲ生ス

この規定によると，指名債権の場合でも，債権の証書がある場合には，証書の交付をしなければ債権質の効力が生じないこととされていた。これは，質権一般に要求されると考えられていた要物性との整合性をはかり，債権質の公示と留置的効力を重視するという趣旨であった。

しかし，有体物ではなく無体物である権利について，本来の意味における要物性を要求することは不可能である。しかも，証書が存在しない場合には，民法旧363条は意味をなさない。また，証書の存否が不明な場合，証書が失われた場合などについて，民法旧363条をどのように扱うべきかが問題とされていた。

そこで，2003年の民法改正の際に363条は改正され，まず，指名債権については，証書の交付が成立要件とされることはなくなった。次に，その他の債権についても，必ずしも要物性は要求されないことが明らかにされた。

証書が必要とされる債権としては，指図債権（手形，小切手，倉庫証券，貨物引換証，船荷証券），記名式所持人払債権（民法471条，小切手法5条2項），無記名債権（民法86条3項）があるが，後の2つは，無記名債権と同様，動産質に準じて扱われるため，民法467条は適用されず，対抗要件は，証券の引渡しとその継続ということになる（民法352条）。

その結果，民法363条が適用されるのは，証券化された債権のうちの指図債権だけとなる。そして，指図債権の対抗要件については，民法365条が併せて適用されるため，民法363条にいう「証書の交付」だけでなく，民法365条にいう質権設定の「裏書」が必要となる。すなわち，指図債権の質権設定には，質入れの裏書をした証書の交付が対抗要件として必要となる。

本書の立場は，通説とは異なるが，民法の条文に忠実に，質権には要物性は要求されず，動産質における占有の継続（民法352条）も，不動産質における登記も（民法361条），成立・効力要件ではなく，すべて対抗要件と解するというものである。債権質についても，後に詳しく論じるように，証券等の引渡しは，債権質の成立・効力要件ではなく，民法365条の文言どおり，対抗要件に過ぎないと考えるべきである。

B 指名債権

指名債権は，証券化されていない債権のことであり，なんらかの証書が作成されていたとしても，それは，証拠としての意味を持つに過ぎず，債権者は，その証書の交付を受けることなく債権質を設定することができ，その対抗要件としては，債権譲渡の対抗要件の規定が準用されて，質権の設定を第三債務者へ通知するか第三債務者が承認することが要求されている。この場合に，第三債務者には債権者自身である場合も含まれるかどうかが問題となる。大判昭

11・2・25（新聞3959号12頁）は，銀行が自己に対する定期預金債権の上に質権者となって質権を設定しても有効であるとしている。また，民法364条は，467条だけを準用しているが，468条も準用されると解されている。

　質権者が対抗要件を具備した場合の効力については，民法には規定がないが，通説・判例は，民法481条を類推して，債務者および第三債務者は，質権が設定された債権を消滅させたり変更したりすること（債権を取り立てたり，弁済を受領したり，免除したり，相殺したり，更改したりすること）はできないと解している（大判大5・9・5民録22輯160頁，最二決平11・4・16民集53巻4号740頁，最一判平18・12・21民集60巻10号3964頁）。

　後に述べる集合債権の担保（集合債権の譲渡担保）の場合とは異なり，特定の債権を担保する場合には，もしも債務者に債権の自由な処分を許すと，債権は消滅・移転してしまい，その結果，担保権もいわゆる付従性，随伴性によって消滅・移転してしまう。そうすると，債権の履行を確保するために担保を設定した意味がなくなってしまう。したがって，質権が設定された債権については，民法481条の場合と同様，債務者の処分行為が禁止されると考えることは，質権の本質にかかわる当然の結果といわなければならない。

C　指図債権：質入裏書をした証券の交付

　指図債権とは，特定の人またはその指図する人に弁済しなければならない証券化された債権（証券債権）のことをいう。債権者Aが債務者Bに対し，Cを新権利者として指定（指図）することによって譲渡できる。指定されたCまたはCがさらに指定する者を明らかにする必要から，指図債権の行使には必ず証書を伴うことになる。現在，実際に使われている指図債権には，手形（手形法11条・77条），小切手（小切手法14条），倉庫証券（商法603条・627条），貨物（かぶつ）引換証（商法574条），船荷証券（商法767条・768条，国際海上物品運送法6条）があり，いずれも法律上当然に指図債権とされる。

　指図債権に関しては，民法と商法とで別々に規定している（民法365条・469条・470条・472条，商法516〜519条）。民法は，指図債権の譲渡，質入れは意思表示だけにより行われ，裏書・交付は対抗要件に過ぎないとしている（365条・469条）のに対して，商法は，裏書・交付を効力要件とする，という不統一がある。民法と商法とで整合性が欠けている原因は，民法の対抗要件主義はフランス法に由来しており，商法の効力要件主義は，対抗要件主義を知らない

ドイツ法に由来しているからである。

　会社法と保険法が独立し，海商法の独立もいずれ時間の問題であるとすれば，近い将来，商法には，総則（32ヵ条）と商行為法（128ヵ条）の160ヵ条しか残らないことになる。そうだとすれば，商法は，いずれ民法の契約法に吸収される運命にあり，民法との整合性をとることが必要な時代となってきている。国際条約に基づく国際海上物品運送法が船荷証券の交付について，成立・効力要件ではなく，運送契約成立後の運送人等の債務として構成していることからも，商法的な解釈が普遍的なものではないことが明らかである。したがって，わが国の解釈としては，国際条約に近づけて，裏書・交付は対抗要件に過ぎないとして，民法と商法とを整合的に解することができると思われる。

　民法365条で，債権質の設定の対抗要件とされている「質権の設定の裏書」とは，指図債権の債権者がその債権者のために質権を設定する旨を証券に記載することである。指図債権には，民法365条のほか，363条も適用されることから，両者を合わせて，証券に裏書し，かつその証券を交付することが，指図証券の質入れの対抗要件ということになる。

　指図債権の質権に関しては，実際の利用形態を知らないと理解が困難である。そこで，指図債権に対する質権が設定される例として，国際貿易において商業信用状と組み合わされて利用されている荷為替手形について説明しておくことにする（我妻・担保物権164〜167頁の2つの例を合成し，一部を修正して説明する）。

　A商社（輸入業者：日本）が特定の農産物をB商社（輸出業者：アメリカ）から購入し，その運送をN海運に依頼し，シアトル（乙地）から横浜（甲地）まで運送してもらうことにしたとする。A商社は，まず，甲地の取引銀行Dに依頼し，購入しようとする商品の代金支払について，商業信用状（荷為替信用状）を発行してもらい，これをB商社に送付して，売買契約の履行を万全なものとし，売買契約の成立を容易とすることができる。

　商業信用状とは，この例では，輸入業者Aの取引銀行Dが輸入業者Aの依頼により，輸出業者Bに対して，信用状発行銀行Dを支払人とする為替手形を振り出す権限を与えるとともに，輸出業者Bが振り出す為替手形にN海運が発行する運送証券（貨物引受証・船荷証券）を添付することによって手形の担保が実現されるならば，その為替手形（荷為替手形）の引受け・支払をする旨を約定するもので，輸入業者Aから輸出業者Bに送付される。これにより輸出業者

Bは，輸入業者Aの資力・信用を調査する必要はなく，また輸入業者Aの債務不履行を恐れる必要もないところから，国際取引において盛んに利用されている。

商業信用状を発行する甲地のD銀行は，A商社のためにB商社が発行することになる荷為替手形を引き受ける義務を負い，売買・運送代金に相当する額を乙地のC銀行に送金することになるが，その代わりに，D銀行は，最終的に，A商社に対して，手形金債権を取得するとともに，それを担保するための運送証券の交付を受け，それを換価してその代金から優先的に弁済を受ける権利を取得することになる。

さて，商業信用状の交付を受けた乙地のB商社は，A商社を支払人とする代金その他A商社から請求すべき金額の為替手形を振り出し，別に商品をN海運業者の船に乙地で船積みし，甲地までの運送を委託し，自らを荷受人として，船荷証券の発行を受ける。この後，B商社は，乙地における自らの取引銀行Cに上記の為替手形と船荷証券を併せて（荷為替手形という）を裏書・交付して，C銀行に手形を割り引いてもらう（輸出による売買代金の先行受領）。まず，C銀行は，この荷為替手形を甲地の自分の支店，または，取引銀行Dに送付し，銀行決済システムによってB商社への融資を回収する。次いで，D銀行は，手形の支払人である買主A商社に荷為替手形を呈示し，その支払を求める。

A商社が，手形金，すなわち，売買代金を支払うことができれば，A商社は船荷証券を入手し，N海運業者から商品の引渡しを受けることができる。これに対して，A商社が為替手形の支払をしない場合には，D銀行は，C銀行を通じて，手形上の権利として，売主B商社に対して償還請求を行うことができるだけでなく，さらに，その船荷証券を換価して，その代金から優先的に弁済を受けることができる。

上記の例の解釈としては，3つの考え方が可能である。第1は，証券の表象する商品の引渡請求権に質権（権利質）が設定されたと考えるものである（通説）。第2は，売買代金債権を確保するために振り出された手形金を担保するために，流通する商品に動産質，または譲渡担保が設定され，その公示方法として，占有に代わって運送証券（貨物引受証・船荷証券）が用いられていると考えるものである（我妻・担保物権160～167頁）。第2の見解は，権利質の実質が何かを知る上で興味深い見解であるが，法的には，指図債権によって表象される引請求権対する権利質の設定，または譲渡担保（債権譲渡担保）の設定と

考えることで十分と思われる。

D 無記名債権（無記名社債・記名式所持人払債権を含む）：引渡しと証書の継続占有（動産質に準じる）

　証券債権には，先に述べたように，指図債権，記名式所持人払債権（民法471条，小切手法5条2項），無記名債権があるが，指図債権の質入れについては，すでに述べたように，民法363条と365条とが適用される。残りの記名式所持人払債権と無記名債権については，いずれも，無記名債権と同様に扱われている。

　ところで，無記名債権は，民法86条3項によって動産とみなされるため，無記名債権の質入れに関しては，動産質の規定が適用されることになる。動産質については，民法352条により，目的物の占有の継続が対抗要件として規定されているため，無記名債権の質入れの対抗要件は，証書の占有の移転とその継続が対抗要件ということになる。そして，記名式所持人払債権の場合も，結果は同じである。

VI　権利質の効力

A　債権の範囲

　権利質にも，質権の総則が準用される。したがって，権利質の被担保債権の範囲は，民法346条により，元本，利息，違約金，質権実行の費用，質権保存の費用，債務不履行による損害賠償，質物の隠れた瑕疵によって生じた損害賠償に及ぶ。

B　目的物の範囲

　民法366条2項は，旧条文（367条2項）では「質権者ハ自己ノ債権額ニ対スル部分ニ限リ」とされていたが，2004（平成6）年の改正に際して，「質権者は，自己の債権額に対応する部分に限り」というように変更された。この意味は，債権質の目的物は，質入れの目的となった「債権自体」だけでなく，質権者の有する債権額の範囲内で，目的となる「債権の利息」に及ぶことを意味すると解されている。

C 物上代位

質権の総則である民法350条によって，質権にも，先取特権に関する民法304条が準用されることが規定されている。このため，権利質においても，物上代位の規定が準用されるように思われる。しかし，先にも述べたように，物上代位の目的は，有体物である目的物が移転，消滅した場合に，それに代わる売買代金債権，賃料債権，損害賠償債権に対して優先弁済権を与えるものである。この点，債権質の場合には，質権の目的債権に対する質入れの対抗力として，民法481条類似の拘束力が生じるため，物上代位の規定は必要がない。したがって，債権質の場合には，民法304条の物上代位の規定は準用されないと解することになろう。

D 留置的効力

有体物について規定する民法347条は，債権質については意味を持たない。債権質の場合，目的物の留置的効力に対応するのは，すでに述べた質権の対抗力としての「債権質権の拘束力」である。

E 優先弁済権

民法342条，その実行は，直接取立てによることができる。

1 債権の直接取立て（民法366条）

本来ならば，債権質権者は，質入債権を差し押さえ，債権に対する強制執行手続に従って優先弁済権を得るという方法によるべきであるが，これを簡略化するために，質権者が自分の名で質入債権について質権者に弁済するよう請求することができることを認めたのが，民法366条の規定の第1の特色である。

債権質権者は，第三債務者に対して，債権質の存在さえ証明すれば，裁判所の手を借りずに（民事執行法193条などによらずに）請求できる。この点では，債権質の直接取立権は，債権執行というよりは，債権者代位権の進化系としての直接訴権に似ている。しかも，一般債権者に先立って直接取立てができるので，先取特権つきの直接訴権（例えば，民法314条の先取特権つきの民法613条の直接訴権）ともいうべき性質を備えることになる。

債権に対する質権の設定は，債権の処分の一種であるので，民法87条により「従物は主物の処分に従う」ことになる。したがって，債権質権者は，債務者の第三債務者に対して，債権に付随している担保権を行使することができる

と解されている。

債権の弁済期の到来が質権者の債権の弁済期前に到来した場合には，第三債務者に供託させることができる。その場合には，債権質権者のために，質権設定者の有する供託金還付請求権の上に質権が成立することになる。この考え方は物上代位に似ているが，質権者は差押えを必要としない点で，物上代位そのものとは異なる。

2 民事執行法193条による執行

1979年に民事執行法が制定されたことにより削除された民法旧368条は，「質権者ハ前条ノ規定ニ依ル外，民事訴訟法ニ定ムル執行方法ニ依リテ質権ノ実行ヲ為スコトヲ得」と規定していた。民事執行法が制定される以前の民事訴訟法は，債権その他の権利に対する実行方法を定めており，民法旧368条は，権利質の質権者は，債務名義を要せずに権利質の実行方法を利用できる旨を定めていた。現在では，民事執行法の整備により，権利質の質権者は，債務名義なしに債権に対する担保権の実行を行うことができるようになった（民事執行法193条・194条）。

3 設定者・第三債務者による質入債権の消滅行為は質権者に対抗できない

債権質の債務者に対する拘束力については，民法364条の対抗要件の箇所ですでに述べた。この拘束力は，その他の質権が有する留置的効力に代わるものとして，債権質の強力な効力となっている。

第8節　質権の消滅

I　概　説

物的担保に共通の消滅原因があるほか，それぞれの類型に応じて異なる消滅原因がある。

II　動産質の消滅原因

承諾を得ない質物の使用，賃貸または担保の設定（民法348条の責任転質を除く）に基づく消滅請求によって動産質権が消滅する（民法350条による298条3項の準用）。

なお，質物を質権の設定者に任意に返還した場合には動産質権が消滅するとする説があるが，民法352条は，「動産質権者は，継続して質物を占有しなければ，その質権をもって第三者に対抗することができない」としており，質権者が質物を任意に質権設定者に返還しても，対抗力を失うだけで，質権自体が消滅すると考える必要はない。

Ⅲ　不動産質の消滅原因

民法361条によって，抵当権の規定が準用されている。したがって，第三取得者による代価弁済（民法378条），および不動産質権の消滅請求（民法379条）によって，不動産質権は消滅する。存続期間（10年以内）の経過によっても消滅する。

Ⅳ　権利質の消滅原因

担保権の通有性である付従性（被担保債権の消滅）に基づく消滅原因によって消滅する。権利質の場合，占有は要件とならないため，指図債権の裏書返還を除き，債権証書を返還しても債権質は消滅しない（民法481条の類推）。

第9節　質権のまとめ

質権は，留置的効力を特色とする優先弁済権である。しかし，皮肉なことに，一方でこの留置的効力があだとなって，担保権として衰退の一途をたどるもの（動産質，不動産質）があれば，他方で留置的効力を何らかの形で免れて抵当権の効力に近づいているもの（権利質）については，社会的な需要が高くなっている。

Ⅰ　動産質

動産質権は，留置的効力と優先弁済権とを有する優れた担保権であるが，特色である留置的効力があだとなり，いずれの当事者も担保目的物の活用ができないため，効率性の悪い制度となっている。サラ金等の無担保金融が著しく発

展した現在では，動産質は，庶民金融の手段としても，極端に減少している。
　しかし，動産質については，質屋営業法のコントロールの下で質屋の競争を促進することを条件に流質契約が解禁され，清算を伴わない代物弁済予約へと変質した場合には，なお社会的に有用である。なぜなら，債務者は利用しなくても済む物（衣服〔着物，古着等〕，装飾品〔宝石，時計等〕，骨董品等）を担保にして，しかもそれを失うだけで借金の返済が完了する点で，サラ金被害・サラ金地獄という悲惨な事態を防止できるというメリットを有しているからである。さらに，債務者が死蔵していた物を市場にのせて社会的価値を復活させ，質流品としてリサイクルを実現しており，エコロジーの観点からも，営業質は今なお社会的な有用性を失っていないといえよう。

II　不動産質

　不動産質は，留置的効力を極端に推し進め，債権者が目的物の使用・収益権を獲得するという点で，動産質権とは異なり，債権者による担保目的物の活用を実現しており，社会的効率は高い制度である。
　しかし，使用・収益を目的として不動産を担保に取るという社会的な需要が少ないため，この制度はほとんど使われていない。経済的効率の高い優れた制度であっても，社会的な需要がなければ結局は利用されないという典型例であろう。もっとも，社会情勢の変化により不動産に関する収益質の需要が高まることがあれば，この制度も社会的な有用性を得る可能性がある（鈴木・物権法329-330頁）。

III　権利質

　権利質は，上記の動産質権，不動産質権とは異なり，現代社会において，非常によく利用されている。しかし，その実体を眺めてみると，その原因は質権の本来の性質であるべき留置的効力が弱められ，実質的に債務者の使用・収益権を害さないからであるということが見えてくる。なぜなら権利質の場合には，以下のように質権の特色である留置的効力が実質的に失われ，抵当権に近づいているからである。
　第1に，指名債権に対する質権の設定の場合には，証書の交付は必要とされ

ていない（民法363条の反対解釈）。したがって，そもそも留置的効力が問題とならない。

　第2に，通過過程にある商品に関する指図債権（倉庫証券〔商法603条・606条〕，貨物引換証〔商法574条〕，船荷証券〔商法776条〕等）に対する質権設定の場合には，確かに証券の方は債権者に交付され留置される。しかし，その実体である商品については，債務者はその商品を売却・送付するという物質的な使用・収益をすることが可能である。したがって，この「質権はその作用においてむしろ抵当権に近づいてくる」（我妻・担保物権108頁）。すなわち，実質的な留置的効力が弱められ，抵当権に近づく制度となったときに，権利質の真骨頂が社会的に高く評価されることになるのである。

　第3に，無体財産権に対する質権設定の場合，質権とはいえ特約をしなければ債務者の実施権を奪うことができない（特許法95条・96条，実用新案法25条，意匠法35条，商標法35条）。このことは，これらの質権は，その名前とは異なり，その実質は権利の上の抵当権となっている。つまり，「質権者にこれらの権利の実施を認めない場合には，質といっても抵当と差はない」（我妻・担保物権106頁）ということになる。権利の上の抵当権であるからこそ，無体財産権に対する質権は，無体財産権に対する譲渡担保と並んで，よく利用されているのである。

　このように見てくると，質権は，留置的効力によって優先弁済権を強めている点に抵当権とは異なる特色を有するのであるが，社会的有用性の観点から見ると，それが代物弁済の予約へと変質したり（営業質による庶民金融），債務者に使用・収益を認めたり（権利質）して，留置的効力の意味を失ったり極端に弱められたりした場合に，社会的有用性を発揮していることがわかる。時代は，設定者の使用・収益を奪う担保権（質権）から，設定者の使用・収益を奪わない担保権（抵当権）へと移り変わっているのである。質権の特色としての留置的効力が質権の衰退の原因となっているという点は，イソップ物語の「牡鹿と猟師」における立派な角を自慢していた牡鹿の悲劇に似ているともいえよう。

第16章

抵 当 権

　これまで、物的典型担保（民法上の物的担保）について、第1に、履行拒絶の抗弁権として事実上の優先弁済権を有する留置権（第13章）、第2に、法律上の優先弁済権の典型として理論上重要な地位を占める先取特権（第14章）、第3に、留置的効力によって法律上の優先弁済権を強化しようとする質権（第15章）について学んできた。

　第4に、物的典型担保の最後を締めくくるものとして、抵当権について学ぶことにする。抵当権は、債務者に担保目的物の使用・収益を許すと同時に、登記による追及効によって法律上の優先弁済権を強化しており、理想的な約定担保という意味で、「近代物的担保制度の王座を占めて」いる（我妻・担保物権6頁）とされたり、「担保物権の女王」（田高・物権法197頁）と呼ばれたりしている（女王と呼ばれるのは、抵当権のフランス語〔hypothèque〕およびドイツ語〔Hypothek〕がいずれも女性名詞だからであろう）。

第1節　抵当権概説

　この節（概説）では、Ⅰ抵当権の意義、Ⅱ抵当権をめぐる利害関係人（登場人物）について概観した後、Ⅲ先順位抵当権者と後順位抵当権者との関係、およびそれに関連して、Ⅳいわゆる「近代抵当権の原則」としての「順位確定の原則」について、わが国が採用する「順位昇進の原則」と対比して批判的に検討する。

　抵当権の設定に関連する問題のうち、抵当権の成立・対抗要件は第2節で説明し、抵当権の被担保債権の範囲ならびに抵当権の目的物に関する民法369条1項・2項の問題、抵当権の効力の及ぶ範囲に関する民法370条・371条の問題、および一般財産への追及の制限（民法394条）は、併せて第3節の抵当権の効力の箇所で説明する。

I　抵当権の意義

　抵当権とは，債務者または第三者（物上保証人）が占有を移転しないで債務の担保に供した不動産について，他の債権者に先立って債権の弁済を受ける権利であると定義されている（民法396条1項）。そして，抵当権の性質は，この定義に従って，以下のように分析されている。
　第1に，抵当権の目的物は登記ができるもの（不動産，および地上権・永小作権）に限定されている。
　したがって，動産を担保するには，現状では質権によるほかない。もっとも，2004（平成16）年の動産・債権譲渡特例法（動産及び債権の譲渡の対抗要件に関する民法の特例等に関する法律）によって，動産登記制度が創設されたため，理論的には動産に対して抵当権を設定することも可能な状態にある。しかし，特別法（船舶抵当権〔商法848条〕，工場抵当法，農業動産抵当法，自動車抵当法，航空機抵当法，建設機械抵当法など）で認められている以外の一般的な動産抵当は，現行の制度としては認められていない。このため，動産抵当を実現するために譲渡担保（第20章参照）が発展することになった。
　第2に，不動産の占有を設定者から抵当権者に移さないという意味で，「非占有担保」であるとされる。
　つまり，抵当権には留置的効力が伴わないのであり，この点で留置権，質権とは異なる。もっとも，この点については注意が必要である。これまで，目的物の占有を債権者に移転しないことが，抵当権と質権との相違として強調され，上記のように抵当権は「非占有担保」といわれてきた。しかし，質権についても2003（平成15）年民法改正によって，権利質に関しては証書等の占有の移転は必要とされないことになったため，質権と抵当権との差は占有の有無ではなく，むしろ担保設定者の使用・収益権を奪うもの（質権）と使用・収益権を奪わないもの（抵当権）として区別することが必要となっている（第15章第1節II参照）。
　第3に，占有を移転しないことと関連して，抵当権には収益的効力も伴わない。
　このため抵当権設定者は，債務不履行に陥るまでは目的物の使用・収益権を継続し，そこから収益を上げて債務の弁済にあてることができる。この点（設

定者の使用・収益権を奪わないこと）こそが，抵当権と質権とを区別する最も重要な点である（なお，権利の上の担保権として，質権があるにもかかわらず，用益物権である地上権・永小作権の担保としては，質権ではなく抵当権が選ばれたこと〔民法369条2項〕の理由については，第15章第7節Ⅲ A，および第16章第1節Ⅲ A 参照）。

第4に，債務者が債務不履行に陥った場合は，抵当権の効力は目的物の果実にも及び，収益も抵当権の優先弁済権の対象に入る（民法371条）。

したがって，抵当権者は担保権の実行として，不動産収益執行の申立てを行い，使用・収益から優先弁済を受けることができる（民事執行法180条2号・188条2文）。これは，抵当権の部分的な実行方法である。なお，不動産収益執行に適さない場合に，抵当権者は物上代位によって，抵当目的物の賃料債権から優先弁済を受けることができるかどうかについては，民法372条によって304条が準用されているため，判例（最二判平元・10・27民集43巻9号1070頁）は，これを認めている。しかし，学説上は抵当権の場合に，売買代金債権，賃料債権に民法304条が準用されるかどうかについて，大いに争われている（第16章第5節Ⅴ参照）。

第5に，抵当権者は担保不動産競売によって，その売却代金から他の債権者に先立って弁済を受けることができる（民事執行法180条1号・188条前段）。

その結果，たとえ被担保債権を完全に回収できないとしても（その場合，被担保債権の残額は一般債権として存続する），抵当権は優先弁済権の満足によって消滅する（民事執行法59条1項）。そして，抵当不動産の使用・収益権と所有権は，ともに買受人に移転する（民事執行法184条）。

Ⅱ 抵当権の設定と利害関係者（抵当権をめぐる登場人物）

抵当権をめぐる法律関係には，多くの利害関係人が登場する。それらの利害関係人の名称をしっかり把握することが抵当権をめぐる法律関係を理解する最初の一歩となる。それは，小説等を読む前にその物語の登場人物の名前を把握しておくのが便利であるのと同様であり，抵当権をめぐる法律関係を理解するのに有用である。

第1節 抵当権概説

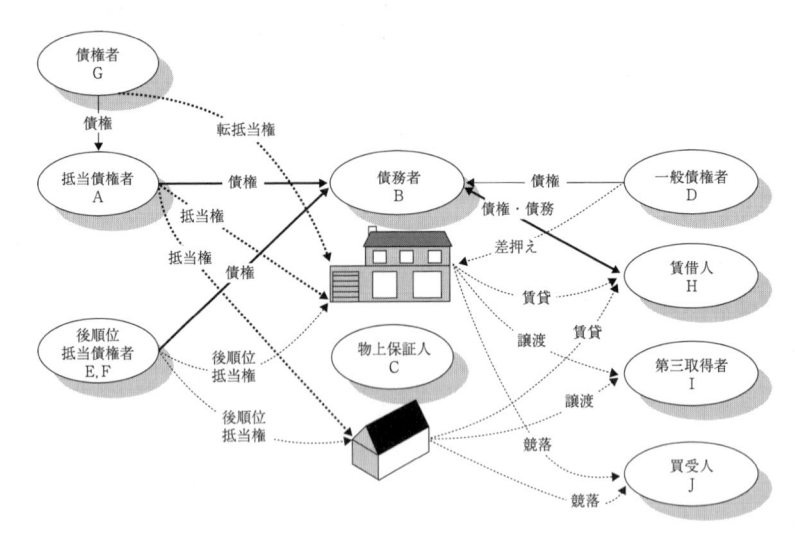

図53 抵当権をめぐる法律関係の登場人物

これらの登場人物を債権者側と債務者側とに分類すると以下の表となる。

表36 抵当権をめぐる登場人物（抵当権関係者）と主な登場場面

登場人物（利害関係人）		名称	記号	主な登場場面
債権者側	債権者の債権者	転抵当権者	G	抵当権の処分（転抵当）
	優先弁済権を有する債権者	抵当権者	A	抵当権の設定〜抵当権の消滅（あらゆる場面）
		後順位抵当権者	E,F	抵当権の処分（順位の譲渡・放棄・変更），共同抵当，抵当権の実行，根抵当
	優先権を有しない債権者	一般債権者	D	優先弁済権との関係（民法394条），抵当権の処分，抵当権の実行
	競売による目的物の所有権の取得者	買受人	J	抵当権の実行
債務者側	抵当権設定者	債務者	B	抵当権の設定〜抵当権の消滅（あらゆる場面）
		物上保証人	C	抵当権の設定，抵当権の実行・消滅
	債務者からの目的物の所有権の取得者	第三取得者	I	抵当権の実行，抵当権の消滅請求
	債務者からの目的物の賃借権の取得者	賃借人	H	抵当権の効力の範囲，物上代位，法定地上権，抵当権との利害調整

第16章 抵 当 権

前頁の図と表とを参考にして，登場人物についてのメモを作り，本書を読む際に常に参照すると理解が深まると思われる。

III 先順位者と後順位者との関係

上記の表にある後順位抵当権者について，ここで説明しておく。後順位抵当権は，先順位抵当権（例えば第1順位の抵当権）に対立する概念であり，2番抵当権者，3番抵当権者……というように，先順位抵当権者に優先権の順位が劣後する抵当権者のことである。

抵当権を物権であると考えると，先順位，後順位の抵当権という概念を理解することが困難となる。なぜならば，このような制度は，物権の本質とされる排他性，および一物一権主義の原則に反するものだからである。上記の図表に登場する後順位抵当権者について，ここで説明しておくのは，抵当権を物権と考える人にとっては理解が困難となるので，あらかじめ注意を喚起しておく必要があるからである。

後順位抵当権者について考える際の例として，例えば，債権者Aが3,000万円の債権に基づいて，債務者Bから甲建物（6,000万円）に第1順位の抵当権の設定を受け，その後，債権者Eが，2,000万円の債権に基づいて，同じく債務者Bから甲建物に第2順位の抵当権の設定を受け，債権者Fが1,000万円の債権に基づいて同様にして第3順位の抵当権の設定を受けたとしよう。債務者Bが債権の弁済を滞ったため，Aによって抵当権が実行されたが，甲建物が値下がりしていて5,000万円でしか売却されなかったとする。この場合には，第1抵当権者であるAは3,000万円，第2順位の抵当権者であるEは2,000万円の配当を受けることができるが，第3順位の抵当権者Fは配当を受けることができない。また，このような状況の場合には，配当を受ける可能性のない後順位抵当権者Fは，先順位抵当権者A，Eの債権および手続費用を弁済してもなお剰余が生じる見込みがないときは，F自身がそれらの債権と費用とを弁済できる価格で買い受けるとの保証をしない限り，競売の申立ても認められない（民事執行法188条によって準用される民事執行法63条）。

しかし，後順位抵当権者にも好機がないわけではない。もしも，債務者Bが債権者Aに3,000万円を弁済したとする。付従性によって，第1順位の抵当権

は消滅する。すると，Eの第2順位の抵当権が第1順位の抵当権へと，また，Fの第3順位の抵当権が第2順位へと格上げされる。これを順位昇進の原則という（これも付従性の原則の一形態である）。したがってその後，債務者Bが債務不履行に陥って抵当権が実行され，甲建物が競売により4,000万円で売却されたとすると，Eが2,000万円，Fが1,000万円というようにいずれも債権額全額の配当を受けることができ，残りの1,000万円は一般債権者Dに配当され，なお残額があれば債務者に返還される。そして，抵当権は消滅するため（民事執行法59条1項：消除主義），甲建物の買受人は，抵当権の付かない物件を取得することになる。このことは，たとえ甲建物が2,500万円でしか売却されず，Fが500万円しか配当を受けることができなかった場合でも同様である。Fの残債権は，無担保債権として存続することになる。

Ⅳ いわゆる「近代的抵当権の原則」と「順位確定の原則」に対する批判的考察

「順位昇進の原則」に対立するものとしてドイツで採用されており，わが国では，我妻『担保物権』(214頁以下) によって極端に理想化され，近代的抵当権の原則（公示の原則，特定の原則，順位確定の原則，独立の原則，流通性確保の原則という5つの原則）の一つとして，通説によって高く評価されている「順位確定の原則」という概念がある。

ドイツでは，わが国とは異なり順位昇進の原則を採用せず，「順位確定の原則」が採用されている。このため，ドイツでは，たとえ先順位の抵当権が消滅しても，後順位の抵当権の順位が昇進することはない。

わが国では，この意味での順位確定の原則は採用していない。もっとも，順位確定の原則の意味については，抵当権の優先権の順位がその登記の先後によって定まり（民法373条），先に登記された抵当権が後に登記された抵当権に順位を奪われることはないという意味で用いられることがある（我妻・担保物権216頁，鈴木・物権法232頁）。確かに，この意味での順位確定の原則は，わが国でも一部採用されている（民法373条）。しかしこれには，我妻『担保物権』(216頁) も認めているように，不動産保存の先取特権は抵当権の登記に遅れて登記されても，抵当権に優先するという重大な例外がある（民法339条）。その上，抵当権の順位が確定されているといっても，その順位を譲渡したり（民法

376条），変更したりする（民法374条）ことが明文で認められている。反対に，根抵当を設定すれば，その範囲では順位を確定しておくことも可能となる。したがって，「原則」という意味について，個々の条文の趣旨を統合して統一的な概念を形成したり（例えば権利外観法理），個々の条文の不備を補充したりする（例えば信義則）と理解するのであれば，「順位確定の原則」は，わが国では採用されていないといってよい。

我妻『担保物権』(214頁以下)によって主張されてきた「近代的抵当権」の5つの原則の有用性については，その後，鈴木『抵当制度』(26頁以下)，星野『民法概論II』(240～241頁)等によって，例えば，以下のように批判されている。

> 「公示の原則，特定の原則，順位確定の原則，独立の原則，流通性確保の原則の5つを，ドイツの学者にならって近代抵当権の特質などと呼ぶことがある。……しかし，前の2つ〔公示の原則，特定の原則〕は，第三者を害しないためであって当然だが，後の2つ〔独立の原則，流通性の確保の原則〕は，ドイツのかなり特殊な事情から生じたもので，これがないと近代的抵当権でない，とはいえない（不動産登記簿に公信力がないことが，別に近代的でないとはいえないように）。順位確定の原則のうち，第1原則〔先に登記された抵当権が後に登記された抵当権に順位を奪われることはない〕はもっともだが，第2原則〔たとえ先順位の抵当権が消滅しても，後順位の抵当権の順位が昇進することはない〕についても同様である。」（星野・民法概論II 240～241頁）。

近代的抵当権論とその批判について興味がある人は，松井宏興「抵当権(6)基礎理論」（椿・担保物権167～183頁），およびそこで引用されている文献を参照するとよい。

ドイツの抵当制度を理想化した近代的抵当権という概念を用いて，わが国に存在しない付従性のない「土地債務」，所有者自らが自己の所有物に抵当権を設定できる「所有者抵当」を前提としなければ成り立たない「順位確定の原則」があることが望ましいとか，順位昇進の原則は，近代的抵当権とはいえないといって非難するのは的外れである。しかし，順位確定の原則が存在する場合を想定し，それとの比較を通じて，わが国の順位昇進の原則に対する問題点を指摘するという方法は有用である。その点で，抵当権による優先権を享受できないかもしれないため，高利で貸付を行う後順位抵当権者が偶然の事情で先順位抵当権が消滅した場合に，高金利のまま優先弁済権が確保できる安全圏に

入ってくるというのは問題であるとの批判（近江・講義Ⅲ 114 頁）は，正当である。後に述べるように（第 6 節Ⅵ），後順位抵当権者の民法 392 条 2 項に基づく代位は，物上保証人の民法 500 条に基づく法定代位に劣後するという法理も，このような配慮から生じているからである。したがって，後順位抵当権者は，先順位抵当権者の地位へと昇進するのであるから，上記の批判（近江・講義Ⅲ 114 頁）を受け入れ，先順位抵当権者の承継者として，先順位の金利も受け継ぐという解釈，または，立法の必要が生じているというべきであろう。

Ⅴ　抵当権におけるいわゆる「担保物権の通有性」

抵当権は債権の物的担保の一つであり，物的担保に共通の性質であるいわゆる「担保物権の通有性」を有している。後に述べるように，根抵当の場合には，抵当権が確定するまでは，付従性，随伴性が緩和されるが，普通抵当の場合には，以下に述べるように，(a)優先弁済権，(b)付従性・随伴性，(c)不可分性，(d)物上代位性，(e)追及効のいずれの性質をも具備している。この意味でも，抵当権は，典型的な物的担保ということができる。

A　抵当権における優先弁済権

民法 369 条 1 項において明確に規定されているように，抵当権は，「他の債権者に先立って自己の債権の弁済を受ける権利」であり，優先弁済権を有する。

優先弁済権が，一般債権者との関係でどのような優先関係に立ち，どのような制限に服するかという具体的な計算例については，第 3 節Ⅳで検討する。また，後順位抵当権者との関係については，この節のⅢで概略を説明したが，第 4 節の箇所で詳しい検討を行うとともに，第 6 節の箇所で，後順位抵当権者の代位の問題として詳しく検討する。

B　抵当権における付従性・随伴性

抵当権も，あくまで債権を担保するものに過ぎないから，債権が存在しなければ抵当権も存在せず，債権が消滅すれば，抵当権も消滅する。この点については条文に明文の規定はないが，学説および判例（最二判昭 41・4・26 民集 20 巻 4 号 849 頁）ともに，抵当権の付従性を認めている。

最二判昭 41・4・26 民集 20 巻 4 号 849 頁

「農業協同組合が組合員以外の者に対し，組合の目的事業と全く関係のない土建業の人夫賃の支払のため金員を貸し付けた等の事情のもとにおいては，当該貸付は組合の目的の範囲内に属しないと解すべきであり，無効である。」
「消費貸借が上記の理由により無効である以上，右保証もまた無効であり，従って右保証債務を担保するためなされた右抵当権設定契約もまた無効である。」

ただし，員外貸付けの場合には，有効と判断される場合もあり，たとえ無効であったとしても，下記の判例（最二判昭44・7・4民集23巻8号1347頁）のように，不当利得返還請求権が存在することが考慮されて，信義則上，抵当権の無効の主張が許されない場合も生じる。

最二判昭44・7・4民集23巻8号1347頁

「A労働金庫のXへの員外貸付が無効とされる場合においても，Xは，その金員を不当利得としてA労働金庫に返済すべき義務を負っているものというべく，結局債務のあることにおいては変りはない。本件抵当権も，その設定の趣旨からして，経済的には，債権者たるA労働金庫の有する右債権の担保たる意義を有するものとみられるから，Xとしては，右債務を弁済せずして，右貸付の無効を理由に，本件抵当権ないしその実行手続の無効を主張することは，信義則上許されないものというべきである。ことに，本件のように，右抵当権の実行手続が終了し，右担保物件が競落人の所有に帰した場合において，右競落人またはこれから右物件に関して権利を取得した者に対して，競落による所有権またはこれを基礎とした権原の取得を否定しうるとすることは，善意の第三者の権利を自己の非を理由に否定する結果を容認するに等しく，信義則に反するものといわなければならない。」

C 抵当権における不可分性

民法372条が296条を準用することによって，抵当権にも不可分性，すなわち，抵当権者は債権の全部の弁済を受けるまで目的物の全部について優先弁済権を行使できることが明らかにされている。例えば債務が一部弁済された場合にも，抵当権は目的物全体に対して，優先弁済権を保持する。したがって，一部弁済によっては，抵当権の抹消または変更はできない。ただし，抵当権の設定当時にすでに被担保債権の一部が弁済されていた場合には，抵当権の優先弁済権は残存する債権額まで縮減するのであるから，古い判例（大判明42・3・12民録15輯263頁，大判明39・6・29民録12輯1053頁）は反対であるが，債

権額の変更登記手続を請求できると解すべきである（清水（元）・担保物権19～20頁）。

そして例えば，被担保債権の一部が譲渡された場合でも，抵当権は分割譲渡されず，譲渡当事者は被担保債権の額に応じて抵当権を準共有する（大判大10・12・24民録27輯2182頁，清水（元）・担保物権19頁）。

大判大10・12・24民録27輯2182頁

「鉱業法第15条同第17条に依り…債権を担保する為め鉱業権（採掘権）を目的として抵当権を設定したる場合に，其債権の一部を他人に譲渡したるとき，其債権額に応じて抵当権を分割譲渡することを得ずと雖も，抵当権を分割せずして其譲渡せられたる債権額に応じて該権利を譲受人に移転することとし，譲渡人譲受人が其抵当権を共有と為し得べきものとす。」

なお，通説は，共同抵当制度，および抵当権消滅請求制度は，抵当権の不可分性の制約であると考えている（共同抵当制度については，我妻・担保物権257頁参照。抵当権消滅請求については，清水（元）・担保物権20頁は，抵当権消滅請求制度によって抵当権の不可分性は著しく減じられているとしている）。

しかし第1に，共同抵当の場合には，先順位抵当権者はいずれの担保目的物全体に対しても優先弁済権を行使できるのであるから（民法392条），不可分性が制限されているわけではない。同時配当における割付のルールは，重要な役割を果たすものではあるが，あくまで異時配当でも同じ結果を目標とすべきことを示すモデルとしての意味を持つに過ぎないからである（山野目・物権284頁）。

第2に，抵当権消滅請求制度も，目的物全体から優先弁済権を受けることができるのであるから，不可分性の制約ではない。抵当権消滅請求の結果，目的物全体から優先弁済権を受けた後に，なお，残債務があれば，それは優先権のない一般債権として存続するだけである。この結果は，競売によって優先弁済権である抵当権が消滅し，残債務は一般債権として存続するというのと同じであって不可分性の制約とは異なると考えるべきである（なお，フランスにおいても，担保権消滅請求制度は，不可分性の原則に反するものではないと解されている（中島弘雅＝高橋智也「担保権消滅請求制度と担保権の不可分性――フランス民法・倒産法からの示唆」銀行法務21・564号60頁）。

D 抵当権における物上代位性

第4に，物上代位性については，物上代位に関する先取特権の規定（民法304条）が抵当権にも準用されている（民法372条）。

物上代位とは，物的担保の目的物が売買，賃貸，滅失・損傷によって，債権者が目的物に対して追及できなくなる一方で，債務者がその目的物に関して，それに代わる債権（売買代金債権，賃料債権，損害賠償債権）を取得した場合に，それらの債権に対して，担保権者が優先弁済権を取得することである（民法304条）という点は，既に述べた。

しかし，抵当権における物上代位については，次の抵当権の追及効との関係で，先取特権の物上代位とは異なる考慮が必要となる。そこで，抵当権の物上代位については，第5節Ⅴの箇所で詳しく検討する。

E 抵当権における追及効

第5に，抵当権の追及効については，登記の箇所，および分離物に対する追及効の限界の箇所で論じることにする。ここでは，(d)の物上代位性と(e)の追及効の関係についてだけ言及しておく。

「物上代位」は，目的物が第三者に移転され，債権者が目的物の追及が不可能または困難になったことを前提にして，債務者の財産に帰属している目的物に代わる債権（代金債権，賃料債権，損害賠償債権など）に対して優先弁済権を確保しようとするものである。これに対して，物的担保の「追及効」は，債務者以外の第三者に移転した目的物に対する物的担保の効力が及ぶかどうかを問題とするものである。このように，物上代位と追及効とは，目的物の追及をあきらめて，目的物の代わりに債務者に帰属している債権に対して優先弁済権を及ぼすことができるか，それとも，第三者に移転した目的物に対しても，担保権の効力をそのままおよぼすことができるかどうかを問題とする点で相違がある。

第2節　抵当権の成立要件と対抗要件

Ⅰ　概　説

抵当権は，債務者または第三者（物上保証人）から占有を移さないで債務の

担保として提供された不動産について，他の債権者に先立って債権の弁済を受けることができる権利である（民法369条）。

抵当権設定契約は，諾成契約であり，債権者・債務者間または債権者・物上保証人間の契約のみによって成立する。しかし，抵当権の効力（主要な効力は優先弁済権である）を第三者に対抗するためには，対抗要件としての登記が必要とされる（民事執行法は，181条1項1号・2号により，未登記抵当権の実行方法を否定していない。しかし，民事執行法181条1項3号によれば，換価力が認められるのは，原則として，登記された抵当権である）。抵当目的物を占有しないのであるから，他の債権者に対する優先弁済権を公示する手段としては登記しかありえない。反対からいえば，抵当権は，登記・登録が可能な物件しか目的物とすることができない。

なお，登記が抵当権の対抗要件となっていることは，次に述べるように，抵当権が必然的に物権であることを示すものではない。債権であっても，不動産賃貸借の対抗要件が登記（民法605条，借地借家法10条）であるとされているように，不動産に関する権利の対抗力を得るためには，物権であれ債権であれ，登記が利用されることが多い。

II 登 記

A 抵当権の登記が対抗要件であることの根拠条文

抵当権の設定，消滅，変更は，その登記をしなければ第三者に対抗できないとされ，その根拠は物権総則の177条にあるとするのが通説の考え方である。抵当権の章（民法第2編第10章）には，抵当権そのものに関する対抗要件についての規定がない。したがって，物的担保を物権と考えるならば，個別の条文がない場合に，物権総則（民法177条）の規定が適用されることは，至極当然のように思われる。しかし，このことは，以下に述べるように，物的担保のすべての場合に適用できるわけではない。

第1に，物的担保の最初の章（民法第2編第7章）である留置権の場合にも，留置権の対抗要件に関する明文の規定はない。したがって，通説の見解によれば，抵当権の場合だけでなく，不動産留置権の場合にも，物権総則の規定である民法177条の適用があると考えなければならないはずである。しかし，不動産留置権の場合に，登記が対抗要件であるとの学説は存在しない。そもそも留

置権は，登記できる権利ではないからである（不動産登記法3条）。したがって，学説は，民法295条の趣旨を考慮して，留置権の対抗要件を「占有の継続」と解釈している。したがって，対抗要件に関する条文がないからといって，不動産に関する物的担保について，物権総則の規定である民法177条が適用されるとは限らないことがわかる。

　第2に，一般先取特権の効力は，債務者の不動産にも及ぶ（民法306条）。その場合の対抗要件については，民法336条本文により，「一般の先取特権は，不動産について登記をしなくても，特別担保を有しない債権者に対抗することができる」とされており，通説によれば，先取特権は物権であるはずなのに，民法177条に反して，登記が対抗要件とされていない。また，第三者との関係が問題となる民事執行手続においても，一般先取特権の不動産に対する実行に関して，登記は必要とされていない（民事執行法181条1項4号）。このように，不動産に関する物的担保の対抗要件については，必ずしも民法177条に従うとは限らないことがわかる。

　第3に，不動産先取特権（不動産保存の先取特権，不動産工事の先取特権，不動産売買の先取特権）については，民法337条・338条・340条のそれぞれは，「先取特権の効力を保存するためには，……登記をしなければならない」と規定している。立法者は登記を対抗要件と考えていたが，判例は，これらの条文の意味を不動産先取特権の効力要件と解している。民法177条によれば，登記は不動産物権変動の対抗要件とされているにもかかわらず，不動産先取特権について登記が効力要件だとすると，不動産先取特権は，物権とは異なる法理に服することになるはずである。さらに，不動産保存の先取特権については，保存行為が完了した後に登記をすると，先に抵当権が登記されていたとしても，民法339条によって，不動産保存の先取特権は，「抵当権に先立って行使することができる」ことになる。「後に登記をした物権が，なぜ，先に登記した物権に優先するのか」，物的担保を物権と考えたのでは，この優先関係を説明することは不可能である。先に述べたように，動産保存の先取特権の場合においても，先取特権の順位は，最後に保存した者の債権が先に保存した者の債権よりも優先して弁済を受ける（民法330条1項2文）と規定されているように，先取特権は，被担保債権の性質がどの程度保護に値するかという基準から優先順位が定められているのであり，このような優先順位の法則は，物権法の法理からは決して導き出すことはできないのである。

このように考えると，抵当権の対抗要件について明文の規定がないから民法177条が適用されると考えるのは，安易に過ぎることが明らかである。抵当権における優先弁済権の対抗要件は，民法373条により，「抵当権の順位は，登記の前後による」とされていることから，解釈によって導かれるべきである。この条文は，先に述べた民法339条が，不動産先取特権と抵当権との優先関係は必ずしも登記の順序によらないことを明らかにしていることを考慮して，抵当権同士の場合には登記の順序が優先順位を決定するもの，すなわち，登記が抵当権同士の対抗要件であることを明らかにしたものと解することができる。

B 抵当権の登記と他の権利との優先順位

このように解することは，たとえ抵当権同士の優先順位は登記によって決定されるとしても（民法373条・376条2項），抵当権と他の権利との間では，登記の順位は，以下のように，必ずしも優先順位を制御するものではないということも明らかとなる。つまり，抵当権の効力に関して，対抗要件とされる登記によってすべてを一律に決しようとする一般的な態度に反省を促す点でも重要である。

第1に，先に登記した抵当権といえども，後で適切に登記された不動産保存の先取特権には対抗できない（民法339条）。このことは，登記の先後によって排他性を確保するという物権の性質からは導くことができない。

第2に，抵当権の効力のうち，抵当権の順位の変更は，登記をしなければその効力を生じないとされており（民法374条2項），登記が対抗要件ではなく効力要件であることが明文上明らかである。このことは，登記を効力要件ではなく対抗要件としている物権法の総則（民法177条）に反している。したがって，登記が抵当権のすべての対抗要件であるとの命題は，正確ではないことになる。

第3に，抵当権の効力のうちで最も重要なものとされている優先弁済権に関する処分（転抵当，抵当権の譲渡・放棄，抵当権の順位の譲渡・放棄）についての対抗要件は，登記だけでなく，債権譲渡の対抗要件としての民法467条の通知または承諾が必要である（民法377条1項）。このことも，抵当権が物権であるとする通説の考え方からは決して導くことができない（抵当権も債権の掴取力の強化に過ぎないとする本書の立場によってのみ，このことを説明することが可能である）。

第4に，先に登記した抵当権といえども，後に登記した賃借権であって，抵

当権者の同意とその登記がある場合には，その賃借権に対抗できない（民法387条）。この条文は，2003（平成15）年の担保法改正の際に新設され，賃借人の保護のために，抵当権の対抗力を制限するためのものである。後に述べるように，この規定が適用されるための要件は厳格に過ぎ，実際の利用は望めない（賃借権を登記することは稀であるし，借地借家法の対抗要件を備えただけでは要件を満たさないので，ほとんど利用されていない）という中途半端な保護規定である。このため，後に述べるように，本書では，賃借人の保護をさらに一歩を進めた解釈論を展開している。もっとも，民法387条の規定も，抵当権の他の権利に対する効力を登記の先後のみによって判断しようとする一般的な傾向に対する警告としては意味を有している。

C 登記事項

抵当権設定登記は，優先弁済権の存在だけでなく，優先弁済権の範囲をも公示するものとされている。すなわち，債権額（元本額：不動産登記法83条1項1号），利息（不動産登記法88条1項1号），債務不履行後の遅延損害金（不動産登記法88条1項2号）等が登記事項として定められている。

D 無登記の抵当権の効力

無登記の抵当権が存在する理由は以下の通りである。第1に，登録免許税が高いことがあげられる。任意弁済さえ受ければ必要のない権利にわざわざ登録免許税を払うのはもったいない。いつでも登記できるように，権利証，白紙委任状，印鑑証明をもらっておけば，ほぼ安心というわけである。第2に，祖先から伝来の不動産の登記簿を汚すのはご先祖様に申し訳ないという考え方が残っていることも確かである。第3に，登記のない抵当権も，実行の道が完全にふさがれているわけではない。登記のない抵当権に基づく競売の場合，債務名義に相当する謄本が必要であるが，抵当権の存在を証する確定判決もしくは家事審判またはこれと同一の効力を有するものの謄本（民事執行法181条1項1号），または，抵当権の存在を証する公証人が作成した公正証書の謄本（民事執行法181条1項2号）によって抵当権の実行の道が開かれている。

E 無効登記の流用

債権が弁済され，抵当権が付従性によって消滅した場合，無効となった抵当

権登記を新たに設定された抵当権の登記に有用することが可能かどうかが，ここでの問題である。

第1に，不動産登記法の原則からすると，無効登記は抹消されるべき登記であり，流用登記は効力を有しないとしなければならないはずである。しかし，当事者間では，無効登記の流用の効力を否定する必要はない。すなわち，利害関係を有する第三者がいない場合には，流用登記を有効とすることも許される。

第2に，旧抵当権が消滅する以前から後順位抵当権が存在していた場合には，第三者は，抵当権の存在を前提として不動産を買い受けたのであるから，新抵当権の設定登記の欠缺を主張する正当な利益を有しないとして，流用登記を有効とする説がある。しかし，多数説は，第三者が抵当権が消滅することによって得た利益を尊重すべきであるとして，流用登記を無効としている。

第3に，旧抵当権消滅後，流用前に後順位抵当権が生じた場合には，学説は，一致して，流用登記を無効としている。抵当権の消滅を知って利害関係を取得する第三者が登場しうるのであり，そのような第三者を保護すべきだからである。

第4に，流用後に第三取得者が生じた場合には，流用登記は無効としつつも，第三者は登記の欠缺を主張する正当な利益を有しないとして，結果的に流用登記の対抗力を認めている（大判昭11・1・14民集15巻89頁。仮登記担保の仮登記の流用については，最三判昭49・12・24民集28巻10号2117頁）。

第3節　抵当権の効力（追及効を伴う優先弁済権）

I　概　説

抵当権は，債権者と債務者または第三者（物上保証人）との間で，優先弁済をうけるべき目的物（責任財産）を特定し，その目的物の占有を移すことなく，所有者の使用・収益に委ねつつ，登記によって目的物に対する債権者の優先弁済権を公示し，目的物が譲渡されてもなお責任財産として追及を可能にする制度である。

優先弁済権が特定の責任財産に限定され，一般財産に対しては，原則として，優先弁済を受けえない限度でしかかかっていけない（責任財産特定の原則）という制限を受けるが（民法394条1項），特定された責任財産については，それ

が第三者に譲渡されようとも，その財産から優先弁済を受けることができる（責任財産保持の原則）という2つの点が，抵当権の効力の特色となっている。

以下では，抵当権の設定に関するⅡ抵当権の被担保債権の範囲，Ⅲ抵当権の及ぶ目的物の範囲について，無体物（地上権・永小作権），有体物（不動産）に分けて説明した後，Ⅳ民法394条の抵当権の権利制限，すなわち，高い地位としての優先権は義務を伴うというノブレス・オブリージュ（Noblesse oblige）の問題，Ⅴ抵当権の追及効の限界について説明する。

Ⅱ 優先弁済権を生じる債権の範囲

抵当権の優先弁済権が生じる原因は，債権にある。その債権の掴取力について，当事者の合意と登記に基づいて，第三者に対抗できる優先弁済権が確保される。この債権は担保権の本体となるものであるが，担保権の側面からいうと，担保権の絶対的要件として「被担保債権」と呼ばれている。被担保債権は，抵当権の設定時点で存在しているのが原則であるが（貸金債権の場合には要物性の要件を満たす必要がある），将来の報酬債権，売掛代金債権等将来の債権，および条件付債権も被担保債権とすることができる。なぜなら，抵当権は，その登記に際して，債権額（元本），利息に関する定め等が登記事項となっているが（不動産登記法88条），その実行は被担保債権に債務不履行が生じた場合にのみ問題となるので，設定の段階では弁済期等が到来していなくても，実行段階で被担保債権が確定していれば，それで問題がないからである。

抵当権者が，利息，その他の定期金（終身定期金，有期年金，定期扶養料，地代，家賃など）を請求する権利を有するときは，元本については全額が優先弁済を受けうることに疑いがないが，利息，定期金については，その満期となった最後の2年分（競売を開始した時から溯って2年分，収益執行の場合には数回に分けて配当がなされる場合が多いが，通算して2年分）についてしか優先弁済を受けることができない。ただし，最後の2年分以前の定期金についても，満期後に特別の登記（権利変更登記：不動産登記法66条・67条）をしたときは，その登記の時から優先弁済権が生じる（民法374条2項）。

例えば，金銭債権の元本を1,000万円として，優先弁済を受けることができる金額が，利息を含めてどの程度になるか考えてみよう。最後の2年分の利息については，最高額は，利息制限法の規定によると年利15％を限度とするか

ら，優先弁済を受けることができる利息の額は300万円（1,000万円×0.15×2＝300万円）となる。したがって，全体としては1,300万円について抵当目的物から優先弁済を受けることができる（なお，約定利率と法定利率との関係については，最三判昭59・5・29民集38巻7号885頁参照）。

　元本の支払を遅延している場合には，損害賠償すなわち遅延賠償（遅延利息）を支払わなければならないが，この遅延利息についても，利息その他の定期金と合わせて2年分を超えない部分についてのみ優先弁済を受けることができる（民法375条2項）。最後の2年分の遅延利息の最高額は，利息制限法の規定によると年利30％であるから，優先弁済を受けることのできる遅延利息の額は600万円（1,000万円×0.3×2＝600万円）となる。つまり，元本が支払われていない場合には，全体としては最高1,600万円について，抵当目的物から，他の債権者に先立って優先弁済を受けることができることになる。

表37　優先弁済権を生じる債権の範囲

	元本	2年分の利息・損害金（利息制限法）	最高限度額
支払遅延がない場合	1,000万円	300万円	1,300万円
支払遅延がある場合	1,000万円	600万円	1,600万円

Ⅲ　抵当権の目的物の範囲

　抵当権の目的物の範囲は，民法369条1項の通常の抵当権の場合，および民法362条2項の地上権・永小作権の上の抵当権の場合とで，問題の性質を異にする。そこで，ここでは，あまり利用されていないが，抵当権の法的性質に関する根本問題にかかわるＡ民法369条2項の地上権・永小作権を目的とする抵当権について解説した後，Ｂ民法396条1項の不動産を目的物とする通常の抵当権の目的物の範囲について説明する。また，抵当権の設定時には目的物となっていないが，その後に抵当権の目的物になるものとして，Ｃ将来の物に対する抵当権として，増担保請求権を中心に解説を行う。

A 無体物(地上権・永小作権)を目的とする抵当権

　抵当権の目的物は,原則として,不動産に限定されている。ただし,不動産上の権利(登記が可能な権利)である地上権・永小作権を目的(物)として,抵当権を設定することもできる(民法369条2項)。

　不動産上の権利とはいえ,有体物としての不動産ではなく,いわゆる「権利の上の抵当権」が認められるべきかどうか,また,なぜそれが権利質ではなく,抵当権の箇所に規定されているのかという問題点については,既に第15章第1節Ⅱ,および第15章第7節Ⅲ Aでも取り上げて説明した。しかし,この問題は非常に重要な問題を提起しているので,ここでさらに詳しく論じることにする。

　地上権・永小作権の上の抵当権(民法369条2項)を認めることは,先に述べたように,物権と債権との峻別を企図する民法の体系を破壊しかねない「権利の上の物権」という概念を認めるべきかどうかという,物的担保の最大の問題の一つにかかわることになってしまう。その理由は,以下の通りである。

　第1に,立法者自身も以下のように述べて,民法369条2項の地上権・永小作権を目的(物)とする抵当権は,真の抵当権とはいい難いとしていた(民法理由書361頁)。

　　「元来,抵当権を物権とし,物権の目的を物とせるにより,権利を目的とせるものは真の抵当権と謂ひ難き所あり。且規定の性質に因りては,単に之を準用することを得るのみにして,全然之を適用すること能はざるものあり。」

　第2に,現行法の制定後は,民法396条2項という明文の規定が設けられた以上,地上権・永小作権を目的(物)とする抵当権も物権としての抵当権として認めざるを得ないとして,初期の学説は,以下のように述べて,地上権・永小作権を目的(物)とする抵当権を物権であると認めるに至る(梅・要義巻二〔1896〕455頁)。

　　「抵当権は物権なり。故に,物を以て其目的とするを本則とするは固よりなり。然りと雖も,已に質権に付て論じたるが如く……地上権及び永小作権も亦抵当権の目的と為すことを得べし。……余は之を物権なりと信ず。」

　第3に,しかし,その結果は,「権利の上の抵当権」を認めることになり,債権と物権との区別を破壊するおそれのある存在として立法者が最も恐れた「権利の上の物権」という概念を認めざるをえなくなってしまったのである。

　民法369条2項の地上権・永小作権を目的とする抵当権は,以上のように,

その「抵当権を物権というべきかどうか」という重大な問題をかかえているにもかかわらず、現在の担保法の概説書は、これに目をつぶり、以下のように、民法396条2項の内容の説明をすることを放棄しているのが現状である。
(1) 民法369条2項の条文のみを挙げて、その説明を全く省略するもの
　　我妻・担保物権223頁、川井・担保物権314頁、槇・担保物権138頁、船越・担保物権132頁、田井他・新担保物権196頁、近江・講義Ⅲ110頁、奥田＝鎌田・民法3 77頁。
(2) 抵当権の目的は登記ができるものに限定されるという例として引用するだけで、何の説明もしないもの
　　柚木・担保物権188〜189頁、柚木＝高木・担保物権220頁・227頁・232頁、中井・担保物権121頁、北川・物権173頁、高木・担保物権108頁、平野他・民法3 38頁、松尾＝古積・物権法265頁、鈴木・物権法221頁、高橋・担保物権91頁、平野・民法総合3 33〜34頁、松井・担保物権14頁。
(3) 地上権・永小作権を目的とする抵当権は稀であるという理由で、内容の説明を省略するもの
　　我妻・担保物権227頁、椿・担保物権17頁、山川・担保物権125頁、内田・民法Ⅲ385頁、大村・基本民法Ⅲ231〜232頁、道垣内・担保物権121頁、清水（元）・担保物権23〜24頁。
(4) 地上権・永小作権を目的とする抵当権は権利を目的とするが（準抵当）、本質は同じであり、必ずしも例外とはいえないとするもの
　　我妻・担保物権227頁、山野目・物権195頁、安永・物権、担保物権239頁。

　確かに、従来の学説のように、抵当権を「不動産上の物権」だと考えると、「権利の上の抵当権」という概念は、まさに破壊的な概念となってしまい、以上の学説のように、これを無視したくなるのも理解できる。しかし、視点を変えて本書のように、抵当権とは、物権ではなく、「物であれ、権利であれ、設定者の使用・収益権を奪わずに、その目的（物）に設定される優先弁済権である」であると考えるならば、集合動産、集合債権、無体財産権等、不動産上の権利とはいえない権利を含めて、それらに対して抵当権を設定できる道が開かれることになる。その意味で、民法369条2項は、たとえ現在はその利用がほとんどないとしても、「権利の上の抵当権」を実現しているという点で、将来の抵当制度を考える上でも、重要な意義を有していることに留意しなければならない。
　現に、特許権、実用新案権、意匠権、著作権等のいわゆる無体財産権を担保

にする場合には，債権者は，無体財産権に対して質権を設定できるが，この質権は，実は債権者による使用・収益権が制限され，債務者が使用・収益をすることが認められている（特許法95条，実用新案法25条，意匠法35条，著作権法66条）。このためこれらの質権は，その実質は本来の質権ではなく，「権利の上の抵当権」の一種ということができると考えることができる（もっとも，これらの質権については，詳しい検討を必要とするので，その法的性質については，今後の研究課題としておく。このテーマで博士論文を書く人があれば，高い評価を得ることができるであろう）。

B 有体物を目的とする抵当権

抵当権は，抵当地の上に存する建物を除くほか，その目的不動産に付加してこれと一体をなした物に及ぶ。ただし，設定行為において別段の定めをした場合，および，民法424条の規定によって債権者が債務者の行為を取り消すことができる場合には，抵当権の効力は付加物には及ばない（民法370条）。

抵当権の目的不動産とその付加物の場合とは異なり，抵当権の効力は，債務者が債務不履行に陥るまでは，果実には及ばない（民法371条）。

2003年民法改正前の旧規定によれば，抵当権の効力は，原則として果実には及ばないとし，抵当権が実行されて目的不動産の差押えがあった後にはじめて果実に及ぶとしていた（民法旧371条1項）。

> 2003年改正前の民法371条（果実に対する効力）
> ①前条ノ規定ハ果実ニハ之ヲ適用セス但抵当不動産ノ差押アリタル後又ハ第三取得者カ第381条〔滌除権者への実行の通知〕ノ通知ヲ受ケタル後ハ此限ニ在ラス
> ②第三取得者カ第381条ノ通知ヲ受ケタルトキハ其後1年内ニ抵当不動産ノ差押アリタル場合ニ限リ前項但書ノ規定ヲ適用ス

2003年の改正により，抵当権の効力は，天然果実だけでなく，法定果実にも適用され，むしろ，賃料などの法定果実を主眼とするものとなったと理解されがちである。しかし，2003年の改正理由は，民事執行法の改正により，担保不動産収益執行手続（内容的には，従来からの強制管理が準用される）が新設され（180条2号・188条），これにともなって，この手続が，抵当権の効力を担保不動産そのもの（民事執行法180条1号）だけでなく，賃料などの収益にまで及ぼすことができ，この収益を対象とする手続を開始するには被担保債権の債務不履行が前提であることを示すためであった。したがって，担保不動産

収益手続以外の場合にも，抵当権の効力が，差押え以前の段階において果実に及ぶと考えるべきではない。

債務不履行が生じた後も，抵当権の設定者（債務者または物上保証人）は収益権を有していることは疑いがない。抵当権の設定者は，差押えがあるまでは従来どおりに果実を収取することができるのであり，民法 371 条は，債務不履行が生じた後，差押えがあるまでの果実が抵当権実行による買受人に帰属することを意味するものではない。したがって，抵当権が実行され，目的不動産が差し押さえられたり，担保不動産収益執行手続が開始された場合に，設定者が未だ収取していない果実があれば，そのうちの債務不履行発生後のものについて抵当権が及ぶのであって，次のように，抵当権の実行によっても設定者の使用・収益は拘束されないというのが民法 371 条の意味であるということになる。

(1) 天然果実
  (a) 樹木の果実がすでに収穫されている場合には，債務不履行発生後の分についても抵当権の効力は及ばない。
  (b) 差押えの時にまだ収穫されていない場合には，果実は，目的不動産と一体を成すので，抵当権の効力が及ぶ。
(2) 法定果実
  (a) 設定者が賃貸借を行っており，賃料がすでに設定者に収受されている場合には，債務不履行後の分であっても，抵当権の効力は及ばない。
  (b) 差押えのときにまだ収取されていない賃料がある場合には，そのうち債務不履行後の分に抵当権の効力が及ぶ。

抵当権の効力の及ぶ目的物の範囲については，従来は，不動産の付加物に従物が含まれるかどうかが議論の中心になっていた。民法 370 条は，不動産の付加物の中に従物が含まれるとするフランス法を参照して起草されたものであるのに対して，民法 87 条に規定されている従物は，ドイツ法由来の概念であり，両者の関係が明確でなくなってしまったことから複雑な問題が生じたのである（民法 370 条立法の沿革については，角紀代恵「民法 370・371 条」広中＝星野・百年 II 593 頁以下参照）。また，抵当権の及ぶ目的物の範囲に関しては，目的不動産，付加物（民法 370 条），果実（民法 371 条）だけでなく，さらに視野を広げて，その他の一般財産（民法 394 条）を見通した上で，物上代位（民法 372 条）の及ぶ範囲等を総合的に考察しなければならない。

そのような広い観点から，抵当権の効力の及ぶ目的物の範囲を全体として表

にまとめると，表38のようになる。

表38 抵当権の優先弁済権が及ぶ目的物の範囲

目的物の範囲			不履行まで	不履行後	根拠条文
不動産	目的不動産	土地又は建物	○	○	民法369条
不動産の付加一体物	不動産の構成部分	樹木，塀等	○	○	民法370条
	不動産に従として付合した物（付合物）	土地の石垣，建物の造作	○	○	民法242条・370条
	従物	土地の所有者が所有する石灯篭，取外しのできる庭石，建物に備え付けられた畳，障子，家具	○	○	民法87条・370条
果実	天然果実	樹木の果実，乳牛の牛乳など	×	○	民法88条1項・371条
	法定果実	土地の地代，建物の家賃，元本の利子など	×	○	民法88条1項・371条
一般財産	目的物の滅失・損傷による損害賠償・保険金債権		○	○	民法372条による民法304条
	目的物売却の代金債権		×	×	民法394条の趣旨
	その他の一般財産		×	×	民法394条

抵当権の及ぶ範囲としての不動産に付加して一体となっている物の位置づけについては，次の表によるのがよいであろう。

表39 物の分類と抵当権の及ぶ範囲としての「不動産に付加して一体となっている物」

不動産	土地				
		建物			
	土地の定着物	立木ニ関スル法律に規定する立木			
		土地の構成部分となって土地の所有権に吸収される物	不動産に従として付合した物（民法242条）	不動産に付加して一体となっている物（民法370条）	
		明認方法を施すことにより，独立の物としての取引が可能な。権原ある者が附属させると，その者の所有に属する（民法370条の例外）。			
	従物	土地の所有者が所有する石灯篭，取外しのできる庭石など（民法87条）			

　ただし，従物が民法370条の「不動産に付加して一体となっている物」といえるかどうかについては，争いがある。判例は，従物に対する抵当権の効力を認めてはいるが（民法87条2項を根拠とする），従物は，民法370条の「不動産に付加して一体となっている物」には含まれない（大判昭5・12・18民集9巻1147号）と解されていた。

　　大判昭5・12・18民集9巻1147頁
　　　「畳建具の類〔従物〕は，其の建物に備付けられたるときと雖，一般に独立の動産たるの性質を失はざるを通例とする。
　　　ただし，雨戸或は建物入口の戸扉其の他建物の内外を遮断する建具類の如きは，一旦建物に備付けらるるに於ては建物の一部を構成するに至るものにして，之を建物より取外し容易なると否とに不拘，独立の動産たる性質を有せざるものと云はざるべからず。」

　したがって，上記の表については，その分類について異論がありうる。その後の大審院の判例（大連判大8・3・15民録25輯473頁）は，抵当権の効力は設定時の従物に及ぶことを認めたが，その理由は民法82条2項であるとしていた。もっとも，最高裁は，民法370条の「抵当不動産に付加して一体となっている物」に従物が含まれると判断しているので，上記の表は誤りではない（学説の変遷については，湯浅道男「抵当権の効力の及ぶ範囲」星野・講座3 61頁以下参照）。

　　最二判昭44・3・28民集23巻3号699頁

「宅地に対する抵当権の効力は，特段の事情のないかぎり，抵当権設定当時右宅地の従物であった石灯籠および庭石にも及び，右抵当権の設定登記による対抗力は，民法370条により右従物についても生ずる。」

さらに，最高裁（最一判平2・4・19判時1354号80頁，判タ734号108頁）は，借地上のガソリンスタンドの店舗建物を対象として設定された抵当権が，設定当時から存在している地下タンク，ノンスペース型計量機，洗車機等に及ぶかどうかが争われた事案（抵当権が実行され建物の買受人が抵当権の設定者に対して建物明渡等を求めた事件）について，それらの物件が建物の従物であるとして（ただし，地下タンクは建物価格の4倍以上であり，価格的には主物よりも従物の方が価値が高いという逆転現象が生じている），抵当権の効力が及ぶとしている。

最一判平2・4・19判時1354号80頁，判タ734号108頁
「ガソリンスタンドの店舗用建物に対する抵当権設定当時，建物内の設備と一部管によって連通する地下タンク，ノンスペース型計量機，洗車機などの諸設備を右建物の敷地上又は地下に近接して設置し，これらを右建物に付属させて経済的に一体として右営業に使用していたなど判示の事情の下においては，右建物の従物として抵当権の効力が及ぶ。」

付加物が分離された場合の抵当権の効力については，ⅤBの箇所で説明する。

なお，次に述べる抵当権者の有する優先弁済権の行使に際して，抵当権の行使につき，一定の制限を課していることとの関連で，民法370条ただし書について触れておく。第1の設定行為に別段の定めがある場合に，抵当権の範囲が不動産の付加物に及ばないとしているのは，この規定が，公の秩序に関するものでないことを示している。だたし，別段の定めも，登記がなければ第三者に対抗できないので注意を要する（不動産登記法88条）。第2に，債務者が，一般債権者を害する目的で（抵当権者と債務者とが通謀するのがその例），抵当不動産に工作を加え，一般財産に属する物を抵当不動産に付加して一体としてしまった場合には，詐害行為取消権の場合に責任財産からの逸失を否定するのと同様，抵当権の付加物となった物について，責任財産からの逸失を否定することにしている。すなわち，債務者が工作によって一般財産に属する物を抵当不動産に付加した場合に，その物を付加して一体となった物ではないとみなして，抵当権の効力を及ぼさないこととしているのである。

C 将来の物に対する抵当権——増担保請求権

　抵当権の被担保債権については，債務の履行期までに確定できるものであれば，将来債権でも差し支えないことはすでに述べた。また，根抵当の場合には，一定の枠に属する変動する債権を対象とすることができる。これに反して，抵当権の目的物は，原則として，抵当権の設定の時に存在するものであることが必要である。ただし，この原則にもいくつか例外が存在する。

　第1は，抵当不動産の付合物（民法242条），従物（民法87条）を含めた「抵当不動産に付加して一体となっている物」（民法370条），および「債務不履行後に生じた抵当不動産の果実」（民法371条）については，抵当権の設定後に付加され，または生じた場合でも，抵当権の効力が及ぶことになる。

　第2は，企業体そのもの，または企業の一定の場所において財産の内容が常時入れ替わる物に対して抵当権を設定する場合である。特別法によって，特定の企業施設を構成し，その内容が変化する不動産と動産を1個の物とみて抵当権を設定したり（財団抵当），企業施設の基礎となっている個々の不動産（土地・建物）を基盤とし，それに付属する動産を一体として抵当権を設定したり（工場抵当）することが認められている。

　第3に，抵当権の設定者の故意または過失によって抵当不動産の損傷等によって価値が減少した場合に，抵当権者は，設定契約において増担保を請求できるとするだけでなく，特約がなくても，そのような場合には増担保請求をすることができるというのが通説の考え方であり，このことは，現存する目的物のみを抵当権の目的とすることができるという原則の例外をなすことになる。

　第4は，抵当権の目的建物が滅失し，同一敷地に新しい建物が建築された場合に，その新しい建物に対して抵当権が及ぶことを抵当権の設定時に予め定めることができるか，また，そのような特約がない場合にも，当然に抵当権の範囲が新しい建物に及ぶかどうかが問題となる。

　第1の問題については，先に論じた。また，第2の問題は，民法の特別法であるのでここでは概要を述べるに留める。また，第4の問題については，フランスの担保法改正により，同一敷地の上の建物についても抵当権の効力が及ぶとされたが（フランス民法典2420条3項），わが国においては，今後の立法の課題であるため，ここでは第3の増担保の問題を論じるにとどめる。

　旧民法は，以下のように，抵当権者の増担保請求権を明文で定めていた（旧民法債権担保編201条2項・3項）。

旧民法債権担保編　第201条
①意外若くは不可抗の原因又は第三者の所為に出でたる抵当財産の減失，減少又は毀損は，債権者の損失たり。但先取特権に関し第133条に記載したる如く，債権者の賠償を受く可き場合に於ては其権利を妨げず。
②若し抵当財産が，債務者の所為に因り又は保持を為さざるに因りて減少又は毀損を受け，此が為め，債権者の担保か不十分と為りたるときは，債務者は抵当の補充（supplément d'hypothèque）を与ふる責に任ず。
③此補充を与ふること能はざる場合に於ては，債務者は担保の不十分と為りたる限度に応じ，満期前と雖も，債務を弁済する責に任ず。

　現行民法の立法者は，以下の理由で，この条文全体を削除している。すなわち，第1項は賛成であるが当然のこととして削除している。また，増担保に関する2項・3項については，民法137条2号で，「債務者が担保を減失させ，損傷させ，又は減少させたとき」は，「債務者は，期限の利益を喪失する」ことにしており，その場合には，債権者は即時に弁済を請求できる。旧民法のように，増担保を請求した後でなければ，即時に弁済を請求できないというのでは，抵当権者に不利であるという理由で削除している（民法理由書356〜358頁）。

　しかし，事情によっては，抵当権を実行して金銭消費貸借関係を清算するよりも，債務者に対して増担保を請求して，貸借関係を継続することの方が有利である場合もあり，そのようなときには，抵当権の侵害を理由として期限の利益を失わせただけでは，抵当権者の利益は十分に確保されない。したがって，民法137条2号と3号とを，以下のように，総合的に解釈するのが妥当である（我妻・担保物権387〜388頁）。

　第1に，債務者が故意もしくは過失によって担保を減失させ，損傷させ，または減少させた場合には，民法137条2号によって債務者が自動的に期限の利益を喪失するのではなく，抵当権者はあえて増担保を請求することができる。そして，債務者がその請求に応じない場合には，民法137条3号によって，抵当権者は即時に抵当権を実行することができる。

　第2に，債務者の責めに帰することができない事由によって担保価値が減少した場合には，抵当権設定時の特約等によって，債務者が担保価値を維持する義務を負っている場合のみ増担保請求ができる。

IV　抵当権者の一般債権者としての権利行使の制限

　抵当権者は，一方で一般債権者に対して強力な優先権と追及権を有する最大の権限を有するのであるから（抵当権は担保物権の王とか，女王とかいわれている），他方で，一般債権者に対する配慮（使用・収益権を害さない，一般財産権にみだりに介入しないこと）が求められることになる。そして民法394条は，抵当権者にノブレス・オブリージュ（Noblesse oblige）を求めた規定と解することができるというのが，ここで論じようとするテーマである。

　抵当権者は，債権者であるから，本来なら，抵当目的物以外の財産からも，一般債権者としての立場で弁済を受けることができるはずである。

　しかし，抵当権者が別に抵当目的物から優先弁済を受ける権利を確保しておきながら，さらに債務者の一般財産からも弁済を受けることができるということになると，他の一般債権者を害することになる。そこで民法は，一般債権者を保護するために，抵当権者の一般債権者としての資格での権利行使に一定の制限を設けている。

　すなわち，抵当権者は，原則として，抵当不動産の代価から弁済を受けられない債権の部分についてしか，抵当目的物以外の財産から弁済を受けることができない（民法394条1項）。

　例えば，AがBに対して1億円の債権を有し，その担保として価額5,000万円の甲不動産上に抵当権を有しているとする。Bには，Aのほかに，5,000万円の一般債権を有する債権者Cがおり，その他の財産としては，甲不動産以外に，価額6,000万円の乙不動産があるとする（鈴木・物権法255頁）。

　この場合，Aが先に抵当権を実行し，その競売代金5,000万円で弁済を受け，残債権5,000万円でBの他の財産乙に対して一般債権者の資格でかかっていくと，乙財産からのAとCの取り分は，同額の3,000万円となる。

　これに対して，もしもAが債権額全額について乙財産にかかっていくことを許すと，乙財産からのAの取り分は4,000万円，Cの取り分は2,000万円ということになり，Aの取り分は，甲財産・乙財産を合わせると9,000万円となる

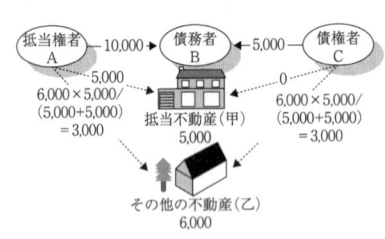

図54　抵当権者の一般財産に対する効力

表40 抵当権者の一般財産に対する効力（正誤対照）

正しい配当

		甲不動産 5,000	乙不動産 6,000	全財産 11,000
		優先弁済権	残債権額に応じた按分比例	合計額
債権額	A 10,000	5,000	3,000	8,000
	C 5,000	0	3,000	3,000

誤った配当

		甲不動産 5,000	乙不動産 6,000	全財産 11,000
		優先弁済権	債権額に応じた按分比例	合計額
債権額	A 10,000	5,000	4,000	9,000
	C 5,000	0	2,000	2,000

のに対して，Cは本来の取り分から1,000万円減少して2,000万円となってしまい，Cにとって酷な結果となる。

　したがって，抵当権者は，抵当権者として優先弁済権を行使できる限度で，一般債権者として権利行使することを制限され，優先弁済権を行使できる債権額を除いた額でしか，一般財産に対して，一般債権者として配当加入することは許されない。抵当権者が先に一般財産に執行しようとすれば，一般債権者は異議を述べることができる（大判大15・10・26民集5巻741頁）。

　　大判大15・10・26民集5巻741頁
　　　「民法394条1項の規定は，抵当権が抵当不動産以外の債務者の財産に付，先ず弁済を受け又は受けんとする場合に普通債権者に対し異議権を与えたるに止まり，抵当権者が債務者に対し先ず抵当不動産に付，其の弁済を受くべき義務を定めたるものに非ざるを以て，抵当権者が抵当不動産以外の債務者の財産に付，先ず其の弁済を受け又は之を受けんとしたる場合に，債務者は何等之を拒否すべき権利なきものとす。」

　上記の判例（大判大15・10・26民集5巻741頁）が，一般債権者は一般財産に対して執行を行うことに対して異議を述べることができるとしつつも，抵当権者の執行を停止できないとするのは矛盾しており，抵当権者の一般財産に対する担保不動産執行に対しては，一般債権者は，抵当権の目的物の範囲を超えており抵当権の効力が生じないとして，執行異議の申立て（民事執行法182条）をすることができると解すべきである。ただし，例外として，抵当権者が競売を行う前に他の債権者が債務者に対して強制執行を行う場合のように，抵当不

動産の代価に先立って他の財産の代価を配当する場合には，抵当権者も一般債権者として，一般財産から，債権の割合に応じて配当を受けることができる（民法394条2項本文）。

　もっとも，この場合においては，他の各債権者は，抵当権者がまず抵当不動産から優先弁済を受け，その後に一般財産から配当を受ける場合と同様の配当が実現されるようにするため，優先弁済を受ける抵当権者に対して，配当されるべき金額を供託するよう請求することができる（民法394条2項）。

　このため，結果的には，抵当権者は，抵当目的物によってカバーされる優先弁済額を除いた額に基づいて計算される配当額に等しい額しか配当を受けることができない。

　民法394条による優先弁済権を有する抵当権と優先弁済権を有しない一般債権者との利害調整の方法は，優位な立場に立つ者に対して，劣後する者への配慮を求めるものであり，高く評価されるべきである。このことは，神聖不可侵の権利であっても，相隣関係等において，さまざまな義務を求められるという法原理，すなわち「所有権は義務を伴う」のと同様に，「優位な立場に立つ者は，そうでない者に対する義務を伴う（ノブレス・オブリージュ：Noblesse oblige）」という格言を「担保物権の王」とされる抵当権者に対して適応したものと考えることができるであろう。

　このように考えると，目的不動産に対して優先弁済権と追及力という最大の権利を有する抵当権者が，目的不動産が滅失・損傷もしていないのに，目的不動産に対する担保不動産執行を温存しつつ，さらに目的不動産以外の債務者の一般財産に属する賃料債権に対して，物上代位によって優先弁済権を行使することの不当性，そしてその結果，賃貸借の維持・管理に必要な賃料収入が断たれ，賃貸借を成り立たせなくさせることの不当性がよく理解できるようになる。この点については，抵当権に基づく物上代位の箇所（第16章第5節Ⅴで詳しく論じることにする。

Ⅴ　抵当権の追及効とその限界

A　目的物に対する抵当権の追及効

　抵当権は，債務者または物上保証人の財産の中から特定の財産を債務の弁済のために引当てとなる不動産を登記によって特定させ，債務の任意の弁済が得

られないときは、その特定の不動産から、他の債権者に先立って優先弁済を受けることのできる権利である（民法369条）。

通常の債権の場合は、債務者の一般財産の中に存在する特定の財産が譲渡された場合には、その財産は、原則として、債務者の責任財産から離脱する。

しかし、これには3つの例外がある。第1は、詐害行為取消権（民法424条）によって債務者の責任財産を保全し、受益者または転得者に対して追及できる場合であり、第2は、財産の譲渡、賃貸、滅失・損傷の見返りとして、債務者に代金債権、賃料債権、損害賠償債権等が発生した場合に、その債権に対して債権者が債権者代位権または物上代位権を行使しうる場合であり、そして第3が、責任財産が抵当権（譲渡担保を含む）の登記または代物弁済の仮登記によって特定されている場合である。

抵当権の場合、通常は、物権だから追及効があると説明されているが、先に述べたように、物権であっても、登記を有しない不動産物権には追及効がない。また、担保物権内部においても、留置権や動産質権は、占有によってそれぞれ、事実上の優先弁済権または真の優先弁済権を確保するのであり、占有を失えば追及効がなくなってしまう。さらに、担保物権といわれる一般先取特権、動産先取特権には、そもそも追及効は存在しない。したがって、通説のいうように、物権であるから追及力があるということにはならない。担保物権における追及効の有無をまとめると、次の表のようになる。

表41　担保物権の追及効

		物的担保の追及効		
		有無	説明	根拠
留置権	動産留置権	×	占有を失うと追及効もなくなる	民法302条
	不動産留置権	×	占有を失うと追及効もなくなる	民法302条
先取特権	一般先取特権	×	追及効はない	学説（一致）
	動産先取特権	×	追及効はない	民法333条
	不動産先取特権	△	追及効はないが、登記によって生じる	学説（通説）
質権	動産質	×	占有を失うと追及効もなくなる	民法352条
	不動産質	○	登記によって追及効が生じる	民法361条・373条

第3節　抵当権の効力（追及効を伴う優先弁済権）

	権利質	○	債権譲渡と同様の対抗要件を備えると追及効が生じる	民法364条以下
抵当権	普通抵当権	○	登記によって追及効が生じる	民法373条
	根抵当権	○	登記によって追及効が生じる	民法373条

　このように考えると，担保物権の追及効というのは，動産の占有の継続または不動産等の登記によって責任財産を特定させ，その責任財産について優先弁済権を確保することに他ならない。

　債権の場合であっても，不動産賃貸借契約については，登記をすれば，目的不動産が第三者に譲渡された場合であっても第三者に対抗できる（民法605条）とされているのであり，抵当権の追及効も，物権の効力ではなく，登記による，優先弁済権の生じる責任財産の保全の効果と考えるのが正当であろう。

B　分離物（分離された付加物）に対する抵当権の追及効
1　概　説

　抵当権の目的物の使用・収益権能は，抵当権の設定者（債務者または物上保証人）にあるため，通常の使用・収益によって付加物が抵当不動産から分離されて付加物である状態でなくなったときは，その分離物には抵当権の効力は及ばない。

　問題が生じるのは，抵当山林の木材が，正当な利用の範囲を超えて伐採された場合のように，抵当権の目的物である不動産が，付加物が分離された状態では債権を満足させることができない場合である。なお，現代的な問題としては，劇場の建物から証明器具等の数億円に上る高価な舞台装置が搬出されるという例（東京高判昭53・12・26下民集29巻9〜12号397頁）を考えることができよう（内田・民法Ⅲ〔2005〕443頁，田髙・物権法206頁）。

　判例は，当初は，立木が伐採されると不動産の性質を失って動産となるから，物上代位の可能性はあるが，抵当権の効力は及ばないとしていた（大判明36・11・13民録9輯1221頁）。しかし，その後，抵当権が実行され，競売が開始されたときは，差押えの効力が生じるため，それ以後の伐採・搬出は禁止されるとしている（大判大5・5・31民録22輯1083頁）。また判例は，抵当権実行後に搬出された材木に対しても追及することができるとしており競売が開始されない時点でも，抵当権自体に基づき搬出禁止を認めるに至っている（大判昭

7・4・20新聞3407号15頁)。ただし、競売が開始されない段階で搬出されてしまった木材に追及効が及ぶかどうかについては、明らかではない。

　抵当権の追及効の観点からすると、分離物に抵当権の効力が及ぶといっても、分離された付加物は、最終的には独立の動産となり、したがって、独立の所有権の対象となりうる。したがって、分離物がどのような状態であれば、依然として抵当権の追及効が及ぶのかという基準時が、ここでの主要な問題となる。

　本書の立場を先取りして述べると、抵当権の追及効の限界について、民法397条は、抵当権の第三取得者が「取得時効に必要な要件を具備する占有をしたとき」に抵当権の追及効が消滅することを明らかにしている。したがって、分離された付加物の場合にも、民法397条を類推し、目的物が第三者によって善意取得されるまでは追及効が保持されると考えるのが正当であろう。

2　分離物に対する追及効の限界時点

　抵当権の効力が分離された付加物にも及ぶことについては争われていないが、分離物は、やがては独立の動産となるため、追及力の限界はどこにあるのか、すなわち、分離物に対する抵当権の追及効はどの時点で消滅するのかについては、以下の学説が対立している。

　(1)　搬出基準（場所的一体）説　　分離物が抵当不動産と場所的一体性を保っている限りにおいて抵当権の効力は及ぶが、それを失えば効力は及ばないとする説である。

　この説は、理論構成によってさらに2説に分類されている。

　(a)　対抗力喪失説　　この説によれば、抵当権は、付加物を含めて目的物全部を支配する物権なので、分離物にも支配力が及んでいるという。しかし、抵当権は登記を対抗要件とする権利だから、分離物が抵当不動産の上に存在し、登記により公示に包まれている限りにおいてだけ第三者に対抗できるということになる。つまり、不動産の所在場所から搬出されると対抗できなくなるという考え方である（我妻・担保物権268頁、鈴木・物権法240～241頁）。

　(b)　効力切断説　　分離物が取引観念上、不動産と一体的関係にあれば、民法370条の付加物に含まれるが、搬出されると付加物ではなくなり、抵当権の効力は切断されるとする（川井・担保物権53頁）。

　上記の両説は、第三者が木材を不当に搬出した場合に、抵当権に基づく物権的請求権が発生するかどうかで、結論を異にする。しかし、追及効に関しては、結論に相違はない。

(2) 即時取得基準説　　分離物は，第三者が即時取得するまでは抵当権の効力が及ぶとする説である。

　抵当権の効力の及ぶ範囲を広く認めようとする背景には，悪意の第三者は排除されるべきであるとの考慮が働いていたり（星野・民法概論 II 252 頁），工場抵当法 5 条 1 項（抵当権ハ第 2 条ノ規定ニ依リテ其ノ目的タル物カ第三取得者ニ引渡サレタル後ト雖モ其ノ物ニ付之ヲ行フコトヲ得），同条 2 項（前項ノ規定ハ民法第 192 条乃至第 194 条ノ適用ヲ妨ケス）の考え方を尊重すべきであるとの考慮が働いている（高木・担保物権 123 頁）。工場抵当の事案ではあるが，最高裁は，工場から搬出された動産について，即時取得されない限り元の据付場所である工場へ戻すことを請求できるとする（最二判昭 57・3・12 民集 36 巻 3 号 349 頁）。

　最二判昭 57・3・12 民集 36 巻 3 号 349 頁
　　「工場抵当法 2 条の規定により工場に属する土地又は建物とともに抵当権の目的とされた動産が，備え付けられた工場から抵当権者の同意を得ないで搬出された場合には，第三者において即時取得をしない限りは，抵当権者は，搬出された目的動産をもとの備付場所である工場に戻すことを請求することができる。」

　しかし，工場抵当の場合には，抵当権の効力の及ぶ付合物・従物をすべて目録に記載しなければならず（工場抵当法 3 条），その目録は登記簿の一部とみなされ，目録への記載は登記とみなされており（同法 3 条 2 項・4 項），それを前提にして，即時取得が成立するまで追及力が特別に認められている。したがって，その理論を，付加物について登録がなされない通常の抵当権の場合に持ち込むのは，妥当ではない（我妻・担保物権 269 頁）との反論が成り立ちうる。ただし，この説（搬出基準説）によるときは，悪意者の扱いが問題となる。背信的悪意者に対しては，信義則の法理に基づいて，または，詐害行為取消権の法理を用いて追及効を認めることを可能としなければならないことになろう。

　民法 397 条は，「債務者又は抵当権設定者でない者が抵当不動産について取得時効に必要な要件を具備する占有をしたときは，抵当権は，これによって消滅する」と規定しており，この規定が，第三者の取得時効による抵当権の追及効の限界を示すものであることは，第 9 節 III D で詳しく論じる。この点からも，即時取得基準説の結論は妥当である。ただし，背信的悪意者に対しては，信義則の法理に基づいて，または詐害行為取消権の法理を用いて追及効を認めることは可能である。

民法397条は,「債務者又は抵当権設定者でない者が抵当不動産について取得時効に必要な要件を具備する占有をしたときは,抵当権は,これによって消滅する」と規定しており,この規定が,第三者の取得時効による抵当権の追及効の限界を示すものであることは,第9節Ⅲ Dで詳しく論じる。この点で,即時取得基準説の結論は一部妥当である。しかし,即時取得が完成する前であっても,抵当権の追及効に限界が生じることまで否定する必要はないと思われる。

　(3)　物上代位性説　　抵当権の物上代位性から,勿論解釈として,抵当権は分離物の上に及ぶとする。ただし,それを実現するためには民法304条による差押えが必要であるとする(柚木＝高木・担保物権277頁)。

　しかし,物上代位の制度は,抵当権の目的物の価値の減少を生じさせるのと同一事実に基づいて債務者または物上保証人の一般財産が増加した場合に,抵当権者にその増加した権利(代金債権,賃料債権,損害賠償債権・保険金債権)に対する権利行使を認める制度である。

　したがって,分離物の搬出によって追及効が及ばなくなった場合に,分離物の代金債権に対して物上代位が認められることはあっても,分離物は,抵当権の登記によって特定される目的物からは離脱しており,代償物の場合とは異なり,債務者・物上保証人の責任財産にとどまっているものではないため,物上代位の考え方を利用することはできないといわなければならない。

　抵当権の目的物の範囲は,当事者間では合意で定まるが,第三者に対する効力は,登記によって判断するほかない。したがって,分離物が不動産と場所的一体性を保っている間は,登記の公示力を付加物であった分離物に対しても認めることが可能であり,抵当権の効力を及ぼすことが許される。しかし,不動産の分離物が搬出された後は,分離物に対する抵当権の追及効は弱められ,最終的には消滅すると考えるのが正当であろう。しかし,公示は,第三者に権利の所在を周知させるためであり,分離した途端に抵当権は消滅するとして,悪意の第三者を保護する必要はない。そうすると,第三取得者の善意・無過失を要件として抵当権の消滅を認める即時取得基準説が妥当である。

C　建物が倒壊し木材となった場合の木材に対する追及効

　抵当建物が崩壊して木材となった場合,判例・通説は,抵当権の目的物である不動産が,木材という動産となることによって不動産としての本質を失ったのであるから,抵当権は,物権法の一般原則によって消滅するとしている(大

判大 5・6・28 民録 22 輯 1281 頁，我妻・担保物権 269 頁，川井・担保物権 58 頁）。

しかし，ここでも，抵当権は物権だからというだけの理由で，付合物が分離されたが不動産と同一場所にとどまっている場合の解決方法とは極端に異なる結論が導かれている。判例は，さすがに，抵当権の実行着手後の建物崩壊の場合には，木材に抵当権の効力が及ぶとしているが（大判大 6・1・22 民録 23 輯 14 頁），抵当権の実行の着手がなされていない場合であっても，利益状況は同様のはずである。

山林の木材が，正当な理由の範囲を超えてすべて伐採されて分離物となったが，その場所にとどまっている場合は，その動産に抵当権の効力が及ぶ。しかし，抵当建物が倒壊して動産になった場合には，抵当権の効力が及ばないというのは，奇妙である。

抵当権を物権とは考えない本書の立場では，建物の倒壊をもって，直ちに，物権である抵当権も消滅すると考える必要はない。むしろ，建物の崩壊の場合も，抵当権の効力を公示する登記の効力は，倒壊木材にも及んでいると考えることが可能である。

この場合，物上代位の問題が発生しないことは，分離物の箇所で論じた通りであり（柚木＝高木・担保物権 277 頁は，物上代位の効力として倒壊木材に抵当権の効力が生じるとするが，倒壊木材は，抵当目的物の代償物ではない），抵当権の追及効は，分離物の場合と同様，登記建物と一体性を保っていると考えられるので，倒壊木材に及ぶと考えるべきである（鈴木・物権法 241 頁）。

VI 抵当権侵害（優先弁済権侵害）に対する効力

第三者が抵当目的物である建物等を損傷しても，抵当山林を伐採した場合でも，残存価値が被担保債権額を超える場合には，抵当権者には，原則として，損害賠償請求権は発生しない（大判昭 3・8・1 民集 7 巻 671 頁）。

大判昭 3・8・1 民集 7 巻 671 頁
「抵当権は所謂一の価格権に外ならず。即，目的物を競売し其の売得金を以て債権の弁済に充つるを得る権利なるが故に，抵当物の価格が如何に減損せしめられたればとて，抵当権者にして窮極に於て完全に債権の満足を得たる以上何等の損害あること無し。其の損害なるものは抵当物の価格減損の為め，結局債権の十分なる満足を得る能はざりし場合に於て始めてこれ有り。而し

て不法行為亦茲に成立す。」

　抵当権侵害に対する抵当権者の救済手段としては，第1に，債権者の立場として，債権侵害に基づく損害賠償を請求すること，第2に，優先権を有する債権者として，執行妨害等の優先弁済権を害する行為について，優先弁済が実現できない限度で，債権侵害に準じて不法行為に基づく損害賠償を請求すること，第3に，債権の優先弁済権者として，目的物の価値減少によって，被担保債権の優先弁済が受けられなくなることに対して，損害賠償を求めること，債権者代位権を使って，抵当権設定者（目的物の所有者）が有する請求権を代位行使することに限定される。

　この点に関しては，所有権者である抵当権設定者の権利を代位行使すること以外に，抵当権者に抵当目的物の直接の引渡請求を認めようとする見解があり，最高裁もこの見解を採用している（最一判平17・3・10民集59巻2号356頁）。

　しかし，抵当権者に管理占有を認めることは，設定者から使用・収益権を奪わないという抵当権の本質に反することになる。また，物権的請求権を認めると，第1に，複数の抵当権者が存在する場合に，誰に明渡しをすべきかについて，特定ができないという難問が生じる。第2に，抵当権者に引渡しを認めると，抵当権者に不動産の管理を義務づけることになるが，管理のノウハウを持たない抵当権者は，第三者への管理委託に頼らざるを得ないが，そうすると，高額の管理コストが発生する上に，抵当権者は，工作物責任をも負担することになる。第3に，そのようなコストは結局，抵当不動産の買受人の負担となるため，競売価格を低下させることになり，抵当権者による競売妨害のおそれさえ生じさせかねない（清水（元）・担保物権37～38頁）。このような点を考慮するならば，債権者に過ぎない抵当権者に物権的請求権を認めるべきではない。

　なお，抵当権者が債権者として，抵当権設定者の権利をどの範囲で代位できるかについては，債権者代位権の箇所で詳しく論じた（第5章第4節）。ここでその問題を繰り返すことはしないが，要点だけを述べると以下の通りである（この問題については，コンパクトかつ緻密な議論を展開しているものとして〔清水（元）・担保物権34～38頁〕参照）。

　ここでの問題は，抵当権に対する執行妨害をいかに解決するかという問題であり，それは，実体法上の問題ではなく，もともと執行法上の問題である。執行法は，その相次ぐ改正を通じて，買受人のために，①引渡命令（民事執行法83条），②売却のための保全命令（民事執行法55条1項1号），③買受けの申出

をした差押え債権者のための保全処分（民事執行法77条）を整備し，かつ，抵当権者のためにも，(4)不動産競売開始前の保全処分（民事執行法187条）を整備している。

最高裁は，当初は，抵当権は非占有担保であり，したがって，執行妨害者に対しても，明渡しを請求することはできないという実体法的には正当な判断をしていた（最二判平3・3・22民集45巻3号268頁）。しかし，平成11年当時は，上記の(3)，(4)の制度が不備であったために，抵当権者を保護するため，従来の判決を覆し，抵当権者に債権者代位権による明渡請求を認めたり（最大判平11・11・24民集53巻8号1899頁），目的物の占有権を有しない抵当権者に対して，物権的返還請求権を認めたり（最一判平17・3・10民集59巻2号356頁）という，民法の体系を無視したなりふり構わない暴挙に出てしまったのである。

当時としては，それなりの理由があったかもしれないが，執行妨害についての民事執行法の整備が進んだ現在においては，上記の平成11年大法廷判決（最大判平11・11・24民集53巻8号1899頁），および抵当権に基づく物権的請求権を認めた平成17年判決は，完全に意味を失ったというべきであり，平成3年判決（最二判平3・3・22民集45巻3号268頁）の正当な法理に立ち返るべきである。

最二判平3・3・22民集45巻3号268頁
>「抵当権者は，抵当不動産を占有する者に対し，抵当権に基づく妨害排除請求として又は抵当権設定者の所有物返還請求権の代位行使として，その明渡しを求めることはできない。」

第4節　抵当権の処分（優先弁済権の譲渡）

Ⅰ　概　　説

抵当権の処分の6つの類型，すなわち，(1)転抵当，(2)抵当権の譲渡，(3)抵当権の放棄，(4)抵当権の順位の譲渡，(5)抵当権の順位の放棄，(6)抵当権の順位の変更について，具体的な事例によって，それらの概念を明確に区別することが，この節での第1のねらいである。

次に，抵当権の処分の対抗要件が，抵当権の順位の変更を除く5つの類型を通じて共通であり，しかもそれが債権譲渡の場合と同様であることから，抵当

権の処分に共通の理念を発見することが重要な課題となる。すなわち,「抵当権の処分」とは,「抵当権における優先弁済権を債権とは切り離して譲渡（全部譲渡・一部譲渡を含む）することである」ということを明らかにするのが,この節での第 2 のねらいである。

この 2 つの作業を通じて,抵当権の処分である「優先弁済権」の譲渡と「抵当権」の譲渡とが同様に扱われていることの意味,すなわち,「優先弁済権（担保物権の本質）」と「抵当権」との共通性を確認することが,この節での第 3 のねらいである。

本書の記述は,体系的な記述を行うために,民法典の条文の順序（374 条・376 条）とは逆になっているが,抵当権の処分のそれぞれの具体例から入り,次に,抵当権の処分における共通の理念を発見する,という順序で解説を行う。

A　抵当権の処分の意味

抵当権の処分とは,民法 376 条に規定されている転抵当（1 項前段）,抵当権の譲渡,抵当権の放棄,抵当権の順位の譲渡,抵当権の順位の放棄（1 項後段）,および,民法 374 条に規定されている抵当権の順位の変更の 6 種類の処分のことをいう。

表42　抵当権の処分の種類と効果の比較

		抵当権の処分の効果	
		相手方	効果
処分の種類	(1) 転抵当	抵当権の債権者	優先弁済権の移転
	(2) 抵当権の譲渡	債務者の一般債権者	優先弁済権の譲渡
	(3) 抵当権の放棄	債務者の一般債権者	優先弁済権の準共有
	(4) 順位の譲渡	後順位抵当権者	優先弁済権の譲渡
	(5) 順位の放棄	後順位抵当権者	優先弁済権の準共有
	(6) 順位の変更	抵当権者間	優先弁済権効の譲渡

B　抵当権処分の制度目的

転抵当が,抵当権者自身の資金調達の便宜のために,抵当権を利用して融資を受ける制度であるのに対して,他の 5 つの制度,すなわち,抵当権の譲渡・放棄,抵当権の順位の譲渡・放棄・変更は,反対に,債務者への資金調達の促

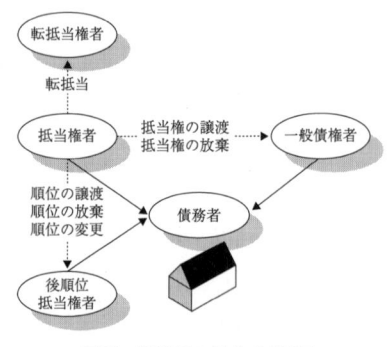

進を図るために，抵当権者の優先順位を後退させ，債務者の新たな融資者（債権者）に対して優先順位を昇進させる制度である。

C 抵当権＝掴取力強化説による説明の利点

従来の説によれば，抵当権の処分は，抵当権者の債権者への抵当権の譲渡（転抵当），債務者の一般債権者への抵当権の譲渡・放棄，後順位抵当権者への順位の譲渡・放棄・変更というように複雑な用語によって説明されてきた。

しかし，抵当権＝掴取力強化説によれば，これらは，「優先弁済権の譲渡」というキーワードによって統一的に説明しうる。

なぜなら，転抵当は，抵当権者の債権者に対する優先弁済権の一部譲渡であり，抵当権の譲渡・放棄は，債務者の一般債権者に対する優先弁済権の全部譲渡・一部譲渡（準共有）であり，抵当権の順位の譲渡・放棄・変更は，後順位抵当権者に対する優先弁済権の全部譲渡・一部譲渡（準共有）に他ならないからである。

II 抵当権者の債権者に対する優先弁済権の譲渡
（民法376条1項前段）＝転抵当

A 転抵当の意味

転抵当とは，抵当権者自身が融資を受けるため，抵当権を他の債権の担保にすることである（民法376条1項前段）。転抵当を設定するのに原抵当権の設定者である債務者または物上保証人の承諾は必要ないと解されている（責任転抵当）。原抵当権の設定者の承諾があれば，原抵当権者がその債権者のために担保権を設定すること（承諾転抵当）ができるのは当然であり，民法376条1項前段が定めているのは，承諾転抵当ではなく，原抵当権の設定者の承諾なしに自己の責任で転抵当をすることを定めたものと解されている（鈴木・物権法271頁）。

B　転抵当の法的性質

転抵当債権者Aに対して原抵当権者Bは，原抵当権設定者Cの所有物の上にさらに抵当権を設定する形式をとってはいるが，実質は，転抵当債権者Aの原抵当権者Bに対するα債権を担保するために第1に，原抵当権者Bが債務者Cに対して有する抵当権（優先弁済権）つきのβ債権の上に抵当権を設定するとともに，第2に，両者の債権額の最小範囲で優先弁済権を一部譲渡（順位を譲渡）するというステップを同時に行っている。

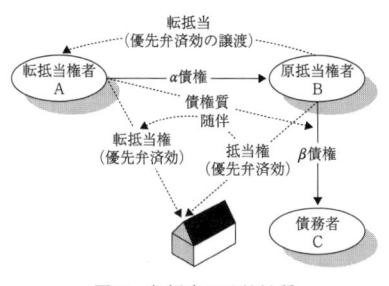

図56　転抵当の法的性質

転抵当の設定が，通常の抵当権の設定とは異なり，「権利の上の抵当権」の設定であることは，その対抗要件にも現れている。物権の設定であれば，民法177条に基づく登記で足るはずであるが，転抵当の場合には，第1に，抵当権の設定である登記とともに，第2に，優先弁済権の設定としての債権譲渡と同様の対抗要件が要求される。すなわち，第1の転抵当の第三者対抗要件として，付記登記（不動産登記法4条2項）が要求され（民法376条2項），第2に，債務者，保証人，抵当権設定者に対する対抗要件として，債務者による通知または債務者の承諾が要求される（民法377条1項）。もっとも，第2の対抗要件については，第1の対抗要件，すなわち，付記登記による第三者対抗要件（民法376条2項）が備わっているため，民法467条の債権譲渡の場合とは異なり，民法377条1項の通知・承諾に確定日付は要求されていない。

従来の学説は，転抵当等の抵当権の処分を，抵当権が債権から切り離された独立の存在として処分される制度として考えてきた。抵当権を債権に付従する物権と考える従来の説によれば，転抵当等は，付従性に対する重大な例外と考えざるをえない（鈴木・物権法183頁・224頁）。これに対して，抵当権を合意と登記によって優先権を有する債権と考える本書の立場からは，優先権のみを譲渡する制度とみることになり，付従性の例外とみる必要もない。

抵当権を有しないα債権の債権者Aのために，転抵当権設定者Bがα債権の上に新たに抵当権を設定した上で，Aのために，Bの優先順位をAに譲渡するという2つのステップを踏む点で，転抵当は，その他の抵当権の処分よりも複雑であるが，優先弁済権を譲渡するという内容面では，転抵当は，後に述べ

る債務者の一般債権者や後順位抵当権者に優先弁済権を譲渡する，抵当権の譲渡・放棄，順位の譲渡・放棄と，法的性質に変りがあるわけではない。

C 従来の説との相違

これまで，転抵当を説明するために，第1に，抵当権だけの単独処分を認め，抵当権の目的不動産上（または，交換価値〔無体物〕）に再度抵当権を設定したものと考える抵当権再度設定説（我妻・担保物権390頁），第2に，抵当権だけの単独処分を認めた上で，抵当権という権利（無体物）を質入れするものと考える抵当権質入れ説（鈴木・物権法271頁），第3に，端的に，抵当権に担保権を設定することであると考える抵当権担保設定説（内田・民法Ⅲ453頁），第4に，以上の広義の単独処分説とは異なり，抵当権の付従性を重視して，抵当権と被担保債権を共同して質入れするものと考える債権・抵当権共同質入れ説（柚木＝高木・担保物権304頁）が主張されてきた。

本書の立場は，これらとは異なる第5の考え方である。本書においては，物には，有体物のほか，無体物（権利がその代表）が含まれ，物権の対象とは異なり，債権（物的担保を含む）は，債権譲渡がその例であるが，無体物をも目的物とすることができると考えるため，抵当権の目的物として権利（地上権・永小作権だけでなく，公示可能なあらゆる権利）をも認めることが理論的に可能となる。そして，転抵当とは，原抵当権の被担保債権に抵当権を設定するとともに（債権の上の抵当権の設定〔公示は付記登記〕と債務者への通知または承諾の2つが必要），および原抵当権者から転抵当権者へ抵当権の順位の譲渡がなさ

表43 転抵当に関する学説の比較

学　説		原抵当権者の債権の取立て債務者の原抵当権者への弁済〔民法377条1項〕	原抵当権者の競売申立て	転抵当権者の直接取り立て
単独処分説	①抵当権再度設定説	×（ただし，債権に対する拘束力の説明は困難）	○（判例と同じ）	×
	②抵当権質入れ説			
	③抵当権担保設定説			
共同処分説	④債権・抵当権共同質入れ説	×（債権に対する拘束力の説明が容易）	×（判例と異なる）	○（質権の効力として認める）
	⑤債権抵当・順位の譲渡説（加賀山説）		○（判例と同じ）	○（債権者代位権が可能）

れるものと考える。

　前記の表で明らかなように，第1の抵当権再度設定説は，当事者の意思に忠実である反面，抵当目的物の所有者ではない抵当権者がなぜ抵当権の目的不動産に抵当権を設定できるのかの説明が困難であるし，もしも転抵当の目的物が，抵当目的物である不動産ではなく，抵当権が把握している交換価値であるとするならば，今度は，民法396条で定められた抵当権の範囲との整合性の説明が困難となる。そして，第2の抵当権質入れ説の場合には，転抵当といっているのになぜ質権が設定されるのかが疑問であるし，この説では，転抵当による原債権に対する拘束力（民法377条2項）が説明できない。また，第3の抵当権担保設定説によれば，民法369条2項で規定されている地上権または永小作権を超えて，抵当権の上に抵当権を設定することになり，そのような抵当権は物権とはいえなくなるが，それでよいのかどうかが問題となる。さらに，第4の債権・抵当権共同質入れ説の場合は，当事者意思と離れて，抵当権が二重の質権設定へと変質することの説明が困難である。

　この点，「抵当権＝合意と登記の対抗力に基づく債権の優先弁済権」という考え方に立てば，転抵当は，抵当権者がみずからの債権者のために，優先弁済権を一部譲渡するものであると考えることができる。厳密に言えば，転抵当とは，第1に，原抵当権者が，抵当権が設定された債権の上に抵当権を設定して自らの債権に対する拘束力を課すと同時に，第2に，自らの優先権について，転抵当権者に優先権の順位の譲渡を行うことを意味することになる。

　そして，転抵当権者が，対抗要件を備えると，「抵当権の処分の利益を受ける者（転抵当権者）の承諾を得ないでした（債務者から原抵当権者への）弁済は，その受益者（転抵当権者）に対抗することができない」（民法377条2項）。この規定によって，転抵当が付従性の例外ではないことが示される。その理由は，以下の通りである。

　転抵当権者Aは，α債権の債務者でも物上保証人でもないCの所有する不動産に対して抵当権を実行することができるのであるから，転抵当権者は，β債権の存在とは無関係にCに対して優先弁済権を取得しており，一見したところ，付従性の例外のように見える。しかし，民法377条2項によって，原抵当権者Bから転抵当の設定通知を受けた債務者Cは，たとえBに対してβ債権の弁済をしても，β債権の消滅をもって転抵当権者Aに対抗できないのであり，これによって，付従性と両立させつつ，原抵当権の被担保債権であるβ債権

の存在が確保されたことになる。すなわち，この規定（民法377条2項）によって，原抵当権の存在を前提とする転抵当の正当性が確保されるのである。

転抵当の効果としては以下の3点が重要である。

第1に，転抵当権者AのBに対するα債権の弁済期が到来していない間は，転抵当権者Aは転抵当権の実行をすることができない。さらに，質権の場合とは異なり，抵当権の実行があるまでは，転抵当権の設定者であるBは，β債権の使用・収益権を有しており，したがって，利子の弁済を受けることはできるが，処分権までは有しないため，元本全額の支払を受けることはできない。

しかし，第2に，α債権の弁済期が到来すれば，たとえ原抵当権者Bの債務者Cに対するβ債権の弁済期が到来していない場合であっても，債務者Cは，債権額を供託することができ，転抵当権者Aは，民法366条3項を類推して，その供託金に効力を及ぼすことができると解されている。内田『民法Ⅲ』(454頁)は，これを「一種の物上代位である」としているが，「一種の」が何を意味するのか不明である。通説が，質権の規定を準用する，またはこの結果を認めるのであれば，転抵当においては，抵当目的物とともに，β債権も共同して担保に供されていると解すべきであり，この点でも，転抵当の性質を単独処分とする説には難点があることになる。

第3に，α債権，β債権ともに弁済期が到来している場合には，転抵当権者Aがまず配当を受け，剰余金は原抵当権者Bに配当される。また，剰余が予想される限り，原抵当権者Bも抵当権の実行をすることができる（大決昭7・8・29民集11巻1729頁）。

　　　大決昭7・8・29民集11巻1729頁
　　　　「抵当権を以て他の債権の担保と為したる場合に於ては，原抵当権を以て担保する債権が他の債権に超過するときに限り，原抵当権者は，其の差額の弁済を受くる為抵当権の実行を為すことを得べきも，両者が同額なるか又は前者が後者よりも少額なるときは，原抵当権者は抵当権の実行を為すことを得ざるものとす。」

この点についても，転抵当権者は，転抵当権の設定によって原抵当権者の債権を担保に取ると同時に，原抵当権者の順位の譲渡を受けていると考えると説明が容易である。

III 一般債権者，後順位債権者に対する優先弁済権の譲渡（民法 376 条 1 項後段）

A 共通の設例

民法 376 条 1 項後段に規定された抵当権の処分（抵当権の相対的処分ともいう）について，第 1 順位の抵当権者 A（債権額：1,000 万円），第 2 順位の抵当権者 B（債権額：2,000 万円），第 3 順位の抵当権者 C（債権額：3,000 万円），一般債権者 D（債権額：4,000 万円），債権額の合計 1 億円に対して，抵当物件の評価額は 5,000 万円であるという想定の下で，抵当権が処分された場合の各当事者の配当額の変化を説明することにする。

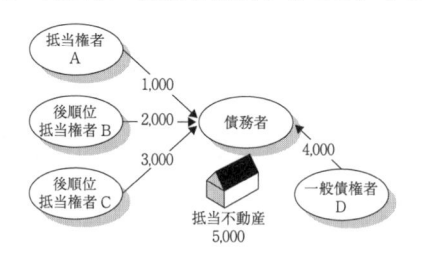

当事者	順位	債権額	配当額
A	1	1,000	1,000
B	2	2,000	2,000
C	3	3,000	2,000
D	−	4,000	0
合計		10,000	5,000

図57　抵当権の処分に関する共通の設例

B 一般債権者に対する優先権の全部譲渡と一部譲渡

1 抵当権の譲渡

(1) 抵当権の譲渡の意味　　抵当権の譲渡とは，抵当権者が，抵当権を有しない債権者に対して，自分の有している債権額の範囲で相手方に抵当権を与え，その範囲で自らが無担保債権者となることをいうとされてきた。

ここで大切なことは，抵当権の譲渡の場合には，債権の譲渡とは切り離して抵当権だけが，被担保債権の額の範囲内で一般債権者に付与されるという点である。このことは，債権とは別に，債権額の枠内で優先弁済権だけを譲渡することが可能であることが，法律上認められていることを意味する。

「抵当権＝合意と登記の対抗力に基づく債権の優先弁済効」という立場に立てば，抵当権の譲渡とは，抵当権者が，債務者の一般債権者に対して，その債権額の制約の下に，自らの有している債権額の範囲で優先弁済権を譲渡し，その範囲で自らが無担保債権者となることであるということができる。

(2) **抵当権の譲渡と配当額の変化**　統一的な例で，AからDへと抵当権が譲渡された場合の各債権者の配当額は，下のように変化する。

表44　抵当権の譲渡（A→D）

当事者	順位	債権額	配当額		順位	結果
A	1	1,000	1,000	→1,000	－	0
B	2	2,000	2,000		2	2,000
C	3	3,000	2,000		3	2,000
D	－	4,000	0	0	1	1,000
合計		10,000	5,000			5,000

2　抵当権の放棄

(1) **抵当権の放棄の意味**　抵当権の放棄とは，抵当権者が，抵当権を有しない債権者に対して，自分の有している優先弁済の利益を放棄し，抵当権者が有する抵当権の被担保債権額相当分について優先弁済を分けあうことをいうとされてきた。

　抵当権の放棄といわれているが，放棄の相手方とともに，抵当権を放棄した者も，依然として元の順位の抵当権者として残るのであるから，厳密には抵当権の放棄でなく，むしろ抵当権の準共有である。

　「抵当権＝合意と登記の対抗力に基づく債権の優先弁済効」という立場に立てば，抵当権の放棄とは，抵当権者が自らの債権額の範囲内で，債務者の一般債権者に対して，各々の債権額に比例配分させて優先権を一部譲渡し，相手方とともに優先権を準共有するものであると考えるべきであろう（抵当権者がその優先権の範囲で「優先権を放棄」して，一般債権者を「平等の立場に引き上げる」ことだといえば，さらにわかりやすいかもしれない）。

　(2) **抵当権の放棄と配当額の変化**　統一的な例で，AからDへと抵当権が放棄された場合の各債権者の配当額は下のように変化する。

表45　抵当権の放棄（A→D）

当事者	順位	債権額	配当額		順位	結果
A	1	1,000	1,000		1	200
B	2	2,000	2,000		2	2,000
C	3	3,000	2,000		3	2,000
D	—	4,000	0		1	800
合計		10,000	5,000			5,000

C　後順位抵当権者に対する優先順位の全部譲渡と一部譲渡

1　抵当権の順位の譲渡

(1)　抵当権の順位の譲渡の意味　　抵当権の順位の譲渡とは，先順位の抵当権者が後順位の抵当権者に，優先弁済を受ける権利を譲渡することをいい，順位の譲渡を受けた後順位の抵当権者は，自分が本来有する優先弁済を受ける権利に加え，先順位の抵当権者が有していた分についても優先弁済を受けることになる制度であるといわれてきた。

「抵当権＝合意と登記の対抗力に基づく債権の優先弁済効」という立場に立てば，抵当権の順位の譲渡とは，抵当権者が，後順位抵当権者に対して，その債権額の制約の下に，自らの有している債権額の範囲で優先弁済権を譲渡し，その範囲で自らが相対的に後順位者となることであるということができる。

(2)　抵当権の順位の譲渡と配当額の変化　　統一的な例で，AからCへと抵当権の順位が譲渡された場合の各債権者の配当額は，下のように変化する。

表46　抵当権の順位の譲渡（A→C）

当事者	順位	債権額	配当額		順位	結果
A	1	1,000	1,000		1-2	0
B	2	2,000	2,000		2	2,000
C	3	3,000	2,000		1-1	3,000
D	—	4,000	0		—	0
合計		10,000	5,000			5,000

2　抵当権の順位の放棄

(1)　抵当権の順位の放棄の意味　　抵当権の順位の放棄とは，先順位の抵当

権者が後順位の抵当権者のために，自らが有する優先弁済の利益を放棄し，双方の配当部分について平等の立場にあるようにする抵当権の処分方法であるとされている。

　抵当権の順位の放棄といわれているが，放棄の相手方とともに，抵当権の順位を放棄した者も，依然として元の順位の抵当権者として残るのであるから，厳密には抵当権の順位の放棄でなく，むしろ抵当権の順位の準共有である。

　「抵当権＝合意と登記の対抗力に基づく債権の優先弁済効」という立場に立てば，抵当権の順位の放棄とは，抵当権者が自らの債権額の範囲内で，後順位抵当権者に対して，優先弁済権の一部を譲渡し，相手方とともに債権額に比例して優先権を準共有するものであると考えるべきであろう。

　(2) 抵当権の順位の放棄と配当額の変化　　統一的な例で，AからCへと抵当権の順位が放棄された場合の各債権者の配当額は，下のように変化する。

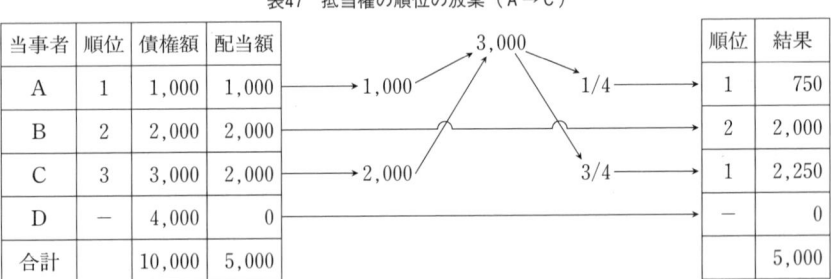

表47　抵当権の順位の放棄（A→C）

当事者	順位	債権額	配当額				順位	結果
A	1	1,000	1,000	→1,000	3,000	1/4→	1	750
B	2	2,000	2,000				2	2,000
C	3	3,000	2,000	→2,000		3/4→	1	2,250
D	−	4,000	0				−	0
合計		10,000	5,000					5,000

3　抵当権の順位の変更（ＡＢＣ→ＣＡＢ）（民法374条1項）

　(1) 抵当権の順位の変更の意味　　抵当権の順位の変更とは，抵当権者相互間で，その順位を被担保債権と完全に切り離して入れ替えることをいう。

　先の例で，Cを1番抵当権者，Aを2番抵当権者，Bを3番抵当権者とすることは，もしも各抵当権者の債権額が同じであれば，次のように，抵当権の順位の譲渡を複数回繰り返すことによって可能となるが，先の例のように，各債権者の債権額が異なる場合は，優先順位の譲渡の場合の債権額を調整しなければならず，理論的には問題がないとしても，実際の実現手続は困難であることが予想される。

表48 抵当権の順位の譲渡の繰り返しによる変更（ＡＢＣ→ＣＡＢ）

当事者	順位
A	1
B	2
C	3

当事者	順位
A	1
B	3
C	2

当事者	順位
A	2
B	3
C	1

B→Cへの順位の譲渡　　A→Cへの順位の譲渡

そこで民法は，1971（昭和46）年の改正によって，抵当権の順位の変更手続を新設し，立法的な解決を行った。

(2) 抵当権の順位の変更との関係　　抵当権の順位の変更は，各抵当権者が被担保債権をそのまま保持しつつ順位を入れ替え，処分の後の抵当権の各順位の被担保債権額に変動が生じる点で，処分後も各順位の被担保債権の額に全く変更を生じない抵当権の順位の譲渡と異なる。

これまでに取り上げた5つの抵当権の処分は，いずれも抵当権の処分の当事者のみに影響を及ぼし，他の後順位抵当権者には影響を与えないため，当事者間以外の者の承諾は必要がなかった。しかし，抵当権の順位の変更の場合は，当事者以外の抵当権者に影響を与えるので，影響を受ける抵当権者全員の合意と，利害関係人の承諾が必要である（民法374条1項）。

なお，他の抵当権処分の登記が効力要件ではなく対抗要件とされているのに対して，抵当権の順位の変更登記は，条文上は，効力要件とされている（民法374条2項）。

第5節　抵当権の実行

I　概　説

抵当権の実行手続について，競売手続のあらましと私的実行である抵当直流れについて概観するのが，ここでのねらいである。

民事執行法の第3章（180〜195条）が，「担保権の実行としての競売等」を規定しているため，抵当権の実行については，民事執行法の規定を参照することが必要となる。

表49　抵当権の実行方法

	実行の種類	条文
民事執行	担保不動産競売	民事執行法180条1号・188条で強制競売の規定を準用
	担保不動産収益執行	民事執行法180条2号・188条で強制管理の規定を準用
私的実行	抵当直流れ（流抵当）	代物弁済予約と同じ
	任意売却	破産法78条（破産管財人が管理処分権に基づき，裁判所の許可を得て行う）

　民事執行法に基づく担保不動産競売と担保不動産収益執行とは，並存的に認められ，抵当権者は，いずれを選ぶこともできるし，両者を同時に行うこともできる。すなわち，抵当権者は，担保不動産収益執行によって賃料から優先弁済を受けつつ，それで満足できない場合には，担保不動産競売で最終的な満足を受けるということができる。

　抵当権の実行による実体法上の問題としては，抵当権は，抵当権の実行によって消滅するという点が重要である。抵当不動産が他の債権者によって強制執行に付された場合にも，抵当権は消滅する（消除主義：民事執行法59条）。抵当不動産に対する他の担保権者（後順位抵当権者を含む）がこれを担保不動産競売に付した場合も同様である（民事執行法188条）。また，担保不動産競売が実施されると抵当権は消滅するから（民事執行法59条1項)，担保不動産収益執行も終了することになる。

　担保不動産競売および担保不動産収益執行の詳細は，民事執行法の解説書（中野・民事執行概説，上原他・民事執行法など）を参照されたい。ここでは，それぞれの概略について解説するに留める。

Ⅱ　担保不動産競売手続

　不動産を対象とする民事執行のほとんどは担保不動産競売であり，その件数は，通常の強制競売の10倍以上を占めている（上原他・民事執行法217頁)。担保不動産競売の中でも，抵当権に基づくものが大半を占めるとされている。

　担保権の実行としての執行手続は，概略，①債権者の申立て，②担保目的財産の差押え，③換価の準備，④換価，⑤配当，⑥満足という経過をたどる点で，「原則として，金銭債権の強制執行におけると同一の手続きによることになっ

表50　担保不動産競売手続の流れ(I)

	債権者		執行裁判所	
	手続の流れ	根拠条文	手続の流れ	根拠条文
競売の申立て	担保不動産競売の申立て	民事執行法181条	抵当権の存在を証する文書の目録等の相手方への送付	民事執行法181条4項
	抵当権の存在を証する文書（執行名義）（通常は、「登記事項証明書」）	民事執行法181条		
	不動産競売の申立書の提出	民事執行規則170条		

た」（中野・民事執行概説281頁）とされている。

A　普通の場合

1　担保不動産競売の申立て

不動産を目的とする担保権の実行は、抵当権による場合を含めて、執行裁判所に対する書面（申立書）による申立てによる（民事執行規則1条）。申立書には、債権者、債務者のほか、目的物の所有者、担保権・被担保債権・目的物の表示などが記載されなければならない（民事執行規則170条）。

担保不動産競売を開始するには、強制執行の場合とは異なり、債務名義は要求されない。それに代えて、担保権の存在を証する一定の文書（法定文書）の提出（いわゆる執行名義）が必要である（民事執行法181条）。通常の債権に基づく強制執行の場合と担保権の実行とでこのような区別が生じた理由は、以下のような歴史的な経緯に基づくものである（中野・民事執行概説275～277頁）。

民事執行法の成立（1979年）以前には、旧民事訴訟法第6編に規定されていた強制執行とは異なり、担保権の実行は競売法（1980年廃止）に規定されており、両者は完全に区別されていた。担保権を有しない一般債権者の債権を満足させるために、国家の強制執行権に基づいて債務者の一般財産を差し押さえて換価するのが強制執行の手続であるから、一般債権者の債権の存在を公証する文書である判決等の債務名義を必要とする。これに対して、担保権の実行は、物権者である担保権者が担保権に内在する換価権を行使して、担保目的物である特定財産を換価し、被担保債権の優先的弁済に充てる手続（任意競売）であ

るから，債務名義は必要ないと考えられてきたのである。

　もっとも，担保権の実行手続である任意競売においては，強制競売の場合よりも開始要件は緩やかであるが，後になって担保権が存在しないことが証明されると，競落人（買受人）の代金納入後もその所有権取得を争うことができるとされており（最三判昭37・8・28民集16巻8号1799頁），強制競売の場合に比べて，買受人の地位は不安定なものであった。しかし，一般債権者であれ，担保権を有する債権者であれ，債務者が債務不履行になった場合には，債権の効力として掴取力を有しており，その作用として実体法上も債権の満足を得ることのできる範囲で換価権を有するのであるから，両者を区別する実質的な理由は存在しない。そこで，民事執行法の制定により，競売法は廃止され，強制執行も担保権の実行も同一の法典の中に組み込まれることになった。

　その際，立法論としては，さらに一歩を進め，担保権の実行についても，国家の執行権行使の前提として債務名義を要求すべきであり，かつ，強制執行の一部として同一の法典の中に規定すべきである，と主張されていた。しかし，担保権の実行には債務名義を必要としないという慣行が定着していたことを尊重して，民事執行法においても，従来どおり，担保権の実行には債務名義が要求されないことになったのである。

　ただし，民事執行法における担保権実行の規定については，強制執行の場合と比較した場合に，以下の問題が生じていた。入口の要件が厳しく，確定判決等の有効な債務名義が要求されるために，仮に現実には執行債権が存在しない場合でも，目的物が債務者の財産に属する限り，買受人は所有権を取得しうる（民法568条の担保責任の問題となる），と解されている強制執行と比較してみよう。担保権の実行は，入口の要件が緩く，債務名義を要求しないにもかかわらず，出口の公信的効果として，買受人が代金を納入すれば，たとえ担保権が存在しない場合にも，買受人の競売による所有権の取得は妨げられない，と規定されている（民事執行法184条）。これでは整合性が保たれていないといわざるを得ない。

　そこで民事執行法における担保権の実行においては，入口の要件が緩く，債務名義を要求しないにもかかわらず，出口の公信的効果を認めていることを正当化するために，旧競売法とは異なる，以下のような手続上の手当てが行われている（中野・民事執行概説279～280頁）。

表51 旧競売法，担保権の実行，強制執行の異同

	旧競売法 （1980年廃止）	民事執行法（1979年制定）	
		担保権の実行	強制執行
競売開始の要件	債務名義も法定文書も必要としない（22条1項参照）。	債務名義は必要としないが，法定文書の提出が必要（181条）。	債務名義が必要（22条）。
競売開始決定に対する異議	明文の規定なし。判例は，実体上の理由に基づいて異議を申し立てることができるとしていた（大決大2・6・13民録19輯436頁等）。	執行異議（11条），執行抗告（10条）という「決定手続」によって，債務者・所有者は，担保権の不存在や消滅（実体異議）を，買受人の代金納付に至るまで主張することができる（182条）。さらに，担保権不存在確認の訴え等を提起して，判決手続による救済を求めることもできる（183条1項1号・2号参照）。	実体法上の不服申立ては，請求異議等の「訴訟手続」による必要がある。
手続の停止・取消し	明文の規定なし。異議の申立てがあっても，競売手続停止の効力を有しないとされていた。	担保権の登記抹消に関する登記事項証明書など，担保権の実行を妨げる事由を証する法定の公文書があれば，担保権の実行手続を停止し，執行処分を取り消すことができる（183条）。	39条に掲げられた裁判の正本等の「執行取消文書」が提出された場合に限定されている。
買受人の権利の確保	明文の規定なし。判例は，競売に公信的効果はないとしていた（最三判昭37・8・28民集16巻8号1799頁）。	競売に公信的効果がある（184条）。ただし，第1に，目的物の所有者が担保権がないことを理由に競売手続を阻止する機会を十分に保証されなかった場合（偽造文書によって競売が行われた場合など），第2に，買受人が担保権のないことを知っていた場合など，買受人の信頼利益を保護する必要がない場合にも，公信的効果は否定される。	競売に公信的効果はない。目的物に権利の瑕疵がある場合には，買受人は追奪を受けるので，買受人は，民法568条によって保護される。ただし，民法570条の保護はない。

第5節 抵当権の実行

前記の表からもわかるように，担保権の実行手続は，①担保権を通常の債権とは異なる権利（物権）として，特別法（旧競売法）によって処理され，過剰に優遇された時代から，②通常の金銭債権と同様に，民事執行法という同一の法典の下で，かつ強制執行手続を準用するという形で（188条・192条・194条）統一化が進行する時代へと移行しているといえよう。
　民事執行法の立法の過程では，さらに一歩を進め，担保権の実行についても，国家の執行権行使の前提として債務名義を要求すべきであるとの考え方に従って，担保権の実行手続にも，公正証書や受忍判決などの債務名義（物的債務名義）を要求する方向で検討がなされた。しかし，先に述べたように，旧競売法の下で認められてきた担保権の実行には債務名義を必要としないという実務慣行が尊重され，担保権の実行にも債務名義を必要とする考え方は採用されなかったのである。
　本書の立場のように，物的担保を物権ではなく，保護されるべき法定の債権の場合（留置権，先取特権），または，一般債権でも，物的担保とする合意と公示とがある場合（質権，抵当権，仮登記担保，譲渡担保）には，債権の摑取力が強化され，一定の範囲で他の債権者に先立って弁済を受けることができるに過ぎないと考えるならば，担保権の実行手続は，金銭債権の強制執行と区別する必要はなくなるのであるから，将来的には，担保権の実行手続は，強制執行と全く同一の手続に組み込むことも可能となろう。
　なお，前記の表でも明らかなように，民事執行法184条で規定された公信的効力は，担保権実行の入口で債務名義が要求されないにもかかわらず，競売手続における実体法上の理由に基づく異議を広く認めていることに基づいて認められたものであり，以下の判例のように，所有者が悪意の場合であっても，所有者が手続上当事者として扱われていない場合には，買受人は，民事執行法184条による所有権の取得を主張できないとされている点に注意を要する。
　　最三判平5・12・17民集47巻10号5508頁
　　　「民事執行法184条を適用するためには，競売不動産の所有者がたまたま不動産競売手続が開始されたことを知り，その停止申立て等の措置を講ずることができたというだけでは足りず，所有者が不動産競売手続上当事者として扱われたことを要する。」

2　差押え——担保権実行の開始

　抵当権の実行手続を含めて，担保権の実行手続の第1段階は，強制執行と同

様に，執行機関による担保目的物の差押えによって開始される（民事執行法188条・45条1項）。旧競売法には，強制競売の場合とは異なり，債権者のために不動産の差押えを宣言をする旨の規定がなかった（斎藤・競売法116頁）。このため，差押えの効力がいつ，どのように生じるのか等を含めて，手続の不安定が生じることもあった。民事執行法は，担保権の実行においても，強制執行の差押えに関する規定を準用することによって，この問題を解消したのである。

　すなわち，担保権者が法定文書（抵当権の場合には，登記事項証明書が一般的）を提出して不動産競売の申立てをすれば，執行裁判所が不動産競売の開始決定をし，不動産を差し押さえる旨を宣言することによって開始する（民事執行法188条による45条1項の準用）。

　担保権の実行の開始としての不動産競売の差押えについては，次の表のように，基本的に，強制執行の競売に関する規定が準用される。ここでは，担保権

表52　担保不動産競売手続の流れ(2)——差押え

		執行裁判所		債権者・債務者	
		手続の流れ	根拠条文	手続の流れ	根拠条文
保全処分		競売開始決定前の保全処分	民事執行法187条		
差押え		競売開始決定（二重開始決定）	民事執行法188条・45条1項（民事執行法47条）	執行異議の申立て 執行抗告 第三者異議	民事執行法188条・11条 民事執行法182条・183条 民事執行法194条・38条
		債務者に送達	民事執行法188条・45条2項		
		差押登記の嘱託	民事執行法188条・46条・48条		
		滅失等による競売手続の取消し 差押えの登記の抹消の嘱託	民事執行法188条・53条・54条		
		配当要求の終期の決定	民事執行法188条・49条	（他の債権者）強制競売の申立て ←二重開始決定	民事執行法188条・47条
		債権者への債権届出の催告・抗告	民事執行法188条・50条	—	—

の実行に関する特則だけを説明するに留める。

(1) 競売開始決定前の保全処分　担保不動産競売手続については，不動産占有による価値減少行為を防止するため，独自の類型として，開始決定前の保全処分が認められている（民事執行法187条）。

平成15（2003）年の担保法改正（「担保物権及び民事執行制度の改善のための民法等の一部を改正する法律」〔平成15年法134号〕に基づく一連の改正）以前は，この規定は，滌除に関連した執行妨害を防止するための規定として存在していたが，滌除制度が廃止されて，滌除に関連する抵当権の実行通知制度（民法旧381条）が廃止された後も，抵当権の実行直前に執行妨害が行われることを考慮して，開始決定前の保全処分が存続されることになった。

強制執行における売却のための保全処分（民事執行法55条）は，競売申立てと同時かそれ以降でないと申し立てることができないが，担保権執行では，担保不動産に対する価値減少行為があるときは，競売開始決定前でも，担保権者の申立てによって執行裁判所は，売却のための保全処分とほぼ同等の行為命令，執行官保管命令，公示保全処分ができる（民事執行法187条1項）。

競売開始決定前の保全処分は，債務者または不動産の所有者・占有者が不動産の価格を減少させる行為をするおそれがある場合に，執行裁判所が特に必要があると認められるときに命じられる（民事執行法187条1項本文）。申立権者は，担保権を実行しようとする者であり，処分の内容は，禁止命令，行為命令，執行官保管命令，公示保全命令であり，売却のための保全処分と同じである（民事執行法187条1項〔55条1項の準用〕）。

競売開始決定前保全処分の特則として重要な点は，第1に，競売開始決定が将来なされるであろうことを明らかにするために，担保権実行に必要な文書を提出しなければならないこと（同条3項），第2に，申立人が保全処分の決定の告知から3ヵ月以内に競売申立てをしたことを証する文書を提出しないときは，保全処分の相手方または不動産の所有者の申立てにより，保全処分が取り消されること（同条4項）である。

この競売開始決定前の保全処分は，競売開始後も継続し，引渡命令まで引き継がれて行く。この点は，売却のための保全処分と同じである（民事執行法187条〔55条の準用〕）。

(2) 競売開始決定（差押え）の効力　差押えの効力については，強制競売の差押えに関する規定が準用されている（民事執行法188条）。差押えの効力は，

開始決定が債務者に送達されたときに生じるが，差押えの登記がこの送達よりも前のときは，登記のときに生じる（民事執行法 46 条 1 項の準用）。

　債務者は，差押えの効力発生後も，通常の用法により不動産を使用・収益することができる（民事執行法 46 条 2 項の準用）。差押えの処分禁止の効力は，手続相対効と解されている（詳しくは，中野・民事執行法 388 頁参照）。すなわち，差押えの効力発生後に所有者のする処分は，所有権の譲渡，抵当権の設定，用益権の設定を問わず，差押債権者のほか，手続に参加する他の債権者に対抗できない。したがって，差押えの効力が発生した後の処分は，競売手続上，すべて無視されることになる。例えば，差押登記後に抵当権の設定登記を受けた債権者は，たとえ抵当権の実行としての二重競売開始決定を受けたとしても，それだけでは，配当にあずかることはできない。

3　不動産の換価の準備

　担保権の実行手続の第 2 段階として，差し押さえられた目的財産を金銭化する換価の手続についても，金銭債権の強制執行の換価についての規定が準用され，これと同一の手続によって処理される（民事執行法 188 条）。

　換価を適正に行うためには，関係者が，目的不動産およびそれに付随する物の現況，ならびに不動産上の権利関係の内容を，正しく把握することが必要である。これが，不動産の換価のための準備である。

　不動産換価のための準備として，第 1 に，執行裁判所は，執行官に不動産の現況調査を命じなければならない（民事執行法 188 条による 57 条の準用）。また，執行裁判所は，評価人を選任して，不動産を評価させなければならない（民事執行法 188 条による 58 条の準用）。

　第 2 に，執行裁判所は，評価人の評価に基づいて，不動産の売却額の基準となるべき価額（売却基準価額）を定めなければならない（民事執行法 188 条による 60 条の準用）。

　第 3 に，裁判所書記官は，物件明細書を作成して，売却実施の日の 1 週間前までに裁判所にその写しを備置き，一般の閲覧に供し，または裁判所規則で定める措置（インターネットに接続された自動公衆送信装置を使うなど）を講じて，不特定多数の者がその内容の提供を受けることができるようにしなければならない（民事執行法 188 条による 62 条 2 項，民事執行規則 31 条 1 項・2 項の準用）。

　これらの措置は，買受けの申出をしようとする者が正確な情報を事前にかつ容易に入手できるようにし，買受人が不足の損害を受けないようにするととも

表53　担保不動産競売手続の流れ(3)——換価の準備

執行裁判所		債権者・債務者	
手続の流れ	根拠条文	手続の流れ	根拠条文
不動産の現況調査命令	民事執行法188条・57条	—	—
不動産の評価命令	民事執行法188条・58条	—	—
売却のための保全処分	民事執行法188条・55条	—	—
売却基準価額の決定	民事執行法188条・60条	—	—
（一括売却の決定）	民事執行法188条・61条	—	—
物件明細書の作成	民事執行法188条・62条	—	—
（無剰余取消し）	民事執行法188条・63条	—	—
売却方法の指定 売却の日時・場所等の公告	民事執行法188条・64条	—	—
物権明細書，不動産の現況報告書，評価書の写し（3点セット）の備置き	民事執行法188条・62条2項，民事執行規則31条	（他の債権者）配当要求　→配当要求の終期まで	民事執行法188条・51条

換価の準備欄：換価の準備

に，売却価額が不当に安くなることを避けるために規定されたものである。

4　不動産の換価

　不動産の換価の準備に引き続き，換価手続が行われる。不動産執行の強制競売に関する規定がそのまま準用される結果（民事執行法188条），旧競売法の下で，担保権実行の特色として強制執行とは異なる手続によっていたものが，強制執行と統一的に解決されることになったものが多い。

　第1に，強制執行における剰余主義（民事執行法63条）を準用する結果として，旧競売法下では，担保権に内在する換価権の行使であることを理由に無剰

余換価を認めていた実務が改められることになり，担保権の実行と金銭債権の強制執行の差がさらに縮められたことになる。この結果，後順位抵当権は，剰余が生じる見込みがないときは，原則として，競売の申立てが認められないことになった。

　第2に，超過売却禁止の原則，すなわち，数個の不動産を売却した場合において，あるものの買受けの申出の額で各債権者の債権および執行費用の全部を弁済することができる見込みがあるときは，執行裁判所は，他の不動産についての売却許可決定を留保しなければならないという原則（民事執行法73条）についても，旧競売法下では準用されていなかった（32条2項）。立法者は超過競売を許す趣旨であったとみられるが，通説・判例は超過競売を許さないとしていた（斎藤・競売法160頁）。そこで民事執行法は，上記の原則を適用して超過競売を禁止した。ここでも，担保権の実行手続と金銭債権の強制競売の手続が統一化されている。

　なお，担保不動産競売の場合に法定地上権の規定（民事執行法81条）が準用されないのは，もともと民法には，担保不動産の実行の場合に，法定地上権の条文（388条）が用意されているからである。もっとも，現代語化前の民法旧388条の規定には不備があったが，現代語化の際に，民事執行法81条と同様の規定に改められ，ここでも，担保法の実行手続と金銭債権の強制執行手続の統一化が実現されている。

　ここでいう「民法旧388条の不備」とは，第1は，民法旧388条は，「抵当権設定者は競売の場合に付き地上権を設定したるものと看做す」と規定していたことである。これでは，建物のみに抵当権が設定された場合の解決策だけが規定されただけであり，土地のみに抵当権が設定された場合については，何の解決策も示されていなかった。第2は，第1点と関連するが，民法旧388条が，法定地上権の成立について，「抵当権設定者は……地上権を設定したるものと看做す」と規定していたため，法定地上権の目的が，本来は，「建物の保護」という客観的な基準であるにもかかわらず，「当事者の意思の推測」という主観的な基準であるかのような誤解を招くことになった。この2つの不備を補うため，現代語化に際して，現行民法388条は，民事執行法81条の規定にならって，「土地又は建物につき抵当権が設定され，その実行により所有者を異にするに至ったときは，その建物について，地上権が設定されたものとみなす」と規定した。このことによって，法定地上権は，建物を保護するという客観的

な目的のために，建物の利用権を確保するものであるということが明確となったのである。

上に述べたように，民法388条と民事執行法との間で完全な疎通が図られたため，民事執行法188条は，抵当権の実行（担保不動産競売）の場合に，不動産強制執行の規定を準用するに際し，法定地上権の成立の重複を避けるために，民事執行法81条の準用だけを除外したのである。したがって，民法388条の解釈においては，仮に民事執行法が適用されたならば，法定地上権が成立するという場合（抵当権設定時には土地およびその上の建物の所有権が同一人に帰属していないが，抵当権の実行の時には同一人に帰属している場合など）について，民法388条の適用を除外してはならないという点に留意すべきである。なぜなら，民法388条による法定地上権の成立の範囲を狭めるならば，同調（シンクロ）が取れていたはずの両規定の間に隙間ができ，建物の保護という民事執行法と民法との共通目的が実現されないことになるからである。

不動産の売却によって，抵当権は消滅する（民事執行法59条1項）。また，抵当権に対抗ができない権利も同時に効力を失う（民事執行法59条2項）。

不動産競売の買受人は，代金を納付することによって不動産の所有権を取得する（民事執行法188条による79条の準用）。そして，この効果は，担保権の不存在または担保権の消滅によって妨げられない（民事執行法184条）。

この規定によって，担保不動産競売に公信的効果が認められたことになる。この点については，1（担保不動産競売の申立て）の箇所において，旧競売法，担保権の実行，強制執行との比較を通じて詳しく論じたので，ここでは繰り返さない。

なお，競売による買受に関しては，民法390条は，「抵当不動産の第三取得者は，その競売において買受人となることができる」としている。抵当目的物の所有者である第三取得者が自分の物の買受人になるというのは，一見したところでは，奇妙である（通説は，「自己が自己に売る関係になるので，特に規定を置いたものであるが，当然のことである」〔内田・民法Ⅲ 449頁〕と説明している）。そこで，民法の立法理由を見てみると，「当然のこと」ではなく，以下のように記述されていることがわかる。

　　（理由）本条は既成法典担保編第280条に文字の修正を加へたるのみ。原文に「原証書確認の証書」としてと云へるは啻〔タダ〕に法文としての体裁宣しきを得さるのみならず，第三取得者が競落人となりたる場合に於ては，寧ろ，**新権**

表54　担保不動産競売手続の流れ(4)——換価

	執行裁判所		債権者・債務者，買受人	
	手続の流れ	根拠条文	手続の流れ	根拠条文
換価	執行官による不動産の売却（入札・せり売り等）	民事執行法188条・64条	—	—
	内覧（買受け希望者の見学）	民事執行法188条・64条の2，民事執行規則51条の2・51条の3	—	—
	売却決定期日	民事執行法188条・69条	—	—
	売却許可決定／売却不許可	民事執行法188条・74条	執行抗告	民事執行法188条・74条
	—	—	売却許可決定の取消しの申立て	民事執行法188条・75条
	買受人のための保全処分	民事執行法188条・77条	—	—
	—	—	買受人による代金納付	民事執行法188条・78条
	—	—	代金不納付　→　次順位買受けの申出	民事執行法188条・80条　民事執行法67条
	—	—	買受人の不動産取得	民事執行法188条・79条・184条
	権利移転登記等の嘱託	民事執行法188条・82条	—	—
	不動産引渡命令	民事執行法188条・83条	—	—

原に由りて之を取得したるものと視るを妥当とす。而して唯権原の更まるのみにして取得者は其人を同じうするを以て，単に附記を為せば足れるものとするなり。殊に「証書確認」と言ふは頗る解し難きものなり。或は草案に於て「権原（titre）の確認」と云ひしを誤りて「証書確認」と訳したるものならん。

第5節　抵当権の実行

旧民法債権担保編　第280条
①総ての場合に於て，解除の請求なく又は其認許なきときは，第三所持者は競売の際競買人と為ることを得。
②第三所持者の利益に於て競落を宣告したるときは，其判決は原証書確認の証拠として，其原証書に依る登記に之を附記するのみ

以上のように，民法の立法者によれば，民法390条は，競売によって第三取得者に抵当権が消滅した物件を「新権原」として取得することを認めるものであった。このように，一見意味が不明の条文の立法理由をたどると，現行民法の立法者の意図を理解することができるとともに，旧民法には，ボワソナードの作成した草案（Projet）の趣旨を読み誤った誤訳（旧民法に「原証書」とあるのは実は「権原（titre）」の誤訳）が存在することも明らかとなって興味深い。

5　満　足

担保権の実行手続も，金銭債権の強制執行と同様に，その最終段階（第3段階）として，目的物の換価金から債権者を満足させることによって終了する。債権者が一人であるか，2人以上でも換価金から執行費用および債権額全額を弁済できれば，それで終了するが（民事執行法84条2項），競合する債権者の

表55　担保不動産競売手続の流れ(5)——満足

	執行裁判所		債権者・債務者	
	手続の流れ	根拠条文	手続の流れ	根拠条文
満足	弁済金の支払の手続	民事執行法188条・84条2項	—	—
	配当手続	民事執行法188条・84条	—	—
	配当期日	民事執行法188条・85条	—	—
	配当表の作成	民事執行法188条・85条	配当異議の申出	民事執行法188条・89条
	配当の実施（異議の申出のない部分）	民事執行法188条・86条以下	配当異議の訴え	民事執行法188条・90条
	配当表の変更・取消し	民事執行法188条・90条4項	—	—
	権利確定等に伴う配当等の実施	民事執行法188条・92条	—	—

全員を満足させることができないときは、配当手続によって換価金を分配しなければならない。

配当手続においては、第1に、第三取得者に対して、「他の債務者より先に」その支出した費用が償還される（民法391条）。これは、第三取得者に一種の共益費用の先取特権（民法329条2項）を認めたものである。その理由は、第三取得者が支出した必要費、または有益費は、抵当不動産の価値を維持するのに最も密接な関連を有するものだからである。

配当手続における担保権の実行としての二重の競売申立ての取扱い、配当要求の範囲、および配当手続についても、強制執行と同一の手続によって処理される。

旧競売法の下では、不動産に対する任意競売と強制競売の競合の取扱い、任意競売についての配当要求の可否、配当手続の有無について説が分かれており、判例は、競売法による競売手続には、強制執行の配当手続に関する規定の準用はないとしてきた（大判大2・10・28民録19輯875頁ほか）。

この問題を解決するため、民事執行法は、いずれの場合にも、不動産の強制競売と同様の手続によって処理することにしている（188条）。すなわち、第1の競合の問題については、強制競売または担保権実行としての競売開始決定がなされた不動産についてさらに担保権の実行または強制競売の申立てがなされた場合には、二重の競売開始決定がなされる（民事執行法188条による47条1項の準用）。第2に、配当要求の可否については、担保不動産競売においても、強制競売と同様、債務名義のある債権者、仮差押えの登記をした債権者、および一般の先取特権者だけが配当要求をすることができる（民事執行法188条による51条1項の準用）。第3に、配当手続については、担保不動産競売においても、強制競売と同様の配当手続が行われることになる（民事執行法188条による84条以下の準用）。

これまでは、抵当権者が抵当権の設定者（債務者または物上保証人）の財産について担保権の実行を行う場合の手続について検討してきた。次に、抵当不動産が第三者に譲渡された場合に、第三取得者から抵当権消滅請求がなされた場合の手続、ならびに、一般債権者による抵当不動産に対する差押えとの競合問題、および、租税債権に基づく滞納処分との競合問題について検討する。

B 特別の場合
1 抵当不動産が第三者に譲渡された場合

 平成15 (2003) 年の担保・執行法の改正以前は，抵当不動産の第三取得者による滌除の制度をめぐってさまざまな問題点が指摘され，改正が要望されていた。担保・執行法の改正によって，滌除の仕組み自体は廃止されず，従来からその弊害とされていた点を改め，名称も，滌除から「抵当権消滅請求」へと変更された（民法379～386条）。

 抵当権消滅請求に関する改正の要点は，以下の通りである。

 第1に，抵当権消滅請求ができる者を，抵当不動産について所有権を取得した者に限定した（以前は，地上権，永小作権を取得した者も含まれていた）。第2に，第三取得者に対する抵当権者の抵当権実行通知（民法旧381条）を不要とした。第3に，抵当権消滅請求を受けた抵当権者に与えられる猶予期間を，1ヵ月から2ヵ月に延長した。第4に，その期間内に抵当権者がとるべき対抗手段は通常の競売申立てで足りるものとし，抵当権者は買受義務を負わず，たとえ買受けがないために競売手続が取り消されたような場合でも，抵当権は消滅しないものとした。第5に，これに伴い，増価競売の制度（民法旧384～387条）は廃止され，増価競売に関する民事執行法の規定（185～187条）も削除され，民事執行法187条の2（担保不動産競売の開始決定前の保全処分等）の規定が187条に繰り上げられた。

 滌除に替わる制度としての「抵当権消滅請求」とは，民法378条の代価弁済が，第三取得者に対する抵当権者からの請求によるものであるのに対して，抵当権消滅請求は，抵当不動産の第三取得者から抵当権者に対する請求である点で，「対抗」代価弁済というべき性質を有する制度である（民法379～386条）。抵当権の被担保債権を弁済すれば，担保権の付従性によって抵当権が消滅するのは当然である。被担保債権ではなく，抵当不動産の価額相当額を支払うことによって抵当権を消滅させることができる点に，代価弁済および抵当権消滅請求の意義がある。なぜなら，バブル経済の崩壊後のように，不動産価額の下落が長く続く場合には，抵当権者が不良債権をそれなりに回収するには，この制度によるほか，道は残されていないからである。

 抵当権消滅請求（民法379～386条）の手続は，以下の通りである。

 第1に，抵当権の第三取得者は，抵当権の実行としての競売による差押えの効力が発生する前に，抵当権の登記をした各債権者に対して，抵当不動産の代

価等，法定の要件を記載した書面を送付して，抵当権の消滅請求を行う。第2に，抵当権の登記をした各債権者が抵当権消滅請求の書面の送付を受けた後2ヵ月以内に抵当権を実行して競売の申立てをしないときは，送達された書面によって提供された代価等を債権優先の順位に従って弁済（供託）する旨を承諾したものとみなされる。第3に，抵当不動産の第三取得者がその代価等を払い渡すか供託したときに抵当権は消滅する。

2 一般債権者による担保目的物の差押え

抵当権者も債権者であるから，一般債権者の立場で債務者の一般財産に対して強制執行をすることもできる。しかし，抵当権者は，抵当目的物に対して優先弁済権を確保しておきながら，債務者の一般財産に対して強制執行をすることを認めたのでは，他の一般債権者を害することになる。そこで，民法394条は，抵当権者の一般財産への執行を制限している。すなわち，抵当権者は，まず抵当目的物に対して担保執行を行い，その代価で弁済を受けられなかった債権の部分についてのみ債務者の強制執行をすることができるに過ぎない（民法394条1項）。

しかし，抵当権の実行前に他の財産が強制執行される場合には，抵当権者は，債権全額について，強制執行の目的となった財産から他の債権者と平等の立場で配当を受けることができる（民法394条2項1文）。ただし，この配当に対しては，他の債権者は，その後抵当権が実行されて抵当権者が優先弁済を受ける額についてはそれを控除すべきであることを根拠として，抵当権者に優先弁済を受ける額を控除した債権額での按分比例による配当額のみを受け取らせるために，抵当権者に配当すべき金額を供託するように請求することができる（民法394条2項2文）。そうなると，結果的に，抵当権者は，民法394条1項の場合と同じ配当しか得られないことになる。

3 滞納処分と強制執行との競合

国税（国税徴収法8条）および地方税（地方税法14条）の租税債権は，納税者の総財産の上に効力を及ぼす一般の先取特権として扱われる。国税，地方税の法定納期限等以前に抵当権が設定されているときは，抵当権が国税，地方税に優先する。なお，滞納処分（国税徴収法）と強制執行（担保権の実行としての競売を含む）との競合に関しては，滞納処分と強制執行との手続の調整に関する法律が，両者の手続の調整を図っている。

III　担保不動産収益執行

A　担保不動産収益執行が創設された経緯

　平成15（2003）年の担保・執行法改正以前は、抵当権などの不動産担保権の実行方法としては、競売のみが認められ、不動産の収益を対象とする強制管理類似の制度は認められていなかった。しかし、抵当不動産が大規模のテナントビルであるような場合には、抵当不動産の売却には時間を要するが、賃料等の収益が継続的に認められることがあり、抵当不動産の賃料から優先弁済を受けることのできる制度を求める声が高まっていた。また、抵当不動産の賃料に対する抵当権の行使を認めた判例（最二判平元・10・27民集43巻9号1070頁）を契機として、抵当権の基づく物上代位による賃料差押えの手続が実務上定着するようになった。この手続によって、抵当権者は、債務者の債務不履行後、実質的に目的不動産の収益を把握できることになったが、このような物上代位の手続については、以下のように、さまざまな弊害が指摘されている。
　第1に、物上代位によると、不動産の賃料の中に含まれている管理費相当額まで取り立ててしまうため、所有者は、抵当不動産の管理を適切に行うことができなくなり、不動産がスラム化するおそれがある。第2に、担保不動産に多数の賃借人がいるときは、賃借人を特定して賃借人ごとにその賃料債権を差し押さえる必要があり、債権者にとっても面倒である。第3に、債権者は、賃料不払いなどを理由に賃貸借契約を解除したり、新たに賃貸借契約を結ぶことができないなど、不動産自体を管理することができない。第4に、執行妨害のおそれがある場合には、不動産自体を占有する管理手続でなければ適切に対処できない。
　このような点を考慮して、平成15（2003）年の担保・執行法改正によって、担保不動産収益執行制度（民事執行法180条以下）が新たに導入されるに至った。
　この担保不動産収益執行制度は、従来の担保不動産競売手続と別個に規定するのではなく、ともに不動産担保権実行の方法として、一括して両者に適用される規定が置かれることになった（民事執行法180～183条）。そして、不動産担保権の実行は、担保権者が、担保不動産競売の方法と担保不動産収益執行の方法のいずれかまたは双方を選択して申し立てることができる（民事執行法

180条)。さらに，抵当権に基づく物上代位による賃料差押えも，担保不動産収益執行制度と引換えにその廃止論が唱えられたにもかかわらず，廃止することなく維持されることになったため，担保権者は，事案に応じて，担保不動産収益執行の手続か物上代位の手続かを選択できる。双方の関係は，理論的には，賃借人の数が少なく賃料額も低いような不動産には物上代位の手続が適し，賃借人が多数で不法占拠者の排除や新規契約等の管理行為を必要とするような不動産には担保不動産収益執行の手続が適しているとされている。しかし，現在においても，賃料が高くて効率のいい物件に対しては物上代位手続が濫用的に用いられている。このような実態からみても，2003 (平成 15) 年に担保不動産執行の制度が創設された時点で，抵当権に基づく賃料債権に対する物上代位の制度は廃止されるべきであった (内田・民法Ⅲ 461 頁)。したがって，解釈論としても，物上代位の及ぶ範囲は，少なくとも管理者用に及ぶことがないよう限定的に解釈すべきであると思われる。

B 収益執行の開始要件

担保不動産収益執行の開始要件は，担保不動産競売の場合と同じであり，法定文書の提出を要する (民事執行法 181 条)。

C 収益執行の開始決定

担保不動産収益執行における開始決定・差押えについても，担保不動産競売と同じ規定が適用され (民事執行法 181 条以下)，担保不動産収益執行については，強制管理の規定が準用される (民事執行法 188 条)。

したがって，担保権者が法定文書を提出して，担保不動産収益執行の申立てをすれば，執行裁判所は，担保不動産収益執行の開始を決定し，担保不動産の差押えを宣言し，債務者に対して収益の処分禁止を命ずるとともに，管理人を選任し，不動産の賃借人に対して賃料等を管理人に交付すべき旨を命ずる (民事執行法 188 条による 93 条・94 条の準用)。

担保不動産の収益執行においては，未収穫の天然果実，未払いの法定果実については，差押えの処分禁止効が及ぶが，差押時に収穫済みの天然果実については，差押えの処分禁止効は及ばないと解されている。そこで，平成 15 (2003) 年の担保・執行法改正によって，強制管理と担保不動産収益執行における差押えの処分禁止効の範囲を統一するため，民事執行法 93 条 2 項の規定

から,「既に収穫した天然果実」を削り,「後に収穫すべき天然果実及び既に弁済期が到来し,又は後に弁済期が到来すべき法定果実」に差押えの処分禁止効が及ぶことになった。両手続における処分禁止効の範囲が異なることになれば,二重開始決定をした場合の処理が複雑になるからである。

さらに,担保不動産収益執行の差押えと強制管理および物上代位による差押えが重複して申し立てられた場合に,相互に調整する規定が置かれている(民事執行法188条による93条の2・93条の3・93条の4の準用)。

第1に,強制管理または他の収益執行の開始決定が先行した不動産について収益執行(または強制管理)の申立てがなされた場合には,二重の開始決定をする(民事執行法188条による93条の2の準用)。

第2に,不動産収益の給付請求権について,物上代位等の債権執行による差押命令または仮差押命令が先行した後に収益執行等の開始決定の効力が生じた場合には,先行手続を吸収して収益執行等の手続に一本化するため,先行する差押命令等の効力は停止することになった(民事執行法188条による93条の4第1項本文・2項の準用)。

D 収益執行手続

不動産収益執行における換価としての収益の収取および換価についても,強制執行における強制管理の規定が準用される(民事執行法188条)。したがって,執行裁判所による不動産収益執行開始決定とともに管理人が選任され(民事執行法94条),管理人が目的不動産を管理し,その収益の収取および換価をすることができる(民事執行法95条1項)。

この不動産の収益は,すでに述べたように,「後に収穫すべき天然果実及び既に弁済期が到来し,又は後に弁済期が到来すべき法定果実」(民事執行法93条2項)である。管理人は,天然果実を売却し,地代・賃料を取り立てるなど,これらの収益の収取および換価をするため,必要な裁判上・裁判外の行為をすることができる(民事執行法95~98条参照)。

E 配当手続

不動産収益執行・強制管理において配当を受ける債権者は,執行裁判所の定める期間ごとに,その期間の満了するまでに執行の申立て等の手続を経た以下のような者である(民事執行法188条による107条の準用)。

(1) 強制管理の申立てをした差押・仮差押債権者（民事執行法107条4項1号イ）
(2) 一般の先取特権の実行として担保不動産収益執行の申立てをした者（民事執行法107条4項1号ロ）
(3) 最初の強制管理による差押えの登記前に登記がなされた担保権に基づき担保不動産収益執行の申立てをした者（民事執行法107条4項1号ハ）
(4) 配当要求をした有名義債権者と一般の先取特権者（民事執行法105条）
(5) 先行手続で債権執行・配当要求をしていた者（民事執行法93条の4第3項）

　強制執行とは異なり，不動産上に登記を有する担保権者であっても，上記に該当しない者は配当を受けることができないことになるが，収益執行の場合は担保権が消滅するわけではないことが，このような規定が制定された理由となっている。

Ⅳ　競売手続以外の方法としての抵当直流れ（民法349条の反対解釈）

A　抵当直流れの意義と清算の必要性

　債権の弁済期前の特約で，債権者である抵当権者に目的不動産を取得させることが可能である。このような特約を抵当直流れ（じきながれ）という。

　抵当直流れは，抵当権の実行に関し，通常の実行手続を回避して，抵当権者に「抵当権の私的実行」を認めるものであり，その性質は一種の代物弁済の予約である（高木・担保物権183頁）。

　質権の場合には，私的実行である流質契約は原則的に禁止されているが（民法349条），抵当権については禁止規定がないため，通説・判例（大判明41・3・20民録14輯313頁）はこれを有効と解してきた。

　担保権の私的実行が問題とされるのは，担保目的物の価値が債権額を大きく上回る場合であり，この場合に私的実行を有効と解すると，債権者の暴利行為を認めることになり，妥当ではないからである。したがって，私的実行の場合にも，債権者に清算義務があると解することができれば，私的実行を禁止する必要はなくなる。

　質権の場合に原則的に私的実行が禁止されているのは（民法349条），比較的値段の低い動産をも目的物とする質権に関して，常に清算手続を義務づけるとすれば，質権の実行が費用倒れになるおそれが大きいからであり，営業質の場合にも清算義務は課されていないことはすでに論じた。したがって，流質の禁

第5節　抵当権の実行

止原則を脱法する結果を生じる動産譲渡担保の場合は，私的実行が認められている代りに，譲渡担保権者に清算義務が課せられている。

B 抵当直流れと仮登記担保との関係

抵当直流れを認めるとともに，抵当権者に清算義務を課すという解釈をとる場合，抵当直流れと仮登記担保との関係が問題となる。抵当直流れも一種の代物弁済予約であると考えると，抵当直流特約が仮登記によって保全されている場合には，それは，仮登記担保と解することができる。

これに反して，抵当直流れの特約が仮登記によって保全されていない場合が，純粋の抵当直流れということになる。もっとも，この抵当直流れに関しても，清算義務や受戻権等につき仮登記担保法の規定が類推適用されるべきである。

V 抵当権における物上代位の範囲

A 概説と本書の立場

物上代位とは，ある行為・事件によって担保目的物の価値が減少すると同時に，同一の行為・事実に基づいて債務者または物上保証人の一般財産において新たな価値を有する債権が生まれた場合に，それを担保目的物と同等の物とみなし，目的物の価値が減少した範囲で，新たに発生した債権から優先弁済を受ける権利（いわば法定債権質）を担保権者に認める制度である。

民法372条は，296条（留置権の不可分性），304条（先取特権による物上代位），および351条（質権における物上保証人の求償権）の規定を抵当権に準用すると規定している。そして，民法372条によって準用される304条を，抵当権に即して書き換えると，以下のようになる。すなわち，「抵当権は，その目的物の売却，賃貸，滅失または損傷によって債務者が受けるべき金銭その他の物に対しても，行使することができる。ただし，抵当権者は，その払渡し又は引渡しの前に差押えをしなければならない」となる。

しかし，抵当権は追及効を有するのであるから，先取特権の場合の物上代位とは異なり，目的物の売却，賃貸の場合には，その行使が制限されるべきである。その理由に関して，以下で，目的物の売却，賃貸，滅失・損傷の各場合について個別的に考察することにする。それに先立って，本書の立場をあらかじめ簡単にまとめておくことにする。

1 目的物の売却の場合

抵当目的物の売却の場合には，その目的物に対して抵当権の追及効が及ぶのであり，さらに重複して，その他の財産（売却代金債権）に対する効力を認めることになる物上代位は，「抵当権者は，抵当不動産の代価から弁済を受けない債権の部分についてのみ，〔かつ，優先権を有さない一般債権者の立場においてのみ，〕他の財産から弁済を受けることができる」としている民法 394 条の精神に反して許されない。

2 目的物の賃貸の場合

目的物の賃貸の場合には，目的物の賃料債権は，債務者の法定果実を構成しており，使用・収益権能を持たない抵当権者が，管理にも関与せずに，旨みのある賃料債権に対して優先的な効力を有する物上代位を行使することは，認められない。なぜなら，不動産賃貸の管理を行った上で法定果実に対して効力を生じさせる担保不動産収益執行に焦点を合わせて，2003 年に，「抵当権は，その担保する債権について不履行があったときは，その後に生じた抵当不動産の果実に及ぶ」と改正された民法 371 条の改正の趣旨に反することになるからである。

ただし，賃料債権が，抵当の目的物の滅失・損傷に類似するような場合には，物上代位が認められるべきである。例えば，第 1 に，目的物が家屋の場合において，賃貸借によって目的物の価値が低減することが確実であり，賃料が目的物の実質的な「なし崩し」を実現するとみられる場合には，目的物の滅失に対する債権との類推により，管理費用を除いた賃料債権への物上代位が認められてよい。

第 2 に，目的物が土地の場合には，賃貸によって土地の価値が下落することはないので，原則としては，物上代位は認められるべきではない。しかし，抵当権設定後の土地の賃貸借の場合においては，抵当権設定時には更地だった土地に建物が建てられて賃貸借がなされた場合も含めて，賃貸借が目的物の価値を減少させるものであり，賃料債権が目的物の価値の低減の代償と同視できる場合には，例外的に，土地の賃料債権に対する物上代位が認められてよい。

3 目的物の滅失・損傷の場合

目的物の滅失・損傷の場合の損害賠償債権，保険金債権に対する物上代位は，民法 394 条にも 371 条にも抵触するものではなく，民法 304 条がそのまま準用されるべきである。

表56　抵当権者の物上代位

		一般財産の価値の増加		抵当目的物の価値の減少		物上代位の正否	
		価値の±	増加した権利	価値の±	理由	正否	理由
売却	目的物の売却	＋	代金請求権	±なし	追及効がある	×	目的物の価値の減少がない
賃貸	建物の賃貸	＋	家賃請求権	－	建物のなし崩し	○	目的物の価値の減少がある
	建物付土地の賃貸	＋	地代請求権	±なし	土地自体の価値は減少せず	×	目的物の価値の減少がない
	更地に建物を建築して賃貸	＋	地代請求権	－	更地の価値が減少	○	目的物の価値の減少がある
滅失・損傷	目的物の滅失・損傷	＋	損害賠償・保険金請求権	－	滅失・損傷による減少	○	目的物の価値の減少がある

B 目的不動産の売却の場合の代金債権

1 売買代金債権に対する物上代位の必要性は存在しない

　抵当目的物が売却された場合においても，登記を有する抵当権者は，売却された目的物に対して追及効を有する。すなわち，抵当目的物が売却されても，抵当権者は，それを債務者の責任財産とみなして，それに対して優先弁済権を主張できる。

　動産先取特権の場合においては，目的物に対する追及効が存在しないため，目的物の売却の場合に，その売却代金債権に対して物上代位を認める必要性が存在する（民法304条）が，抵当権の場合には，上に述べたように追及効があるため，目的不動産の価値はすべて保存されており，それに代るものとして物上代位を認める必要性は存在しない。

2 売買代金債権に対する物上代位を否定する理論的根拠

　もしも，抵当権者が抵当目的物に追及効を有しているにもかかわらず売却代金債権に対しても物上代位を行使しうるとすると，結果的には，抵当権者は，抵当不動産の代価をもって弁済を受けうるのに，目的不動産の売却代金債権（抵当目的物以外の債務者の他の財産）からも弁済を受けることになってしまう。

このことが，民法394条の趣旨に反すること，すなわち，抵当権者は，抵当不動産の代価から弁済を受けられない債権の部分についてしか，しかも，優先権を有さない一般債権者としての立場でしか，他の財産から弁済を受けることができない，という原則に反することは明らかである。

3 売買代金債権に対する物上代位を認めた場合の実際上の問題点

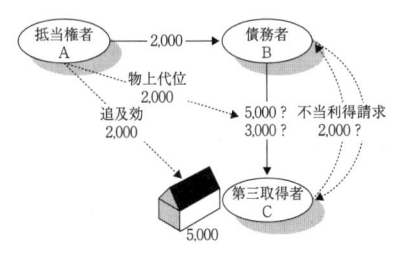

図58 追及効と物上代位の競合

例えば，債務者B所有の5,000万円の不動産に対して，Aが2,000万円の債権を担保するために抵当権を有するとしよう。この抵当権つき不動産をCがBから購入する契約を締結したとする。この場合，BC間の売買代金をどのように決定すべきかは，Aの物上代位が認められるか否かで多大な影響を受ける。

Bから不動産を購入しようとするCが，Aの追及を考慮して，抵当不動産を抵当権のついたまま3,000万円で購入することにしたとしよう。この場合，Bは，Cから3,000万円を取得して，すべてが清算されたと考えるはずである。ところが，意に反して，AがBの代金債権に物上代位を行使してきたとする。

もしも，Aの物上代位が認められるとすると，Bは，3,000万円の代金債権のうち1,000万円しか取得できず，その見返りとしてCは，代金3,000万円で負担のない5,000万円の不動産を取得することになってしまう。もちろん，この場合は，Bは，Cに対して，2,000万円の不当利得の返還請求を行うことになるであろう。しかし，もともとAは，民法394条の精神に従って，追及効による抵当権の行使ができる場合には，抵当目的物以外の財産に対する権利行使としての物上代位の行使が否定されるべきなのである。

これとは反対に，Aからの物上代位を予想して，BC間で，抵当不動産の代金を5,000万円に定めたとしよう。この場合に，Aが意に反して追及効を行使したとすると，Cは，代金5,000万円のほかに，土地の競売を防止するために，さらに2,000万円をAに支払わなければならなくなってしまう。この場合には，Cが，Bに対して，2,000万円の担保責任の追及（民法567条）または不当利得の返還請求を行うことになろう。

このように考えると，抵当権の場合には，先取特権の場合と異なり，その性質上，目的不動産の売却の場合には，物上代位は生じないと解すべきである。

もっとも，山林の立木（目的物の付加物）が不当に伐採されて売却された場合のように，目的物自体の問題ではなく，目的物の付加物が分離されて売却された場合には，抵当権の追及効は，分離物に及ばないため，分離物の売却代金債権に対して物上代位を認めることは必要であり，例外的に物上代位が認められるべきである（第3節ⅤB2参照）。

C　目的不動産の賃料債権
1　抵当権の物上代位と不動産先取特権の物上代位との類似性
　物上代位を規定している民法304条は，先取特権の総則として，先取特権一般について，目的物の売却，賃貸，滅失・損傷の場合に物上代位が認められるとしている。しかし，そもそも先取特権の場合ですら，物上代位について，一般先取特権，動産先取特権，不動産先取特権のそれぞれの特性を無視して一律に考えることはできない。
　確かに，動産先取特権の場合には追及効がないため，売買代金債権，賃料債権，損害賠償・保険金債権のすべてについて物上代位が認められるのは当然である。しかし，先取特権の場合に限定しても，一般先取特権の場合には，売却代金債権，賃料債権，損害賠償債権を含めて，債務者の全財産について先取特権の効力が及ぶため，物上代位は全く問題にならない。また，不動産先取特権の場合には追及力があり，土地の賃貸の場合は価値の減少をもたらさないため，売却，賃貸の場合は，原則として物上代位は認められず，目的物の滅失・損傷の場合にのみ物上代位が認められるべきである。もっとも，建物の賃貸の場合は，賃貸が目的物の価値の減少をもたらし，賃料が目的物の価値の「なし崩し」とみなしうる場合に限って，動産先取特権の場合に準じて例外的に物上代位が認められるべきことは，すでに述べた通りである。
　抵当権の場合の物上代位は，先取特権における民法304条が準用されているが，動産先取特権を念頭において規定された民法304条をそのまま抵当権に準用すべきではない。抵当権に準用されるべき物上代位は，動産先取特権における物上代位ではなく，不動産先取特権における物上代位であると考えなければならない。

2　民法371条との整合性
　抵当権の目的物の賃貸の場合に，原則として物上代位を認めないものの，建物賃貸の場合において，賃貸が目的物の「なし崩し」とみなすことができる場

合に限って賃料債権に対する物上代位を認めると，そのことは，民法371条が不動産収益執行の場合を念頭において賃料（法定果実）に対して抵当権の効力が及ぶとしていることに反するのではないかという点が問題となる。

しかし，建物から生じる法定果実について物上代位の効力が及ぶ

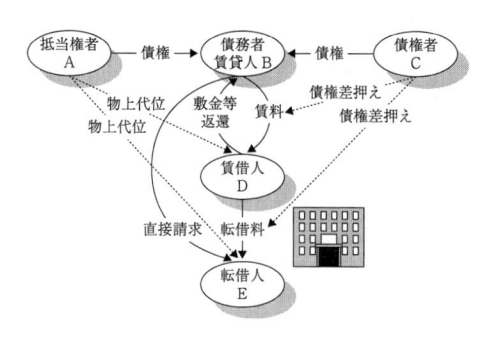

図59　抵当権に基づく賃料債権に対する物上代位

のは，建物の価値を維持したままさらに独立した物を創造するという果実としての性格を有していない場合，すなわち，建物の使用によって建物の価値が減少する場合に限られると考えるべきであり，その場合には，法定果実は，むしろ建物の代償としての性格を有していると考えるのが適切である。したがって，建物の賃貸の場合には，賃料債権は，建物の損傷の代償に類するものとして，それに対して物上代位を認めることは，民法371条に違反しないと解すべきである。

また，土地の賃貸の場合であっても，抵当権設定後になされた土地の賃貸借の場合，抵当権設定当時は更地であったのに，その後，抵当権設定者がその土地に建物を建てて，他人に土地を貸したという場合も含めて，もしもそれが土地の価値を減少させるものである場合には，賃料はその代償物という性格を有するため，その場合には，抵当権者による賃料に対する物上代位が認められるべきである。

従来の判例は，賃料に対する物上代位を否定していた（大判大6・1・27民録23輯97頁）が，平成元年以来，最高裁判決は，建物賃貸借に関して，賃料が供託された場合に，還付請求権に物上代位を認めることを通じて，賃料債権に対する物上代位を認める方向を打ち出している（最二判平元・10・27民集43巻9号1070頁）。

最二判平元・10・27民集43巻9号1070頁

「抵当不動産が賃貸された場合においては，抵当権者は，民法372条，304条の規定の趣旨に従い，賃借人が供託した賃料の還付請求権についても抵当権を行使することができる。」

最高裁が判例を変更したのには，バブル経済の崩壊により地価を含めた不動

産価格が低迷し，抵当権の実行によっても債権の回収が進まなくなったため，不良債権の解消のため，抵当権者が債権回収の方法として，抵当目的物の賃料に対する物上代位を多用するようになったという時代背景がある。

　最高裁は，その後の一連の平成10年判決（最二判平10・1・30民集52巻1号1頁，最一判平10・3・26民集52巻2号483頁）により，賃料債権に対する物上代位を賃料債権が譲渡された場合にも認めたり，物上代位の対抗要件を，民法304条で定められた物上代位に基づく差押えではなく，抵当権の登記であるという判断を下すに至っている。

　　最二判平10・1・30民集52巻1号1頁
　　　「抵当権者は，物上代位の目的債権（賃料債権）が譲渡され，第三者に対する対抗要件が備えられた後においても，自ら目的債権を差し押さえて物上代位権を行使することができる。」
　　最一判平10・3・26民集52巻2号483頁
　　　「債権について一般債権者の差押えと抵当権者の物上代位権に基づく差押えが競合した場合には，両者の優劣は，一般債権者の申立てによる差押命令の第三債務者への送達と抵当権設定登記の先後によって決すべきである。」

　上記の一連の最高裁平成10年判決は，第三債務者保護説を採用したものとしても有名である。後に，物上代位の差押えの意義の箇所で詳しく検討するように，平成10年判決は，第三債務者の保護のため，物上代位権の行使には，担保権者自身による差押えが必要であり，かつ，その差押命令の送達が第三債務者に到達することが，物上代位権に基づく優先弁済権の対抗要件であることを明らかにしており，この点は，高く評価できる。しかし，結果的には，賃料債権が譲渡されたとの通知を受けたり，一般債権者からの差押えを受けた場合にも，賃借人に対して入居した物件に抵当権があるかを登記簿で確認した上で，それ以前に抵当権の登記がある場合には，後になされる抵当権者の物上代位を優先して弁済せよという酷な要請をすることになる点で，第三債務者保護説の立場を一貫させていないように思われる。また，抵当目的物に対する追及効を有している抵当権者に無制限に物上代位を認めることについては，学説からは強い批判がなされている。その理由は，以下のとおりである。

(1)　抵当目的物に対して追及効と優先弁済権を保持している抵当権者に物上代位を認めることは，一般財産に対して優先権を持たないはずの抵当権者を不当に保護することになるだけでなく，物上代位は，強制管理とは異なり，不動産自

体の管理の費用等を負担せずに，旨みだけを吸い上げるものであり，それを認めることは公平の原則に反する。
(2) 物上代位によって管理費等まで差し押さえられる結果，賃貸人である抵当権設定者は，修繕を含めた管理ができなくなり，賃貸物件がスラム化するおそれがある。
(3) 物上代位によると，先に申し立てた抵当権者が優先的に債権を回収でき，抵当権の実体法上の優先順位に従った回収が実現されない。
(4) 執行妨害目的の占有があるような場合には，不動産自体の占有を取得する管理手続でなければ適切な対応ができない。

2003年の民事執行法改正によって，担保不動産収益執行の制度（180条2号）が導入されたときに，代替的措置としての賃料に対する物上代位を廃止するかどうかが議論された。上記のような理由で，賃料に物上代位を認めることには批判も強かったが，結果的に，物上代位も並存させることになった。小規模不動産等については，特に，物上代位の簡便さが収益執行によっては代替困難である点などが考慮されたからである。しかし，以下のように，現実には，物上代位のターゲットになっているのは小規模のマンションではなく大規模なオフィスビルだという（東京弁護士会弁護士研修委員会編『不動産競売にからむ諸問題』商事法務研究会〔1999〕148頁）。

　「ワンルームマンションに限らず，マンション・アパート等では，……差押えをかけても結局空振りに終わるということになります。正直なところ，金融機関側から見ますと一番ターゲットにし易いのは，やはり優秀な企業の入ったオフィスビルということになろうかと思います。」

3　転貸借がなされた場合の転貸賃料に対する物上代位

抵当不動産が転貸された場合に，抵当権者は，賃料債権ではなく，転貸賃料に対しても物上代位権を行使しうるかどうかについて，最高裁は，以下のように，原則として否定する方向に向かっている。

　最二判平12・4・14民集54巻4号1552頁（債権差押命令に対する執行抗告棄却決定に対する許可抗告事件）破棄差戻
　　「抵当権者は，抵当不動産の賃借人を所有者と同視することを相当とする場合を除き，右賃借人が取得する転貸賃料債権について物上代位権を行使することができない。
　　民法372条によって抵当権に準用される同法304条1項に規定する『債務者』には，原則として，抵当不動産の賃借人（転貸人）は含まれないものと

解すべきである。けだし，所有者は被担保債権の履行について抵当不動産をもって物的責任を負担するものであるのに対し，抵当不動産の賃借人は，このような責任を負担するものではなく，自己に属する債権を被担保債権の弁済に供されるべき立場にはないからである。同項の文言に照らしても，これを『債務者』に含めることはできない。また，転貸賃料債権を物上代位の目的とすることができるとすると，正常な取引により成立した抵当不動産の転貸借関係における賃借人（転貸人）の利益を不当に害することにもなる。もっとも，所有者の取得すべき賃料を減少させ，又は抵当権の行使を妨げるために，法人格を濫用し，又は賃貸借を仮装した上で，転貸借関係を作出したものであるなど，抵当不動産の賃借人を所有者と同視することを相当とする場合には，その賃借人が取得すべき転貸賃料債権に対して抵当権に基づく物上代位権を行使することを許すべきものである。」

　最高裁の結論はもっともであるが，その理由は説得力を持たない。なぜなら，民法613条は，転借人は賃貸人に対して「直接に義務を負う」と規定している。したがって，賃料債権に対して物上代位を認める最高裁の立場に立てば，抵当権者が転貸賃料に対して物上代位を認めることについて，転借人は「債務者」ではないというのは，理由として成り立たないからである。

4　物上代位の対象となる賃料債権に対する賃借人による相殺

　賃料債権に対して物上代位権による差押えがなされたときに，賃借人は，賃貸人（抵当権の設定者・債務者）に対して有する債権を自働債権として賃料債権との相殺をすることができるか。民法511条の反対解釈によれば，賃借人は，差押え前に取得した保証金返還債権や敷金返還債権を自働債権として，賃料債権を相殺によって消滅させることができるはずである。

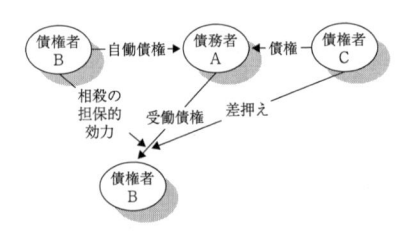

図60　Cの差押えに優先するBによる相殺の効力

最大判昭45・6・24民集24巻6号587頁（無制限説）

「債権が差し押えられた場合において，第三債務者（B）が債務者（A）に対して反対債権を有していたときは，その債権が差押後に取得されたものでないかぎり，右債権および被差押債権の弁済期の前後を問わず，両者が相殺適状に達しさえすれば，第三債務者（B）は，差押後においても，右反対債権を自働

債権として，被差押債権と相殺することができる。」（補足意見，意見および反対意見がある。）

「銀行（B）の貸付債権について，債務者（A）の信用を悪化させる一定の客観的事情が発生した場合には，債務者（A）のために存する右貸付金の期限の利益を喪失せしめ，同人（A）の銀行（B）に対する預金等の債権につき銀行において期限の利益を放棄し，直ちに相殺適状を生ぜしめる旨の合意は，右預金等の債権を差し押えた債権者（C）に対しても効力を有する。」（意見および反対意見がある。）

最高裁の判断は，保証金返還債権の場合には，賃料債権の相殺による消滅の効力を否定し（最三判平13・3・13民集55巻2号363頁），敷金の場合には，敷金の充当により賃料債権の消滅の効力を認めている（最一判平14・3・28民集56巻3号689頁）。

最三判平13・3・13民集55巻2号363頁（取立債権請求事件）上告棄却
「抵当権者が物上代位権を行使して賃料債権の差押えをした後は，抵当不動産の賃借人は，抵当権設定登記の後に賃貸人に対して取得した債権を自働債権とする賃料債権との相殺をもって，抵当権者に対抗することはできないと解するのが相当である。けだし，物上代位権の行使としての差押えのされる前においては，賃借人のする相殺は何ら制限されるものではないが，上記の差押えがされた後においては，抵当権の効力が物上代位の目的となった賃料債権にも及ぶところ，物上代位により抵当権の効力が賃料債権に及ぶことは抵当権設定登記により公示されているとみることができるから，抵当権設定登記の後に取得した賃貸人に対する債権と物上代位の目的となった賃料債権とを相殺することに対する賃借人の期待を物上代位権の行使により賃料債権に及んでいる抵当権の効力に優先させる理由はないというべきであるからである。

そして，上記に説示したところによれば，抵当不動産の賃借人が賃貸人に対して有する債権と賃料債権とを対当額で相殺する旨を上記両名があらかじめ合意していた場合においても，賃借人が上記の賃貸人に対する債権を抵当権設定登記の後に取得したものであるときは，物上代位権の行使としての差押えがされた後に発生する賃料債権については，物上代位をした抵当権者に対して相殺合意の効力を対抗することができないと解するのが相当である。」

一般に保証金といわれるものには，第1に，敷金としての性質を有するもの，第2に，返還義務のない権利金としての性質を持つもの，金銭消費貸借としての性質を有する建設協力金に該当するもの等があるとされている（田髙・物権

法186頁)。本件の場合，保証金は，賃貸借契約の終了時に返還される敷金と同視しうるものであり，賃料債権と密接な関連を有している。それに対して，抵当権を有する債権は，単なる貸金債権であり，賃料との間に密接な関連を有していない。このような場合には，保証金返還債権の発生の時期，抵当権の設定登記の時期，物上代位の差押えの送達の時期等の時間的順序に注目して優先順序を決定することは，不動産先取特権と抵当権の優先順位の箇所（第14章第3節Ⅲ）でも述べたように，無意味である。異なる優先弁済権が競合した場合の優先順位の決定基準は，何よりも，どちらの債権が目的物または目的債権の維持・増加に貢献したかという考慮であり，その際に重要な役割を果たしているのが，担保目的と，それぞれの債権との間の牽連性の強弱である。そして，賃料と密接な関連を有する保証金返還債権に基づく相殺と，貸金債権に基づく抵当権による物上代位とを比較すれば，目的債権である賃料債権と最も密接な関連を有するのは，保証金返還債権であり，それに基づく相殺を優先すべきである。

　上記の最高裁平成13年判決（最三判平13・3・13民集55巻2号363頁）は，このような競合する債権間の牽連性の問題について，全く考慮しておらず，学説によって，厳しく批判されることになった（深川・相殺の担保的機能427〜439頁，田髙・物権法232〜232頁）。

　　　「賃借人に対し自身が入居した物件に抵当権があるかを登記簿で確認せよとするのは酷であり，だからこそ差押えが賃借人保護のために必要なのだ，という文脈で理解できるものであった。13年判決は，抵当権登記があるから，相殺による賃借人の敷金返還への期待が封じられることも正当化できると述べるが如くであるが，これは妥当とはいえまい」（田髙・物権法232〜232頁）。

　そして，敷金の場合には，上記の最高裁の13年判決と抵触しないように，敷金の充当という法理を使って，実質的には，敷金返還債権と賃料債権の相殺を，抵当権に基づく物上代位よりも優先する結果を導いている（最一判平14・3・28民集56巻3号689頁）。

　　最一判平14・3・28民集56巻3号689頁（取立債権請求事件）上告棄却
　　　「敷金が授受された賃貸借契約に係る賃料債権につき抵当権者が物上代位権を行使してこれを差し押さえた場合において，当該賃貸借契約が終了し，目的物が明け渡されたときは，賃料債権は，敷金の充当によりその限度で消滅する。

賃貸借契約における敷金契約は，授受された敷金をもって，賃料債権，賃貸借終了後の目的物の明渡しまでに生ずる賃料相当の損害金債権，その他賃貸借契約により賃貸人が賃借人に対して取得することとなるべき一切の債権を担保することを目的とする賃貸借契約に付随する契約であり，敷金を交付した者の有する敷金返還請求権は，目的物の返還時において，上記の被担保債権を控除し，なお残額があることを条件として，残額につき発生することになる（最高裁昭和46年(オ)第357号同48年2月2日第二小法廷判決・民集27巻1号80頁参照）。これを賃料債権等の面からみれば，目的物の返還時に残存する賃料債権等は敷金が存在する限度において敷金の充当により当然に消滅することになる。このような敷金の充当による未払賃料等の消滅は，敷金契約から発生する効果であって，相殺のように当事者の意思表示を必要とするものではないから，民法511条によって上記当然消滅の効果が妨げられないことは明らかである。
　また，抵当権者は，物上代位権を行使して賃料債権を差し押さえる前は，原則として抵当不動産の用益関係に介入できないのであるから，抵当不動産の所有者等は，賃貸借契約に付随する契約として敷金契約を締結するか否かを自由に決定することができる。したがって，敷金契約が締結された場合は，賃料債権は敷金の充当を予定した債権になり，このことを抵当権者に主張することができるというべきである。
　以上によれば，敷金が授受された賃貸借契約に係る賃料債権につき抵当権者が物上代位権を行使してこれを差し押さえた場合においても，当該賃貸借契約が終了し，目的物が明け渡されたときは，賃料債権は，敷金の充当によりその限度で消滅するというべきであり，これと同旨の見解に基づき，上告人の請求を棄却した原審の判断は，正当として是認することができ，原判決に所論の違法はない。」

　この判決は，優先弁済権が競合する場合には，それぞれの債権と目的債権との牽連性との強弱を考慮して判断すべきであり，抵当権に基づく物上代位は，賃借人の敷金返還債権に基づく相殺に劣後すると考える本書の立場と結論において同じであり，その意味で，高く評価されるべき判決であると考えている。
　なお，債権譲渡と相殺との関係に関しては，以下の最高裁判決があり，弁済期のいかんを問わず相殺ができるとしている。
　　最一判昭50・12・8民集29巻11号1864頁
　　「債権が譲渡され，その債務者が，譲渡通知を受けたにとどまり，かつ，右通知を受ける前に譲渡人に対して反対債権を取得していた場合において，譲

受人が譲渡人である会社の取締役である等判示の事実関係があるときには，右被譲渡債権及び反対債権の弁済期の前後を問わず，両者の弁済期が到来すれば，被譲渡債権の債務者は，譲受人に対し，右反対債権を自働債権として，被譲渡債権と相殺することができる。」（補足意見および反対意見がある。）

D 目的不動産の滅失・損傷に基づく損害賠償債権・保険金債権
1 損害賠償債権，保険金債権に対する物上代位の必要性と根拠

抵当権者は，第三者が目的物を滅失・損傷した場合に所有者が取得する不法行為に基づく損害賠償債権（請求権）に対して物上代位を行うことができる（大判大6・1・22民録23輯14頁）。また，抵当権者は，建物が焼失したことにより所有者が取得する火災保険金債権（請求権）に対しても物上代位を行うことができる（大連判大12・4・7民集2巻209頁）。

これに対しては，保険金請求権は，保険契約に基づき，保険料支払の対価として生じるものであり，目的物の代償物または変形物ではないとする批判が，主として保険法学者からなされている（民法学者の中にも，保険金は可能な限り物件の修復・補修に用いるべきであるという観点から，保険金請求権に対する物上代位を否定すべきだとする学説〔清水（元）・担保物権42～43頁〕が存在する）。

しかし，物上代位の制度は，担保目的物の価値減少を引き起こしたのと同一事実によって債務者または物上保証人の一般財産に債権が増加した場合に，それを担保目的物と同等の物とみなし，目的物の価値が減少した範囲で，担保権者にその債権に対して優先弁済権を付与する制度である。保険金請求権は，目的物の焼失という担保目的物を減少させるのと同一の事実によって発生するのであるから，物上代位制度の趣旨に照らしても，保険金請求権に対して物上代位の行使を認めることは，何らの妨げとならないと解すべきであろう。

確かに，エコロジーの観点からは，保険金は可能な限り物件の修復・補修に用いるべきであるということが強調されるかもしれない（清水（元）・担保物権42～43頁）。その場合でも，保険金に対する物上代位を全面的に否定する必要はないと思われる。なぜなら，保険金を建物の修復・補修に用いるためにも，以下のように，保険金に対する修復・補修業者による不動産保存の先取特権に基づく物上代位の利用が考えられるからである。

もしも，修復・補修によって抵当建物の担保価値が減少しないのであれば，抵当権者の物上代位は，その根拠を失うことになる。したがって，抵当目的不

動産が損傷したが，その修補・補修が可能である場合には，抵当権設定者は建物の補修を業者に依頼し，その事業者が不動産保存の先取特権に基づく保険金上の物上代位を行使するという解決方法をとるのが妥当であろう。その場合には，抵当権に基づく物上代位は，担保価値が保全されたことによって意味を失うため，抵当権設定者は，執行異議もしくは執行抗告を申し立て（民事執行法182条），またはそれに伴う仮処分を通じて執行停止（民事執行法183条）を求めることができると思われる。また，たとえ抵当権に基づく物上代位が可能であるとしても，民法339条により，それは不動産保存の先取特権に基づく物上代位には劣後することになるので，保険金を建物の補修に役立てるという目的を達成することができるであろう。

2 物上代位と債権質との優先関係

(1) 設 例

債務者（建物所有者）Ｂが，Ａの債権担保のために抵当権を設定し，他方，建物の火災保険金債権につき，Ｃのために質権を設定した場合，Ａの物上代位とＣの質権とはいずれが優先するのであろうか。

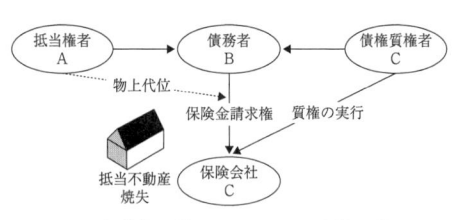

図61 抵当権に基づく物上代位と質権の競合

家屋に抵当権を設定する場合，通常，抵当権者は，抵当権設定者（目的物の所有者）に火災保険を掛けさせ，その保険金債権の上に質権を設定させることが慣行として行われている。住宅ローンの場合は，このような処理がなされるのであり，抵当権者と保険金債権に対する質権者が一致しているため，問題は生じない。問題が生じるのは，抵当権者ではなく第三者が質権の設定を受けた上記のような場合であり，抵当権の物上代位と債権質との優先順位を明らかにしなければならない。

(2) 学説の対立

(a) 抵当権登記時基準説　Ａの抵当権登記とＣの質権の対抗要件具備の前後によるとする説である（鹿児島地判昭31・1・25下民集8巻1号114頁，高木・担保物権〔初版：1984〕132頁，半田正夫・やさしい担保物権法〔1989〕42頁）。

(b) 物上代位による差押時基準説　Ａの抵当権登記ではなく物上代位によ

る差押えとCの質権の対抗要件具備の前後によるとする説である（福岡高判昭32・8・30下民集8巻8号1619頁，川井・担保物権62頁，近江・担保物権143頁）。

　(c)　物上代位の行使の前か後かで基準を変える折衷説　　質権設定が物上代位の前か後かで区別し，質権設定が物上代位の前の場合は，Aの抵当権登記とCの質権の対抗要件具備の前後によるが，質権設定が物上代位の後になされた場合には，物上代位の公示を抵当権の設定登記とみることはできないため，Aによる物上代位の差押えとCの質権の対抗要件具備の前後によるとする説である（高木・担保物権136～137頁〔初版の見解を改説〕）。

　(3)　抵当権摑取力強化説による説明

　一般債権者との関係では，民法394条による一般債権者の保護の精神が尊重されるべきであり，物上代位の対抗力は，差押えが第三債務者に送達された時点で発生すると考えるべきである。しかし，担保権者相互の間では，物上代位同士の問題となるのであり，担保権のもともとの優先順位（質権は第1順位の先取特権とみなされ〔民法334条〕，抵当権は，不動産売買の先取特権と同じく第3順位の先取特権とみなされる〔民法339条と331条の組合せによる解釈〕）が尊重されるべきである。このようにいうと，差押えと登記との関係について混乱が生じているように見えるかもしれない。しかし，そうではない。不動産保存の先取特権が，登記をしなければ抵当権に対抗できないにもかかわらず，登記という対抗要件を備えた場合には，登記の先後にかかわらず，動産保存の先取特権が登記を得た抵当権に優先するという現象（民法339条）を想起するとよい。抵当権に基づく物上代位もこれと同じことであり，差押えという対抗要件を備えたら，その順序は，差押えの先後には関係しないのである。したがって，抵当目的物の価値の減少と同一原因によって生じた債務者または物上保証人の一般財産に生じた債権につき，抵当権者に優先順位を保持させたまま，債権者代位権の行使を許すものであると考えるべきである。

　そうすると，質権と抵当権に基づく物上代位との優先関係は，債権先取特権の問題となる。民法は，債権先取特権の規定を動産先取特権の箇所に配置しており（民法315条〔賃料債権等に対する不動産賃貸の先取特権〕がその例。なお，削除された民法旧320条〔公吏保証金の返還請求権に対する先取特権〕も債権に対する先取特権であり，これらは，すべて動産先取特権の箇所に規定されていた），動産先取特権の優先順位を決定する民法330条の優先順位のルールに従って解決

されることになる。

　その結果として，原則として，第1順位の質権（民法334条参照）が第3順位の抵当権（民法339条参照）に基づく物上代位に優先するが，第3順位の抵当権の存在を質権者が知っている場合，すなわち抵当権の登記が先になされていることを知っている場合には，第3順位の抵当権者が第1順位の質権者に優先することになる（民法330条2項の類推）。

　抵当権設定による優先権の順位は，登記によって公示されているのであり，その後に質権を設定する当事者は，抵当権者の優先権を事前に知りうるのであるから，質権の設定をする者は，抵当権者の存在を知っていると推定されることになる。そうすると，抵当権の登記の後に質権が設定された場合には，第1順位と第3順位とが入れ替わり，抵当権に基づく物上代位が質権に優先することになる。

　以上の結果をまとめると，次のようになる。物上代位の対抗要件である差押えがなされていることを前提とするが，対抗要件が備えられた質権設定の後に抵当権が登記された場合には，優先順位に変更はなく，第1順位の質権者が第3順位の抵当権者に優先する。反対に，抵当権が先に登記された後に質権が設定された場合には，質権者は，抵当権の存在を知るのが普通であるから，民法330条2項により，順位が逆転し，第3順位の抵当権者が，第1順位の質権者に優先する。この結果は，登記の先後によって優先順位を決定するのとほぼ等しくなる。

　このように考えると，一方で，抵当権による物上代位と質権との優先順位が変化するという(c)高木説（新説）の意図するところも理解できるようになるし，他方で，仮登記担保法4条が，仮登記担保と質権等の優先関係につき，登記の順位によるとしているのも趣旨は同じであると解することができる。

E　物上代位における差押え

　最後に，抵当権に基づく物上代位における優先弁済権の対抗要件としての差押えの意義について，債権に対する担保権の実行手続（民事執行法193条）との関連で論じることにする。

1　差押えの意義と機能
(1)　概　説

　抵当権の物上代位は，抵当目的物の価値が減少するのと同一の事実に基づい

て，債務者または物上保証人の一般財産上に，抵当目的物に代わる債権（目的物のなし崩し的賃料債権，目的物の滅失・損傷による損害賠償債権・保険金債権）が発生した場合に，抵当権者を保護するために，債権者代位権をさらに強化した実質的な債権質（対抗要件を必要とする債権上の先取特権）を与えるものであることは，すでに述べた。

　つまり，物上代位の差押えは，債権に対する担保権の実行に関する民事執行法193条によって準用される民事執行法143条に基づく差押えであり，この差押えの効力として，一方で，債務者に対し債権の取立てその他の処分が禁止され，他方で，第三債務者に対し債務者への弁済が禁止されることになる（民事執行法145条1項）。

　もっとも，厳密にいうと，物上代位に基づく差押えには，①「物上代位権行使の保全のための差押え」（被担保債権の弁済期到来前に準備的措置として行われる「保全的物上代位」），および，②「物上代位権の行使としての差押え」（通常の物上代位）があり，①前者については，明文の規定が欠けているために，民事保全法20条以下・47条以下が類推適用され，②後者については，民事執行法の上記の規定があるため（民事執行法193条によって準用される民事執行法143条・145条），これらの規定が適用されるとされている（中野・民事執行法653〜654頁）。したがって，物上代位による債権に対する優先弁済権の対抗要件は，厳密には，差押えまたは仮差押えの第三債権者への到達であるということになるが，以下では，仮差押えの場合を含めて，差押えの用語を用いることにする。

　物上代位に基づく差押命令は，債務者及び第三債権者に送達されるため（民事執行法145条3項），このこと（広い意味での第三債務者への通知）が，債権に対する優先弁済権の典型例である指名債権質の場合の対抗要件である第三債務者への通知または第三債務者の承認に匹敵するものとして，物上代位に基づく優先弁済権の対抗要件として機能しているのである。

　したがって，代償物である債権（目的物のなし崩し的賃料債権，目的物の滅失・損傷による損害賠償債権・保険金債権）が消滅，または確実に移転するまでにこの対抗要件を備えた場合には，抵当権者は，抵当権設定時の順位を保持したまま，代償債権から優先弁済を受けることができる。

(2) 従来の考え方

　物上代位における差押えの意義・機能に関しては，従来，以下の3つの説が

対立してきた。

　(a)　特定性維持説　　抵当権の目的物が変形して代償物となり，債務者の一般財産に吸収される前に，依然として抵当権の効力が及ぶこと，すなわち，当初の抵当権の目的物との接合を図るために必要であるとする説である（我妻・担保物権60頁，柚木＝高木・担保物権281〜282頁，川井・担保物権61頁，鈴木・物権法201頁）。

　この説では，債権が一般財産へ混入される前にその債権が特定されればよいことになるので，差押えは誰がしてもよく，他の一般債権者が差し押さえた場合には，抵当権者は重ねて差押えをすることを要しないことになる（大判大4・3・6民録21輯363頁，大判大4・6・30民録21輯1157頁）。

　また，一般債権者による差押えと抵当権者による物上代位との優劣関係は，抵当権の対抗要件である登記の先後によって判断されることになる。

　最一判平10・3・26民集52巻2号483頁（不当利得返還請求事件）上告棄却
　　「債権について一般債権者の差押えと抵当権者の物上代位権に基づく差押えが競合した場合には，両者の優劣は，一般債権者の申立てによる差押命令の第三債務者への送達と抵当権設定登記の先後によって決すべきである。」

　(b)　優先権保全説　　担保物権は，目的物の滅失によって消滅するのが原則であり，物上代位は，抵当権を保護するために特別に与えられたものであるから，代償物に対する優先弁済権を公示するためには，抵当権者自身による差押えが必要であり，差押えによって優先性が保全されることになるとする説である（大連判大12・4・7民集2巻209頁）。

　差押えによって，第三債務者は，本来の債権者に対する弁済・引渡し等が制限されることになるから，差押えは，実質的には，代償物である債権に対して抵当権者が優先権を有することについて，対抗要件としての機能を営むことになる（対抗要件的機能説）。

　(c)　二面説　　差押えには，一面において，代償物である請求権を特定する意味があると同時に，他面において，第三債務者に対する処分の禁止・弁済を制限するという形でその優先性を公示する意味があるとする説である（高木・担保物権130頁，近江・担保物権48〜49頁・144頁）。

　最一判昭59・2・2民集38巻3号431頁（供託金還付請求権存在確認請求本訴，同反訴事件）原判決破棄，一審判決取消，自判
　　「民法304条1項但書において，先取特権者が物上代位権を行使するために

は金銭その他の払渡又は引渡前に差押をしなければならないものと規定されている趣旨は，先取特権者のする右差押によって，第三債務者が金銭その他の目的物を債務者に払渡し又は引渡すことが禁止され，他方，債務者が第三債務者から債権を取立て又はこれを第三者に譲渡することを禁止される結果，物上代位の対象である債権の特定性が保持され，これにより物上代位権の効力を保全せしめるとともに，他面第三者が不測の損害を被ることを防止しようとすることにある。」

(d)　第三債務者保護説　　清原『物上代位の法理』(101頁以下)によって唱えられた説であり，下の平成10年の最高裁判決(最二判平10・1・30民集52巻1号1頁)がこの説を全面的に採用した。

　最二判平10・1・30民集52巻1号1頁(取立債権請求事件)一部上告棄却，一部破棄自判

　　「民法372条において準用する304条1項ただし書が抵当権者が物上代位権を行使するには払渡し又は引渡しの前に差押えをすることを要するとした趣旨目的は，主として，抵当権の効力が物上代位の目的となる債権にも及ぶことから，右債権の債務者(以下「第三債務者」という。)は，右債権の債権者である抵当不動産の所有者(以下「抵当権設定者」という。)に弁済をしても弁済による目的債権の消滅の効果を抵当権者に対抗できないという不安定な地位に置かれる可能性があるため，差押えを物上代位権行使の要件とし，第三債務者は，差押命令の送達を受ける前には抵当権設定者に弁済をすれば足り，右弁済による目的債権消滅の効果を抵当権者にも対抗することができることにして，二重弁済を強いられる危険から第三債務者を保護するという点にあると解される。」

この説に対しては，厳しい批判(例えば，近江・講義III 65頁)も存在するが，この説によって，第三債務者の保護のため，物上代位権の行使には，担保権者自身による差押えが必要であり，かつ，その差押命令の送達が第三債務者に到達することが，物上代位権に基づく優先弁済権の対抗要件であることを明らかにした点で，高く評価されるべきである(中野・民事執行法653頁)。

　もっとも，最高裁は，第三債務者保護法を採用しながら，その後，物上代位と債務譲渡とが対立した場合に，物上代位の対抗要件よりも，債権譲渡の対抗要件が先に到達した場合について，物上代位を優先する道を歩んだため(最二判平10・1・30民集52巻1号1頁，最三判平10・2・10判時1628号9頁，判タ964号73頁，金法1508号67頁，金商1037号3頁)，第三債務者保護説から離れ

ているように思われる。したがって，現在の最高裁がこの説を保持しているかは疑問である。

(3) 掴取力強化説による説明

物上代位は，債権者が有する債権者代位権について，担保権者に対して優先権を保持したままそれを行使させるものである。それは，担保権者に担保目的物以外の一般債権に属する債権に対して優先弁済権を付与するのに等しい機能を有している。

抵当権者の場合，本来ならば，目的物から優先弁済を受けうるだけで，債務者の他の一般財産権に対して優先権を行使することはできないはずである（民法394条は，抵当権者が一般債権者の資格で他の財産に効力を及ぼすことについても一定の制限を課している）。したがって，抵当権の目的物以外の債務者（物上保証人）の他の財産に対しても優先弁済権を確保しようとすれば，それなりの対抗要件，すなわち債権質に関する対抗要件と同等の対抗要件を具備する必要があると考えるべきである。

物上代位の場合，担保権者が，債務者（物上保証人）の一般財産に存在している代償物（指名債権）に対する優先権を他の債権者に対しても主張するためには，民法394条の趣旨を尊重し，債務者の一般債権に属する債権に対して優先弁済権を主張しようとする抵当権者は，債権質と同様の公示を必要とすると解すべきである。指名債権質の対抗要件は，第三債務者に対する通知か，第三債務者の承認であるから，本来ならば，物上代位権を行使する抵当権者にも，そのような公示が要求されるのであるが，民法304条は，その要件を緩和し，民事執行法193条（債権に対する担保権の実行）によって準用される民事執行法143条・145条の差押えをもって物上代位（債権に対する優先弁済権）の対抗要件としたものと解するのが正当であろう。

2 物上代位の行使方法

(1) 抵当権者自ら差押えをする場合

抵当権者が民事執行法193条1項の「担保権の存在を証する文書」および物上位権の存在を証する文書（中野・民事執行法351頁）を提出したときに限り開始され，民事執行法143条以下の債権執行の手続によって行われる（民事執行法193条2項）。抵当権者は，抵当権の順位に従って優先弁済を受けることができる。

(2) 他の債権者が差し押さえた場合

他の一般債権者または後順位抵当権者が物上代位の対象となる債権を差し押さえると，債権執行の手続が開始される（民事執行法143条以下）。抵当権者がこの手続の中で配当を受けるためには，一定の時期（配当要求の終期）までに差押えまたは配当要求をしなければならない（民事執行法165条）。このように，第三者が物上代位の対象となる債権を差し押さえた場合，抵当権者が物上代位権を行使するには，重ねて差し押さえるか，または配当要求をしなければならない。抵当権者が，配当要求の終期までに重ねて差押えをし，それが第三債務者に到達することによって，対抗要件を備えれば，抵当権者は，抵当権の順位に従って優先弁済を受けることができる。

　確かに，2003年の担保・執行法改正以前の最高裁判決（最一判昭62・4・2判時1248号61頁）の中には，以下のように，差押えではなく，配当要求でも優先権を主張しうると解することができるものも存在した。

　　最一判昭62・4・2判時1248号61頁，判タ645号162頁，金法1168号26頁，金商777号3頁（配当異議事件）上告棄却
　　　「動産売買の先取特権に基づく物上代位権を有する債権者は，物上代位の目的たる債権を自ら強制執行によって差押えた場合であっても，他に競合する差押債権者等があるときは，右強制執行の手続において，その配当要求の終期までに，担保権の存在を証する文書を提出して先取特権に基づく配当要求又はこれに準ずる先取特権行使の申出をしなければ，優先弁済を受けることができないと解するのが相当である。」

　しかし，以下に述べるように，配当要求だけでは足りないとするのが，現在の判例（最三判平5・3・30民集47巻4号3300頁，最一判平13・10・25民集55巻6号975頁）の考え方である。特に，最高裁の平成13年判決（最一判平13・10・25民集55巻6号975頁）は，物上代位には，差押えは不可欠であり，配当要求では足りないとする立場を明確に宣言している（中野・民事執行法707頁）。

　　最三判平5・3・30民集47巻4号3300頁（配当異議事件）上告棄却
　　　「動産売買の先取特権に基づく物上代位権を有する債権者甲が，物上代位の目的たる債権につき仮差押えをした後，右債権につき債権者乙による差押えがあったため第三債務者が民事執行法（平成元年法律第91号による改正前のもの）156条2項，178条5項に基づく供託をした場合において，甲が右供託前に更に物上代位権の行使として右債権の差押命令の申立てをしたときであっても，その差押命令が右供託前に第三債務者に送達されない限り，甲は乙

による債権差押事件の配当手続において優先弁済を受けることができない。」

最一判平13・10・25民集55巻6号975頁（配当異議請求事件）上告棄却

「抵当権に基づき物上代位を行使する債権者は，他の債権者による債権差押事件に配当要求をすることによって優先弁済を受けることはできないと解するのが相当である。けだし，民法372条において準用する同法304条1項ただし書の「差押」に配当要求を含むものと解することはできず，民事執行法154条及び同法193条1項は抵当権に基づき物上代位を行使する債権者が配当要求をすることは予定していないからである。」

もっとも，下記の平成13年判決については，差押えによらない配当要求によっても，第三債務者の二重払いの危険は回避できるし，執行手続上，物上代位権行使の意思の表明は明確になされていると評価できるのであり，配当要求に民事執行法154条1項を類推適用することも十分可能であるとの反論もなされている（田高・物権法233頁）。

配当要求によっても，第三債務者の二重払いの危険が完全に回避できるのであれば，民法304条の差押えに，配当要求を含めて考えることはできると思われる。

これまで述べたように，物上代位の対抗要件は，差押えの第三債務者への到達であるから，物上代位の対象となる債権を第三者が差し押え，かつ，転付命令を得てしまうと，差押えによる対抗要件を具備していない抵当権者は，もはや物上代位を行使することができないと解さなければならない（最三判平14・3・12民集56巻3号555頁，なお，先取特権の物上代位に関する判例〔最一判昭59・2・2民集38巻3号431頁，最二判昭60・7・19民集39巻5号1326頁〕参照）。

最三判平14・3・12民集56巻3号555頁（配当異議事件）一部破棄自判，一部棄却

「転付命令に係る金銭債権（以下「被転付債権」という。）が抵当権の物上代位の目的となり得る場合においても，転付命令が第三債務者に送達される時までに抵当権者が被転付債権の差押えをしなかったときは，転付命令の効力を妨げることはできず，差押命令及び転付命令が確定したときには，転付命令が第三債務者に送達された時に被転付債権は差押債権者の債権及び執行費用の弁済に充当されたものとみなされ，抵当権者が被転付債権について抵当権の効力を主張することはできないものと解すべきである。」

さらに、物上代位の対象となる債権を第三者が譲り受けた場合にも、転付命令の場合と同様、差押えによる対抗要件を具備していない抵当権者は、もはや物上代位を行使することができないと解すべきである。確かに、以下の最高裁の平成10年判決（最二判平10・1・30民集52巻1号1頁、最三判平10・2・10判時1628号3頁、最一判平10・3・26民集52巻2号483頁）は、抵当権について、債権譲渡があった場合にも、物上代位を行使しうるとしている。

最二判平10・1・30民集52巻1号1頁（取立債権請求事件）一部上告棄却、一部破棄自判

「抵当権者は、物上代位の目的債権が譲渡され第三者に対する対抗要件が備えられた後においても、自ら目的債権を差し押さえて物上代位権を行使することができる。」

最三判平10・2・10判時1628号9頁、判タ964号79頁、金法1508号73頁、金商1037号10頁（第三者異議事件）

「民法の趣旨目的に照らすと、同法304条1項の『払渡又ハ引渡』には債権譲渡は含まれず、抵当権者は、物上代位の目的債権が他に譲渡され、その譲渡について第三者に対する対抗要件が備えられた後においても、自ら目的債権を差し押さえて物上代位権を行使することができるものと解するのが相当である。」

最一判平10・3・26民集52巻2号483頁

「債権について一般債権者の差押えと抵当権者の物上代位権に基づく差押えが競合した場合には、両者の優劣は、一般債権者の申立てによる差押命令の第三債務者への送達と抵当権設定登記の先後によって決すべきである。」

しかし、上記の平成10年の一連の最高裁判決の結論は、以下の理由で、とうてい支持することができない。

第1に、第三債務者は、先に到達した確定日付のある債権譲渡通知を信頼して弁済することが許されるべきである（清水〔元〕・担保物権53頁）。これに対して、平成10年の最高裁判決によれば、確定日付による譲渡通知と差押命令の送達のうち、先に到達した債権譲渡通知を信頼して弁済しても、後に到達した債権差押命令によって弁済が無効となる。これでは、二重弁済の危険から第三債務者を保護するという、自らが採用した第三債務者保護説の趣旨と矛盾する結果となってしまう。

第2に、民法394条に基づく一般債権者の保護の要請が尊重されるべきである。抵当権者は、抵当目的物である不動産に対する追及効によって目的物から

優先弁済権を受けることができるのであり，抵当目的物以外の財産に対して優先弁済権を主張することは原則として禁止されている（民法394条）。したがって，抵当権者は，物上代位の要件である自らの申立てに基づく債権差押えによって，はじめて，目的不動産以外の債権（しかも，それは，抵当目的物の滅失・損傷に相当する範囲のものでなければならない）に対して優先弁済権を取得することができるのであって，最高裁のいうように，抵当権の設定登記があるだけで，抵当権が，債務者の一般財産である債権に対して優先弁済的効力を及ぼすということにはならない。つまり，抵当権者の物上代位に基づく債権に対する優先弁済権は，差押命令の送達時以後に生じるのであって，抵当権の登記の時にさかのぼって生じるわけではない。一般債権者は，抵当権者が抵当目的物の競売を選択するのか，物上代位を選択するのかについて予測することはできないのであって，「抵当権者が競売を選択すれば，目的債権は設定者の一般財産を形成することになるがそれまでは，いわば浮動状態が継続することになり，法的な安定性を害する」（清水〔元〕・担保物権51頁）ことになる。

第3に，「払渡し又は引渡し」には，弁済のほか，譲渡が含まれると解すべきである。物上代位の要件である差押えが民法304条の「払渡し又は引渡し」前になされなければならないという意味について，最高裁は，「払渡し又は引渡し」には，債権譲渡は含まれないと解している。しかし，先取特権の箇所で，旧民法にまでさかのぼって，民法304条の「債務者が受けるべき金銭その他の物」の「払渡し又は引渡し」とは，①「金銭債務の弁済」，またはお米等（立法当時は，お米が金銭の代わりとして広く利用されていた）の②「物引渡債務の弁済」のことを意味しており，債権の消滅原因の典型例として弁済が挙げられているに過ぎないことを論証した。したがって，民法304条の「払渡し又は引渡し」には，債権の消滅原因としての弁済のほかに，更改，相殺，混同，免除，放棄，消滅時効も当然に含まれるほか，債権の相対的な消滅としての債権の移転（債権譲渡，転付命令）もこれらの概念の中に含まれると解すべきである。

第4に，最高裁は，先に述べたように，債権譲渡とその性質を同じくする転付命令については，第三者対抗要件にしたがって，転付命令が送達された後は，物上代位権の行使は許されないとしているのであるから（最三判平14・3・12民集56巻3号555頁），上記の一連の最高裁の平成10年判決は，説得力に欠けているといわざるをえない。

その後，最高裁は，先取特権に基づく物上代位についてではあるが，平成

17年判決（最三判平17・2・22民集59巻2号314頁）において，以下のように判示して，債権譲渡後の物上代位の効力を否定している。

> 最三判平17・2・22民集59巻2号314頁（売掛代金請求及び独立当事者参加事件）棄却
> 　「動産売買の先取特権者は，物上代位の目的債権が譲渡され，第三者に対する対抗要件が備えられた後においては，目的債権を差し押さえて物上代位権を行使することはできない。
> 　したがって，この考え方（第三債務者への対抗要件の具備の先後説）が，先取特権の場合だけでなく，抵当権の場合においても，有力となっていくと思われる。」

第6節　共同抵当

　共同抵当とは，同一の債権の担保として数個の不動産の上に設定された抵当権のことである。わが国は，土地と建物とを別個の不動産としているため，土地と建物の双方に抵当権を設定すると共同抵当となる。したがって，共同抵当は広く用いられているが，債務者の不動産が共同抵当の目的物とされた場合（同主共同抵当）でさえ，先順位抵当権者と後順位抵当権者との利害が複雑に絡むため，その調整は単純ではない。債務者と物上保証人の別々の不動産が共同抵当の目的物とされた場合（異主共同抵当）には，物上保証人の求償権を担保するための代位弁済の制度が問題となるため，さらに複雑な問題が生じる。そこで，以下ではまず，同主共同抵当について設例によって解説を行った後，異主共同抵当について設例を通じて解説を行うことにする。

I　設　例

　債務者が所有する価額3,000万円の甲不動産，2,000万円の乙不動産，1,000万円の丙不動産があり，第1に，甲・乙・丙上にAの債権額3,000万円の共同抵当権が設定され，第2に，甲・乙上にBの債権額1,500万円の共同抵当権が設定され，第3に，甲・乙上にCの債権額1,000万円の共同抵当権が設定され，第4に，丙上にDの債権額500万円の単独抵当権が設定されたとする。

A 問題

甲・乙・丙の不動産が同時に競売された場合，A・B・Cは，それぞれの不動産からいくらの配当を得ることができるだろうか。下表の形式の配当表によって，各債権者が債務者所有の不動産甲・乙・丙の競売代金からそれぞれいくらの配当を受けうるか，(a)～(h)の配当金額を計算しなさい。

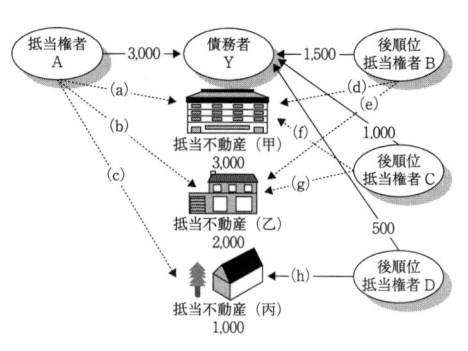

図62 共同抵当の例題（同主共同抵当）

B 問題の解説

問題の意味を表であらわすと以下のようになる。(a)～(h)までの空欄を埋めることが求められている。

表57 共同抵当の場合の配当表の一形式

債権者	不動産上の順位	不動産評価額と債権者への配当額		
		甲 (3,000)	乙 (2,000)	丙 (1,000)
A (3,000)	1 (甲・乙・丙)	(a)	(b)	(c)
B (1,500)	2 (甲・乙)	(d)	(e)	—
C (1,000)	3 (甲・乙)	(f)	(g)	—
D (500)	2 (丙)	—	—	(h)

II 共同抵当の意義と機能

A 共同抵当の意義

最初に述べたように，共同抵当とは，債権者が，同一の債権の担保として，数個の不動産の上に抵当権を有するものをいう（民法392条1項）。債権を担保するために，土地と建物を一括して抵当権を設定することは，ごく普通に行われている。わが国においては，土地と建物は別個の不動産とされているため，そのような抵当権はすべて共同抵当となる。また，外形上は一区画の敷地であ

第6節 共同抵当

っても，登記簿上は数筆の土地ということがある。その場合，その敷地全部につき抵当権を設定すると共同抵当となる。このような事情を考慮するならば，わが国においては，共同抵当制度を理解することが，単独抵当を理解するのと同等に重要な意味をもつことが理解できよう。

B 共同抵当の機能
1 担保価値の増大
いくつかの不動産を集めて共同抵当にすると，個々の不動産では債権の担保として不十分な場合に，担保価値を増大させることができる。

2 危険の分散，担保価値の維持
共同抵当は，共同担保物件の一部の価格が値下りしても，他の共同担保物件の価格が値上りしていると，それで従来の担保価値を維持できる。

土地とその上にある同一所有の建物について，土地だけを担保の目的にすると，抵当権の実行の結果，建物のために法定地上権（民法388条）が成立する。そのため，土地だけを抵当に取ると，土地の評価が下がってしまう。そこで，土地と地上建物を共同担保にとり，同時に競売できるようにしておくと，予想通りの担保価値を維持できる。このため，共同抵当は，超過担保となることが多い。この場合の弊害については，後に述べるように，民事執行法が一定の制約を設けている（民事執行法188条による73条の準用）。

Ⅲ 実行の弾力性と後順位抵当権者，抵当権設定者の保護

A 原則（共同抵当権者の自由裁量と後順位抵当権者の保護）
1 競売に関する共同抵当権者の自由裁量の確保
債権者Aは，共同抵当の目的物件，例えば甲・乙・丙の各不動産を同時に競売してもよいし，まず甲不動産を競売し，もし代金が不足するなら，次に乙・丙不動産を競売してもよいし，あるいは，甲・丙の債権額が減少していれば，乙不動産だけを競売することもできる。

2 共同抵当の実行と後順位抵当権者の保護
(1) 同時配当の場合　同時配当の場合には，抵当権の債権額を不動産の価額に応じて割り付け，債権者はその割合に従って各不動産から優先弁済を受けることができるとして，共同抵当権者と後順位抵当権者の利害の調整を図って

いる（民法392条1項）。

(2) 異時配当の場合　これに対して異時配当の場合には，後順位抵当権者の利益が害されるおそれがあるため，同時配当の場合であれば配当を受け得たはずの後順位抵当権者は共同抵当権者に代位できるとして，後順位抵当権者を保護している（民法392条2項）。

B　例外（超過競売が予想される場合の裁量の制限＝抵当権設定者の保護）

共同抵当の目的物の評価額が債権額を上回る場合には，全部の不動産を同時に競売することは不必要である。そこで，民事執行法73条は，「数個の不動産を売却した場合において，あるものの買受けの申出の額で各債権者の債権及び執行費用の全部を弁済することができる見込みがあるときは，執行裁判所は，他の不動産についての売却許可決定を留保しなければならない」（1項），「前項の場合において，その買受けの申出の額で各債権者の債権及び執行費用の全部を弁済することができる見込みがある不動産が数個あるときは，執行裁判所は，売却の許可をすべき不動産について，あらかじめ，債務者の意見を聴かなければならない」（2項）と規定し，超過競売が予想される場合には，抵当権設定者を保護するため，不要な競売を制限している。

Ⅳ　共同抵当の設定と公示

共同抵当は，登記によって公示される。共同抵当の登記にあたっては，共同抵当であることを示し，共同担保目録を添付しなければならない（不動産登記法83条1項4号・2項，不動産登記規則166条）。

登記簿謄本を見ると，抵当権の登記事項の末尾に「共同担保目録（あ）第○○号」という記号番号が記載されているだけで，共同担保の具体的な内容はわからない。そこで，「共同担保目録」の謄本を調べると，どのような不動産が共同担保とされているかが具体的にわかる仕組みになっている。

この共同担保目録の登記によって利益を受けるのは後順位抵当権者であるが，登記をするのは後順位抵当権者ではないので，この登記は，後順位抵当権者等の，共同抵当関係の成立によって保護される者に対する対抗要件となるものではない。したがって，この登記がなくても，後順位抵当権者は，実体関係に基づき，共同抵当である旨を主張して民法392条の利益を受けることができると

解されている。

V 共同抵当の配当手続

最初に挙げた例題を通して、共同抵当の実行における、競売代金の配当額の算出方法について説明する。

A 同時配当

異時配当の場合も、同時配当の場合と同様の結果が生じるように、後順位権者に代位権を与えるという方法がとられているので（民法392条2項）、まず、同時配当の場合のルールを理解することが大切である。

1 同時配当における配当計算

共同抵当権者が目的不動産すべてに対して抵当権を実行し、同時に代価を配当すべき場合には、その各不動産の価額に応じてその債権の負担を分配する（民法392条1項）。

例題において、第1順位の抵当権者Aが甲・乙・丙不動産を同時に競売した場合には、Aは、債権額3,000万円を各不動産の評価額に応じて比例配分した額につき、それぞれの不動産から配分を受ける。すなわち、下の計算式に従い、Aは、甲不動産から1,500万円、乙不動産から1,000万円、丙不動産から500万円の弁済を受ける。

(a) $3{,}000 \times 3{,}000/(3{,}000+2{,}000+1{,}000)=1{,}500$ （万円）
(b) $3{,}000 \times 2{,}000/(3{,}000+2{,}000+1{,}000)=1{,}000$ （万円）
(c) $3{,}000 \times 1{,}000/(3{,}000+2{,}000+1{,}000)=500$ （万円）

次に、第2順位の抵当権者の配当を行う。第1順位の債権者Aへの配当によって、各不動産の価額は下のように変化する。

甲不動産　$3{,}000-1{,}500=1{,}500$ （万円）
乙不動産　$2{,}000-1{,}000=1{,}000$ （万円）
丙不動産　$1{,}000-500=500$ （万円）

したがって、甲・乙不動産に関して第2順位の抵当権を有するBは、債権額1,500万円につき、甲不動産の残額1,500万円、乙不動産の残額1,000万円から配分を受ける。すなわち、下の計算式に従い、甲不動産から900万円、乙不動産から600万円の弁済を受ける。

(d)　1,500×3,000/(3,000＋2,000)＝900（万円）
　　(e)　1,500×2,000/(3,000＋2,000)＝600（万円）
　なお，丙不動産につき第2順位の単独抵当権を有するDは，丙不動産の残額500万円から，全額弁済を受ける。
　　(h)　500（万円）
　最後に，第3順位の抵当権者の配当を行う。第2順位の抵当権者Bへの配当によって，甲・乙不動産の価額は下のように変化する。
　　甲不動産　1,500－900＝600（万円）
　　乙不動産　1,000－600＝400（万円）
したがって，甲・乙不動産に関して第3順位の抵当権を有するCは，債権額1,000万円につき，甲不動産の残額600万円，乙不動産の残額400万円から配分を受ける。すなわち，甲不動産から600万円，乙不動産から400万円の弁済を受ける。
　　(f)　600（万円）
　　(g)　400（万円）
　以上の計算を配当表上で行うと，下のようになる。

表58　同時配当の場合の配当方法

債権者	不動産上の順位	不動産評価額と債権者への配当額			配当額,残額の区別
		甲(3,000)	乙(2,000)	丙(1,000)	
A (3,000)	1（甲・乙・丙）	(a) 1,500	(b) 1,000	(c) 500	配当額
		1,500	1,000	500	残額
B (1,500)	2（甲・乙）	(d) 900	(e) 600	―	配当額
		600	400	500	残額
C (1,000)	3（甲・乙）	(f) 600	(g) 400	―	配当額
		0	0	500	残額
D (500)	2（丙）	―	―	(h) 500	配当額
		0	0	0	残額

　なお，債権者Aの共同抵当の目的である甲・乙・丙不動産のうち，例えば乙不動産について，B′がAと同順位の抵当権を有する場合には，その計算方法が問題となる。最高裁は，まず乙不動産についてAとB′の債権額の割合で按

分した額を算定し，その額および他の甲・丙不動産の価額に応じて各不動産の負担を分けるべきものとしている（最三判平14・10・22判時1804号34頁）。

最三判平14・10・22判時1804号34頁
「共同抵当の目的となった数個の不動産の代価を同時に配当すべき場合に，1個の不動産上にその共同抵当に係る抵当権と同順位の他の抵当権が存するときは，まず，当該1個の不動産の不動産価額を同順位の各抵当権の被担保債権額の割合に従って案分し，各抵当権により優先弁済請求権を主張することのできる不動産の価額（各抵当権者が把握した担保価値）を算定し，次に，民法392条1項に従い，共同抵当権者への案分額及びその余の不動産の価額に準じて共同抵当の被担保債権の負担を分けるべきものである。」

2　同時配当における配当結果

配当表に従った計算結果をまとめると，次のような配当表が完成する。これが，例題に関する解答である。

表59　同時配当の場合の配当結果

債権者	不動産上の順位	不動産評価額と債権者への配当額		
		甲 (3,000)	乙 (2,000)	丙 (1,000)
A (3,000)	1（甲・乙・丙）	(a) 1,500	(b) 1,000	(c) 500
B (1,500)	2（甲・乙）	(d) 900	(e) 600	—
C (1,000)	3（甲・乙）	(f) 600	(g) 400	—
D (500)	2（丙）	—	—	(h) 500

B　異時配当

1　異時配当手続

共同抵当において，ある不動産の代価のみを配当すべきときは，抵当権者は，その代価につき全部の弁済を受けることができる（民法392条2項1文）。その代り，後順位抵当権者を保護するため，次順位の抵当権者には代位権が発生する。すなわち，民法392条1項の規定に従い，先順位抵当権者が他の不動産につき弁済を受けるべき金額に達するまで，これに代位して抵当権を行うことができる（民法392条2項2文）。

例題において，Aが甲不動産の抵当権のみを実行する場合を考えてみよう。

Aは，甲不動産から債権額3,000万円全額の弁済を受けることができる。そうすると，次順位の抵当権者Bは，甲不動産から弁済を受けることができなくなる。そこでBは，本来の配当額600万円のほか，民法392条2項によって，乙不動産につきAに割り付けられるべき1,000万円の中から，Bの債権額1,500万円に達するまで（900万円）の範囲で，Aに代位しうる。

Cは，乙不動産について，本来の配当額400万円のほか，BがAに代位した残りの100万円の弁済を受けることができるが，乙不動産だけでは，債権額1,000万円全額の弁済を受けることができない。そこでCは，丙不動産につきAに割り付けられていた500万円についてAに代位し，第1順位で丙不動産から弁済を受けることができる。

例題について，Aが甲不動産のみから配当を受けた場合の計算方法を配当表上で示すと，次表の通りである。

表60　異時配当の場合の配当方法

債権者	不動産上の順位	同時・異時	不動産評価額と債権者への配当額			配当額，残額の区別
			甲 (3,000)	乙 (2,000)	丙 (1,000)	
A (3,000)	1（甲・乙・丙）	(同時)	(1,500)	(1,000)	(500)	(基準額)
		異時	(a) 3,000	(b) 0	(c) 0	配当額
			0	2,000	1,000	残額
B (1,500)	2（甲・乙）	(同時)	(900)	(600)	(－)	(基準額)
		異時	(d) 0	(e) 1,500	－	配当額
			0	500	1,000	残額
C (1,000)	3（甲・乙）	(同時)	(600)	(400)	(－)	(基準額)
		異時	(f) 0	(g) 500	(g') 500	配当額
			0	0	500	残額
D (500)	2（丙）	(同時)	(－)	(－)	(500)	(基準額)
		異時	－	－	(h) 500	配当額
			0	0	0	残額

2　異時配当における配当結果

異時配当の結果を配当表によって示すと，下の通りである。異時配当の場合も，民法392条2項の代位により，各抵当権者は，同次配当の場合と同様の満

足を受けうる。ただし，配当を受けるべき不動産には変更が生じうる。特に，Cは，本来抵当権の目的としていない丙不動産から弁済を受けていることに，注目すべきである。

表61　異時配当の場合の配当結果

債権者	不動産上の順位	不動産評価額と債権者への配当額		
		甲 (3,000)	乙 (2,000)	丙 (1,000)
A (3,000)	1 (甲・乙・丙)	(a) 3,000	(b) 0	(c) 0
B (1,500)	2 (甲・乙)	(d) 0	(e) 1,500	—
C (1,000)	3 (甲・乙)	(f) 0	(g) 500	(g') 500
D (500)	2 (丙)	—	—	(h) 500

　民法392条2項の代位は，先順位抵当権者にとって不要となった先順位抵当権の他の不動産に対する抵当権が，保護されるべき後順位抵当権者へと法律上当然に移転するものと解されている。

　法定移転の場合，一般的には，対抗要件としての登記は不要であるのが原則であるが，民法392条2項の代位は，代位すべき抵当権の登記にその「代位」を付記することもできる（民法393条，不動産登記法91条）。

VI　物上保証人との関係

A　概　　説

　共同抵当の配当に関して先に述べたことは，共同抵当の目的物である各不動産が同一人に属すること（同主共同抵当）を前提としていた。しかし，共同抵当の目的物である各不動産が別々の者に属する場合（異主共同抵当）には，別の考慮が必要となる。なぜなら，この場合には，債務者の他に物上保証人が登場し，後順位抵当権者と物上保証人との利益調整を行うことが要請されるからである。

　判例・通説は，物上保証人と後順位抵当権者との利益が対立する場合には，同主共同抵当に関し後順位抵当権者に認められた民法392条1項の按分比例，および同条2項の後順位抵当権者の代位よりも，物上保証人の弁済による代位（民法499条・500条）を優先させるべきであるとする。その結果，異主共同抵

当の場合には，民法392条は適用されないとしている（大判昭11・12・9民集15巻2172頁，最一判昭44・7・3民集23巻8号1297頁，我妻・担保物権457頁，柚木＝高木・担保物権〔第3版〕404頁，鈴木・物権法234頁）。

最一判昭44・7・3民集23巻8号1297頁

「第二順位の抵当権者と物上保証人との関係についてみるに，……乙不動産が第三者〔物上保証人〕の所有であった場合に，たとえば，共同抵当権者が乙不動産のみについて抵当権を実行し，債権の満足を得たときは，右物上保証人は，民法500条により，右共同抵当権者が甲不動産に有した抵当権の全額について代位するものと解するのが相当である。けだし，この場合，物上保証人としては，他の共同抵当物件である甲不動産から自己の求償権の満足を得ることを期待していたものというべく，その後に甲不動産に第二順位の抵当権が設定されたことにより右期待を失わしめるべきではないからである（大審院昭和2（1927）年(オ)第933号，同4年1月30日判決参照）。これを要するに，第二順位の抵当権者のする代位と物上保証人のする代位とが衝突する場合には，後者が保護されるのであって，甲不動産について競売がされたときは，もともと第二順位の抵当権者は，乙不動産について代位することができないものであり，共同抵当権者が乙不動産の抵当権を放棄しても，なんら不利益を被る地位にはないのである。したがって，かような場合には，共同抵当権者は，乙不動産の抵当権を放棄した後に甲不動産の抵当権を実行したときであっても，その代価から自己の債権の全額について満足を受けることができるというべきであり，このことは，保証人などのように弁済により当然甲不動産の抵当権に代位できる者が右抵当権を実行した場合でも，同様である。」

物上保証人が登場しない同主共同抵当の場合と，物上保証人が登場する異主共同抵当の場合で，後順位抵当権者の地位に変化が生じるのは当然のことであり，その結果として配当額に差が生じても不思議ではない。

しかし，その結果が，民法392条を適用した場合にも説明可能である場合，または，具体的に妥当な結果が導かれるのであれば，あえて異主共同抵当の場合に民法392条の適用を否定する必要はない。佐久間弘道『共同抵当の代価の配当についての研究』（第一勧業銀行総合研究所〔1992〕75頁）は，少数説である我妻旧説（担保物権法〔旧版〕296頁），鈴木旧説（抵当制度の研究235頁）を再評価すべきであると述べるが，まさに正当である。

判例も，同一の物上保証人所有の不動産が共同抵当権の目的物となった場合

には，民法392条2項の適用を認めるに至っているのであるから（最二判平4・11・6民集46巻8号2625頁），共同抵当権の目的物の所有権が債務者と物上保証人とにまたがっている場合でも，民法392条2項の適用を認めることに支障はないと思われる。

最二判平4・11・6民集46巻8号2625頁

「共同抵当権の目的たる甲・乙不動産が同一の物上保証人の所有に属する場合において，甲不動産の代価のみを配当するときは，甲不動産の後順位抵当権者は，民法392条2項後段の規定に基づき，先順位の共同抵当権者に代位して乙不動産に対する抵当権を行使することができる。」

以下において，異主共同抵当の場合にも，民法392条と500条を同時に適用することによって，通説・判例と同一の結果を保ちつつより統一的な説明が可能であるか，通説・判例よりも妥当な結果を導くことができることを示すことにする（民法392条・500条双方適用説）。

ところで，異主共同抵当の場合に関しては，抵当権が債務者の財産に設定されたのか物上保証人の財産に設定されたのかで利益状況が異なるため，これを区別して論じるのが有用である。以下では，この2つの場合のそれぞれについて，民法392条がどのように適用されるのかを示すことにしよう。

B 異主共同抵当の事例

1 債務者と物上保証人の不動産に共同抵当権が設定され，債務者に後順位抵当権者がいる場合

(1) 事例1とその図解

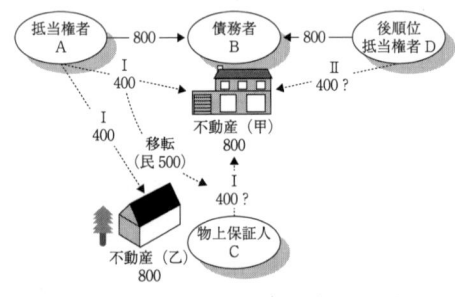

図63 異主共同抵当の事例Ⅰ（同時配当）

債権者Aが，800万円の債権を担保するために，債務者Bの不動産（評価額800万円）および物上保証人Cの不動産（評価額800万円）に共同抵当権を設定したとする。債務者Bには，他に債権者Dがおり，800万円の債権を担保するために，債務者の不動産の上に第2順位の抵当権を設定しているとする。

(2) 通説・判例による説明

(a) 債務者Bの不動産が先に競売された場合

債務者B所有の不動産上の後順位抵当権者Dは、Aが物上保証人所有の不動産上に有する抵当権には民法392条2項の規定に基づいて代位することはできない（最一判昭44・7・3民集23巻8号1297頁）。その理由は、物上保証人は、他の共同抵当物件である債務者所有の不動産から自己の求償権の満足を得ることを期待していたものというべきであり、その後に設定された債務者所有の不動産上の第2順位の抵当権の代位権によってその期待を失わせるべきではないというものである。

その結果として、債務者所有の不動産が先に競売されれば、Aが800万円の弁済を受け、Dの配当は0となり、抵当権の付従性によって物上保証人C所有の不動産上の抵当権は消滅する。この結果は、後順位抵当権者Dには酷とも思えるが、甲不動産（800万円）に800万円の債権を有する第1順位の抵当権者がすでに存在するのに、さらに甲不動産に第2順位の抵当権を設定したDに配当が回らなくても、やむをえないといえよう。

(b) 物上保証人Cの不動産が先に競売された場合

これに対して、物上保証人C所有の不動産が先に競売される場合には、まずAが800万円の配当を受け、自己の不動産で弁済をしたCが、債務者B所有の不動産上の抵当権800万円につき民法500条により代位する。そして、債務者の不動産の競売によってCが代位取得した抵当権から800万円の配当を受ける。したがって、この場合も、Dの配当は0となる。

(3) 本書の立場からの説明

(a) 同時配当の場合

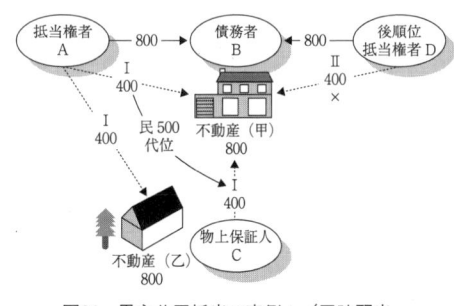

図64 異主共同抵当の事例Ⅰ（同時配当、民法392条適用説）

表62 異主共同抵当Ⅰ・同時配当の場合

	甲不動産	乙不動産	合計
先順位抵当権者A	400	400	800
物上保証人C	400	400	800
後順位抵当権者D	0	0	0

第6節　共同抵当

共同抵当権者Aは，民法392条1項により，債務者所有の不動産の評価額と物上保証人所有の不動産の評価額に応じて，それぞれの不動産につき400万円ずつ，全額で800万円の配当を受ける。

　物上保証人Cは，自己所有の不動産の競売代金から，Aの配当額を控除した残額400万円を取得するほか，共同抵当権者Aに自己の不動産から400万円を弁済したことに基づき，民法500条の規定により，債務者所有の不動産の競売代金の残額400万円につき共同抵当権者AのBに対する抵当権に代位して，第1順位で求償権を行使しうる。

　後順位抵当権者Dは，本来ならば，債務者の財産について，第1順位の共同抵当権者Aの配当額を控除した残額400万円について第2順位の抵当権者として配当を受けることができるはずである。しかしこの抵当権は，物上保証人Cが求償権を確保するために代位によって取得する第1順の抵当権に劣後し，後順位抵当権者Dは配当を得ることができない。

　民法392条2項2文によると，後順位抵当権者は，共同抵当権者Aが物上保証人の抵当目的物に対する割付額である400万円について，第1順位の抵当権者として代位ができそうである。しかし，この場合に，もしも後順位抵当権者による代位を許すと，物上保証人はその額について債務者Bに対して求償権を有するが，その求償権について担保権を行使することができなくなり，物上保証人の利益を害することになってしまう。物上保証人Cと後順位抵当権者Dとの関係は，判例が明らかにしているように，「第2順位の抵当権者のする代位と物上保証人のする代位とが衝突する場合には，後者が保護されるのであって，甲不動産について競売がされたときは，もともと第2順位の抵当権者は，乙不動産について代位することができない」（最一判昭44・7・3民集23巻8号1297頁）からである。

　結果的には，債務者と物上保証人の不動産を競売してAが800万円の配当を受け，物上保証人Cも同様に800万円の配当を受けることになる。

　もっとも，Aが，債務者所有の不動産の競売のみによって債権全額の満足を得ることのできる場合には，物上保証人Cの不動産の競売は不要であり，Cは保証人の検索の抗弁権によって，AによるC所有の不動産の競売を阻止しうるであろう（民事執行法73条参照）。

　(b) 異時配当の場合

　(ｲ) 債務者Bの不動産が先に競売された場合　　債務者B所有の不動産が先

に競売されて，共同抵当権者Aが800万円の配当を受けた場合，本来なら，債務者B所有の不動産上の後順位抵当権者Dは，Aが物上保証人所有の不動産上に有する抵当権につき，民法392条2項の規定に基づいて代位することができるはずである。しかし，すでに同時配当の場合について述べたように，後順位抵当権者Dは，共同抵当権者に民法500条によって代位する物上保証人の求償権に劣後するのであって，配当要求をなしえない。民法392条1項に基づく配当請求をなしえない後順位抵当権者Dが，民法392条2項に基づく代位をなしえないのは，当然の成行きである。

本来なら，次に，物上保証人C所有の不動産が競売されるはずであるが，債権者Aの債権は全額が満足され，しかも，債務者Bの不動産上の後順位抵当権をDは，先に述べた理由により，物上保証人C所有の不動産につき，民法392条2項に基づく代位権を有しないのであるから，物上保証人Cの不動産の競売は行われずに，すべての配当が完了する。

表63　異主共同抵当Ⅰ・異時配当の場合(1)
　　　甲不動産から競売の場合

	甲不動産	乙不動産	合計
先順位抵当権者A	800	0	800
物上保証人C	0	800	800
後順位抵当権者D	0	0	0

(ロ)　物上保証人Cの不動産が先に競売された場合　　物上保証人C所有の不動産が先に競売されて，共同抵当権者Aが800万円の配当を受けた場合，自己の不動産で弁済をしたCが，債務者B所有の不動産上の抵当権800万円につき民法500条により代位する。Dは，同時配当の場合にも配当額が0とされるのであるから，この場合も配当を受けないことは当然である。

表64　異主共同抵当Ⅰ・異時配当の場合(2)
　　　乙不動産から競売の場合

	甲不動産	乙不動産	合計
先順位抵当権者A	0	800	800
物上保証人C	800	0	800
後順位抵当権者D	0	0	0

2 債務者と物上保証人の不動産に共同抵当権が設定され，物上保証人に後順位抵当権者がいる場合

(1) 事例2とその図解

債権者Aが，800万円の債権を担保するために，債務者Bの不動産（評価額800万円）および物上保証人Cの不動産（評価額800万円）に共同抵当権を設定したとする。さらに，後順位抵当権者Dが，800万円の債権を担保するために，物上保証人Cの不動産の上に，第2順位の抵当権を設定しているほか，物上保証人の債権者Eが，800万円の債権を担保するために，物上保証人Cの不動産上に，第2順位の抵当権を設定しているとする。

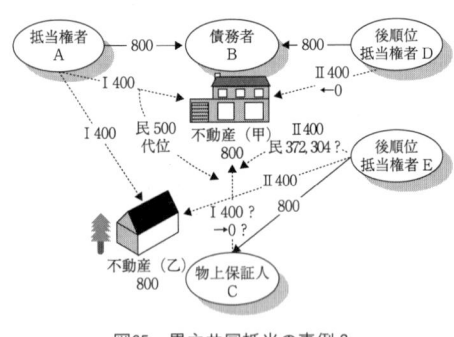

図65 異主共同抵当の事例2

(2) 通説・判例による説明

(a) 債務者Bの不動産が先に競売された場合

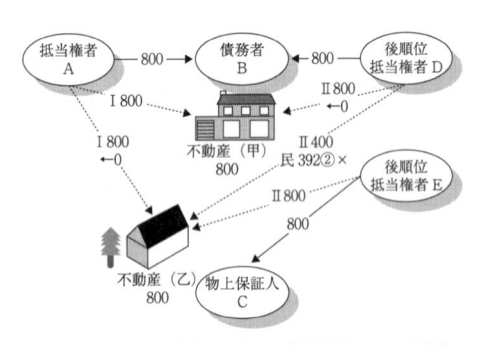

図66 異主共同抵当の事例2（異時配当Ⅰ・通説）

表65 異主共同抵当2・通説による配当結果(1)甲不動産から競売の場合

	甲不動産（B所有）	乙不動産（C所有）	合計
甲の先順位抵当権者A	800	0	800
物上保証人C	0	0	0
甲の後順位抵当権者D	0	0	0
乙の後順位抵当権者E	0	800	800

債務者B所有の不動産が先に競売された場合には，共同抵当権者Aが800万円の配当を受け，債務者B所有の不動産上の抵当権は消滅する。

そして，次に，Eによって物上保証人C所有の不動産が競売されると，Cの債権者である抵当権者Eが800万円の配当を受ける。

(b) 物上保証人Ｃの不動産が先に競売された場合

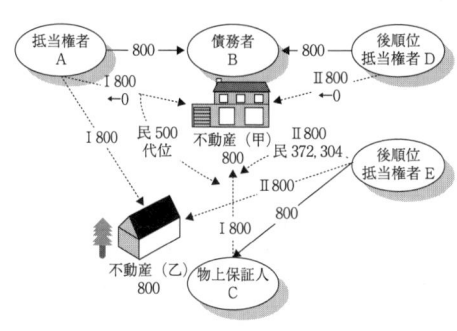

図67 異主共同抵当の事例2（異時配当2・通説）

表66 異主共同抵当2・通説による配当結果(2)乙不動産から競売の場合

	甲不動産（Ｂ所有）	乙不動産（Ｃ所有）	合計
甲・乙の先順位抵当権者Ａ	0	800	800
物上保証人Ｃ	0	0	0
甲の後順位抵当権者Ｄ	0	0	0
乙の後順位抵当権者Ｅ	0	800	800

　判例は，物上保証人所有の不動産を競売することによって，物上保証人Ｃは，債務者Ｂに対して求償権を取得するとともに，代位により債務者Ｂ所有の不動産上の抵当権を取得する。しかし，後順位抵当権者Ｅは，物上保証人に移転したこのＡの抵当権から優先して弁済を受けることができるとしている（最三判昭53・7・4民集32巻5号785頁）。

　この場合においても，異主共同抵当である以上は，民法392条は適用されず，したがって，物上保証人の抵当権者Ｅに対して，後順位抵当権者としての代位権を認めることはできないとしつつも，物上保証人Ｃに移転した債務者Ｂ所有の不動産上のＡの抵当権は，Ｅの被担保債権を担保するものとなり，あたかもこの抵当権の上に物上代位（民法372条・304条）するのと同様に，優先弁済を受けることができるというわけである。

　最三判昭53・7・4民集32巻5号785頁，金法869号45頁
　　「債務者所有の不動産と物上保証人所有の不動産とを共同抵当の目的として順位を異にする数個の抵当権が設定されている場合において，物上保証人所有の不動産について先に競売がされ，その競落代金の交付により一番抵当権者が弁済を受けたときは，物上保証人は債務者に対して求償権を取得するとともに代位により債務者所有の不動産に対する一番抵当権を取得するが，後順位抵当権者は物上保証人に移転した右抵当権から優先して弁済を受けることができるものと解するのが，相当である。けだし，後順位抵当権者は，共

同抵当の目的物のうち債務者所有の不動産の担保価値ばかりでなく，物上保証人所有の不動産の担保価値をも把握しうるものとして抵当権の設定を受けているのであり，一方，物上保証人は，自己の所有不動産に設定した後順位抵当権による負担を右後順位抵当権の設定の当初からこれを甘受しているものというべきであって，共同抵当の目的物のうち債務者所有の不動産が先に競売された場合，又は共同抵当の目的物の全部が一括競売された場合との均衡上，物上保証人所有の不動産について先に競売がされたという偶然の事情により，物上保証人がその求償権につき債務者所有の不動産から後順位抵当権者よりも優先して弁済を受けることができ，本来予定していた後順位抵当権による負担を免れうるというのは不合理であるから，物上保証人所有の不動産が先に競売された場合においては，民法392条2項後段が後順位抵当権者の保護を図っている趣旨にかんがみ，物上保証人に移転した一番抵当権は後順位抵当権者の被担保債権を担保するものとなり，後順位抵当権者は，あたかも，右一番抵当権の上に民法372条，304条1項本文の規定により物上代位をするのと同様に，その順位に従い，物上保証人の取得した一番抵当権から優先して弁済を受けることができるものと解すべきであるからである（大審院昭和11〔1936〕年〔オ〕第1590号同年12月9日判決・民集15巻24号2172頁参照）。

　そして，この場合において，後順位抵当権者は，一番抵当権の移転を受けるものではないから，物上保証人から右一番抵当権の譲渡を受け附記登記を了した第三者に対し右優先弁済権を主張するについても，登記を必要としないものと解すべく，また，物上保証人又は物上保証人から右一番抵当権の譲渡を受けようとする者は不動産登記簿の記載により後順位抵当権者が優先して弁済を受けるものであることを知ることができるのであるから，後順位抵当権者はその優先弁済権を保全する要件として差押えを必要とするものではないと解するのが，相当である。」

　学説もこの判例理論を支持しており，結果として，物上保証人Cの不動産が先に競売された場合には，Aが800万円の配当を受け，後順位抵当権者Dの配当は0となる。そして，物上保証人Cが，債務者B所有の不動産上の抵当権の800万円全額につき代位する。

　しかし，次に，債務者Bの不動産が競売されると，物上保証人Cが代位取得した抵当権からEが，物上代位を通じて，800万円の配当を受ける。したがって，結果的には，物上保証人Cの配当額は0となる。

(3)　本書の立場からの説明

(a) 同時配当の場合

表67 異主共同抵当2・民法392条2項適用説に基づく異主共同抵当における同時配当

	甲不動産	乙不動産	合計
甲・乙の先順位抵当権者A	400	400	800
物上保証人C	400	0	400
甲の後順位抵当権者D	0	0	0
乙の後順位抵当権者E	0	400	400

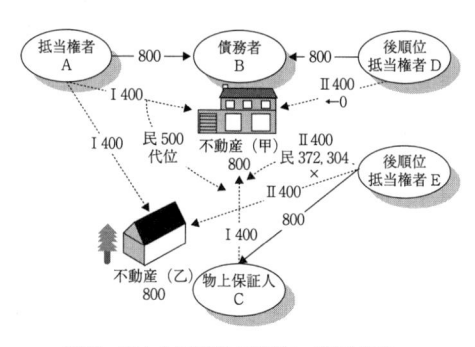

図68 異主共同抵当の事例2（同時配当・民法392条適用説）

　共同抵当権者Aは，民法392条により，債務者所有の不動産の評価額と物上保証人所有の不動産の評価額に応じて，それぞれの不動産につき400万円ずつ，全額で800万円の配当を受ける。通説は，同時配当の場合も，債務者B所有の甲不動産から割付けを行うべきだとするが，その根拠は薄弱である。同時配当というからには，物上保証人C所有の乙不動産も視野に入れて，割付けを行うべきだからである。

　Dは，Aの後順位抵当権者として，物上保証人C所有の不動産の競売代金から，Aの配当額を控除した400万円につき第2順位の抵当権者として配当を受けるはずであるが，これは，すでに述べたように，物上保証人Cの求償権に劣後するために，配当を受けることができない。。

　物上保証人Cは，共同抵当権者Aに自己の不動産から400万円を弁済したことに基づき，民法500条の規定により，債務者所有の不動産の競売代金の残額400万円につき共同抵当権者AのBに対する抵当権に代位して，400万円の限度で抵当権を行使しうる。

　この物上保証人Cの権利に対して，Cの抵当権者Fは物上代位権を行使しうるかどうかが問題となる。物上代位権は，民法372条による民法304条によって，抵当権者にも与えられているが，それには，民法394条による制限が課せられている。抵当権者は，先に目的物に優先弁済権を行使し，それでも不足な部分は，一般債権者として配当を受けるべきであるとの制約である。後順位抵

当権者Eは，先順位抵当権者Aに劣後するのであり，乙財産から配当を受けることができるのは，せいぜい400万円であることを予期すべきであるから，たまたま，抵当権者Aが甲財産から満足を受け，優先順位が上昇したからといって，債務者の債務を肩代りして弁済し，抵当権者に代位して第1順位の抵当権を行使しうる物上保証人Cの権利を害することはできないと解すべきである。

結果的には，債務者と物上保証人の不動産を競売してAが甲不動産から400万円，乙不動産から400万円，合計800万円の配当を受ける。そして，物上保証人Cは，400万円の限度で甲不動産から求償を受ける。次に，物上保証人Cの抵当権者Eは400万円の配当を受けることになる。

これが理論的な結論であるが，もしもこの理論に，本書の上記の立場とは異なるが，民法500条に基づく物上保証人の権利は物上保証人の抵当権者Eの権利行使には劣後する（最一判昭60・5・23民集39巻4号940頁）とする例外原則を取り入れるならば，結果は通説と同じになる。すなわち，債務者と物上保証人の不動産を競売してAが甲不動産から400万円，乙不動産から400万円，合計800万円の配当を受ける。そして，物上保証人Cは，400万円の限度で甲不動産から求償を受けることになるはずであるが，物上保証人の抵当権者には劣後するため，求償を得ることができない。そして，物上保証人Cの抵当権者Eが800万円の配当を受けることになる。

(b) 異時配当の場合

表68 異主共同抵当2・民法392条2項適用説に基づく異主共同抵当における異時配当(I)甲不動産から競売の場合

	甲不動産	乙不動産	合計
甲・乙の先順位抵当権者A	400	400	800
物上保証人C	400	0	400
甲の後順位抵当権者D	0	0	0
乙の後順位抵当権者E	0	400	400

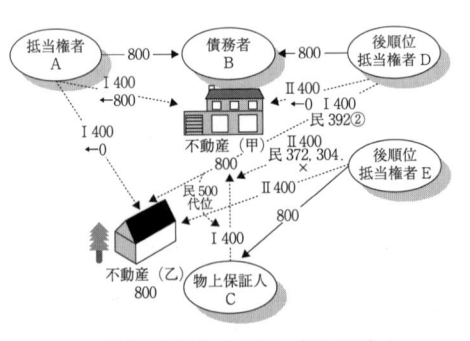

図69 異主共同抵当の事例2（異時配当Ｉ・民法392条適用説）

(イ) 債務者Bの不動産が先に競売された場合　債務者B所有の不動産が先に競売されて，共同抵当権者Aが800万円の配当を受けた場合，本来なら，後順位抵当権者Dは，民法392条2項によって，乙不動産に対して400万円の範囲で配当請求ができるはずである。しかし，既に述べたように，この権利は物上保証人に劣後し，Cは，保証人として400万円の範囲で民法392条2項によってDに与えられた権利に代位する権利を有する。

次に乙不動産が競売された場合，民法392条2項によって先順位抵当権者に代位する後順位権者Eの権利をさらに代位によって取得する物上保証人Cと，乙不動産に対して，第2順位の抵当権を有するEの権利という2つの権利が対立することになる。Eは，後順位抵当権者として割り付けられた400万円については，Cに優先する権利を有するため，400万円の配当を受ける。しかし，残りの400万円については，Cの抵当権者として，CがEに代位した権利に対して物上代位を行使して，Cに優先弁済権を取得することができるかどうかが問題となる。先に述べたように，民法372条が準用する民法304条の物上代位権は，抵当権の場合には，民法394条によって制限を受けており，物上保証人Cの権利には代位できないと考えるべきである。

　最一判昭60・5・23民集39巻4号940頁（配当異議事件）
　「債権の一部につき代位弁済がされた場合，右債権を被担保債権とする抵当権の実行による競落代金の配当については，代位弁済者は債権者に劣後する。」

次に，物上保証人C所有の不動産が競売されると，Cの抵当債権者であるFが自らの第2順位の抵当権に基づいて400万円，および，後順位抵当権者Eが民法392条2項によってAに代位して行使することのできる第1順位の抵当権に代位する物上保証人Cが，後順位抵当権者Fに優先して400万円の配当を受ける。そして，これによって，すべての配当が完了する。この場合の結論は，同時配当の結果と同じである。

(ロ) 物上保証人Cの不動産が先に競売された場合　物上保証人C所有の不動産が先に競売されて，共同抵当権者Aが800万円の配当を受けた場合，次に競売される債務者の不動産の競売代金について，自己の不動産で弁済をしたCが，債務者B所有の不動産上の抵当権800万円につき民法500条により代位するはずである。

しかし，本書の立場では，民法392条の適用を否定しないため，物上保証人

Cの抵当債権者であるDは，債権者Aが行使しなかった抵当不動産甲に対する第1順位の抵当権を民法392条2項により，400万円の限度で甲不動産から配当を受けることになる。

表69 異主共同抵当2・民法392条2項適用説に基づく異主共同抵当における異時配当(2)乙不動産から競売の場合

	甲不動産	乙不動産	合計
甲・乙の先順位抵当権者A	0	800	800
物上保証人C	400	0	400
甲の後順位抵当権者D	0	0	0
乙の後順位抵当権者E	400	0	400

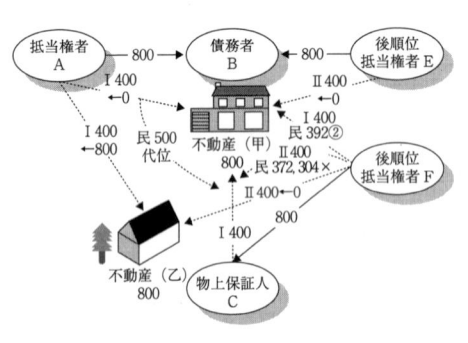

図70 異主共同抵当の事例2（異時配当2・民法392条適用説）

そうすると，物上保証人が求償権の行使として，民法500条によって代位できるのは，甲不動産の抵当権のうち，400万円の範囲にとどまることになる。

結果として，Aは乙不動産から800万円を取得し，乙不動産に抵当権を設定していた後順位抵当権者Eは，民法392条2項によって甲不動産から400万円の配当を受け，物上保証人は，民法500条により400万円の配当を受けることができることになる。

ただし，先にも述べたように，物上保証人の求償権は抵当権者の権利に劣後するという最高裁の考え方（最一判昭60・5・23民集39巻4号940頁）を受け入れるならば，結論は通説と同じとなる。

しかし，本書の立場は，あくまで，債務なしに債務者の肩代り責任を負わされている物上保証人の求償権と，それを担保するための代位権は最大限に尊重されるべきであるというものである。物上保証人の求償の利益は，第1抵当権者の出方次第で債権全額の回収を期待することができなくなる後順位抵当権者の利益よりも優先されるべきであり，本書の結果は，物上保証人とその抵当権者（後順位抵当権者）との利害調節が，ほぼ互角というところに落ち着いており，全面的に後順位抵当権者を優先させる結果となる通説よりも妥当であると

考えている。

第7節　法定地上権

I　概　　説

A　法定地上権の意義と目的

わが国の民法は，欧米の国々とは異なり，土地と建物を別の不動産としている。確かに，民法86条によれば，建物は「土地の定着物」とされており，建物は土地に付合するようにも見える（民法242条）。しかし，民法370条は，「抵当権は，抵当地の上に存する建物を除き，その目的である不動産に付加して一体となっている物に及ぶ」と規定しており，土地と建物が別個独立の不動産であることを明らかにしている（民法370条の立法の経緯，および，それに関連して急遽起草された民法388条〔法定地上権〕，民法389条〔一括競売〕に関する立法の経緯とその後の展開については，村田博史「法定地上権」星野・講座3 139～174頁，および，松本恒雄「民法388条（法定地上権）」広中＝星野・百年Ⅱ645～689頁が詳しい）。

ところで，土地と建物とを別個独立の不動産とすると，土地または建物の一方だけに抵当権が設定された場合に問題が生じる。その理由は以下の通りである。まず，民法においては，同一の土地の上の所有権と制限物権（地上権など）が同一人に帰属すれば，制限物権は混同によって消滅する（民法179条）。また，債権と債務が同一人に帰属する場合にも，その債権は混同によって消滅する（民法520条）。したがって，現行法上は，自らが所有する土地の上の建物だけを抵当に入れる場合に，あらかじめその建物に借地権（自己借地権）を設定しておいてから，借地権付建物に抵当権を設定するわけにいかない。次に，抵当権の実行によって抵当目的物の所有権が買受人に移転し，土地の所有者と建物の所有者とが別人となる，すなわち，土地とその上の建物所有権が強制的に分離されると，建物には利用権が設定されていないため，建物を収去しなければならないという事態が生じる。

実際にも，借地上の建物に抵当権を設定していたXが，抵当権が実行されて建物の所有権を取得したYに対して，Yは土地賃貸人Aの承諾を得ていないとして，Aに代位してYに対して，建物収去・土地明渡を求めるという事件が発

生している（最三判昭40・5・4民集19巻4号811頁）。
　最三判昭40・5・4民集19巻4号811頁／民法判例百選Ⅰ〔第6版〕85事件
　　「土地賃借人〔X〕が該土地上に所有する建物について抵当権を設定した場合には，原則として，右抵当権効力は当該土地の賃借権に及び，右建物の競落人〔Y〕と賃借人〔X〕との関係においては，右建物の所有権とともに土地の賃借権も競落人〔Y〕に移転するものと解するのが相当である。」
　　「賃借人〔X〕は，賃貸人〔A〕において右賃借権の移転を承諾しないときであっても，競落人〔Y〕に対し，土地所有者たる賃貸人〔A〕に代位して右土地の明渡を請求することはできない。」

　最高裁は，信頼関係破壊の法理を使って，抵当権設定者の不当な請求を排斥しているが，抵当権の効力が敷地の賃貸権に及ぶという点については，権利の上の抵当権という観点からの理論的な検証が必要であろう。いずれにせよ，建物所有者の権利は，確実に保護されるべきである。
　民法は法定地上権（民法388条）を創設して，この問題を解決することにしている。すなわち，土地と建物とを別個の不動産とした上で，法定地上権の創設によって，他人の土地上の建物を取り壊すことなく，存続させることが可能となったのである。
　したがって，土地と建物の所有権が別人に属し，建物になんらかの用益権が設定されている場合には，あえて，法定地上権を認める必要はないことになる。しかし，建物に用益権が設定されている場合でも，その用益権が第三者には対抗できないものである場合には，第三者に対する対抗力を有する法定地上権を認めるべきである。
　ところで，土地とその上の建物の強制的分離は，抵当権の実行以外にも生じる。その場合にも同様の措置が必要となる。強制執行による場合（民事執行法81条）はすでに述べたが，その外にも，租税滞納処分による公売処分の場合（租税徴収法127条），仮登記担保の実行による場合（仮登記担保法10条）が，民法388条と同様の規定を用意している。法定地上権は，一定の要件が充足されると，法律上，当然に発生する。法定地上権の及ぶ範囲は，抵当権の範囲が及ぶ範囲と同じである。そして，法定地上権の地代は，当事者の協議が整わなければ，裁判所が定めることになっている（民法388条2文）。また，存続期間は，当事者の協議が整わなければ，借地借家法3条によって30年となる。この意味で，法定地上権は，法定借地権と考えてもよい。現に，仮登記担保法の場合

は，法定「地上権」ではなく，法定「借地権」となっており，法定地上権の一般理論に関する限りは，借地借家法2条1号によって，法定地上権と法定借地権は同等のものとして考える必要が生じているのである。したがって，「法定地上権は約定借地権よりも有利な権利であり，約定利用権が認められる場合に法定借地権の成立を認めることは，抵当権者に損害を与えるとか，建物所有者に過ぎたる保護を与える」というような，建物所有を目的とする地上権と借地権との相違を強調する通説の論理によっては，もはや，法定地上権を体系的に理解することはできないことを銘記すべきであろう。

　ここまでで，法定地上権について抽象的な説明を行ったが，以下では，もう少し具体的に，すなわち，第1に，建物だけに抵当権が設定された場合，および，第2に，土地だけに抵当権が設定された場合というように，具体的な例に基づいて，法定地上権の機能について検討することにする。

B　法定地上権の2つの類型と共通の機能

1　建物だけに抵当権が設定された場合

　第1の類型として，A所有の土地・建物のうち，建物だけに抵当権が設定され，建物が競売されてBが建物を買い受けたとする。土地の所有者Aの上にあるB所有の建物は，この段階では，Bが正当な権限を有しないため，存亡の危機に瀕する。このため，建物買受人の利益を保護すべきか，土地の所有者の利益を図るべきかで問題が生じる。第1の解決策は，建物買受人Bは土地の利用権を有しないのであるから，Bはこれを収去してAに明け渡さなければならないとする方法であり，第2の解決策は，建物を保護するため，土地の所有者Aは，建物の買受人Bのために地上権を設定したものとみなすという方法である。第1の方法は，抵当権者の利益に反して建物買受人の権利を反故にするものであり，しかも，有用な建物を破壊するという国民経済的な損失を招くものであって，採用することができない。

　そこで，民法の立法者は，民法388条を制定して，「抵当権設定者は競売の場合に付き地上権を設定したるものと看做す」（2004年の民法現代語化以前の民法旧388条）としたのである。なお，建物の保護のために与えられる利用権として地上権が選ばれたのは，当時としては，建物所有目的の利用権としては，通常は，地上権が設定されるであろうと考えられていたためである。現在では，建物所有目的の利用権としては，借地権がその典型であるので，仮登記担保法

の場合には，法定地上権ではなく，法定借地権が付与されることになっている（仮登記担保法10条）。いずれにせよ，現行法では，建物所有を目的とする利用権は，地上権であれ，賃借権であれ，いずれも，借地権として厚く保護されている（借地法2条1号）。したがって，法定地上権とは，法定借地権のことだと考えても問題はない。

　ところで，立法当時の法定地上権の規定（民法旧388条）は，第1の類型である建物のみに抵当権が設定された場合の解決策だけが規定されており，第2の事例として土地のみに抵当権が設定されるという第2類型については，そのままでは適用できないものであった。土地のみに抵当権が設定された場合に，地上権を設定したものとみなされるのは，抵当権設定者ではなく，抵当権者，または，土地買受人の側だからである。民法立法理由には，「無償にて建物の所有者に当然地上権を与ふべきものとすれば，土地の抵当権者の利益を害すること甚しく」（民法理由書379頁）と書かれているのであるから，立法者も，土地のみに抵当権が設定される第2類型のことは，当然に予定していたと考えられる。それにもかかわらず，民法旧388条が，建物のみに抵当権が設定される第1類型だけに適用可能であり，土地のみに抵当権が設定される第2類型には適用できないという拙劣な条文となった理由は，次のように推測されている。すなわち，民法370条の審議によって，はじめて，土地と建物とを別個独立の不動産とすることが決定されたために，民法388条が急遽起草されることになったが，参考にすべき規定がドイツ法にもフランス法にも，また旧民法にもなく，しかも十分な時間をかけずに（22日間で）起草されからであろう（松本恒雄「民法388条（法定地上権）」広中＝星野・百年Ⅱ653頁参照）。

2　土地だけに抵当権が設定された場合

　第1の類型が，建物のみに抵当権が設定された事例であるのに対して，第2の類型は，A所有の土地・建物のうち土地だけに抵当権が設定され，土地が競売されて，Bが土地を買い受けたとする事例である。

　土地の所有者Bの上にあるA所有の建物は，この段階では，Aが正当な権限を有しないため，存亡の危機に瀕する。このため，土地の買受人の利益を図るべきか，建物の所有者の利益を図るべきかで問題が生じる。第1の解決策は，建物所有者Aは土地の利用権がないのであるから，Aはこれを収去して，Bに明け渡さなければならないとする方法であり，第2の解決策は，建物の所有者Aのために，土地の所有者Bは，地上権を設定したものとみなすという方法で

ある。第1の方法は，抵当権者，および，買受人の利益にはなるが，建物が収去されることになって，国民経済的な損失が生じる。第2の方法は，建物の所有者Aに無償で地上権を与えるものであり，抵当権者，および，買受人には不利益となるが，建物の破壊という国民経済的損失を防止するには，この方法が優れており，しかも，Aは相当の地代をBに支払うことになるのであるから，公平性も確保される。

そこで，2004年の民法の現代語化においては（現代語化の趣旨を超えることは明らかであるが），土地及びその上に存する建物が同一の所有者に属する場合において，「土地又ハ建物ノミヲ抵当ト為シタルトキハ抵当権設定者ハ競売ノ場合ニ付キ地上権ヲ設定シタルモノト看做ス」という第1類型だけに適用できる不十分な規定から，「土地又は建物につき抵当権が設定され，その実行により所有者を異にするに至ったときは，その建物について，地上権が設定されたものとみなす」へと変更され，2つの類型に適用できる規定へと内容の改正が行われたのである。

C 法定地上権に対する廃止論とその批判

法定地上権の成否については，以下において，さまざまな類型ごとの考察を行うが，法定地上権の制度そのものに疑問を持ち，それに代わる方法として，更地にあらかじめ自己借地権を設定しておいて，後に建てる建物の使用権限を確保することができるという「自己借地権」制度を創設し，法定地上権の制度を廃止すべきであるとの以下のような見解が主張されている（内田・民法Ⅲ419頁）。そこで，法定地上権の類型ごとの考察に先立って，法定地上権の制度を廃止すべきかどうかという問題についても触れておくことにする（以下は，内田・民法Ⅲ419頁の考え方について，筆者が〔 〕内に番号を振ったものである）。

〔1〕 法定地上権制度を正当化する根拠は，究極的には，建物の保存，つまり土地の抵当権実行に際して建物を収去せざるを得なくなることが，いわゆる「国民経済的」損失であるということしかないように思われる。

〔2〕 しかし，土地の価値を低下させない建物であるなら，389条の一括競売制度によって建物の保存を図りうる。他方，一括競売を選択すると土地の価値が下落し，抵当権者が損害を受けるとすれば，建物がその土地の有効利用になっていないのであり，そのような場合に建物を取り壊すことが経済的な損失で

あるとは当然にはいえない。無論，エコロジーの観点からは別の議論が可能であろうが。

〔3〕 このように，立法論としては，複雑な解釈問題を生み出している法定地上権制度を残すよりも，これを廃止して自己賃借権制度を創設する方が望ましいと思われる。

1 〔1〕に対する批判

法定地上権の制度が，「建物の保存」を図るものであることについては，異論がない。しかし，抵当権の実行によって「建物を収去せざるを得なくなることが，いわゆる『国民経済的』損失である」という意味については，以下のような留保が必要である。すなわち，「建物を収去せざるを得ない」ということは，単に，「有用な建物が取り壊される」ことを意味するだけでなく，「土地は賃貸借では安心できない。土地は所有しなければならない」という土地所有への強迫観念を国民に押し付けることになるのであり，そのことこそが，「国民経済的」損失となるという点に留意すべきである。わが国の借地借家法制は，長い歴史を経て，必ずしも土地を所有せずとも安定的な居住生活が保障されるというように，賃貸借に対する国民の信頼感を徐々に確立させてきた。このことは，現在の循環型経済をめざすエコロジーの観点からも支持できるものである。そして，法解釈学の観点からも，借地借家法は，「売買は賃貸を破る」という地震売買の制度を克服し，「売買は賃貸を破らず」という原則を樹立してきた（借地借家法10条，31条）。後に詳しく論じるように，本書の目標の一つは，この借地借家法の精神をさらに推し進め，「競売も賃貸借を破らず」，すなわち，「抵当権も賃貸借を破らず」という原則を確立することを通じて，土地所有の神話を打破し，賃貸借（借地または借家）によっても，国民の一人ひとりが，老後を含めた安定的な居住が保障される道を模索することにある。このような観点からは，抵当権の実行によって建物を収去せざるを得ないとすることは，単に建物が物理的に取り壊されるという損失だけでなく，「賃借権では安心できない，所有権こそが老後を含めた保障となる」という「所有神話」を国民に押し付けることになるのであり，そのことこそが「国民経済的」な損失と考えるべきなのである。

2 〔2〕に対する批判

〔2〕は，土地所有の神話に基づいて，建物所有を目的とする賃貸借に対して否定的な見解を述べるようなものであり，賛成することができない。建物の

有効利用を，土地所有権の価値を高めるという観点だけで見れば，〔2〕のような見解も成り立ちうる。しかし，土地の有効利用は多様な視点から考察すべきであり，土地の有効利用を抵当権者（金銭債権者，特に銀行）の立場からのみ眺めるのは問題であろう。居住目的の建物がある場合には，そこに居住する生活者の視点からも土地の有効利用を考慮すべきである。そのような観点から見れば，民法389条の一括競売には，土地と建物の買受人が同一人になるとは限らないという欠陥があることが明らかであり，民法389条の一括競売を利用すれば，建物の保存が図れるという保障は存在しない。

3 〔3〕に対する批判

法定地上権の制度は，建物を保護することによって，建物賃借人に対して最低限の居住権を確保するものである。そのような最低限の保護を確保した上で，いわゆる土地の有効活用を図るためのさまざまな方法が考えられるべきである。現在のところ，「自己借地権」は，土地所有者が分譲マンションのために土地使用権を設定し，土地所有者（借地権設定者）がマンションの一部の区分所有者になろうとする場合に限って，借地権設定者が自ら借地権者となることが認められているにすぎない（借地借家法15条1項）。この制度ををさらに拡張して，更地にあらかじめ自己借地権を設定しておいて，後に建てる建物の使用権限を確保することができるようにしようというのが「自己借地権」の一般化の構想である。しかし，この構想も，法定地上権が確保された上で，契約自由の精神に従って，利用が可能な限りで，その有効範囲を広げていけばよい問題にすぎない。「自己借地権」が一般化されたからといって，居住権に対する最低限の保護としての法定地上権を廃止すべきだということにはならない。自己賃借権を義務づけない限り，自己借地権の制度があるだけでは，建物の保存が確保されるわけではないからである。いずれにしても，法定地上権（法定借地権）と自己借地権両立の道が模索されるべきであろう。また，法定地上権が「複雑な問題を生み出している」というのは，金銭債権者の立場に立って，法定地上権を否定する方向で検討するからそのような複雑な問題が生じるのであり，本書のように，「抵当権は，使用・収益権に介入できない」，「抵当権は賃貸借を破らず」，そして，「建物の保護（特に居住用建物の賃借権）は，金銭債権を目的とする抵当権に優先する」という観点から法定地上権の成否の解釈を行うならば，法定地上権の問題は，単純明快な問題となることがわかるはずである。

このような本書の立場を明らかにするため，以下において，法定地上権が認

められるべきことを，さまざまな類型ごとに考察することにする。

Ⅱ　法定地上権の成立要件

A　従来の要件論とその批判

　法定地上権の成立要件は，民法388条によれば以下の通りであり，その効果は，「その建物について，地上権が設定されたものとみなす」というものである。

(1)　土地及びその上に存する建物が同一の所有者に属すること
(2)　その土地又は建物につき抵当権が設定されたこと
(3)　その実行により所有者を異にするに至ったこと

　これらの要件は，一見したところ，時間的な経過にしたがって並べられているように見える。特に，抵当権者の利益を優先する考え方では，抵当権の設定当時に抵当目的物の価値を評価するのであるから，抵当権の設定以後に事情が変更され，更地に建物が建てられたり，抵当権の設定時に所有者が異なっていたのが抵当権の実行時に所有者が同一人となったような場合には，もしも，法定地上権を成立させると，抵当権者に損失（設定時に把握していた担保価値が減少する）が生じるために，法定地上権は成立しないと考えてきた。

　しかし，法定地上権の目的が，建物の保護であり，それが，抵当権者の利益よりも優先すべきであると考える場合には，(1)と(2)の順序は，逆でもかまわないということになる。

　例えば，抵当権の設定当時は，土地とその上の建物が同一の所有者に属しなかったが，(2)その土地または建物の一方につき抵当権が設定され，その後，抵当権の実行までの間に，(1)土地およびその上に存する建物が同一の所有者に属するようになり，(3)その実行により所有者を異にするに至った場合，すなわち，要件が(2)，(1)，(3)の順序で充足された場合においても，法定地上権の成立が認められるべきことになる。その理由は，以下の通りである。

　第1に，民法旧388条とは異なり，法定地上権の目的が，当事者の意思の推測（「抵当権設定者は……地上権を設定したるものと看做す」）にあるのではなく，建物の保護のためである（「その建物について，地上権が設定されたものとみなす」）ということが明確に規定されたことを受けて，従来の解釈とは異なり，法定地上権の要件を，建物を保護するための要件として再構成する必要が生じ

ているからである。この点は非常に重要であり，これまで，当事者の意思の推測を全面に押し出し（たとえば，我妻・担保物権352頁，高木・担保物権190頁，内田・民法Ⅲ423頁，近江・講義Ⅲ190頁，道垣内・担保物権211頁など），抵当権者の利益のために，法定地上権の成立を否定してきた学説・判例は，現行民法388条の文言の変更にあわせて，建物の保護の観点から，全面的に見直す必要が生じているといえよう。

　第2に，抵当権者は，抵当目的物の使用・収益権を奪うことはできないのであり，抵当目的物である更地に抵当権設定者が建物を築造しても，それは，土地利用の当然の成り行きであり，抵当権者はそれを覚悟した上で抵当権を設定すべきである。したがって，抵当権設定のときに，土地と建物とが同一人に属しているときはもちろん，抵当権の実行の際に，土地と建物が同一人に属するようになり，土地または建物の一方だけに設定された抵当権を実行すれば，建物の利用権が確保されないという場合には，法定地上権を認めても，抵当目的物に対する抵当権設定者の使用・収益権を奪うことができない抵当権者を害することにはならない。

　第3に，抵当権の実行によって抵当目的物を取得する買受人にとっては，抵当権の実行当時に，土地と建物の所有権が同一人に帰属している場合には，法定地上権が成立することを予測できるのであり，買受人を害することにはならない。

B　民法388条の要件の構造化（民法388条の要件の再構成）

　このように考えると，民法388条における法定地上権の成立要件のうち，(1)と(2)とは，抵当権の実行によって土地と建物の所有権が別人に帰属することになった場合に，建物を保護するに値する要件として，建物に利用権が設定されないことに正当な事由がある場合を例示的に示したにすぎない（例示要件）。すなわち，民法388条の真の要件は，(1)'「建物に利用権が設定されていないことに正当な事由がある」であり，それに(3)の「抵当権の実行により所有者を異にすること」という要件が加わったときに，その建物を保護するために，法定地上権が成立すると再構成することが必要である。

　このような解釈は，解釈論の領域を超えているように見えるかもしれない。しかし，このような解釈は，民法612条において「無断譲渡・転貸」が賃貸借解除の要件とされているにもかかわらず，最高裁が，真の要件を信頼関係破壊

の法理にしたがって行った解釈と同様のものに過ぎない。すなわち，この解釈は，最高裁が，「無断譲渡・転貸」という具体的な要件を「背信的行為」という一般要件へと読み替え，たとえ，無断譲渡・転貸があっても，「賃借人の当該行為が賃貸人に対する背信行為と認めるに足らない特段の事由があるときは，本条に基づく解除権は発生しない」（最二判昭28・9・25民集7巻9号979頁）と解釈したのと同じ発想に出るものである。さらに，「抵当権設定者は……地上権を設定したるものと看做す」として当事者の意思を強調していた民法旧388条が，現代語化に際して，「その建物について，地上権が設定されたものとみなす」と改正されたのであるから，このような解釈も，解釈論の枠に収まるものと思われる（民法612条の解釈論の位置づけについては，加賀山・民法学習法48頁以下，特に61〜62頁・108〜109頁参照）。

もっとも，このような考え方は，民法388条の要件論としては，全く新しい発想によるものなので，再構成された民法388条の法定地上権の成立要件を条文の形で構造化して示すことにする。

民法388条の要件の構造化←解釈論，かつ，民法388条（改正私案）
①土地または建物に対する抵当権の実行の際に，建物に利用権が設定されていないことに，以下の各号に示すような正当な理由があること。
　一　抵当権設定時，または，抵当権の実行時に土地および建物の所有者が同一人に帰すること（このために建物に利用権が設定されていないことに正当な理由がある）
　　　←従来どおりの要件の一部修正
　二　抵当権設定の当時は更地のため，建物がまだ存在しなかったこと。（このために建物に利用権が設定されておらず，土地のみに抵当権が設定されていることに正当な理由がある）←加賀山説
　三　土地および建物に共同抵当が設定されたが，建物が滅失し，その後再築されたこと。（このために，建物に利用権が設定されず，土地のみに抵当権が設定された状況になっていることに正当な理由がある）←加賀山説
②抵当権の実行により，土地およびその上の建物の所有者を異にするに至ったこと。

先にも述べたように，2004（平成16）年に民法が現代語化される以前は，民法旧388条は「抵当権設定者ハ……地上権ヲ設定シタルモノト看做ス」と規定しており，法定地上権の成立要件を考察する上で，抵当権設定時の当事者の意思を推測すること，特に，抵当権者が担保価値を評価する上での意思を推測することが重視されてきた。しかし，民法の現代語化に伴う民法388条の修正により，法定地上権の目的が，民事執行法81条にならって，当事者の意思の推測から，「建物について，地上権が設定されたものとみなす」というように，

建物保護へと変更されたことが重視されなければならない。さらに，民事執行法 81 条は，抵当権の実行の際には適用が除外されており（民事執行法 188 条），抵当権の実行による競売の際に，民法 81 条と同様の要件で法定地上権の成立を認めることが要請されるに至っていることも，重要な考慮要素となる。

以上のような状況の変更を考慮するならば，当事者の意思の推測を全面に押し出し，抵当権者の利益のために法定地上権の成立を否定してきた数々の判例は，建物保護の観点から全面的に見直す必要が生じているといえよう。そこで以下では，民法旧 388 条が修正され，法定地上権の目的が抵当権者の意思の推測から建物保護の優先へと変更されたことを重視し，そのような新しい観点から従来の学説および判例の全面的な見直し作業を行うことにする。

C　土地と建物が同一所有者に属する要件の基準時

1　抵当権設定時点

抵当権の設定当時に土地とその上の建物が同一の所有者に属し，土地または建物の一方のみに抵当権が設定された場合，抵当権者は，抵当目的物件が競売された場合に，建物保護のために法定地上権が成立することを予測しうる。

したがって，抵当権設定当時に土地と建物が同一所有者に属する場合には，後に土地と建物が別人に帰属することになったとしても，競売の時点で，建物の存立基盤としての建物利用権が確保されていない場合には，法定地上権が成立すると考えるべきである。

2　抵当権実行時点

従来の通説・判例によれば，法定地上権の成立には，抵当権設定のときに，土地およびその上の建物が同一の所有者に属することが必要であるとされてきた。このため，法定地上権の制度は，以下に述べるように，次のような 3 点で複雑な問題を生じると考えられてきた。

第 1 は，更地に抵当権が設定された後に建物が築造された場合に，その建物のために法定地上権が成立するかどうかという問題である。第 2 は，抵当権の設定当時には建物が存在していたが，その後，その建物が取り壊されるなどして滅失したため，建物が再築された場合に，再築された建物のために法定地上権が成立するかどうかという問題である。第 3 は，先順位抵当権者に関しては法定地上権の要件が満たされていないが，その後設定された後順位抵当権者との関係では，法定地上権の要件が満たされた場合に，法定地上権は成立するの

かどうかという問題である。そこで以下では，これらの問題について検討する。

□ 更地に抵当権が設定された後に建物が築造された場合の法定地上権の成否

　ここでの問題は，抵当権設定当時更地であった土地に抵当権が設定され，その後に抵当権設定者によって建物が築造され，抵当権者が土地のみを競売した場合に，抵当権設定後に築造された建物のために法定地上権が成立するかどうかである。

　従来の要件論によると，土地と建物とが同一所有者に属するという要件は，抵当権設定時が基準となるため，法定地上権は成立しないとされてきた（大判大4・7・1民録21輯1313頁，大判大15・2・5民集5巻82頁，最二判昭36・2・10民集15巻2号219頁）。この場合に，通説が，法定地上権を否定する理由は，更地に抵当権が設定された場合，「抵当権者は，法定地上権成立の予測すらたたないのであり，法定地上権の成立を認めるべきではない」（近江・講義Ⅲ186頁）というものである。

　確かに，最高裁（最二判昭36・2・10民集15巻2号219頁）も，民法旧388条の解釈として，「民法388条により法定地上権が成立するためには，抵当権設定当時において地上に建物が存在することを要するものであって，抵当権設定後土地の上に建物を築造した場合は原則として同条の適用がないものと解するを相当とする」という原則論を述べている。しかし，「更地としての評価に基づき抵当権を設定したことが明らかであるときは，たとえ抵当権者において右建物の築造をあらかじめ承認した事実があっても，民法388条の適用を認むべきではない」とも判示しており，もしも，抵当権者が更地としての評価ではなく，建物の築造を予測して担保価値を把握していた場合には，法定地上権の成立を認める余地を残した判断を行っている。

　　最二判昭36・2・10民集15巻2号219頁
　　　「土地に対する抵当権設定の当時，当該建物は未だ完成しておらず，しかも更地としての評価に基づき抵当権を設定したことが明らかであるときは，たとえ抵当権者において右建物の築造をあらかじめ承認した事実があっても，民法388条の適用を認むべきではない。」

　しかし，通説および判例の考え方は，2004年の民法の現代語化によって，民法388条が実質的に改正され，法定地上権の目的が，当事者（特に抵当権者）

の意思の推測から，建物保護のためへと変更されたことが反映されておらず，現行民法の解釈としてはもはや妥当性を有しないというべきである。

現行民法388条は，民事執行法81条に同調（シンクロ）させて改正されたものであり（民事執行法188条が，民事執行法81条の適用を除外しているのは，民法388条によって法定地上権が成立することを前提にしている），抵当権設定の当時にすでに建物が存在することを前提にしているわけではなく，抵当権の実行の当時に建物が存在していれば，その建物の保護のためにも，法定地上権が成立すると考えるべきだからである。

抵当権設定後も，抵当権設定者は，土地の使用・収益，すなわち，建物の建築を自由になしうるのであり，更地に建物を建てることは，むしろ，自然の成り行きである（優良な賃貸マンションが建築された場合には，土地の価格自体も増加するのであって，更地に建物を建築することが抵当権の損失になるわけでもない）。このように考えると，上記の学説のように，抵当権者は，「更地に建物が建つことを予測しえない」というのは詭弁でしかなく（清水（元）・担保物権は，杞憂であるとする），抵当権者が，更地を基準にして担保価値を設定するということ自体が，抵当権の効力を過信した，勝手な思い込みに過ぎないというべきである。

抵当権者としては，たとえ更地に抵当権を設定したとしても，抵当権者がその土地の使用・収益権を奪うことができない以上，土地利用の通常の成り行きとして，建物が建つことを予測して，担保価値を把握すべある。したがって，更地に抵当権が設定されて建物が築造された場合に，その後，抵当権が実行され，土地が競売された場合にも，法定地上権が成立することに対して，抵当権者または買受人は，それに異議を唱える権利はない。買受人も，抵当権の実行の際に，すでに建物が存在しており，法定地上権が成立することを予測できるからである。

この点に関して，抵当権者は，この場合民法389条により，土地・建物を一括して競売することができるのであり，土地のみを競売した場合には，法定地上権が認められるべきでるとする少数説（柚木＝高木・担保物権380頁，松本恒雄「抵当権と利用権との調整についての一考察」民商法雑誌80巻3号31頁以下）が，現代語化による民法388条の改正によって，以前にも増して説得力を有するに至っている。

強制執行の場合でさえ，土地とその上の建物のうち，一方のみが差し押さえ

られて一方のみが競売され，強制的に土地と建物が分離される場合には，法定地上権が発生することとされたのであるから（民事執行法81条），更地に抵当権を設定した後，建物が築造された場合に，抵当権者が土地のみを競売した場合にも，法定地上権を認めるべきことは当然である。民事執行法が，不動産担保権の実行としての競売に関して，不動産に対する強制競売に関する規定をほぼ全面的に準用しているにもかかわらず，民事執行法81条（法定地上権）の規定について適用除外としているのは（民事執行法188条），担保権の実行の場合には，民法388条によって法定地上権が確保されており，法定地上権が重複するのを防止するためであるとされている（中野・民事執行概説306頁）。このことを考慮するならば，法定地上権の成立要件における「土地・建物の所有者の同一人」の要件は，抵当権の設定時のみならず，民事執行法81条の場合と同様，抵当権の実行の時も，基準時点として考慮されるべきである。

したがって，法定地上権の成立要件のうち，「土地とその上の建物が同一所有者に属する」という要件は，必ずしも抵当権設定時に備わっている必要はなく，抵当権実行時に備わっていればよいと考えるべきである。

E 抵当権が設定された後に建物が再築された場合の法定地上権の成否

抵当権が設定された目的土地が更地であったとしても，抵当権者としては，抵当目的の使用・収益権を奪うことはできないのであり，たとえ，抵当権設定後に更地に建物が築造され，抵当目的物である土地の価値が上下しても，抵当権者は，そのような土地の利用状況の変更に伴う担保価値の変動を覚悟すべきである。したがって，従来の通説とは異なるが，抵当権設定後に更地に建物が築造され，その後に抵当権が実行された場合に，建物を保護するために法定地上権が成立するとしても，抵当権者はそれを甘受すべきであることは，既に述べた。

そうであるならば，建物が滅失した後に，建物が再築された場合にも，更地に抵当権が設定されていた場合と同様に考えるべきである。すなわち，再築された建物を保護するために，法定地上権の成立と認めるべきである。以下のように，大審院（大判昭10・8・10民集14巻1549頁）以来，最高裁（最三判昭52・10・11民集31巻6号785頁）もこの法理に則って判決を下してきた。

大判昭10・8・10民集14巻1549頁
「土地及び其の上に存する建物が同一の所有者に属する場合に於て，土地の

みを抵当と為したるときは，其の建物を改築したる場合に於ても仍ほ抵当権設定者は，競売の場合に付，地上権を設定したるものと看做すべきものとす。」

最三判昭52・10・11民集31巻6号785頁
「土地及びその地上の非堅固建物の所有者が土地につき抵当権を設定したのち地上建物を取り壊して堅固建物を建築した場合において，抵当権者が，抵当権設定当時，近い将来地上建物が取り壊され堅固建物が建築されることを予定して右土地の担保価値を算定したものであるときは，堅固建物の所有を目的とする法定地上権の成立を妨げない。」

ところが，その後，法定地上権を利用した抵当権に対する執行妨害の濫用事例が増加するようになると，たとえ，居住権者の利益を害することがあったとしても，金銭債権者に過ぎない抵当権者の利益を居住権者の利益よりも重視するという考え方が有力となり，法定地上権の成立を大幅に制限する傾向が生じるようになる。特に，東京地裁が1992（平成4）年に公表した執務取扱指針（「東京地裁平成4年6月8日民事第21部執行処分」金法1324号36頁）が，建物が再築された場合に法定地上権の成立を認めないという扱いを採用してからは，それに影響された最高裁が，それ以降，以下の判決（最三判平9・2・14民集51巻2号375頁）を含めて，さまざまな類型において，法定地上権の成立を認めないという判断を下すようになった。

最三判平9・2・14民集51巻2号375頁
「所有者が土地及び地上建物に共同抵当権を設定した後，右建物が取り壊され，右土地上に新たに建物が建築された場合には，新建物の所有者が土地の所有者と同一であり，かつ，新建物が建築された時点での土地の抵当権者が新建物について土地の抵当権と同順位の共同抵当権の設定を受けたとき等特段の事情のない限り，新建物のために法定地上権は成立しないと解するのが相当である。」

上記の判例の事案の場合，確かに当初は土地と建物との双方に抵当権が設定されており，抵当権者は，土地および建物の全体の担保価値を把握していた。しかし，抵当権の実行の当時には，抵当権の目的である建物が取り壊しによって滅失し，建物の抵当権は消滅している。その後，借地人が建物を再築したが，再築建物に抵当権が移行するという法制度は，わが国にはいまだ存在しない（すでに述べたように，フランスでは増担保請求権の法理を使って，再築後の建物に抵当権の効力が及ぶことを認めている〔フランス民法典2420条3項〕）。このため，

再築建物には抵当権の効力が及ばない状態となっていた。したがって，この事案の場合には，①同一の所有者に属する土地および建物（再築）のうち，②一方（土地）だけに抵当権が設定されており，③その実行の結果，所有者を異にするに至ったという，民法388条の要件は完全に満たされている。このように分析的に考えると，この事案の場合に，法定地上権が成立することは自明のことのように思われる。

それにもかかわらず，最高裁があえて法定地上権の成立を否定したのは，上記の東京地裁の執務取扱指針（全体価値考慮説）に影響されたためと思われる。全体価値考慮説は，従来の個別価値考慮説に対立するものであり（現在でも個別価値考慮説の考え方を維持すべきだとする説としては，高木・担保物権211頁，清水（元）・担保物権72頁参照），それぞれの内容の概略は，以下の通りである（なお，両者の区別についての図式化としては，田高・物権法259頁参照）。

(1) 個別価値考慮説

土地および地上建物が抵当権の目的となる共同抵当の場合，建物の抵当権はその敷地利用権を含めた担保価値を把握し，土地の抵当権は，底地の担保価値を把握する。

建物の滅失および再築の場合，建物の抵当権は，敷地利用権を含めてその担保価値を失うことになる。しかし，抵当権が滅失した場合に，それに代わる再築建物に抵当権が移行するという制度を有しないわが国においては，抵当権者がその危険を負担せざるをえない。そして，土地の抵当権は，そのまま底地の担保的価値のみを把握する。したがって，法定地上権を認めても，土地の抵当権を害することはない。

(2) 全体価値考慮説

土地および地上建物が抵当権の目的となる共同抵当の場合，抵当権者は，土地及び地上建物全体の担保価値を把握している。

建物の滅失および再築の場合，抵当権者が把握していた全体の担保価値が害されてはならない。

したがって，再築後の建物に土地と同順位の抵当権が設定されなかった場合には，土地に関しては，法定地上権の負担のない更地としての価値が抵当権者に帰属すべきであり，法定地上権の成立は否定される。

これとは反対に，再築後の建物に土地と同順位の抵当権が設定されるという例外的な場合には，法定地上権を認めても，土地および建物の双方の担保価値を把握している抵当権者の権利を害することがないし，競売による買受人の期

待を害するおそれもないから，法定地上権が認められる。

　この時代（民法388条が現代語化される前）の最高裁を含めた裁判所の考え方は，法定地上権の成否の判断を，民法旧388条と同様，当事者（特に抵当権者）の意思の推測に求めており，建物の保護よりは，抵当権者が把握する価値こそが重要視されていた。この考え方には，現行民法388条が目的としている建物の保護，特に，建物の居住権を抵当権に優先させるという発想は重視されていない。むしろ，抵当権設定後に築造される建物は，原則として，抵当土地の価値を下げる要因となる邪魔な物とみなされ，抵当権者にとって利益となる特別の場合にのみ，例外的に法定地上権の成立を認めようというものであった。

　もっとも，東京地裁の執務取扱指針（全体価値考慮説）が大きな影響力を与えた背景には，抵当権設定者の執行妨害事例（例えば，抵当権設定者が建物を取り壊してバラックを立て，これを法定地上権付で譲渡するなどの法定地上権の濫用事例）から抵当権者の利益を守ろうとする実務上の要請に応えるものだったからである。

　しかし，全体価値考慮説に対しては，以下のような問題点があることが指摘されている（田髙・物権法260〜261頁）。

　　「住宅ローンのため住宅と敷地とに共同抵当が設定されたが，ローンの返済が進んでいない段階で火災や震災により住宅が失われた場合，同説によると，建物再築のための新たな融資が受けられなくなってしまう。従来融資をしていた銀行は，新規に何らかの担保が提供されない限り新たなローンの申込みを受け付けないであろうし，かといって別の銀行が法定地上権の成立ないし再築建物を抵当にとって融資に応じるとも考えがたい（野村重信「問題のある法定地上権」金判887号〔1992〕2頁等参照）。このように，全体価値考慮説は，災害復興の機会を奪うものと評されかねない一面を内包しているのである。」

　山野目『物権』269頁も，実質論としても問題であると指摘した上で，「判例の解釈は，およそ388条の法文から想定可能な限度を逸している」として平成9年の最高裁判決（最三判平9・2・14民集51巻2号375頁）を批判する。もしも，裁判所が，民法388条の目的である建物の保護とともに，抵当権者の利益をも確保したいのであれば，抵当権の物上代位（民法372条によって準用される民法304条）の場合と同様，抵当権の目的物である建物が滅失した場合にも，それに代わる再築建物に抵当権の効力が及ぶという新しい解釈（フランスのように増担保請求の法理を使う，または，再築建物に対する物上代位の類推適用

を行うなど）を行うべきであった。そのような努力を抜きにして，建物の保護を目的とする民法388条のすべての要件が満たされているにもかかわらず，民法388条の明文の規定に反して法定地上権の成立を一般的に否定することは，裁判所の権限を逸脱するものといえよう。

　上記の平成9年最高裁判決（最三判平9・2・14民集51巻2号375頁）が例外として法定地上権の成立を認める場合というのは，更地に債権者Aのために抵当権が設定され，その後に建物が築造されたが，その建物にも土地抵当権者のために同順位の抵当権が設定されるという事案である。この場合には，法定地上権を認めても，土地および建物の双方の担保価値を把握している抵当権者の権利を害することがないし，競売による買受人の期待を害するおそれもない。この考え方によると，同じく，共同抵当の場合でも，共同抵当の目的となった土地の上の建物の再築の際に，土地抵当権者に同一順位の建物抵当権が設定されない場合のように，抵当権者の利益を害すると考えられる場合には，法定地上権の成立は否定されることになってしまう。

　このような抵当権者の利益を優先する傾向に終止符が打たれ，再度，法定地上権が認められるようになるには，次に述べる最高裁の平成19年判決（最二判平19・7・6民集61巻5号1940頁）まで待たなければならなかった。

F　複数の抵当権が設定された場合の法定地上権の成否

　抵当権者の利益のためには，建物の保護を犠牲にしてもやむをえないという，1992（平成4）年頃から始まる一連の最高裁の判決が，徐々に建物保護を優先するという方向で修正されていく一つの節目となったのは，平成10年の最高裁判決によって，抵当権に基づく賃料債権に対する物上代位が認められるようになったからであろう。

　抵当土地に賃貸目的の建物（マンション等）が築造され，まとまった賃料収入が発生すれば，それが，抵当権者の担保目的となるため，建物の築造が，むしろ，抵当権者にとっても歓迎されるべきことが認識されるようになったからである。さらに，抵当権の設定後に，目的不動産に建物が築造された場合に，それが，常に抵当権者にとって損害となるわけではなく，債務者に賃料収入がもたらされる結果，債権の回収が確実になるばかりでなく，抵当土地の地価まで上昇することがわかるようになると，建物を抵当権を妨害するものであるとの認識の下で，抵当地上権の成立を否定するという考え方に，必ずしも合理性

を見出せないことも次第に明らかとなっていった。

このような経過の中で，法定地上権の成立を否定する傾向を改め，法定地上権の成立を認めた平成19年最高裁判決（最二判平19・7・6民集61巻5号1940頁）は，それ以前の判例（最二判平2・1・22民集44巻1号314頁）を実質的に変更するものである点からも，高く評価されるべきである。

最二判平19・7・6民集61巻5号1940頁
「土地を目的とする先順位の甲抵当権と後順位の乙抵当権が設定された後，甲抵当権が設定契約の解除により消滅し，その後，乙抵当権の実行により土地と地上建物の所有者を異にするに至った場合において，当該土地と建物が，甲抵当権の設定時には同一の所有者に属していなかったとしても，乙抵当権の設定時に同一の所有者に属していたときは，法定地上権が成立する。」

この事案は，競売により土地を買い受けたXが，その上に存する建物の共有者であるYらに対して，建物収去明渡を求めたところ，原審が，建物の保護よりも，第1順位の抵当権者の利益を優先した最高裁判例（最二判平2・1・22民集44巻1号314頁）に従って法定地上権の成立を否定し，Xの請求を認容したため，Yらが上告したものである。

Yらが上告した背景には，平成2年の最高裁判決は，実は，建物の保護を重視して，法定地上権の成立を肯定するとしていた大審院昭和14年判決以来の判例（大判昭14・7・26民集18巻772頁，および，これを前提としていた最二判昭53・9・29民集32巻6号1210頁）の立場を不当に変更したものであり，平成2年最高裁判決は，2004年の現代語化によって，抵当権者の利益よりも建物保護を優先することが明文上明らかになった民法388条の条文の趣旨に逆行するものであるとの思いがあったものと思われる。平成2年判決よりも，建物保護を優先してきた従来の判例（大判昭14・7・26民集18巻772頁）の立場の方が，現行民法388条の趣旨に合致していることは明らかである。

大判昭14・7・26民集18巻772頁
「土地及其の地上の建物が同一所有者に帰属したる際に於て，其の土地又は建物に対し設定せられたる抵当権〔第2順位の抵当権〕の存する限り，当該抵当権実行の為の競売は勿論，右土地及建物が未だ同一所有者に属せざる当時該土地又は建物に対し設定せられたる他の抵当権者〔第1順位の抵当権者〕の申立に因る競売の場合をも包含するものとす。」

上記のような建物保護を優先する大審院以来の判例を変更し，抵当権者の利

第7節　法定地上権

益を優先した最高裁の平成2年判決（最二判平2・1・22民集44巻1号314頁）は，しかしながら，当時の学説からは，高い評価を受けていた。

最二判平2・1・22民集44巻1号314頁

「土地を目的とする1番抵当権設定当時土地と地上建物の所有者が異なり，法定地上権成立の要件が充足されていなかった場合には，土地と建物が同一人の所有に帰した後に後順位抵当権が設定されたとしても，抵当権の実行により一番抵当権が消滅するときは，法定地上権は成立しない。」

「その理由は，……土地について一番抵当権が設定された当時土地と地上建物の所有者が異なり，法定地上権成立の要件が充足されていない場合には，一番抵当権者は，法定地上権の負担のないものとして，土地の担保価値を把握するのであるから，後に土地と地上建物が同一人に帰属し，後順位抵当権が設定されたことによって法定地上権が成立するものとすると，一番抵当権者が把握した担保価値を損なわせることになるからである。」

最高裁の平成2年判決（最二判平2・1・22民集44巻1号314頁）は，それが，上記の大審院昭和14年判決以来の判例と矛盾することになるのではないかとの疑問について，以下のように説明している。

「原判決引用の判例（大審院昭和13年（オ）第2187号同14年7月26日判決・民集18巻772頁，最高裁昭和53年（オ）第533号同年9月29日第二小法廷判決・民集32巻1210頁）は，いずれも建物について設定された抵当権が実行された場合に，建物競落人が法定地上権を取得することを認めたものであり，建物についてはこのように解したとしても一番抵当権者が把握した担保価値を損なわせることにはならないから，土地の場合をこれと同視することはできない。」

確かに，昭和14年大審院判決は，土地ではなく，建物だけに抵当権が設定された事案であり，最高裁の平成2年判決とは事案が異なっている。しかし，昭和14年大審院判決は，建物に抵当権が設定された場合ばかりでなく，「土地又は建物に対し設定せられたる抵当権の存する」場合と述べて，建物または土地のいずれか一方に抵当権が設定されている場合の双方について，第1抵当権者の利益を犠牲にしても，建物の保護のために，法定地上権の成立を認めたものであり，平成2年判決と両立しえないものである。

したがって，現在の有力説は，以下のように述べて，平成2年最高裁判決に従って，建物に抵当権が設定された事案である昭和14年大審院判決の考え方そのものを変更すべきであり，いずれの場合も，法定地上権の成立を否定すべ

きであると主張している（内田・民法Ⅲ 427 頁）。

　「〔最高裁平成 2 年〕判決には説得力があり，支持できる。しかし，そうであるなら，建物に抵当権が設定された類似の事案で法定地上権を認めるのは一貫しない。抵当権設定後の権利関係は，建物の抵当権であれ土地の抵当権であれ，最優先順位の抵当権を基準に決めるという立場を採用すべきである。したがって，建物の 1 番抵当権は，その設定当時存在した敷地利用権に及び，たとえ建物所有者が土地所有権を取得しても，もとの利用権は混同の例外として存続する（民法 179 条 1 項但書）と考えるべきである。」

　このような考え方は，現行民法 388 条が，その成立要件について，建物に抵当権が設定された場合と土地に抵当権が設定された場合とを区別せず，統一的に規定したことに適合的である。しかし，抵当権者の利益ではなく，建物保護をその目的としているという観点からは逆行している。抵当権の実行の結果，土地とその上の建物の所有権者が異なるに至った場合には，建物を保護するために，法定地上権が成立すると考えるべきである（山野目・物権 273 頁）。そして，このことは，建物だけに抵当権が設定された場合にも，また，土地のみに抵当権が設定された場合にも，等しく妥当すべきであると考える。

　そもそも，法定地上権が成立するかどうかの判断を，先順位抵当権者とか，第 2 抵当権者とかの意思の推測に求めること自体が誤りであり，法定地上権の成否は，先に示した 2 つの要件，すなわち，(1)土地または建物に対する抵当権の実行の際に，建物に利用権が設定されていないことに正当な理由があること，および，(2)抵当権の実行により，土地およびその上の建物の所有者を異にするに至ったことを基準に判断されなければならない。本件の場合，第 1 順位の抵当権の設定当時には，土地と建物の所有権が同一人に帰属していないが，その後，建物所有者が，土地の所有権を相続によって取得することにより，抵当権の実行時には，土地と建物の所有権が同一人に帰属しているのであるから，建物に利用権が設定されていないことに正当な理由がある。したがって，この場合には，第 1 抵当権者にとっても，また，第 2 抵当権者にとっても，法定地上権の成立が認められることになる。

　このように考えると，最高裁平成 19 年判決は，第 1 順位の抵当権が消滅し，第 2 順位の抵当権者の地位が第 1 順位へと昇格し，抵当権者が単独となったために，法定地上権の成立が認められたと解するのではなく，たとえ，第 1 順位の抵当権が消滅しなかった場合にも，法定地上権の成立が認められる事例であ

ると考えることができる。最高裁平成19年判決により，実質的に最高裁平成2年判決が変更され，大審院昭和14年判決の法理が復活しているのであるから，今後は，現行民法388条の目的である建物保護の観点に立って，法定地上権の役割が再評価されるべきである。

Ⅲ 法定地上権の成立の類型

法定地上権の成立の類型を，以下のように，基本型，抵当権設定時に同一所有型，抵当権実行時に同一所有者型，仮登記型，共有型に分類して論じることにする。

表70　法定地上権の類型

基本型	建物だけに抵当権	
	土地だけに抵当権	
抵当権設定時に同一所有型	設定時同一人，競売時別人	抵当物件の譲渡
		その他の物件の譲渡
	登記名義同一人，実質別人	抵当物件の名義同一人
		その他の物件の名義同一人
抵当権実行時に同一所有者型	設定時別人，競売時同一人	
	登記名義別人，実質同一人	抵当物件の名義前主
		その他の物件の名義前主
仮登記型	土地に仮登記，建物に抵当権	
	建物に仮登記，土地に抵当権	
共有型	土地共有，建物単独所有	
	建物共有，土地単独所有	

A 基本型

1 建物だけに抵当権が設定された場合

民法388条が適用される典型例である。民法旧388条は，この場合のみを規定していた。すなわち，所有者Aに属する土地とその上にある建物のうち，建物だけにBのために抵当権が設定された場合，「抵当権設定者Aは，競売の場合につき，地上権を設定したものとみなされる」。

2 土地だけに抵当権が設定された場合

所有者Aに属する土地とその上にある建物のうち、土地だけにBのために抵当権が設定された場合であり、これも、民法388条の典型例とされている。

しかし、この場合は、民法旧388条の文言通りに解釈することはできなかった。なぜなら、旧条文の文言通りに解釈すると、「抵当権設定者Aは、競売の場合につき、地上権を設定したものとみなされる」となるはずであるが、地上権を設定したとみなされるのは、抵当権設定者の方ではなく、買受人Cの方でなければならないないからである。

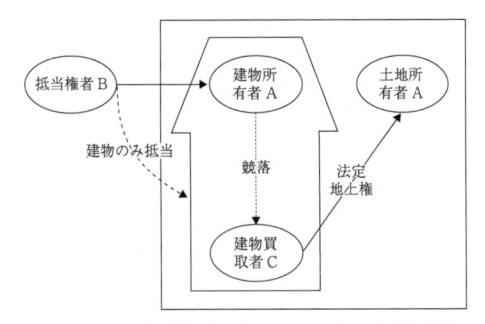

図71 建物に抵当権が設定された場合の法定地上権

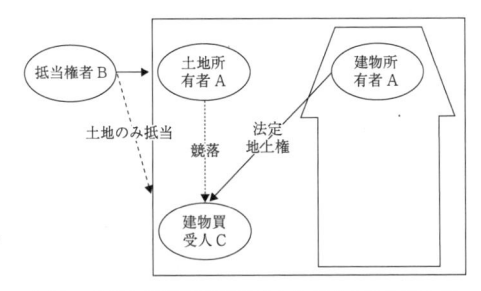

図72 土地に抵当権が設定された場合の法定地上権

民法旧388条の「抵当権設定者ハ競売ノ場合ニ付キ地上権ヲ設定シタルモノト看做ス」という文言が不適切であることは、その後の法定地上権の立法をみれば明らかである。例えば、民事執行法81条は、土地だけが競売された場合にも、「売却により所有者を異にするに至ったときは、その建物について、地上権が設定されたものとみなす」と規定し、民法旧388条のような問題が生じることを回避しているからである。

このように考えると、法定地上権に関しては、民法の唯一の条文である民法388条はそもそも文言解釈が許されない条文であり、民事執行法81条のように、競売によって土地とその上の建物が別の所有者に帰属する場合、またはそのことが予想される場合に、建物の保護のために設定されるものであることを認識することができるであろう。

このような理由から、民法の現代語化に際しては、現代語化の趣旨からは外れるが、条文の内容を変更し、民事執行法81条の規定を参考にして、上記の不都合を解消している。

民法旧 388 条（法定地上権）
　土地及ヒ其上ニ存スル建物カ同一ノ所有者ニ属スル場合ニ於テ其土地又ハ建物ノミヲ抵当ト為シタルトキハ抵当権設定者ハ競売ノ場合ニ付キ地上権ヲ設定シタルモノト看做ス但地代ハ当事者ノ請求ニ因リ裁判所之ヲ定ム

民事執行法 81 条（法定地上権）
　土地及びその上にある建物が債務者の所有に属する場合において，その土地又は建物の差押えがあり，その売却により所有者を異にするに至ったときは，その建物について，地上権が設定されたものとみなす。この場合においては，地代は，当事者の請求により，裁判所が定める。

民法 388 条（法定地上権）
　土地及びその上に存する建物が同一の所有者に属する場合において，その土地又は建物につき抵当権が設定され，その実行により所有者を異にするに至ったときは，その建物について，地上権が設定されたものとみなす。この場合において，地代は，当事者の請求により，裁判所が定める。

B　抵当権設定時に法定地上権が予測される場合

1　抵当権設定当時同一人，競売当時別人型

　抵当権設定当時に土地と建物とが同一人に帰属しており，建物だけに抵当権が設定された場合であって，この場合も，典型例と同様，抵当権者等の利害関係人は，競売によって法定地上権が発生することを予測することができる。したがって，法定地上権の発生を認めても何らの問題を生じない。

　もっとも，土地または建物の一方が，抵当権の設定後に他人に譲渡された場合，建物に利用権が設定されるのが通常である。このため，この約定利用権と法定地上権との関係が問題となる。しかし，約定利用権は，使用貸借の場合には第三者に対抗できないし，賃借権の場合でも譲渡性のないものも存在するのであり，建物保護としては十分でない場合がある。したがって，この場合にも法定地上権を認めるべきである。その上で，具体的な事例によって，建物の所有者は約定利用権か法定地上権かのいずれかを選択することができると解すべきであろう。

(1)　抵当権設定物件の譲渡型

(a)　同一人に属する土地・建物のうち，抵当権が設定された建物が譲渡された場合　建物の所有権がAからCに譲渡された場合に，Cは，土地所有者との間で何らかの約定利用権を設定しているはずである。抵当権は，従たる権利であるこの約定利用権にも及ぶと解されており（権利の上の抵当権が認められ

る)，抵当権の実行により，買受人Dは，この約定利用権を取得する（最三判昭40・5・4民集19巻4号811頁〔民法判例百選Ⅰ85事件〕)。

このため，買受人Dには法定地上権は必要がないようにもみえるが，約定利用権は賃借権であることが多く，賃借権のCからDへの譲渡に際しては，民法612条の賃貸人の承諾の問題が生じる。

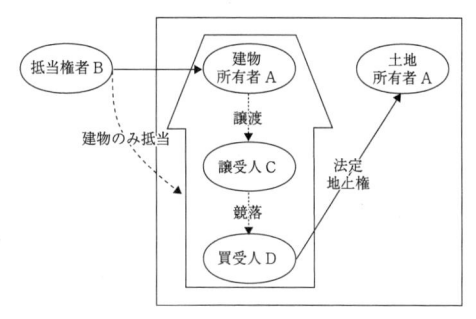

図73　抵当権が設定された建物が譲渡された場合

したがって，この類型に当てはまる裁判例は存在しないが，学説は一致して，この場合においても法定地上権の成立を認めている。

(b)　同一人に属する土地・建物のうち，抵当権が設定された土地が譲渡された場合　土地の所有権がAからCに譲渡された場合に，建物所有者Aは，Cとの間で何らかの約定利用権を設定してもらうのが通常である。しかし，この約定利用権は，抵当権設定後に設定

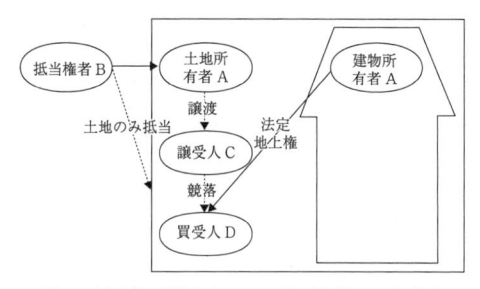

図74　抵当権が設定された土地が譲渡された場合

されたものであり，抵当権に対抗できないと解されており，したがって，抵当権の実行により消滅する。そこで，建物を保護するため法定地上権を認める必要がある。

判例（大判昭8・10・27民集12巻2656頁)・学説ともに，法定地上権の成立を認めている。

(2)　抵当権が設定されていない物件の譲渡型

(a)　同一人に属する土地・建物のうち，抵当権が設定されていない土地が譲渡された場合　AがCに土地を譲渡すると，建物の所有者Aと土地の譲受人Cとの間で，建物の存続を図るため，約定利用権の設定が行われるのが通常である。その場合には，Bの抵当権は，Aの建物所有権の従たる権利である約定利用権にも及ぶ。したがって，抵当権が実行されると，建物の買受人Dは，建物所有権だけでなく約定利用権をも取得する。このため，法定地上権の成立を

第7節　法定地上権　　527

認める必要がないのではないかとの疑問が生じる。

しかし、Dの取得する約定利用権は賃借権であるのが通常であり、A・D間には賃借権の譲渡があり、賃貸人Cの承諾の問題（民法612条）が生じるのであり、必ずしも建物買受人Dの約定利用権が土地所有者Cに対抗できるとは限らない。

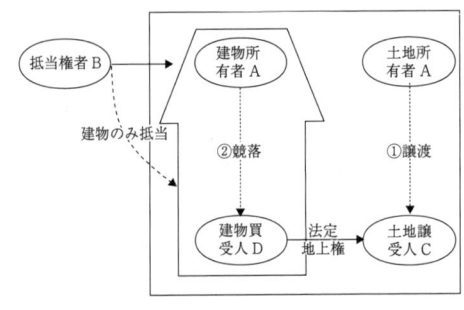

図75　抵当権が設定されていない土地が譲渡された場合

したがって、判例（大判昭8・3・27新聞3543号11頁）・学説ともに、法定地上権の成立を認めている。もっとも、Dの取得する約定利用権が土地所有者Cに対抗できる場合には、Dは、約定利用権か法定地上権かいずれかを選択できることになる。

(b)　同一人に属する土地・建物のうち、抵当権が設定されていない建物が譲渡された場合　建物がAからCに譲渡された場合、AはCのために約定利用権を設定するのが通常である。したがって、土地の抵当権が実行され、Dが土地の買受人となっても、建物の譲受人Cは、この約定利用権をもっ

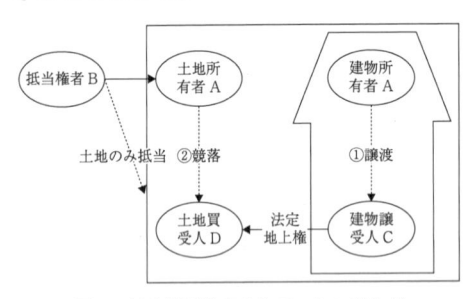

図76　抵当権が設定されていない建物が譲渡された場合

てDに対抗しうるように思われる。

判例も、当初は、このように考えて、法定地上権の成立を否定した（大判明40・3・11民録13輯258頁）。しかし、現在では、この約定利用権は、土地の抵当権設定後に設定されたものであり、抵当権に対抗できないと解されており、したがって、抵当権の実行によって消滅すると考えられている。

この場合、抵当権設定時に抵当権者は法定地上権の成立を予測することができたのであり、その後の建物の所有関係の変動によってその成立を否定する理由は見出せない。

そこで、その後の判例（大連判大12・12・14民集2巻676頁、大判昭8・10・

27民集12巻2656頁，最二判昭44・4・18判時556号43頁）は，見解を改め，地上権の成立を肯定することになった。学説も一致してこれを支持している。

　　最二判昭44・4・18判時556号43頁
　　「法定地上権は抵当権設定当時に存在する建物の利用に必要な範囲の土地に及ぶものであり，土地の抵当権設定後その実行前に同一土地内において地上の建物が移転されまたは増改築されても，前の建物の利用に必要であったものと認められる範囲にとどまっているかぎり，土地の競売によって右範囲において法定地上権が成立することを妨げない。」
　　「競落による土地所有権取得がその土地上の建物譲受けより後であれば，競売当時の建物所有者が法定地上権を取得する。そして，被上告人は，本件建物とともに右法定地上権を譲り受け，本件建物につき所有権保存登記を経由したのであるから，右建物所有者は，法定地上権の取得につき，競落人に対抗しうるに至ったものと解すべきである。」

2　登記名義同一人，実質別人型

(1)　抵当権設定物件の名義同一人型

(a)　**抵当権の設定された建物の登記名義が土地所有者と同一人となっている場合**　この類型は，1(1)(a)の，抵当権設定当時，土地と建物が同一所有者に属していたが，抵当権が設定された建物が譲渡された場合と，形式上は同様である。相違点は，抵当権の設定当時すでに建物が譲渡されており，実体上は，抵当権の設定当時に土地と建物が同一人に帰属するという要件を欠いていることにある。

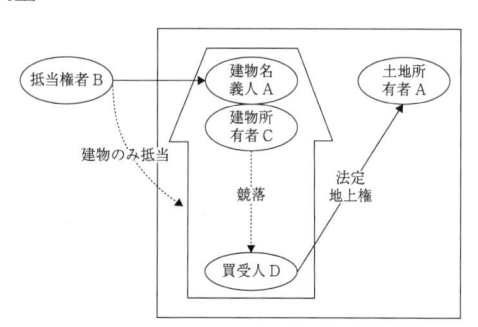

図77　抵当権の設定された建物が譲渡されたが登記名義が変更されず，土地所有者と同一人となっている場合

しかし，抵当権者や建物買受人は，登記によって，法定地上権の成立を予測していたのであり，その信頼は保護されるべきである。また，抵当権設定当時，登記名義をCに変更していなかったAが，法定地上権の成立を争うことは，信義則に反する行為として許されない。

したがって，抵当権設定時に同一所有者に属していた土地と建物のうち，抵当権が設定された建物が譲渡された場合と同様，法定地上権の成立を認めるべ

きである。

(b) 抵当権の設定された土地の登記名義が建物所有者と同一人となっている場合　この類型は，1(1)(b)の，抵当権設定当時，土地と建物が同一所有者に属していたが，抵当権が設定された土地が譲渡された場合と，形式上は同様である。相違点は，抵当権の設定当時すでに土地が譲渡されており，実体上は，抵当権の設定当時に土地と建物が同一人に帰属するという要件を欠いていることにある。

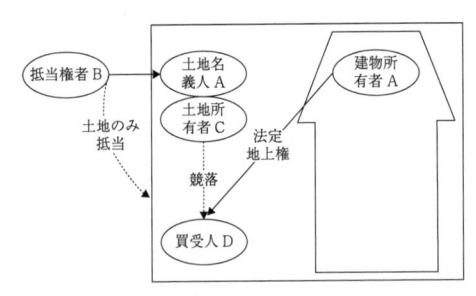

図78　抵当権の設定された土地が譲渡されたが登記名義が変更されず，建物所有者と同一人となっている場合

しかし，抵当権者や建物買受人は登記によって法定地上権の成立を予測していたのであり，法定地上権を成立させても，抵当権者や買受人に不測の事態が生じるわけではない。

したがって，抵当権設定時に同一所有者に属していた土地と建物のうち，抵当権が設定された土地が譲渡された場合と同様，法定地上権の成立を認めるべきである。

(2)　抵当権が設定されていない物件の名義同一人型

(a) 抵当権の設定されていない土地の登記名義が建物所有者と同一人となっている場合　この類型は，1(2)(a)の，抵当権設定当時，土地と建物が同一所有者に属していたが，抵当権が設定されていない土地が譲渡された場合と，形式上は同様である。相違点は，抵当権の設定当時すでに土地が譲渡されており，実体上は，抵当権の設定当時に土地と建物が同一人に帰属するという要件を欠いていることにある。

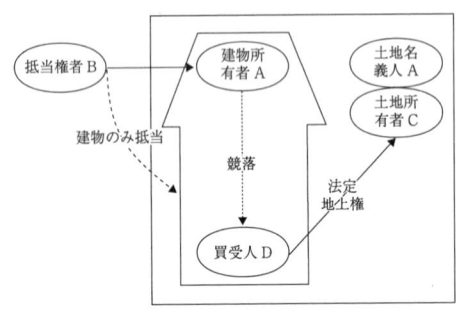

図79　抵当権の設定されていない土地が譲渡されたが登記名義が変更されず，建物所有者と同一人となっている場合

しかし，抵当権者や建物買受人は登記によって法定地上権の成立を予測して

いたのであり，法定地上権を成立させても，抵当権者や買受人に不測の事態が生じるわけではない。

したがって，抵当権設定時に同一所有者に属していた土地と建物のうち，抵当権が設定されていない土地が譲渡された場合と同様，法定地上権の成立を認めるべきである。

(b) 抵当権の設定されていない建物の登記名義が土地所有者と同一人となっている場合　この類型は，1(2)(b)の，抵当権設定当時，土地と建物が同一所有者に属していたが，抵当権が設定されていない建物が譲渡された場合と，形式上は同様である。相違点は，抵当権の設定当時すでに建物が譲渡されており，実体上は，抵当権の設定当時に土地と建物が同一人に帰属するという要件を欠いていることにある。

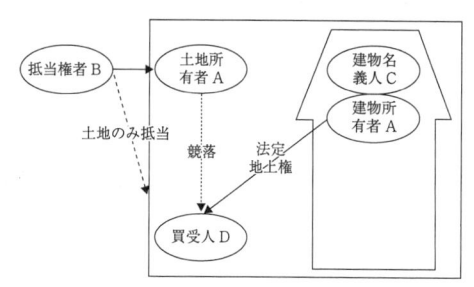

図80　抵当権の設定されていない建物が譲渡されたが登記名義が変更されず，土地所有者と同一人となっている場合

しかし，抵当権者や建物買受人は登記によって法定地上権の成立を予測していたのであり，その信頼は保護されるべきである。また，抵当権設定当時，登記名義をCに変更していなかったAが，法定地上権の成立を争うことは，信義則に反する行為として許されない。

したがって，抵当権設定時に同一所有者に属していた土地と建物のうち，抵当権が設定されていない建物が譲渡された場合と同様，法定地上権の成立を認めるべきである。

C　抵当権実行時に土地と建物が同一所有者に属している場合
1　抵当権設定当時別人，競売当時同一人型

この類型は，借地上の建物または借地権が設定されている土地に抵当権が設定された後，借地建物が土地所有者へと，または土地が建物所有者へと譲渡されて，土地とその上の建物の所有者が同一人に帰属するに至った場合である。

抵当権設定当時すでに存在している約定利用権（借地権）が，混同の例外（民法179条1項ただし書，同条2項参照）として存続するのか，それとも，混同（民法179条1項・2項）によって消滅し，法定地上権が発生するのか，が問題

となる。

(1) 建物に抵当権が設定された場合　判例（最二判昭44・2・14民集23巻2号357頁）は、建物所有者Aの有する約定利用権は、土地所有者Cがその建物の所有権を譲り受けた場合にも、混同の例外として、Cの下で存続し、買受人Dに受け継がれるとして、法定地上権の成立を否定している。

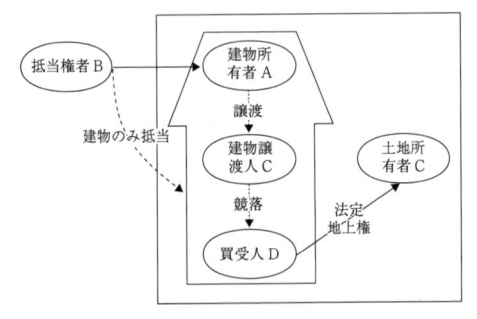

図81　建物に抵当権が設定された場合の、抵当権設定当時別人、競売時同一人型

最二判昭44・2・14民集23巻2号357頁
「抵当権設定当時土地および建物の所有者が異なる場合においては、その土地または建物に対する抵当権の実行による競落の際、その土地および建物が同一人の所有に帰していても、民法388条の規定は適用または準用されない。」

確かに、土地所有権と土地利用権が同一人に帰属しても、土地利用権が混同の例外として消滅しないのは、抵当権者の利益のためである。したがって、原則として土地利用権は消滅しないと考えなければならない。しかし、抵当権者の利益の享受は強制されるものではない。土地利用権が消滅すれば、抵当権者および買受人にとって、それと同等の、もしくはそれより有利な法定地上権が成立するのであるから、抵当権者および買受人は、混同による消滅を認める自由を有していると解すべきである。その場合にまであえて混同による消滅の例外を認める理由は存在しないといわなければならない（大判昭14・7・26民集18巻772頁、最二判昭53・9・29民集32巻6号1210頁）。

大判昭14・7・26民集18巻772頁
「建物を目的とする抵当権に基づく競売の事案については、借地上の建物に1番抵当権を設定した者が、その敷地を取得した後に2番抵当権を設定した後競売が行われた場合、1番抵当権に基づいて競売が行われたとしても、法定地上権は成立する。」

最二判昭53・9・29民集32巻6号1210頁
「土地及びその地上建物の所有者が建物につき抵当権を設定したときは、土地の所有権移転登記を経由していなくても、法定地上権の成立を妨げない。」

学説の中には，法定地上権を買受人に与えることは過ぎたる保護を与えることになるとして，判例に賛成するものもあるが（高木・担保物権法178頁），法定地上権を認めることは抵当権者の意思に反するものではないとして，法定地上権の成立を肯定するものも存在する（我妻・担保物権357頁，近江・担保物権192頁）。

　対抗できる土地利用権がある場合には，法定地上権を認める必要はないが，両者を比較して，法定地上権の方が有利である場合には，法定地上権を否定する理由は存在しないように思われる。

　(2) 土地に抵当権が設定された場合　借地権のある建物に抵当権が設定された場合と異なり，借地上に抵当権が設定された場合には，利益状況が異なるとして，ほとんどの学説が，法定地上権の成立を否定している。抵当権者は，法定地上権が発生しないことを前提に土地を担保にとったわけで，その後に法定地上権が発生することは，抵当権者に著しい不利益をもたらす，というのがその理由である。

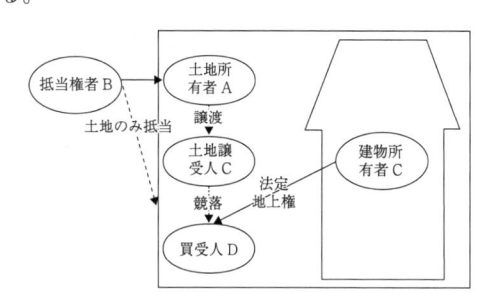

図82　土地に抵当権が設定された場合の，抵当権設定当時別人，競売時同一人型

　最二判平 2・1・22 民集 44 巻 1 号 314 頁
　　「土地を目的とする一番抵当権設定当時土地と地上建物の所有者が異なり，法定地上権成立の要件が充足されていなかった場合には，土地と建物が同一人の所有に帰した後に後順位抵当権が設定されたとしても，抵当権の実行により一番抵当権が消滅するときは，法定地上権は成立しない。」

　しかし，Cのために借地権の設定された土地に抵当権を設定した抵当権者B，および買受人Dは，Cの借地権に対抗できないのであり，土地利用権を甘受しなければならない立場にある。借地借家法が，建物所有を目的とする地上権と賃借権を借地権として同等に扱っていること，仮登記担保の場合には，法定地上権ではなく法定借地権（仮登記担保法10条）が規定されていることからも，法定地上権と借地権の違いを強調することは，もはや説得力を持たない議論であるといわなければならない。

　しかも，借地権の設定された土地が建物所有者Cに譲渡され，土地所有権と

第 7 節　法定地上権

借地権が同一人に帰属した場合には，原則として借地権は消滅するのであり，借地権の消滅によって利益を受ける抵当権者B，買受人Dは，借地権の消滅を争うことはできない。

　抵当権者はもともと建物所有者の土地利用権を甘受しなければならない立場にあること，建物所有者が土地を取得することによって土地利用権が消滅することを考慮するならば，建物保護のため，この場合にも法定地上権の成立を認めるべきである。

　　　最二判平 19・7・6 民集 61 巻 5 号 1940 頁
　　　「土地を目的とする先順位の甲抵当権が消滅した後に後順位の乙抵当権が実行された場合において，土地と地上建物が甲抵当権の設定時には同一所有者に属していなかったが乙抵当権の設定時には同一の所有者に属していたときには，法定地上権が成立する。」

2　実質同一人，登記名義別人型（前主名義型）

(1)　抵当権設定物件の名義前主型

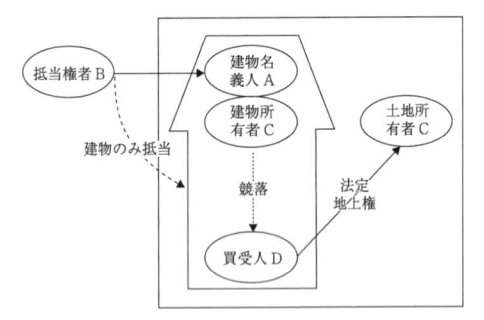

図83　抵当権の設定された建物の登記名義が前主のままになっている場合

(a)　土地・建物所有者が同一人に帰属するが，抵当権の設定された建物の登記名義が前主のままになっている場合　この場合を形式的に見ると，抵当権設定当時は土地の所有者と建物の所有者が別人であるが，後に土地の所有者が建物を取得し，競売時に土地と建物の所有者が同一人となった場合に類似している。この類似の場合に法定地上権を認めるべきであることは，すでに述べた。

　また，この場合を実質的に見ると，名義が前主になっているだけで，実質的には，抵当権設定当時に土地と建物の所有者が同一人に帰属しており，基本型にも類似している。基本型の場合に法定地上権が認められるべきことは当然である。また，抵当権を設定する場合，現況を調査するのが通例であり，その調査をしておれば，抵当権設定時に同一所有者であることがわかったはずである。

　そこで，この類型の場合にも法定地上権を認めるべきであるということになる。通説も，法定地上権の成立を認めている。

(b) 土地・建物所有者が同一人に帰属するが，抵当権の設定された土地の登記名義が前主のままになっている場合　この場合を形式的に見ると，抵当権設定当時は土地の所有者と建物の所有者が別人であるが，後に建物の所有者が土地を取得し，競売時に土地と建物の所有者が同一人となった場合に類似している。この類似の場合に，法定地上権を認めるべきであることは，すでに述べた。

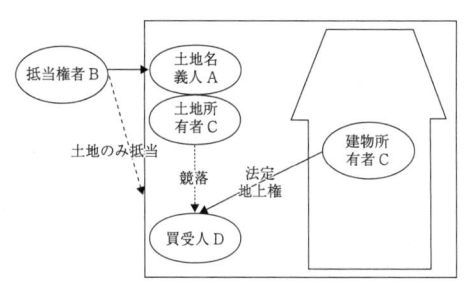

図84　抵当権の設定された土地の登記名義が前主のままになっている場合

また，この場合を実質的に見ると，名義が前主になっているだけで，実質的には，抵当権設定当時に土地と建物の所有者が同一人に帰属しており，基本型にも類似している。基本型の場合に法定地上権が認められるべきことは当然であり，さらに，抵当権を設定する場合，現況を調査するのが通例であって，その調査をしておれば，抵当権設定時に同一所有者であることがわかったはずである。

そこで，この類型の場合にも法定地上権を認めるべきであるということになる。登記を怠ったCに法定地上権を認めるべきではないとする説（鈴木・借地法上255頁）も存在するが，通説は，法定地上権の成立を認めている。

(2) 抵当権が設定されていない物件の名義前主型

(a) 土地・建物所有者が同一人に帰属するが，抵当権の設定されない土地の登記名義が前主のままになっている場合　この場合を形式的に見ると，抵当権設定当時は土地の所有者と建物の所有者が別人であるが，後に建物の所有者が土地を取得し，競売時に土地と建物の所有者が同一人となった場合に類似している。この類似の場合に法定地上権を認めるべきであることは，すでに述べた。

また，この場合を実質的に見ると，名義が前主になっているだけで，実質的には，抵当権設定当時に土地と建物の所有者が同一人に帰属しており，基本型にも類似している。基本型の場合に法定地上権が認められるべきことは当然であり，さらに，抵当権を設定する場合，Bは，土地の所有関係・利用関係を調査するのが通例であり，その調査をしておれば，抵当権設定時に同一所有者で

第7節　法定地上権　　535

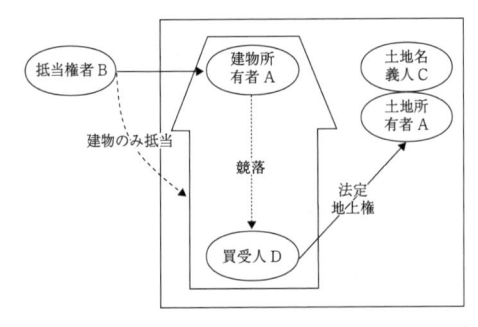

あることがわかったはずである。

そこで、この類型の場合にも法定地上権を認めるべきであるということになる。登記を怠ったCに法定地上権を認めるべきではないとする説(鈴木・借地法(上)257頁)も存在するが、通説および判例(最二判昭53・9・29民集32巻6号1210頁)は、法定地上権の成立を認めている。

(b) 土地・建物所有者が同一人に帰属するが、抵当権の設定されない建物の登記名義が前主のままになっている場合　この場合を形式的に見ると、抵当権設定当時は土地の所有者と建物の所有者が別人であるが、後に土地の所有者が建物を取得し、競売時に土地と建物の所有者が同一人となった場合に類似している。この類似の場合に法定地上権を認めるべきであることは、すでに述べた。

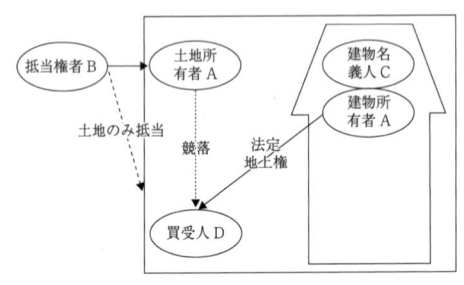

また、この場合を実質的に見ると、名義が前主になっているだけで、実質的には、抵当権設定当時に土地と建物の所有者が同一人に帰属しており、基本型にも類似している。基本型の場合に法定地上権が認められるべきことは当然であり、抵当権を設定する場合、Bは、土地の所有関係・利用関係を調査するのが通例であり、その調査をしておれば、抵当権設定時に同一所有者であることがわかったはずである。

そこで、この類型の場合にも法定地上権を認めるべきであるということになる。登記を怠ったCに法定地上権を認めるべきではないとする説(鈴木・借地法上255頁)も存在するが、抵当権者は、少なくとも、土地上に存在する建物に利用権が設定されていることを予測すべきであるから、通説および判例(最三判昭48・9・18民集27巻8号1066頁)は、法定地上権の成立を認めている。

D 仮登記型

ここでの問題は、土地またはその上の建物に抵当権が設定された時に、すでに、抵当権が設定されていない物件に仮登記が存在する場合、法定地上権は、仮登記を本登記に変更した者に対抗できるかどうかである。

1 土地に仮登記があり、その後建物に抵当権が設定された場合

土地およびその上の建物の所有者Aが、Bのために建物に抵当権を設定したが、それより前に、土地についてCに売買予約をし、Cのために所有権移転請求権保全の仮登記をしていた場合が、ここでの問題となる。

その後、抵当権が実行されて、Dが建物の買受人となった場合に、Dのために法定地上権が成立することは疑いがない。しかし、Cが、売買の本契約を締結し、仮登記に基づく本登記をした場合には、Dは法定地上権をCに対抗できないとするのが、判例（最二判昭41・1・21民集20巻1号42頁）および通説の見解である。

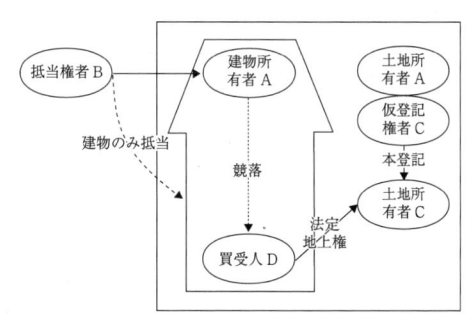

図87 抵当権設定時に、土地に仮登記がある場合

最二判昭41・1・21民集20巻1号42頁（建物収去土地明渡等請求事件）
「所有権移転請求権保全の仮登記のなされた土地の仮換地の上に存する右土地所有者の所有する建物について抵当権が設定された場合には、右建物の競落人は、法定地上権を取得するが、右仮登記に基づいて所有権移転の本登記を経た者に対しては、右法定地上権をもって対抗することができない。

その理由は、Cの仮登記と本登記との間になされた本登記と抵触する中間処分はCに対抗しえないのであり、Aが建物上に抵当権を設定してDに法定地上権を成立させることは、Cの本登記と抵触する中間処分であるから、法定地上権は本登記に対抗できないというものである。

しかし、土地と建物の所有者が、土地の売買予約を行ったからといって、建物に抵当権を設定することは、土地の予約権者の権利と抵触する行為ではない。建物に登記がある地上権・借地権は、土地の売買によって破られることはないのであり（借地借家法10条）、土地の売買予約があったとしても、売買の効力

が生じるのは本契約のときであり，売買予約の仮登記の効力は，本契約の成立以前に遡るものではない（最一判昭31・6・28民集10巻6号754頁，最一判昭36・6・29民集15巻6号1746頁）。

したがって，抵当権設定時にすでに土地の売買予約と仮登記がなされている場合であっても，抵当権設定時に土地と建物が同一所有者に属している場合には，たとえその後に本契約が成立し，仮登記が本登記となっても，それは，法定地上権の要件が充足した後に土地が譲渡された場合と何ら異なることはないのであり，法定地上権は，抵当権設定後に本契約を取得し本登記を得た土地所有者Cに対抗しうると考えるべきである。

なお，Cが土地に仮登記担保権を有している場合には，Dは，仮登記担保法10条による法定借地権の保護を受けることができる。

2　建物に仮登記があり，その後土地に抵当権が設定された場合

土地および建物の所有者Aが，債権者Bのために土地に抵当権を設定したが，その前に，建物についてCと売買予約をし，Cが所有権移転請求権保全のための仮登記をした場合が，ここでの問題となる。

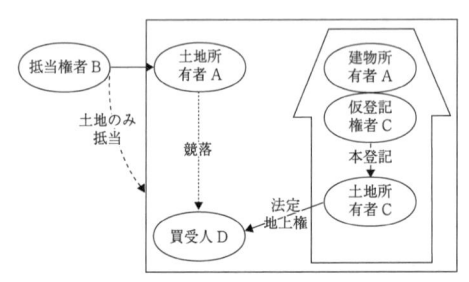

図88　抵当権設定時に建物に仮登記がある場合

その後，抵当権が実行されてDが土地の買受人となった場合に，建物所有者Aのために法定地上権が成立することは疑いがない。そして，Cが売買の本契約を締結し，仮登記に基づく本登記をした場合には，Cは，仮登記の順位保全の効力に従って，土地に抵当権が設定された後に建物所有権が譲渡され，その後に抵当権が実行されたのと同一の利益を享受することができる，と考えなければならない。

土地に抵当権が設定された後に建物所有権が譲渡され，その後に抵当権が実行された場合には，先に述べたように，判例（大連判大12・12・14民集2巻676頁，大判昭8・10・27民集12巻2656頁，最二判昭44・4・18判時556号43頁）・通説ともに法定地上権の成立を認めている。したがって，この場合にも，Cのために法定地上権が成立し，かつこの法定地上権は土地の買受人Dに対抗できると解すべきである。

これに対して，通説は，このような場合には，仮登記権者Cは仮登記の時に

条件付きでAとの間に約定利用権を設定するのが通常であり，Cは約定利用権を取得する。そして，この約定利用権は，仮登記のときに対抗力を有するので，土地の買受人Dに対抗できる。したがって，法定地上権を認める必要はないとしている。

　しかし，Cが条件付きで約定利用権を設定することは義務ではなく，しかもその場合には，土地のみに抵当権を取得したBは，法定地上権が発生することを予測しうるのであるから，法定地上権の成立を否定する根拠とはなりえない。

E　共有型

　共有土地上に共有者の一人が建物を単独所有する場合や，反対に，単独所有の土地に土地所有者とその他の者が建物を共有している場合において，土地または建物のいずれか一方に抵当権が設定されると，一方の共有権については，法定地上権の要件が具備されるが，他方の共有権については約定利用権が存在し，法定地上権の要件が欠けるという事態が生じる。

　共有者の一方には法定地上権が発生し，他方には約定利用権が存続するというのでは，法律関係が複雑になり過ぎるため，どちらか一方に統合し，全体として，法定地上権かそれとも従前の約定利用権が成立すると考えなければならない。

　約定利用権は，使用貸借の場合もあり，譲渡性のない場合も存在するので，共有者の一方に法定地上権を認めるべき要件が備わっている場合には，他方の共有者にも，法定地上権の成立を認めるべきである。

1　土地共有型

　(1)　共有の土地に単独所有の建物が存在し，建物に抵当権が設定された場合建物の買受人Dが，土地の共有者Aに対して法定地上権を有することは，疑いがない。他方で，建物所有者Aは，もともと土地の共有者Cに対して約定利用権を有しており，それが，従たる権利として，抵当権の実行の際に買受人Dに受け継がれることも，疑いがない。

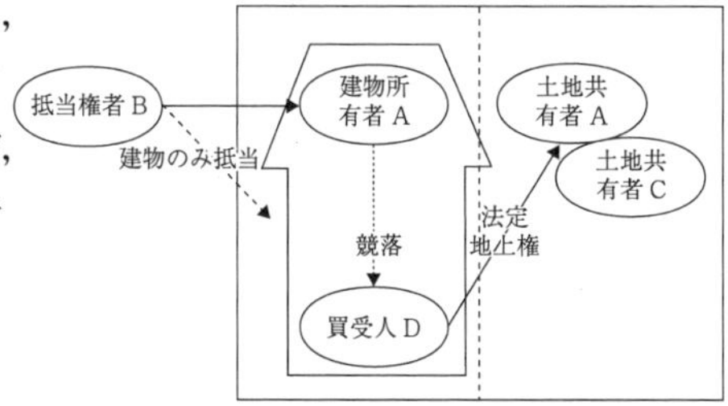

　多くの学説（我妻・担保物権361頁，高木・182頁，近江・担保物権

図89　共有地の上の建物に抵当権が設定された場合

193頁）は，約定利用権の存続によるべきであるとして，法定地上権の成立を否定する。

しかし，約定利用権は，使用貸借のこともあり，賃貸借の場合であっても，必ずしも共有者Cの承諾が得られるとは限らない（民法612条）。したがって，買受人Dは，Aに対してだけでなくCに対しても法定地上権を取得すると解すべきである。判例（最三判昭44・11・4民集23巻11号1968頁）も，この場合に法定地上権の成立を認めていると解されている（ただし，土地共有者Cが法定地上権の成立を認容している例）。

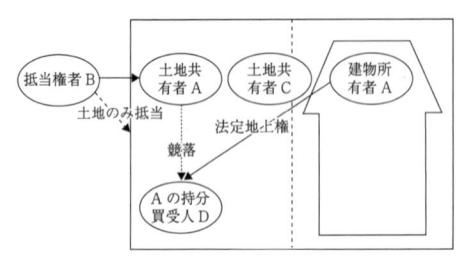

図90　土地持分権に抵当権が設定された場合

(2) 共有の土地に単独所有の建物が存在し，土地の持分権に抵当権が設定された場合　建物所有者Aは，自己の土地持分権に対する関係では法定地上権との要件を具備し，Cの土地持分権との関係では約定利用権を有している。

判例（最一判昭29・12・23民集8巻12号2235頁）は，法定地上権が成立する，すなわち，地上権を設定したとみなされるためには，その者が土地の完全な処分権を有する場合に限られるのであり，共有者の一人であるAは単独では処分権を有しないとして，法定地上権の成立を否定している。

最一判昭29・12・23民集8巻12号2235頁（建物収去土地明渡請求事件）
「土地共有者の一人だけについて民法388条本文の事由が生じたとしても，これがため他の共有者の意思如何に拘らずそのものの持分までが無視さるべきいわれはなく，当該共有土地については，なんら地上権は発生しない。

同条〔民法旧388条〕が建物の存在を全うさせようとする国民経済上の必要を多分に顧慮した規定であることは疑を容れないけれども，しかし同条により地上権を設定したと看做される者は，もともと当該土地について所有者として完全な処分権を有する者に外ならないのであって，他人の共有持分につきなんら処分権を有しない共有者に他人の共有持分につき本人の同意なくして地上権設定等の処分をなし得ることまでも認めた趣旨でないことは同条の解釈上明白だからである。」

しかし，土地の抵当権者Bは，競売後の建物の存続を予測しており，土地の

共有者Cも，A・C間の約定利用権の範囲で建物の存続を当然に予測しているのであり，Aに何らの利用権も認めない（Cが後に単独所有者となってAに対する建物収去・土地明渡しを求めた事例について，Cの請求を認めている）判例の立場は不当である。

判旨は，民法388条の旧条文が，「抵当権設定者ハ競売ノ場合ニ付キ地上権ヲ設定シタルモノト看做ス」としていたことに捉われ過ぎている。現代語化によって民法の条文は，まさに，「建物の存在を全うさせようとする国民経済上の必要を多分に顧慮し」て，「その建物について，地上権が設定されたものとみなす」と改正されているのであり，最一判昭29・12・23の考え方は，現在では条文解釈としても通用しないというべきである。

法定地上権の成立を認めることはBに不利であるとの理由で，Aの権利は，A・C間の約定利用権に同化・変質し，建物所有者Aは，土地の共有者Cおよび共有持分の買受人Dに対して一体的な約定利用権を取得する，と解する説（髙木・担保物権198頁）も存在する。

しかし，この事例の場合，民法388条により，Aは土地の共有持分の買受人Dに対して法定地上権を取得するのであり，抵当権者もそのことを予測できたのであるから，法定地上権を否定する理由はない。したがって，Aに法定地上権を認めるべきである。

なお，この類型とは多少異なり，A・C共有の土地（CはAの家族）にAの家族共有の建物が存在し，土地の双方の持分権に抵当権が設定された場合について，法定地上権を否定した判例がある。

最三判平6・12・20民集48巻8号1470頁（建物収去土地明渡請求事件）
「地上建物の共有者9人のうちの一人である土地共有者甲の債務を担保するため土地共有者の全員が共同して各持分に抵当権を設定し，かつ，甲以外の土地共有者らが甲の妻子である場合に，右抵当権の実行により甲だけについて民法388条本文の事由が生じたとしても，甲以外の土地共有者らが法定地上権の発生をあらかじめ容認していたとみることができる客観的，外形的事実があるとはいえず，共有土地について法定地上権は成立しない。」

しかし，この判例については，この場合，共有者の利益は害されないのであるから法定地上権を認めるべきであるとの批判がなされている（近江・担保物権193頁）。

2 建物共有型

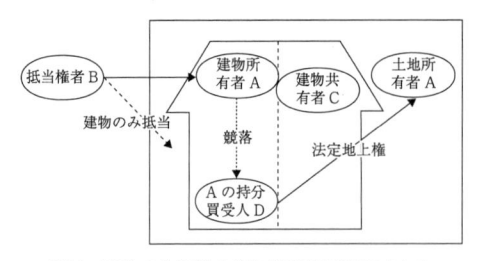

図91 建物の共有持分権に抵当権が設定された場合

(1) 単独所有の土地に共有建物が存在し、建物の共有持分権に抵当権が設定された場合　建物の共有持分権の買受人Dには、法定地上権の要件が具備しており、建物の共有者Cは、土地所有者Aに対して約定利用権を有している。

共有持分権の買受人Dは、民法388条に従い、譲渡性に問題のない法定地上権を取得しうる地位を有している。他方、土地所有者Aにとっては、建物の共有者Cの約定利用権が複雑性の回避のため法定地上権に転化するのは不利であるが、自らの抵当権設定が招いたものであり、やむをえない。

このように、建物共有型の場合には、土地共有型の場合と異なり、他の共有者Cを害することがないため、学説は、内田『民法Ⅲ』(429〜430頁) を除いて、法定地上権の成立を認めている（この型に該当する判例は現在のところ存在しない）。

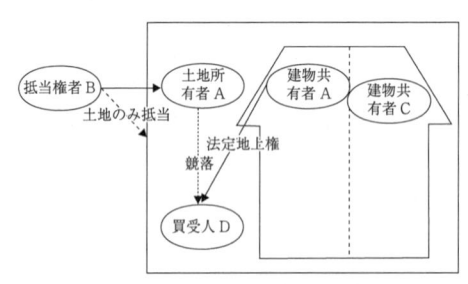

図92 単独所有の土地に共有建物が存在し、土地に抵当権が設定された場合

(2) 土地に抵当権が設定された場合　Aの建物の共有持分権には、法定地上権の要件が具備しており、建物の共有者Cは、土地の所有者Aに対して約定利用権を有している。

Aにとって本来成立すべき法定地上権が約定利用権に転化すると、Cの約定利用権によっては、Aに不利な結果を招くことがありうる。これに対して、土地の抵当権者Bは、抵当権実行後の建物の存続を予測しており、法定地上権が発生したとしても、Bに不利になるわけではない。

そこで、この場合につき、判例 (最三判昭46・12・21民集25巻9号1610頁)・学説 (内田・民法Ⅲ 429〜430頁を除く) は、法定地上権の成立を認めている。

最三判昭46・12・21民集25巻9号1610頁（建物収去土地明渡請求事件）

「建物の共有者の一人がその建物の敷地たる土地を単独で所有する場合においては、同人は、自己のみならず他の建物共有者のためにも右土地の利用を認めているものというべきであるから、同人が右土地に抵当権を設定し、この抵当権の実行により、第三者が右土地を競落したときは、民法388条の趣旨により、抵当権設定当時に同人が土地および建物を単独で所有していた場合と同様、右土地に法定地上権が成立するものと解するのが相当である。」

第8節　抵当権と用益権との調和

I　概　　説

　従来の民法学説をリードしてきた我妻説は、抵当権と用益権との関係について、抵当権が用益権を凌駕している現実に即した解釈論を展開した後に、抵当権と用益権とのあるべき姿（理想）について、以下のような「結語」を述べている（我妻・担保物権297～298頁）。

　「根本に遡れば、抵当不動産をみずから用益する者が、競売によって、その用益者としての地位を覆滅されることも批判の余地のある問題である。けだし、現代における不動産所有権は、漸次、客体を物質的に利用する内容を失い、これを他人に物質的に利用させて対価を徴収する機能に転化しようとしているのであり、法律の理想も『所有』に対する『利用』の確保へと向かいつつあるときに、不動産所有権の上の抵当権が終局において不動産の『所有』と『利用』の両者を把握する結果となることは、右の法律理想を裏切るものである。」

　「不動産所有権の上の抵当権もまたその不動産の対価徴収機能の有する交換価値だけを把握するものとなし、目的物の物質的利用権は抵当権によって破壊されないものとすることが、『所有』と『利用』の調和を図ろうとする現代法の理想を貫くものであり、また価値権と利用権との間の真の調和を図るゆえんであろうと思われる。」

　「現行の制度をして直ちにこの理想に達せしめることは不可能であろう。しかしわれわれはここに現行法解釈の目標と理想とをおくべきである。」

　ところが、このような「所有」と「利用」との理想的な調和点を追求する努力は、現代の通説からは完全に消滅してしまっている。本書では、解釈論としても、このような「所有」と「利用」との調和を実現することが可能であるこ

とを示すことにする。

A　抵当権の設定登記に遅れて対抗力を取得した賃借権と抵当権との関係

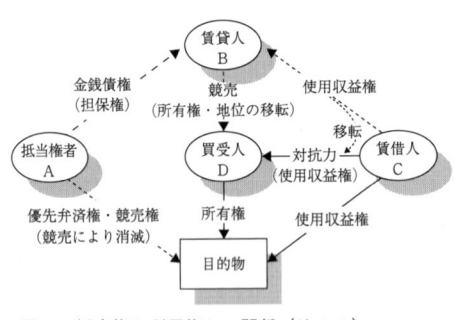

図93　抵当権と利用権との関係（その1）
　　　対抗力を有する賃借権は買受人に対抗できる

　抵当権者と賃借人とは，共通の債務者を挟んで，ともに債権者の立場にある。抵当権者は，通常は，貸金債権者であり，賃借人は，抵当目的物の使用・収益権を有する債権者である。賃借人は，抵当目的物の維持管理に貢献しているが，抵当権者は，目的物に対して，直接的には何の貢献もしていない。
　したがって，債権の優先弁済権としての立場からすると，抵当権者と不動産保存の先取特権者との関係に対応する。もっとも，賃借人の賃借目的物に対する使用・収益権は，対価としての賃料債務と均衡を保っており，通常の場合は，債権として注目されることは少ない。
　しかし，債務者が債務を履行できず，抵当権が実行された場合には，賃借権，特に借地借家法によって保護される借地借家権は，大きな意味を持つ。借地借家法によって保護される賃借権は，民法605条によって保護される賃借権と同様，すべての第三者に対抗できるものであり，この場合の債務者である賃貸人から賃貸借上の地位を譲り受けるすべての人（目的物の譲受人）に対して対抗できる。このことは，賃貸目的物の売買の場合にも妥当するのであり，さらには，売買の一種である競売にも妥当すると解するのが相当である。
　確かに，現在の通説は，通常の売買の場合にはこの法理（借地・借家人の保護の法理）の適用を認めるが，競売の場合には，この法理を適用することに消極的である。なぜなら，通説は，抵当権者と賃借人との対抗関係を抵当権の登記と賃借人の対抗要件の発生の前後で判断するという，機械的な方法でしかものごとを考えることができず，先に登記した抵当権は賃借人に対抗できるため，抵当権の実行によって抵当目的物を買い受ける買受人は，利用権の負担のない完全な所有権を取得すると考えているからである。
　しかし，これは，余りにも抵当権者にとって都合のよい考え方である。その

理由は，競売も売買に過ぎず，買受人は，抵当目的物を原始取得するわけではなく，抵当権設定者（この場合は賃貸人）が有する所有権を承継取得しているに過ぎないという点を無視しているからである。また，抵当目的物が賃借目的物である場合には，抵当権者にとっても，賃借権の存在は当然に予期できるのであり，また，抵当権の実行による不動産競売によって買受人が得る権利は，抵当権設定者（所有者）である賃貸人の権利であり，その権利に対抗力のある賃借権が設定されている場合には，買受人はその負担をも当然に引き受けなければならない。

　ところで，不動産競売が行われると，民事執行法59条により，抵当権が消滅するとともに，抵当権に対抗できない権利は，目的物の売却によって消滅するとされており，通説によると，抵当権に遅れて対抗力を得た賃借権は，抵当権に対抗できないと解されている。

　しかし，抵当権と競合する他の権利との優先権の順位は，必ずしも，登記の順序によらないことは，民法339条によって明らかであり，抵当目的物の賃借人は，賃借物を善良な管理者の注意をもって保存し，その費用償還請求について留置権をも有する地位に立つ者である。したがって，抵当権者との関係では，賃借人は，民法339条にいう，不動産保存の先取特権者に類する地位を有していると解することができる。そして，民法339条にいう登記をした先取特権者に建物の登記をした借地人をはじめとして，対抗力を有する賃借人がこれに含まれるとすれば，それらの権利者は，民法339条の類推により，抵当権者に優先する地位を有することになる。たとえこのような解釈に無理があるとしても，抵当権者は，抵当権設定者の使用・収益権を奪うことができないのであるから，抵当権者は，対抗力を有する使用・収益権に対しては，対抗できないと解することが可能であろう。

　このように考えると，もともと，抵当権者は，対抗力を有する賃借権には対抗できないのであり，たとえ対抗できるとしても，不動産の保存を行っている賃借人には優先権を有しないと解すべきである。その結果，抵当権設定者に対抗できる権利を有する賃借人は，抵当権者にも，また，買受人にも対抗できるのであり，民事執行法59条2項の規定によっても，賃借権は，たとえ抵当権の設定登記に遅れて対抗力を取得した場合でも，抵当権の実行によっても消滅しないと解することができることになる。

B 賃借権の濫用に対する抵当権者の権利

　対抗力を有する賃借権は，先に登記をした抵当権にも対抗できるとすると，賃借権が抵当権の執行妨害を助長するのではないのかとの疑問が生じるかもしれない。取得時効の制度が盗人に悪用されたり，消滅時効の制度が借金の踏み倒しに利用されたりするのと同様に，すべての制度が，濫用の危険と隣り合わせに存在しているのであり，濫用の防止を検討しておくことは，これまでにも，抵当権に対抗できる短期賃貸借が抵当権の執行妨害の手段として悪用されてきたことから考えても，重要な課題となる。

　抵当権の実行を妨害する目的でなされる詐害的な賃貸借には，一般に次のような特色が見られるとされている（田髙・物権法 240 頁）。
(1)　賃借権設定開始または占有開始が債務者の財産状態の悪化後であること
(2)　契約内容が不自然であること
　　(a)　異常に高額な敷金と低額な賃料
　　(b)　相当期間の賃料前払い
　　(c)　建物賃借人による敷地賃借権の設定登記
　　(d)　譲渡転貸自由の特約と賃借人が使用せずに転借人に使用させていること
(3)　賃借人が後順位抵当権者や一般債権者であったり，債務者と一定の身分関係にある，または，暴力団員や占有屋であること

　2003（平成 15）年の担保法・執行法改正により，濫用が目に余るとして短期賃貸借の制度（民法旧 395 条）が廃止されたのは，正当であった。抵当権の実行によって保護されるべきは，詐害的な短期賃貸借ではなく，借地借家法によって保護される正常な長期賃貸借だったからである（短期賃貸借の制度については，内田・抵当権と利用権 21 頁以下，吉田克己「民法 395 条」広中 = 星野・百年 II 691 頁以下参照）。

　しかし，短期賃貸借の規定には，その濫用を防止するためのただし書として，「其賃貸借〔短期賃貸借〕が抵当権者に損害を及ぼすときは，裁判所は，抵当権者の請求に因り，其解除を命ずることを得」という濫用防止の手段も用意されていた。そして，民法旧 395 条がただし書を含めて，すべて削除されたため，抵当権者は，濫用的賃貸借に対して，効果的な手段を失った状態にある。

　したがって，本書が提唱するように，対抗力を有するすべての賃借権が抵当権に対抗できるということになると，濫用的賃借権に対しても，抵当権者は，全く無防備な状態にあるということになる。民法を改正をするのであれば，本

来は，フランス法と同様，抵当権登記後の賃貸借も，買受人が現れるまでになされたものは，原則として買受人に承継され（売買は賃貸借を破らず），例外的に，詐害的な賃貸借を消滅させる（民法旧 395 条における抵当権者の権利の存続）という戦略をとるべきであった。短期賃貸借の制度を廃止することに気をとられる余り，抵当権者が大切な権利（濫用的な賃貸借に対する解除権）まで捨ててしまったのは，「肉を切らせて骨を断つ」つもりで，「角を矯めて牛を殺す」という事態を招いているのであり，皮肉な結果といえよう。

そこで，抵当権者のために，短期賃貸借の場合の濫用を防止することができたのと同様に，権利を対抗力のある賃貸借が濫用された場合にも，それに対抗できる権利を抵当権者に与える必要が生じている。

もっとも，短期賃貸借の弊害であった執行妨害に対しては，民事執行法によっても，以下のように，適切な対応がなされるようになってきている。

(1) 引渡命令（民事執行法 83 条）
(2) 売却のための保全処分（民事執行法 55 条）
(3) 担保不動産競売の開始決定前の保全処分等（民事執行法 187 条）
(4) 最高価買受申出人又は買受人のための保全処分（民事執行法 77 条）

しかし，これらの執行法の規定の裏づけとなる実体法上の根拠について，理論的な考察を行うことが重要である。判例は，抵当権に基づく濫用的な賃借権の排除の法理を，債権者代位権によって構成したり（最大判平 11・11・24 民集 53 巻 8 号 1899 頁），直接に抵当権に基づく物権的請求権として構成している（最一判平 17・3・10 民集 59 巻 2 号 356 頁）。しかし，抵当権妨害に対するこれらの実体法上の理論構成は，成功しているとはいえない。なぜなら，第 1 に，最高裁が抵当権者の被担保債権として構成している「担保価値維持請求権」は物権的請求権であるとされるが，物権的請求権を保全するために債権者代位権を利用するというのは奇妙である。物権的請求権は，相手方に対する直接の請求権でなければならないはずだからである。第 2 に，抵当権者が物権だから，妨害排除請求権や返還請求権という物権的請求権を有するというのも説得的とはいえない。物権であっても，占有権を有しない先取特権に妨害排除請求権，返還請求権を認めることはできないのであって，非占有担保権とされる抵当権についても，同様のことがいえるはずだからである。

平成 11 年最高裁大法廷判決（最大判平 11・11・24 民集 53 巻 8 号 1899 頁）で提唱された抵当権者の有する担保目的物の維持・保存という概念を違った方向

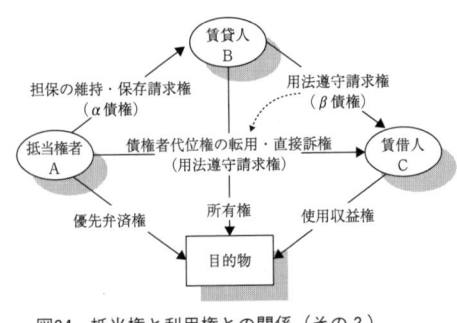

図94 抵当権と利用権との関係（その2）
抵当権者は賃借人に対して賃貸人の有する同種の権利を転用できる

で活用することを考えてみよう。抵当権者Aは、質権とは異なり、抵当権設定者Bから目的物の使用・収益権を奪うことはできない。しかし、Aは、担保権者として、Bに対して、担保目的物を「適切に維持又は保存するよう求める請求権」を有すると考えられる。また、抵当権設定者としての賃貸人Bは、賃借人Cに対して、用法に従った使用・収益をするよう求めることができる。AのBに対する権利（α債権）とBのCに対する権利（β債権）とは、互いに密接な関係にあるため、AはCに対して、債権者代位権の転用として、用法に従った使用・収益を請求することができる。そして、Cが用法に従った使用・収益をしない場合には、Bに代わって損害賠償を請求できるだけでなく、賃貸借の解除をすることもできると解すべきであろう（抵当権者のための詐害的な賃貸借の解除の法理＝民法旧395条の抵当権者のための部分的復活）。

また、BC間の賃貸借契約が、借地借家法に基づく賃貸借とは認められない場合、たとえば、一時使用の賃貸借であるとか、賃料が異常に低いなど、使用貸借と同様に扱うのが相当と認められる場合等、借地借家法による対抗力を得るだけの目的で賃貸借契約を締結した場合には、そのような賃貸借は、第三者に対抗できない賃貸借であり、抵当権者および買受人に対しても対抗できないと解することができる（民事執行法83条1項本文参照）。

Ⅱ　抵当権の実行と賃借権の対抗力

抵当権の実行に関して、実体法と手続法との関係を明らかにしているのは、民事執行法188条によって準用される同法59条（売却に伴う権利の消滅等）である。抵当権の消滅の箇所で詳しく論じるが、民事執行法59条1項は、抵当権が実行されると、担保不動産の値下り等の原因により、たとえ被担保債権の完全な回収ができない場合であっても、抵当権は消滅することを明らかにしている。それとともに、民事執行法59条2項は、担保権の実行によって「消滅

する権利を有する者，差押債権者又は仮差押債権者に対抗することができない不動産に係る権利の取得は，売却によりその効力を失う」と規定している。

たとえ，民法605条による賃借権の登記，または借地借家法10条・31条に基づく対抗要件を備えていたとしても，賃借権は，先に登記された抵当権に劣後するのだとしよう。そうだとすると，これは，「地震売買」という悪夢の復活に他ならない。なぜなら，民法の特別法である建物保護法（1909），借家法（1992），そして，それらを統合した借地借家法（1991）によって克服されたはずの「売買は賃貸借を破る（地震売買）」という悪名高い原理が，売買の一つに過ぎない競売を通じて復活することになってしまうからである。つまり，民事執行法59条2項の解釈次第で，賃借人の保護のために民法学者たちの長年の努力の結晶として確立された「売買は賃貸を破らず（地震売買の回避）」という原則が踏みにじられる危険性がある。

このように考えると，民事執行法59条2項は，実体法と手続法とを架橋する重要な条文であることがわかる。そして，実体法に関する通説・判例に従ってこの民事執行法59条2項を解釈すると，上記のおそれが実現されてしまうことに気づく。なぜなら，抵当権登記に遅れて成立した賃借権は，たとえ民法および借地借家法によって対抗力を有するものであったとしても，抵当権の実行によって消滅してしまうからである。現に，民事執行の実務においては，そのことを前提として，抵当権の登記に遅れて成立した賃借権は抵当権の実行によって消滅し，借地上の建物は取り壊され，借家人は買受人によって借家から追い出されている。

しかし，対抗力を有する賃借権が，先に登記された抵当権の実行によって覆されるという考え方は，対抗力のある権利が衝突した場合に，それぞれの権利の性質や保護の必要性を無視し，単に，「先に対抗要件を備えた方が優先する」という例外の多い原則を安易に適用したことによって生じたものに過ぎない。この考え方は，抵当権の対抗力の理解（典型例は民法339条の場合であり，先に登記された抵当権でも，後に登記された先取特権に劣後することがあることは，明文上も明らかである）において誤っており，具体的妥当性の点でも，債権の優先弁済権に過ぎない抵当権によって，対抗力のある賃借権を覆滅し，賃借人の居住権を奪うという不条理なものである。したがって，民事執行法59条2項の解釈は根本的な見直しが必要であるというのが，本書の基本的な立場である。

しかし，このような考え方は，通説・判例と真っ向から対立するものである

ので，その理由を詳しく述べる必要がある。両者ともに対抗力を有する抵当権と賃借権が衝突した場合にどちらが優先すべきかという問題について，登記の先後に関係なく，第三者に対して対抗力を有する賃借権が優先するという理由は，以下の通りである。

　第1の理由は，一般論としても，対抗力が対立する場合に，対抗要件の取得の時間の先後は，必ずしも，対立する権利の優劣を決定する決め手とはならない。特に，「先に登記した抵当権が，後に対抗力を得た権利に優先する」という単純な議論は，民法339条（登記をした不動産保存又は不動産工事の先取特権）によっても覆されている。さらには，最高裁の最近の判例（最一判平14・3・28民集56巻3号689頁）によっても，抵当権に基づく賃料債権への物上代位の権利は，たとえ抵当権の設定登記が先になされていたとしても，賃借人の有する敷金との相殺権（敷金への充当権）に劣後することが明らかにされている。したがって，「先に登記された抵当権が，後に対抗力を有した賃借権に基づく権利に常に優先する」という考え方は，重大な例外を無視した乱暴な議論であって，必ずしも常に成り立つものではないことを理解しなければならない。

　確かに，民事執行法59条2項は，通説によれば，「抵当権等の担保権設定の登記に遅れるものは，売却によって抵当権等が消滅するとともに消滅する」（中野・民事執行概説149頁）と解されている。なぜなら，登記を有する抵当権と，対抗力を有する賃借権（登記された賃借権〔民法605条〕，建物が登記された借地権〔借地借家法10条〕，または，引渡しを受けた借家権〔借地借家法31条〕）とを比較した場合，どちらが優先するかは，通説においては，対抗要件の具備の時間的な先後という単純な基準で優劣が決すると考えられているからである。

　しかし，抵当権と他の権利とが衝突する場合に，必ずしも登記の先後だけで優先関係が決まるわけでないことは，すでに述べたように，民法339条を見れば明らかである。民法339条は，抵当権が先に登記されていたとしても，後に登記がなされた不動産保存の先取特権は抵当権に優先する旨を規定している。このように，優先弁済権の優先順位は，必ずしも登記の先後には依存しない。そして，先に登記した抵当権が，後に登記した不動産保存の先取特権に劣後する理由は，担保目的物の価値の維持または増加に寄与した者は他の債権者よりも優遇されるべきであり，しかも，担保目的物の保存に寄与した者の場合には，直近の保存者（後の保存者）こそが保護されるべきである，という考慮に基づいている。この考え方は，民法330条1項2文において，「後の保存者が前の

保存者に優先する」と明文化されており，民法339条が，後に登記された場合であっても，不動産保存の先取特権が，先に登記された抵当権に優先しているのも，もとをたどれば，民法330条1項2文によって具体化された優先順位に関する原則（331頁以下参照）に則ったものと考えることができるのである。

このように考えると，担保不動産を占有し，居住者として，善管注意義務に基づいて，不動産の価値の維持に貢献している賃借人の権利は，目的不動産の維持・管理に全く関与せず，担保権を実行してそこから優先弁済権を得るだけの抵当権よりも優先されてしかるべきである。

そうだからこそ，賃借人の賃料債務に対して抵当権者が物上代位に基づいて請求を行った場合に，賃借人が，敷金返還請求権に基づいて賃料債務との相殺を主張した場合に，最高裁は，賃借人の敷金返還請求権に基づく賃料債務との相殺の権利（充当の権利）が，先に登記をした抵当権者の物上代位に基づく権利に優先することを明らかにしているのである（最一判平14・3・28民集56巻3号689頁）。

もっとも，賃料債権に対する抵当権者の物上代位による差押えと当該債権への敷金の相殺とが問題となった事件について，最高裁は，当初は，以下のように判示して，登記を先に得ている抵当権者には賃借人は対抗できないとしていた。

　　最三判平13・3・13民集55巻2号363頁
　　「抵当権者が物上代位権を行使して賃料債権の差押えをした後は，抵当不動産の賃借人は，抵当権設定登記の後に賃貸人に対して取得した債権を自働債権とする賃料債権との相殺をもって，抵当権者に対抗することはできない。」

しかし，その後，最高裁は，実質的に判例を変更し，下記のように，賃借人の敷金返還請求権に基づく相殺の権利を敷金の充当として再構成することによって，賃借人の権利が，先に登記をした抵当権者の権利に優先することを明らかにするに至ったのである。

　　最一判平14・3・28民集56巻3号689頁
　　「敷金が授受された賃貸借契約に係る賃料債権につき抵当権者が物上代位権を行使してこれを差し押さえた場合において，当該賃貸借契約が終了し，目的物が明け渡されたときは，賃料債権は，敷金の充当によりその限度で消滅する。」

このように考えると，先に登記した抵当権といえども，常に賃借人の権利に

優先するとはいえないことが明らかである。民法の特別法である借地借家法により、すべての人に建物に関する賃借権（居住権）を対抗できるとして保護されている賃借人に対して、登記を先に得たからという理由だけで、抵当権が賃借人の権利を覆滅できると考えるのは、幻想に過ぎないのであり、借地借家法を無視した議論といわざるをえない。

　第2の理由は、第1の理由と密接に関連するものであるが、抵当権者は、抵当権設定者の用益には干渉できないのであり、抵当不動産の価値を判断する場合に、抵当権設定者が新たに用益権を設定することを予想すべきだからである。

　たとえ、抵当権の設定後に、抵当不動産に用益権が設定されるという事態が発生したとしても、それは、抵当権者が予見すべき想定内の事態であり、そのような事態を含めて、不動産の価値を評価すべきである。つまり、抵当不動産について、抵当権の設定登記の後に賃借権が設定され、そのことによって競売代金が低く見積もられることになったとしても、それは、用益権に干渉できない抵当権者として、当然に甘受しなければならない問題である。なぜなら、この問題は、不況等の理由で不動産価格が下落し、それによって抵当不動産の価値が減少したとしても、それは抵当権者として予期すべきであって、甘受せざるをえないのと同じである。このように考えると、抵当権登記に遅れて対抗力を得た賃借権に抵当権が対抗できない結果として、抵当権者が不測の損害を被ったとしても、抵当権者はそれを甘受しなければならない。

　第3の理由は、抵当権の実行によって買受人が取得できる権利（所有権）は、抵当権者ではなく抵当権設定者（所有者）に由来するものであり、所有者である抵当権設定者に対抗できる権利を有する賃借人は、買受人に対しても対抗力を有すると考えるべきだからである。

　先にも述べたように、抵当権の対抗力は、優先弁済権に過ぎない。抵当権は、抵当権設定者の使用収益権を奪うことはできないのであり、抵当権を実行しても、その効力は、目的不動産の売却金から他の債権者に先立って債権の弁済を受けることができればそれで満足すべきものに過ぎず、抵当不動産の利用権に影響を与える力を有しないと解さなければならない。

　抵当権者は、債務者が債務不履行に陥った場合には、確かに、抵当不動産を売却する権利を有する。しかし、売却は、抵当権設定者の権利を買受人へと移転させる権限を有するに過ぎない。買受人が譲り受けるのは、抵当権設定者の権利（債務者または物上保証人の有する所有権）であり、したがって、買受人は、

抵当権設定者の有する権利以上の権利を取得できるものではない（動産と異なり，実体法上は，不動産の物権変動には公信力は認められていない〔民法568条〕）。したがって，抵当権設定者に対抗できる賃借権を有する賃借人（民法605条に基づく賃借人ばかりでなく，借地借家法10条または31条に基づいて対抗力を有している賃借人）は，抵当目的物の買受人に対しても賃借権を対抗できると解さなければならない。

　通説は，先に述べたように，抵当権者は抵当権登記に遅れて対抗要件を得た賃借人に対抗できるのであるから，抵当権の実行によって権利を取得した買受人も賃借人に対抗できるという理論を展開している。しかし，買受人は誰の権利を取得するのかという観点での考察を怠っており，買受人が賃借人に対抗できるという結論を正当化するには至っていない。

　これに対して，上記の考え方によれば，借地上の建物に抵当権が設定されて，建物が競売された場合には，借地人の交代を歓迎しない賃貸人の側から，建物の買受人に対してなされるおそれのある建物収去土地明渡請求から買受人を保護することにもなる。なぜなら，建物所有者は，建物の登記によって借地権の第三者対抗力を獲得する（借地法10条）。したがって，建物の競売によって建物を買い受け，建物の移転登記を取得した買受人は，抵当権設定者の有していた借地権（従たる権利と解されている）を承継し，その借地権をもって，土地の賃貸人に対抗できることになるからである。この結論は，判例（最三判昭40・5・4民集19巻4号811頁）によっても是認されている。

　第4の理由は，第3の理由と密接に関連するが，不動産の買受人は，民事執行法57条による現況調査，62条による物件明細書の備置き等によって不動産の現況を知ることができるのであり，借地権者の存在を前もって知りうる状況にある。したがって，賃借権が買受人に対抗できるとしても，買受人に不測の損害を与えることはないからである。

　以上のように考えると，実体法の解釈としては，民法または借地借家法に基づいて第三者に対抗できる賃借権は，抵当権の設定後に成立したものを含めて，抵当権に対抗できると考えるべきであり，民事執行法59条2項の解釈としても，対抗力のある賃借権は，担保権に「対抗することができない権利」には該当しないと解すべきであろう。

　上記のような本書の立場に立つまでもなく，実体法の解釈としては，競売によって賃借権が消滅するかどうかの問題は，抵当権者を含む債権者と賃借人と

の間の優劣の問題として考えるべきではなく，あくまで，所有権を有する債務者（執行債務者）と不動産に係る権利の主体（賃借人等）との間の対抗問題として考えるべきであった。したがって，民事執行法59条2項は，「前項の規定により消滅する権利を有する者，……に対抗することができない不動産に係る権利の取得は，売却によりその効力を失う」ではなく，売買の原則に立ち返り，「不動産の所有者または不動産の買受人に対抗することができない不動産に係る権利の取得は，売却によりその効力を失う」と規定すべきであったのである（しかし，それは立法論であって，解釈論とはいえないので，これ以上は立ち入らない）。

そこで，民事執行法59条2項は，先に述べたように，民法または借地借家法に基づいて第三者に対抗することのできる賃借権は，担保権に「対抗することができない権利」には該当しないと解し，買受人に対しても賃借権をもって対抗できると解すべきことになる。

以上のような考察を行うことによって，初めて，2003年の民法改正によって新設された民法387条（抵当権者の同意の登記がある場合の賃貸借の対抗力）がいかに馬鹿げた規定であり，無用の長物であるかが明らかとなる。そのことを次に論じることにする。

Ⅲ 抵当権と用益権の調整として無益な現行民法387条

現行民法387条は，現行民法としては異例の条文である。なぜなら，この条文は，民法における体系上の位置づけが不明なばかりでなく，賃借人の保護という要請とも無関係に規定された，現行民法の中でも最も拙劣で無益・無意味な条文だからである。

民法の最近の注釈書（我妻＝有泉・コンメンタール606～607頁）によれば，2003年改正は，全体として，抵当不動産の収益価値を重視しており，抵当権の効力を収益価値に及ばせることに力点をおいているが，他方で，不動産用益権の尊重に配慮しているとして，現行民法387条に対して好意的な評価を下している。その理由は以下の通りである。

「抵当権の設定登記に遅れて設定され，これに対抗できない賃借権は，いつ抵当権の実行によりくつがえされるかわからないというのでは，目的不動産の安定した利用収益を図ることができない。一方で，旧395条が定めていた短期賃

貸借の保護が廃止されたことに対応して，抵当権に対抗できない賃借権に対抗力を備える道を，抵当権者の同意を要件として開いたのが本条である。

　本条は，抵当権者の同意がある場合にのみ適用されるので，賃借権者にとってとくに強い手段が認められたわけではない（その点，378条の代価弁済に類似している）。しかし，このような道が制度化されたことの意義は大きい。たとえば，法定地上権において土地と同一所有者に属していた建物が他者に譲渡され，その者が土地の賃借権を取得した場合についての，388条の拡大解釈を図る努力は，本条によりその建物所有者＝賃借権者が土地抵当権に対する対抗力を備えたときは必要のないものとなる。すなわち，本条は，土地とその上の建物が別個の不動産とされることによる矛盾の解決の一助にもなるのである。」

　しかし，民法387条は，このような楽観的な評価に値しないと思われる。その理由は以下の通りである。

　第1は，民法387条の適用範囲が，「登記をした賃貸借」に限定されていることにある。登記をした賃貸借とは民法605条の賃貸借のことであるが，賃貸借の登記には賃貸人の協力が必要であるため，賃借権自体が登記されることは稀であり，登記された賃貸借は，むしろ抵当権を妨害する目的（執行妨害）でなされることが多いというのが，従来の考え方であった。そのようなわけで，民法605条による登記をした賃貸借だけを保護していたのでは，通常の賃借人を保護することができない。そうだからこそ，建物保護法1条（借地借家法10条）は，単独では実現不能な賃貸借の登記ではなく，賃借人が単独で登記が可能な賃借人が所有する建物の所有権登記だけで，賃貸借の登記がなされたのと同じ効力を与えたのである。また，建物の引渡しを受けた借家人のために，引渡しがあれば登記は必要ないとして，借家法1条（借地借家法31条）によって借家人を保護することになったのである。このように考えると，民法387条が，借地借家法を無視して，「登記した賃貸借」だけに保護を与えるとしたことは，時代の流れに逆行するものであり，借地借家法によって保護されている賃借人に対する「嫌がらせ」としかいいようのない愚挙である。

　第2は，登記をした賃借権は，たとえ目的物が第三者に譲渡された場合でも，すべての第三者に対抗することができるのであり，このことは，競売による買受人に対しても当然に対抗できると考えるべきであることは，すでに述べたとおりである。買受人を含めたすべての第三者に対抗できる賃借権について，抵当権者の同意など，とる必要もない。抵当権者は，債権を回収するために，債

務不履行になった際に初めて，抵当不動産の競売を申し立て，競売代金の中から優先弁済権を得ることができる権利に過ぎないのであって，債務不履行に陥っていない間は，抵当権者は抵当権設定者の用益には関与できない。したがって，第三者に対抗できる賃借権を有する賃借人は，買受人に対抗する前提として抵当権者の承諾を得る必要は全くない。それにもかかわらず，2003年の改正によって創設された民法387条は，賃借人が抵当権者に対抗する要件として，賃借人に対して，借地借家法の対抗力（借地借家法10条・31条）ではなく，通常は行われることのない貸借権の登記（民法605条，不動産登記法3条8号）を必要としている。その上，用益に関して何の権限も有しない抵当権者の承諾を要求し，さらに，抵当権者の一人でも同意しない者があるときは，本条の適用がなく，同意の登記も受理されないとしている。これは，借地法によって第三者に対抗できる権利を有する賃借人（借地・借家人）に対する「嫌がらせ」以外の何ものでもない。

　民法387条は，このままであれば，無用の長物として削除されるべきであるし，もしも存続させるのであれば，少なくとも，以下のように改正する必要がある。

　　民法387条改正私案（抵当権に対する賃貸借の対抗力）
　　　登記をした賃借権，借地借家法10条または31条によって第三者に対抗できる賃借権は，その登記前に登記をした抵当権，および，買受人等，抵当権の実行に伴った権利を有するすべての第三者にも，対抗することができる。

IV　一括競売（民法389条）——土地とその上の建物が別個の不動産とされることの矛盾の調整としては無用の長物

　抵当権の実行に伴う賃借権の保護については，先に述べたように，抵当権設定後に成立した賃借権であっても，第三者対抗要件を有する場合には抵当権にも対抗できるのであり，結果として，抵当権の実行によって出現する買受人に対しても対抗できることが明らかとなった。

　さらに，抵当権設定後に生じる賃借人ではなく，抵当権設定後に土地と建物とが別人に帰属する事態が生じた場合には，建物を保護するために，建物のために土地利用権（法定地上権または法定借地権）を発生させる必要がある。これが法定地上権（民法388条）および法定借地権（仮登記担保法10条）の問題であり，法定地上権についてはすでに述べたところであり，法定借地権については，後に仮登記担保法の箇所で論じることにする。

ここで論じるのは，通説によって，仮に，法定地上権の成立が否定されると仮定した問題である。抵当権の実行によって土地と建物とが別の所有者に帰属する場合には，通常は法定地上権が成立するのであり，本書の立場は，すでに述べたように，あらゆるタイプの場合にも法定地上権が成立することを明らかにしている。

　ところが，通説・判例は，土地と所有者とが別人に帰属した場合に，建物を保護するよりも，抵当権および土地買受人を保護する方向に傾斜しており，民法388条の要件が具備されない場合を想定した上で，建物を保護する必要が生じると考えている。特に，土地に抵当権が設定された後に建物が築造された場合には，通説・判例によると，民法388条の要件が満たされていないとして法定地上権の成立を否定しているため，建物が保護されないことになりかねない。そこで，法定地上権を否定しつつも，抵当権の実行から建物を保護するための何らかの措置が考えられないかが，問題となるのである。

　民法389条の抵当地の上の建物の競売（一括競売）は，この問題に関連して，土地について抵当権が設定された後，抵当地に土地所有者自身が築造した場合（2003年改正前の旧389条は，土地所有者自身が抵当権設定後に築造した建物だけが対象とされていた），または，第三者が築造した建物であっても，建物のための土地利用権が土地抵当権者に対抗できない場合に，土地抵当権者は，土地だけでなく，建物を土地とともに一括して競売することができると規定している。

　抵当土地に築造された建物については，土地だけが競売された場合には，通説・判例によると，建物のために法定地上権が成立することはないとされる。したがって，この規定が，土地抵当権者に，土地だけでなくその上にある建物まで競売する権限を与えたことは，もしも，土地と建物とが同一人によって買い受けられるならば建物は保護されることになるという意味で評価されている。

　しかし，土地と建物を一括競売したところで，土地と建物が別人によって買い受けられた場合には，民法389条は何の役にも立たない。民法389条は，土地抵当権者の権利ではなく，土地と建物とが別人に帰属することになった際の矛盾を解決するために，土地抵当権者の一括競売の義務を定めたものである，との説も存在するが（松本恒雄「抵当権と利用権の調整についての一考察(1)」民商80巻3号〔1979〕313～315頁），土地と建物とが別人によって買い受けられた場合には，結局，問題の解決ともならない。

　そもそも，民法389条が規定された趣旨は，土地に抵当権が設定された後に

抵当土地に建物が築造されるとその建物が存在するために容易に買受人が現れないという場合に備えて，土地抵当権者に，抵当権の効力の及ばないはずの建物についても土地とともに競売する特別の権利（一括意競売権）を認め，抵当権の実行を容易にすることにあった（民法理由書379頁）。

このように，抵当権者の利益を優先するという考えを貫くのであれば，抵当権者に一括競売を義務づけることは抵当権者に大きな負担を課すことになって立法の趣旨にそぐわないばかりでなく，土地と建物とが同一人によって買い受けられるという保障もない以上は，土地とその上の建物が別個の所有者に帰属する場合の建物の保護という機能も果たしえないことになる。

結局のところ，民法389条は，抵当権者の利益だけを考慮して起草された条文であり，建物の保護という観点からは不十分な規定である。問題の解決は，先に論じたように（第16章第7節ⅡB参照），建物の保護のためにできる限り法定地上権の成立を認める方向で解釈を展開すべきであろう。このようにして，土地について抵当権が設定された後に建物が築造された場合でも法定地上権の成立を認めるという本書の立場によれば，民法389条2項で明らかにされているように，抵当土地とともに，抵当権の及ばないはずの建物まで抵当権者に売却させる権限を与える必要はないのであり，一括競売の規定は不要であるということになる。

もしも民法389条を残すのであれば，抵当権の実行から建物の保護を実現するという観点に徹する規定へと修正すべきであり，したがって，民法389条は以下のように改正されるべきであろう。

民法389条改正私案（抵当地の上の建物の一括競売）
①抵当権の設定後に抵当地に建物が築造されたときにおいて，その建物の所有者が抵当地を占有するについて抵当権者に対抗することができる権利を有しない場合は，抵当権者は，土地とともにその建物を競売しなければならならない。その場合には，一括競売された不動産は，同一の買受人に買い受けさせるものとする。
②前項の場合には，土地抵当権者の優先権は，土地の代価についてのみ行使することができる。

Ⅴ 短期賃貸借保護（民法旧395条）の廃止と引渡しの猶予（民法395条）

2003年の民法担保法の改正以前の旧395条は，短期賃貸借を保護するために，以下のように規定していた（カタカナをひらがなに改め，濁点と句読点を補

っている）。

民法旧395条（短期賃借権の保護）
　　第602条に定めたる期間を超えざる賃貸借は，抵当権の登記後に登記したるものと雖も，之を以て抵当権者に対抗することを得。但，其賃貸借が抵当権者に損害を及ぼすときは，裁判所は，抵当権者の請求に因り，其解除を命ずることを得。

　借地法や借家法が制定される以前の民法においては，賃貸借が登記されることはほとんどなく，また，賃貸借の登記に代わる対抗要件の制度も存在しなかった。したがって，「売買は賃貸借を破る（地震売買）」という原理が通用していた。このため，抵当権の設定によっても設定者は抵当不動産を他者に賃貸することは自由であるが，抵当権が実行されるとその賃貸借は覆されると考えられてきた（現在の通説・判例も同様に解している）。このような時代にあって，賃借人の不安な状況を少しでも改善するため，山林については10年以内，それ以外の土地については5年以内，建物については3年以内に限り（民法602条の短期賃貸借），抵当権の実行によっても覆されない，すなわち抵当権者および競落人（買受人）にも対抗できる賃借権の設定を可能にしたのが，短期賃貸借の制度である（民法旧395条）。
　しかし，現実には，この制度がその本来の制度趣旨に沿って利用されることは少なく，むしろ，この制度が濫用され，実際には不動産を利用しないのに，抵当権を害することを目的とした詐害的な短期賃貸借が目立つようになった。
　借地法等の特別法によって，正常な賃貸借は長期型へと移行したのであるから，保護すべきなのは，短期賃貸借ではなく，建物保護法1条や借家法1条によって対抗力を具備された長期の賃貸借（借地・借家）であった。それにもかかわらず，民法の抵当権の規定は，このような特別法の趣旨を踏まえた上での適切な修正がなされなかった。そのため，民法は，借地借家法制から見れば，明らかに脱法的な短期賃貸借だけを保護し，保護すべき長期賃貸借の保護を放置するものとなってしまったのである。しかも，通説および判例は，抵当権の設定後に成立した正常な長期賃貸借を保護する解釈方法を探究することを怠っていたため，正常とはいえない短期賃貸借を保護することになり，短期賃貸借はますます濫用の方向へと進んでいったのである。
　2003年の民法改正により，短期賃貸借保護の制度は廃止され，これに代わる賃借人の保護制度として，建物の賃貸借についてのみ，抵当権が実行された後の買受人に対する関係で，引渡しの猶予を認める制度が創設された（民法

395条)。その結果として，賃借人の保護は，土地については，5年の保護もなくなり，建物については，3年の保護が，わずか6ヵ月の引渡猶予へと大きく後退したことになる。

　現行民法が，濫用目的に利用されることが多かった短期賃貸借の制度を廃止したことは，正当である。しかし，真に保護すべきは，借地借家法によって第三者に対抗できることが認められている長期賃貸借である。先に述べたように，このような正常な賃貸借については，現行民法395条によっても，その保護がなくなったと考える必要はない。なぜなら，民法395条が認めている猶予期間は，賃借人の保護というには余りにお粗末なものであり，このような中途半端なものであれば，なくても同じである。借地借家法によって保護されている賃借権については，本書の解釈(「抵当権は，後に成立した対抗力を有する賃貸借を破らず」)によれば，さらに大きな保護が約束されることになる。

　現行民法395条は，単に，「抵当権者に対抗することができない賃貸借」についてわずかな保護を実現しているに過ぎない。しかし，本書の立場からすれば，すでに述べたように，抵当権の登記に遅れて成立した賃借権であっても，民法605条，借地借家法10条または31条によって第三者に対抗できる賃借権は，使用・収益に干渉できない抵当権者に対しても，また，転貸人の地位を引き継いだに過ぎない買受人に対しても，賃借権をもって抵抗できる(「売買(競売)は賃貸借を破らず」)のであるから，旧395条と同様，現行民法395条も不要である。むしろ，本書で展開してきた解釈によってのみ，収益に干渉せず，抵当不動産から優先弁済権を得ることのできる抵当権と，民法および借地借家法によって，居住権として保護され，第三者に対抗できる賃借権との調和が図られるのである。

第9節　抵当権の消滅

I　概　　説

　旧民法(債権担保編)292条は，抵当権の消滅原因として，①債務の消滅，②債権者の抵当の放棄，③時効，④滌除(現行民法における抵当権消滅請求)，⑤競落，⑥抵当不動産の滅失(ただし物上代位に転化)，⑦公用徴収，という7つの原因を列挙していた。現行民法の立法者は，これらの消滅原因は，「皆当

然謂ふを待たざる所」であるとして，この規定を削除した。確かに，立法のあり方としては，現行民法 369〜398 条のように，抵当権に特有の消滅原因を列挙すれば，それで足るのであろう。しかし，体系的な理解を望むのであれば，以下に述べるように，抵当権の消滅原因を分類・整理して理解しておく必要がある。

従来の概説書では，抵当権の消滅に関して，担保権の実行を組み込んだこのような体系的な整理はされていない。この点で，本節は，本書の特色の一つとなっている。

A 抵当権の消滅原因の分類

抵当権は，第 1 に，担保権に共通の消滅原因（2 つ），すなわち，①被担保債権の消滅（付従性）によって，または，債務者から使用・収益権を奪わないタイプの②担保権の実行（民事執行法 59 条 1 項）によって消滅する。第 2 に，抵当権に特有の消滅原因（4 つ），すなわち，③代価弁済（民法 378 条），④抵当権消滅請求（民法 379〜386 条），⑤抵当権の消滅時効（民法 396 条の反対解釈），または，⑥抵当不動産の時効取得（民法 397 条）によって消滅する。

第 1 の担保権に共通の消滅原因のうち，①被担保債権の消滅（付従性）による消滅については，担保物権の通有性としてすでに説明しているので，ここでは省略する。②担保権の実行の場合，抵当権者は売却代金等から満足を受けることになるが，売却代金が債権額に満たない場合，すなわち不足分の債権が存続するにもかかわらず，抵当権は消滅する。被担保債権が一部消滅していないのに抵当権だけが消滅することになり，被担保債権は担保権のない一般債権として存続することになるのであるから，被担保債権の消滅によって担保権もそれに付随して消滅する①の場合とは区別しなければならない。

第 2 の抵当権に特有の消滅原因のうち，③代価弁済および④抵当権の消滅請求は，第 1 の消滅原因の中の②担保権の実行の場合と同様に，被担保債権が完全には満足されないにもかかわらず，抵当権だけが消滅する場合である。つまり，抵当権の実行の場合と同様，代価弁済，抵当権の消滅請求によって第三取得者の支払う金額によって被担保債権が満足されない部分の被担保債権は，担保権のない一般債権として存続することになる。

このうち③代価弁済（民法 378 条）は，債務者の資力が十分でなく（不良債権），第三者に渡った抵当不動産の価格も値下りして，抵当権者が競売しても

被担保債権全額の満足が得られないという場合に，抵当権者の方から第三取得者に対して不動産の売却代金（被担保債権額よりも低額でよい）を請求し，第三取得者がこれに応じてその金額を支払えば，抵当権を消滅させ，第三取得者に負担のない所有権の取得を認めるという制度であり，不動産価格が値下りした場合の不良債権の回収方法として一定の意義を有する。

これに対して，④**抵当権消滅請求**（民法379〜386条）は，上記のような状況であるにもかかわらず，抵当権者が抵当不動産の値上りを期待して，代価弁済を要求しない場合に，抵当不動産の第三取得者の方から不動産の価額を支払うことによって抵当権を消滅させることを請求できる制度である。

両者は，被担保債権の完全な満足を得ない場合であっても，抵当不動産の価額に相当する金額が弁済されることによって，抵当権を消滅させる制度である点で共通している。両者の違いは，③代価弁済が，抵当権者から第三取得者へと請求するものであるのに対して，④抵当権消滅請求は，反対に，第三取得者から抵当権者へと請求する点にあるに過ぎない。③代価弁済を基本に考えると，④抵当権消滅請求は，**対抗・代価弁済**ということが可能である。

第2の抵当権に特有の消滅原因のうち，最後の⑤**抵当権の消滅時効**および⑥**抵当不動産の時効取得**は，債権の満足が全く得られないままに抵当権だけが消滅する点で特色を有する。すなわち，この場合には，被担保債権は，それが他の原因で消滅しない限り，一般債権として存続する。

以上の抵当権の消滅原因を表にまとめると以下のようになる。

表71　抵当権の6つの消滅原因の分類

大分類	中分類		小分類	具体例
A　担保物権に共通の消滅原因	(1) 被担保債権の消滅に付従して抵当権が消滅するもの（担保物権の通有性のうちの付従性に基づく効果）			①被担保債権の消滅（弁済，相殺，更改，混同，免除，放棄，消滅時効など）
	(2) 被担保債権が一部存続する場合でも抵当権だけが消滅するもの（担保執行手続による優先弁済権の満足の効果）			②抵当権の実行（民事執行法59条1項）
B　抵当権に特有の消滅原因	(3) 被担保債権が存続する場合でも抵当権だけが消滅するもの	(a) 被担保債権の一部の満足でも，抵当権が消滅するもの		③代価弁済（民法378条）
				④抵当権消滅請求

		(簡易手続による優先弁済権の満足の効果)	（民法379～386条）
		(b) 被担保債権が満足されないまま抵当権が消滅するもの（優先弁済権の追及力の制限）	⑤抵当権の消滅時効（民法396条の反対解釈）
			⑥抵当不動産の時効取得（民法397条）

B 物権に共通の消滅原因とされているが，抵当権が必ずしも消滅するとは限らない場合

通説は，抵当権は物権であるから，上記の第1・第2の消滅原因のほか，第3に，物権に共通の消滅原因（例えば，目的物の滅失・混同）によっても抵当権は消滅すると解している（内田・民法Ⅲ 472頁）。しかし，そのような考え方では，以下に述べるように，抵当権の重要な問題である物上代位を含めて，抵当権の消滅と存続とを整合的に説明することが困難となってしまう。

1 目的物の滅失（必ずしも抵当権を消滅させない）

第1に，もしも，通説のように，抵当権が物権に共通の消滅原因である目的物の滅失によって抵当権自体が消滅すると考えるならば，抵当権が存在することを前提として認められている物上代位（民法372条による304条の準用）は意味を失ってしまう。そして，目的物の滅失と牽連して生じた債務者の債権（売買代金債権，賃料債権，損害賠償債権等）に対して抵当権の効力（優先弁済権）が及ぶことを説明することができなくなる。

したがって，物的担保は，目的物の滅失によっても消滅するとは限らないというべきである。本書の立場によれば，物的担保は，物権ではなく，債権の摑取力が質的に強化されたものと考えるため，物的担保は，物権に共通の消滅原因によって消滅するとは限らないということを，容易に説明することができる。しかも，このように考えることによって初めて，①抵当権の目的物の範囲は，本来，不動産および不動産上の権利に限定されている（民法369条）にもかかわらず，目的物である不動産に付加して一体となっている場合には動産にも及ぶこと（民法370条），②債務不履行がある場合には，抵当権はその目的物の果実にも及ぶこと（民法371条），先に述べたように，③目的物が滅失・損傷した場合でも，それに牽連して債務者に生じた債権にも抵当権が及ぶこと（民法

372条による304条の準用）を，すべて連続的に理解することができるのである。さらには，④抵当権の目的物である建物が滅失し，建替えが行われた場合にも，一定の条件の下に，新建物の上にも抵当権の存続を肯定することが可能となる。最後の点については，本章の第7節・第8節ですでに述べたので，繰り返さない。

ここでは，建物が滅失しても，抵当権が存続するとされた例として，最高裁平成6年判決（最三判平6・1・25民集48巻1号18頁）を挙げるに留める。

> 最三判平6・1・25民集48巻1号18頁
> 「互いに主従の関係にない甲，乙二棟の建物が，その間の隔壁を除去する等の工事により一棟の丙建物となった場合においても，これをもって，甲建物あるいは乙建物を目的として設定されていた抵当権が消滅することはなく，右抵当権は，丙建物のうちの甲建物又は乙建物の価格の割合に応じた持分を目的とするものとして存続すると解するのが相当である。」

2 民法179条の混同による消滅（債権者と債務負担者との混同〔民法520条〕と付従性によって消滅する）

第2に，通説は，物権法総論に規定されている民法179条によって，抵当権の成立している目的物の所有権とその抵当権が同一人に帰して混同を生じた場合には抵当権は消滅すると考えている。確かに，この結論は正しい。しかし，本書の立場によると，結論を導く理由が異なる。すなわち，この場合は，債権と負担の混同による責任の消滅（付従性）による抵当権の消滅と分類されることになる。

すでに述べたように，物的担保には，物権法総論の規定が適用できないことが多い（留置権も先取特権も質権も物権法総論の規定〔177条・178条〕に従っていない）。通説が，物的担保の消滅の場合にのみ物権法の総論（民法179条）を持ち出すのは，ご都合主義のそしりを免れない。この場合には，物権の混同の規定（民法179条）ではなく，債権の混同の規定（民法520条）の類推がなされるべきである。すなわち，上記の例は，債権（の優先弁済権＝抵当権）と責任（他人の債務の負担＝物上保証）とが同一人に帰属した場合にはその負担は消滅すると考えることになる。債権が消滅すれば，物的担保が付従性によって消滅することは，担保物権の通有性から説明できる。そして，このように考えても，抵当権が第三者の権利の目的となっている場合には抵当権が消滅しないことについても，民法179条が適用されるからではなく，上記と同様に，民法520条が

類推適用されるからであるとして，容易に説明できる。

3 抵当権の目的である権利の放棄（権利の消滅が対抗できないために，抵当権を消滅させない）

第3に，民法398条は，地上権，永小作権を抵当権の目的（無体物）とした場合（民法369条2項），その目的である権利が地上権者または永小作人によって放棄されても，抵当権者に対抗できないと規定している。その意味は，抵当権の目的が放棄によって消滅しても，抵当権者は，抵当権は存在するものとして，なお抵当権に基づいて競売をすることができる，と解されている。

通説は，権利の放棄は，これによって第三者の権利を害する場合には許されないのであるから，民法398条の規定は当然の規定であると説明している（我妻・担保物権424頁）。確かに，この結論と理由は正しい。しかし，抵当権の目的が消滅した場合にも抵当権が消滅しないのであれば，当然の規定として説明するのではなく，通説の立場からすれば，少なくとも，抵当権の消滅の例外として，以下のように説明すべき問題であると思われる。

> 抵当権の目的が消滅すれば，抵当権も消滅するのが原則である（通説）。しかし，権利の放棄は，相対的な効力しか生じないのであり（通説），抵当目的の放棄による抵当権の消滅は，抵当権者に対抗できないのであるから，例外として，抵当権は消滅しない（民法398条）。

抵当権を物権とは考えず，先に述べたように，抵当権の目的の消滅は必ずしも抵当権の消滅をもたらさない（その典型例は，抵当目的物の滅失の場合の物上代位に基づく抵当権の存続）とする本書の立場からすると，民法398条の規定は，例外ではなく，以下のように，当然の規定ということになる。上記の通説による説明と比べてみると，本書の立場が鮮明になると思われる。

> 抵当権は，抵当目的(物)が消滅しても，必ずしも消滅しない（加賀山説）。しかも，権利の放棄は，相対的な効力しか生じないのであり（通説），抵当目的の放棄による抵当権の消滅は，抵当権者に対抗できないのであるから，抵当権が消滅しないのは当然である（民法398条）。

4 抵当不動産の時効取得（所有権が原始取得されたとしても，必ずしも抵当権を消滅させない）

第4に，民法397条は，「債務者又は抵当権設定者でない者が抵当不動産について取得時効に必要な要件を具備する占有をしたときは，抵当権は，これによって消滅する」と規定しているが，これを反対解釈すると，民法397条は，

「債務者又は抵当権設定者が抵当不動産について取得時効に必要な要件を具備する占有をしたときでも，抵当権は，これによって消滅しない」ということになる。

抵当権が制限物権であるとすると，抵当不動産が取得時効によって原始取得された場合には，制限物権は例外なしに消滅する，というのが物権法の大原則である。民法397条は，その反対解釈により，「抵当不動産が抵当債務者または抵当権設定者によって原始取得された場合でも，抵当権は消滅しない」としているのに等しいのであるから，つまるところ，**抵当権は必ずしも物権の原則には従わないないことを宣言しているのに等しい。**

本書の立場によれば，抵当権は債権の優先弁済効に過ぎないのであるが，それが登記された場合には，債権の優先弁済効が第三者にも対抗できるのであり（登記された賃借権が第三者に対抗できる〔民法605条〕のと同じ現象に過ぎない），このことは，物権の所有者がどのような態様で交代しても変りがない。つまり，抵当権が第三者に譲渡（承継取得）されようが，第三者が時効取得（原始取得）しようが，物権ではなく，物権秩序に従うことのない抵当権は，賃借権の場合と同様，第三者に対抗できるのである。ただし，抵当権といえども，債権の効力に過ぎないから，債権の時効消滅に付従して消滅するほか，第三取得者との関係では，抵当権独自の消滅原因によっても消滅することがある（民法397条の反対解釈）。

なお，民法396条（第三取得者による抵当権の時効消滅の援用）と民法397条（第三取得者による抵当不動産の取得時効に基づく抵当権の消滅）との関係は，本書では，従来の解釈とは異なり，第1に，民法396条は，債務者および抵当権設定者のみに関する規定であると解している。そして，債務者および抵当権設定者との関係では，消滅時効であれ，取得時効であれ，抵当権が独自に時効によって消滅することはないことを明らかにする。すなわち，抵当権が消滅するのは，被担保債権が時効によって消滅する場合など，付従性によって消滅する場合だけであることを規定したものと解している。第2に，本書では，民法397条は，債務者または抵当権設定者以外の者のみに関する規定であると解している。そして，債務者または抵当権設定者以外の者との関係における抵当権の独自の消滅原因（追及効の消滅）を規定しているものと解している。ただし，第三取得者との関係に限定された抵当権に独自の消滅原因の意味については，本書では，通説とは異なり，物権の取得時効に基づく抵当権の消滅の問

題とは考えておらず，民法397条は抵当権の追及効の限界を示すものであり，第三取得者が抵当不動産を時効で取得した場合に限って抵当権の追及効が消滅するものと解している。以上の解釈は，通説とは異なる本書独自の説なので，後に詳しく論じることにする。

II 担保権に共通の消滅原因

A 被担保債権の消滅（付従性）

物的担保は，被担保債権の消滅によって消滅する（付従性）。抵当権も物的担保の一つであるから，被担保債権が弁済（代物弁済，供託を含む），更改，相殺，混同，免除，放棄，消滅時効によって消滅した場合には，抵当権もそれに付従して消滅する。

債権の消滅による抵当権の消滅は，登記の抹消を待たずに絶対的効力を生じる（我妻・担保物権421頁）。この点は，抵当権の設定契約を解除したり，抵当権を放棄したりした場合（民法377条）とは異なる。

B 抵当権の目的物の競売

抵当権の設定された不動産に対して一般債権者が強制競売を申し立てて競売（不動産執行）がなされた場合，または，抵当権者等の担保権者による担保権の実行としての競売（担保不動産競売）が申し立てられて競売がなされた場合には，抵当権は，目的物の売却によって消滅する（民事執行法59条1項）。すなわち，抵当不動産の買受人は，抵当権の負担を引き受けない。占有を伴う不動産上の留置権や最優先の質権で使用・収益権を伴うものの場合には，これらの担保権が買受人に移転し，買受人が被担保債権を弁済しない限りこれらの担保権は存続する（民事執行法59条4項）のと，対照的である。

抵当権が消滅し，所有権を取得した買受人が，さらに，競売によって用益権が消滅するため負担のない所有権を取得できるのか，用益権の負担を受けるのかという問題については，すでに第8節で論じたので，ここでは触れない。

III 抵当権に特有の消滅原因

物的担保は，被担保債権の消滅に付従して消滅する。この点については先に

述べた。抵当権の場合には，そのほかに，抵当不動産の所有権を第三者が取得した場合に，その第三取得者との利害を調整するため，被担保債権が完全に消滅しなくても，第三取得者が抵当権者に抵当不動産の価額を支払うことによって抵当権のみを消滅させる制度が用意されている。抵当権者のイニシアティブで抵当権を消滅させるのが代価弁済の制度であり（民法378条），第三取得者のイニシアティブで抵当権を消滅させるのが抵当権消滅請求権の制度である（民法379〜386条）。

A 代価弁済
1 代価弁済の意義と制度の趣旨

抵当権が設定されても，抵当権の設定者は，抵当権の目的である不動産または地上権を自由に処分することができる。しかし，抵当権には追及効があるため，抵当不動産の所有権またはその上の地上権を買い受けた者（第三取得者）は，抵当権つきのままでその権利を取得することになる。したがって，もしもその後に抵当権が実行されれば，第三取得者は，取得した権利（所有権，地上権または永小作権）を失うことになる。

このように，抵当不動産上の権利の取得者にとっては，いつ抵当権を実行されてその権利を失うかもしれないという不安がある。また，抵当権者にとっては，抵当目的である不動産が譲渡されるごとに執行債務者を追及していく必要があり，実行手続が面倒になる不安がある。そこで，抵当権者と第三取得者の利害を調整するため，抵当不動産の売買に際して，第三取得者が，売主である抵当権設定者ではなく，直接に抵当権者に買受代金を支払うという方法により，抵当権の優先弁済権を簡易の手続で満足させ，抵当権を消滅させることができる制度が創設された。この制度を代価弁済という（民法378条）。

代価弁済における抵当権者と第三取得者との利害調整の成否は，以下に述べるように，第三取得者が抵当権者に支払う売却代金の額にかかっている。

まず，抵当権者としては，抵当権設定者の資力が乏しく，被担保債権が不良債権となっており，しかも，目的不動産の価格が下落し，上昇が望めない場合には，債権の全額の回収はあきらめざるをえない。そして，抵当目的物の競売価格よりも高い市場価格に相当する金額を競売手続によらずに第三取得者から取得することができるのであれば，競売を行うよりも，債権の簡易かつ早期の回収が可能となる。

次に、第三取得者としては、目的不動産または目的地上権が競売になれば、せっかく取得した権利を失う危険がある。競売で目的不動産を買い受ける方法は残されているものの（民法390条、詳細は448～450頁参照）、他人に競り負ける可能性もあるし、競り勝つとしても、競売代金を支払わなければ完全な所有権を取得できない。すなわち、抵当権設定者に売買代金を支払って所有権を取得したとしても、抵当権の実行におびえることになるのであるから、抵当権の取得の際に、債権者が提示する代価を債権者に支払って抵当権を消滅させておいた方が、第三取得者にとっても有利となる。

　したがって、抵当権者と第三取得者との交渉次第では、両者の利害を一致させることも不可能ではない。例えば、抵当不動産の競売予想価格に相当する金額が提示された場合には、代価弁済が実現する可能性があると思われる。交渉がスムーズに妥結して、債権者が不動産の価値相当額を回収し、抵当権が消滅する場合には、一方で、債権者は、抵当権が実行されたのと同じ満足を得ることができるし、他方で、抵当不動産の第三取得者は、覆されることのない、完全な権利を取得できる。そればかりでなく、もしも、一応の満足を得た債権者が、不良債権の処理として債務を免除をすることになれば、債務者にとっても利益がある。

　代価弁済および次に述べる抵当権消滅請求は、ともに、抵当不動産の第三取得者と抵当権者の利害を調整する制度であるが、抵当権消滅請求が第三取得者の方から一方的に請求できるのに対し（抵当権者にとって圧迫となる）、代価弁済は抵当権者の方から請求があることを必要とする（抵当権者にとって圧迫とならない）点で、両者は、イニシアティブをとる主体が異なっている。

2　代価弁済の要件と効果

　抵当権の設定者（A）によって抵当権者（B）のために抵当権が設定されている場合に、抵当不動産の所有権または地上権を買い受けた第三者（第三取得者〔C〕）が、抵当権者Bの請求に応じて、売主Aではなく抵当権者Bに代価を弁済したときに、抵当権は、第三取得者Cのために消滅する。

　代価弁済の構造は、第1に、売主Aではなく、売主の債権者である抵当権者Bが買主Cに売買代金を請求している点で、抵当権者が民法423条の債権者代位権を行使しているように見える。しかし、この制度が、抵当権者による債権者代位権の行使だとすると、債務者Aの無資力要件が問題となるはずである。しかし、民法378条は、債務者の無資力を問題としていない点で、債権者代位

権の要件を満たしていない。

　代価弁済の構造は，第2に，抵当不動産が売却された場合に，抵当権者がその売却代金に対して物上代位権（民法304条）を行使しているようにも見える。しかし，物上代位には債権の差押えが必要とされているが，民法378条は，売買代金債権への差押えを要求していない点で，物上代位権の行使とも異なる。

　代物弁済の構造は，第3に，動産質権の**簡易な実行手続**（民法354条）のように，抵当権の実行手続としての抵当権に基づく物上代位権の行使について，簡易な実行手続を認めた規定であるようにも見える。担保権の実行の開始となる差押え，および競売による換価手続を簡略化し，第三取得者が抵当権者に直接代価を支払うことによって抵当権者が満足を受け，抵当権が消滅する制度であると考えることが可能である。確かに，明文の規定で認められている民法354条の動産質権の簡易な実行の場合には，質権設定者に比較して質権者の立場が強く，適切な清算が保障されないことを考慮して，裁判所の選定した鑑定人の評価によることが必要であった（民法354条）。しかし，**代価弁済の場合には，第三取得者は，代価弁済に対抗する手段として強力な抵当権消滅請求権を有しており，抵当権者の代価弁済に応じる義務はないのであるから，それ以上に第三債務者を保護する必要がない**。したがって，抵当権者に支払うべき売買の代価は，抵当権者が決定したとしても，何らの問題も生じない。そして，第三取得者が抵当権者に代価を支払えば，物上代位権に基づく優先弁済権の簡易手続が完結し，抵当権は優先弁済権の満足によって消滅すると考えることができる。

　このように，代価弁済を，抵当権者のイニシアティブによる抵当権の簡易な実行手続として考えると，代価弁済の効果を，以下のように，整合的に説明することができる。

(1) 抵当権者と第三取得者との間では，抵当権が消滅する。これによって，第三取得者は，抵当権の負担から免れ，その負担のない所有権を取得する。

(2) 抵当権者と債務者との関係では，代価弁済によって，代価に相当する額が被担保債権の弁済に充当され，被担保債権の額が減少する。

(3) 債務者（所有者）と第三取得者との間では，第三取得者の売買代金債務が第三取得者の抵当権者への弁済（第三者による代物弁済）によって消滅する。

　しかし，代価弁済の制度の運用にあたっては，大きな問題が残されている。抵当権者が一人のときは問題がないが，後順位抵当権者がいる場合には，抵当

権が完全には消滅しないため，第三取得者がこの制度を利用するメリットはない。このため，この制度は，実際には余り使われていないとされている。したがって，この制度は，次に述べる抵当権消滅請求の理論上または実務上の橋渡しをするものとして意味を有するということになろう。

なぜなら，抵当権消滅請求の制度は，代価弁済の制度があるために説明が容易な制度であり，代価弁済の制度抜きに抵当権消滅請求の制度を説明することは困難だからである。立法理由書によると，抵当権消滅請求の制度（立法当時は，滌除の制度）がある以上は代価弁済の制度も認めるべきであるという記述が見られるが（民法理由書368頁），理論的には，抵当権者の側に代価弁済が認められるから，対抗措置として，第三取得者側に抵当権消滅請求（対抗・代価弁済）が認められるということになるのである。

B 抵当権消滅請求
1 抵当権消滅請求の意義

抵当権消滅請求とは，抵当不動産について所有権を取得した第三者が，取得代価または特に指定した金額を抵当権者に提供して，抵当権の消滅を請求する制度である（民法379～386条）。抵当権者は，その提供金額に不満があるときは，抵当権を実行して競売を申し立てることができる。抵当権者が競売を申し立てないときは，提供された代価または金額を承諾したものとみなされ（民法384条），すべての抵当権者の承諾と，第三取得者の提供金額の支払または供託により，抵当権は消滅する（民法386条）。平成15年の民法改正（法134）により，滌除の制度が見直され，名称と内容が変更されて，抵当権消滅請求の制度として導入された。

2 滌除から抵当権消滅請求への改正の背景と趣旨（滌除制度のデメリットとメリット）

平成15（2003）年民法改正前における旧378～387条の滌除制度は，抵当権の設定された不動産の所有権，地上権，または永小作権を取得した者（第三取得者）が，抵当権者に対して一定の金額を提示し，その金額で抵当権の消滅を求めるものであった。抵当権者がそれを承諾すると，第三取得者は，その金額を支払って抵当権を消滅させ，抵当権の負担のない物件を入手できた。抵当権者にとって，第三取得者が提示する金額に不満があって承諾したくないときでも，滌除制度の下では，抵当権者としては，提示された金額より1割高い額で

買い受けることを示して競売（増加競売）の申立てをするほかに対抗手段はなく，増加競売の申立てをしなければ，提示された金額を承諾したものみなされることになっていた。

しかも，抵当権者が抵当権を実行しようとすれば，滌除権者に対して抵当権の実行通知をすることが義務づけられており，その上，実行通知をして1ヵ月が経過しないと競売できないということになっていたため（民法旧 387 条），この1ヵ月の間に抵当権の実行に対する妨害手段が講じられるおそれがあった。

このように，抵当目的の第三取得者から提示された金額の1割増しで買い受ける覚悟をしなければならないという増加競売が組み込まれた滌除制度は，抵当権者にとって極めて重い負担となっていた。そして，このような負担があるために，抵当権者は，相当低い額での滌除の申立てにも応ぜざるをえないという不都合が生じていた。

このような弊害があるにもかかわらず，滌除制度そのものには，以下に述べるように大きなメリットがある。

第1に，改正後もその効果が変更されていないように，滌徐制度の趣旨は，抵当権の負担のついた物件を取得した者が，あたかも物上保証人になったかのように，その物件の価額の限度で，抵当権者に直接に弁済を行い，抵当権の優先弁済権を満足させて抵当権を消滅させる制度である。この制度は，第三取得者の提供する価額が競売代金相当額である場合には，抵当権の正規の実行手続を行って第三取得者が買受人になった場合と同じ効果を発生させるものである。競売という面倒な手続を簡略化している点で，通常の抵当権の実行よりも大幅に時間を短縮できる（時は金なり）というメリットを有している（加賀山説：滌除〔抵当権消滅請求〕＝簡易の抵当権実行説）。

第2に，滌除制度は，例えば，抵当目的物が下落しているにもかかわらず，抵当権者が値上りを待っていて抵当権を実行しようとせず，「不動産の塩漬け」を行っている場合に，第三取得者の方から，抵当権者に抵当権を実行させることによって，不動産を流動化させるという機能を有している（道垣内・担保物権 167 頁）。

そこで，滌除の効果である抵当権の消滅を維持しつつ，上記のような滌徐の弊害を除去するため，2003 年の改正では，①抵当権の消滅を請求できる者の限定，②抵当権の消滅を請求できる期間の限定，③抵当権者の抵当権実行通知義務の削除，④増加競売制度の廃止による通常の競売申立てへの変更，⑤競売

申立期間を1ヵ月から2ヵ月へと延長することを骨子とし、その上で、滌除という難解な用語を抵当権消滅請求へと変更する改正がなされることになった。

抵当権消滅請求の制度を活用するならば、例えば、抵当権設定者と抵当権者が第三取得者への抵当不動産の任意売却に合意しているにもかかわらず、後順位抵当権者がいわゆる「ごね得」ベースで登記の抹消を拒んでいるため、売却がスムーズに行われないという場合にも、抵当権消滅請求は後順位抵当権者を排除できるため、困難な事態を改善させることが期待できる（小林＝山本・担保物権法114頁）。

3　滌除制度と抵当権消滅請求制度との異同

これまでに述べた滌除制度と抵当権消滅請求の制度との違いを表にまとめると、以下の通りである。

表72　滌除と抵当権消滅請求の対照

	滌除 （民法旧378〜387条）	抵当権消滅請求 （民法379〜386条）	根抵当権消滅請求 （民法398条の22）
請求権者	抵当不動産の所有権、地上権または永小作権を取得した第三者（旧387条）	抵当不動産の第三取得者（379条）	①物上保証人 ②抵当不動産の所有権、地上権、永小作権を取得した第三者 ③第三者に対抗できる賃借権を取得した第三者
請求欠格者	主たる債務者、保証人およびこれらの者の承継人（旧379条）	抵当不動産の地上権または永小作権を取得した者（379条の反対解釈） 主たる債務者、保証人およびこれらの者の承継人（380条）	主たる債務者、保証人およびこれらの者の承継人
請求障害事由	抵当不動産の停止条件付第三取得の場合、その停止条件の成否が未定である間（旧380条・381条）		
対価	抵当権者に提供してその承諾を得た金額（旧378条）	取得の代価または特に指定した金額（379条）	極度額に相当する金額

請求時期	抵当権の実行の通知を受けるまではいつでも申立てができる。抵当権の実行の通知を受けてからは、1ヵ月以内に申し立てなければならない（旧382条）。	抵当権の実行としての競売による差押えの効力が発生する前までに請求しなければならない（382条）。	元本の確定後
手続	登記をした債権者に所定の書面を送付しなければならない（旧383条）。	登記をした債権者に所定の書面を送付しなければならない（383条）。	極度額に相当する金額の払渡しまたは供託
抵当権者の義務	抵当権を実行するには、予め滌除権者に通知をしなければならない（旧381条）。	—	—
抵当権者の対抗手段	増加競売（旧384〜387条）（競売の申立てにおいて、第三取得者が提供した金額よりも10分の1以上の高価で抵当不動産を売却することができないときは、自らが10分の1の増価でもってその不動産を買い受ける旨を約束すること）	競売（384〜385条）（増加競売も、自ら買受人になることも約束する必要がない）	
対抗手段の通知義務	抵当権を実行するときは、1ヵ月以内に、上記の第三取得者に通知しなければならない（旧381条）。	書面の送付を受けた債権者、2ヵ月以内に抵当権の実行としての競売の申立てをすることができる。その場合には、抵当権者は、上記の期間内に、債務者および抵当不動産の譲渡人にその旨を通知しなければならない。	—
対抗手段の期間	1ヵ月（旧384条）	2ヵ月（384条）	
対抗手段の取下げ	取下げには、他の債権者の承諾が必要である（旧386条）。	取下げに、他の債権者の承諾は不要。	

対抗手段をとらない場合	第三取得者の提供を承諾したものとみなされる（旧384条）。	第三者が提供した代価または金額を承諾したものとみなされる(384条)。	
手続の効果	第三取得者が，承諾を得た代価を支払うか供託した時点で，抵当権が消滅する（旧387条・386条）。		抵当権の消滅と弁済の効力が生じる。

C　抵当権の消滅時効（民法396条）

　抵当権は，債務者および抵当権設定者に対しては，その担保する債権と同時でなければ，時効によって消滅しない（民法396条）。もっとも，被担保債権が消滅時効にかかった場合に，抵当不動産の第三取得者が消滅時効を援用できることについては，判例（最二判昭48・12・14民集27巻11号1586頁）および通説（我妻・担保物権422頁，高木・担保物権287頁）もこれを認めている。

　それでは，被担保債権とは別に，抵当権自体としては，消滅時効にかからないのであろうか。所有権をはじめ物権は消滅時効にかからないのが原則であることを考えると，抵当権自体も消滅時効には服さないと考えることも可能である。例えば，道垣内（担保物権230頁）は，抵当権者が抵当権の消滅時効の進行を中断することが困難であることを理由として，被担保債権の消滅時効とは独立に抵当権自体が消滅時効によって消滅することはないと解している（内田・民法Ⅲ473頁は，これが有力説であるとして賛成する）。

　しかし，通説（我妻・担保物権422頁，近江・講義Ⅲ257頁参照など）および判例（大判昭15・11・26民集19巻2100頁）は，民法396条の反対解釈として，抵当不動産の第三取得者は，被担保債権の消滅時効とは独立に，抵当権の消滅時効（民法167条2項による20年の消滅時効）を主張できると考えている。

　この問題について，旧民法においては，第三取得者との関係では，抵当権は第三取得者の所有権取得から30年の経過によって時効によって消滅すると規定されていた。

　　旧民法債権担保編296条
　　　抵当不動産の所有者たる債務者が其不動産を譲渡して取得者又は其承継人が之を占有するときは，登記したる抵当は抵当上の訴訟より生ずる妨碍なきに於ては，取得者が其取得を登記したる日より起算し30个年の時効に因りてのみ消滅す。但債権が免責時効に因りて其前に消滅す可き場合を妨げず。

上記のように，旧民法が抵当権の消滅時効の期間を 30 年としていたのに対して，現行民法の立法者は，一般の時効期間と考えればよいとして抵当権の消滅の規定を起草した。しかし，それが何年となるのかという問題に関しては，現行民法の起草者が抵当権を債権とは考えていなかったことを考慮すると，抵当権は 20 年の消滅時効に服すると考えていたと思われる（大判昭 15・11・26 民集 19 巻 2100 頁）。しかし，抵当権を債権の優先効と性質決定した場合には，債権と同様に 10 年の消滅時効に服すると考えることも可能であり，そのように考えると，抵当権の消滅時効の実質は，債権の消滅時効とともに付従性によって消滅するというのとほぼ同じ結果となる。

　しかし，抵当権が何年間で時効によって消滅するのかという問題は，実は，民法 396 条の問題ではなく，民法 397 条によって解決されるべき問題である。なぜなら，民法 396 条と 367 条とは，以下に述べるように，両者があいまって初めて，時効による抵当権の消滅に関する規定となっているからである。

　民法の起草者は，第 1 に，民法 396 条において，債務者および抵当権設定者との関係では，抵当権は被担保債権の消滅時効と同時にしか消滅しないことを明らかにしており，第 2 に，民法 397 条において，債務者および抵当権設定者以外の者（第三取得者）との関係では，抵当権は，第三取得者が抵当不動産について，取得時効に必要な要件を具備したとき，すなわち，第三取得者が占有の開始につき善意かつ無過失であれば 10 年間（民法 162 条 2 項），悪意であれば 20 年間（同条 1 項）の占有の継続によって，抵当権が取得時効の反射的効果によって消滅することを明らかにしているのである。

　確かに，通説によれば，民法 396 条は抵当権の消滅時効を規定し，民法 397 条は，第三取得者による抵当不動産の取得時効（原始取得）の反射的効果として，抵当権が消滅する場合を規定したものと解している。しかし，民法 397 条は，債務者および抵当権設定者が所有権を時効取得（原始取得）した場合には抵当権は消滅しないとしていることから，抵当不動産の原始取得によって必ずしも抵当権が自動的に消滅するわけではないことが明らかである（民法 397 条の反対解釈）。そうだとすると，抵当不動産の原始取得によって抵当権は自動的に消滅するという説明では，この条文によれば，債務者または抵当権設定者が抵当不動産を時効取得した場合に，自動的に消滅するはずの抵当権が消滅しないことになるが，それがなぜなのかを説明することはできない。

　したがって，抵当権の消滅時効は，第三取得者が抵当不動産を時効取得した

場合にのみ発生し，かつ，第三取得者のみが抵当権の消滅時効を援用できることを説明できる理論が必要となる。

D 債務者または抵当権設定者以外の者による抵当不動産の取得時効による抵当権の追及効の消滅（民法397条）

　債務者または抵当権設定者でない者が抵当不動産について取得時効に必要な要件を具備する占有をしたときは，抵当権はこれによって消滅する（民法397条）。取得時効が完成すると，それは原始取得となるので，抵当権が制限物権だとすると，所有権の負担となっていた抵当権も消滅するはずである。しかし，抵当不動産の取得時効による抵当権の消滅を，自ら義務や責任を負っている抵当債務者や抵当権設定者（物上保証人）にまで及ぼすことは不合理であると考えられ，債務者および物上保証人は，抵当権の消滅の利益を受けないとされたのである。

　したがって，民法397条（抵当不動産の時効取得による抵当権の消滅）の意義は，抵当不動産に対する取得時効の完成によって抵当権が消滅することにあるわけではなく，被担保債権の債務者と抵当権設定者は抵当権の消滅の効果を援用できないとしている点にあることになる（小林＝山本・担保物権法119頁）。

　しかし，そうだとすると，以下のような重大な問題が発生する。

　第1に，抵当権が所有権を制限する制限物権だとすると，所有権が時効取得（原始取得）された場合には，時効取得者は物権的な負担のない完全な所有権を取得するのであり，制限物権である抵当権は，誰に対しても消滅するはずである。所有権の原始取得の効果は万人に対して及ぶのであり，債務者および抵当権設定者が原始取得した場合とその他の人が原始取得した場合とでその効果に差を設けることはできないはずである。

　第2に，抵当権設定者はすでに所有権を有しているので，それをさらに時効取得することはないように思えるが，判例は，自己の物について時効取得することを認めている。例えば，最二判昭42・7・21（民集21巻6号1643頁〔家屋明渡請求事件〕）は，売主Aから買主Bが不動産を買い受け所有権を取得したが（民法176条），二重譲渡により第2買主Cが先に登記を得た場合に，登記を経ないまま占有を継続したBに所有権の時効取得を認めている。また，最一判昭44・12・18（民集23巻12号2467頁〔所有権移転登記手続請求事件〕）は，前記判例を引用しつつ，売主Aから引渡しを受けた買主Bが登記を経ることなく

占有を継続した場合に，買主Bに対して，時効取得を理由とした移転登記請求を認めている。

そうすると，債務者ばかりでなく，抵当権設定者が自己の物について所有権を時効取得することも可能であり，その場合には，抵当権設定者は完全な所有権を原始取得することになり，制限物権である抵当権は消滅するはずである。

実際のところ，抵当権が設定された場合に，取得時効によって所有権を取得できる可能性があるのは，占有をしている抵当権設定者（物上保証人）か，抵当不動産の引渡しを受けた第三取得者に，ほぼ限定される。そうだとすると，民法397条が，「債務者又は抵当権設定者でない者が抵当不動産について取得時効に必要な要件を具備する占有をしたときは，抵当権は，これによって消滅する」と規定している意味は，第1に，抵当権設定者については，上記のように，抵当権設定者がたとえ抵当不動産の所有権を時効取得しても抵当権は消滅しないという，物権秩序に関する重大な例外を規定していることになる。第2に，抵当権設定者の場合とは異なり，第三取得者については，10年間占有を継続したとき（抵当権については悪意または有過失であっても，所有権については善意・無過失の占有者と判断される〔最三判昭43・12・24民集22巻13号3366頁〕），または，20年間占有を継続したときには，民法397条の反対解釈により，抵当権を消滅させることができるということを意味することになる。

つまり，同じ時効取得の場合でも，抵当権設定者の場合には，原始取得しても担保物権が消滅せず，第三取得者の場合には，原始取得によって担保物権が消滅するということになる。このような民法397条の趣旨を，通説のように，抵当権を物権（制限物権）だと考え，第三者が所有権を時効取得した場合には，制限物権である抵当権も消滅するという原理を肯定する立場に立ちつつ，これらを矛盾なく説明することは可能であろうか。

自己の物について取得時効の成立を認める通説・判例の考え方を採用する限り，第1に，抵当権設定者が抵当不動産を時効取得した場合に抵当権が消滅しないという民法397条の条文を説明することができない。これとは反対に，第2に，通説の考え方によると，第三取得者が抵当不動産を時効取得した場合には，抵当権が消滅することを説明できる。しかし，抵当権の物的負担を負う第三取得者が，自己の物の所有権を時効取得したとして，抵当権の消滅を主張できるかどうかについては，通説は，有力説（近江・講義III 258頁）からの厳しい批判にさらされている。第三取得者は，抵当権の存在を登記によって知りう

るのであり，抵当権の負担を覚悟すべきことは，信義則上も明らかだからである（槇・担保物権246頁）。

　このように考えると，抵当権を物権と考え，自己の物について所有権の取得時効を認める考え方によっては，民法397条について，抵当債務者および抵当権設定者が抵当権の消滅を主張できず，第三取得者は抵当権の消滅を主張できるという条文の趣旨を説明できないことがわかる。

　それでは，抵当権を物権でなく債権の優先弁済効に過ぎないと考える本書の立場に立った場合には，この問題をどのように説明することができるのであろうか。本書の立場は，抵当権は債権の優先弁済効に過ぎないが，これを登記することによってその権利を第三者に対抗できると考えている。これは，債権である賃借権の場合にも，登記するとその賃借権が第三者に対抗できる（民法605条）のと同様である。ただし，登記された賃借権は，賃借不動産が第三者に譲渡されても，譲受人に対して賃借権の存続を主張できるというものであるが，登記された抵当権の場合には，抵当目的物が第三者に譲渡されてもその第三者に抵当権の追及効が及ぶという点に相違がある。すなわち，抵当権の第三者効とは，抵当権の追及効が第三者にも及ぶという意味である。しかし，抵当権の追及効にも限界が存在する。抵当目的物である山林の樹木が伐採されて材木となった場合に抵当権の追及効はどこまで及ぶかという点についてはすでに述べたところであるが，抵当権の目的物そのものが第三者によって時効取得された場合に抵当権の追及効が及ぶかどうかというのが，抵当権と時効との関係に関する問題の本質なのである。

　抵当権の追及効に関しては，債務者および抵当権設定者は，債権者との関係では第三者に当たらないから，そもそも，抵当権の追及効の消滅を請求できる立場にない。また，抵当不動産の通常の第三取得者は，抵当権の優先弁済権を対抗される第三者であり，たとえ所有権を取得したとしても，抵当権者に対抗できない。取得時効は，完全な所有権と矛盾する物権を消滅させることはできても，債権上の権利に影響を与えるものではないからである。

　しかし，この抵当権の追及効の効力にも限界がある。確かに，抵当不動産が正規の譲渡によって移転された場合には，抵当権の追及効はどこまでも及ぶ。しかし，抵当不動産が，このルートを外れて，第三者によって時効取得された場合には，例外的に抵当権の追及効も消滅するというのが，民法397条の意味なのである。その場合に，時効取得に要する占有継続の期間と取得者の対応に

第9節　抵当権の消滅

ついては，議論がある。

　判例は，第三取得者が抵当不動産を10年間占有し続けた場合に，以下のように述べて第三取得者の時効取得を認めている。

　　最三判昭43・12・24民集22巻13号3366頁
　　　「民法162条2項にいう占有者の善意・無過失とは，自己に所有権があるものと信じ，かつ，そのように信ずるにつき過失のないことをいい，占有者において，占有の目的不動産に抵当権が設定されていることを知り，または，不注意により知らなかった場合でも，ここにいう善意・無過失の占有者ということを妨げない。」

　追及効を制限するに際して，抵当不動産の所有権の取得時効によることを決定した以上，抵当権の追及効の消滅に関して，所有権の取得時効の要件を変える必要はない。判例の見解は，その点で正鵠を得ているといえよう（なお，抵当権の追及効の限界に関しては，第3節 Ⅴ B 参照）。

　民法396条および397条に規定された抵当権の消滅原因は，次の表のようにまとめることができる。

表73　抵当権の消滅原因
（固有の消滅時効はなく，取得時効による追及権の消滅があるのみ）

	民法396条	民法397条
対象となる者	債務者および抵当権設定者	債務者および抵当権設定者以外の者
抵当権の消滅原因	被担保債権の消滅時効	抵当不動産の時効取得
抵当権の消滅の意味	被担保債権の消滅（付従性による消滅）	追及効の限界と消滅
留意点	①抵当権は消滅時効によっては消滅しない。②たとえ上記の者が抵当不動産を時効取得しても，抵当権は消滅しない（民法397条の反対解釈）。つまり，上記の者に関する限り，抵当権は，消滅時効，取得時効を含め，時効によって消滅することはない。	この規定は，抵当権が時効によって消滅することを意味するのではなく，抵当不動産の第三者による取得時効の場合に限って，抵当権の追及効が制限されることを意味している。つまり，上記の者が抵当不動産を時効によって取得した場合には，抵当権は追及力を失って消滅する。

ここで注意しなければならない点は、以下の4点である。
　第1は、通説のように、民法396条を安易に反対解釈して、「債務者または抵当権設定者以外の者については、抵当権は消滅時効（20年の消滅時効）にかかる」と解釈することは誤りであることである。なぜなら、「債務者または抵当権設定者以外の者」に関しては、民法397条が規定を行っており、反対解釈を含めて、民法396条の解釈の適用範囲ではないからである。反対解釈するには、すべての場合を尽くした上で行わなければならない。そして、民法396条と397条とを総合して、「債務者または抵当権設定者については、抵当権は時効によっては消滅しないし（民法396条の文理解釈）、自らの取得時効によっても抵当権は消滅しない（民法397条の反対解釈）」、すなわち、債務者または抵当権設定者については「消滅時効によっても取得時効によっても抵当権は消滅しない」と解釈しなければならない。
　最後に再度言及するが、反対解釈は誤りに陥ることが多い。慎重にも慎重を期し、すべての場合を尽くし、反対解釈ができる範囲に誤りがないかどうかを常にチェックしないと、とんでもない誤りに陥ることに注意を要する。
　第2は、債務者または抵当権設定者以外の者が抵当目的を時効取得した場合には、民法397条によって、確かに抵当権が消滅する。しかし、通説のように、その理由を、「抵当目的の取得時効（原始取得）に基づいて、制限物権である抵当権が反射的に消滅するからである」と考えることは、誤りであるということである。なぜなら、もしも、抵当権が制限物権であり、抵当目的の時効取得（原始取得）により反射的に消滅するというのであれば、「債務者または抵当権設定者」が抵当目的を時効取得した場合にも、抵当権は消滅するはずであるが、この場合には抵当権は消滅しないのであり（民法397条の反対解釈）、通説によるのでは、両者を矛盾なく説明することは不可能だからである。
　債務者または抵当権設定者以外の者が抵当目的を時効取得した場合に抵当権が消滅する理由は、抵当権の追及効の限界に求めるべきである。確かに、抵当権の追及効は、通常の譲渡の場合には、登記を理由に、どこまでも及ぶ。しかし、追及効にも限界があることを認めなければならない。抵当不動産について、第三者が、登記にも対抗できる取得時効を成立させた場合には、抵当権の追及効も限界に達して、追及効が消滅し、結果として抵当権が消滅すると考えるべきであろう。
　第3は、民法の解釈の基本問題にかかわるものであるが、「反対解釈は、よ

ほど注意して行わないと，間違いを犯すことが多い」ということである。通説が誤った解釈を行っている場合のほとんどが，条文の誤った反対解釈にその原因があるというのが，筆者の基本的な立場である。例えば，民法613条前段の反対解釈による誤りについては，第5章第3節Ⅳで詳しく解説を行っている。また，民法465条の反対解釈として，連帯債務者は負担部分を超えて弁済していない場合でも他の連帯債務者に対して求償できる（民法442条）と考えるのは誤りであることについては，第9章第2節Ⅲで詳しく論じている（140頁以下）（なお，複数原因の場合に，事実的因果関係の判断基準である「あれなければ，これなし」という反対解釈が通用しないことについては，加賀山『契約法講義』〔318～321頁〕で詳しく説明している）。

　民法396条・397条の解釈においても，一方で，民法396条の反対解釈として，「債務者または抵当権設定者以外の者については，抵当権は消滅時効にかかる」と解釈することは誤りである（この点で，内田・民法Ⅲ473頁が，民法「396条は反対解釈すべきではない」としているのは，正当である）。他方で，前記の表のように，民法397条の反対解釈として，「債務者または抵当権設定者については，抵当権は，取得時効によっても消滅することはない」と解釈することは正しい。なぜそのような違いが出てくるのかについては，その理由をすでに説明しているのであるが，そのことを本当に理解できるかどうかを，読者自身で，もう一度よく確認することが大切である。

　第4は，第3点にもかかわる問題であるが，個々の条文を単独で解釈してはならないということである。通説のように，民法396条と397条とは，一方は抵当権の消滅時効の問題であり，他方は第三者の取得時効による抵当権の消滅の問題であるというように，両者を切り離して解釈してはならない。民法396条と397条とは，ともに，抵当権者の満足によらない抵当権の消滅について規定しているのであり，両者を総合して解釈しなければならない。すなわち，民法396条については，「債務者または抵当権設定者」に対しては，抵当権は，消滅時効であれ（民法396条の文理解釈），取得時効であれ（民法397条の反対解釈），被担保債権の消滅時効以外の時効を理由として消滅することはない，と解釈すべきであるし，反対に，民法397条については，「債務者または抵当権設定者以外の者以外の者」に対しては，それらの第三者が抵当不動産について取得時効の要件を満たした場合には，（登記によって認められた追及効が，登記に勝る取得時効によって限界に達し）抵当権は消滅する，と解すべきなのである。

このように，一般論として，通説・判例が解釈上の誤りを犯している場合を追跡してみると，その多くは，通説・判例が安易な反対解釈を行ったことに起因するというのが，筆者の経験則である。このように，反対解釈は誤りに陥ることが多い。「反対解釈は，『すべての場合が尽くされたかどうか』を慎重に判断した後にのみ行うことができる」ということを肝に銘じておくと，解釈の誤りから免れることが多いであろう。

第17章
根抵当権
（債権枠で限定された流動債権に関する抵当権）

第1節　根抵当権概説

I　根抵当の意義

　普通抵当権が，特定の責任財産（不動産）を公示することを通じて特定の債権に優先弁済権を与える制度であることは，すでに述べた。これに対して根抵当権は，債権の流動化を許し，一つの枠として観念できる不特定の債権について，流動中は債権の枠に，確定後は枠内の個々の債権に対して優先弁済権を与えるものである。

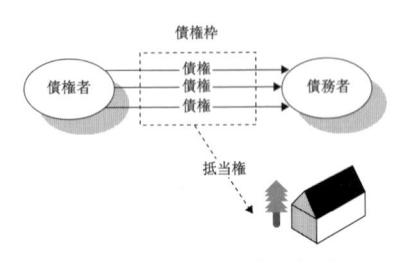

図95　根抵当の特色＝債権の流動性と担保目的物の固定性

A　「根」の意味
　「根」という概念は，「枝葉は違っても根は同じ」，「枝葉は枯れても根は残る」との喩えから，一定の継続的な取引関係から生ずる増減変動する多数の債権を対象とする場合に，それらの債権全体を一つのものとして扱うことができるという考え方を表現するものであり，「根質」，「根担保」，「根保証」等の用語法の中で，この概念が用いられる。

　根抵当を理解するためには，流動化という現象を理解する必要がある。根抵当は，被担保「債権」が流動化すること（一定の範囲で入れ替わること）を許すものである。これに対して，集合物（集合債権）の譲渡担保は，担保の「目的物」が流動化することを許すものである。流動化の対象が「被担保債権」なの

か「目的物」なのかを区別しなければならない。すなわち，根抵当は，「被担保債権」が入れ替わるのに対して「担保目的物」は特定している。これに対して，集合物（債権）譲渡担保の場合には，「被担保債権」は特定しているが「担保目的物」が入れ替わるのである。このように，根抵当と集合物（集合債権）の譲渡担保とは明確に区別されなければならない。

B 根担保，集合物（集合債権）担保と一般先取特権との対比

担保に関して，被担保債権や目的物が入れ替わるものをどのように考えるべきかについては，すでに述べた一般先取特権（民法306条）を思い起こすと理解が容易となる。例えば，民法306条2号・308条に規定された雇用関係の先取特権を例にとってみよう。

第1に，雇用関係，例えば給料債権の先取特権の被担保債権は，給料債権であり，通常は，支払期ごとに発生し，消滅していく。しかし，給料債権という性質による枠に該当する債権が存在する限り，先取特権の効力は継続する点で，被担保債権は流動的でもある。例えば，使用者が給料の支払を遅延している場合には，労働者の使用者に対する給料債権はその分だけ増えていく。なぜなら，それらはすべて，給料債権という性質の枠に当てはまるからである。つまり，給料債権の一般先取特権は，被担保債権が流動的であるという点で，根担保であるということができる。

第2に，給料債権の先取特権の目的物は，使用者の総財産に及ぶ（民法306条）。総財産は，その性質上，常に変化し流動しているのであるから，その点で，一般先取特権は，集合物（集合債権）担保ということもできる。

このように，一般先取特権との対比で考えると，一般先取特権の機能のうち，目的物を特定する一方で被担保債権の流動化を認めるのが「根」担保であり，被担保債権特定する一方で目的物の流動化を認めるのが「集合物（集合債権）」担保であるということが理解できる。

一般先取特権については，その性質は物権ではなく債権であるというのが最近の有力説の見解であるから，根担保や集合物担保は，他の物的担保に比べてよりいっそう債権的な性質を有していると考えるべきである。通説は，根抵当権の場合には，後に述べるように，根抵当権が確定するまでは，根抵当には付従性，随伴性がなく，担保権としての独立性が強く，より物権的であると考えている。しかし，流動性は，物権の固有の性質である「特定性」からは，むし

ろ乖離する。このことは，目的物の流動性を極端にまで推し進めた「企業担保」が，物権として規定されている（企業担保法 1 条 2 項）にもかかわらず物権の性質が希薄となっていること，すなわち，企業担保は，一般先取特権にも劣後し（企業担保法 7 条），会社財産に対する一般債権者による強制執行，担保権者による担保権の実行において優先弁済権を有しない（企業担保法 2 条 2 項）ことを見てもよくわかる。一定の性質の債権の中で，債権の流動化を認め，担保権の実行の際に初めて債権が特定する根抵当の場合も，被担保債権の流動化を許している時点では特定性を欠いており，物権というよりは，債権的性質の強い，一般先取特権に近い存在であることに留意すべきである。

C 根抵当に関する判例法理とその立法化

ところで，根抵当が立法化されたのは，民法制定後 70 年を経過した昭和 46（1971）年のことであり，流動する債権に対しても抵当権を設定したいという社会的要請に答えるためであった。もっとも，民法制定当時から，根抵当権の有効性については争いがあり，民法制定から 3 年後の時点で大審院は，下のように，根抵当権が有効であることを宣言していた。

> 大判明 34・10・25 民録 7 輯 9 巻 137 頁
> 「銀行並に商人間に於て信用を開く為め，従来汎く行はるる所の根抵当と称するもの，即ち抵当が負担す可き最高の金額を定め，債権債務の確定を後日に留保し，交互取引の金円に利息を付け其勘定尻金額を以て実際抵当の負担額と為す可きことを結約したるものの如きは，之れ即ち，将来効力を生ず可き債権債務の為め予め抵当を設定せるものにして，上文掲ぐる所の抵当と其理由同一に帰着するに付き，其有効たる勿論なり。」

根抵当権が必要とされるのは，例えば，継続的に取引をしている当事者間（銀行と商人，メーカーと卸売・小売商など）において，債権・債務が発生・消滅を繰り返し，その額も常に一定ではない場合である。このような債権を普通の抵当権で担保しようとすれば，抵当権の設定・抹消を頻繁に行わなければならないことになる。

また，後順位の抵当権が存在する場合には，いったんその抵当権が消滅すると，順位昇進の原則によって，後順位抵当権者の順位が上昇するため，再度抵当権を設定する場合には，第 1 順位を確保することができない。そうすると，金融機関がすんなりとは融資をしてくれないということになりかねない。

このような不便を解消するために，将来にわたって継続的に発生するこれらの債権をあらかじめ一括して担保しうる抵当権の設定が必要とされるようになったのである。根抵当権が設定されてきた典型的な取引契約というのは，以下のような契約である。
(1) 当座貸越契約（上記の大審院明34・10・25判決もこの例）
　(a) AがB銀行に当座預金口座を持ち，Aが振り出した小切手につきBが支払うことを約する当座勘定契約において，一定の額までは預金口座に預金がなくても支払うことを約する契約。
　(b) 貸越分は貸付けの意味を持つからこれを担保することが必要になるが，小切手の支払ごとに担保を取ることは不可能に近い。
(2) 継続的な手形割引契約
　(a) Aが持ち込んだ手形についてB銀行が割り引いて（満期までの利息および費用を控除して）支払う契約。
　(b) 手形が不渡りになった場合のAのBに対する債務を担保することが必要になる。しかし，手形割引きは重ねて行われることが多く，そのたびに担保を設定することは煩わしいので，一定の限度額を定めておいて，一括して担保できるものとすることが望まれる。
(3) 継続的商品供給契約
　(a) 一定の種類の商品を継続的に仕入れようとする商人Aと供給元のB商社との間で，その取引の限度額や諸条件を定めた基本契約。
　(b) 個々の商品ごとに担保を設定することは非常に煩わしいため，一括して担保にできる制度が望まれる。

　根抵当権の立法化に際しては，流動債権について抵当権の設定を認めるとともに，被担保債権の無制限な流動化を制限する（「債権者の債務者に対する一切の債権を担保する」という「包括根抵当」を禁止する）という必要性が生じ，1971年に民法に根抵当の節（21ヵ条）が追加された。すなわち，被担保債権の流動化については，質的な面と量的な面からチェックされているのである。
　この点は，例えば，雇用関係の一般先取特権が，債務者に対するすべての債権について先取特権を有するのではなく，雇用関係に基づいて生じた債権（給料債権，退職金債権，損害賠償債権等）という債権の枠に限定されているのと，同様である。
　つまり，根抵当とは，民法398条の2の文言に即していえば，「一定の範囲に属する」（質的チェックが行われ，包括根抵当は否定される）「不特定の債権

を「極度額」（量的チェックが行われる。これは「枠支配」と呼ばれている）の限度において担保するために設定される抵当権であるということができよう。

II 根抵当の性質

A 債権の流動性

債権は特定されていない（設定時に特定した債権を担保するのではなく，債権の入替りは可能である）が，被担保債権を発生原因（既存または将来の取引契約）の面から質的に限定し，かつ，極度額を約定して登記することを有効要件とすることによって量的に制限がなされている。

根抵当権の要素
  A　必要的要素
  (1)　債権者（根抵当権者）
  (2)　根抵当負担者（債務者，物上根保証人，第三取得者）
  (3)　債権の範囲（類型的な取引行為）
    (a)　債務者との取引関係から生じる不特定債権
      ①　債務者との特定の継続的取引契約によって生じるもの（従来の典型的な取引類型である当座貸越契約，手形割引契約，継続的な物品供給契約など）
      ②　その他，債務者との間に一定の種類の取引（銀行取引〔当座貸越取引，手形割引取引，手形貸付取引，消費貸借取引〕，売買取引など）によって生じるもの
    (b)　取引外から生じる債務者に対する債権
      ③　特定の原因（酒税債権，継続的な不法行為から生じる損害賠償債権など）に基づき債務者との間に継続して生じる債権
      ④　債務者が第三者のために振出し・裏書・保証した手形・小切手が転々流通して，それ（回り手形・小切手）を債権者が取得した場合の，手形上または小切手上の請求権
  (4)　極度額
  B　任意的要素
      確定期日

また，債権の範囲と極度額によって表示される債権枠は最初から特定されており，かつ，抵当権の実行時には債権が確定されて普通抵当に戻るのであり，

債権枠を特定債権と同様に考えれば，根抵当と普通抵当との間に本質的な差異があるわけではない。

B 付従性
1 概説
　従来の説では，根抵当権は被担保債権と切り離されているところにその本質があるとされ，付従性は緩和されていると説明されてきた。

　確かに，根抵当権の場合には，個々の被担保債権と根抵当権とは分離されているが，個々の被担保債権を束ねている債権枠と根抵当権とは密接に関連しており，債権の確定という作業を通じて常に個々の被担保債権と結びつく可能性を有している。

　抵当権を合意と登記の対抗力に基づく債権の優先弁済効であるとする本書の立場によれば，根抵当の場合，対象となる債権が，普通抵当権の場合と異なり，特定の債権ではなく，債権枠の範囲内で流動化する債権を扱う点が異なっているに過ぎない。

　根抵当権の場合，債権枠の範囲内にある流動する債権を対象としているのであるから，個々の債権が発生・消滅しても，流動債権，すなわち，債権枠が消滅するわけではない。したがって，その時点ではいわゆる付従性は問題とならない。これは，一般先取特権について，個々の債権が流動しても，債権の性質という一定の枠の中で効力が認められているのと同じである。

　債権の優先弁済効としての抵当権の効力が問題となる時点というのは，常に，根抵当権の確定を通じて特定された個々の債権についてのみ問題となるからである。債権が確定するまでの問題は，債権枠についての問題であって，債権の優先権の問題ではない。

2 成立に関する付従性
　保証人の求償権を担保するために設定される抵当権のように，普通抵当権の場合でも，抵当権設定時に被担保債権の存在を要するという意味での付従性は緩和されている。根抵当の場合，被担保債権が発生・消滅を繰り返し，額も一定限度で変動することが許されているので，成立に関する付従性は一層緩和されているように見える。

　しかし，根抵当権は，そもそも債権枠で限定された流動債権を対象にするものであるから，流動中の個々の債権について付従性を問題にすること自体が無

意味である。根抵当権の付従性は，流動中は債権の枠自体について，確定した後は個々の債権について考えれば足りる問題なのである。

　債権が流動中の根抵当の付従性の問題は，枠自体を問題とすべきである。したがって，例えば，根抵当の基礎となっている特定の継続的取引契約が無効の場合は，根抵当権設定契約も無効となるというのが，まさしく付従性の問題なのである。そして，本書の立場によれば，根抵当権においても，債権枠自体が無効である場合，または，確定後の債権が無効である場合に，優先弁済権としての抵当権が効力を有しないのは，当然であるということになる。

3　消滅に関する付従性

　普通抵当では，被担保債権が消滅すると抵当権は消滅するが，根抵当の場合，確定するまでは，被担保債権が存在しなくなっても根抵当権は消滅しない。

　このことを根拠に，根抵当権の付従性は緩和されているというのが従来の説であるが，根抵当権は，債権枠で限定された流動債権に関する抵当権に過ぎないのであり，債権が流動している間は，そもそも付従性は問題とならないし，優先弁済すら問題とならない。そして，債権が確定作業によって流動を停止したときに初めて付従性の問題が生じるのであり，この場合は，普通抵当権と同様，根抵当権においても，担保権の通有性としての付従性は保持されている。

C　随　伴　性

　普通抵当の場合，債権が譲渡されれば抵当権も随伴して移転するが，根抵当の場合，被担保債権の枠内の個々の債権が譲渡されても根抵当権は随伴しないため，根抵当の場合には随伴性は否定されるとされてきた。

　しかし，根抵当は，もともと，流動債権に対して，債権枠の範囲内で優先弁済権を与える制度であり，流動中は個々の債権を問題にしないものであり，枠内の個々の債権が滅失しようが譲渡されようが何の効力も生じないのは当然である。このことは，先に述べたように，根抵当権と一般先取特権とを対比することによって，より理解が深まると思われる。一般先取特権は，保護されるべき一定の債権という枠を想定し，その枠に入る債権について優先弁済権を与えるものである点で，根抵当権と類似している。そして，給料債権が労働者からそれ以外の人に譲渡された場合に，「雇用関係の先取特権は，まさに使用人の保護を目的としたものであり，随伴性がないというべきではないか」（道垣内・担保物権77頁）されているが，まさに正当であろう。そして，このことは，

根抵当が，独立性が強く，物権としての性質が強いのではなく，反対に，債権の性質が強く，債権の性質という枠から外れた債権については優先弁済権を与えないという，一般先取特権に近い性質を示すものということができよう。

抵当権といわれる債権の優先弁済効は，確定の後に問題となるのであり，根抵当の場合にも，確定の後は，個々の債権の譲渡の場合に，当然に，随伴性を有する。なぜなら，担保物権を優先弁済効を持つ債権に過ぎないとみる本書の立場によれば，そもそも，担保物権の随伴性とは，優先弁済効のある債権が譲渡された場合に，譲渡された債権の優先弁済効も保持されるかという，非常に単純な問題に過ぎないからである。

D 独 立 性

被担保債権の発生・消滅の影響を受けない，（極度額を限度とした）価値支配権としての性質を独立性といい，個々の債権の発生・消滅によって影響を受けず，付従性のない根抵当は，個々の債権からは一定の独立性を有している。

しかし，債権の発生・消滅に対して独立性を有しているのは，いわゆる物権としての根抵当権ではなく，根抵当権における債権枠なのである。根抵当権の場合においても，包括根抵当が禁止されるなど，債権枠自体に対しても，厳密な意味では独立性を有していない。

Ⅲ 根担保と債権との関係

根抵当権は，担保物権の通有性である付従性・随伴性が否定された，債権からの独立性の高い物権であるといわれることがある。しかし，根抵当権を，債権から独立した物権であると考えるのは，「根」担保の性質を無視した議論であって，明らかな誤りである。その理由を以下に述べる。

根抵当権においては，目的物は特定するが，債権の流動性を許し，債権枠の中にある債権のみに，かつ，確定後に優先弁済効を与えるというシステムが採用されている。つまり，根抵当権とは，一定の取引関係にある債権者と債務者との間に発生する債権のうち，優先弁済効を有する債権と優先弁済効を有しない債権とを「債権枠」という概念を使って峻別するシステムなのであり，枠からはずれた債権には優先弁済効が付与されないというシステムに過ぎない。

例えば，物品の供給契約という枠が設定されている根抵当権の場合，物の売

買代金債権は枠に入るが，物の修理代金債権はその枠には入らず，修理代金債権は優先弁済効を取得しない。このように，根抵当権においては，債権枠からはずれる債権には，そもそも優先弁済効が与えられない。

したがって，最初は枠に入っていた債権が，極度額を超えるという理由でその一部が枠からはみ出したり，譲渡等の理由で枠から出た場合に優先弁済効が与えられないのも，むしろ当然のことである。

従来の説は，初めから債権枠からはみ出している場合と途中から債権枠をはみ出した場合とを区別し，途中から枠をはみ出した債権に注目し，流動性を許さない普通抵当権との単純な比較から，根抵当権の場合には，付従性が緩和されており，随伴性が否定されるという結論を導いている。

しかし，このような議論は，根抵当権のシステム全体を理解していれば出てくるはずのない議論であって，ここでも，担保物権を物権として捉えることの弊害が表れているように思われる。担保物権を物権として捉えようとする従来の考え方には，本来の物権は付従性や随伴性という債権への従属性から解放されるべきであるとの考え方が背景に潜んでおり，根抵当権こそがまさに債権から独立した物権本来の姿であるかのような思い入れがあるように思われてならない。

しかし，債権枠と極度額からはずれる債権には優先弁済効を与えないというのが，まさに根抵当権の基本的な考え方であって，それは，一般先取特権の場合と同様の，優先弁済効を与える債権の選択に関する基本的なルールなのである。

この基本ルールは，物権とは関係のない「根保証」を含めた「根」担保に共通するところの被担保「債権」の峻別に関するルールであって，根抵当だけに特別のルールではない。つまり，このルールは，「根」担保に共通の債権の特定に関するルールであって，担保物権の通有性または債権の独立性とは無関係の問題であることを理解する必要がある。

このような「根」担保に共通のルールを理解した上で，根抵当権に関しても，債権枠に収まっている債権については，確定を通じてすべての担保に共通の付従性・随伴性が確保されていることを認識すべきであろう。

第2節　根抵当権の設定

I　設定契約

　根抵当権は，一定の範囲に属する不特定の債権を極度額の限度で担保するために設定するものであり，根抵当権者と根抵当権設定者との根抵当権設定契約によって成立する（民法398条の2第1項）。
　根抵当権設定契約においては，債権の範囲，債務者，極度額＝「債権の枠」を特定しなければならない。これらの項目は，根抵当権の設定において合意しなければならない必須の項目である。これに反して，確定期日の定めは任意的である。確定の時期は，設定契約で定めなくても，民法398条の19による確定請求または398条の20の確定事由が生じることによっておのずと決まる問題だからである。

II　設定登記

　根抵当権の設定登記は対抗要件であるが，被担保債権の範囲，債務者の変更，確定期日の変更，相続による根抵当関係の存続，共同根抵当の設定・変更は効力発生要件とされている。

第3節　根抵当権の優先弁済権

I　債権の種類

　いわゆる包括的根抵当を排除するため，債権の種類が民法398条の2第2項および第3項によって以下のように法定されている。
(1)　債務者の取引関係から生じる不特定債権
　(a)　特定の継続的取引によって生じるもの（民法398条の2第2項前段）＝具体的債権特定基準　　物品の供給契約，当座貸越契約等，個別的な継続的な取引関係から生ずる債権
　(b)　一定の種類の取引によって生じるもの（民法398条の2第2項後段）＝抽象

的債権特定基準　　物の売買契約，銀行取引，手形貸付取引，保証委託取引等，取引の種類を限定したもの
(2) 取引関係外から生じる債務者に対する債権
  (c) 特定の原因に基づき債務者との間に継続して生じる債権（民法398条の2第3項前段）　特定の工場の排水によって継続的に生ずる損害賠償請求権等
  (d) 手形上または小切手上の請求権（民法398条の2第3項後段）　当事者間に直接振り出された手形・小切手債権とは別に，債務者が第三者のために振出し・裏書・保証した手形・小切手（回り手形・小切手）が転々流通して根抵当権者が取得した請求権。但し，これを無制限に認めると，範囲が広がりすぎ，根抵当権者が悪用するおそれがある。そこで，一定の制限がある。

II　極度額

根抵当権者は，確定した元本ならびに利息，その他の定期金および債務の不履行によって生じた損害の賠償の全部について，極度額を限度として，根抵当権を行使することができる（民法398条の3第1項）。つまり，極度額とは，元本・利息・遅延利息を含めた最高限度額のことである。極度額を超えた分については，全く担保されない。

第4節　根抵当関係の変更

根抵当権は，個々の債権が発生・消滅を繰り返しても，極度額という債権枠に収まる債権についての担保は存続する。したがって，根抵当は，長期間にわたって継続することが予想される。その間に，根抵当に関する要素（債権者，債務者，被担保債権の範囲，極度額等）に変更が生じる可能性があり，根抵当の制度は，そのような変更にも対応できるものであることが要求されている。そこで，根抵当の規定は，このような変更に対して，どのような対応をしているか，以下で詳しく検討する。

I　債権の範囲の変更

元本が確定する前であれば，根抵当権の担保すべき債権の範囲を変更するこ

とができる（民法398条の4第1項1文）。この変更に関しては，後順位抵当権者，その他の第三者の承諾を得る必要はないが（同条2項），変更の登記は，効力要件として必要である（同条3項）。

II 債務者の変更

元本が確定する前であれば，根抵当権の債務者を変更することができる（民法398条の4第1項2文）。この変更に関しても，後順位抵当権者，その他の第三者の承諾を得る必要はないが（同条2項），変更の登記は，効力要件として必要である（同条3項）。

なお，債務者の変更とは異なり，債権者の変更は，根抵当権の処分（民法398条の11～15）として構成されている。

III 極度額の変更

根抵当権の極度額を変更するには，利害関係を有する者の承諾を要する（民法398条の5）。

IV 債権譲渡・代位弁済，債務引受け

A 概説

元本が確定する前は，債権が譲渡されて債権者が交代しても，債務引受けによって債務者が交代しても，根抵当権はそれに随伴しない。いわゆる随伴性の否定である。

しかし，根抵当権は，個々の債権ではなく，債権の枠に対して優先弁済権を創設するものである。つまり，「入るものは拒まず，去るものは追わず」という精神のもとに債権の流動性を確保しておき，元本確定の時の債権に従って目的物から優先弁済を受ける権利である。したがって，元本の確定前においては，枠内の個々の債権が滅失しようが譲渡されようが，債権枠の優先弁済権に何の効力も生じないのは，むしろ当然である。

根抵当の本質が債権枠に対する担保権であることを考えると，債権枠が移転した場合，すなわち，後に述べる根抵当権の譲渡（債権枠を含めた債権の譲渡）

における随伴性を考えるのが，本来の随伴性の意味であると考えるべきであろう。また，根抵当における優先弁済権は，確定の後に問題となるのであり，根抵当の場合にも，確定の後は，当然に個々の債権の移転によって随伴性が問題となり，元本確定後は当然に随伴性を有する。

B 確定前の債権譲渡・代位弁済

元本の確定前に根抵当権者から債権を取得した者は，その債権につき，根抵当権を行使することができない（民法398条の7第1項1文）。元本の確定前に債務者のために，または債務者に代って弁済をした者は，弁済による代位により債権が弁済者に移転するが，この場合も，その債権につき根抵当権を行使することができない（民法398条の7第1項2文）。

C 確定前の債務引受け

元本の確定前に債務引受けがなされた場合も，根抵当権者は，引受人の債務につきその根抵当権を行使することができない（民法398条の7第2項）。債務引受けは，債権が債務者の責任財産から流出する場合の一つであり，元本確定前の個々の債務の流出に関しては，根抵当権は効力を及ぼさない。

V 更　改

元本の確定前に債権者または債務者の交替による更改があるときは，その当事者は，民法518条の規定（担保の移転）にもかかわらず，根抵当権を新債務に移すことができない（民法398条の7第3項）。

これも，一般には，随伴性の否定と解されている。しかし，繰り返し述べてきたように，根抵当権は，個々の債権ではなく，債権の枠に対して優先弁済権を創設するものである。したがって，元本の確定前においては，枠内の個々の債権が減失しようが譲渡されようが更改されようが，債権枠の優先弁済権に何の効力も生じないのは，むしろ当然である。

根抵当における優先弁済権は，確定の後に問題となるのであり，根抵当の場合にも，確定の後に，個々の債権者または債務者の交替による更改があるときは，随伴性が問題となり，元本確定後は，更改によって抵当権を移転することができる（民法518条）。

VI 相　　続

A 概　　説
1 原則としての元本確定

根抵当権の元本が確定する前に根抵当権者が死亡した場合，または根抵当権設定者が死亡した場合には，本来ならば，債権枠内の債権または債務はすべて相続人へと移転し，債権枠はゼロとなる。しかも，その債権枠の下で新たに元本が生じることはないので，根抵当権は確定するはずである（踏んだり蹴ったり）。

それでは根抵当権を設定した意味がなくなるので，一つの可能性としては，相続の時点で元本を確定させ，その上で，確定した通常の債権および抵当権が相続人へと移転する，と構成することが考えられる。

もう一つの可能性としては，相続の一般承継性を考慮して，債権枠を含めてすべての債権および抵当権を相続人へと移転する，と構成することもできる。

民法は，原則と例外という形で，以上の2つの可能性を生かすことにしている。まず，民法は，根抵当権の元本確定前に相続が開始した場合には，原則として根抵当権は確定することとした。

2 例外としての債権枠の移転

民法は，根抵当権の当事者が死亡した場合，例外的に，根抵当権の当事者の一方と他方当事者の相続人との間の合意により，債権枠をも移転し，相続によってすでに相続人へと移転している債権または債務，および相続開始後の債権または債務につき根抵当権の効力を及ぼすことができることにしている。

この債権枠の移転に関しては，後順位抵当権者，その他の第三者の承諾を得る必要はない（民法398条の8第3項による398条の4第2項の準用）が，相続の開始後6ヵ月内に登記をしなければ，債権枠の移転の効果は生じない。すなわち，6ヵ月以内に登記をしない場合は，根抵当権によって担保されるべき元本は相続開始の時に確定したものとみなされる（民法398条の8第4項）。

したがって，この場合には，相続の瞬間に根抵当権は通常の抵当権とみなされ，抵当権つきの債権または債務が相続人へと移転する。

B　根抵当権者の相続

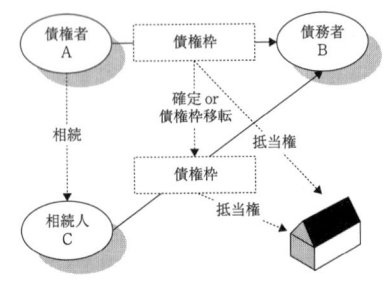

図96　根抵当権者の相続と元本確定・債権枠移転の選択

　元本の確定前に根抵当権者につき相続が開始したときは，原則として，根抵当権は確定し，通常の抵当権つきの債権が相続人へと移転するに過ぎない。

　しかし，根抵当権者の相続人と根抵当権設定者との合意によって，根抵当権は，相続開始の時に存在する債権のほか，相続人と根抵当権設定者との合意によって定めた相続人が相続の開始後に取得する債権を担保させることができる（民法398条の8第1項）。この場合は，債権とともに債権枠も相続人へと移転すると考えると理解が容易である。

　相続の場合に相続人に対して，根抵当権を確定させ，優先権のついた債権の移転を受けるか，それとも，債権枠を含めて債権の移転を受けるかの選択を認めた理由は，相続に単純承認と限定承認の選択を認めたのと同じ考慮によるものと思われる。

C　根抵当権設定者の相続

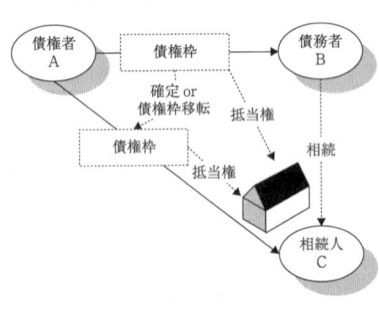

図97　根抵当権設定者の相続と元本確定・債権枠移転の選択

　元本の確定前に根抵当権設定者につき相続が開始したときは，原則として，根抵当権は確定し，通常の抵当権つきの債務が相続人へと移転するに過ぎない。

　しかし，根抵当権者と根抵当権設定者の相続人との合意によって，根抵当権は，相続開始の時に存在する債務のほか，抵当権者と根抵当権設定者の相続人との合意によって定めた相続人が相続の開始後に負担する債務を担保させることができる（民法398条の10第2項）。この場合は，債務とともに債権枠も相続人へと移転すると考えると理解が容易である。

　相続の場合に相続人に対して，根抵当権を確定させ，優先権のついた債務の移転を受けるか，それとも，債権枠を含めて債務の移転を受けるかの選択を認めた理由は，相続に単純承認と限定承認の選択を認めたのと同じ考慮によるも

のと思われる。

VII 合併

A 原則としての根抵当権の移転

　元本の確定前に，根抵当権者である会社が合併したり，根抵当権設定者である会社が合併した場合，一般承継が発生する点では，相続が開始した場合と同様である。

　しかし，自然人に一般承継が生じる相続と，法人である会社に一般承継が生じる場合とでは，状況が多少異なる。相続の場合は，被相続人と相続人との人格の違いを認める配慮が求められるが，会社の合併の場合には，通常は，新会社は旧会社のすべての権利・義務を連続的に承継すると考えられており，根抵当の場合も，債権枠を含めてすべての個別債権が移転する取扱いを原則とするのが適切である。

　そこで，民法は，会社の合併の場合には，根抵当の債権枠を含めてすべての債権・債務が新会社に移転するのを原則としている（398条の9第1項・2項）。

B 例外としての確定請求

　根抵当権者である物上根保証人が元本の確定を請求した場合に，例外的に，確定した抵当権つきの債権・債務の移転を認めることとしている（民法398条の9第3項本文）。ただし，債務者が根抵当権設定者である場合は，確定請求は認められない（同項ただし書）。

　例外的に認められる確定請求は，根抵当権設定者が合併を知った日から2週間，または合併の日から1ヵ月を経過したときは，時効によって消滅する（民法398条の9第5項）。

VIII 会社分割

　会社の分割には，以下の2つの形態がある。
(1) 新設分割（会社法2条30号・762条以下）　従来から存在するA会社（分割をする会社）を分割して，Aの営業（事業に関して有する権利義務）の全部または一部を新しく設立するB会社（分割により設立された会社）に承継させる

もの。

(2) 吸収分割（会社法2条29号・757条以下）　従来から存在するA会社の営業（事業に関して有する権利義務）の全部または一部を既存のC会社（営業を承継した会社）に承継させるもの。

会社の分割により，A会社からB会社（分割により設立された会社）またはC会社（営業を継承した会社）への一種の包括承継が生じる。そこで，会社の合併の場合に準じたルールが必要となる。

会社の分割によって，従来A会社が有した根抵当権は，分割時にA会社が有した債権を担保するとともに，新設分割の場合には，その後にA会社およびB会社が取得する債権を担保することになるとし，吸収分割の場合には，C会社が取得する債権を担保することになるとする（民法398条の10第1項）。

これに対して，A会社が根抵当権における債務者である場合には，分割時にA会社が負っていた債務を担保するとともに，新設分割の場合には，その後にA会社およびB会社が負う債務を担保することになるとし，吸収分割の場合には，C会社が負う債務を担保することになるとする（民法398条の10第2項）。

以上の民法398条の10第1・2項は，会社の合併に関する民法398条の9と同様，承継性に重点を置いた解決策を規定している。抵当権設定者である物上根保証人がこの承継性を希望しない場合には，やはり，民法398条の9の場合と同様，設定者に確定請求権を認めるのが相当である。そこで，民法398条の10第3項は，前条3～5項を準用している。

第5節　根抵当権の処分（抵当権とその順位の譲渡・放棄の禁止）

I　概　説

元本の確定前においては，根抵当権者は，転抵当を除いて，民法376条1項の抵当権の処分，すなわち，抵当権の譲渡，抵当権の放棄，抵当権の順位の譲渡，抵当権の順位の放棄の4つの処分行為をすることを禁じられる（民法398条の11第1項）。その代わりに，根抵当権の譲渡という別の制度が認められている。

II 転抵当

　元本の確定前においては，根抵当権者は，民法376条1項の抵当権の処分をすることができないが，その根抵当権をもって他の債権を担保すること，すなわち根抵当権を転抵当とすることは，妨げられない（民法398条の11第1項ただし書）。

　元本の確定前において根抵当を転抵当とする場合，民法377条2項（転抵当と弁済）の規定は，原根抵当権者に対する弁済については適用されない。すなわち，元本が確定する前は，原根抵当権者は，転抵当を行った後も，債務者からの弁済を受けることができる。この結果は，元本の確定前には根抵当を転抵当にすることができないというのと，結果においてほとんど変りがない。

III 根抵当権の譲渡

　普通抵当で認められている4つの抵当権の処分，すなわち，抵当権の譲渡・放棄，抵当権の順位の譲渡・放棄（民法376条1項2文）は，根抵当では認められていない。その代わりに根抵当権の譲渡という以下の制度が認められている。根抵当権の譲渡に際しては，譲渡人Aと譲受人Dとの間の合意のほか，設定者（BまたはC）の承諾が必要である。

　根抵当権者A（極度額1,000万円），債務者B，設定者C，受益者Dとして根抵当権の譲渡の類型を見てみよう。

A 全部譲渡

　元本の確定前においては，根抵当権者Aは，根抵当権設定者（BまたはC）の承諾を得て，その根抵当権を受益者Dに譲渡することができる（民法398条の12第1項）。この場合，受益者Dが極度額1,000万円の根抵当権者になる。

B 分割譲渡

　根抵当権者Aは，その根抵当権を2個の根抵当権に分割して，その一つを，根抵当権設定者（BまたはC）の承諾を得て，受益者Dに譲渡することができる。この場合には，例えば，根抵当権者Aが受益者Dに極度額の6割を譲渡す

ると，受益者Dは極度額600万円の根抵当権を取得し，根抵当権者Aの極度額は400万円となる。すなわち，その根抵当権を目的とする権利は，譲渡した根抵当権について消滅する（民法398条の12第2項）。

根抵当権の分割譲渡をするには，その根抵当権を目的とする権利を有する者（AとDとの合意のほか，設定者〔BまたはC〕，さらに，転抵当権者）の承諾を得なければならない（民法398条の12第3項）。

C 一部譲渡

元本の確定前においては，根抵当権者は，根抵当権設定者の承諾を得て，その根抵当権の一部譲渡をし，抵当権の一部を譲受人と共有（準共有）することができる（民法398条の13）。すなわち，根抵当権者Aと受益者Dが，極度額1,000万円の根抵当を共有（準共有）する。持分は，当事者の合意がなければ，債権額に比例する（民法398条の14）。

IV 根抵当関係の共有関係

根抵当権の共有者は，各々，その債権額の割合に応じて弁済を受けることができる。ただし，元本の確定前に，これと異なる割合を定めたり，または，ある共有者が他の共有者に先んじて弁済を受けることができる旨を定めたときは，その定めに従う（民法398条の14第1項）。

根抵当権の共有者は，他の共有者の同意を得て，民法398条の12第1項（根抵当権の譲渡）の規定により，その権利を譲渡することができる（民法398条の14第2項）。

V 普通抵当の順位の譲渡・処分を受けた根抵当権者の譲渡・処分

根抵当権について民法376条の処分をすることは，転抵当を除いて禁止されているが（民法398条の11），根抵当権者が抵当権の順位の譲渡または放棄を受けることはできる。そして，抵当権の順位の譲渡または放棄を受けた根抵当権者が，その根抵当権の譲渡または一部譲渡を行ったときは，譲受人は，その順位の譲渡または放棄の利益を受けることができる（民法398条の15）。

Ⅵ　順位の変更

　根抵当権については，転抵当以外の根抵当権の譲渡・放棄，根抵当権の順位の譲渡・放棄を行うことができないが（民法398条の11第1項），根抵当権の順位の変更をすることは可能である。

第6節　共同根抵当・累積根抵当

Ⅰ　共同根抵当（例外）

　民法392条・393条が規定する共同抵当は，同一の債権（単数でも複数でもよいが，特定しているもの）を担保する数個の抵当権のことであるため，不特定の債権を担保するものであるから，同一の被担保債権の存在というものを想定することが困難である。しかし，例えば，甲不動産にも乙不動産にも1,000万円の根抵当権を設定して1,000万円の融資を受けるという共同抵当と同じ形態を当事者が望むこともありうる。
　このように，民法392条が適用される共同根抵当を当事者が希望する場合には，その設定（追加的に設定する場合を含む）と同時に，同一の債権の担保として数個の不動産の上に根抵当権が設定された旨を登記することと，担保すべき「債権の範囲」，「債務者」，「極度額」の3要素について，複数の根抵当権が全く同一である（債権枠の同一性が保持されている）ことを必要とした上で，例外的に認められている（民法398条の16）。
　共同根抵当の登記のある根抵当権の担保すべき債権の範囲，債務者もしくは極度額の変更またはその譲渡もしくは一部譲渡は，すべての不動産についてその登記をしなければその効力を生じない（民法398条の17第1項）。
　共同根抵当の登記がある根抵当権の担保すべき元本は，一つの不動産についてのみ確定すべき事由が生じた場合においても確定する（民法398条の17第2項）。

II　累積根抵当（原則）

　数個の不動産の上に根抵当権を有する者は，民法398条の16の場合を除くほか，各不動産の代価につき，各極度額に至るまで優先権を行うことができる（民法398条の18）。
　例えば，甲不動産に3,000万円，乙不動産に2,000万円の根抵当権を設定し，債権の範囲（債権枠）としての取引の種類を同じにしておくと，その取引から生じる債権が合計額である5,000万円まで担保されることになる。
　だだし，それでは，債権枠がその額を超える複数の不動産によって担保されるという危険の分散という利点が生じないため，危険の分散を行うのであれば，実際に生じさせる債権の総額を例えば3,000万円に抑えるということにしなければならないが，担保設定者からは，合計額の5,000万円に近い額までの融資を要望されることになるため，債権者にとって，危険の分散は確保できなくなるおそれがある。その反面，超過担保となる弊害は減少する。

第7節　確定──根抵当関係の終了

I　確定の意味

　根抵当権が確定すると，根抵当権によって実際に担保される債権が完全に特定され，根抵当としての性質を失い（枠支配の終了，付従性・随伴性の復活），普通抵当に近くなる。例外的に，特定された債権を元本債権とする利息債権は，その後発生するものも，極度額の範囲内で担保される（民法398条の3参照）。
　確定事由と確定の時を列挙すると，以下の通りとなる。
(1)　確定期日の到来（民法398条の6第4項）──確定期日の日
(2)　相続の場合の合意・登記の不達成（民法398条の8第4項）──相続開始の日
(3)　合併の場合の確定請求（民法398条の9第4項）──合併の日
(4)　会社分割の場合の確定請求（民法398条の10第1項）──会社分割の日
(5)　根抵当負担者の確定請求（民法398条の19第1項）──設定後3年を経過した時から認められる根抵当権負担者の確定請求の後2週間を経過した日
(6)　根抵当権者の確定請求（民法398条の19第2項）──請求の時

(7) 根抵当権者による競売，担保不動産収益執行，物上代位のための差押え（民法398条の20第1項1号）——その申立ての時
(8) 根抵当権者による滞納処分（民法398条の20第1項2号）——差押えの時
(9) 第三者による競売・滞納処分など（民法398条の20第1項3号）——根抵当権者が知った時より2週間経過した日
(10) 根抵当権者・根抵当負担者の破産（民法398条の20第1項4号）——開始決定の時

II 確定期日

　根抵当権者と根抵当権設定者との根抵当権設定契約によって根抵当権の確定期日を定めることができるし，その期日前であれば，当事者は，後順位抵当権者，その他の第三者の承諾を得ることなしに（民法398条の6第2項による398条の4第2項の準用）確定期日を変更することができる（民法398条の6第1項）。ただし，確定期日の変更には，登記が効力要件として必要である（同条4項）。
　確定期日は，設定の日または変更の日より5年以内でなければならない（民法398条の6第3項）。

III 確定請求

　根抵当権設定者は，根抵当権設定の時から3年を経過したときは，担保すべき元本の確定を請求することができる。ただし，担保すべき元本の確定すべき期日の定めがあるときは，その期日の到来によって元本が確定する（民法398条の19第1項）。
　確定請求がなされたときは，担保すべき元本は，その請求の時から2週間を経過することによって確定する（民法398条の19第2項）。

IV 確定事由

　2003年の民法改正前は，確定事由として，民法398条の20第1項1号において，担保すべき元本の不存在（債権の範囲の変更による特定，取引の終了，そ

の他の事由）が規定されていたが，これが削除された。このため，根抵当権が担保すべき債権が発生する可能性が消滅した場合にも，被担保債権の範囲の変更によってさらに他の取引から生じる債権を担保するものとすることが可能となった。一方で，確定期日の定めのある根抵当権については，5年以内という制限があるものの，客観的に元本発生の可能性がなくなっても元本確定を生じさせることができなくなるという問題が生じている。

A 抵当不動産の競売・担保不動産収益執行・差押え

根抵当権者が抵当不動産について，競売，担保不動産収益執行，または民法372条で準用する304条の規定による物上代位に基づく差押えを申し立てたときには，この競売手続の開始，もしくは担保不動産収益執行の開始，または差押えが実際になされることを条件に，競売または物上代位の差押えの申立てをしたときに遡って根抵当権が確定する（民法398条の20第1項1号）。

B 滞納処分による差押え

根抵当権者が抵当不動産に対して，滞納処分による差押えをしたときは，その時に根抵当権が確定する（民法398条の20第1項2号）。

C 他の債権者のなした競売・差押えを知った時から2週間経過したとき

根抵当権者が抵当不動産に対する競売手続の開始，または滞納処分による差押えがあることを知った時から2週間を経過したときに，根抵当権は確定する（民法398条の20第1項3号）。

この場合において，競売手続の開始または差押えの効力が消滅したときは，担保すべき元本は確定しなかったものとみなされる。ただし，元本が確定したものとして，その根抵当権またはこれを目的とする権利を取得した者の権利を害することはできない（民法398条の20第2項）。

D 債務者・根抵当権設定者の破産

債務者または根抵当権設定者に破産開始の決定があったときは，その時に根抵当権が確定する（民法398条の20第1項4号）。

この場合において，破産宣告の効力が消滅したときは，担保すべき元本は確定しなかったものとみなされる。ただし，元本が確定したものとして，その根

抵当権またはこれを目的とする権利を取得した者の権利を害することはできない（民法398条の20第2項）。

V 確定後の極度額減額請求

元本の確定後においては，根抵当権設定者は，その根抵当権の極度額につき，普通抵当権において被担保債権に制限があるのと同様，現に存する債務の額とそれ以後2年間に生ずべき利息その他の定期金および債務の不履行による損害賠償の額とを加えた額へと減じるよう請求することができる（民法398条の21第1項）。

民法398条の16の共同根抵当の登記がなされた根抵当権の極度額の減額請求については，極度額の減額請求は，一つの不動産ついてすればよい（民法398条の21第2項）。

VI 確定後の根抵当権消滅請求

元本の確定後において，現に存する債務の額が根抵当権の極度額を超えるときは，他人の債務を担保するためその根抵当権を設定した者（物上保証人），または，抵当不動産につき，所有権，地上権，永小作権もしくは第三者に対抗することができる賃借権を取得した第三者（第三取得者）は，その極度額に相当する金額を払い渡し，またはこれを供託して，その根抵当権の消滅を請求することができる。この場合においては，その払渡しまたは供託は弁済の効力を有する（民法398条の22第1項）。

民法398条の16の共同根抵当の登記がなされた根抵当権の消滅請求については，一つの不動産についてすればよい（民法398条の22第2項）。また，民法380条および381条（抵当権消滅請求権を行使できない者）の規定は，根抵当消滅請求に準用される（民法398条の22第3項）。

第5部

担保法各論 (3)

物的非典型担保

第18章
非典型の物的担保概観

第1節 非典型担保における典型担保の役割（優越的地位の濫用の防止）

　非典型担保というと，非典型契約を思い出す人がいるかもしれない。物権と債権とでは世界が違うように思うかもしれない。しかし，両者は関連しあっている。典型契約と非典型契約とが存在する契約法の世界と，典型担保と非典型担保とが存在する物的担保の世界を比較してみると，非典型担保の存在理由が理解できるとともに，物的担保の過去，現在，未来までもが見えてくる。

　第1に，比較のため，契約の世界を見てみよう。典型契約は，融通無碍の契約自由の下では，当事者の意思を補充・補完するものとして位置づけられる。非典型契約は，むしろ，契約自由の所産である。契約法において非典型契約が認められるのは当然であるが，自由は常に，濫用の危険を伴う。そこで，現代においては，契約正義等の理念の下に，優越的な地位を利用した濫用的な契約を規制する法理が発展している。補充規定に過ぎないと考えられてきた任意規定に反して消費者を一方的に害するすべての契約は無効とし，任意規定で補完するという，消費者契約法10条の考え方は，現代における契約正義を実現するための一つの到達点といえよう。つまり，契約自由の世界では，力の強いものが，契約条項を予め定め，力の弱いものは，これを押し付けられるという優越的地位の濫用，権力の濫用が多発し，これを規制するために，契約正義という名において，契約自由を制御する必要がある。

　第2に，物的担保の世界においては，典型担保は，最初から法によるコントロール下に置かれている。これに対して，非典型担保は，以下に詳しく論じるように，融通の利かない物権法定主義をすり抜けるために嘘も方便としての「所有権移転型」として生成したため，所有権を取得する債権者の濫用が必然

的に生じているのであり，これを制御する必要がある。

　第3に，非典型契約と非典型担保両者を優越的地位の濫用という観点で比較してみよう。

　一方で，契約自由の当然の結果として生成した非典型契約においては，自由の名の下で，強者による弱者に対する支配，すなわち，優越的地位の濫用が生じている。これを防止するため，契約法の世界では，公序良俗，信義則，契約的正義という原理を用いて，典型契約で規定された標準的なルールとしての任意規定によって，非典型契約の行き過ぎをコントロールするという必要が生じている（消費者契約法10条参照）。他方で，物権法定主義の制約の中で，立法の不備のために，その潜脱行為として生成した非典型担保においては，債権者が，担保権を逸脱する所有権の移転まで受けているため，その濫用が必然的に生じている。このような濫用を防止するために，非典型担保においては，債権者に対して，典型担保におけると同様のコントロールをする必要が生じているのである。

　このように考えると，非典型「契約」と非典型「担保」の出発点は，契約自由と物権法定主義という全く正反対のものであるが，非典型契約，非典型担保における優越的地位の濫用を制御するためには，いずれの場合にも典型契約および典型担保における法理（民法の規定）が，非典型契約および非典型担保における優越的地位の濫用をコントロールするという重要な役割を演じているのである。すなわち，非典型契約においては，任意規定と一般条項が，非典型担保においては，優越的な地位は義務を伴う（ノブレス・オブリージュ）および清算義務の法理が，優越的な地位の濫用をコントロールするための基準となっているのである。

表74　非典型契約と非典型担保における問題点とその解決方法の比較

	非典型契約	非典型担保
出発点	「契約自由」の当然の帰結	「物権法定主義」からの逸脱または解放
問題点	優越的の濫用による不公正な取引および消費者被害	所有権移転構成による不公正な取引および債務者被害
解決の方向	任意規定によるコントロール（消費者契約法10条参照）	帰属清算の廃止と処分清算のコントロール（立法の課題）

非典型担保に対するこのようなコントロールが可能になった後は，翻って，典型担保における債権者の優越的の地位の濫用についても，当然にメスが振るわれなければならない。その典型例が，王座を占める抵当権による賃借権の覆滅であることは，すでに述べた通りである。この問題が，我妻民法（我妻・担保物権 8～9 頁・297～298 頁）で提起されながら，抜本的な解決が図られていない，担保法の最大の課題となっているといえよう。

第 2 節　非典型担保における「嘘の効用」

　物的担保が物権だとすると，物権法定主義（民法 175 条）に基づき，典型担保だけが許され，非典型担保は禁止されるはずである。それにもかかわらず，譲渡担保に始まり，仮登記担保法が制定された経緯を見てみると，以下に詳しく述べるように，「民法の不備」と，物権法定主義の網の目をくぐろうとして，「国民が嘘つきになる」という構図が透けて見えてくる。

　「民法の不備」とは，債務者に担保目的物を使用・収益させつつ，債権の回収を図り，債務が履行されない場合に限って担保目的物を換価・処分する権限を債権者に与えるという，物的担保の理想である抵当権について，これを動産および債権に認めることを怠ったことである。もちろん，これにはそれなりの理由がある。不動産については，公示方法として登記制度が存在するが，動産および債権については，明確な公示制度が存在しなかったからである。しかし，第 1 に，動産の場合にも，古くから明認方法という公示制度が認められており，最近では，動産登記までもが実現しているのであるから（動産・債権譲渡特例法），実務の要請が高い動産抵当の制度が民法で規定されていないというのは，立法の怠慢というほかない。第 2 に，債権については，債権質の場合にも（民法 364 条以下），抵当権の処分にも（民法 377 条），債権譲渡の対抗要件（民法 467 条）が準用されており，最近では，債権登記が実現しているのであるから（動産・債権譲渡特例法），債権の抵当権を認めないのも，これまた立法の怠慢である。このような不備があるために，実務は譲渡担保と仮登記担保という所有権移転型といわれる嘘で固めた非典型担保を生み出し，判例がこれを追認してきたのである。

　「国民が嘘つきになる」という意味は，末弘『嘘の効用』（31 頁）に明確に述べられているように，「親が厳格だと，子供はうそつきになる。法律に融通

表75　非典型担保における嘘の程度と内容の比較

		譲渡担保	仮登記担保	抵当権
	嘘の程度	大	小	嘘がない（真意）
嘘の内容	所有権の移転とその時期	契約時に所有権が移転（売買代金は，実は貸金に過ぎない）	債務不履行，または，清算期間終了時に所有権が移転（実は，債権者は換価・処分権を取得するだけで，所有権は移転しない）	所有権は移転しない
	設定者の利用権	実行まで設定者が目的物を賃借（賃料は，実は利息に過ぎない）	設定者の賃借の必要なし（嘘はない）	設定者の賃借の必要なし
	弁済による原状回復	設定者が弁済して所有権を買い戻す（買戻しは，実は弁済に過ぎない）	債務不履行，または，清算期間終了後に設定者が所有権を買い戻す（買戻しは，実は弁済）	弁済により，付従性によって担保権は消滅する
注意点		嘘が大きいため，嘘が見抜かれて次第に，所有権移転構成から担保権的構成へと移行しつつある。	嘘が小さいため，所有権の移転が嘘であることがわかりにくい。このため，帰属清算方式が採用され，それがあだとなって，自滅の方向にある。	競売のメリットである公正さともに，市場価格よりも低価格でしか換価・処分できないというデメリットをかかえている。

性がないと，国民は実を取るために嘘をつく。立法者は，国民が嘘をつくようになったら，立法の改正を行わなければならない」という趣旨である。

　つまり，非典型担保は，民法の不備（動産抵当・債権抵当の原則的否定）から生じる，国民のやむにやまれぬ「嘘」であり，通謀虚偽表示である。民法が動産および債権の上の抵当権を認めていないため，国民は担保の目的で動産および債権を譲渡するという，目的を超えた概観を作り出さざるを得なかったのである。真意（担保の設定）と表示（所有権の移転）とが完全に食い違っているのであるから，非典型担保としての所有権移転型担保は，例外なく，通謀虚偽表示である。譲渡担保の場合には，当事者は，担保設定時に，所有権が債権者に移転するという大きな嘘（設定時所有権移転）を表示する。仮登記担保の場合には，債務者が債務不履行に陥ったときに，初めて，所有権が債権者に移転す

るという小さな嘘（債務不履行時所有権移転）を表示する。大きな嘘は，判例によって見抜かれるようになり，所有権的構成は，担保的構成へと徐々に組みかえられてきた。しかし，小さな嘘は，なかなか見抜けない。立法者も，仮登記担保が通謀虚偽表示であることを見抜くことができず，所有権移転を前提とする受戻制度や帰属清算制度を構築したため，実務から見捨てられ，利用されない制度へと堕している。

　見抜かれる嘘は，罪が少ない。真実への矯正が可能だからである。見抜かれない嘘は，罪が深い。プロでもだまされ，矯正の機会が失われるからである。しかし，その結果は，長い目で見れば，そのような嘘で固めた存在は，それ自体の自滅へと向かうことになる。

第3節　非典型担保における優越的地位の濫用に対するコントロールの必要性とその方法

　国民がやむにやまれずにつく嘘としての通謀虚偽表示は，すべてが無効となるというわけではない。非典型担保は，通謀虚偽表示であるが故に，担保的構成が有効となる。なぜなら，通謀虚偽表示においては，当事者間では真意が尊重され（担保の設定が有効），表示が無効（所有権の移転が無効）となるからである。しかし，善意の第三者との関係では，表示（所有権の移転）が優先する。したがって，担保の目的であるにもかかわらず，所有権まで移転するという概観を作らざるをえない非典型担保は，債権者がこれを濫用するという危険を防止することが困難となる（権力は腐敗する）。

　そこで，判例は，虚偽の概観を作り出している非典型担保について，債権者の濫用を防止し，債務者を保護するため，第1に，債権者に清算義務を課すことにした。これは画期的なことであり，物権法定主義に反するという疑いのあった非典型担保が適法なものとして正当化される最初のステップとなった。非典型担保を，典型担保と同様の地位に置くための第2のステップは，非典型担保を所有権の移転的構成から担保的構成へと組み換え，第1ステップで確立した債権者の清算義務について，抵当権と同じく，債権者の権限を目的物の換価・処分に限定し，所有権の移転を前提とした帰属清算を廃し，処分清算の原則を確立することである。譲渡担保においては，判例は，所有権的構成をとりつつも，徐々にそこから抜け出し，処分清算を広く認め，最近では，後順位譲

渡担保権者の存在をも認めるようになっている。所有権について，後順位所有権などという，段階的な所有権を認めることは，物権法定主義に反することが明らかであり，後順位の譲渡担保権を認めるに至った判例は，譲渡担保についても，所有権的構成から担保的構成へと移行しているといってよい。

　今後の課題としては，さらに一歩を進める必要がある。第1は，譲渡担保の法理を進展させ，所有権移転的構成（帰属清算）から決別し，処分清算方式を発展させつつ，公平の観点から，その手続を公正かつ透明にする方法を追求していかなければならない。第2は，所有権的構成を採用したために，清算方式を帰属清算方式とせざるをえず，実務から見放されている仮登記担保について，公正かつ透明な手続を保持しつつ，所有権的構成を担保的構成へと組み換え（立法論すれすれの解釈論），処分清算を可能とする解釈方法が探究されなければならない。本書では，以下において，従来の解釈を前提としつつ，最終目標を達成するための新しい解釈方法を提案することにする。

第4節　非典型担保の種類

　非典型担保は，すべて，債務者が目的物を使用・収益することを認める物的担保（非占有物的担保）である。非典型担保は，さらに，代物弁済型の仮登記担保，買戻し・再売買予約型の買戻し，譲渡担保，所有権留保，債権質型の代理受領，相殺予約，振込指定に分類できる。

　これらの非典型担保のうち，本書では，以下において，仮登記担保，譲渡担保，所有権留保について解説する。

表76　非占有担保（非典型担保）

		契約形態	物権としての説明	債権の優先弁済権としての説明
代物弁済予約型	仮登記担保	借金を弁済できない場合に，担保目的物をもって弁済に代えるもので，その状態を予約法理と仮登記によって保全するもの。ただし，担保目的物の価額が債権額を超える場合には，清算が義務づけられており，厳密な意味での	弁済期前の契約をもって，債務を弁済できない場合には目的物によって債務の弁済に充てることを約することであり，「抵当直流れ」として説明できる。	弁済期前の契約をもって，債務を弁済できない場合には目的物から優先弁済を受ける権利を仮登記によって保全するもの。

			代物弁済ではない。	
譲渡・買戻し型	譲渡担保	借金の担保を貸主に売却し，かつ，担保目的物を貸主から借り受けるが，一定期間内に借金の返済が可能になった場合には担保物を借主から買い戻す権能が借主に留保される契約。	買戻しまたは再売買の予約を利用して，担保目的物の私的実行を行うことによって抵当権よりも効率的な担保を実現するもの。	債権（貸金債権等）の担保として所有名義と対抗要件を得た物権から優先弁済を受けることができるもの。
	所有権留保	割賦販売に際して，買主が代金を完済するまで売主が所有権を留保する契約。	売主が所有権を移転した後に，残代金債権の担保として，売買目的物を譲渡担保にするもの。	債権（貸金債権等）の担保として所有名義と対抗要件を得た物権から優先弁済を受けることができるもの。
債権充当・相殺型	代理受領	債権者（銀行）が融資するにつき，融資先（債務者）が第三債務者に対して有する債権の弁済受領の委任を受け，その融資金の弁済に充当するという契約。	融資先が第三債務者に対して有する債権に対する銀行の取立のためにする委任（譲渡担保）契約。	融資先の債務者（第三債務者）から代理受領（取立てのための債権譲渡）の承諾を得ていることを対抗要件として銀行が第三者に対して優先的に弁済を受けることができるもの。
	振込指定	債権者（銀行）が，債務者（融資先）の債務者（第三債務者）に対して有する債権の支払方法として銀行の融資先名義の口座への振込みを指定し，それによって振り込まれた金銭（預金債権）を銀行が融資先への貸金債権と相殺する契約。	貸金債権と相手方の預金債権による相殺（相殺の担保的機能）を実現するための振込指定。	貸付債権を自働債権とし，預金債権を受働債権として相殺し，実質的な優先弁済を受けることができるための振込み指定。
	相殺予約	銀行が顧客に貸付債権を有し，顧客が銀行に預金債権を有している場合に，相殺契約（期限の利益の喪失条項等）によって相殺適状を繰り上げ，預金債権の範囲内で他の債権者に優先して貸付債権の回収を行うための契約。	顧客に対する銀行の貸付債権を被担保債権として，銀行に対する顧客の預金債権の上に設定された債権質。	貸付債権を自働債権として，融資先の銀行に対する預金債権を相殺契約に従って繰り上げ相殺し，預金債権は貸付債権の額の範囲ですでに消滅しているとして，融資先からの預金債権の返還請求，第三者の差押えを拒絶することにより，優先弁済を確保すること。

第19章

仮登記担保

第1節　仮登記担保法概説

　不動産の担保制度に関しては，動産とは異なり，目的不動産に対する使用・収益権を奪わずに目的不動産を担保に供することができる抵当権という制度が民法によって認められている。しかし，不動産に抵当権を設定した場合には，その実行方法が，競売手続に限定されている。競売手続による場合は，現状では，目的物の市場価格を正確に反映できず，それよりも低い価格でしか売却できないという弱点がある。そこで，実務では，目的物を市場価格で売却するさまざまな方法（仮登記担保，譲渡担保がその典型例）が考案されることになった。仮登記担保は，債務者が債務を任意に履行しない場合に，担保目的である不動産を代物弁済として債権者に目的物の所有権を帰属させ，債権者が目的物を市場で売却することを通じて，結果的に債権の回収を図るという目的に奉仕するものである。

　しかし，停止条件付代物弁済または代物弁済予約の問題点は，債権者が債権額以上に値打ちのある不動産を担保目的物としながら，担保不動産を丸取りし，清算を行わないという行き過ぎた商慣習を生み出した点にある。

　これに対しては，まず，学説によって厳しい批判が行われ（米倉明「抵当不動産における代物弁済の予約」ジュリ281号〔1963〕68頁，椿寿夫『代物弁済予約の研究』有斐閣〔1975〕がその代表。学説の展開については，井熊長幸「仮登記担保」星野・講座3　241頁以下参照），これを受けた判例によって，債権者に清算が義務づけられ，優先弁済権の範囲が，清算によって被担保債権の範囲に限定されることになった（最一判昭42・11・16民集21巻9号2430頁，最大判昭49・10・23民集28巻7号1473頁）。

　このような学説・判例の動向を踏まえて，1978（昭和53）年に，仮登記担保

契約に関する法律（仮登記担保法）が制定され，代物弁済として債権者に所有権の移転が認められる前提として，清算額を適正にするだけの利害関係者への通知の義務づけ（2条・5条），清算金に対する後順位担保権者の物上代位権の付与（4条），清算金が支払われるまでの債務者の受戻権の確保（11条），清算金が適正でない場合の抵当権への移行（12条）等を骨子とする仮登記担保制度が確立した。

　仮登記担保の債権者は，仮登記担保を実行しようと思えば，目的不動産の価値を評価し，債権額との差額である清算額を見積もって債務者および利害関係人に通知しなければならず，その清算金を支払うまでは，目的物の所有権を取得することができない（2条1項）。適正な清算をするためのやむをえない措置とはいえ，目的物を処分する前に精算金を支払わなければならないことは，債権者にとって大きな負担となる。このため，仮登記担保は，債権者にとって旨味がなくなっただけでなく，むしろ，利用しにくいものとなってしまった。その結果として，仮登記担保法の施行以後，停止条件付代物弁済または代物弁済予約の利用が激減し，ほとんど使われない状態となっている。

　学説・判例を集大成する形で成立した仮登記担保法の出現によって，仮登記担保自体が余り利用されなくなってしまったことは皮肉な結果である。このような結果となった原因としては，仮登記担保法が，代物弁済の方形式を尊重して，清算について「帰属清算」方式のみを認め，市場で処分して，売却代金から清算するという方法「処分清算方式」を否定した点にあると思われる。

I　仮登記担保の意味

　仮登記担保は，もともとは，「担保ための代物弁済予約」，「停止条件付代物弁済契約」などと呼ばれていたが，どちらも本質は同じであり，債務者が借金を支払えないときには不動産で代物弁済することを，債権者が予約または停止条件付で契約し，その債権者の地位を仮登記によって保全するものである。

　1978（昭和53）年に制定された仮登記担保法では，「仮登記担保契約とは，金銭債務を担保するため，その不履行があるときは債権者に債務者又は第三者に属する所有権その他の権利の移転等をすることを目的としてされた代物弁済の予約，停止条件付代物弁済契約その他の契約で，その契約による権利について仮登記又は仮登録のできるもの」とされている（1条）。

II　仮登記担保と通常の代物弁済との異同

　本来,「担保のための代物弁済予約」は,債務者が債務を返済しない場合に備えて,もしも債務者が期限内に弁済をしない場合にはおカネの代りにある物で弁済してもらうという予約をしておくことである。つまり,通常の代物弁済（民法482条）が債務を決済する一方法であるのに対して,担保のための代物弁済予約は,債権の回収を事前に確保する物的担保として位置づけられている。

　したがって,仮登記担保は,通常の代物弁済とは異なり,債権者は,債務者が借金を支払えない場合に直ちに目的不動産の所有権を取得できるのではなく,2ヵ月の清算期間を経なければ所有権は債権者に移転しないし,目的不動産の評価額が債権額よりも大きいときは,清算金を支払わなければ,仮登記を本登記に代えることはできず,不動産の引渡しを受けることもできない（仮登記担保法2条）。

　また,清算期間が満了して,債権者が本登記請求権および引渡請求権に基づき本登記や目的物の引渡しを請求してきた場合に,債務者が,清算金請求権を根拠に同時履行の抗弁権を主張できる（仮登記担保法3条2項）。

　さらに,後順位債権者（後順位仮登記担保権者を除く）が債権者の示した清算金の見積額（それに対して後順位債権者は物上代位できる）に不満であり,清算期間内に競売を請求した場合には,仮登記担保権は抵当権とみなされてしまい,仮登記担保権者は,当然には目的物の所有権を取得できなくなる（仮登記担保法13条1項）。

III　仮登記担保の機能

A　仮登記担保利用のメリット

　抵当権という不動産に適した典型担保が用意されているのに,予約と仮登記を転用して非典型担保を創設しようとする意図は,どこにあるのだろうか。かつては,担保としての代物弁済予約を利用する意図として,以下のものが挙げられていた。

(1)　目的不動産の値段が債権額を超える場合に,清算しないで差額を丸取りする（抵当権にないうまみがある）。

(2) 抵当権消滅請求（滌除），被担保債権の範囲限定等，抵当権の規定の中で債権者にとって都合の悪いものを排除する（抵当権の良いとこ取り）。
(3) 時間と手間がかかり，しかも，往々にして安くしか売れない競売手続を回避する（私的実行・流担保の確保）。
(4) 第三者異議（民事訴訟法旧549条：民事執行法38条）の可能性を予告することで，後順位担保権者の出現を防止する（優先効独占のうまみ）。

このうち，(1)清算の不要は，昭和42年最高裁判決（最一判昭42・11・16民集21巻9号2430頁）によって，清算義務が課せられ，かつ，(4)第三者異議の訴えも否定された。このため，代物弁済予約の旨みは，(2)と(3)とにあるとされることになった。

最一判昭42・11・16民集21巻9号2430頁
「貸金債権担保のため，不動産に抵当権を設定するとともに，右不動産につき停止条件付代物弁済契約または代物弁済の予約を締結した形式がとられている場合において，契約時におけるその不動産の価額と弁済期までの元利金額とが合理的均衡を失するようなときは，特別な事情のないかぎり，右契約は，債務者が弁済期に債務の弁済をしないとき，債権者において，目的不動産を換価処分してこれによって得た金員から債権の優先弁済を受け，残額はこれを債務者に返還する趣旨であると解するのが相当である。」

「債権者に清算義務があると解される場合には，右債権者が，目的不動産を債務者の所有物として差し押えた他の債権者に対して行使しうる権利は，自己の債権についての優先弁済権を主張してその満足をはかる範囲に限られ，たとえ差押前に所有権移転請求権保全の仮登記を経由していても，差押債権者に対して右仮登記の本登記手続をするについての承諾を求め，その執行を全面的に排除することは許されない。」

B 仮登記担保の利用度

上記(1)と(4)のうまみは判例によって否定されたため，(3)の競売手続の回避が重要な意味をもっていたが，仮登記担保法は，後順位担保権者による競売請求を認めた（12条）ため，この点でも債権者のメリットを失わせている。なぜなら，競売手続に持ち込まれると，仮登記担保は，担保仮登記のされた時にその抵当権の設定の登記がされたものとみなされ（仮登記担保法13条），抵当権の優先弁済権を有するだけとなり，仮登記担保のメリットはなくなってしまうからである。このように考えると，仮登記担保は，競売手続を免れた場合にのみ，

かろうじて，(2)の抵当権の良いとこ取り（抵当権消滅請求の排除，被担保債権の範囲の限定の排除）が仮登記担保のメリットとなっているに過ぎない。

仮登記担保は，もともと，金融機関による利用率は低く，貸金業者，商社，メーカー等がよく利用していたが，上記のように，後順位者による競売請求が認められたこと，根仮登記担保が冷遇された（仮登記担保法 14 条）こともあって，その利用度は著しく落ち込んでいる。

C 非典型担保の準則としての仮登記担保法の役割

これまで述べたように，仮登記担保の利用は著しく落ち込んでいる。その原因は，仮登記担保法の制定によって，仮登記担保の旨み（代物弁済による目的物の丸取り）がなくなったためだとされている。しかし，仮登記担保法は，理論と実務と判例とを統合して作成された完成度の高い法律のはずである。その結果が，このようなものだとすると，原因は他にあるのではないだろうか。

確かに，仮登記担保法が，仮登記担保を抵当権に接近する方向で，しかも抵当権とは異なる新しい工夫を取り入れて立法したことは，理念的には，利害関係者の調整という点で，一定の調和を達成している。特に，物的担保の本質である清算法理が，流担保効果を本質とする代物弁済予約に対しても整合的に実現された意義は大きい。仮登記担保法は，物的担保に関する清算法理，利害関係者の調整原理を最高度に発展させたものであり，仮登記担保法の規定は，その他の非典型担保（特に譲渡担保）に可能な限り類推適用されるべきであるとの見解が主張されている（鈴木・物権法 297 頁・263 頁）ことには，十分な理由がある。仮登記担保法の規定は，抵当権の規定が不十分な場合（例えば，物上代位に関する抵当権と質権との優先順位〔仮登記担保法 4 条 1 項〕）には，類推適用されるべきであろう。

しかし，仮登記担保の利用が落ち込んでいる真の理由は，不動産譲渡担保の利用頻度が増加していることとの比較によって見えてくる。譲渡担保と仮登記担保とを単純に表面的に比較すると，明らかに仮登記担保の方が優れている。なぜなら，譲渡担保は，債務不履行が生じる前に，最初から債権者が所有権を取得することになっているのに対して（大きな嘘），仮登記担保の場合は，債務不履行があった場合に初めて所有権が債権者に移転することにしており（小さな嘘），法律構成がより抵当権に近づいているからである。しかし，譲渡担保は，その実体と法律構成とが，余りにもかけ離れているために，「大きな嘘」

が見破られ，後に述べるように，学説・判例の努力によって，所有権が移転しない方向での理論が積み重ねられ，清算方式に処分清算が認められている点が強みである。この点，仮登記担保は，所有権の移転を契約時ではなく，債務不履行の後としているため，そのような小さな嘘が見破られることなく，債権者への所有権移転という構成が受け入れられてしまった。その結果，仮登記担保は，譲渡担保の場合と異なり，清算方式が，帰属清算しか認められていない。所有権の移転の時期を債務不履行の時点とするという小さな嘘によって，債権者への所有権の移転が受け入れられたために，市場での処分による簡易で妥当な清算をすることが困難となってしまったのである。債権者側の自業自得の感があるものの，所有権が債権者に帰属している以上，帰属清算を義務づけられ，市場での処分の後に清算するとう通常の清算方法が使えないことによって，仮登記担保は，利用率の低迷という結果に陥っているのである。

Ⅳ　仮登記担保の攫取力強化説による説明

　本来の代物弁済予約は，物の所有権を移転することによって弁済の代りとするものであり，清算を必要としないはずである。仮登記担保の場合に清算が必要とされるのは，譲渡担保による清算法理の影響を受けたものである。

　したがって，仮登記担保法の規制を受ける仮登記担保契約の契約文言に沿って再構成すると，代物弁済の予約というよりは，①債務者の債務不履行に備えての債権者による「債権額での売買予約（または停止条件つき売買契約）」，②債務者による「時価での買戻し・再売買の予約」，③債務者による「超過金の清算」または特約がある場合の「貸金債権と代金債権との相殺予約」（仮登記担保法9条）の組合せと考える方が実態に即している。

　すなわち，仮登記担保とは，債権者側による，債務が弁済できない場合に備えての債権額による目的不動産の売買予約（停止条件付売買契約）と，債務者側による，売買予約に対する清算までの間の時価による買戻特約の追加，および，売買が実行された場合には超過金の清算または貸金債権と売買代金債権を対当額で相殺するという予約とが組み合わされた契約と考えるべきである。

　このように考えると，仮登記担保法が，清算期間満了までは債務者Bは債務を弁済して目的物を受け戻すことができると規定している（2条）ことは，実は，債務者である売主Bは，清算期間が満了するまでは債務を弁済することに

よって，債権者の予約完結権の発生条件である債務不履行を回避しているものと考えることができる。

　また，清算期間の満了によって所有権が債権者に移転した場合でも，清算金を支払うまでは債務相当額を支払って目的物の受戻しをすることができると規定している（仮登記担保法11条）ことは，清算期間が満了して売買が成立し，所有権が買主である債権者Ａに移転した後も，清算金支払までの間は，債務者である売主Ａに，売買の対当額で買い戻す権利を与えるものであると考えることができる。

　もっとも，清算期間が終了すると債権者に自動的に所有権が移転するとしていることについては，契約文言にこだわらずに仮登記担保のあるべき姿に即して再構成するならば，以下のように，上記の解釈をさらに一歩進めることができる。

　確かに，仮登記担保法は，目的物の所有権は，清算期間の終了によって債権者に移転すると規定している（仮登記担保法2条1項）。この条文の規定にもかかわらず，次のような解釈が可能である。第1に，所有権が自動的に移転するというのは，代物弁済そのものが見せかけに過ぎないのと同様，実は見せかけに過ぎず，債務者が実際に清算金を受け取るまで，または処分清算がなされるまでは，受戻しができるとされていること（仮登記担保法11条）の意味を，受戻期間までは，清算期間が続いているのであり，それまで所有権も債権者に移転しないと解するものとする。

　すなわち，仮登記担保において，目的物の所有権が移転する時期は，仮登記担保法2条にいう清算期間の終了の時ではなく，仮登記担保法11条にいう受戻可能期間の終了のときであり，だからこそ，債務者は，それまで債務を弁済して所有権の移転を阻止する（いったん移った所有権を受け戻すのではない）ことができるのであり，清算金の支払と所有権移転との間の同時履行関係の承認または清算金の支払を理由に留置権を行使できる（最一判昭58・3・31民集37巻2号152頁）という公平性を確保することができるのである。

　このように考えると，第2に，債権者は，清算期間満了後も所有権を取得するのではなく，受戻可能の間は，目的物の換価・処分権のみを取得していると解することができる。そうすると，債権者は，目的物を市場で処分し，その売却代金から債権額を控除し，後順位権者（物上代位権者）がいる場合には，残額を供託するか（仮登記担保法7条），後順位権者がいない場合は，残額を債務

者に支払うこと，すなわち，処分清算を通じて，清算義務を果たすことが可能となる。もっとも，市場での目的物の売却に際しては，債権者は事情を説明し，目的物の所有権に関する登記は，いったん債権者に移るが，その後，買受人に移転することを約することになろう。

　このように解することによって，債務者が，清算期間の終了後も，処分が完全に終了するまで，いわゆる買戻しができるという規定（仮登記担保法11条）も，特別の規定ではなく，処分清算のプロセスにおける当然の規定（清算期間後であっても，清算金の支払までは同時履行の関係を認めるもの）として理解することができるようになるばかりでなく，受戻しが5年の消滅時効に服することの不当性も明らかとなる。

　このような解釈は，仮登記担保法が予定していた趣旨とは異なる。しかし，仮登記担保法の利用率の激減を通じて，立法の不都合が明らかとなった現在，可能な限りの解釈技術を駆使して，仮登記担保法の運用を，帰属清算から処分清算への転換を行うことが求められているといえよう。そのような努力なしに現状を放置すれば，仮登記担保法の利用は，今後，ますます衰退の一途をたどることになるであろう。

第2節　仮登記担保の成立（設定）

　仮登記担保は，当事者の合意によって成立し，その効力は，仮登記によって公示される。仮登記担保の設定は，第三者（物上保証人）によってもなしうる。

　債権は，金銭債務に限定され（仮登記担保法1条），目的物も，土地または建物が一般的であるが，仮登記をなしうるものであれば，土地・建物以外でもよい（仮登記担保法20条）。

　この仮登記は，通例，「所有権移転請求権保全の仮登記」（不動産登記法2条2項）である。この登記は，所有権に関する登記として登記簿の甲区欄に記載される。

　仮登記担保は，単独で用いられることもあるが，実際には，同じ債権を担保するために，抵当権・根抵当権と併用して設定されることが多い。

　仮登記担保は，特定額の債権のためだけでなく，根担保として設定される場合も少なくない。判例は，特別の事情がない限り，根仮登記担保権者は物件の適正評価額全部を把握できると解していたが，仮登記担保法は，強制競売等に

おいてはその効力を有しないとしている（14条）。仮登記担保においては，債権額を登記する方法が存在せず，包括根抵当と同様，他の債権者を害する，というのがその理由とされている。

仮登記担保の実行プロセスを，優れた図解である近江『講義III』（265頁）に倣って作成した図98に従って説明する。ただし図の〔　〕内の部分は本書で述べた仮登記担保のあるべき姿に即して解釈した筆者の独自の見解である。

仮登記担保法は，清算期間を清算金の支払とは無関係に，機械的に2ヵ月と定めている（仮登記担保法2条1項）。これに対して，本書の立場は，清算金の支払までが真の清算期間であり，債権者は第1期の2ヵ月が過ぎれば処分清算をすることが可能となるとともに，債務者も，清算金の支払があるまで（第2期）は受戻しではなく弁済によって仮登記担保を消滅させることができるというものである。

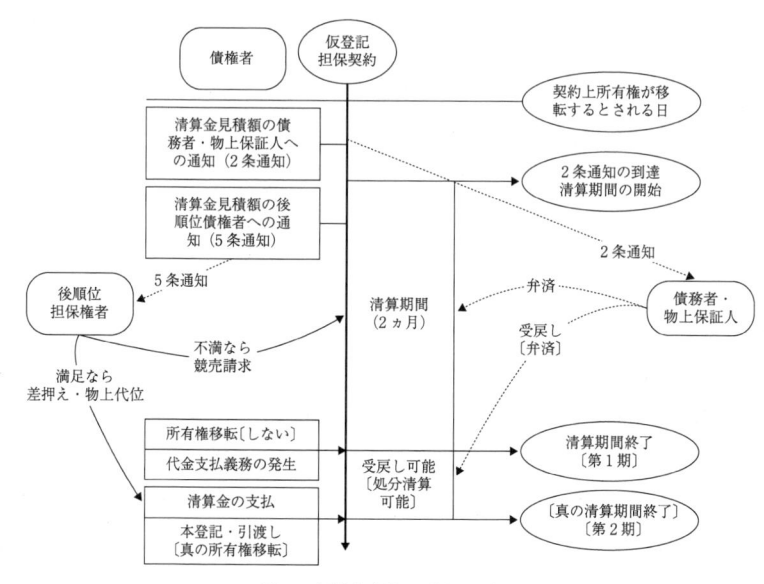

図98　仮登記担保の実行の流れ
注：近江・講義III265頁に依拠して作成した。〔　〕内は加賀山説である。

第2節　仮登記担保の成立（設定）

第3節　仮登記担保の実行

I　予約完結権の行使または停止条件の成就と清算金見積額の通知

A　債務者の債務不履行と売買予約の完結

　いわゆる代物弁済の予約（買戻付款つきの売買予約）の場合は，債務者が期限に弁済をしない場合に，債権者が仮登記担保の設定者に対して予約完結の意思表示をする。いわゆる停止条件付代物弁済契約（停止条件付・買戻付款つきの売買契約）の場合は，債務者の債務不履行によって条件が成就するので，特別の意思表示は不要である。もっとも，仮登記担保は抵当権の設定と併用されることが多いので，いずれにせよ，抵当権の実行を選ぶか仮登記担保を選ぶかの意思表示が必要となる。

B　清算金見積額の通知（2条通知）

　仮登記担保の効力としての所有権移転を実現するためには，債権者は，さらに，仮登記担保法に基づく以下のような通知をする必要がある。
　仮登記担保契約が目的物の所有権の移転を目的とするものである場合には，予約を完結する意思を表示した日，停止条件が成就した日その他のその契約において所有権を移転するものとされている日以後に，債権者が「清算金の見積額（清算金がないと認めるときは，その旨）」をその契約の相手方である債務者または第三者（物上保証人）に通知し，かつ，その通知が債務者等に到達した日から2ヵ月（清算期間）を経過しなければ，その所有権の移転の効力は生じない（仮登記担保法2条1項）。
　本書の立場では，2条通知は，清算手続を透明にするための手続であり，2条通知の到達からの2ヵ月間を，清算金の見積額が公正に決定されるための利害関係人による監視期間と位置づけている（清算期間〔第1期〕）。つまり，この期間が終了しても，条文の文言とは異なるが，所有権は債権者には移転しない。しかし，この期間の終了によって，債権者は，競売ではなく，処分清算，すなわち，市場での換価・処分を行うことができるようになる（清算期間〔第2期〕）。これが，仮登記担保法の下における処分清算の実現という，立法論に近い解釈論である。そして，換価・処分により買受人が目的物を買い受け，清

算金額が支払われたときにはじめて，所有権が買受人に移転する。これは，競売の場合に，買受人の代金支払いによって物件の所有権が移転する（民事執行法79条）のと同じ原理である。このような解釈論は，一見，無謀のように思われるかもしれないが，不動産譲渡担保をコントロールするためには，極めて有効な解釈であると考えている。

この通知は，以下の2点を明らかにしてしなければならない（仮登記担保法2条2項）。

(1) 清算期間が経過する時の土地等の見積価額
(2) 債権等の額，すなわち，清算期間経過時の債権額，および，債務者等が負担すべき費用で債権者が代わって負担したもの（土地等が2個以上あるときは，各土地等の所有権の移転によって消滅させようとする債権およびその費用をいう）の額

II 債務者の弁済と受戻権の保障

A 清算期間と弁済猶予期間

債務者・物上保証人に対する清算金の見積額の通知（2条通知）が到達してから2ヵ月間は清算期間とされており，その間は，所有権は債権者に移転せず，後順位債権者との利益調整が行われるが，この期間は，債務者にとっては，弁済の猶予期間としての意味をもっている。

本書の立場では，この期間を清算期間（第1期）と考えている。この期間が債務者にとって弁済の猶予期間となることは当然であるが，この期間が終了した場合でも，その後に清算金が支払われるまでは，債務者は物件の引渡しを拒絶することも（同時履行の抗弁権），弁済によって担保権を消滅させることもできるのであるから，債務者にとっては，決定的な期間ではない。この期間は，むしろ，債権者が提示した清算金の見積額が公正なものかどうかを後順位担保権者が吟味し，実行手続を通常の処分清算にするか，それとも，例外的な競売手続にするかを決定するための期間として位置づけるべきである。

B 清算金支払までの受戻期間

さらに，債務者・物上保証人は，清算期間経過後であっても，清算金支払の債務の弁済を受けるまでは，債権等の額に相当する金銭を債権者に提供して，

土地等の所有権の受戻しを請求することができる（仮登記担保法11条本文）。ただし，清算期間が経過した時から5年が経過したとき，または第三者が所有権を取得したときは，この限りでない（同条ただし書）。

　本書の立場では，この期間を受戻期間ではなく，清算期間（第2期）と考えている。この期間中に，一方で，債権者は，帰属清算ではなく，物件の換価・処分権に基づいて，市場での換価・処分を行うことができる。他方で，債務者は，清算期間（第1期）の場合と同様，受戻しではなく弁済によって担保権を消滅させることができる。これに対して，5条通知を受けた後順位担保権者は，もはや，競売を請求することはできない。

Ⅲ　後順位債権者の競売請求または物上代位権の保障

A　5条通知と後順位債権者の選択権
1　後順位債権者への通知（5条通知）

　清算金の見積額の通知が債務者等に到達した時において，担保仮登記後に登記・仮登記がされている先取特権，質権もしくは抵当権を有する者または後順位の担保仮登記の権利者があるときは，債権者は，遅滞なく，これらの者に対し，①「2条通知をした旨」，②「2条通知が債務者等に到達した日」，および③「2条通知によって債務者等に通知した事項」を通知しなければならない（仮登記担保法5条1項）。この5条通知を受けなかった後順位債権者は，清算期間経過後も競売を請求できると解されている（最二判昭61・4・11民集40巻3号584頁）。

> 最二判昭61・4・11民集40巻3号584頁
> 　「仮登記担保権者は，仮登記担保契約に関する法律2条1項所定の債務者又は第三者に対する通知をし，その到達の日から2月の清算期間を経過したのちであっても，同法5条1項所定の通知をしていない後順位担保権者に対して，仮登記に基づく本登記の承諾請求をすることはできない。」
> 　「仮登記担保の目的不動産の競売による売却代金で共益費用たる執行費用，仮登記担保権者の被担保債権及び後順位担保権者の被担保債権に優先する債権を弁済すれば剰余を生ずる見込みのない場合であっても，右後順位担保権者に対する仮登記担保契約に関する法律5条1項所定の通知は不要とはならない。」

2 後順位債権者の立場の選択

これらの通知（5条通知）を受けた後順位債権者は，債権者が提示した清算金の見積額で満足する場合（例えば，自己の債権額が清算金によって弁済を受けうる場合）は，その清算金の上に物上代位を行うことによって優先弁済権を確保することができるし，債権者が提示した清算金の見積額に不満の場合には，清算期間内に限り競売請求をすることができる。

B 債権者の提示した見積額で満足しない場合（競売請求）

仮登記担保権者から清算額の見積額の通知（5条通知）を受けた先取特権，質権または抵当権を有する者（後順位の担保仮登記権利者を除く）は，清算期間内は，これらの権利によって担保される債権の弁済期の到来前であっても，土地等の競売を請求することができる（仮登記担保法12条）。

競売手続が開始されると，仮登記担保は抵当権とみなされる。すなわち，仮登記担保は，担保仮登記のされた時にその抵当権の設定の登記がされたものとみなされ（仮登記担保法13条1項），もはや目的物をまるごと把握することはできなくなり（仮登記担保法15条1項），優先弁済権を取得するに過ぎなくなる。最高裁49年判決では，仮登記担保権者が先に私的実行を始めれば後順位抵当権者の競売を排除できるとしていたので（最大判昭49・10・23民集28巻7号1473頁），この点でも，仮登記担保の旨みは小さくなったといわれている（内田・民法Ⅲ 553頁）。

もっとも，強制競売の開始決定が，清算金支払債務の弁済後（清算金がないときは，清算期間の経過後）にされた申立てに基づくときは，担保仮登記の権利者は，不動産の所有権を取得しており，したがって，その土地等の所有権の取得をもって差押債権者に対抗することができる（仮登記担保法15条2項）。

C 債権者の提示した見積額で満足する場合（物上代位）
1 物上代位と差押え

債権者から5条通知を受けた後順位債権者（仮登記後に登記がされた先取特権，質権または抵当権を有する者）は，その順位により，債務者等が支払を受けるべき清算金（同項の規定による通知に係る清算金の見積額を限度とする）に対しても，物上代位の手続によりその権利を行うことができる。この場合には，清算金の払渡し前に差押えをしなければならない（仮登記担保法4条1項）。

物上代位の目的物は，債務者が支払を受けるべき清算金払渡請求権であり，上記のように，清算金の見積額がその限度とされている（仮登記担保法8条2項）。

2 清算金の支払に関する処分の禁止

清算金の支払を目的とする債権については，清算期間が経過するまでは，譲渡その他の処分をすることができない（仮登記担保法6条1項）。

清算期間が経過する前に清算金支払の債務が弁済された場合には，その弁済をもって後順位債権者に対抗することができない。後順位債権者への通知（5条通知）がされないで清算金支払の債務が弁済された場合も，同様とする（仮登記担保法6条2項）。

3 清算金の供託

債権者は，清算金の支払を目的とする債権につき差押えまたは仮差押えの執行があったときは，清算期間が経過した後，清算金を債務履行地の供託所に供託して，その限度において債務を免れることができる（仮登記担保法7条1項）。

供託がされたときは，債務者等の「清算金払渡請求権」に代えて，債務者等の「供託金の還付請求権」につき，同項の差押えまたは仮差押えの執行がされたものとみなされる（仮登記担保法7条2項）。

債権者は，仮登記担保法15条1項の場合（競売開始決定によって仮登記担保権者が本登記を請求できない場合）を除き，供託金を取り戻すことができない（仮登記担保法7条3項）。

債権者は，債務者等のほか，差押債権者または仮差押債権者に対しても，遅滞なく，供託の通知をしなければならない（仮登記担保法7条4項）。

Ⅳ 清算の手続と方法

A 清算金の支払義務

1 清算金の額の決定

債権者は，清算期間が経過した時の土地等の価額がその時の債権等の額を超えるときは，その超える額に相当する金銭（清算金）を債務者等に支払わなければならない（仮登記担保法3条1項）。ここにいう土地等の価額とは，債務者に通知した見積額ではなく，清算期間経過時の客観的な価額である。もっとも，

債務者・物上保証人が争わないときは，清算金はその見積額によって定まる。
2 清算金の見積金額の通知の拘束力
　債権者は，清算金の額が通知した清算金の見積額に満たないことを主張することができないし，後順位債権者も，清算金の額が見積額を超えることを主張することができない（仮登記担保法8条）。
3 土地等の価額が債権等の額を超えないときの債権の一部消滅
　通常の場合とは反対に，清算期間が経過した時の土地等の価額がその時の債権等の額に満たないときは，債権は，反対の特約がない限り，その価額の限度において消滅する（仮登記担保法9条）。つまり，債務者としては，相殺予約の完結権を行使しなければ，それで債務をすべてまぬかれることができる。

B 同時履行の関係，留置権の発生と清算方式
　この清算金の支払債務と土地等の所有権移転の登記および引渡しの債務の履行については，同時履行の抗弁権の規定が準用される（仮登記担保法3条2項）。
　本来，清算の方法には，債権者が目的不動産を第三者に処分し，その売却代金の中から優先弁済を受けるという「処分清算」と，債権者が不動産を取得し，それを自ら評価してその超過額を債務者に返還するという「帰属清算」がある。しかし，仮登記担保の場合には，同時履行の抗弁権が認められていることから，帰属清算方式が原則とされることになった。
　もっとも，仮登記担保権者が清算金を支払わないまま不動産を第三者に譲渡したときは，債務者・物上保証人は，留置権をもって不動産の譲受人に対抗できる（最一判昭58・3・31民集37巻2号152頁）。したがって，処分清算方式をとったとしても，債務者・物上保証人は保護されることに変わりはない。

C 片面的強行規定
　これらの規定に反する特約で，債務者等に不利なものは，清算期間が経過した後になされたものを除き無効である（仮登記担保法3条3項）。清算期間経過後の債務者に不利な特約を許すのは，流質契約の場合と同様の趣旨に出るものである。ただし，債権者が，あらかじめ本登記に必要な書類を設定者から預かり，清算金を支払わずに本登記をした場合については，清算期間経過後に本登記を行った場合でも，債務者・物上保証人は，同時履行の抗弁権を奪われてお

り，登記抹消請求権を有すると解されている。

第4節　仮登記担保の効力

I　本登記請求

A　後順位債権者がいない場合
　債務者・物上保証人が清算金の見積額に満足しており，後順位債権者がない場合には，債権者は，清算期間経過後に清算金を支払って，債務者または物上保証人に対して，仮登記を本登記にする手続に協力するよう要求することができる。

B　後順位債権者が清算金の見積額に満足している場合
1　清算金の供託から1ヵ月を経過する前の場合
　債権者が仮登記をした後に目的不動産を担保にとった後順位債権者に対しては，清算金を供託してから1ヵ月を経過する前は，仮登記担保権者は，不動産登記法の原則に則り，その登記を抹消する手続に協力するよう要求できる。これを本登記承諾請求という。
　この場合，仮登記担保権者が仮登記を本登記に改めるには，まず，2条通知が債務者等に到達した時において，担保仮登記に基づく本登記につき登記上利害関係を有する第三者があるときは，債権者は，遅滞なく，その第三者に対し，2条通知をした旨，および2条通知により債務者等に通知した債権等の額を通知しなければならない（仮登記担保法5条2項）。
　次に，仮登記担保権者は，不動産登記法の規定に従い，後順位債権者の承諾書，または，後順位債権者に対抗することができる裁判の謄本を添付しなければならない（不動産登記法105条による146条1項の準用）。

2　清算金の供託から1ヵ月を経過した後の場合
　担保仮登記の権利者は，清算金を供託した日から1ヵ月を経過した後にその担保仮登記に基づき不動産登記法105条1項に規定する本登記を申請する場合には，同項において準用する同法146条1項の規定にかかわらず，後順位債権者（後順位仮登記担保権者を除く）が4条1項の差押えをしたことおよび清算金を供託したことを証する書面をもってこれらの者の承諾書に代えることができ

る（仮登記担保法18条本文）。

　いずれにせよ，後順位債権者が清算金の見積額に満足せず，競売を請求した場合，すなわち，本登記の申請に係る土地等につきこれらの者のために担保権の実行としての競売の申立ての登記がされているときは，本登記請求はできない（仮登記担保法18条ただし書）。競売手続においては，仮登記担保権者は抵当権者とみなされるに過ぎないからである（仮登記担保法13条1項）。

Ⅱ　強制競売等における仮登記担保の効力

A　抵当権の擬制

　担保仮登記がされている土地等に対する強制競売，担保権の実行としての競売または企業担保権の実行手続（以下「強制競売等」という）においては，その担保仮登記の権利者は，他の債権者に先立って，その債権の弁済を受けることができる。この場合における順位に関しては，その担保仮登記に係る権利を抵当権とみなし，その担保仮登記のされた時にその抵当権の設定の登記がされたものとみなされる（仮登記担保法13条1項）。

B　担保仮登記の届出

　所有権の移転に関する仮登記がされている土地等に対する強制競売または担保権の実行としての競売において配当要求の終期が定められたときは，裁判所書記官は，仮登記の権利者に対し，その仮登記が担保仮登記であるときはその旨ならびに債権（利息その他の附帯の債権を含む）の存否，原因および額を，担保仮登記でないときはその旨を，配当要求の終期までに執行裁判所に届け出るよう催告しなければならない（仮登記担保法17条1項）。

　差押えの登記前にされた担保仮登記に係る権利で売却により消滅するものを有する債権者は，前項の規定による債権の届出をしたときに限り，売却代金の配当または弁済金の交付を受けることができる（仮登記担保法17条2項）。

C　優先弁済権の範囲

　担保仮登記の権利者が利息その他の定期金を請求する権利を有するときは，その満期となった最後の2年分についてのみ，同項の規定による権利を行うことができる（仮登記担保法13条2項）。

担保仮登記の権利者が債務の不履行によって生じた損害の賠償を請求する権利を有する場合において，その最後の2年分についても，これを適用する。ただし，利息その他の定期金と通算して2年分を超えることができない（仮登記担保法13条3項）。

Ⅲ　根担保仮登記の効力

仮登記担保契約で，消滅すべき金銭債務がその契約の時に特定されていないものに基づく担保仮登記は，強制競売等においてはその効力を有しない（仮登記担保法14条）。

Ⅳ　法定借地権

土地およびその上にある建物が同一の所有者に属する場合において，その土地につき担保仮登記がされたときは（建物のみに担保仮登記がなされた場合を除く），その仮登記に基づく本登記がされる場合につき，その建物の所有を目的として土地の賃貸借がされたものとみなされる（仮登記担保法10条1文）。

この場合において，その存続期間および借賃は，当事者の請求により，裁判所が定める（仮登記担保法10条2文）建物のみに担保仮登記をする場合について規定がなされていないのは，当事者間で条件つきで土地利用権を設定するのが通常であるとの理由によるものとされている。

これに反して，建物のみに担保仮登記をする場合には，当事者間で条件付で土地利用権を設定するのが通常であるとの理由により，法定借地権は成立しないこととされている。

第20章
譲渡担保

　譲渡担保は，抵当権の不備を埋めるために作り出された実務慣行を判例が追認するという歴史的な経過をたどっている。したがって，譲渡担保を理解するためには，「抵当権（広い意味では，現行民法の担保物権の制度全体）の規定にいかなる不備があるのか」という観点から眺めてみるとよい。そうすると，難解とされる譲渡担保を比較的容易に理解することができる。そこで本章では，まず，譲渡担保の発展を抵当権の規定の不備という観点から概観する。その後，動産譲渡担保，不動産譲渡担保，債権譲渡担保の順で，それぞれの譲渡担保の特色について考察することにしよう。

第1節　譲渡担保の誕生と信託的行為（通謀虚偽表示）

　債務者が物の占有を債権者に移転せず，自ら使用・収益をしながら，それを担保に供して融資を得ようとするならば，民法上は，その物の上に抵当権を設定するしかない。質権の場合には，債務者は債権者に目的物を引き渡さなければならない（民法344条・345条）ため，債務者が使用・収益をしながら融資を受けるということができないからである。ところが，債務者が目的物の使用・収益をすることを認める抵当権は，不動産または不動産物権に限定されており（民法369条），動産に抵当権を設定することは，民法上は認められていない。

　しかし，これでは，企業用の動産を担保化しようという実務の要請に応えることができなくなってしまう（民法の立法上の不備）。そこで実務家は，動産に対する抵当を実現するため，法の裏をかく戦略をとることになる。すなわち，当事者間で，「担保の目的で物の所有権を移転する」という契約を結ぶことによって，動産に対する抵当を実現しようとする。つまり，簡易な動産抵当を実現するために，実務では，目的（当事者の真意）は担保であるにもかかわらず，

手段（表示による外観）は担保の目的を超えて，所有権の移転をする（信託的行為）という方法が利用されるようになる。したがって，譲渡担保の合意には，広い意味での通謀虚偽表示（民法94条）が存在することになる。

通謀虚偽表示というと，譲渡担保契約という法律行為自体が無効となるのではないかと考える人がいる。しかし，結果はそうではない。通謀虚偽表示は，当事者間においては，当事者の真意（意思）を優先して，外形（表示）を無効とする制度であり（民法94条1項），ただし，その無効な外形（表示）である所有権の移転を善意（・無過失）で信じた第三者が出現した場合には，当事者は，その表示（所有権移転）の無効を善意（・無過失）の第三者に対抗できなくなる（民法94条2項）。すなわち，善意（・無過失）の第三者が債権者から担保目的物を譲り受けた場合には，債務者は，自らの所有権を第三者に主張できなくなるのである。

このことを正確に理解するために，以下で，通謀虚偽表示の本質について具体例で考察し，譲渡担保は，民法の立法の不備を埋めるために実務が生み出した，やむをえない通謀虚偽表示（信託的行為）であることを，理解することにしよう。

I 通謀虚偽表示の無効の意味

通謀虚偽表示というのは，意思の不存在（民法93～95条）のうち，2人が通謀している場合である（民法94条）。通謀虚偽表示の定義的な解説は以下の通りである。

「お互いに所有権を移転するつもりがないのに，税金対策の都合などの理由で，双方の納得ずくで，土地の売買契約書を作成して，登記を移転してしまった場合のように，意思と異なる表示がなされ，その表示が見せかけであることを両当事者が認識している場合には，表示よりも当事者の真意を尊重して，契約は無効となる。

ただし，上の例で，見せかけの契約または登記を信頼してその土地を購入した善意の第三者には，土地の売買契約が無効であることを主張できない。善意・無過失で外観を信じた第三者を保護するためである。」（四宮・民法総則163頁）

このことを典型例で理解することにしよう。資産が多すぎる人の資産隠しの

例である。夫が妻に資産を譲渡したことにしようと考える。2 人の間で譲渡する気は全く無いのであるが，登記も夫から妻に移す。この場合，登記は意思表示に準じて考えることにする。この表示（登記）に対応する意思は全くない，そして，贈与にすると税金がかかるから，売買契約を締結したことにしただけである。この場合の売買の申込みと承諾の意思表示は，通謀虚偽表示ということになる。

通謀虚偽表示の法律効果は，民法 94 条 1 項によると，無効である。したがって，この場合の売買契約は無効となる。このことは条文どおりの結果に過ぎないと思われるので，一般には，通謀虚偽表示の場合にはすべての意思表示が無効となると理解されてしまう。しかし，そこに大きな落し穴が潜んでいるのである。

II 譲渡担保における通謀虚偽表示（信託的行為）とその有効性

上のような典型例の場合，資産隠しのため，譲渡する意思が全くないのに譲渡したことにしようという場合は，意思表示全体を無効とすることでよい。しかし，意思が全くないのではなく，異なる意思がある場合，例えば目的物の所有権を移転するのではなく，目的物を担保にする意思で，真意でない譲渡としてしまったという譲渡担保の場合は，そう単純にはいかない。

ここで問題としている譲渡担保の場合，当事者の共通の意思を探求すると，それは，「譲渡は見せかけであり，本来の意図は，目的物を使いながらそれを担保にする」というものである。通謀虚偽表示の考え方に即して言い換えると，譲渡担保における表示（外形）は財産権の移転だが，その意思（真意）は担保権の設定であるというものである。この問題に関して，通謀虚偽表示について浅い理解しかできず，「通謀虚偽表示は無効である」とだけ覚えている人にとっては，そのまま「譲渡担保は無効である」と考えるか，反対に，それを有効と考える場合には，「譲渡担保は通謀虚偽表示ではない」といわざるをえない。

判例も，譲渡担保は通謀虚偽表示ではないから無効ではなく，信託的行為として有効であるとしている（大判大 3・11・2 民録 20 輯 865 頁，大判大 8・7・9 民録 25 輯 1373 頁）。しかし，通謀虚偽表示について深い理解をしている人にとっては，「譲渡担保は，通謀虚偽表示だからこそ，担保として有効である」という，別の答えを出すことができる。つまり，通謀虚偽表示について深い理

解をしている人にとっては，譲渡担保は通謀虚偽表示であると考えても，何の支障もないのである。

その理由は，民法94条1項により，通謀虚偽表示が無効であるとされる理由は，有効と見せている外見（表示）よりも，無効とする当事者の内心の共通意思が尊重される結果だからである。したがって，譲渡担保の場合においても，当事者間では，表示（目的物の譲渡）よりも真意（目的物に対する担保権の設定）が優先される。すなわち，一方で表示（財産権の譲渡）が無効となり，他方で真意（担保権の設定）が有効となるので，有効な担保権の設定が認められることになるのである。

もっとも，善意（・無過失）の第三者が出現した場合には，取引の安全を確保するため，当事者間の真意よりも，表示が優先される。すなわち，善意（・無過失）の第三者が出現した場合には，譲渡担保は，担保権の設定ではなく，財産権が移転しているとみなされても仕方がない。したがって，譲渡担保を第三者に対抗するためには何らかの公示手段（明認方法など）を講じる必要があるという適切な結論を導き出すことができるのである。このことは，下の表のようにまとめることができる

表77　通謀虚偽表示と信託的行為との対比

	表示と意思		効果		善意の第三者との関係
通常の通謀虚偽表示	例えば，所有権の移転の表示	法律行為の無効	表示は無効	表示の無効を対抗できない
	真意は，所有権の移転を無効とする		真意が尊重される	真意が否認される
信託的行為（例えば譲渡担保）	例えば，所有権の移転の表示	有効な信託的行為（有効な担保権の設定）	表示は無効	表示の無効を対抗できない
	真意は，信託的行為（担保権の設定）		真意が尊重される	真意が否認されうる

先に述べたように，ある物を譲渡担保にする場合というのは，目的物の所有権を移転したいわけではなくて，抵当権を設定しようとして，他によい方法がないので，売買契約をしてしまうというものである。なぜかというと，わが国では，抵当権を設定できるのは，原則として不動産に限定されているからである。確かに，自動車などの例外があるが，これは，自動車抵当法のような登録制度を前提とした特別法があるから特別に抵当権を設定できるのである。民法

の原則では，動産には抵当権は設定できない。動産の担保方法は，動産質しかないのである。しかし，動産質には，すでに述べたように，致命的な欠点がある。

例えば，ピアノ教室の先生が融資を得るためにピアノを質に入れる場合を想定してみよう。質権を設定する場合には，目的物を債権者に引き渡さなければならない（民法344条）。しかも，占有改定は許されない（民法345条）。しかし，これではピアノ教室を継続することはできない。そうではなく，ピアノ教室の先生としては，ピアノを使いながら融資をうけ，返せない場合にはピアノを持っていってくださいという契約にしたい。ところが，こういう制度は日本にはない。自動車のようにピアノにも動産抵当という制度があれば，ピアノを使いながら融資を受け，ピアノで稼いだお金で借金を返すことができる。しかし，わが国には，特別法で認められている場合にしか動産抵当は利用できないのである。それでは，どうしたらよいのだろうか。

末弘『嘘の効用』（31頁）に，「父親が厳格だと，子供はうそつきになる。法律に融通性がないと，国民は実を取るために嘘をつく。立法者は，国民が嘘をつくようになったら，立法の改正を行わなければならない」というくだりがある。動産の担保について，質権しか認めず，抵当権を認めないと，国民は，譲渡担保という「嘘」を考え出して，動産抵当の実を取るというわけである。この意味では，譲渡担保は，国民が考え出した嘘（通謀虚偽表示）であり，立法者は譲渡担保に関する立法を急ぐべきだということになるはずである。実際のところ，譲渡担保に関する立法の試みは，これまでにもあったのだが，実現しないまま現在に至っているのである。

譲渡担保のからくりをもう少し詳しく見ていこう。まず，目的物を債権者に売ったことにする。本当は，債務者は目的物を売るつもりはないし，債権者も目的物が欲しいわけでもないけれども，債務者は，金を貸してくれた債権者に，ピアノを売ったことにする。そして，借主は，売買代金を受け取る。しかし，この名目上の代金こそが，実は融資金（借金）なのである（第1の通謀虚偽表示）。次に，ピアノの先生としては，ピアノを売ってしまうと，自分が使えない。そこで，売買によってピアノの現在の所有者ということになっているお金の貸主から，ピアノを借りたことにしなければならない。債権者に売り払ったピアノを借りるのだから，賃料を払わなければならない。しかし，この名目上の賃料こそが，実は借りたお金の利子なのである（第2の通謀虚偽表示）。さら

に，ピアノ教室が順調に行って，借りたお金を返済しきったらどうするかというと，譲渡担保契約には，買戻しの特約（もっとも，民法上の買戻しは，不動産についてしか認められていない〔579条以下〕ので，厳密には，「再売買の予約」という方法をとることになる）が付いているので，ピアノは無事帰ってくる（第3の通謀虚偽表示）。そして，お金を返せなくなったら，買戻しはできないため，ピアノをあきらめて，債権者に持っていってもらうということになる。もっとも，債権者は，ピアノが欲しいわけではないので，それを売り払って債権の回収に充てるというわけである。

このように，国が制定した民法に不備があって，動産に抵当権が使えないことの不都合を埋めるために，市民は，嘘に嘘を重ねざるをえない。現実には，動産を抵当にしてお金を借りて利子を払っているだけであるが，一般的な動産抵当という制度がないために，このような嘘（売買，賃貸借，買戻し〔再売買の予約〕）を重ねることで，市民は，実質的な動産抵当制度を創設しているのである。

Ⅲ　通謀虚偽表示としての譲渡担保の効力

譲渡担保については，担保のための所有権移転が通謀虚偽表示なのかどうか，通謀虚偽表示だとするならば，その効力は無効となるのか，当事者の間では，担保としての効力が認められ，所有権は移転しないが，第三者との関係では，やはり所有権は移転するのかをめぐって，論争が繰り広げられてきた。

しかし，譲渡担保は，真意（処分清算を伴う動産抵当）と表示（所有権の移転）とが食い違っており，かつ，当事者が担保のための所有権移転に関して合意しているという点で，通謀虚偽表示（信託的行為）であり，外形としての所有権の移転は無効であり（所有権的構成の否定），譲渡担保は，質権とは異なり，抵当権と同様，設定者から使用・収益権を奪わない担保権であり，かつ，その実行は，仮登記担保とは異なり，市場での売却を行うという処分清算型の物的担保として構成すべきであるというのが，本稿の結論である。

通説は，譲渡担保には，債権者が設定者の使用・収益権を奪うものと，設定者に使用・収益権を継続させるものとの2種類があるとする。しかし，債権者が設定者の使用・収益権を奪うのであれば，本来の売買であるか，質権の設定であるかであろう。そうだとすると，それを譲渡担保として考察する必要はな

いので，本書では取り上げない。担保のために所有権を取得するという譲渡担保の特質から考える限り，設定者は当然に使用・収益権を継続することができることを原則に考えるべきである（山野目・物権 315 頁）。

　以下で，譲渡担保の効力について，詳しく検討する。この点についても，譲渡担保の本質を通謀虚偽表示であると考えることにより，従来から議論されてきた，譲渡担保の内部的効力と対外的効力も問題も，以下のように，矛盾なく説明することができると考えている。

A　譲渡担保における所有権の内部的効力と対外的効力（所有権は債権者には移転しない）

　譲渡担保は，すでに述べたように，質権とは異なり，債務者に目的物の使用・収益を認めるという担保を設定するために，所有権を移転するという外形をとるものである。譲渡担保は，真意と外形が異なる合意に他ならず，その性質は通謀虚偽表示（民法 94 条）であるから，当事者間では外形（表示）よりも真意（意思）が優先する（表示・外形の無効，その結果としての真意の無効）。したがって，真意としての担保権の設定（債務者に目的物の使用・収益を許すが，債務者が債務を履行しない場合には，債権者は，目的物を処分することができ，その売得金の中から，他の債権者に先立って優先弁済を受けることができるという権利の設定）が有効となり，外形としての所有権の移転は無効となる。

　もっとも，当事者間でも，買戻特約付きの真正の売買か，譲渡担保かで争いが生じる場合がありうる。そのように，目的不動産の占有の移転が伴わない場合には，判例は，売買ではなく，譲渡担保であると推定している（最三判平 18・2・7 民集 60 巻 2 号 480 頁）。

>　最三判平 18・2・7 民集 60 巻 2 号 480 頁
>　　「買戻特約付売買契約の形式が採られていても，目的不動産の占有の移転を伴わない契約は，特段の事情のない限り，債権担保の目的で締結されたものと推認され，その性質は譲渡担保契約と解するのが相当である。」

　譲渡担保は，目的物に処分清算を伴う動産抵当を設定するものであり，所有権は，債務者に残されたままであり，内部的にも対外的にも移転しない。もっとも，譲渡担保は，通謀虚偽表示であるから，外形（所有権移転）を善意（・無過失）で信頼した第三者には，所有権移転が無効であることを対抗できない。したがって，一方で，担保権者が目的物を処分し，第三者が善意・無過失であ

る場合には，担保設定者は，所有権を失う危険性がある。他方で，担保設定者は，占有を継続しているので，目的物が動産の場合，担保設定者を所有者だと善意・無過失で信じた第三者に対しては，担保権者は追及できず，担保権を失う危険性がある。つまり，譲渡担保の効力を第三者に対抗するためには，目的物に明認方法を講じるなど，対抗要件を備える必要が生じることになる。しかし，このことは，譲渡担保によって目的物の所有権が譲渡担保の設定の時点から確定的に債権者に移転することを意味するものではない。目的物の所有権は債務者に帰属したままであり，善意（無過失）の第三者が現れたときに，所有権移転が無効であることを主張できなくなるに過ぎない。目的物に明認方法等が施されている等の事情により，第三者が譲渡担保の存在を知りうる場合には，所有権は依然として債務者が保持する。

B 譲渡担保における担保権実行の効力（処分清算型の原則）

債務者が債務を履行しない場合には，債権者は，譲渡担保を実行して，他の債権者に先立って優先弁済を受けることができる。これは，譲渡担保が，動産抵当としての効力を有するからである。もっとも，動産抵当といっても，それは特別法上の制度であり，民法では動産抵当は認められていないために，その実行手続は，通常の抵当権のように競売によることはできない。したがって，どのような手続によって譲渡担保を実現するかは，解釈学の課題となる。

その場合に参考にされるべき条文は，一つは，動産について，競売によらずに担保権の簡易の実行を認めている民法354条（動産質権の簡易の実行）であり，もう一つは，不動産について，帰属清算を認めている仮登記担保法の一連の規定（仮登記担保法2条以下），債権について，直接取立てを認めている民法366条の規定，最後に，抵当権の簡易の実行を定めている代価弁済（民法378条）および抵当権消滅請求（民法379～386条）の規定である。これらの問題については，動産譲渡担保，不動産譲渡担保，債権譲渡担保の箇所において詳しく論じるが，ここでは，その概略を述べておくことにする。

C 譲渡担保の実行完了まで所有権は設定者に帰属する（担保的構成）

譲渡担保の実行手続（民法354条）においては，目的物の所有権は債務者にあること，債権者は，担保権者として，目的物を処分してその売買代金の中から他の債権者に先立って優先弁済を受ける権利を有するにとどまるという点が

確認されなければならない。質権の簡易実行の手続は，流質（民法349条）の場合とは異なり，所有権が債務者に帰属したまま，債権者に目的物の処分権を与えたものと解すべきであることはすでに述べた。譲渡担保の実行手続も，所有権は債務者に帰属することを前提にして検討されるべきである。

　確かに，譲渡担保における所有権の帰属については，所有権的構成と担保的構成とで争われている。原則として所有権的構成をとりながら，設定者の下に所有権マイナス担保権という物権的権利（設定者留保権）が残るとする折衷説（道垣内・担保物権299頁）がある。また，担保的構成をとる学説の中にも，抵当権説（米倉・譲渡担保43頁以下），抵当権とは異なる一種の制限物権が帰属するという説（高木・担保物権334頁）がある。

　しかし，譲渡担保における所有権の移転は，既に述べたように，見せ掛けに過ぎない。第1に，所有権を取得する譲渡担保権者には，目的物を所有したいとの真意はなく，譲渡担保の設定後も，譲渡担保設定者のみが目的物の使用・収益権を有する。第2に，売買代金名目で譲渡担保権者から交付される金銭は，当事者の意図からすれば，明らかに貸金であり，所有権の移転の対価とは考えられていない。第3に，目的物の使用・収益の対価（賃料）の名目で支払われる金銭は，実は，貸金の利息であり，当事者間には，所有権が譲渡担保権者に移っているとの前提に基づいて賃料を支払っているという意識は存在しない。第4に，貸金の期限が到来した場合には，もしも，譲渡担保設定者は貸金を返済して被担保債権を消滅させることができれば，名目上移転していた所有権の返還を受けること（いわゆる受戻し）ができると考えており，反対に，もしも，貸金の返済ができなければ，譲渡担保権者は，目的物を処分して，売却代金の中から優先的に債権を回収することができ，残額があれば，それを譲渡担保設定者に返還しなければならない（清算義務）と考えている。このような一連の手続全体を見れば，譲渡担保権者には，譲渡担保設定者に債務不履行がある場合に限って，目的物を処分する権限（担保権）があるだけだということが明らかとなる。しかも，担保権の目的物の処分は，通常は，他人への売却処分となるのであって，自ら担保目的物を買い取るという例外的な場合を除いて，譲渡担保権者は，最初から最後まで，決して，担保目的物の所有権を取得することはないというべきである。反対に，目的物の所有権は，担保権の実行によって売却処分が行われるまで，使用・収益権を含めて，譲渡担保設定者に帰属すると考えなければならない。本書が，所有権的構成を否定し，担保的構成を採用

するのは，以上の理由に基づく（「譲渡担保＝通謀虚偽表示（信託的行為）」説）。

　このことは，譲渡担保が担保であることの必然的な帰結である。そもそも，担保とは，第1に，少なくとも担保権の実行までは債務者（担保権設定者）から所有権を剥奪しないものをいうのであり（設定者から使用・収益権を奪う質権でさえ，所有権は奪わない），第2に，担保権の実行の目的は，債権の確実な回収（事実上または法律上の優先弁済権）を認めるものであり，第3に，債権者に清算を義務づける（最一判昭46・3・25民集25巻2号208頁）ものでなければならないからである。すなわち，第1に，債権者にはじめから所有権を移転するのであれば，それは，贈与か売買か交換であって，担保権の設定とはいえない。また，第2に，債権者に事実上の優先弁済権または法律上の優先弁済権が確保されないものは，物的担保とはいえない。さらに，第3に，債権者に清算義務を課さないものは，純粋な代物弁済であって，担保とはいえない。

D　譲渡担保における処分清算の原則（帰属清算の危険性）

　最後の清算手続については，典型担保のためには，国家機関が関与する競売等の手続が用意されているが，非典型担保の場合には，市場における処分によらざるを得ない。市場での処分には，仮登記担保法が採用している「帰属清算型」と，「処分清算型」とがあるが，帰属清算型は，仮登記担保法等の特別法の規制に基づき，後順位担保権者等の監視の下での厳格な手続を踏まないと，十分な清算がなされないおそれがある。さらに，一定の事由を要件にするとしても，担保権者に自動的に所有権を帰属させる帰属清算型においては，担保権者は，すでに所有権を取得しているため，清算額をなるべく低く見積もろうとするモラルハザードが発生する。このような弊害を避けるためにも，非典型担保における清算手続は，市場での売却という第三者が介在するため，公平さを保つことができる処分清算型が原則とされるべきである（なお，最一判昭46・3・25民集25巻2号208頁は，処分清算と帰属清算の両方を認めている）。

　　最一判昭46・3・25民集25巻2号208頁
　　　「貸金債権担保のため債務者所有の不動産につき譲渡担保契約を締結し，債務者が弁済期に債務を弁済すれば，右不動産を債務者に返還するが，弁済をしないときは，右不動産を債務の弁済に代えて確定的に債権者の所有に帰せしめるとの合意のもとに所有権移転登記が経由されている場合において，債務者が弁済期に債務の弁済をしないときは，債権者は，目的不動産を換価処

分するかまたはこれを適正に評価することによって具体化する価額から債権額を差し引き，残額を清算金として債務者に支払うことを要する。」

「債権者が，この担保目的実現の手段として，債務者に対し右不動産の引渡ないし明渡を請求する訴えを提起した場合に，債務者が清算金の支払と引換えにその履行をなすべき旨を主張したときは，特段の事情のある場合を除き，債権者の右請求は，債務者への清算金の支払と引換えにのみ認容されるべきものと解するのが相当である。」

　もしも，担保権設定者がどうしても目的物の所有権を取得したいのであれば，売買によって取得すればよい（はじめから目的物の所有権を欲するのであれば，譲渡担保ではなく，譲渡を受ければよい。また，譲渡担保の設定を受けた後で，目的物が欲しくなれば，処分清算の際に買い受けることができる）。

　したがって，譲渡担保の実行手続は，目的物を債権者に帰属させないのを原則とし，債権者のイニシアティブで目的物を第三者に処分するという，処分清算型を原則とすべきことになる。つまり，譲渡担保とは，設定者から所有権および使用・収益権を奪うことなく，債務不履行の際には，担保権者に目的物の処分清算を認める担保権であるということになる（「譲渡担保＝所有権・使用収益権を奪うことなく処分清算を許す担保権」説）。

　判例は，先に述べたように，譲渡担保の実行方法として，処分清算とは異なり，代物弁済予約型の清算方法である帰属清算型（所有権を債権者に帰属させた後に清算を行う方式）を認めている（最一判昭62・2・12民集41巻1号67頁）。しかし，所有権をいったん債権者に帰属させた上で清算を行うという代物弁済予約型の清算方法は，あくまで所有権の移転は生じないとすべき譲渡担保には適合しない。譲渡担保の合意は，あくまで，債務者に目的物の使用・収益を許し，債務者が債務を履行しない場合に，債権者は，目的物を処分する権限を取得し，処分した売買代金の中から，他の債権者に先立って弁済を受ける権利を有するに過ぎないと解すべきだからである。

　仮登記担保法が採用する帰属清算型の実行方法は，実定法による明確な手続が確保している場合にのみ，債権者の過酷な回収方法をコントロールできるのであり，そのような方法が取れない動産譲渡担保，債権譲渡担保については，特別の事情がある場合（流質，流抵当を認めてもよいような事情が認められる場合）を除いて採用されるべきではない。この点が，仮登記担保と譲渡担保との決定的な違いとなる。

なお，譲渡担保について，処分清算型を原則とする本稿の立場からは，債務者のいわゆる受戻権とは，実質的には移転していないが，形式的に移転している所有権の外形を抹消し，元の状態に戻すことを意味する（受戻し＝名目上の所有権移転の抹消）。受戻しという用語法は，一見，実際に移転した担保目的物の所有権を買い戻すというニュアンスが含まれるので，用語としては適切ではない。しかし，仮登記担保法の制定後，広く一般に利用されている用語法なので，本書でも利用することにする。ただし，必要に応じて「いわゆる受戻権」というような表現によって，「移転した所有権の買戻しではない」という点に注意を喚起しようと思う。

　なお，譲渡担保について処分清算型を原則とする本書の立場からは，債務者の受戻権は，債権者が目的物を第三者に処分するまでに限定されることになる。この考え方によれば，平成6年最高裁判決（最三判平6・2・22民集48巻2号414頁）が，譲渡担保について，「譲渡担保権者が被担保債権の弁済期後に目的不動産を第三者に譲渡した場合には，譲渡担保を設定した債務者は，譲受人がいわゆる背信的悪意者に当たるときであると否とにかかわらず，債務を弁済して目的不動産を受け戻すことができない」と判示していることについて，仮登記担保法11条ただし書の規定（受戻権とその制限）を援用することなしに，譲渡担保の理論から説明することが可能となる。もっとも，上記の平成6年最高裁判決は，肝心の「譲渡担保の実行」としての「第三者への譲渡」につき，親族間の無償の譲渡（贈与）でもよいとしているが贈与では優先弁済権は実現されないばかりでなく，そもそも清算もありえないのであって，事案の解決としては具体的妥当性を欠く不当な判決となっているのが惜しまれる。

Ⅳ　典型担保としての抵当権の規定の類推適用（判例における所有権的構成の破綻）

　譲渡担保が担保権であり，理論的には，所有権的構成が破綻していることが明らかであるにもかかわらず，最高裁が譲渡担保に関して，基本的に所有権的構成を採用していることを考慮し，判例実務との乖離を小さくできるという点から，所有権的構成を基本にした理論構成に賛意を表する学説が存在する。しかし，以下に見るように，最高裁のいわゆる譲渡担保の所有権的構成は，すでに破綻しており，歴史的な経緯を知る上では尊重に値するが，理論的な面では，

重要な役割を終えたと考えるべきである。

A 最高裁における譲渡担保の所有権的構成の理論的ほころび

譲渡担保権に関する判例法理とされる「譲渡担保の所有権的構成」が理論的なほころびを見せ始めたのは，第1に，会社更生手続において，譲渡担保者を所有権者とは扱わず，更生担保権者に準じて優先弁済権のみを主張しうるとした昭和41年最高裁判決（最一判昭41・4・28民集20巻4号900頁）に始まる。

> 最一判昭41・4・28民集20巻4号900頁
>
> 「会社更生手続の開始当時において，更生会社と債権者間の譲渡担保契約に基づいて債権者に取得された物件の所有権の帰属が確定的でなく両者間になお債権関係が存続している場合には，当該譲渡担保権者は，物件の所有権を主張して，その取戻を請求することはできない。」
>
> 「前項の場合において，譲渡担保権者は，更生担保権者に準じて，その権利の届出をし，更生手続によってのみ権利行使をすべきである。」

第2に，昭和57年の最高裁判決が，所有権的構成を取りつつも，その所有権の移転は，債権担保の目的の範囲内に制限されるとして，譲渡担保設定者に不法行為者に対する明渡請求を認めるに至る（最三判昭57・9・28判時1062号81頁，判タ485号83頁）。

> 最三判昭57・9・28判時1062号81頁，判タ485号83頁
>
> 「譲渡担保は，債権担保のために目的物件の所有権を移転するものであるが，右所有権移転の効力は債権担保の目的を達するのに必要な範囲内においてのみ認められるのであって，担保権者は，債務者が被担保債務の履行を遅滞したときに目的物件を処分する権能を取得し，この権能に基づいて目的物件を適正に評価された価額で確定的に自己の所有に帰せしめ又は第三者に売却等することによって換価処分し，優先的に被担保債務の弁済に充てることができるにとどまり，他方，設定者は，担保権者が右の換価処分を完結するまでは，被担保債務を弁済して目的物件についての完全な所有権を回復することができるのであるから（最高裁昭和39年（オ）第440号同41年4月28日第一小法廷判決・民集20巻4号900頁，同昭和42年（オ）第1279号同46年3月25日第一小法廷判決・民集25巻2号208頁，同昭和55年（オ）第153号同57年1月22日第二小法廷判決・民集36巻1号92頁参照），正当な権原なく目的物件を占有する者がある場合には，特段の事情のない限り，設定者は，前記のような譲渡担保の趣旨及び効力に鑑み，右占有者に対してその返

還を請求することができるものと解するのが相当である。」

　第3に，平成7年最高裁判決が，譲渡担保権者は第三取得者に当たらないとして，目的物に対する所有権の取得を否定したこと（最二判平7・11・10民集49巻9号2953頁）を通じて，譲渡担保の所有権的構成の理論的破綻が徐々に明らかになっていった。

　　最二判平7・11・10民集49巻9号2953頁
　　　「譲渡担保権者は，担保権を実行して確定的に抵当不動産の所有権を取得しない限り，民法378条所定の滌除権者たる第三取得者に当たらない。」

　第4に，平成18年最高裁判決（最二判平18・10・20民集60巻8号3098頁）は，被担保債権の弁済後に譲渡担保権者の債権者が目的不動産を差し押さえ，その旨の登記がされたときは，設定者は，差押登記後に債務の全額を弁済しても，第三者異議の訴えにより強制執行の不許を求めることができないとしつつ，以下のように判示して，弁済期前においては，たとえ譲渡担保権者が目的物を譲渡した場合でも，譲渡担保権者は，目的不動産を処分する権能を有しないことから，受戻権を行使しうることを明らかにしている。このことは，譲渡担保権が設定されても，その時点では，所有権が譲渡担保権者に移っていないことを認める結果となっている。少なくとも，この判決が単純な所有権的構成に立つものでないのは明らかである（田高・物権法291頁）。

　　最二判平18・10・20民集60巻8号3098頁
　　　「被担保債権の弁済期前に譲渡担保権者の債権者が目的不動産を差し押さえた場合は，少なくとも，設定者が弁済期までに債務の全額を弁済して目的不動産を受け戻したときは，設定者は，第三者異議の訴えにより強制執行の不許を求めることができると解するのが相当である。なぜなら，弁済期前においては，譲渡担保権者は，債権担保の目的を達するのに必要な範囲内で目的不動産の所有権を有するにすぎず，目的不動産を処分する権能を有しないから，このような差押えによって設定者による受戻権の行使が制限されると解すべき理由はないからである。」

　このように，判例における譲渡担保に関する所有権的構成は，整合性の維持が困難になっていくのであり，以下に述べる抵当権法理の準用を通じて，理論的に破綻するに至る。

B 譲渡担保における物上代位の類推

譲渡担保権に関する所有権的構成の理論的破綻が決定的となるのは，譲渡担保に担保物権の通有性である物上代位を認めた平成11年の最高裁決定（最二決平11・5・17民集53巻5号863頁）によってであろう。所有権者が物上代位権を行使できないことは当然にもかかわらず，譲渡担保権者に物上代位の権利を認めたからである。

最二決平11・5・17民集53巻5号863頁

> 「銀行甲が，輸入業者乙のする商品の輸入について信用状を発行し，約束手形の振出しを受ける方法により乙に輸入代金決済資金相当額を貸し付けるとともに，乙から右約束手形金債権の担保として輸入商品に譲渡担保権の設定を受けた上，乙に右商品の貸渡しを行ってその処分権限を与えたところ，乙が，右商品を第三者に転売した後，破産の申立をしたことにより右約束手形金債務につき期限の利益を失ったという事実関係の下においては，甲は，右商品に対する譲渡担保権に基づく物上代位権の行使として，転売された右商品の売買代金債権を差し押さえることができる。」

> 「動産譲渡担保権に基づく物上代位権の行使は，右譲渡担保権の設定者が破産宣告を受けた後においても妨げられない。」

譲渡担保は，条文には規定がないのであるから，物上代位の制度を譲渡担保に適用する場合に，譲渡担保を動産抵当に類似するととして民法372条で準用される民法304条を類推するのか，それとも，動産売買の先取特権に類似するとして，民法304条を類推するのかが問題となる。本件の場合，譲渡担保権者（甲）は，譲渡担保設定者（乙）の目的動産（輸入商品）の代金を融資し，その融資金の返済を受けていないのであるから，甲の地位は，代金の支払を受けていない動産売主の立場に類似しているということができる。そこで，甲に対して動産売主の先取特権者に類似する立場で，民法304条の類推適用をすることが可能となる。

動産先取特権が優先弁済権を有するのは，すでに，動産売主の先取特権の箇所（第11章）で学んだように，目的物の価値の導入・維持・増加に寄与したからである。本件の場合，譲渡担保権者甲は，目的物の代金を貸し付けることによって目的物の導入に寄与しており，動産売主と同様に，第三順位の先取特権を有する者と同等に扱うことができる。動産先取特権の場合，買主が目的物を売却して第三者に所有権が移転した場合には，追及効がない代わりに，売買

代金の上に，物上代位権を及ぼすことができる（民法304条）。本件の場合，譲渡担保権者甲は，譲渡担保設定者乙に商品の処分権限を与えており，追及効を有しない。したがって，甲は，民法304条を類推して，商品の売買代金債権に対して物上代位権を有するということができるということになる。

平成11年の最高裁決定（最二決平11・5・17民集53巻5号863頁）を正当化するためには，譲渡担保における所有権的構成をあきらめ，かつ，譲渡担保の場合に，事案によっては，動産売買の先取特権の規定の類推を認める必要がある。このようにして，譲渡担保の問題が複雑な展開を示せば示すほど，典型担保に関する知識，特に，優先弁済権に関する先取特権に関する知識が必要となるのである。

C 後順位譲渡担保権の承認

平成18年最高裁判決（最一判平18・7・20民集60巻6号2499頁）は，集合物譲渡担保が複数設定された場合について，先順位譲渡担保と後順位譲渡担保との存在を認めている。

> 最一判平18・7・20民集60巻6号2499頁
> 「動産譲渡担保が同一の目的物に重複して設定されている場合，後順位譲渡担保権者は私的実行をすることができない。」

譲渡担保について所有権的構成をとる場合に，後順位譲渡担保権者を観念することは，不可能である。後順位抵当権者の存在を認める以上，最高裁は，少なくとも集合物譲渡担保について，所有権的構成を捨てて，担保的構成に移行したといわざるをえないであろう。

D 譲渡担保における抵当権の簡易の実行手続の類推の必要性

また，最高裁平成8年判決は，表面的には，「譲渡担保権設定者は，譲渡担保権者が清算金の支払又は提供をせず，清算金がない旨の通知もしない間に譲渡担保の目的物の受戻権を放棄しても，譲渡担保権者に対して清算金の支払を請求することはできない」（最二判平8・11・22民集50巻10号2702頁）とし判示している。

> 最二判平8・11・22民集50巻10号2702頁
> 「譲渡担保権設定者は，譲渡担保権者が清算金の支払又は提供をせず，清算金がない旨の通知もしない間に譲渡担保の目的物の受戻権を放棄しても，譲

渡担保権者に対して清算金の支払を請求することはできない。」

しかし，この事案は，不動産の譲渡担保設定者が事業に失敗して自殺し，その相続財産法人の財産管理人が，譲渡担保の実行を求めるため，譲渡担保権者に対して，受戻権を放棄する旨を通知して清算金の支払を請求した事案であった。このため，この事件を契機として，譲渡担保権者のイニシアティブで担保権の実行を促す必要性が生じていることが一般に理解されるようになり，抵当権における簡易な実行手続としての「対抗・代価弁済（抵当権消滅請求）」の類推が図られるべきかどうかが問題とされるに至っている。このように見てくると，譲渡担保は，ますます，典型担保である抵当権に近づいてきていることがわかる。

さらに，譲渡担保目的物の受戻権に関しては，目的物の処分後は，判例（最三判平6・2・22民集48巻2号414頁，最二判平11・2・26判時1671号67頁，判タ999号215頁）によって，譲渡担保設定者には受戻権が認められないとされる代わりに，譲渡担保設定者が清算金を受け取るまでは，目的物に対して留置権を主張する余地が認められている点が重要である。（ただし，本判決の事案は，親族間で40年にわたる裁判闘争が展開された複雑な事案であり，さまざまな解釈を取りうる点に留意が必要である〔田髙・物権法281頁以下参照〕）。

　最三判平6・2・22民集48巻2号414頁
　　「譲渡担保権者が被担保債権の弁済期後に目的不動産を譲渡した場合には，譲渡担保を設定した債務者は，譲受人がいわゆる背信的悪意者に当たるときであると否とにかかわらず，債務を弁済して目的不動産を受け戻すことができない。」
　最二判平11・2・26判時1671号67頁，判タ999号215頁（上記の差戻後上告審判決）
　　「譲渡担保権者から目的物を譲り受けた第三者は，譲渡担保権者に対する清算金支払請求権を被担保債権とする留置権を主張して明渡しを拒む譲渡担保権設定者に対し，右請求権の消滅時効を援用することができる。」

上記の一連の判決により，以下のことが明らかにされたと思われる。一方で，譲渡担保権者には，目的物に対する所有権は認められず，債務者の債務不履行がある場合に限って目的物を換価・処分する権限を有するだけであり，かつ，処分した後は，担保設定者に清算金を支払う義務が生じること。他方で，譲渡担保設定者は，目的物の処分後は，受戻しができない代わりに，清算金を受け

取るまで，目的物を留置する権利が認められることである。

いずれにせよ，民法に不備があるために，不動産以外の目的物に担保の王である抵当権を設定することができず，国民が苦し紛れに譲渡担保という通謀虚偽表示をせざるを得なくなっている現状は放置されるべきではない。国家法の不備によって国民を「嘘つき」にしている現状は早急に改善されるべきである。そのためには，譲渡担保を私的実行を許す典型担保の一つとして民法に組み込み，すべての財産（動産，不動産，財産権）に対して，設定者の使用・収益権を奪うことなく担保権が設定できるようにするとともに，その担保権が正常な賃借権を害することがないよう，かつ，清算が公平かつスムーズに行えるよう，私的実行について必要最小限のコントロールを行うことができるように，民法の担保法の改正が必要であると考える。

第 2 節　動産譲渡担保

I　動産譲渡担保（動産抵当）の解釈論上の問題点とその克服

以上の議論で明らかになったように，動産に関する譲渡担保は，その実質は，民法に不備があって欠けている，動産についての抵当権（処分清算を伴う動産抵当）を創設するものである。そうだとすると，民法の解釈論としては，以下の3つの疑問が生じる。

第1に，法律に定められたもの以外の物権を創設することができないという民法175条に違反しないかが問題となる。

この点については，法律に規定されていない物権であったとしても，温泉権や流水権等の慣習上の物権については，判例によってその効力が認められている（大判大6・2・6民録23輯202頁）。譲渡担保も，動産について，債務者が使用・収益を続けながら，受けた融資の返済を行うことができるという，質権では実現できない社会的な有用性を有する担保権である。また，譲渡担保は，長い年月をかけて実務で定着するに至った権利であり，慣習上の物権の場合と同様に扱うことが許されよう。さらに，本書のように，いわゆる担保物権を物権ではなく，債権に優先権を認める制度であると考えるならば，民法175条の物権法定主義は，譲渡担保を認めるのに障害とはならない。

第2に，民法においては，動産を担保の目的とするために質権の制度が用意

されており，その場合には，目的物を債権者に引き渡すことが必要であり（344条），しかも，占有改定によることはできないとされている（345条）。動産に関する譲渡担保は，占有改定によって担保を設定するものであるため，譲渡担保は，占有改定を禁じる民法345条に対する脱法行為ではないかが問題となる。

　この点については，第1の問題と関連するが，譲渡担保を，質権とは異なり，債務者の占有（使用・収益権）を奪わない抵当であると考えるならば，質権に関する上記の禁止規定は，譲渡担保を認めることの障害とはならない。また，譲渡担保の公示方法は，単なる占有改定では足りないと考えるべきである。すなわち，動産については，明認方法，または，動産・債権譲渡特例法3条による動産譲渡登記，不動産については，不動産登記法による登記，債権については，債権譲渡の対抗要件を備える必要があると考えるべきであり，第三者の保護は，民法94条2項の適用で十分になしうるので，第三者が害されることもない。

　第3に，質権については，流質契約が禁じられている（民法349条）。動産に関する譲渡担保は，債権者が競売を経ることなく市場で目的物を処分して債権の回収を図ることを認めるものであるため，流質契約を禁じる民法349条を潜脱する脱法行為であり，無効ではないかが問題となる。

　この点については，第2点の場合と同じく，譲渡担保は，質権ではなく，実質は動産「抵当」と同じ機能を果たすことを目指すものなのであるから，抵当権の場合に流抵当が認められていること，さらに，抵当権の場合には，明文上も，代価弁済（民法378条），抵当権消滅請求（民法379～386条）という簡易の実行手続が認められていることを考慮するならば，流質契約を禁止する民法349条の規定も，処分清算等によって，清算義務が果たされるのであれば（不動産に関するものであるが，譲渡担保権者の清算義務が認められている〔最一判昭46・3・25民集25巻2号208頁〕），譲渡担保を認めることの障害とはならない。

II　動産譲渡担保の効力

　動産譲渡担保は，表示上は，債務者が所有する目的物を債権者に譲渡する契約となっているが，その真意（契約の目的）は，目的物を債務者が使用・収益することを許しつつ担保目的物とすること，すなわち私的実行を許す動産抵当

を実現しようとするものである。

したがって，動産譲渡担保は，抵当権の効力と同様，目的物の所有権は債務者に保持され，債務者が使用・収益することを認めつつ，債権者が，「他の債権者に先立って弁済を受ける権利」として構成されることになる。

問題は，債権の弁済期が到来しても債務者（譲渡担保設定者）が弁済をしない場合，債権者（譲渡担保権者）は担保権を実行することができることになるが，そのときに，債権者はどのような権利を取得できるかである。債権者は当然に，清算なしに目的物の所有権を取得できるのか（流抵当型），債権額と目的物の価額とを清算をした後に所有権を取得できるのか（帰属清算型），債権者は，所有権を取得できるわけではなく，目的物を処分する権限のみを有し，処分して得た売得金の中から優先的に弁済を受けることができるだけであるのか（処分清算型）が問題となる。譲渡担保については，以下の類型が議論されてきた。

A　流抵当型とその破綻

弁済期の到来とともに，または，弁済期到来後の譲渡担保実行の意思表示によって，目的物全部が当然に債権者の所有に帰するとされているものである。債権者は清算をする必要もなく，また，債務者が元利を提供しても，もはや受戻しを求めることはできないとされている。

しかし，担保である以上，清算は必要と解すべきである。なぜならば，担保とは，債権の履行を確実にするものに他ならず，債権額以上の利得を許すものではないからである。そうだとすると，清算までは，債権者からの目的物の引渡請求に対して，債務者が同時履行の抗弁権を有することを認めざるをえない（最一判昭 46・3・25 民集 25 巻 2 号 208 頁。ただし，最一判平 6・9・8 判時 1511 号 71 頁，判タ 860 号 108 頁参照）。

> 最一判昭 46・3・25 民集 25 巻 2 号 208 頁
> 「譲渡担保契約において，債権者が，この担保目的実現の手段として，債務者に対し右不動産の引渡ないし明渡を請求する訴えを提起した場合に，債務者が清算金の支払と引換えにその履行をなすべき旨を主張したときは，特段の事情のある場合を除き，債権者の右請求は，債務者への清算金の支払と引換えにのみ認容されるべきものと解するのが相当である。」

したがって，期限の到来または担保権の実行の意思表示によって目的物の所

有権が確定的に債権者に移転するという合意は意味を持たないことが明らかである。そして，清算に対する債務者の同時履行の抗弁権を認めるとするならば，その間に債務者が元利金を提供して受戻しを求めることも許すべきであるということに落ち着かざるをえない。

そうだとすると，結局のところ，流抵当型の譲渡担保契約は，以下の帰属清算型または処分清算型の譲渡担保に吸収されることになる。

B 帰属清算型とその問題点

「譲渡」担保の文言にもかかわらず，目的物の所有権は，契約の時点で債権者に移転するわけではない。このことは，譲渡担保の真意が，「担保」のための譲渡に過ぎず，担保には，債権額以上の利益を得ることができないこと，すなわち，担保には清算が必要であることが含意されているからである。そして，清算をするためには，目的物の価格を客観的に評価する必要が生じる。通常の担保権の場合には，競売によって，客観的な評価が担保されている。しかし，非典型担保の場合には，必ずしも競売によることが求められていないので，目的物の客観的な評価の手段が検討されなければならない。

この点で参考になるのは，第1に，典型担保である質権の実行の際に認められた簡易の実行手続（民法354条）であり，ここでは，目的物の客観的評価を確保するため，「鑑定人の評価に従い質物をもって直ちに弁済に充てることを裁判所に請求することができる」という手段が認められている。

第2は，特別法である仮登記担保法で認められた，他の債権者の参加よる清算額に対する評価（仮登記担保法5条），および，他の債権者が清算額に不満がある場合の，競売手続への移行手続（仮登記担保法12条以下）である。

このような目的物の客観的な評価に基づく清算が行われて初めて，債権者（譲渡担保権者）は目的物の所有権を取得するというのが，譲渡担保に関する帰属清算型の考え方である（最一判昭62・2・12民集41巻1号67頁）。

> 最一判昭62・2・12民集41巻1号67頁
> 「債務者所有の不動産に設定された譲渡担保が帰属清算型である場合，債権者の支払うべき清算金の有無及びその額は，債権者が債務者に対し清算金の支払若しくはその提供をした時若しくは目的不動産の適正評価額が債務額（評価に要した相当費用等の額を含む。）を上回らない旨の通知をした時，又は債権者において目的不動産を第三者に売却等をした時を基準として，確定

されるべきである。」

　この考え方は，換言すると，債務者が弁済期に履行をしない場合であっても，債権者が当然に目的物の全部を確定的に自分の所有とすることができるわけではない。そして，目的物を客観的に評価して，弁済に充当するとともに，残額があればこれを返還しなければならないのであり，この手続が確保されるまでは，債務者は，元利を弁済することによって受戻しを行うことが許される。そして，このような手続が完了した後に初めて，目的物の所有権が債権者に帰属するというものである。

　しかし，帰属清算型の考え方は，譲渡担保を動産抵当と考える観点からは，不十分なものといわざるをえない。抵当権の場合には，目的物の所有権は，競売手続による例外的な場合を除いて，決して債権者に移転しない。競売手続を前提としない譲渡担保の場合には，所有権は債権者に移転せず，債権者は，目的物の処分権限だけを有し，市場等で適切に処分することによって得られた売得金の中から，清算を行い，債権額の範囲でのみ優先弁済権を取得できるに過ぎないとする，以下に述べる処分清算型を原型と考えるべきことになる。

C　処分清算型の原則

　この考え方は，債務者が弁済期に履行をしない場合であっても，所有権は債権者に移転しない。確かに，判例は，譲渡担保の場合，債務者が借入金を所定の期日までに返済しない場合には，債務者所有の土地を債権者名義に変更し第三者に売り渡すことを認めている（最一判平14・9・12判時1801号72頁，判タ1106号81頁）。しかし，動産の譲渡担保を動産抵当権に近づけて考えようとする観点からは，債権者は目的物を自分のものとして使用・収益をすることを想定しておらず，目的物を処分してその売得金から優先弁済を受けようとしているのであるから，債権者は，目的物の所有権を取得するのではなく，担保権を実現するために，目的物の処分権限だけを有すると考えるべきである。そして，目的物を市場等を通じて客観的な価格で適切に処分し，そこから得られた売得金の中から，清算を行い，債権額の範囲でのみ優先弁済権を取得できるに過ぎないと解すべきである。

　この考えによるならば，弁済期が経過した後は，債権者は目的物を処分する権限を取得するので，目的物が第三者に譲渡されたときは，債務者はもはや目的物を受け戻すことはできないという判例法理（最三判平6・2・22民集48巻

2号414頁）を，適切に説明することができる。

　このように見てくると，処分清算型に残された問題点は，清算額を適切なものにするための手段が定まっていないという点にある。動産質権の実行に際しては，先に述べたように，正当の理由があるときは，簡易の実行手続として，競売手続によることなく，「鑑定人の評価に従い質物をもって直ちに弁済に充てることを裁判所に請求することができる」という制度が認められている（民法354条）。この場合には，鑑定人によって目的物の適正な価格が評価され，清算額も客観的に定まることになる。したがって，動産譲渡担保の場合にも，質権の簡易実行手続を準用して，同様の手続に服させることが妥当である。

　このような適切な手続が利用できない場合には，処分清算型の欠点として，目的物の評価が低く見積もられ，したがって，清算額が債務者に不利に算定されるというおそれが大きい。このような場合には，処分清算を許さず，仮登記担保法の考え方を準用して，清算額が公平に算定されることを確保するために，他の債権者の異議申立てを認めるべきであろう（仮登記担保法5条・12条）。

　このように考えることを通じて初めて，譲渡担保を処分清算を許す動産抵当と考えることが可能となるのであり，仮登記担保の考え方（帰属清算型）と譲渡担保の考え方（処分清算型）の原則的な違いと共通点とを理解することが可能となるのである。

Ⅲ　集合物譲渡担保の特例

　動産譲渡担保を認める必要性は，先に述べたように，第1に，債務者に目的物の使用・収益を許さない質権ばかりでなく，債務者が目的物の使用・収益を継続しつつ目的物を債権の担保に供する制度を認める必要性が認められる。すなわち，債務者が債権者に対して動産譲渡担保を設定したときは，債務者が期限内に債務を弁済できなった場合には，債権者が目的物を適切に処分し，その売得金から優先弁済を受けることを認めるという，処分清算を許す動産抵当を認める必要性がある。

　しかし，動産譲渡担保を認める必要性は，それに限定されない。第2に，目的物が特定物ではなく，倉庫内の在庫品のように，物品に出入りがあって特定しない集合物に対して担保を設定する必要性があるからである。この場合の特色は，債務者が単に目的物を使用・収益することが認められるだけでなく，弁

済期までは目的物の処分も自由にできるという点にある。質権が，目的物の使用・収益だけでなく目的物の処分を禁止しているのと比較すると，その特色がよく理解できると思われる。

　このような集合物に対する譲渡担保は，一部は，工場抵当や企業担保という特別法で認められている。しかし，そのような特別法によることなく，在庫品に対する担保権の設定を認め，弁済期間内は，債務者に目的物の自由な処分を認めつつ，弁済期になっても債務者が債務の弁済ができない場合に限って，倉庫等にある目的物（流動する目的物は，この時点で流動をやめ，確定する）を処分する権限を債務者から奪って債権者に与え，それを適切に処分した売得金の中から，債権額について，他の債権者に先立って弁済を受ける権利を認める点に，集合物譲渡担保の特色がある。

　判例も，流動する債権の種類，量的範囲，所在場所が明確に特定されているという要件の下に，構成部分の変動する集合動産の譲渡担保を有効としている（最一判昭54・2・15民集33巻1号51頁，最三判昭62・11・10民集41巻8号1559頁，最一判平18・7・20民集60巻6号2499頁）。

　　最一判昭54・2・15民集33巻1号51頁
　　　「構成部分の変動する集合動産であっても，その種類，所在場所及び量的範囲を指定するなどの方法により目的物の範囲が特定される場合には，一個の集合物として譲渡担保の目的となりうる。ただし，甲が，継続的倉庫寄託契約に基づき丙に寄託中の食用乾燥ネギフレーク44トン余りのうち28トンを乙に対する債務の譲渡担保とすること，乙はこれを売却処分することができることを承し，在庫証明の趣旨で丙が作成した預り証を乙に交付したが，乙も在庫を確認したにとどまり，その後処分のため乙に引き渡された右乾燥ネギフレークの大部分は甲の工場から乙に直送され，残部は甲が丙から受け出して乙に送付したものであるなど判示の事実関係のもとでは，甲が乙に対し丙に寄託中の右乾燥ネギフレークのうち28トンを特定して譲渡担保に供したものとはいえない。」
　　最三判昭62・11・10民集41巻8号1559頁
　　　「構成部分の変動する集合動産を目的とする集合物譲渡担保権の設定者がその構成部分である動産の占有を取得したときは譲渡担保権者が占有改定の方法によって占有権を取得する旨の合意があり，譲渡担保権設定者がその構成部分として現に存在する動産の占有を取得した場合には，譲渡担保権者は右譲渡担保権につき対抗要件を具備するに至り，右対抗要件具備の効力は，新

たにその構成部分となった動産を包含する集合物に及ぶ。
　構成部分の変動する集合動産を目的とする集合物譲渡担保権設定契約において，目的動産の種類及び量的範囲が普通棒鋼，異形棒鋼等一切の在庫商品と，その所在場所が譲渡担保権設定者の倉庫内及び同敷地・ヤード内と指定されているときは，目的物の範囲が特定されているものというべきである。」
最一判平 18・7・20 民集 60 巻 6 号 2499 頁
「構成部分の変動する集合動産（特定の漁場のいけす内に存する養殖魚〔ブリ，ハマチ等〕）を目的とする対抗要件を備えた譲渡担保が複数設定されている場合において，譲渡担保の設定者が，その目的物である動産につき通常の営業の範囲を超える売却処分をした場合，当該譲渡担保の目的である集合物から離脱したと認められない限り，当該処分の相手方は目的物の所有権を承継取得することはできない。」

このような厳密な意味で目的物が特定しない場合というのは，一般先取特権の目的物が特定しない場合と非常によく似ている。この意味でも，物的担保を物権として構成することなく，債権の掴取力に優先弁済権が付加されたに過ぎないと考える本書の立場の優位性が明らかとなる。債権の場合，強制執行の対象となる目的物が刻々と変化することは，むしろ当然であり，強制執行の開始によって初めて特定するからである。一般先取特権が物権でないのと同様，集合物譲渡担保も物権でないと考えるならば，その理論的解明は，一般先取特権との対比を通じて，飛躍的に進展するものと思われる。

なお，目的物が確定してからの集合物譲渡担保の効力は，先に述べた，通常の動産譲渡担保の場合と同様である。

第 3 節　不動産譲渡担保

　法律に不備があるためその有用性が肯定されるべき動産の譲渡担保の場合とは異なり，不動産の譲渡担保については，その有用性に疑いがある。なぜならば，担保制度としては，不動産担保の雄としての抵当権があり，債務者は目的物の使用・収益を継続しながら目的物を担保に供する道が開かれている。また，非典型担保としても，目的物の使用・収益を継続しながら目的物を担保に供することができる仮登記担保制度までもが認められているため，不動産譲渡担保を認めるためには，その実益を明らかにしなければならない。

　抵当権と仮登記担保の制度が認められているにもかかわらず，実務上，不動

産の譲渡担保が利用されている唯一の理由は，担保の目的物である不動産を市場で処分して債権を回収したいという債権者の要請に応える制度（処分清算方式）が用意されていないことによる。

　抵当権の場合には，抵当直流れの合意がない限り，債権者は競売によって債権を回収するほかない。また，抵当直流れを制度化したともいえる仮登記担保の場合には，先に述べたように，帰属清算という方式が採用されているため，まず債権者の資金で清算を行うことが必要であり，その清算が終了してからでなければ，目的物を市場で処分して換価することができない。債権者が示した清算額に後順位債権者等が不満を抱けば，結局，抵当権と同じく，競売によって債権を回収するほかなくなる。

　処分清算方式を実現できるのは，現在のところ不動産譲渡担保だけであるため，抵当権や仮登記担保という優れた不動産担保制度があるにもかかわらず，不動産の譲渡担保が利用されているのである。

　動産の譲渡担保の場合には，先に述べたように，動産質権の場合でさえ，競売手続を回避し，裁判所の関与のもとで，鑑定人の評価に従って目的動産を処分し，債権を回収するという簡易な実行方法が認められている（民法354条）。したがって，動産譲渡担保の場合にも，質権におけると同様に，簡易の実行方法である処分清算方式が認められてよい。なぜなら，動産は一般に値段がそれほど高くなく，競売手続では費用倒れが生じるおそれがあるからである。

　しかし，不動産の場合には，動産に比較して値段が高く，通常の場合には競売費用をまかなうことができるため，簡易の実行方法を認める必要性は少ない。さらに，債権者による処分清算を許すと，債権者の恣意的な処分が行われるおそれがあり，債務者に支払われるべき清算金が，極端に低く見積もられるおそれがあるため，立法者は，現在のところ，適正な処分清算を実現するシステムを用意できないままである。

　このような状況の下で，上記の債務者の危険を無視して債権者に処分清算の自由を与えるべきか，それとも，債務者の危険が回避できる抵当権と仮登記担保のみを許すべきかが問われることになる。

　その答えは，債務者の危険を回避する手段を債権者がとっている場合にのみ処分清算が認められるべきであり，そのような適切な手段が講じられていない限りは，不動産譲渡担保には本書で展開した処分清算を実現する解釈論に基づいて仮登記担保の規定が準用されるというものであろう。

したがって，不動産譲渡担保に関しては，債務者を保護するための特別の措置がとられていることを債権者が証明しない限り，先に述べた仮登記担保の規定（仮登記担保法3条・5条・12条）が準用されることを前提に，本書で述べた処分清算方式を認めるという解釈を採用するのが妥当であるということになる。

第4節　債権譲渡担保

　動産の担保方法として，民法が，債務者の使用・収益を認めない質権しか用意しなかったことは，法の不備というべきであり，債務者が目的物の使用・収益を継続しつつ目的物を担保に供することができる動産譲渡担保を新しい物的担保として認めることは，社会の進展に伴う実務の要請に応えるものとして是認すべきことはすでに述べた。しかし，債権の場合には，債権を担保する方法として，必ずしも債権者が目的物の占有を取り上げる必要のない権利質が用意されており，債権について譲渡担保を認めなければならないという強い理由は存在しない。

　債権譲渡担保が必要となるのは，集合動産譲渡担保と同じく，集合債権譲渡の場合である。動産の集合物譲渡担保の場合にも，譲渡担保を認める理由は，弁済期まで債務者に使用・収益だけでなく目的物の処分権を許す制度が必要だからであった。集合債権譲渡の場合に譲渡担保が必要な理由は，質権では債務者の処分権を認めることができないからである。

I　通常の債権譲渡担保

　債権譲渡担保においても，債務者に債権の処分を許すことはできない。処分を許したのでは，債務者の債務不履行の場合に，その債権から弁済を受けることができないからである。したがって，通常の債権譲渡担保は，債権に質権を設定したのと同じである。債権質の設定の対抗要件は，債権譲渡の対抗要件と同一であり，この点でも，債権質と債権譲渡担保とを区別する理由は存在しない。

　もっとも，担保提供者が将来取得するであろう債権を包括的に譲渡担保とすることができるかどうかについては，ここで検討しておく。判例は，医師が将来において社会保険診療報酬支払基金から支払を受けるであろう8年3ヵ月分

の診療報酬債権を包括的に譲渡する契約を，一定の条件を示しながら有効としている（最三判平 11・1・29 民集 53 巻 1 号 151 頁）ので，そのような将来債権に関する譲渡担保も，同様に認められるものと思われる。

最三判平 11・1・29 民集 53 巻 1 号 151 頁
「医師が社会保険診療報酬支払基金から将来 8 年 3 箇月の間に支払を受けるべき各月の診療報酬債権の一部を目的として債権譲渡契約を締結した場合において，右医師が債務の弁済のために右契約を締結したとの一事をもって，契約締結後 6 年 8 箇月目から 1 年の間に発生すべき目的債権につき契約締結時においてこれが安定して発生することが確実に期待されたとはいえないとし，他の事情を考慮することなく，右契約のうち右期間に関する部分の効力を否定した原審の判断には，違法がある。」

さらに，判例は，債務者が取引先に対して取得するであろう売掛代金について包括的に譲渡予約する契約を，目的債権の特定性，識別可能性を要件として，有効としている（最二判平 12・4・21 民集 54 巻 4 号 1562 頁）。

最二判平 12・4・21 民集 54 巻 4 号 1562 頁
「甲が乙との間の特定の商品の売買取引に基づき乙に対して現に有し又は将来有することのある売掛代金債権を目的として丙との間で譲渡の予約をした場合，譲渡の目的となるべき債権は，甲の有する他の債権から識別ができる程度に特定されているということができる。」

II　集合債権に関する債権譲渡担保と債権質との関係

債権に関して譲渡担保を認める必要性が大きいのは，集合債権に関する譲渡担保である。集合債権譲渡担保に関する法理は，平成 13 年最高裁判決（最一判平 13・11・22 民集 55 巻 6 号 1056 頁）によって完成された。ここでは，この判決を理解するうえで必要な知識を確認し，その法理を明らかにすることにする。

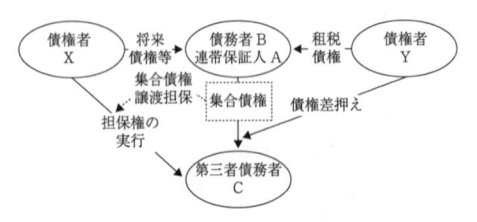

図99　集合債権譲渡担保の対抗要件

A　最一判平 13・11・22 の事案

「(1)　甲（A）が乙（X）に対する金銭債務の担保として，発生原因となる取引の種類，発生期間等で特定される甲の丙

（C）に対する既に生じ，又は将来生ずべき債権を一括して乙に譲渡することとし，乙が丙に対し担保権実行として取立ての通知をするまでは，譲渡債権の取立てを甲に許諾し，甲が取り立てた金銭について乙への引渡しを要しないこととした甲，乙間の債権譲渡契約は，いわゆる集合債権を対象とした譲渡担保契約といわれるものの一つと解される。この場合は，既に生じ，又は将来生ずべき債権は，甲から乙に確定的に譲渡されており，ただ，甲，乙間において，乙に帰属した債権の一部について，甲に取立権限を付与し，取り立てた金銭の乙への引渡しを要しないとの合意が付加されているものと解すべきである。したがって，上記債権譲渡について第三者対抗要件を具備するためには，指名債権譲渡の対抗要件（民法467条2項）の方法によることができるのであり，その際に，丙に対し，甲に付与された取立権限の行使への協力を依頼したとしても，第三者対抗要件の効果を妨げるものではない。

(2) 原審の確定した前記事実関係によれば，本件契約は，ベストフーズ（A）が，イヤマフーズ（B）の上告人（X）に対する債務の担保として，上告人に対し，ダイエー（C）との間の継続的取引契約に基づく本件目的債権を一括して確定的に譲渡する旨の契約であり，譲渡の対象となる債権の特定に欠けるところはない。そして，本件通知中の『ベストフーズは，同社がダイエーに対して有する本件目的債権につき，上告人を権利者とする譲渡担保権を設定したので，民法467条に基づいて通知する。』旨の記載は，ベストフーズがダイエーに対し，担保として本件目的債権を上告人に譲渡したことをいうものであることが明らかであり，本件目的債権譲渡の第三者対抗要件としての通知の記載として欠けるところはないというべきである。本件通知には，上記記載に加えて，『上告人からダイエーに対して譲渡担保権実行通知（書面又は口頭による。）がされた場合には，この債権に対する弁済を上告人にされたい。』旨の記載があるが，この記載は，上告人が，自己に属する債権についてベストフーズに取立権限を付与したことから，ダイエーに対し，別途の通知がされるまではベストフーズに支払うよう依頼するとの趣旨を包含するものと解すべきであって，この記載があることによって，債権が上告人に移転した旨の通知と認めることができないとすることは失当である。

そうすると，本件通知に債権譲渡の第三者対抗要件としての通知の効力を否定して上告人の請求を棄却すべきものとした原審の判断には，判決に影響を及ぼすことが明らかな法令の違反がある。この点をいう論旨は理由があり，原判決は破棄を免れない。」

B 最一判平13・11・22の法理
1 集合債権,集合債権譲渡担保について

集合債権とは,一定の識別基準で範囲を確定される既発生・未発生の指名債権群をいう。金融実務においては,取引活動の過程において取得する集合債権を一括して,債権譲渡の法形式を用いて担保化する必要性が生じている。

集合債権譲渡担保契約は,担保設定者が正常な経営を続けている限りは,担保設定者が目的債権を自由に取り立てて満足することが許され,担保設定者の下で目的債権が順次消滅していくことが当初から予定されており,一定の信用上の問題が発生してはじめて,担保設定者の取立権が消滅し,担保権者が現実に存する未決済の債権を取り立てて自己の債権に充当するという形態をとるのが通例となっている。

集合債権譲渡担保契約においては,債権譲渡という法形式(債権質の法形式も同じ)を利用しながら,債務者が正常な間は目的債権の流動化を許容するという点で,債権譲渡そのものとも債権質の設定とも異なる実態(債権の上の抵当権または浮動担保ともいうべき実態)に特色がある。

2 債権に関する譲渡担保の必要性

民法で定められている債権担保の方法が債権質に限定されているため,担保権設定者にとって以下のような不便が生じることとなり,その克服が,譲渡担保という形式で行われることになる。この点は,動産の担保の場合とまったく同様である。

動産質権の場合,占有改定による質権の設定が禁止されているため,担保権の設定者は,動産を利用しながら担保を設定することができない。そこで,動産を占有し利用しながらそれを担保に入れることができる方法として,動産の譲渡担保契約(売買と賃貸と買戻しを結合させた契約)が判例法を通じて発展することになった。

債権質の場合,質権の設定によって債務者は第三債務者に対する債権の弁済受領権を失ってしまう(民法366条)。そこで,債権質とは異なり,実行のときまでは第三債務者に対する債権の取立てが債務者に認められるような債権担保の方法,すなわち,債権譲渡を行いつつ一定の時期まで債務者に第三債務者に対する弁済受領権を与える方法,または債権譲渡の予約契約という方法が,債権の譲渡担保として発展することになった。

質権設定によって債務者が蒙る不便については,立法によって克服されてい

る場合がある。例えば，特許法95条は，特許権に質権を設定した場合，下のように，質権が実行されるまでは，質権設定者のみが特許権を行使することができ，質権者は，特許権を行使することができないとしている。この規定は，実用新案法（25条），意匠法（35条），商標法（34条）においても準用されているが，著作権法（66条）は，この法理をさらに徹底させている。

3 債権に関する譲渡担保の対抗要件

債権譲渡の対抗要件は，民法467条以下に規定されている。これに対して，債権に対する担保権の設定は，法律上は債権質に限定されており，その対抗要件は民法364条に規定されているが，民法364条は，その対抗要件は民法467条に従ってなされるべきことを規定している。したがって債権に関しては，その譲渡の対抗要件も，担保権の設定の対抗要件も，等しく，債務者に対する通知か債務者の承諾であるということになる。

4 典型担保と非典型担保としての譲渡担保との融合

集合債権に関する担保は，本来の債権譲渡とも債権質とも異なり，担保の実行までは債務者に権限を残すことが重要なのである。その精神は，まさに抵当権の考え方によって実現されているのであり，動産の譲渡担保，債権の譲渡担保は，不動産にしか許されないとされてきた抵当権を，動産においても，さらには債権においても，その精神を実現するための試みであった，と評価することが可能であろう。

譲渡担保の歴史は，動産に始まって不動産，債権へと拡大し，財産権すべてを覆うに至っている。このことは，財産権のすべてについて，質権とは異なる統一的な抵当権的な担保の必要性を暗示していると考えることが可能である。すべての財産権に対して，質権的な担保方法と並行して，抵当権的な担保方法をも実現することが，担保法に関する立法上の緊急の課題となっている。

なお，本件については，さらに続きがある。最高裁判決でいったん敗訴した国が，以下のような新たな論拠をもって，訴えを提起したからである。すなわち，本件は，将来債権の譲渡担保契約がなされ，その旨の対抗要件である通知も完了したが，その後に譲渡担保設定者が滞納した国税の法定納期限が到来し，その後，目的債権が発生したという事案であったため，国としては，法定納期限の後に債権が発生し，そのときに譲渡担保の対抗要件も具備されるのであるから，国税徴収が譲渡担保に優先すると主張したのである。これに対して，平成19年最高裁判決（最一判平19・2・15民集61巻1号243頁）は，以下のよう

に判示して，譲渡担保権者が優先するとした。

　最一判平 19・2・15 民集 61 巻 1 号 243 頁

　　「国税の法定納期限等以前に，将来発生すべき債権を目的として，債権譲渡の効果の発生を留保する特段の付款のない譲渡担保契約が締結され，その債権譲渡につき第三者に対する対抗要件が具備されていた場合には，譲渡担保の目的とされた債権が国税の法定納期限等の到来後に発生したとしても，当該債権は国税徴収法24条6項にいう『国税の法定納期限等以前に譲渡担保財産となっている』ものに該当する。」

第21章
所有権留保

第1節　所有権留保の意義

I　所有権留保の法的性質（譲渡担保）

　所有権留保とは，売買代金債権を担保するために，売買代金が完済されるまで，売買の目的物の所有権を買主に移転せず，売主に留保するとする特約のことをいう。所有権留保の特約が行われた売買契約を所有権留保売買といい，その売主は所有権留保売主または留保売主と呼ばれており，その買主は所有権留保買主または留保買主と呼ばれている。

　所有権留保売買の場合，債権者（売主）が，担保のために新たに所有権を取得するのではなく，担保のためにもともと売主に帰属していた所有権を留保する点で，譲渡担保と異なるように見える。

　しかし，動産の売買契約においては，売買代金の全額が売主に支払われなくとも，売買目的物の占有を買主に移転すると，所有権も買主に移転すると解されている。したがって，所有権留保は，見かけ上は，代金が完済されるまで目的物の所有権を買主へと移転させない特約として表れるが，実質的には，引渡しと同時に目的物の所有権が売主から買主へと移転することを前提とした上で，残代金を担保するために，買主が売主のために売買目的物に譲渡担保を設定したものと考える方が，取引の実態に即している（売主の所有権留保＝買主による譲渡担保設定）。

　このように考えると，所有権留保のメカニズムは，売買目的物の所有権が引渡しによって売主から買主へと移転し，その後，残代金を担保するために，買主が売主のために設定する譲渡担保によって，売買目的物の所有権が，見かけ上，買主から売主へと移転するように見えるだけである。つまり，実際の所有

権は，目的物の引渡しによって買主に移転したままであり，売主は，売買残代金の支払を受けるまでの間，所有権ではなく，債権担保としての譲渡担保権を有しているに過ぎない。

所有権留保は，譲渡担保の場合と同様，判例によって認められた担保物権であると考えられている（最一判昭49・7・18民集28巻5号743頁）。

最一判昭49・7・18民集28巻5号743頁（第三者異議事件）
「代金完済に至るまで目的物の所有権を売主に留保し買主に対する所有権の移転は代金完済を停止条件とする旨の合意がされている動産の割賦払約款付売買契約において，代金完済に至るまでの間に買主の債権者が目的物に対し強制執行したときは，売主又は売主から目的物を買い受けた第三者は，所有権を主張し，第三者異議の訴えによって右執行を排除することができる。」

II　所有権留保の効果

被担保債権である代金債権が全部履行されるまでは，留保売主は，留保買主の他の債権者に対して，売買目的物の所有権を主張することができるとされている。しかし，所有権を主張できるという正確な意味は，本来の所有権に基づく返還請求を無償で実現できるわけではない。

すなわち，売買目的物が動産である場合は，留保買主からの譲受人は即時取得する可能性がある（民法192条）。そして，留保買主に代金債権の不履行があると，留保売主は，確かに，債務不履行に基づいて売買契約を解除し，留保買主に対して売買目的物の引渡しを求めることができるように見える。しかし，これは実質的には所有権留保（譲渡担保）という担保権の私的実行であるから，留保売主は，留保買主に対して，目的物の価額と被担保債権の額との差額を清算金として支払わなければならない。

すなわち，留保売主は，残代金債権を確保するために，売買目的物を売却処分し，その売却代金から他の債権者に先立って被担保債権の弁済を受けるか（処分清算），または，被担保債権から目的物の現存価格を差し引いた額を買主に支払って，目的物の所有権を取得するか（帰属清算），いずれかの方法をとることができるに過ぎない。このように，所有権留保と譲渡担保とは，その実行方法についても同一である。

売主の所有権留保と売買目的物につき，買主から譲渡担保の設定を受けた者

との間の関係は、いわゆる黙示の質権として第1順位の先取特権とみなされる動産譲渡担保と第3順位の動産売主の先取特権との競合問題として、民法330条1項・2項によって解釈されることになる（312～313頁参照）。この点につき、下の判例は、所有権留保とその後に設定された譲渡担保との競合問題を扱っており、所有権留保と譲渡担保との優劣関係を考察する上で参考になる。

最二判昭58・3・18判時1095号104頁、判夕512号112頁、金法1042号127頁、金商684号3頁

「所有権留保売買の目的動産につき、買主から譲渡担保権の設定を受けた者が、売主に対し、買主の未払残代金を支払う旨申し入れ、その額の調査に要する期間右の動産の処分を猶予するよう要請し、売主がこれに応じるかのような態度を示していたときでも、売主が猶予する旨約したのでない限り、売主が右動産を他に処分しても右譲渡担保権の侵害にはあたらず、売主は、右譲渡担保権者に対しその担保権の喪失による損害を賠償する責を負わない。」

第2節　割賦販売（クレジット契約）における所有権留保

割賦販売において所有権留保が広く行われていることを背景に、割賦販売法は、当事者間に明示の特約がなくても所有権留保がなされたことを推定する規定を置いている（7条）。

自社割賦販売においては、留保所有権は、原則どおり、売主に帰属する。しかし、ローン提携販売の場合には、もともと売主に帰属する所有権留保は、金融機関による売主への融資としての債権の買取りにより、提携先の金融機関に帰属する。もっとも、買主が金融機関への分割弁済を怠った場合に、売主が保証人としての責任を果たした場合には、民法500条以下の弁済代位に基づき、いったん金融機関に帰属した所有権留保が、担保権の随伴性に基づき、売主に復帰することになる。また、個別信用購入あっせん（立替払契約）の場合には、売主は保証責任を負わないため、担保としての所有権留保は、クレジット会社に帰属する。

ただし、宅地建物取引業法は、宅地または建物を割賦販売する場合に、売主に先取特権の登記または抵当権の設定・登記を認める一方で、売主が所有権留保を行うこと、または譲渡担保を設定することを原則的に禁止している（43条）。不動産買主の保護と、買主のマイホーム取得の夢を壊さない配慮である。

第 3 節　所有権留保の実行とその制限

　動産の所有権留保および譲渡担保については，その公示方法が十分でないため，売主に所有権があることを信じた動産の買主は，民法 192 条の即時取得の規定によって，担保権のない完全な所有権を取得することができた。しかし，自動車等の登録制を採用している動産については民法 192 条の適用はないとされているため，ディーラーが所有権留保をしている自動車をサブディーラーから購入した買主（ユーザー）が，売買代金をサブディーラーに支払ったにもかかわらず，サブディーラーがディーラーに代金を完済していないという場合に，ディーラーがサブディーラーとの売買契約を解除し，留保所有権に基づいて，ユーザーに対し，売買目的物である車の返還を請求するという事態が生じた。

　最高裁は，以下のように，昭和 50～57 年の一連の判決を通じて，サブディーラーとディーラーとの間に自動車売買契約の履行に協力関係がある場合，所有権留保に基づいてユーザーに対して自動車の返還を請求することは，権利の濫用として許されないとの法理を確立している。

　　最二判昭 50・2・28 民集 29 巻 2 号 193 頁／民法判例百選Ⅰ〔第 6 版〕100 事件
　　「自動車の販売につき，サブディーラー（国際自動車整備工場）が，まずディーラー（尼崎日産自動車）所有の自動車をユーザーに売却し，その後右売買を完成するためディーラーからその自動車を買い受けるという方法がとられていた場合において，ディーラーが，サブディーラーとユーザーとの自動車売買契約の履行に協力しておきながら，その後サブディーラーにその自動車を売却するにあたって所有権留保特約を付し，サブディーラーの代金不払を理由に同人との売買契約を解除したうえ，留保された所有権に基づき，既にサブディーラーに代金を完済して自動車の引渡を受けているユーザーにその返還を請求することは，権利の濫用として許されない。」
　　最一判昭 52・3・31 金法 835 号 33 頁，金商 535 号 42 頁
　　「ユーザーがサブディーラー（油や）からディーラー（日産プリンス三河販売）所有の自動車を買い受け代金を完済して引渡しを受けた場合において，ディーラーが，ユーザーのための車検手続等を代行するなど右売買契約の履行に協力しておきながら，右売買契約を完成するためにサブディーラーと締結した当該自動車についての所有権留保特約付売買契約をサブディーラーの代金未払いを理由として解除したうえその留保所有権に基づいてユーザーに

対し右自動車の返還を請求することは，ディーラーがサブディーラーに対してみずから負担すべき代金回収不能の危険をユーザーに転嫁しようとするものであり，自己の利益のために，代金を完済したユーザーに不測の損害を蒙らせるものであって，権利の濫用として許されない。」

最三判昭56・7・14判時1018号77頁，判タ453号78頁，金商632号13頁
「ユーザーのサブディーラー（エイコーオート）に対する注文に基づき，サブディーラーが，ディーラー（日産サニー群馬販売）から右注文に相当する自動車を所有権留保特約を付して買い受け，これをユーザーに売却した場合において，ユーザーは，サブディーラーからこれまでに買い受けた自動車についていずれもその代金の支払を完了したのに所有者名義をユーザーとする旨の登録手続をしたことがないうえ，右注文に相当する自動車の所有権が当初の売主に留保されていることを予測していたにもかかわらずその使用者名義を自己とする登録手続さえも経由せず，また，ディーラーは，サブディーラーとの間でサブディーラーがユーザーのような県外の顧客に新車を販売することを禁ずる旨の特約を結んでいて，サブディーラーとユーザーとの間の売買の締結及び履行につきなんら関与しなかったなど，原判示の事実関係のもとにおいては，ディーラーがサブディーラーの代金不払を理由に同人との売買契約を解除したうえ，留保された所有権に基づき，ユーザーに対して自動車の返還を請求することは，権利の濫用として許されないものではない。」

最二判昭57・12・17判時1070号26頁，判タ491号56頁，金法1051号45頁，金商668号3頁
「ディーラーである上告人ら（長野トヨタ，長野トヨペット）は，サブディーラーである増田屋に対し，営業政策として，ユーザーに対する転売を容認しながら所有権留保特約付で本件各自動車を販売し，ユーザーである被上告人らは，右所有権留保特約を知らず，また，これを知るべきであったという特段の事情なくして本件各自動車を買い受け，代金を完済して引渡しを受けたのであって，かかる事情の下において，上告人らが増田屋との右売買契約を代金不払いを理由として解除したうえその留保所有権に基づいて被上告人らに対し本件各自動車の返還を請求することは，本来上告人らにおいてサブディーラーである増田屋に対して自ら負担すべき代金回収不能の危険をユーザーである被上告人らに転嫁しようとするものであり，かつ，代金を完済した被上告人らに不測の損害を被らせるものであって，権利の濫用として許されないというべきである。」

自動車販売の場合，ユーザーは，使用名義にかかわらず，使用名義に基づい

て自動車の購入をしている実態を踏まえるならば，自動車売買における所有権留保は，公示の実体を備えておらず，譲渡担保の場合と同様，善意・無過失の第三者には対抗できないと解すべきであろう。

　さらに，消費者保護を考慮するならば，登記できる不動産について，宅地建物業法が登記できる不動産である宅地・建物の割賦販売に関して，所有権留保または譲渡担保を設定することを原則的に禁止しているのと同様，登記できる自動車の売主であるディーラーは，割賦販売の方法によって自動車を売買するに際しては，たとえ所有権留保または譲渡担保を設定したとしても，その効力はユーザーには対抗できないと解すべきである。ディーラーは，そのほかに，動産売主として，登記を要しない先取特権という担保権をも有するのであるが，動産先取特権は，サブディーラーが自動車を第三者であるユーザーに引き渡した場合には追及効を失う（民法333条）。このように考えると，ディーラーは，第三者であるユーザーに対しては，いかなる担保権をも行使することができないと解すべきことになろう。

おわりに

第1節　大人の学問と「嘘の効用」

「加賀山君，法律学は大人の学問だよ。嘘やごまかしがあっても当然。そんなに目くじらを立てることでもなかろう。」教えを受けた先生方から，そう言われそうな気がする。法律学が大人の学問であるとすれば，本書はまことに「大人げのない」本である。従来の担保法の学説・判例に対して，嘘とごまかしがあれば，ことごとくそれを指摘し，非難しているからである。

本書の過激性はそれにとどまらない。民法の条文に対しても，嘘があると見れば，攻撃を加えている。例えば，民法387条（抵当権者の同意の登記がある場合の賃貸借の対抗力）に対して，この規定は，一見，賃借人の保護になるように見える。しかし，それは「嘘」であって，実際は，賃借人にとって不合理な規定であるとして，以下のような非難を浴びせている。

「2003年の改正によって創設された民法387条は，賃借人が抵当権者に対抗する要件として，賃借人に対して，借地借家法の対抗力（借地借家法10条・31条）ではなく，通常は行われることのない賃借権の登記（民法605条，不動産登記法3条8号）を必要としている。その上，用益に関して何の権限も有しない抵当権者の承諾を要求し，さらに，抵当権者の一人でも同意しない者があるときは，本条の適用がなく，同意の登記も受理されないとしている。これは，借地法によって第三者に対抗できる権利を有する賃借人（借地・借家人）に対する『嫌がらせ』以外の何ものでもない。」

「加賀山君，気持ちはわかるが，そこまで行くと，解釈論の枠を超えるのではないかな。嘘にも効用があるだろう」といわれそうな気もする。名著の誉れ高い末弘『嘘の効用』によれば，嘘も嘘なりに意味があるという。例えば，親が厳しいと子供は決まって嘘つきになる。それと同様，法律が厳しすぎると，

国民は嘘つきになる。そういう場合の「やむにやまれない嘘」には効用があるという。

　「子供に『嘘つき』の多いのは親の頑迷な証拠です。国民に『嘘つき』の多いのは，国法の社会事情に適合しない証拠です。其際，親および国家の採るべき態度は自ら反省することでなければなりませぬ。又裁判官の此際採るべき態度は，寧ろ法を改正すべき時が来たのだと云ふことを自覚して，愈々その改正全きを告ぐるまでは『見て見ぬ振り』をし，『嘘』を『嘘』として許容することでなければなりませぬ」（末弘・嘘の効用 31 頁）。

確かに，民法が動産の担保手段として質権しか認めず，抵当を認めなかったという不備を克服するために，国民は，動産を債権者に「譲渡し，賃借りし，買い戻す」という 3 つの嘘を重ねて，一種の動産抵当（譲渡担保）を実現した。裁判所も嘘を承知でそれを認めている。しかし，その場合に重要なことは，嘘を嘘として放置するのではなく，子が嘘をつき始めたら，親が教育方法を改善しなければならない。同様にして，国民が嘘をつき始めたら，その理由を明らかにし，法律の方を改正しなければならないということであった。それこそが，末弘『嘘の効用』（37 頁）のエッセンスであると思う。

本書で扱った担保法の領域には，法律の嘘，裁判所の嘘，学者の嘘など，ありとあらゆる嘘が存在する。「法律の嘘」としては，先に述べた「嘘」ばかりでなく，「債務なき責任」に過ぎない保証を「債務」としていること（民法 447 条），引渡拒絶の「抗弁権」に過ぎない留置権を物権編に編入していること（民法 295 条），目的物が特定しておらず，追及効もなく，対抗要件も必要としない「一般先取特権」を物権編に編入していること（民法 306〜310 条），「物とは有体物をいう」（民法 85 条）という定義を無視して，権利を目的とする「権利質」（民法 362〜366 条），「地上権・永小作権を目的とする抵当権」を物権編に編入していること（民法 369 条 2 項）などが挙げられよう。「裁判所の嘘」としては，代物弁済予約の仮登記を当事者の真意である担保として構成するのではなく，所有権が移転すると構成していたこと（最大判昭 49・10・23 民集 28 巻 7 号 1473 頁），譲渡担保については，今なお，所有権が移転すると構成していること（最二判平 18・10・20 民集 60 巻 8 号 3098 頁）などが挙げられよう。「学者の嘘」としては，保証は，主たる債務とは別個・「独立」の債務であるが，主たる債務に「従属する」としたり，担保物権は，債権とは別個・「独立」の物権であるが，債権に「従属する」といってはばからないことなどであろう。

このように，現在の担保法は，まさに，「嘘のデパート」であるから，法律学の嘘を学ぼうと思えば，担保法を学ぶのが最適であるということなる。担保法を学んだ学生は，子供を脱して「清濁合わせて飲む」ことのできる大人へと変身できるというわけである。

第2節 「嘘の弊害」としての学問の危機

やむにやまれない嘘には，確かに効用があるかもしれない。しかし，そのような場合でも，末弘『嘘の効用』(30頁)が述べるように，嘘を放置した場合の弊害は，決して小さくない。嘘に頼った立法では，問題解決の指針とはならないからである。

> 「嘘つきには元来法則がありませぬ。ですから，裁判所がこの方法によって世間の変化と法律との調和を計ろうとするに際して，もしも，『嘘』のみがその唯一の武器であるとすれば，裁判所が真に信頼すべき立派な理想を持ったものである場合の外，世の中の人間は到底安心して居ることが出来ませぬ。仮りに又真に信頼すべき立派な理想の持主であるとしても，之のみに信頼して安心せよと云うのは，名君に信頼して専制政治を許容せよと云ふに均しい考です」(末弘・嘘の効用30頁)。

例えば，最も信頼しうる民法学者たちが叡智をつぎ込み，判例の集積を踏まえた上で，1978年に制定された仮登記担保契約に関する法律(仮登記担保法)が，現実には使われなくなり，機能不全に陥っているという現状は，所有権移転という「嘘」を放置した結果であり，現在の担保法の学問的危機を象徴しているように思われる。

学問の叡智を傾けて作成された仮登記担保法のどこに致命的な欠陥があったのか，当事者の嘘(所有権の移転)をどの程度まで受け入れ，どの程度まで修正・組み換えを行うべきなのか，この点の理論的解明は，今もなおざりにされたままである。そして，その理由が解明されないまま，機能不全に陥っている仮登記担保法の改正の方向を見失い，さらには，譲渡担保法の立法化への意欲を失っている民法学の現状は，「大人の学問」どころか，「学問の名にも値しない」ところまで落ちているように思われる。

確かに，嘘は嘘として，担保法を技術的な学問と割り切って，担保に関する最新の事例・最新の判例の動向に着目し，従来の学説・判例との対比を通じてそ

れを理論的に位置づけるという作業も大切であろう。しかし，それだけで満足する学者が多く，このような学問的危機に気づいている学者や実務家は非常に少ないというのが，民法学の現状ではあるまいか。

第3節　嘘のない理論の効用と方法

　このような次第であるから，嘘を嫌うまじめな学生が，担保法を好きになれないのにも理由があるというべきである。学生は，子供から大人へと変化していく難しい過程にある。嘘をものともせず，通説・判例を淡々と暗記していく「優等生」もいる一方で，嘘を受け入れることができずに悩み，落伍していく学生がいることもまた事実である。

　嘘についていけないまじめな学生に，「もう少し大人になりなさい」と勧めるのも一つの方法であろう。しかし，大人になりきれない学生であっても，担保法を好きになってもらえるよう，本書のように，担保法における法律，判例，学説の嘘を白日の下にさらし，それをいったん，木っ端微塵に破壊した上で，嘘のない担保法の理論を再構築してみせるのも，もう一つの方法であろう。さらに，国民が嘘をつかなくても済むような新しい担保法への道筋を設定するということも大切な方法であるといわなければならない。譲渡担保における国民の嘘を放置し，国民が納得できる立法を提案できないようでは，大人の背中を見て育つ子（学生）にとっても，よい大人（教師）とはいえないだろう。

　譲渡担保の実態調査を行い，その理論的構築を完成していた恩師から，「加賀山君，譲渡担保は，通謀虚偽表示なんだよ。通謀虚偽表示だから所有権の移転は無効で，担保とするという真意が有効なんだ」（浜上則雄「譲渡担保の法的性質」阪大法学18号〔1956〕32～48頁，20号〔1957〕55～72頁参照）といわれ，当時学生だった私は，大変なショックを受けたことが思い起こされる。その頃，私は，権利外観法理に目覚め，虚偽の外形を信頼した善意・無過失の第三者に対しては，当事者の真意は対抗できないという理論に夢中になっていたから，民法94条を，「外形（所有権の移転）が嘘だからこそ，外形よりも当事者の真意（担保の設定）が尊重されてよい」というように読めるのだという恩師の指摘は，とても新鮮であった。今でも，そのときの状況が目に浮かぶのは，受けた衝撃が大きかったからであろう。

　研究者として「大人になり切れない」私にとって，嘘を受け入れて正しく理

論化できる装置が民法自体（例えば民法93条・94条等）に備えられているということは，大きな発見であった。「嘘」のない筋の通った理論でも，「嘘」で固められた現実を処理できるという発見は，その後，私がさまざまな理論を構築する上で，「ごまかしてはいけない，ごまかす必要もない」という方針を貫くことができた点で有益であったように思う。本書が，「大人げのない」理論でもって，「法律の嘘」「判例の嘘」「学説の嘘」に立ち向かっているのも，その延長線上にある作業といえよう。

　本書は，「嘘」で固められた担保法を破壊し，「嘘」のない担保法をめざすというまことに「大人げのない」本である。そして，その最終目標は，抵当権を「債権の優先弁済権」に過ぎないものとして債権的に再構成することにある。その理由と最終目標は，これまで物権であると構成されてきたために「優越的な地位の濫用」に陥っている抵当権について，第1に，民法394条のノブレス・オブリージュ（高貴な地位は義務を伴う）の法理によって，その権限を適切に制限し，第2に，「先に登記を得たものが優先権を行使できるとは限らない」とする民法339条を核とし，第3に，担保目的物の保存に関しては，民法330条1項2文の「後の保存者は，先の保存者に優先する」という物権法とは全く逆の考え方に着目しつつ，第4に，民法330条全体の分析を通じて発見された「優先権の順位決定のルール」に従って，抵当権の優先順位を「黙示の質権」（第1順位のように見えて，実は，保存や供給の先取特権に劣後して，第3順位まで降格する先取特権）との比較を通じて，第3順位の先取特権として位置づけ直し，第5に，このことを通じて，解釈論としても，抵当権は，目的物を保存と維持に貢献している適法な賃借権を害することはできない，すなわち，「抵当権は対抗力を有する適法賃借権を破らず」という法理を実現することである。

第4節　「抵当権と利用権との調和」をめざす我妻法学の挫折と「嘘の弊害」

　我妻『債権の優越的地位』は，民法学における不朽の名著といわれている。資本主義の発展に伴い，私法も，支配をめざす所有関係から協同をめざす債権関係へと重点を移していくべきことを指摘し，「所有」に対する「債権」の優越的地位という観点から，私法の体系化を推し進めたものとして今なお高く評価されている。しかし，物権と債権とが交錯する近代的担保制度について，そ

の王座を占める「抵当権」を「物権」と考え,「物権によって債権的利用権である賃借権が覆滅される」というのでは,まるで,近代法における「物権の優越的地位」を主張しているようなものである。これでは「債権の優越的地位」とは「嘘」だということになり,我妻のめざした近代私法の理想は実現されないことになってしまう。

そこで,我妻は,前記の著書の思想を担保物権法の解釈論へと結実させた我妻『担保物権』(297〜298頁)において,抵当権が利用権を凌駕することは,近代法の理想に反するものであり,これを克服することが現代法解釈の目標と理想であると明言している。

> 「根本に遡れば,抵当不動産をみずから用益する者が,競売によって,その用益者としての地位を覆滅されることも批判の余地のある問題である。けだし,現代における不動産所有権は,漸次,客体を物質的に利用する内容を失い,これを他人に物質的に利用させて対価を徴収する機能に転化しようとしているのであり,法律の理想も『所有』に対する『利用』の確保へと向かいつつあるときに,不動産所有権の上の抵当権が終局において不動産の『所有』と『利用』の両者を把握する結果となることは,右の理想を裏切るものである」(我妻・担保物権297頁)。

> 「不動産所有権の上の抵当権もまたその不動産の対価徴収機能の有する交換価値だけを把握するものとなし,目的物の物質的利用権は抵当権によって破壊されないものとすることが,『所有』と『利用』の調和を図ろうとする現代法の理想を貫くものであり,また価値権と利用権との間の真の調和を図るゆえんであろうと思われる」(我妻・担保物権297〜298頁)。

> 「現行の制度をして直ちにこの理想に達せしめることは不可能であろう。しかしわれわれはここに現行法解釈の目標と理想とをおくべきである」(我妻・同298頁)。

このように,我妻『担保物権』(297〜298頁)が,「価値権」と「利用権」との調和を理想として掲げつつ,解釈論としては,賃借権の保護を断念したのはなぜだろうか。

抵当権から利用権を保護するためには,「先に対抗要件を得た抵当権に対して,遅れて対抗要件を得た権利が,抵当権を凌駕できる」という趣旨を明らかにしている条文を発見することが必要である。このような法理を明らかにしている条文は,わが国においては,不動産先取特権と抵当権との関係を規定した民法339条しか存在しない。したがって,我妻がその理想を実現するための解

釈論を展開しようとすれば，先取特権に関する民法339条を肯定的に受け入れ，それを土台として解釈論を展開する必要があった。

しかし，我妻は，「民法の嘘」を見抜くことができず，抵当権だけでなく先取特権をも「物権」と考えており，「排他性を本質とする物権の一般理論によれば，先取特権の順位はその成立の時の順序によるべきである」（我妻・担保物権88頁）として，「対抗力の取得の先後」だけを決定的なものとする「物権法」特有の画一的な思考プロセスに陥っていた。その結果，柔軟な解釈を実現できる民法339条を肯定的に受け入れることができなかった（我妻・同権92頁）。

その背景としては，我妻が，抵当権を近代担保制度の王座を占めるものと考え，「先取特権は，その存在そのものが債権者間の平等を破り物的担保取引の安全を脅かすものとして，抵当権とは両立しない性質のものである」（我妻・担保物権13頁）と決めつけていたことが指摘されるべきであろう。このような決めつけを行っていた我妻としては，抵当権と両立しないと考える「先取特権が，抵当権に優先する」と規定する民法339条をもって，解釈論の核に据えることができなかったのは，むしろ当然のことであった。我妻が，「価値権」と「利用権」との調和という理想を掲げながら，その解釈論を展開することを断念せざるをえなかった理由は，この点にあると思われる。

第5節 「嘘のない担保法」による「利用権の保護」をめざして

本書が提唱する「抵当権は債権の掴取力に優先弁済効が付されたものに過ぎず，抵当権の登記の先後を問わず，借地借家法に基づく対抗力を有する適正な賃借権を破るものではない」という考え方は，まさに，我妻が描いた上記の現代法解釈の目標と理想（価値権と利用権との調和）を，解釈論として実現しようとするものに他ならない。

国民のやむにやまれない嘘には一定の効用がある。しかし，国民の嘘を嘘として放置するのではなく，国民が嘘をつき始めたら，法の改正が必要であるという，嘘の効用のエッセンス（末弘・嘘の効用30頁）に呼応するかのように，上記の我妻『担保物権』の最終ページは，譲渡担保に関して「統一的な立法が望まれる」という言葉で締めくくられている（678頁）。

そのような統一的な立法は，本書で指摘しているように，仮登記担保法の嘘

（所有権移転構成）が見破られ，その是正（帰属清算の克服と処分清算の実現）を踏まえた上で，譲渡担保について，従来の所有権的構成を離れ，債権担保法の集大成として成立したときに，はじめて実現されることになる。そして，そのときにこそ，担保「物権の優越的地位」にとどまっている我妻『債権の優越的地位』が，表題どおりに，『近代法における債権の優越的地位』として完成されることになると思われる。本書が提起した解釈論と立法提案が，これらの問題を解決するための第1歩となれば幸いである。

　筆者の夢は，担保法における従来の法律・判例・学説の「嘘」が若い世代によって見破られ，本書で明らかにした以下の5つの命題（3つの理論命題と2つの実践命題）が，いつの日にか，広く受け入れられることである。

(1) 保証は債務のない責任である（保証債務という「債務」は存在しない）。
(2) 担保物権とは債権の優先弁済効である（担保物権という「物権」は存在しない）。
(3) すべての担保は債権者に換価・処分権限を与えるだけである（所有権移転型担保という担保は存在しない）。
(4) 売買も，抵当権も，ともに，対抗力を有する適法賃貸借を覆すことができない（抵当権は，適法賃貸借を破らず）。
(5) 非典型担保は帰属清算を脱し，処分清算へと移行する（非典型担保における帰属清算の廃止）。

　これらの5つの命題が，民法学の新しい動きとなることを願って，今後とも，担保法の研究と教育に精進したいと考えている。

参 考 文 献

Boissonade, Projet
　　Gustave Emile Boissonade, Projet de code civil pour l'Empire du Japon, t. 4, 1891
民法理由書
　　広中俊雄編『民法修正案（前三編）の理由書』有斐閣（1987）
　〔以下50音順〕
淡路・債権総論
　　淡路剛久『債権総論』有斐閣（2002）
池田・債権譲渡
　　池田真朗『債権譲渡の研究』弘文堂（増補2版 2004）
石田・債権総論
　　石田文次郎『債権法総論講義』弘文堂（1931）
石田・担保物権（上）
　　石田文次郎『担保物権法上巻』有斐閣（3版 1936）
石田・担保物権（下）
　　石田文次郎『担保物権法下巻』有斐閣（3版 1936）
上原他・民事執行法
　　上原敏夫・長谷部由起子・山本和彦『民事執行・保全法』有斐閣（2版 2006）
内田・抵当権と利用権
　　内田貴『抵当権と利用権』有斐閣（1983）
内田・民法Ⅲ
　　内田貴『民法Ⅲ　債権総論・担保物権』東京大学出版会（2版 2004）
内田・民法Ⅲ
　　内田貴『民法Ⅲ債権総論・担保物権』東京大学出版会（3版 2005）
梅・要義巻二
　　梅謙次郎『民法要義』巻之二（物権編）明法堂・有斐閣（1896）
梅・要義巻三
　　梅謙次郎『民法要義』巻之三（債権編）明法堂・有斐閣（1897）
遠藤他・注解財産法2
　　遠藤浩・水本浩・北川善太郎・伊藤滋夫『民法注解　財産法　第2巻』青林書院（1997）
太田・法律
　　太田勝造『法律（社会科学の理論とモデル）』東京大学出版会（2000）
近江・担保物権
　　近江幸治『担保物権法』弘文堂（新版 1992）
近江・講義Ⅲ
　　近江幸治『民法講義Ⅲ担保物権』（2版 2005）
近江・講義Ⅲ

近江幸治『民法講義Ⅲ担保物権』（2版補訂 2007）

大村・基本民法Ⅲ
大村敦志『基本民法Ⅲ債権総論・担保物権』有斐閣（2版 2005）

奥田・債権総論
奥田昌道『債権総論』悠々社（増補版 1992）

奥田＝鎌田・民法 3
奥田昌道・鎌田薫『法学講義民法 3 担保物権』悠々社（2007）

於保・債権総論
於保不二雄『債権総論』有斐閣（新版 1972）

加賀山・民法学習法
加賀山茂『現代民法　学習法入門』信山社（2007）

加賀山・契約法講義
加賀山茂『契約法講義』日本評論社（2007）

角・債権総論
角紀代恵『基本講義債権総論』新世社（2008）

鎌田他・民事法Ⅱ
鎌田薫・加藤新太郎・須藤典明・中田裕康・三木浩一『民事法Ⅱ〔担保物権・債権総論〕』日本評論社（2005）

川井・担保物権
川井健『担保物権法』青林書院（1975 年）

川井・債権総論
川井健『債権総論（民法概論 3）』有斐閣（2002）

北川・物権
北川善太郎『物権（民法講要Ⅱ）』有斐閣（3版 2004）

清原・物上代位の法理
清原泰司『物上代位の法理』民事法研究会（1997）

小林＝山本・担保物権法
小林秀之・山本浩美『担保物権法・民事執行法』〔新・論点講義シリーズ 5〕弘文堂（2008）

斎藤・競売法
斎藤秀夫『競売法』，松田二郎『会社更生法』有斐閣〔法律学全集 39〕（1960）

佐久間・共同抵当
佐久間弘道『共同抵当の代価の配当についての研究』第一勧業銀行統合研究所（1992）

佐藤・詐害行為取消権
佐藤岩昭『詐害行為取消権の理論』東京大学出版会（2001）

潮見・債権総論Ⅱ
潮見佳男『債権総論Ⅱ──債権保全・保証・帰属変更』信山社（3版 2005）

潮見他・ヨーロッパ契約法原則Ⅲ
潮見佳男他訳『ヨーロッパ契約法原則Ⅲ』法律文化社（2008）

篠塚・条解民法Ⅱ(1)
　　篠塚昭夫編『条解民法Ⅱ(1)〔債権総論〕』三省堂（1982）
柴崎・手形保証の付従性
　　柴崎暁「手形保証の付従性・独立性・誘因性」獨協法学62号（2003）1～53頁
清水・総合判例研究
　　清水元『留置権〔叢書民法総合判例研究〕』一粒社（1995）
清水・留置権概念
　　清水元『留置権概念の再構成』一粒社（1998）
清水（元）・担保物権
　　清水元『プログレッシグ民法（担保物権法）』成文堂（2008）
鈴木・物権法
　　鈴木禄弥『物権法講義』創文社（4訂版 1994）
鈴木・物権法
　　鈴木緑弥『物権法講義』創文社（5訂版 2007）
関・留置権
　　関武志『留置権の研究』信山社（2001）
田井他・新担保物権
　　田井義信・岡本詔治・松岡久和・磯野英徳『新　物権・担保物権法』法律文化社（2版 2005）
高木・担保物権
　　高木多喜男『担保物権法』有斐閣（新版 1993）
高木・担保物権
　　高木多喜男『担保物権法』有斐閣（4版 2005）
髙橋・担保物権
　　髙橋眞『担保物権法』成文堂（2007）
田髙・物権法
　　田髙寛貴『クロススタディ物権法』日本評論社（2008）
椿・担保物権
　　椿寿夫編『担保物権法』法律文化社（1991）
椿他・民法改正を考える
　　椿寿夫・新美育文・平野裕之・河野玄逸編『民法改正を考える』法律時報増刊（2008）
円谷・債権総論
　　円谷峻『債権総論――判例を通じて学ぶ』成文堂（2008）
道垣内・担保物権
　　道垣内弘人『担保物権法』有斐閣（2版 2005）
道垣内・担保物権
　　道垣内弘人『担保物権法』有斐閣（3版 2008）
富井・物権下
　　富井政章『民法原論 物権下』有斐閣（1929）

中井・担保物権
　　中井美雄『担保物権法』青林書院（2000）
中田・債権総論
　　中田裕康『債権総論』岩波書店（2008）
中野・民事執行概説
　　中野貞一郎編『民事執行・保全法概説』有斐閣（増補新訂5版2006）
中野・民事執行法
　　中野貞一郎『民事執行法』青林書院（新訂4版2000）
中野・民事執行法
　　中野貞一郎『民事執行法』青林書院（増補新訂5版2006）
西村・継続的保証
　　西村信雄『継続的保証の研究』有斐閣（1952）
浜上・共同不法行為
　　浜上則雄『現代共同不法行為の研究』（1993）
林・注釈民法(8)
　　林良平編『注釈民法(8)　物権(3)（留置権・先取特権・質権）』有斐閣（1965）
半田・担保物権
　　半田正夫『やさしい担保物権法』法学書院（3版2005）
平井・債権総論
　　平井宜雄『債権総論』第弘文堂（2版1994）
平野・保証人保護
　　平野裕之『保証人保護の判例総合解説』信山社（2004）
平野他・民法3
　　平野裕之・古積健三郎・田髙寛貴『民法3担保物権』有斐閣（2版2005）
平野・債権総論
　　平野裕之『債権総論』信山社（2005）
平野・民法総合3
　　平野裕之『担保物権法　民法総合3』信山社（2007）
広中＝星野・百年Ⅰ
　　広中俊雄・星野英一編『民法典の百年Ⅰ全般的観察』有斐閣（1998）
広中＝星野・百年Ⅱ
　　広中俊雄・星野英一編『民法典の百年Ⅱ個別的観察(1)総則編・物権編』有斐閣（1998）
深川・相殺の担保的機能
　　深川裕佳『相殺の担保的機能』信山社（2008）
船越・担保物権
　　船越隆司『担保物権法　理論と実際の体系3』尚学社（3版2004）
星野・借地借家
　　星野英一『借地・借家法』有斐閣（1969）
星野・民法概論Ⅱ

星野英一『民法概論Ⅱ（物権法・担保物権法）』良書普及会（1976）
星野・講座3
　　星野英一編集代表『民法講座3物権(2)』有斐閣（1984）
星野・民法概論Ⅲ
　　星野英一『民法概論Ⅲ』良書普及会（補訂版1992）
前田・債権総論
　　前田達明『口述債権法総論』成文堂（3版2000）
槇・担保物権
　　槇悌二『担保物権法』有斐閣（1981）
松井・担保物権
　　松井宏興『担保物権法』成文堂（2007）
松尾＝古積・物権法
　　松尾弘・古積健三郎『物権法』弘文堂（2005）
松阪・債権者代位権
　　松阪佐一『債権者代位権の研究』有斐閣（1950）
松阪・債権者取消権
　　松阪佐一『債権者取消権の研究』有斐閣（1962）
三ケ月・民事執行法
　　三ケ月章『民事執行法』弘文堂（1981）
三潴・担保物権法
　　三潴信三『増訂・担保物権法』有斐閣（8版1921）
民法判例百選Ⅰ
　　中田裕康・潮見佳男・道垣内弘人『民法判例百選Ⅰ総則・物権』有斐閣（6版2009）
民法判例百選Ⅱ
　　中田裕康・潮見佳男・道垣内弘人『民法判例百選Ⅱ債権』有斐閣（6版2009）
薬師寺・留置権
　　薬師寺志光『留置権論』三省堂（1935）
安永・物権，担保物権
　　安永正昭『講義・物権・担保物権』有斐閣（2009）
山川・担保物権
　　山川一陽『担保物権法』弘文堂（2版2004）
山野目・物権
　　山野目章『物権法』日本評論社（4版2009）
有斐閣・法律学小辞典
　　金子宏・新堂幸司・平井宜雄編『法律学小辞典』有斐閣（4版2004）
柚木・担保物権
　　柚木馨『担保物権法』有斐閣（1958）
柚木＝高木・担保物権
　　柚木馨．高木多喜男『担保物権法』有斐閣（新版1973）

柚木＝高木・注釈民法(9)
　柚木馨・高木多喜男編『注釈民法(9)　物権(4)（抵当権・譲渡担保・仮登記担保他）』有斐閣（1998）

米倉・譲渡担保
　米倉明『譲渡担保の研究』有斐閣（1976）

我妻・債権総論
　我妻栄『新訂債権総論（民法講義Ⅳ）』岩波書店（1954）

我妻・債権の優越的地位
　我妻栄『近代法における債権の優越的地位』有斐閣（1963）

我妻・担保物権
　我妻栄『新訂担保物権法（民法講義Ⅲ）』岩波書店（1968）

我妻＝有泉・コンメンタール
　我妻栄・有泉亨・清水誠・田山輝明『我妻・有泉コンメンタール民法——総則・物権・債権』日本評論社（2版2008）

事項索引

あ 行

悪意の抗弁権 …………………… 217
預けた子犬 ……………………… 227
後に登記をした物権が，なぜ，先に登記した物権に優先するのか …………… 401
後の保存者が前の保存者に優先する
　19, 24, 276, 286, 297, 301, 302, 306, 334, 550, 677
誤った配当 ……………………… 417
誤った反対解釈 ……… 72, 145, 581, 582
ある程度の公示 ………………… 190
異形棒鋼 ………………………… 659
維持・増加への寄与 …………… 10
異時配当 …………………… 484, 500
異時配当手続 …………………… 488
異時配当における配当結果 …… 489
異主共同抵当 …………………… 492
1号先取特権者 ………………… 277
一部譲渡 ………………………… 602
一身専属性 ……………………… 65
一定の種類の取引によって生じるもの
　…………………………………… 593
一般財産への混入 ………… 322, 323
一般先取特権 ……………… 585, 659
入口の要件 ……………………… 440
遺留分減殺請求権 ……………… 65
請負人の留置権の目的物
　…………………………………… 221
受戻し ……………………… 643, 646
受戻期間 ………………………… 627
受けるべき金銭 ………… 315, 317, 318
受けるべき金銭その他の物 … 315, 317, 318
嘘の効用 …………… 612, 639, 673, 674
　――のエッセンス …………… 679
嘘の程度 ………………………… 613

嘘のデパート …………………… 675
「嘘」のない筋の通った理論 …… 677
裏書と交付 ……………………… 351
運送証券 ………………………… 382
エコロジーの観点 …………… 387, 470
大きな嘘 ………………………… 614
遅れて登記した先取特権が先に登記した抵当権に優先する ……………… 302
牡鹿と猟師 ……………………… 388
穏やかな占有の移転 …………… 204
「大人げのない」本 ……………… 673
大人になりきれない学生 ……… 676
大人の学問 ………………… 673, 675

か 行

外形（表示）よりも真意（意思）が優先する …………………………………… 641
会社更生 ………………………… 255
会社更生法 ……………………… 269
会社分割 ………………………… 599
加賀山A説 ……………………… 312, 313
加賀山B説 ……………………… 312, 313
書換え原則 ……………………… 86
画一的な思考プロセス ………… 679
学者の嘘 ………………………… 674
学術用語に過ぎない「担保物権」 … 39
掴取力 ……………………… 30, 48, 269
　――から派生する性質 ……… 39
　――の空間的・量的強化 …… 53
　――の質的強化 ………… 22, 53, 56
　――の定義 …………………… 30
掴取力強化説 …………………… 428
学生の混乱 ……………………… 192
確　定 …………………………… 604
　――の意味 …………………… 604
確定期日 ………………………… 605

事項索引　　687

確定後の極度額減額請求	607	管理占有	425
確定後の根抵当権消滅請求	607	危険な契約	135
確定事由	605	期限の到来	233
確定請求	605	期限前弁済	72, 73
確定前の債権譲渡・代位弁済	596	技術的作業	29
確定前の債務引受け	596	技術的性格	28
学問的危機	676	帰属清算	622, 642
隠れた留置権	209, 215	帰属清算型	644, 657
傘の相互の取違えの例	225	——の考え方	656
傘や靴の取違え事件	229	北風と太陽	341
貸金等根保証契約	136	基本型	524
果　実	409	逆検索	216
果実収取権	246	吸収分割	600
仮説モデル	172	給付拒絶の抗弁権	193
価値権と利用権との調和	678, 679	旧民法債権担保編 92 条	202
画期的な判決	236	旧民法債権担保編 133 条	314
割賦販売	669	旧民法債権担保編 164 条	277, 285
合　併	599	旧民法の誤解	208
カード破産	346	供　給	23, 333
仮登記	624	供給者	277
仮登記型	537	強制管理	454
仮登記担保	458, 617, 618	強制執行手続	61
——と譲渡担保との違い	645	共通の利益のための費用	280
——の実行の流れ	625	共同担保目録	485
——の利用度	620	共同抵当	482
仮登記担保法	617, 675	共同根抵当	603
仮登記担保利用のメリット	619	共有型	539
かわい過ぎる子犬	229	強力な物権性	187
簡易決済の機能	108	極度額	594
簡易の実行手続	653, 655, 657, 660	——の変更	595
換価金	450	近代的抵当権	395
換価・処分する権限	13	——の原則	394
環境提供	23, 333	近代物的担保制度の王座	389
環境提供者	277	近代法における債権の優越的地位	680
環境を与えた債権者	295	近代法の理想	678
間接訴権（action oblique）	66	具体的妥当性を欠く事案の解決	646
完全直接訴権	68	形式的競売	99
簡便な債権回収手段説	62	形成権	255
元本確定	597	形成権説	82

継続的商品供給契約 ……………………587
継続的な手形割引契約 …………………587
競売開始決定（差押え）の効力 ………444
競売開始決定前の保全処分 ……………444
競売請求 …………………………………629
競売手続への移行手続 …………………655
競売法 …………………………269, 442, 439
　　　──の廃止 …………………………440
欠　陥 ……………………………………675
　　　現行民法の致命的な── …………31
現況調査 …………………………………446
権原（titre）の確認 ……………………449
権限の逸脱 ………………………………520
現行民法からの削除 ……………………216
検索の抗弁権 ……………………………152
原質権付債権に対する債権質説〔加賀山
　　　説〕 …………………………………364
現代法解釈の目標と理想 ………………679
権利質 ……………………………………374
権利質に「準用する」…………………340
権利の上の物権 …………………………407
権利の実行 ………………………………297
権利の承認 ………………………………297
「権利の抵当権」化 ……………………378
権利の保存 ………………………………297
権力は腐敗する …………………………614
牽連性 …………194, 195, 197, 215, 234, 291
　　　──のある債権 ……………………316
　　　──の証明の軽減 …………………201
　　　物と債権との── …………………182
公益上の理由 ……………………………281
更　改 ……………………………………596
「工事」と「保存」との境界 …………303
行使前の弁済 ……………………………72
後順位債権者への通知（5条通知）……628
後順位抵当権 ……………………………393
更生債権 …………………………………269
公平の観念 ………………280, 297, 298, 302
抗弁権の付着 ……………………………129

効率性の悪い制度 ………………………386
効力切断説 ………………………………421
誤解を招きやすい不適切な条文 ………316
国税の法定納期限 ………………………665
国税の法定納期限等以前の譲渡担保財産
　　　…………………………………………666
国民が嘘つきになる ……………………612
個別価値考慮説 …………………………518
雇用関係の一般先取特権（民法308条）の
　　　強化 …………………………………298
雇用に関する債権 ………………………281

さ　行

最強の担保権 ……………………………104
債　権 …………………………………34, 317
　　　──の上の先取特権 ………………296
　　　──の掴取力の強化 …………………22
　　　──の直接取立て（民法366条）……384
　　　──の範囲の変更 …………………594
　　　──の弁済 …………………………320
　　　──の優越的地位 …………………677
債権が弁済期にあること ………………198
債権が目的物の引渡義務と同一の法律関係
　　　または事実関係から生じた場合 …223
債権が物自体から生じた場合
　　　………………………193, 197, 219, 223, 224
債権先取特権 ………………………282, 296
債権・質権共同質入説 …………………364
債権者代位権 ……………………………61
　　　──の転用 …………………………73
　　　──の要件 …………………………64
債権者代位権への優先弁済権の付与 …321
債権者の担保保存義務 …………………153
債権者の追及効 …………………………81
債権者平等の原則 ……………………35, 58
　　　──の例外 ………………………36, 58
債権譲渡 …………………………………100
　　　──と相殺 …………………………469
　　　──の対抗要件 ………………653, 665

債権譲渡型 ……………………………111	先取特権規定を残す必要性 ……………268
債権侵害に基づく損害賠償 ……………425	先取特権は物権に非ず ……………………262
債権担保 …………………………………1	指図債権 ……………………………………380
債権・抵当権共同質入れ説 ……………430	指図による占有移転による質権の設定
債権抵当・順位の譲渡説 ………………430	……………………………………………367
債権と物権との交錯 ………………………35	サブディーラー ……………………………670
債権と物の引渡請求権とが同一の法律関係	サラ金地獄 …………………………………346
ないし生活関係から生じた場合	更地に抵当権が設定された後に建物が築造
………………………………193, 197	された場合 ……………………………514
債権枠の移転 ………………………………597	3号先取特権者 ……………………………277
催告の抗弁権 ………………………………151	3者間関係 …………………………………213
在庫商品 ……………………………………659	3者間相殺 …………………………………109
財産の保存 …………………………………280	固有の―― …………………………113
裁判上の請求 ………………………………89	三すくみ状態 ……………………277, 279
裁判上の代位 ………………………………61	残存価値 ……………………………………424
裁判所の嘘 …………………………………674	3点セット …………………………………446
債務者・根抵当権設定者の破産 ………606	3当事者型構成 ……………………………236
債務者の意思に反した保証人代位型 …113	3当事者型の留置権 ………………………236
債務者の権利 …………………………315, 320	時間の先後を重視する考え方 …………304
債務者の処分権 ……………………………661	敷　金 ………………………………………238
債務者の破産 ………………………………255	――と相殺 …………………………128
債務者の変更 ………………………………595	――の充当 …………………………468
債務者への質入れの通知または債務者の質	――の分別管理 ……………………233
入れの承諾 ……………………………351	――の法的性質 ……………………289
債務のない責任 …………………5, 33, 137	――への充当権 ……………………550
詐害行為取消権 ………………………50, 82	敷金返還債務 ………………………………282
――の要件 …………………………88	時効の遡及効 ………………………………120
詐害的な賃貸借 ……………………………546	事後の通知 …………………………………142
詐害的前払い ………………………………72, 73	市場価格（時価） …………………………210
先取特権 ………………………………20, 263	地震売買 ……………………………………549
――と抵当権 ………………………25	事前の通知 ……………………………142, 144
――のインフレ傾向 ………………267	質　権 ……………………………20, 98, 339
――の肯定的評価 …………………267	――と抵当権との区別の基準 ……342
――の順位決定ルール ……………306	――における担保物権の通有性 …354
――の廃止論 …………………261, 264	――に対して「優先権を有する債権者」
簡易な手続による不動産保存の―― 301	……………………………………357
共益費用の―― …………………280, 450	――に優先する先取特権 …………357
公吏保証金の―― …………………282	――の簡易実行 ……………………643
最優先順位の―― …238, 282, 291, 296	――の再評価 ………………………346

——の目的物の典型例 ……346
——の留置的効力 ……340, 356
質権設定の禁止 ……344, 345
質物再度質入説（質物質入説）……364
質物による代物弁済 ……362
質屋営業 ……362
質屋の質 ……361
執行名義 ……439
実質的な動産抵当制度 ……640
実質同一人，登記名義別人型（前主名義型）……534
自動車の修理 ……223
市販の契約書 ……160
市民にとって不親切な部分 ……208
指名債権 ……379
社会政策的理由 ……281, 282
社会的正義 ……136
社会的な需要 ……387
弱者保護 ……267
借地・借家人の保護の法理 ……544
社債券への記載 ……351
主観的な共同関係 ……169
集合債権譲渡 ……661
集合債権譲渡担保 ……664
集合物譲渡担保 ……307, 657, 658
集合物に対する譲渡担保 ……658
従来の要件論 ……510
順位確定の原則 ……394
順位昇進の原則 ……394
順位の変更 ……603
準占有 ……342
諸悪の根源 ……31
商業信用状 ……381
使用・収益権 ……180, 370, 391
——の有無 ……343
証書確認 ……449
消除主義 ……438
証書の継続占有 ……351
商事留置権 ……221, 255

承諾転質 ……365
譲渡担保 ……239, 382, 637, 667, 668
——のインフレーション ……377
——の推定 ……641
譲渡担保権者 ……643
——の物上代位の権利 ……649
「譲渡担保＝所有権・使用収益権を奪うことなく処分清算を許す担保権」説 ……645
譲渡担保設定者 ……647
「譲渡担保＝通謀虚偽表示（信託的行為）」説 ……644
譲渡担保における担保的構成 ……311
商品の引渡請求権に対する質権（権利質） ……382
消滅原因 ……253
消滅に関する付従性 ……590
剰余主義 ……446
初期値（デフォルト値）……285, 333
処分清算型 ……644, 645, 654, 657
——の譲渡担保 ……655
——の物的担保 ……640
処分清算方式 ……615, 660
処分清算を許す動産抵当 ……657
処分清算を伴う動産抵当 ……640, 652
処分の禁止 ……630
書面契約 ……155
書面性 ……133
書面によらない保証契約 ……134
所有権移転型 ……610
所有権移転の構成（帰属清算）……615
所有権的構成 ……646, 650
——の破綻 ……646-648
所有権の移転 ……623
所有権留保 ……667
新権原 ……450
新設分割 ……599
信託的行為 ……636
心理的な圧迫 ……339
随伴性 ……590

事項索引　691

請求可能性	115
請求権競合説	218
請求権説	82
制限行為能力者の債務の保証	150
制限物権	178
清算額に対する評価	655
清算期間	623, 627
清算金	668
——の供託	630
——の供託から1ヵ月を経過した後	632
——の供託から1ヵ月を経過する前	632
清算金見積額の通知（2条通知）	626
清算を伴わない代物弁済予約	362
清濁合わせて飲む	675
正当な原因	199
責任財産保全制度説	62
責任説	81, 84
責任転質	363
絶対的効力を認めることに批判的な理由	169
折衷説（相対的取消説）	83
設定	178
設定契約	179
設定者留保権	643
善意取得者が任意に占有を原所有者に返還した場合	210
前近代的な制度	265
潜在的な処分権（換価権）	35
先順位譲渡担保	650
先順位の質権者	357
全体価値考慮説	518
全部譲渡	601
占有回収の訴え	354
占有が不法行為によって始まった場合	202
占有権	12
占有担保	180
占有の継続	195, 351, 352, 401
占有の取得	199
占有の喪失	253
占有の仲介項	197
増価競売の制度の廃止	452
相互性の要件	109
相互保証理論	139, 161, 171
相互保証理論モデル	164
——の特色	166
相殺	107
——の障害要件	115
——の絶対効	175
相殺適状	109
相殺の遡及効	120
——の制限	130
相殺の担保的機能	108, 122
——の剝奪	293
造作買取請求権	231
葬式の費用	281
相続	597
「総則」が「準用される」	375
相対的な取消し	80
贈与の規定の準用	156
即時取得	670
即時取得基準説	422, 423
訴権説	84
訴訟における留置権の主張	243

た　行

代位行使	425
第1順位に属するグループ	332
第1順位の先取特権	124
第1順位の「保存」	285
代価弁済	568, 642, 653
代金債権	317
代金支払拒絶抗弁権	199
対抗・代価弁済（抵当権消滅請求）	452, 651
対抗不能説	85

対抗要件 …………………… 351
対抗要件的機能説 …………… 475
対抗力 ………………………… 552
対抗力喪失説 ………………… 421
第三債務者保護説 ……… 326, 476
第三者対抗要件として登記 … 300
第三者に対抗できない留置権 … 235
第3順位に属するグループ … 332
第3順位の「環境提供」 ……… 285
代償物 ………………………… 322
大審院以来の抗弁説 ………… 209
対世効 …………………… 31, 52
対世的な権利 ………………… 271
第0順位の共益費用の先取特権 … 336
代替性の要件 ………………… 109
第2順位に属するグループ … 332
第2順位の「供給」 …………… 285
滞納処分と強制執行との手続の調整に関する法律 ……………………… 453
滞納処分による差押え ……… 606
代物弁済予約 ………………… 618
代理受領 ……………………… 616
宅地建物取引業法 …………… 669
正しい反対解釈 ……………… 72
ただ乗り（free rider） … 297, 299
脱法行為 ……………………… 653
建物買取請求権 ……………… 230
建物が再築された場合 ……… 516
建物共有型 …………………… 542
建物だけに抵当権が設定された場合 ……………………… 505, 524
建物に備え付けた動産 ……… 286
建物の使用に関連して常備されるもの ……………………… 286
建物の新築工事の際の登記 … 303
建物の保護 …………………… 447
他人の物 ……………………… 200
短期賃貸借保護制度の廃止 … 559
担保価値維持義務違反 ……… 292

担保価値維持請求権 ………… 77
担保仮登記の届出 …………… 633
担保権実行の開始 …………… 442
担保権の実行手続 …………… 328
――の申立て ………………… 329
担保権の私的実行 …………… 457
担保権の設定の対抗要件 …… 665
担保的構成への移行 ………… 650
担保的に再構成 ……………… 22
担保物権 ………………… 178, 680
――における追及効 ………… 419
――の女王 …………………… 389
――の通有性 ……… 38, 45, 186
担保不動産収益執行 …… 371, 606
担保不動産収益執行制度 …… 454
担保不動産収益執行手続 …… 410
担保法 ………………………… 1
――の改正 …………………… 652
――の理論の再構築 ………… 676
担保法が好きな学生 ………… 34
担保法を苦手とする学生 …… 28
担保目的物の逸失に関して生じた債権 ……………………… 319
小さな嘘 ………………… 614, 621
地上権・永小作権に関する質権 … 376
遅滞なく登記 ………………… 300
超過売却禁止の原則 ………… 447
直接訴権（action directe） … 67
直接的・排他的な支配権 … 270, 271
直接取立権 ……………… 3, 48, 60
賃借人に対する「嫌がらせ」 … 555, 673
賃借人による相殺 …………… 466
賃借人の敷金返還債権 ……… 290
賃借物が第三者に譲渡された場合 … 240
賃貸目的物のなし崩し …… 459, 462
賃料債権 ……………………… 317
――に対する物上代位の不当性 … 418
追及効 …………………… 43, 49, 79
追奪担保責任 ………………… 210

通謀虚偽表示 ……… 614,636,637,652,676
通謀虚偽表示と信託的行為との対比 …638
停止条件付代物弁済 …………………… 618
抵当権 …………………………………20,635
　──の擬制 ……………………………633
　──の規定の不備 ……………………635
　──の順位の譲渡 ……………………435
　──の順位の変更 ……………………436
　──の順位の放棄 ……………………435
　──の譲渡 ……………………………433
　──の消滅 ……………………………449
　──の消滅原因 ………………………561
　──の消滅時効 ………………………575
　──の対抗要件 ……………………… 18
　──の追及効の消滅（民法397条）…577
　──の不可分性の制約 ………………398
　──の付従性 …………………………397
　──の放棄 ……………………………434
　──の目的である権利の放棄 ………565
　──の目的物の競売 …………………567
　権利の上の── …………………407-409
抵当権掴取力強化説 …………………… 472
抵当権再度設定説 ……………………… 430
抵当権質入れ説 ………………………… 430
抵当権実行時点 ………………………… 513
抵当権実行による満足 ………………… 450
抵当権者 …………………………… 372,425
抵当権消滅請求 ……… 452,571,642,653
　──に関する改正の要点 ……………452
　──の手続 ……………………………452
抵当権設定時点 ………………………… 513
抵当権設定当時同一人，競売当時別人型
　………………………………………… 526
抵当権設定当時別人，競売当時同一人型
　………………………………………… 531
抵当権担保設定説 ……………………… 430
抵当権登記時基準説 …………………… 471
抵当権と用益権とのあるべき姿（理想）
　………………………………………… 543

抵当権の規定の不備 …………………… 635
抵当権の処分 …………………………… 427
　──に関する規定 …………………… 20
　──の対抗要件 ……………………… 18
抵当権は適法賃貸借を破らず …… 677,680
抵当山林の木材 ………………………… 420
抵当直流れ（じきながれ）…………… 457
抵当の補充（supplément d'hypothèque）
　………………………………………… 415
抵当不動産の時効取得 ………………… 565
ディーラー ……………………………… 670
手形上または小切手上の請求権 ……… 594
滌除制度と抵当権消滅請求制度との異同
　………………………………………… 573
滌除制度のデメリットとメリット …… 571
出口の公信的効果 ……………………… 440
転質の法的性質 ………………………… 363
転償（求償の循環）…………………… 167
転貸賃料 ………………………………… 465
転抵当 ……………………………… 428,601
天然果実 ………………………………… 410
ドイツ民法273条（留置権）………… 193
同一の事実関係から生じた債権 ……… 225
同一の法律関係 ……………………189,191
倒壊木材 ………………………………… 424
登　記 ……………………………… 351,653
　──の先後 …………………………… 305
　　工事着手後の── ……………… 304
登記が可能な物または権利 …………… 345
登記名義同一人，実質別人型 ………… 529
東京地裁の執務取扱指針 ………… 518,519
当座貸越契約 …………………………… 587
動産質 …………………………………… 382
動産質権の簡易の実行 ………………… 642
動産譲渡登記 …………………………… 653
当事者間の公平 ………………………… 298
当事者の意思の推測 …………… 284,294,447
当事者の選択 …………………………… 218
当事者の態様（善意・悪意等）……… 306

同時配当	484
——における按分手続	486
——における配当結果	488
——の場合	493, 499
同時履行の抗弁権	96, 654
登録免許税	403
特定性維持説	475
特定の継続的取引	593
特定の原因に基づき債務者との間に継続して生じる債権	594
独立性	591
土地共有型	539
土地だけに抵当権が設定された場合	506, 525
トラック暴走・突込み事件	187, 257
取消しの遡及効	118

な 行

荷為替手形	381
2号先取特権者	277
二重譲渡	233
——の場合	257
二重の競売開始決定	451
日用品の供給に関する債権	282
二面説	475
任意競売	439, 440
任意的要素	588
猫が子猫を生んだ場合	247
根質	349
根担保	585
根担保仮登記の効力	634
根抵当関係の共有関係	602
根抵当権者の譲渡・処分	602
根抵当権者の相続	598
根抵当権設定者の相続	598
根抵当権の譲渡	601
「根」の意味	584
農業金融の促進	298
ノブレス・オブリージュ（Noblesse oblige）	289, 405, 416, 418, 677

は 行

破産管財人の行為	292
配当手続	450
配当要求	325
売買の前後	305
売買は賃貸借を破らず（地震売買の回避）	549
払渡し	481
搬出基準（場所的一体）説	421
反対解釈	141, 581
ピアノ教室	639
引換給付判決	105, 242
引渡し	481
引渡拒絶の抗弁権	94, 182
引渡しの猶予	558
——を認める制度	559
非占有担保	181, 342, 390
被担保債権	405
被担保債権の種類と先取特権の目的（物）	279
被担保債権の消滅	567
必要的要素	588
必要費償還請求権	249
非典型契約	610
非典型担保	22
非典型担保における帰属清算の廃止	680
比例配分	273
不安の抗弁権	101, 102, 199, 232
不可分債務	175
不可分性	42, 46, 245
不完全直接訴権	69
複数の抵当権が設定された場合	520
付従性	589
——の原則	148
成立に関する——	589
付従性・随伴性	41, 46
——の意味	11

負傷した迷い犬 …………………227	…………………412
不測の損害 …………………553	不動産の換価 …………………446
負担部分を超える部分 …………142	不動産の工事 …………………303
負担部分を超える弁済 …………140	不動産の準備 …………………445
普通棒鋼 …………………659	不動産の二重譲渡事件 …………190
物　権 …………………314	不動産の物権変動 …………………553
——の換価機能 …………………269	不動産の保存 …………………303
物権と債権の交錯 …………………57	不動産売買の先取特権と抵当権との優劣
物権と物権の衝突 …………………257	…………………305
物権法定主義 …………………612	不動産保存の先取特権 …………471
物件明細書 …………………446	不当性 …………………418
物権らしからぬ担保物権 …………182	フランス民法典の改正 ……………5
物上代位 ………46, 313, 370, 629	振込指定 …………………127, 616
——による差押え …………………456	Projet の原文 …………………206
——の行使方法 …………………477	Projet の誤訳 …………………208
——のターゲット …………………465	分割譲渡 …………………601
——の廃止 …………………455, 465	平成3年判決の正当な法理 ………426
火災保険金債権（請求権）に対しての	別個・独立の物権行為 …………179
—— …………………470	弁済拒絶の抗弁権 …………95, 103
物上代位権 …………………17	弁済充当 …………………141
物上代位性説 …………………423	弁済を受ける権利 …………6, 12, 31
物上代位性と追及効の関係 ………399	片面的強行規定 …………………631
物上代位による差押時基準説 ……471	包括担保権説 …………………63
物上代位の行使の前か後かで基準を変える	法条競合説 …………………217
折衷説 …………………472	法政策的な観点 …………………191
物上保証 …………………137	法定果実 …………………410
物上保証人 …………………8, 349	法定借地権 …………………634
——の責任 …………………350	法定地上権の意義 …………………503
物的担保の分類概念 …………………181	法定地上権の類型 …………………524
物理的な保存費用（保存費）………297	法定地上権廃止論 …………………507
不動産競売の差押え …………………443	法定文書 …………………439
不動産先取特権者 …………………372	冒頭条文 …………………11
不動産質 …………………366	法と経済学 …………………297
——の存続期間 …………………368	法務官僚の美学 …………………298
——の被担保債権の範囲 …………369	法律的な保存費用 …………………297
不動産質権者 …………………372	法律の嘘 …………………674
不動産質権の対抗要件 …………368	法令用語として存在しない「担保物権」
不動産収益執行 …………………391	…………………186
不動産に付加して一体となっている物	補充性 …………………159

保　証 …………………………………133
　　――の付従性に関する重大な例外 …151
保証委託契約 …………………………147
保証債務 ………………………………33
保証債務という「債務」は存在しない
　………………………………………680
『保証するな』は親の遺言 ……………135
保証人 …………………………………155
保証人援用型 …………………………110
保　存 …………………………23, 332, 333
保存者 …………………………………277
保全の措置 ……………………………233
保有の費用 ……………………………281
ボールによる窓ガラス破損事件 …188, 257
ボワソナード草案の誤訳 ……………450
ボワソナードの意図の誤解 …………205
ボワソナードの精神 …………………37
本登記にする手続 ……………………632

ま　行

増担保 …………………………………414
増担保請求 ……………………………415
増担保請求権 ……………………414, 415
　　――の法理 ………………………517
自らする差押え …………………325, 326
民事執行法59条 ……………………545
民事執行法59条1項 ………………548
民事執行法59条2項 ………………548
民事執行法145条の流れ ……………324
民事執行法193条による執行 ………385
民法175条 ……………………………652
　　――の物権法定主義 ……………180
民法179条の混同による消滅 ………564
民法194条 ……………………………209
民法295条2項の類推適用 …………203
民法295条と299条との関係 ………247
民法295条における立法の過誤 ……207
民法304条（物上代位）改正私案 …321
民法304条の類推適用 ………………649

民法314条の先取特権 …………287, 296
民法319条類推説 ……………………308
民法330条の立法理由 ………………278
民法330条1項2文 …………………677
民法331条類推説（加賀山説） ……311
民法333条適用説 ………………308, 309
民法334条類推説 ……………………308
民法339条 ………………………545, 550
民法369条2項の立法理由 …………17
民法370条立法の沿革 ………………411
民法387条 ……………………………403
民法387条改正私案 …………………556
民法388条の要件の構造化（民法388条の
　要件の再構成） ……………………511
民法389条改正私案 …………………558
民法394条 ……………………………453
　　――に基づく一般債権者の保護の要請
　………………………………………480
民法396条2項の内容の説明 ………408
民法443条2項適用肯定説 …………142
民法443条2項適用否定説 ……142, 143
民法旧388条の不備 …………………447
民法上の留置権を主張できない請負人
　………………………………………221
民法の嘘 ………………………………679
民法の先取特権に関する規定の適用頻度
　………………………………………264
民法の条文構造の妙味 ………………208
民法の不備 ……………………………612
無益・無意味な条文 …………………554
無記名債権 ……………………………383
無効登記の流用 ………………………404
無剰余換価 ……………………………446
無資力要件 ………………………………64, 66
無体物である債務者の権利（債権） …314
無体物としての債権 …………………318
無担保債権 ……………………………394
明認方法 …………………………642, 653
迷惑な子犬 ……………………………228

免除 …………………………170	法律上の—— …………………268
黙示の質権（gage tacite）…284, 294, 333	要式契約 …………………………133
黙示の担保権 ……………………295	要物性 ……………………………379
黙示の抵当権 ……………………295	予見可能 …………………………237
目的債権の維持・増加に貢献……468	4つの法理 ………………………165
目的不動産の占有の移転が伴わない場合	ヨーロッパ契約法原則 …………141
……………………………641	
目的不動産の賃料債権 …………462	**ら　行**
目的不動産の売却 ………………460	リーガル・マインド・コントロール…162
目的物が任意に返還されたのではない場合	履行拒絶の抗弁権 …………94, 182
……………………………211	リサイクル ………………………387
目的物の譲渡 ……………………638	立証責任の分配 …………………199
目的物の処分権限 ………………656	累積根抵当（原則）………………604
目的物の所有権 …………………… 6	流質契約の禁止 …………………361
目的物の範囲 ………………369, 411	留置型の弱体化 …………………378
目的物の滅失 ……………………563	留置権 ……………………………20
物 …………………………………315	——に固有の消滅原因 ……253
物に関して生じた債権 ……191, 197	——の主張 …………………651
	——の消滅請求 ……………252
や　行	——の発生 …………………631
やむにやまれない嘘 ……………674	——の物権性 ………………187
有益費償還請求権 ………………249	留置権を理解できる学生 ………185
優越的地位の濫用 …………611, 677	留置的効力と同時履行の抗弁権…243
優先権保全説 ……………………475	流抵当型 …………………………654
優先権を有する債権者 …………359	連帯債務 …………………………161
優先債権 …………………………264	——の理論モデル …………163
優先順位決定のルール	連帯債務者援用型 ………………110
…3, 23, 24, 301, 302, 331, 333, 335, 338, 359	連帯債務者代位型 ………………112
優先弁済権 …………9, 40, 50, 245, 260, 263	**わ　行**
——の実現 …………………360	
——の範囲 …………………633	我妻説 ……………………………543
事実上の—— ………97, 103, 183	

判例索引

大 審 院

大判明 30・10・15 民録 3 輯 9 巻 58 頁 ……………………………………… 91
大判明 34・10・25 民録 7 輯 9 巻 137 頁 ……………………………… 586, 587
大判明 36・11・13 民録 9 輯 1221 頁 ……………………………………… 420
大判明 39・2・5 民録 12 輯 136 頁 ………………………………………… 88
大判明 39・6・29 民録 12 輯 1053 頁 …………………………………… 397
大判明 39・11・21 民録 12 輯 1537 頁 ……………………………………… 64
大判明 40・3・11 民録 13 輯 258 頁 ……………………………………… 528
大判明 40・9・21 民録 13 輯 877 頁 ………………………………………… 88
大判明 41・3・20 民録 14 輯 313 頁 ……………………………………… 457
大判明 42・3・12 民録 15 輯 263 頁 ……………………………………… 397
大判明 43・7・6 民録 16 輯 537 頁 …………………………………… 74, 75
大判明 43・10・18 民録 16 輯 699 頁 …………………………………… 303
大判明 44・3・20 刑録 17 輯 420 頁 ……………………………………… 364
大連判明 44・3・24 民録 17 輯 117 頁 …………………………………… 80
大決大 2・6・13 民録 19 輯 436 頁 ……………………………………… 441
大判大 2・10・28 民録 19 輯 875 頁 ……………………………………… 451
大判大 3・7・4 民録 20 輯 587 頁 ………………………………………… 286
大判大 3・11・2 民録 20 輯 865 頁 ………………………………………… 637
大判大 4・3・6 民録 21 輯 363 頁 ………………………………………… 475
大判大 4・6・30 民録 21 輯 1157 頁 ……………………………………… 475
大判大 4・7・1 民録 21 輯 1313 頁 ……………………………………… 514
大判大 5・5・31 民録 22 輯 1083 頁 ……………………………………… 420
大判大 5・6・28 民録 22 輯 1281 頁 ……………………………………… 424
大判大 5・9・5 民録 22 輯 160 頁 ………………………………………… 380
大判大 5・11・22 民録 22 輯 2281 頁 ……………………………………… 88
大判大 5・11・24 民録 22 輯 2302 頁 ……………………………………… 91
大判大 5・12・25 民録 22 輯 2509 頁 …………………………………… 353
大判大 6・1・22 民録 23 輯 14 頁 …………………………………… 424, 470
大判大 6・1・27 民録 23 輯 97 頁 ………………………………………… 463
大判大 6・2・6 民録 23 輯 202 頁 ………………………………………… 652
大判大 6・2・9 民録 23 輯 244 頁 …………………………………… 301, 303
大判大 6・5・3 民録 23 輯 863 頁 ………………………………………… 142
大判大 6・6・7 民録 23 輯 932 頁 ………………………………………… 88
大判大 8・7・9 民録 25 輯 1373 頁 ……………………………………… 637

大判大 8・10・2 民録 25 輯 1730 頁 ……………………………………………343
大判大 9・10・16 民録 26 輯 1530 頁 …………………………………………240
大判大 10・12・24 民録 27 輯 2182 頁 …………………………………………398
大判大 11・8・21 民集 1 巻 498 頁 ………………………………………………240
大判大 15・2・5 民集 5 巻 82 頁 …………………………………………………514
大判大 15・10・26 民集 5 巻 741 頁 ……………………………………………417
大判昭 3・8・1 民集 7 巻 671 頁 …………………………………………………424
大判昭 4・12・11 民集 8 巻 923 頁 ………………………………………209, 210
大判昭 5・9・30 新聞 3195 号 14 頁 ……………………………………………252
大判昭 5・12・18 民集 9 巻 1147 頁 ……………………………………………412
大判昭 6・1・17 民集 10 巻 6 頁 …………………………………………………231
大判昭 7・1・26 民集 11 巻 169 頁 ………………………………………………231
大判昭 7・4・20 新聞 3407 号 15 頁 ……………………………………………420
大決昭 7・8・29 民集 11 巻 1729 頁 ……………………………………………432
大判昭 8・3・27 新聞 3543 号 11 頁 ……………………………………………528
大判昭 8・10・27 民集 12 巻 2656 頁 …………………………………527, 529, 538
大判昭 10・5・13 民集 14 巻 876 頁 ……………………………………………252
大判昭 10・8・10 民集 14 巻 1549 頁 ……………………………………………516
大判昭 10・12・24 新聞 3939 号 17 頁 …………………………………………252
大判昭 11・1・14 民集 15 巻 89 頁 ………………………………………………404
大判昭 11・2・25 新聞 3959 号 12 頁 ……………………………………………379
大判昭 11・12・9 民集 15 巻 2172 頁 ……………………………………………490
大判昭 12・9・15 民集 16 巻 1409 頁 ……………………………………………88
大判昭 12・12・11 民集 16 巻 1945 頁 …………………………………………111
大判昭 12・12・14 民集 16 巻 1843 頁 …………………………………………303
大判昭 13・3・1 民集 17 巻 318 頁 ………………………………………………116
大判昭 14・7・26 民集 18 巻 772 頁 ………………………………521, 522, 524, 532
大判昭 15・9・21 民集 19 巻 1701 頁 ……………………………………………170
大判昭 15・11・26 民集 19 巻 2100 頁 …………………………………………576
大判昭 18・2・18 民集 22 巻 91 頁 ………………………………………………231

最高裁判所

最二判昭 28・9・25 民集 7 巻 9 号 979 頁 ……………………………………512
最一判昭 29・1・14 民集 8 巻 1 号 16 頁 …………………………………220, 231
最一判昭 29・7・22 民集 8 巻 7 号 1425 頁 ……………………………………231
最二判昭 29・9・24 民集 8 巻 9 号 1658 頁 …………………………………74, 75, 77
最一判昭 29・12・23 民集 8 巻 12 号 2235 頁 ………………………………540, 541
最二判昭 30・3・4 民集 9 巻 3 号 229 頁 ………………………………………253
最一判昭 31・6・28 民集 10 巻 6 号 754 頁 ……………………………………538

最二判昭32・2・22 民集 11 巻 2 号 350 頁 …… 116
最二判昭32・3・8 民集 11 巻 3 号 513 頁 …… 130
最三判昭33・6・3 民集 12 巻 9 号 1287 頁 …… 96
最二判昭33・6・6 民集 12 巻 9 号 1384 頁 …… 106
最一判昭33・6・14 民集 12 巻 9 号 1449 頁 …… 76
最二判昭33・9・26 民集 12 巻 13 号 3022 頁 …… 88
最一判昭34・9・3 民集 13 巻 11 号 1357 頁 …… 239
最三判昭35・4・26 民集 14 巻 6 号 1046 頁 …… 89
最二判昭35・7・8 民集 14 巻 9 号 1720 頁 …… 96
最二判昭36・2・10 民集 15 巻 2 号 219 頁 …… 514
最一判昭36・6・29 民集 15 巻 6 号 1746 頁 …… 538
最三判昭37・8・28 民集 16 巻 8 号 1799 頁 …… 440, 441
最二判昭38・5・31 民集 17 巻 4 号 570 頁 …… 253
最大判昭38・10・30 民集 17 巻 9 号 1252 頁 …… 243
最二判昭39・6・12 民集 18 巻 5 号 764 頁 …… 90, 91
最大判昭39・12・23 民集 18 巻 10 号 2217 頁 …… 117, 125, 126
最三判昭40・5・4 民集 19 巻 4 号 811 頁 …… 504, 527, 553
最三判昭40・8・24 民集 19 巻 6 号 1435 頁 …… 96
最二判昭41・1・21 民集 20 巻 1 号 42 頁 …… 537
最一判昭41・3・3 民集 20 巻 3 号 386 頁 …… 203
最二判昭41・4・26 民集 20 巻 4 号 849 頁 …… 396
最一判昭41・4・28 民集 20 巻 4 号 900 頁 …… 647
最二判昭41・5・27 民集 20 巻 5 号 1004 頁 …… 88
最二判昭42・7・21 民集 21 巻 6 号 1643 頁 …… 577
最二判昭42・10・27 民集 21 巻 8 号 2161 頁 …… 100
最一判昭42・11・9 民集 21 巻 9 号 2323 頁 …… 88
最一判昭42・11・16 民集 21 巻 9 号 2430 頁 …… 617, 620
最一判昭43・11・21 民集 22 巻 12 号 2765 頁 …… 191, 233
最三判昭43・12・24 民集 22 巻 13 号 3366 頁 …… 578, 580
最二判昭44・2・14 民集 23 巻 2 号 357 頁 …… 532
最二判昭44・3・28 民集 23 巻 3 号 699 頁 …… 412
最二判昭44・4・18 判時 556 号 43 頁 …… 529, 538
最三判昭44・6・24 民集 23 巻 7 号 1079 頁 …… 67, 75
最一判昭44・7・3 民集 23 巻 8 号 1297 頁 …… 491, 493, 494
最二判昭44・7・4 民集 23 巻 8 号 1347 頁 …… 397
最三判昭44・11・4 民集 23 巻 11 号 1968 頁 …… 540
最一判昭44・11・13 判時 580 号 49 頁 …… 176
最一判昭44・12・18 民集 23 巻 12 号 2467 頁 …… 577
最二判昭44・12・19 民集 23 巻 12 号 2518 頁 …… 89

判例索引

最大判昭 45・6・24 民集 24 巻 6 号 587 頁	117, 122, 125, 126
最三判昭 45・10・13 判時 614 号 46 頁	176
最一判昭 46・3・25 民集 25 巻 2 号 208 頁	644, 653, 654
最二判昭 46・7・16 民集 25 巻 5 号 749 頁	203, 204
最一判昭 46・10・21 民集 25 巻 7 号 969 頁	282
最三判昭 46・12・21 民集 25 巻 9 号 1610 頁	542, 543
最一判昭 47・11・16 民集 26 巻 9 号 1619 頁	188, 200, 218, 219, 235, 236
最二判昭 48・2・2 民集 27 巻 1 号 80 頁	232, 289
最三判昭 48・4・24 民集 27 巻 3 号 596 頁	64
最三判昭 48・9・18 民集 27 巻 8 号 1066 頁	536
最二判昭 48・12・14 民集 27 巻 11 号 1586 頁	575
最一判昭 49・7・18 民集 28 巻 5 号 743 頁	668
最大判昭 49・10・23 民集 28 巻 7 号 1473 頁	617, 629, 674
最三判昭 49・12・24 民集 28 巻 10 号 2117 頁	404
最二判昭 50・2・28 民集 29 巻 2 号 193 頁	670
最一判昭 50・3・6 民集 29 巻 3 号 203 頁	74
最一判昭 50・7・17 民集 29 巻 6 号 1119 頁	88
最一判昭 50・12・8 民集 29 巻 11 号 1864 頁	469
最一判昭 51・3・4 民集 30 巻 2 号 48 頁	116, 129
最一判昭 51・6・17 民集 30 巻 6 号 616 頁	203, 211, 238
最一判昭 52・3・31 金法 835 号 33 頁	670
最三判昭 52・10・11 民集 31 巻 6 号 785 頁	516, 517
最三判昭 53・7・4 民集 32 巻 5 号 785 頁	497
最一判昭 53・9・21 判時 907 号 54 頁	129
最二判昭 53・9・29 民集 32 巻 6 号 1210 頁	521, 532, 533, 536
最一判昭 54・2・15 民集 33 巻 1 号 51 頁	658
最二判昭 54・3・16 民集 33 巻 2 号 270 頁	76
最三判昭 56・7・14 判時 1018 号 77 頁	671
最二判昭 57・3・12 民集 36 巻 3 号 349 頁	422
最三判昭 57・9・28 判時 1062 号 81 頁	309, 647
最二判昭 57・12・17 民集 36 巻 12 号 2399 頁	142, 143, 145
最二判昭 57・12・17 判時 1070 号 26 頁	671
最二判昭 58・3・18 判時 1095 号 104 頁	669
最一判昭 58・3・31 民集 37 巻 2 号 152 頁	623, 631
最一判昭 58・10・6 民集 37 巻 8 号 1041 頁	65
最二判昭 58・12・19 民集 37 巻 10 号 1532 頁	89
最一判昭 59・2・2 民集 38 巻 3 号 431 頁	323, 328, 329, 475, 479
最三判昭 59・5・29 民集 38 巻 7 号 885 頁	406
最一判昭 60・5・23 民集 39 巻 4 号 940 頁	500-502

最二判昭60・7・19 民集 39 巻 5 号 1326 頁 ……………………………………324, 325, 479
最二判昭 61・4・11 民集 40 巻 3 号 584 頁 ……………………………………………628
最一判昭 62・2・12 民集 41 巻 1 号 67 頁 …………………………………………645, 655
最一判昭 62・4・2 判時 1248 号 61 頁 ………………………………………………325, 478
最三判昭 62・11・10 民集 41 巻 8 号 1559 頁 ………………………………………308, 309, 658
最二判平元・10・27 民集 43 巻 9 号 1070 頁 ………………………………………370, 454, 463
最二判平 2・1・22 民集 44 巻 1 号 314 頁 …………………………………………521, 522, 524, 533
最一判平 2・4・19 判時 1354 号 80 頁 ………………………………………………413
最二判平 3・3・22 民集 45 巻 3 号 268 頁 …………………………………………426
最三判平 3・7・16 民集 45 巻 6 号 1101 頁 …………………………………………245
最三判平 3・9・3 民集 45 巻 7 号 1131 頁 …………………………………………153, 154
最二判平 4・11・6 民集 46 巻 8 号 2625 頁 …………………………………………492
最三判平 5・3・30 民集 47 巻 4 号 3300 頁 …………………………………………478
最二判平 5・12・17 民集 47 巻 10 号 5508 頁 ………………………………………442
最三判平 6・1・25 民集 48 巻 1 号 18 頁 …………………………………………564
最三判平 6・2・22 民集 48 巻 2 号 414 頁 …………………………………………646, 651, 656
最一判平 6・9・8 判時 1511 号 71 頁 ………………………………………………654
最三判平 6・12・20 民集 48 巻 8 号 1470 頁 ………………………………………541
最二判平 7・6・23 民集 49 巻 6 号 1737 頁 …………………………………………154
最二判平 7・11・10 民集 49 巻 9 号 2953 頁 ………………………………………648
最二判平 8・11・22 民集 50 巻 10 号 2702 頁 ………………………………………650
最一判平 8・12・19 金法 1482 号 77 頁 ……………………………………………153
最三判平 9・2・14 民集 51 巻 2 号 375 頁 …………………………………………517, 519, 520
最三判平 9・7・15 民集 51 巻 6 号 2581 頁 …………………………………………130
最二判平 10・1・30 民集 52 巻 1 号 1 頁 ……………………………………326, 327, 464, 476, 480
最三判平 10・2・10 判時 1628 号 9 頁 ………………………………………326, 327, 476, 480
最一判平 10・3・26 民集 52 巻 2 号 483 頁 …………………………………326, 327, 464, 475, 480
最三判平 11・1・29 民集 53 巻 1 号 151 頁 …………………………………………662
最二判平 11・2・26 判時 1671 号 67 頁 ……………………………………………651
最二決平 11・4・16 民集 53 巻 4 号 740 頁 …………………………………………380
最二決平 11・5・17 民集 53 巻 5 号 863 頁 …………………………………………309, 649, 650
最大判平 11・11・24 民集 53 巻 8 号 1899 頁 ………………………………………76, 77, 426, 547
最一判平 12・3・9 民集 54 巻 3 号 1013 頁 …………………………………………89
最二判平 12・4・14 民集 54 巻 4 号 1552 頁 ………………………………………465
最二判平 12・4・21 民集 54 巻 4 号 1562 頁 ………………………………………662
最三判平 12・6・27 民集 54 巻 5 号 1737 頁 ………………………………………209, 211
最二判平 12・7・7 金法 1599 号 88 頁 ………………………………………………88
最三判平 13・3・13 民集 55 巻 2 号 363 頁 …………………………………291, 302, 467, 468, 551
最一判平 13・10・25 民集 55 巻 6 号 975 頁 ………………………………………325, 478, 479

最一判平 13・11・22 民集 55 巻 6 号 1033 頁 ……………………………………… 65
最一判平 13・11・22 民集 55 巻 6 号 1056 頁 ……………………………… 662,664
最三判平 14・3・12 民集 56 巻 3 号 555 頁 ………………… 327,328,479,481
最一判平 14・3・28 民集 56 巻 3 号 689 頁 ……… 128,233,291,302,467,468,550,551
最一判平 14・9・12 判時 1801 号 72 頁 ………………………………………… 656
最三判平 14・10・22 判時 1804 号 34 頁 ………………………………………… 488
最三判平 17・2・22 民集 59 巻 2 号 314 頁 …………………………………… 326,482
最一判平 17・3・10 民集 59 巻 2 号 356 頁 ………………………… 78,425,426,547
最三判平 18・2・7 民集 60 巻 2 号 480 頁 ……………………………………… 641
最一判平 18・7・20 民集 60 巻 6 号 2499 頁 ……………………………… 309,650,659
最二判平 18・10・20 民集 60 巻 8 号 3098 頁 ……………………………… 309,648,674
最一判平 18・12・21 民集 60 巻 10 号 3964 頁 ………………………………… 292,380
最一判平 19・2・15 民集 61 巻 1 号 243 頁 ……………………………………… 665,666
最二判平 19・7・6 民集 61 巻 5 号 1940 頁 ……………………… 520,521,523,524,534

高等裁判所

福岡高判昭 32・8・30 下民集 8 巻 8 号 1619 頁 ………………………………… 472
東京高判昭 53・12・26 下民集 29 巻 9～12 号 397 頁 ………………………… 420
名古屋高判昭 58・3・31 判時 1077 号 79 頁 …………………………………… 128
東京高決平 6・2・7 判タ 875 号 281 頁 ………………………………………… 221
東京高決平 10・12・11 判時 1666 号 141 頁 …………………………………… 221

地方裁判所

鹿児島地判昭 31・1・25 下民集 8 巻 1 号 114 頁 ……………………………… 471
静岡地判昭 31・8・31 下民集 7 巻 8 号 2334 頁 ………………………………… 152
東京地判昭 59・7・12 判時 1150 号 205 頁 ……………………………………… 264,281
東京地判平 2・12・20 判時 1389 号 79 頁 ……………………………………… 199

〈著者紹介〉

加賀山　茂（かがやま・しげる）

　　1948 年　愛媛県生まれ
　　1972 年　大阪大学法学部卒業
　　2008 年より名古屋大学名誉教授
　　現　　在　明治学院大学法科大学院教授

〈主要著書〉

『法律家のためのコンピュータ利用法―論理プログラミング入門』（有斐閣，1990 年）
『民法体系１総則・物権』（信山社，1996 年）
『現代民法学習法入門』（信山社，2007 年）
『契約法講義』（日本評論社，2007 年）

現代民法担保法〈現代民法シリーズ４〉
2009（平成 21）年 12 月 10 日　第 1 版第 1 刷発行

　　著　者　　加賀山　　茂
　　発行者　　今　井　　貴
　　　　　　　渡　辺　左　近
　　発行所　　信山社出版株式会社
　　〒113-0033　東京都文京区本郷 6-2-9-102
　　　　　　　電　話　03(3818)1019
　　　　　　　FAX　03(3818)0344

Printed in Japan.

Ⓒ加賀山茂，2009．印刷・製本／暁印刷・渋谷文泉閣

ISBN978-4-7972-2684-3

NDC 324.301　民法・担保法

―――― 法律学の森シリーズ ――――

新　正幸	憲法訴訟論
潮見佳男	債権総論〔第2版〕Ⅰ
潮見佳男	債権総論〔第3版〕Ⅱ
潮見佳男	契約各論Ⅰ
潮見佳男	契約各論Ⅱ　（続刊）
潮見佳男	不法行為法Ⅰ〔第2版〕
潮見佳男	不法行為法Ⅱ〔第2版〕（続刊）
潮見佳男	不法行為法Ⅲ〔第2版〕（続刊）
藤原正則	不当利得法
青竹正一	新会社法〔第2版〕
泉田栄一	会社法論
小宮文人	イギリス労働法
高　翔龍	韓国法

―――― 信山社 ――――